합격까지 박문각
합격 노하우가 다르다!

이천교
민사소송법

2차 | 종합정리

이천교 편저

박문각

박문각 공인노무사

안녕하세요? 이천교 법무사입니다.

저는 오랫동안 법무사 수험생들을 상대로 비송사건절차법, 민사집행법, 민사서류작성, 공탁법 등을 강의해오고 있었고, 한편 여러 기업체나 각종 공단·공사 등에서 채권관리업무 담당직원 등을 상대로 민사소송실무와 민사집행실무를 강의하여 오던 중 2023년 중반부터 박문각 서울법학원에서 공인노무사 2차 과목인 민사소송법 강의를 하게 되었습니다. 2023년 2기, 3기를 거쳐 이제 2024년 대비 1기를 진행하면서 저만의 방법으로 공인노무사 대비 민사소송법 강의를 위한 교재를 편저하게 되었습니다.

본 교재는 거의 전적으로 가장 최근 2023년 3월 15일 발행된 이시윤 선생님의 신민사소송법 제16판 교재내용을 기본으로 하고 있으며, 부분적으로 박재완 교수님, 김홍엽 교수님, 전병서 교수님의 교재를 각 참조하였고, 아울러 실제 실무적인 내용이 가미될 수 있도록 상당 부분 실무자료를 참조하여 편집을 하였습니다. 그리고 본 교재는 철저하게 공인노무사 시험을 염두에 두고 기본서로서의 역할에 지장이 없도록 하면서도, 동시에 2차 사례 및 단문시험에도 대비가 될 수 있도록 종합적으로 정리를 하였습니다.

새해부터 새로운 마음으로 공인노무사 수험생들과 함께 민사소송법을 정리해나갈 수 있는 만남과 기회가 주어짐에 감사를 드립니다. 오랫동안의 실무와 강의 경험을 토대로, 이제 저만의 방법으로 공인노무사 수험생분들이 민사소송법을 잘 정리해나가실 수 있도록 진정성 있게 잘 준비하도록 하겠습니다.

바쁘신 와중에서도 늘 법무사쪽 민사서류작성 교재와 공탁법 교재 출간을 도와주시고, 이번에는 공인노무사 본 교재 출간을 위해 많은 도움을 주신 박문각출판의 노일구 부장님께 감사드립니다. 그리고 본 교재의 오타 수정을 도와주신 법무사 수험생 송혜정양에게도 감사드리고 법무사 시험의 합격을 기원드립니다. 아울러 이제 새롭게 시작하는 공인노무사 민사소송법 강의진행을 위해 여러모로 도와주시고 배려해주시는 박문각 노무사학원 담당자님들께도 감사드립니다.

본 교재와 관련하여 문의하실 내용이 있으시면 서울법학원 홈페이지(www.seoulsla.com)나 저의 홈페이지(www.alaw.kr)를 이용하여 주시기 바랍니다.

여러분의 수험준비에 조금이라도 도움이 되었으면 합니다.

이천교 법무사

📖 시험과목 및 시험시간

가. 시험과목(공인노무사법 시행령 제6조)

구분	시험과목[배점]		출제범위
제1차 시험 (6과목)	필수 과목 (5)	❶ 노동법(1) [100점]	「근로기준법」, 「파견근로자보호 등에 관한 법률」, 「기간제 및 단시간근로자 보호 등에 관한 법률」, 「산업안전보건법」, 「직업안정법」, 「남녀고용평등과 일·가정 양립지원에 관한 법률」, 「최저임금법」, 「근로자퇴직급여 보장법」, 「임금채권보장법」, 「근로복지기본법」, 「외국인근로자의 고용 등에 관한 법률」
		❷ 노동법(2) [100점]	「노동조합 및 노동관계조정법」, 「근로자참여 및 협력 증진에 관한 법률」, 「노동위원회법」, 「공무원의 노동조합 설립 및 운영 등에 관한 법률」, 「교원의 노동조합 설립 및 운영 등에 관한 법률」
		❸ 민법[100점]	총칙편, 채권편
		❹ 사회보험법 [100점]	「사회보장기본법」, 「고용보험법」, 「산업재해보상보험법」, 「국민연금법」, 「국민건강보험법」, 「고용보험 및 산업재해보상보험의 보험료징수 등에 관한 법률」
		❺ 영어	※ 영어 과목은 영어능력검정시험 성적으로 대체
	선택 과목 (1)	❻ 경제학원론, 경영학개론 중 1과목[100점]	

※ 노동법(1) 또는 노동법(2)는 노동법의 기본이념 등 총론 부분을 포함한다.

구분	시험과목[배점]		출제범위
제2차 시험 (4과목)	필수 과목 (3)	❶ 노동법 [150점]	「근로기준법」, 「파견근로자보호 등에 관한 법률」, 「기간제 및 단시간근로자 보호 등에 관한 법률」, 「산업안전보건법」, 「산업재해보상보험법」, 「고용보험법」, 「노동조합 및 노동관계조정법」, 「근로자참여 및 협력증진에 관한 법률」, 「노동위원회법」, 「공무원의 노동조합 설립 및 운영 등에 관한 법률」, 「교원의 노동조합 설립 및 운영 등에 관한 법률」
		❷ 인사노무관리론 [100점]	
		❸ 행정쟁송법 [100점]	「행정심판법」 및 「행정소송법」과 「민사소송법」 중 행정쟁송 관련 부분
	선택 과목 (1)	❹ 경영조직론, 노동경제학, 민사소송법 중 1과목 [100점]	
제3차 시험	면접시험		공인노무사법 시행령 제4조 제3항의 평정사항

※ 노동법은 노동법의 기본이념 등 총론 부분을 포함한다.

> ※ 시험관련 법률 등을 적용하여 정답을 구하여야 하는 문제는 "시험시행일" 현재 시행 중인 법률 등을 적용하여야 함.
>
> ※ 기활용된 문제, 기출문제 등도 변형 · 활용되어 출제될 수 있음.

나. 과목별 시험시간

구분	교시	과목구분	시험과목	입실시간	시험시간	문항수
제1차 시험	1	필수	❶ 노동법(1) ❷ 노동법(2)	09:00	09:30~10:50 (80분)	과목별 40문항
	2	필수	❸ 민 법 ❹ 사회보험법	11:10	11:20~13:20 (120분)	
		선택	❺ 경제학원론, 경영학개론 중 1과목			
제2차 시험	1		❶ 노동법	09:00	09:30~10:45(75분)	4문항
	2			11:05	11:15~12:30(75분)	
	3		❷ 인사노무관리론	13:30	13:50~15:30(100분)	과목별 3문항
	1		❸ 행정쟁송법	09:00	09:30~11:10(100분)	
	2		❹ 경영조직론, 노동경제학, 민사소송법 중 1과목	11:30	11:40~13:20(100분)	
제3차 시험	–		공인노무사법 시행령 제4조 제3항의 평정사항	–	1인당 10분 내외	–

※ 제3차 시험장소 등은 Q-Net 공인노무사 홈페이지 공고

ⓜ 응시자격 및 결격사유

가. 응시자격(공인노무사법 제3조의5)
- 공인노무사법 제4조 각 호의 결격사유에 해당되지 아니한 자
- 부정한 행위를 한 응시자에 대하여는 그 시험을 정지 또는 무효로 하거나 합격결정을 취소하고, 그 시험을 정지하거나 무효로 한 날 또는 합격결정을 취소한 날부터 5년간 시험 응시자격을 정지함

나. 결격사유(공인노무사법 제4조)
- 다음 각 호의 어느 하나에 해당하는 사람은 공인노무사가 될 수 없다.
1. 미성년자
2. 피성년후견인 또는 피한정후견인
3. 파산선고를 받은 사람으로서 복권(復權)되지 아니한 사람
4. 공무원으로서 징계처분에 따라 파면된 사람으로서 3년이 지나지 아니한 사람
5. 금고(禁錮) 이상의 실형을 선고받고 그 집행이 끝나거나(집행이 끝난 것으로 보는 경우를 포함한다) 집행이 면제된 날부터 3년이 지나지 아니한 사람
6. 금고 이상의 형의 집행유예를 선고받고 그 유예기간이 끝난 날부터 1년이 지나지 아니한 사람
7. 금고 이상의 형의 선고유예기간 중에 있는 사람
8. 제20조에 따라 영구등록취소된 사람
※ 결격사유 심사기준일은 제3차 시험 합격자 발표일 기준임

합격기준

구분	합격결정기준
제1차 시험	• 영어과목을 제외한 나머지 과목에 대하여 각 과목 100점을 만점으로 하여 각 과목 40점 이상, 전 과목 평균 60점 이상을 득점한 자 • 제1차 시험 과목 중 일부를 면제받는 자는 영어과목을 제외한 나머지 응시한 각 과목 40점 이상, 응시한 전 과목 평균 60점 이상을 득점한 자
제2차 시험	• 각 과목 만점의 40% 이상, 전 과목 총점의 60% 이상을 득점한 자 • 제2차 시험 과목 중 일부를 면제받는 자는 응시한 각 과목 만점의 40% 이상, 응시한 전 과목 총점의 60% 이상을 득점한 자 • 최소합격인원 미달일 경우 각 과목 배점의 40% 이상을 득점한 자 중 전 과목 총득점이 높은 자부터 차례로 추가하여 합격자 결정 ※ 위의 단서에 따라 합격자를 결정하는 경우에는 제2차 시험과목 중 일부를 면제받는 자에 대하여 각 과목 배점 40% 이상 득점한 자의 과목별 득점 합계에 1.5를 곱하여 산출한 점수를 전 과목 총득점으로 봄 ※ 제2차 시험의 합격자 수가 동점자로 인하여 최소합격인원을 초과하는 경우에는 해당 동점자 모두를 합격자로 결정. 이 경우 동점자의 점수는 소수점 이하 셋째자리에서 반올림하여 둘째자리까지 계산
제3차 시험	• 제3차 시험은 평정요소마다 각각 "상"(3점), "중"(2점), "하"(1점)로 구분하고, 총 12점 만점으로 평균 8점 이상 득점한 자 • 위원의 과반수가 어느 하나의 평정요소에 대하여 "하"로 평정한 때에는 불합격

공인어학성적

제1차 시험 영어과목은 공인어학시험 성적으로 대체

• 기준점수

시험명	TOEIC	TOEFL		TEPS	G-TELP	FLEX	IELTS
		PBT	IBT	18.5.12 이후		(영어)	
일반응시자	700	530	71	340	65(Level 2)	625	4.5
청각장애인	350	352	–	204	43(Level 2)	375	–

시험의 일부면제

• 제1차 시험 면제 : 2023년 제32회 제1차 시험 합격자
• 제1차 및 제2차 시험 면제 : 2023년 제32회 제2차 시험 합격자
※ 이하 자세한 내용은 공고문 참조

CONTENTS
이 책의 차례

CONTENTS
이 책의 차례

소의 3요소

01 | 소와 소송물

I 소(訴)의 의의

1. 소의 의의

① 소란 법원에 대하여 일정한 내용의 판결을 해 달라는 당사자의 신청이다. 이는 원고가 피고를 상대로 하여 일정한 법원에 대하여 특정의 청구의 당부에 관해 중립적 입장에서 법에 따라 심판을 요구하는 소송행위이다.

② 소는 i) 무엇에 대한 심판를 구하는가를 밝히는 의미에서 소송물의 특정, ii) 누구에 대한 관계에서, 어느 법원에 심판을 구하는가를 명확히 하는 의미에서 법원과 피고의 특정이 필요하다. 소의 3요소는 법원, 당사자, 청구이다.

2. 소장의 기재례[2]

소 장

원 고   김갑동 (700205-1035324)
　　　　서울 중구 서애로 190
　　　　소송대리인 변호사 사연생
　　　　서울 서초구 사평대로 100

피 고   최삼식 (561121-1234232)
　　　　서울 서초구 반포대로 12길 263

대여금 청구의 소

청 구 취 지

1. 피고는 원고에게 50,000,000원 및 이에 대하여 2017.10.1.부터 이 사건 소장부분 송달일까지는 연 5% 그 다음날부터 다 갚는 날까지 연 12%의 각 비율로 계산한 돈을 지급하라.
2. 소송비용은 피고가 부담한다.
3. 제1항은 가집행할 수 있다.

---

1) 이시윤, 신민사소송법, 박영사, 2023, 202-210면 참조
2) 사법연수원, 민사실무 I, 2018, 43면

라는 재판을 구합니다.

청 구 원 인

1. 원고는 2017.7.1. 피고에게 5,000만 원을 변제기는 같은 해 9.30.로 정하여 대여하였습니다.
2. 그렇다면 피고는 원고에게 차용금 5,000만 원 및 이에 대하여 변제 다음날인 2017.10.1.부터 이 사건 소장부본 송달일까지는 민법이 정한 연 5%의, 그 다음날부터 다 갚는 날까지는 소송촉진 등에 관한 특례법이 정한 연 12%의 각 비율로 계산한 지연손해금을 지급할 의무가 있습니다.

증 명 방 법

1. 갑 제1호증 (차용증서)

첨 부 서 류

1. 위 증명방법   2통
2. 영수필확인서   1통
3. 송달료납부서   1통
4. 소송위임장   1통
5. 소장부본   1통

2018.3.2.

원고 소송대리인 변호사 사연생 (인)

서 울 중 앙 지 방 법 원   귀 중

Ⅱ 소의 종류

1. 총설

1) 소의 종류

소는 판결신청의 성질·내용에 따라 ① 이행의 소, ② 확인의 소, ③ 형성의 소 세 가지로 분류된다.

① 이행의 소[3]

> 피고는 원고에게 100,000,000원을 지급하라.

---

3) 사법연수원, 앞의 책, 62면

② 확인의 소4)

원고 갑과 피고 을 사이에서 서울 서초구 서초동 100 대 90㎡가 원고 갑의 소유임을 확인한다.

③ 형성의 소5)

피고의 주주총회가 2023.7.1.에 한 별지 기재 결의를 취소한다.

2) 3가지 유형의 소송

① 이행의 소는 청구권의 실현을 위한 것으로 강제집행을 가능케 하는 이행판결을 목적으로 하기 때문에 실무상 가장 많이 활용되는 것으로서, 로마법시대부터 오랜 역사를 갖고 있다.
② 확인의 소는 불안한 법률관계의 제거를 위한 것으로서, 19세기 말 독일 민사소송법에서 처음 등장하게 된 것이다.
③ 형성의 소는 형성소권의 실현을 위한 것으로서, 20세기에 들어와 생긴 것으로 극히 역사가 짧다.

이 세 가지 가운데 확인의 소가 모든 소송의 기본형이라는 확인소송원형설이 있으나 역사적 산물이기도 한 세 가지 유형의 소송에 대해 존중하는 것이 옳다.

2. 이행의 소

1) 의의

① 이행의 소란 원고의 이행청구권에 기하여 법원이 피고에 대해 의무이행명령을 할 것을 요구하는 소이다. 따라서 이는 다툼이 있거나 불확실한 청구권을 확정받는 일방, 피고에 대한 이행명령의 선고를 받아 강제집행의 방법으로 청구권을 실현시키려는 것이다.
② 이행의 소는 원칙적으로 실체법상의 청구권이 그 바탕이 되어야 한다.

2) 종류

① 이행의 소는 변론종결시를 기점으로 하여 이행기가 도래한 이행청구권을 주장할 것을 요하지만, 경우에 따라 이행기가 아직 도래하지 않은 청구권을 주장하여도 상관없다. 전자를 현재의 이행의 소, 후자를 장래의 이행의 소라고 한다.
② 전자에는 지연손해금에 대해 소장 송달 다음날부터 연 12%의 비율로 청구할 수 있는 특례가 있다. 후자에 관하여는 '미리 청구할 필요'가 있는 때 소의 이익이 있는 것으로 본다.

🔖 현재이행의 소6)
피고는 원고에게 100,000,000원 및 이에 대하여 2017.12.1.부터 이 사건 소장부분 송달일까지는 연 5%, 그 다음날부터 다 갚는 날까지 연 12%의 각 비율로 계산한 돈을 지급하라.

---

4) 사법연수원, 앞의 책, 87면
5) 사법연수원, 민사실무 Ⅱ, 2018, 135면
6) 사법연수원, 민사실무 Ⅰ, 2018, 62면

> **☞ 장래이행의 소[7]**
> 피고는 원고에게 별지 목록 기재 건물에 관하여 원고와 소외 갑 사이의 수원지방법원 2018.1.9.자 2015 카합 소유권이전등기청구권 가압류결정에 의한 집행이 해제되면 2017.8.15. 매매를 원인으로 한 소유권 이전등기절차를 이행하라.

3) 이행판결의 효력 등

① 이행의 소는 법원으로부터 피고에 대한 이행명령을 얻어내는 데 목적이 있다. 이 소송 형태 만이 강제집행으로 연결되며 이를 인용하는 이행판결은 집행권원이 되고, 이에 의하여 강제 집행을 할 수 있다.

② 이행판결이 형식적으로 확정되면 이행청구권의 존재확정의 효력인 기판력 이외에 집행력이 발생한다. 그러므로 이행판결은 확인판결 이상의 의미가 있다. 그러나 이행의 소의 기각판결 은 청구권의 부존재를 확정하는 확인판결에 지나지 않는다.

3. 확인의 소

1) 의의

① 확인의 소란 다툼 있는 권리·법률관계의 존재·부존재의 확정을 요구하는 소이다. 당사자 간에 다툼 있는 법률관계를 관념적으로 확정하여 법률적 불안의 제거가 목적이다.

② 소유권확인 등의 권리관계의 존재확정을 목적으로 하는 소를 적극적 확인의 소, 채무부존재 확인 등의 그 부존의 재확정을 목적으로 하는 소를 소극적 확인의 소라고 한다.

> **☞ 적극적 확인의 소[8]**
> 별지 목록 기재 부동산이 원고의 소유임을 확인한다.

> **☞ 소극적 확인의 소[9]**
> 원고의 피고에 대한 2017.4.11. 금전소비대차계약에 기한 채무는 존재하지 아니함을 확인한다.

③ 그 특수한 형태로 중간확인의 소가 있다. 최근 판례는, 전소 판결로 확정된 채권의 시효 중 단을 위해 재판상 청구가 있다는 점에 대해서만 확인을 구하는 형태의 새로운 방식의 확인소 송이 허용된다고 하였다.

2) 대상적격

원칙적으로 확인의 소에 있어서 권리·법률관계만이 대상적격을 갖는다. 다만, 증서의 진정여 부를 확인하는 소는 서면이 진실로 작성명의자에 의하여 작성되었는가 아니면 위조·변조인가 를 확정하는 사실관계의 확인이지만, 예외적으로 법이 허용한다.

---

7) 사법연수원, 민사실무 II, 2018, 113면
8) 사법연수원, 민사실무 II, 2018, 131면
9) 사법연수원, 민사실무 II, 2018, 131면

> **증서진부 확인의 소[10]**
> 원고를 매도인, 피고를 매수인으로 하여 2016.5.17. 자로 작성된 별지 사본과 같은 매매계약서는 진정하게 성립된 것이 아님을 확인한다.

3) 확인의 이익

확인의 소에는 확인의 이익을 필요로 한다.

4) 확인판결의 효력 등

① 원고승소의 확인판결이 나면 원고가 주장한 법률관계의 존재에 관해 기판력이 생기며, 이 한도 내에서는 이행판결과 공통성을 띠지만 집행력은 발생하지 않는다.
② 확인의 소는 기존의 권리관계를 대상으로 하는 것이므로, 새로운 권리관계의 창설을 구하는 형성의 소와 구별된다.

4. 형성의 소

1) 의의

① 형성의 소란 판결에 의한 법률관계의 변동을 요구하는 소이다. 지금까지 존재하지 아니하였던 새로운 법률관계를 발생시키고, 기존의 법률관계를 변경·소멸시키는 내용의 판결을 해달라는 것이다. 이러한 의미에서 형성의 소는 창설적 효과를 목적으로 하며, 이미 있는 법률관계를 확정·실현시키는 선언적 효과를 목적으로 하는 확인·이행의 소와 구별된다. 형성의 소를 창설의 소 또는 권리변동의 소라고도 한다.
② 원래 형성권에는 당사자의 일방적 의사표시로 법률관계를 변동시킬 수 있는 것(해제권·해지권, 취소권, 상계권)과 소를 제기하여 법원의 판결을 받아서 비로소 법률관계를 변동시키는 것이 있다. 후자인 소로써만 행사할 수 있는 형성권(형성소권)만이 형성의 소의 대상이다.
③ 형성의 소는 법적 안정성을 흔들기 때문에 명문의 규정으로 허용되는 경우에만 인정하는 것이 원칙이다. 따라서 법적 근거가 없는 이사해임청구의 소 등은 허용되지 않는다. 또 형성판결은 대세적 효력 때문에 법적 안정성을 위해 명문으로 제소권자·제소기간을 한정하여 놓은 경우가 적지 않다(예 주주총회결의 취소의 소).

2) 종류

(1) 실체법상의 형성의 소

실체법상의 형성의 소는 실체법상의 법률관계의 변동을 구하는 것으로 가사소송, 회사관계소송이 이에 속한다. 행정처분의 취소·변경을 목적으로 하는 항고소송도 이에 해당된다.

> **혼인취소의 소[11]**
> 원고와 피고 사이에 2018.2.1. 서울특별시 서대문구청장에게 신고된 혼인신고를 취소한다.

---

10) 사법연수원, 민사실무 II, 2018, 114면
11) 사법연수원, 민사실무 I, 2018, 93면

> **주주총회결의 취소의 소[12]**
> 피고의 2023.3.23. 임시주주총회에서 갑과 을을 이사로, 병을 감사로 각 선임한 결의를 취소한다.

(2) 소송상의 형성의 소

① 소송상의 형성의 소는 소송법상의 법률관계의 변동을 목적으로 하는 것으로 재심의 소, 준재심의 소, 정기금 판결에 대한 변경의 소 등이 해당된다. 청구에 관한 이의의 소, 배당이의의 소 등 집행법상의 이의의 소의 법적 성질에 관하여서는 여러 가지 견해가 있으나, 통설·판례는 모두 형성의 소로 보는 태도이다.

> **재심의 소[13]**
> 1. 재심 대상판결을 취소한다.
> 2. 원고(재심피고)의 청구를 기각한다.

② 이러한 소송법상의 형성의 소는 당사자 간에서만 판결의 효력이 미치는 상대효가 있을 뿐, 실체법상의 형성의 소와 달리 대세효가 없는 데 착안하여 차라리 형성의 소의 범주에서 배제하여야 한다는 다른 견해도 나오고 있다.

(3) 형식적 형성의 소

① 형식적 형성의 소는 형식은 소송사건이지만 실질은 비소송사건성의 법률관계의 변동을 구하는 경우이다. 따라서 구체적으로 어떠한 내용의 권리관계를 형성할 것인가를 법관의 자유재량에 일임하고 있는 형성의 소이다. 이러한 소송에 있어서는 법원은 청구취지 기재의 범위나 내용에 구속받지 않고 분쟁해결자의 지위에서 재량대로 판단할 수 있어 처분권주의가 배제되며, 불이익변경금지의 원칙도 적용되지 아니한다. 또 소송요건을 갖추었다고 하면 어떠한 내용으로라도 법률관계를 형성하여야 하므로 원고의 청구를 기각할 수 없다. 예컨대 공유물분할청구의 소, 토지경계확정의 소 등이다.

> **공유물분할청구의 소[14]**
> 서울 서초구 서초동 345 대 1,000㎡ 중 별지도면 표시 1, 2, 3, 6, 1의 각 점을 차례로 연결한 선내 (가)부분 500㎡를 원고의 소유로, 같은 도면 표시 2, 3, 4, 5, 2의 각 점을 차례로 연결한 선내 (나)부분 500㎡를 피고의 소유로 분할한다.

> **경계확정의 소[15]**
> 원고 소유의 별지 목록 기재 (1) 토지와 피고 소유의 별지 목록 기재, (2) 토지의 경계를, 위 (1) 토지상의 별지 목록 기재, (3) 건물의 동북쪽 모퉁이인 별지 도면 표시 (ㄱ)점으로부터 위 (2) 토지상의 별지 목록 기재, (4) 건물의 서북쪽 모퉁이인 별지 도면 표시 (ㅅ)점을 향하여 3.5m 거리

---

12) 사법연수원, 민사실무 Ⅰ, 2018, 94면
13) 사법연수원, 민사실무 Ⅱ, 2018, 146면
14) 사법연수원, 민사실무 Ⅰ, 2018, 91면
15) 사법연수원, 민사실무 Ⅱ, 2018, 136면

인 별지 도면 표시 ①점과, 위 (3) 건물의 동남쪽 모퉁이인 별지 도면 표시 (ㄴ)점으로부터 위 (4) 건물의 서남쪽 모퉁이인 별지 도면 표시 (ㅇ)점을 향하여 2m 거리인 별지 도면 표시 ②점을 연결한 직선으로 확정한다.

② 형성의 소는 다시 장래에 대한 권리의 변동을 목적으로 하느냐의 여부에 따라 두 가지로 분류된다. 장래의 형성의 소는 판결이 형식적으로 확정됨으로써 비로소 장래에 향하여 권리변동이 생기게 되는 것인데, 대부분의 형성의 소는 이에 속한다. 이혼청구, 혼인의 취소청구 따위가 그것이다. 뿐만 아니라 회사의 설립무효 따위의 회사관계소송도 그러하다. 소급적 형성의 소는 소급적으로 권리변동을 시키는 것으로 재심 및 준재심의 소 등이 이에 속한다.

3) 형성의 소와 기판력 등

형성의 소에 대한 청구기각의 판결은 단지 형성소권(형성요건)의 부존재를 확정하는 확인판결에 그친다. 그러나 청구인용의 판결, 즉 형성판결은 그것이 형식적으로 확정되면 형성소권(형성요건)의 존재에 대해 기판력이 발생하는 동시에 법률관계를 발생·변경·소멸시키는 형성력이 생긴다. 행정처분이나 법률행위로 인한 권리의 변동과 마찬가지로 형성력은 제3자에 대해 미친다. 형성판결에 기판력을 인정할 것인가는 다투어지나, 통설·판례는 기판력을 긍정한다. 만일 이를 부정한다면 형성소송에서 패소한 피고가 뒤에 형성소권(형성요건)이 존재하지 않는다는 주장을 하며 손해배상이나 부당이득반환청구를 하는 것을 막을 수 없게 되기 때문이다.

4) 형성의 소의 대상인 법률관계

형성의 소의 대상인 법률관계는 형성소권의 행사인 형성의 소제기와 판결의 확정에 의해서만 변동의 효과가 생긴다. 따라서 법적 안정성을 위하여 판결확정 전까지는 누구나 그 법률관계를 존중하여야 한다. 비록 회사설립무효의 사유가 있다 하여도 소제기하여 무효선언의 판결이 없는 이상 아무도 항변으로 그 무효를 주장할 수 없으며, 다른 소송의 선결문제로서도 유효한 것으로 취급되어야 한다. 주주총회소집 및 결의절차에 위법이 있다 하더라도, 그 결의가 취소되지 아니한 이상, 그 결의의 효력에 영향을 줄 수 없다 하였으며, 또 아무리 혼인취소사유나 이혼사유가 있다 하여도 혼인취소 또는 이혼판결을 받음이 없이 혼인관계가 해소되었음을 전제로 하는 위자료청구를 할 수 없다.

제 2 절　　소송요건[16]

I　의의

① 소송요건이라 함은 소가 소송법상 적법한 취급을 받기 위해 구비하지 않으면 안 될 사항을 말한다. 만일 소송요건의 흠이 있으면 법원은 본안판결이나 본안심리까지 가서는 안 되며, 이러한 의미에서 소송요건은 본안판결요건인 동시에 본안심리요건이다. 소송법적인 통제장치로서 소의 적법요건이라고도 한다. 그러나 소송요건은 반드시 본안심리에 앞서 조사를 끝낼 요건은 아니며, 본안심리 중에 그 흠이 드러나면 더 이상의 본안심리를 그치고 법원은 소를 부적법각하하지 않으면 안 된다.

② 소송요건은 소 전체가 적법해지기 위해 갖추어야 할 요건이기 때문에 개개의 소송행위의 유효요건 (보조참가 요건 등)과는 다르다. 개개의 소송행위의 유효요건의 흠이 있으면 당해 소송행위만이 무효가 되며, 이 경우에도 본안판결을 함에 아무런 지장이 없다.

II　소송요건의 종류

소송요건에 대해서는 소송법에 통일적인 규정이 없고 여러 곳에 흩어져 있다. 다만 당사자가 임의로 늘릴 수 없는 한정적인 것이다.

1. 법원에 관한 것

피고에 대한 재판권, 국제재판관할권, 민사소송사항일 것, 즉 행정소송·가사소송사항·도산사건이나 헌법소송사항이 아닐 것, 토지·사물 및 직분관할권이 있을 것 등이다.

2. 당사자에 관한 것

당사자의 실재·특정, 당사자능력, 당사자적격, 소송능력·법정대리권·소송대리권이 있을 것 등이다. 변론능력은 그 흠이 있을 때에는 기일불출석의 불이익으로 돌릴 것이나, 경우에 따라 소·상소각하결정될 수 있다.

3. 소송물에 관한 것

청구취지 등 소송물의 특정, 권리보호의 자격 또는 이익·필요(소의 이익) 등이다.

4. 특수소송에 관한 것(특수소송요건)

병합소송(청구의 병합, 청구의 변경, 중간확인의 소, 반소, 공동소송, 예비적·선택적 공동소송, 당사자참가, 필수적 공동소송인의 추가 등)에 있어서는 각 그 필요요건을 구비할 것, 장래의 이행의 소에서 '미리 청구할 필요', 확인의 소에서 확인의 이익, 상소에서 상소요건, 채권자대위소송에서 피보전채권의 존재, 제척기간의 준수 따위가 이에 해당한다.

---

16) 이시윤, 앞의 책 211–219면 참조

5. 소송장애사유가 없을 것

그 부존재가 소를 적법하게 하여 본안판결의 요건으로 되는 경우로서, 중복소송·기판력·중재합의 등이 그것으로 소송장애라고도 한다.

Ⅲ 소송요건의 모습

1. 적극적 요건과 소극적 요건

① 적극적 요건은 그 존재가 소를 적법하게 하여 본안판결의 요건으로 되는 경우로서, 예컨대 재판권·관할권·당사자능력 등이다.

② 소극적 요건은 그 부존재가 소를 적법하게 하여 본안판결의 요건으로 되는 경우로서, 중복소송·기판력·중재합의 등이 그것으로 소송장애라고도 한다.

2. 직권조사사항과 항변사항

① 소송요건의 대부분은 직권조사사항으로, 이는 피고의 항변의 유무에 관계없이 법원이 직권으로 조사하여 참작할 사항이다. 국가제도인 소송제도의 유지에 필요한 공익적 성격이 소송요건이기 때문이다. 피고의 주장은 단지 법원의 직권조사를 촉구하는 데 그치므로 이를 판단하지 아니하였다 하여도 판단누락의 상고이유가 될 수 없다.

② 소송요건 중에는 직권조사사항이 아닌 항변사항이 있는데, 이는 변론주의에 의하여 피고의 주장을 기다려서 비로소 조사하게 되는 것을 말한다. 직권조사사항과 달리 소송절차에 관한 이의권의 포기·상실의 대상이 된다. 이를 방소항변 또는 소송장애사유라고도 한다. 변론관할, 부제소합의, 소·상소취하(조정계약도 같다) 따위이다. 임의관할, 중재합의의 항변은 본안에 관한 최초변론 전까지 제출하여야 하며 본안심리에 들어간 후에는 제출할 수 없는 항변이다.

Ⅳ 소송요건의 조사

1. 직권조사사항으로서 조사

소송요건 중 앞서 말한 항변사항을 제외한 나머지 소송요건은 앞서 본 바와 같이 법원의 직권조사사항이다.

2. 자유로운 증명 등의 문제

① 독일의 다수설·판례는 직권조사사항인 소송요건은 통상의 증거조사절차에 의할 필요 없이 자유로운 증명으로 된다고 본다. 외국법규·경험법칙도 같다. 다만 소송요건에까지 자유로운 증명에 의하는 것은 지나친 확장이라는 반론도 있다.

② 본안판결을 받는 것은 원고에게 유리하기 때문에, 직권조사사항인 소송요건은 원고에게 증명책임이 돌아간다. 그러나 항변사항인 위 소송요건은 증명책임 분배의 일반원칙에 따라 피고가 증명하여야 한다.

3. 소송요건 존재의 표준시

① 소송요건의 존부를 판정하는 시기는 원칙적으로 사실심의 변론종결 시이다. 따라서 제소 당시에는 부존재하여도 사실심의 변론종결 시까지 이를 구비하면 된다. 이에 반하여 제소 당시에는 소송요건이 구비되어 있었어도 그 뒤에 소멸되면 본안판결을 할 수 없다.

확인의 이익 등 소송요건이 사실심변론종결 이후 흠결이 되거나 흠결이 치유된 경우 상고심에서 이를 참작하여야 한다는 것이 최근 대법원 판례이다.

② 그 예외로서 i) 관할권의 존부는 제소 당시에만 갖추면 되며, ii) 소송진행 중의 당사자능력·소송능력·법정대리권의 소멸은 소각하사유가 아니고 단지 소송중단사유임에 그친다. 판례는 소장의 적식(式)은 제1심 소장각하명령 시가 기준시라 본다.

4. 소송요건 조사의 순서

조사의 순서에 관하여서는 학설상 다투어지고 있으나 그 존부가 의심스러운 소송요건이 여러 개 있을 때, 소송경제상 가장 신속하고 쉽게 그 존부를 가릴 수 있는 것부터 심리하는 것이 타당하다. 다만 통설은 일반적인 것에서 특수한 것으로, 추상적인 것에서 구체적인 것으로 조사하여 나가되, 특히 소의 이익은 실체권의 판단과 밀접한 관련이 있으므로 마지막에 판단할 것으로 본다. 비록 순서를 따르지 아니하였다고 하여 판결이 위법인 것은 아니다.

Ⅴ 조사결과

1. 요건심리의 선순위성

① 소송요건은 본안판결의 요건이기 때문에 본안판결에 앞서 먼저 조사하여야 한다. 따라서 소송요건의 존부에 관한 심사문제를 남겨 놓고 건너뛰어 본안에 들어가 원고청구가 이유 없다고 기각판결을 함은 허용될 수 없다. 선순위성의 긍정설이다.

② 이러한 통설적 입장에 대하여, 소송요건과 실체법상의 요건은 동일평면의 판결선고요건이며 반드시 실체법상 요건의 구비 여부를 검토하기에 앞서 소송요건을 먼저 심리할 필요는 없다는 이설이 있다. 따라서 실체법상 이유 없어 어차피 안 될 사건이면 소송요건을 갖추었는가를 가릴 것도 없이 청구기각의 본안판결을 할 수 있다는 것이다. 그것이 법원의 부담을 경감시키고 당사자로 하여금 빨리 결론을 얻게 하여 소송경제에 좋다는 것이다. 선순위성의 부정설이다. 여기에 절충적으로, 소송요건 가운데서 무익한 소송의 배제나 피고의 이익보호를 목적으로 삼는 것과 공적 이익을 목적으로 한 것을 구별하여, 전자에 해당하는 소송요건에 한하여 그 존부를 따질 필요 없이 먼저 청구기각을 할 수 있다고 하여 그 선순위성을 부인하는 절충설도 있다.

2. 본안전항변 – 소송요건흠결의 주장

본안문제에 앞서 소송요건의 흠이 있다고 피고가 다투는 수가 있는데, 이를 실무상 본안전항변이라 한다. 조사결과 소송요건이 갖추어져 있을 때에는 중간판결할 수 있으나 종국판결의 이유 속에서 판단함이 일반적이다.

3. 소각하판결

① 조사결과 소송요건의 흠결이 드러나면 법원은 본안에 들어가 판단할 것 없이 종국판결로 소를 부적법각하하여야 함이 원칙이다. 이러한 소각하판결을 본안판결에 대한 관계에서 소송판결 또는 본안전판결이라고 하는데, 판결주문에서 「이 사건 소를 각하한다」로 표시한다.

소송판결은 소송요건의 부존재를 확정한 확인판결의 일종이며, 그 부존재에 기판력이 생긴다(통설). 그러나 예를 들면 소송능력의 흠으로 각하당한 경우에 추후 법정대리인이 다시 소를 제기한다든가, 대표권의 흠으로 각하되었을 때에 적법한 대표자가 다시 제소할 수 있다.

예외적으로 다음의 경우에는 소를 각하할 것이 아니다. ⅰ) 관할권의 흠, 즉 관할위반의 경우에는 관할법원으로 이송하여야 한다. ⅱ) 주관적·객관적 병합의 소에 있어서 병합요건의 흠이 있는 때에는 각하할 것이 아니라 독립의 소로서 취급하여야 한다는 것이 통설이다. 뿐만 아니라 소송 중의 소에서 그 특별요건의 흠이 있을 때에도 적어도 독립의 소로서의 요건을 구비하였다면 같이 취급할 것이다.

② 소송요건의 흠이 있어도 바로 소각하할 것이 아니라 당사자 간에 쟁점이 되지 아니하였으면 예상 밖의 불의의 타격이 되지 않도록 그 관점에 관하여 당사자에게 의견진술의 기회를 주어야 한다는 것이 최근 판례이다(법 제136조). 이를 보정할 수 있는 것이면 법원은 상당한 기간을 정하여 보정을 명하고 기다려 보고 소각하를 하여야 한다. 그러나 그 흠을 보정할 수 없는 경우(출소기간의 경과 등)에는, 변론을 열지 않고 판결로 소를 각하할 수 있다(법 제219조).

③ 소송요건의 흠을 간과하여 본안판결을 하였을 때에는 그 판결이 확정되기 전이면 상소를 제기하여 취소할 수 있다, 그러나 판결확정 후이면 재심사유에 해당되는 경우에 한하여 재심의 소를 제기하여 취소할 수 있을 뿐이다. 반대로 소송요건이 구비되었음에도 불구하고 그 흠이 있다 하여 소를 각하한 판결에 대하여 상소를 제기한 경우에는, 원칙적으로 상급법원은 원판결의 취소(파기)와 원심에 돌리는 환송판결을 하여야 한다(법 제418조, 제425조).

제 3 절 　 소송물[17]

Ⅰ 총설

① 민사소송에 있어서 당사자가 정하는 소송의 객체를 소송물, 소송상의 청구 혹은 심판의 대상이라 한다. 다음과 같은 중요한 의미가 있다. 토지관할·사물관할, 청구의 특정과 그 범위 따위를 결정함에 있어서, 절차의 진행과정에서, 청구의 병합, 청구의 변경, 중복소송, 처분권주의의 위배인지를 정함에 있어서, 절차의 종결과정에서도, 기판력의 범위, 재소금지의 범위를 정함에 있어서 소송물이 각 그 표준이 된다. 실체법으로도, 소제기에 의한 시효중단 기간준수의 효과를 따지는 데 있어서 소송물이 관계가 있다.

---

17) 이시윤, 앞의 책, 244-263면

② 이처럼 소송물은 민사소송법상의 일련의 중요제도에 직접 관련이 있는 중핵적인 개념이며, 이에 관한 논란이 많다. 그러나 다음 세 가지는 견해의 일치를 보고 있다. 첫째로, 처분권주의에 의하여 소송물은 원고가 특정할 책임이 있으며, 피고는 여기에 대응하는 방어방법을 강구하여야 한다(단, 소극적 확인의 소는 예외). 둘째로, 청구의 목적물(법 제218조 제1항) 혹은 계쟁물(다툼의 대상) 자체는 소송물이 아니라는 점이다. 따라서 토지인도소송에 있어서 토지, 건물철거소송에 있어서 건물은 소송물일 수 없다. 셋째로, 소송에 이르게 된 사실관계 자체는 소송물이 아니다. 그러므로 소송물을 특정할 의무 있는 원고가 사실관계만 제시하여 놓는 것은 소송물의 특정이 아니다.

Ⅱ 소송물에 관한 여러 견해

1. 구실체법설(구소송물이론)

① 이 설은 주장하는 실체법상의 권리 또는 법률관계를 소송물로 보고, 실체법상의 권리가 다르면 소송법적으로도 소송물이 별개로 된다는 입장이다. 따라서 하나의 목적을 위한 판결신청이라도 여러 개의 권리, 즉 경합하는 청구권·형성권에 기하여 청구하는 경우면 소송물이 여러 개라는 것이다. 실체법적으로 정의하는 이 입장을 구소송물이론(이하 "구이론")이라 한다.

② 하나의 목적의 청구라도 i) 경합된 A·B 두 개의 권리를 동시에 주장하면 청구의 병합이고, ⅱ) A 권리에서 B 권리로 바꾸면 청구의 변경이며, ⅲ) A 권리에 관한 소송의 계속 중 B 권리에 기하여 신소를 제기하여도 중복소송이 아니고, ⅳ) A 권리에 기한 소가 패소확정된 뒤에 B 권리에 기하여 신소를 제기하여도 기판력에 저촉되지 않으며, ⅴ) A 권리에 기하여 청구하여온 경우에 B 권리에 기하여 심판하면 처분권주의에 위배되는 것으로 본다.

③ 이 설에서는 권리가 소송물의 기준이 된다. 현재 우리 판례의 주류를 이루고 있다.

2. 소송법설(신소송물이론)

이 설은 소송물은 실체법상의 권리의 주장이 아니고 소송법적 요소, 즉 신청(청구취지)만으로 또는 신청(청구취지)과 사실관계로 소송물이 구성된다는 입장이다. 소송법적으로 소송물을 정의한다 하여 소송법설인데, 우리나라와 일본에서는 이른바 신소송물이론이라고 한다. 여기에서는 실체법상의 권리는 소송물의 요소가 아니고, 소송물이 이유 있는가를 가리는 전제인 법률적 관점 내지는 공격방어방법에 불과하다고 한다. 당사자를 실체법상의 권리자·의무자 자체가 아닌 형식적 당사자로 정의하듯이, 소송물도 청구취지나 청구원인의 사실관계로 보려는 입장이다. 이제는 다수설로 되었다. 이 안에 다시 두 개의 설이 갈린다.

1) 이분지설(二分肢說, 이원설)

이분지설은 신청(청구취지)과 사실관계라는 두 가지 요소에 의해서 소송물이 구성된다는 견해이다. 우리 법제에 대응시키면 청구취지와 청구원인의 사실관계 두 가지가 소송물의 요소라는 입장이다. 다만 여기의 사실관계라는 것은 실체법상의 권리의 발생원인사실, 즉 개개의 법규의 요건사실로 좁혀서 보기보다는 이보다 넓은 것으로 사회적·역사적으로 볼 때 1개라고 할 일련의 생활사실관계를 뜻한다고 한다. 甲이 어느 날 기차에 승객으로 탔다가 사고로 부상을 당하여 철도공사 상대의 손해배상청구를 하는 경우처럼 사실관계는 하나이지만, A · B 두 개의 청구권을 주장하여도(계약불이행과 불법행위) 소송물은 하나로 본다.

그러나 두 개의 사실관계에 기한 A · B 두 개의 청구권이 경합적으로 생겼을 때는 다르다. 즉 甲은 乙에게 물건매도의 사실이 있었고 한편 乙은 이 매매대금의 지급을 위하여 甲에게 어음발행을 해준 사실도 있음을 들어 대금상당의 금전청구를 하는 경우처럼 두 개의 사실관계에 기하여 청구를 한다면 소송물은 두 개로 된다. 따라서 구소송물이론처럼 A · B 경합하는 권리(매매와 대금채권)를 문제 삼기보다 사실관계를 두 개라고 하여 소송물이 두 개라고 한다.

2) 일분지설(一分肢說, 일원설)

① 원고가 소로써 달성하려는 목적이 신청(청구취지)에 선명하게 나타나므로 신청(청구취지) 그 한 가지가 분쟁의 진실한 대상이고 소송물의 구성요소라는 입장이다. 다시 말하면 청구취지 만이 소송물이 하나인가 둘인가, 다른가 같은가의 식별기준이라고 보는 청구취지일원설로서, 소송물의 범위를 가장 넓게 잡는 입장이다.

② 따라서 청구취지에서 1개의 판결을 신청했으면 A · B 두 개의 권리(불법행위와 계약불이행에 기한 청구권)에 기하여 청구하든, A · B 두 가지 사실관계(원인관계인 매매사실과 어음발행 사실)에 기하여 청구하든 소송물은 1개다.

③ 다만 이 설에서 청구원인의 사실관계를 청구취지와 같은 소송물의 구성요소로 보지 않지만, 예외적으로 금전지급 · 대체물인도청구소송에 있어서는 청구취지에서 손해금인지 대여금인지 명시하지 않고 금액만 밝히는 등 단순하고 간단하여 판결신청이 한 가지뿐인지 두 가지 합산한 것인지, 또 같은 내용인지 아닌지의 해석을 위해 청구원인의 사실관계를 참작해야 하며, 이 경우에는 청구원인의 사실관계의 보충을 받아 비로소 소송물이 특정된다고 본다(사실관계는 구성요소가 아닌 보충적 요소라고 보는 것이다).

Ⅲ 판례의 입장

1. 판례는 구실체법설인 구소송물이론의 입장에 서있다. 청구원인에 의하여 특정되는 실체법상의 권리관계를 소송물로 보며, 청구원인에 의하여 동일성이 구별되는 것으로 본다. 각 독립한 권리에 기한 청구이면 소송물은 별개이다.

1) 상법 제148조(운송계약불이행)에 의한 손해배상청구권과 불법행위에 의한 손해배상청구권 두 가지를 동시에 주장하면 선택적 병합이다. 수치인이 목적물을 멸실함으로써 계약상의 반환의무의 불이행뿐만 아니라 불법행위에 해당한다고 주장하는 경우 역시 청구의 병합이 된다고 하였으며, 부당이득반환청구권과 불법행위로 인한 손해배상청구권은 실체법상 별개의 청구권이므로 각 청구권에 기한 이행의 소는 소송법적으로도 소송물을 달리한다고 하였다. 또한 사용자의 채무불이행 또는 불법행위로 인한 손해배상청구권 등은 별개의 청구권이므로, 소송법적으로도 소송물을 달리한다고 하였다. 이 두 개의 판례에서 어느 하나의 청구권에 관한 소제기로 승소판결을 받았

다 하더라도 아직 채권의 만족을 얻지 못한 경우에는 다른 청구권에 관한 이행판결을 받기 위하여 그에 관한 이행소송을 제기할 수 있다고 하였다. 책임범위가 다르다는 것이 전제되어 있다.

2) 어음·수표채권에 기한 청구와 원인채권에 기한 청구의 경우 이때에 별개의 소송물임을 전제로 이를 동시에 주장하면 청구의 병합이 되고, 그중 어느 하나를 주장하다가 다른 것으로 바꾸는 것은 소의 변경이라 했다.

3) 동일물의 반환청구를 소유권에 기하여 청구하는 때와 점유권에 기하여 청구하는 때 별개의 소송물에 관한 청구임을 전제로, 전자의 청구임이 명백하다면 후자의 청구인가 여부를 석명할 의무가 없다고 했다.

4) 이전등기청구사건에서 등기원인으로 전소에서는 매매(또는 대물변제)를, 후소에서는 취득시효의 완성을 주장하는 경우와 같이 등기원인을 서로 달리하면 공격방법의 차이가 아니라 등기청구권의 발생원인의 차이라 하여 소송물이 별개라는 전제에 서 있다. 말소등기 청구사건에서는 다르다.

5) 신체의 상해로 인한 손해배상을 청구하는 경우에 소송물은 적극적 재산상 손해, 소극적 재산상 손해 및 정신적 손해의 세 가지로 나누어진다는 3분설을 따랐다. 그러나 최근에 와서는 재산상의 손해와 정신적 손해의 2분설로 접근하는 등 유연성을 보인다.

6) 이혼소송에서는 각 이혼사유마다 소송물이 별개이며, 재심의 소의 소송물은 각 재심사유마다 별개가 된다는 입장이다.

7) **제203조의 처분권주의에 관한 판례**

① 원고가 소유권이전등기를 매매를 원인으로 청구한 데 대하여 담보약정계약을 원인으로 인용한 경우, ② 피고가 보통파 종자를 옥파 종자로 판매하였다 하여 손해배상을 구한 사안에서, 당사자가 불법행위로 인한 손해배상금으로 주장하였음에도 채무(계약)불이행으로 보아 청구를 인용한 경우는 처분권주의의 위배라고 하였다.

2. 결론적으로 말하여 판례의 주류는 어디까지나 구이론의 입장이나, 소송의 종류에 따라 신이론으로 접근하는 유연성도 보이고 있다. 목적과 실질에 비추어 동일소송물로 본 사례로, 뒤에서 볼 바인 소유권등기말소청구와 진정한 등기명의회복의 소유이전등기청구 등이 있다.

Ⅳ 기타

1. 일부청구의 소송물

1) 의의(문제제기)

가분적인 채권의 일부청구의 경우에 소송물을 어떻게 볼 것이냐의 문제가 있다. 甲이 乙에 금 1억원의 대여금채권을 갖고 있는데 그중 4,000만원만을 먼저 청구하고 나머지 6,000만원을 남겨 두었을 때에 소송물이 4,000만원인가, 아니면 1억원 전체인가의 문제이다.

2) 학설

① 그 일부임을 명시한 바 없었다 하여도 잔부와의 관계에서 4,000만원이 독립의 소송물로 된다는 일부청구긍정설,

② 그 일부가 일정한 표준으로 특정되지 않는 한 일부청구에 불구하고 1억원 전부를 소송물로 제시한 것으로 보아야 하며, 일부청구는 단지 인용한도액을 결정한 것에 그친다는 일부청구 부정설이 있다.

③ 원고가 일부청구임을 밝혀 명시한 경우에는 4,000만원이 독립의 소송물로 되지만, 그렇지 않은 경우에는 1억원 전부를 소송물로 보아야 한다는 명시적 일부청구설(절충설)이 있다.

생각건대 일부청구의 문제는 분쟁의 1회적 해결의 요청과 분할청구의 자유존중의 필요 등을 비교형량하여 결정할 사항이라고 본다면 일부청구의 문제는 중복소송의 경우를 제외하고 ③설이 가장 타당하다고 하겠다.

2. 확인의 소의 소송물

청구취지만으로 소송물의 동일성이 특정되며, 따로 청구원인에 의한 보충이 필요 없다는 점에 이설이 없지 않으나, 신·구이론 사이에 대체로 견해의 일치를 보이고 있다. 따라서 소유권확인의 소에서 소유권취득원인이 되는 매매·시효취득 따위는 소송물의 특정을 위해 그 기재를 필요로 하지 않으며 변론과정에서 적시에 제출할 한낱 공격방법에 불과하다.

제 4 절   소의 이익(권리보호요건)[18]

Ⅰ 개념

1) 널리 소의 이익은 국가적 공익적 견지에서는 무익한 소송제도의 이용을 통제하는 원리이고, 당사자의 견지에서는 소송제도를 이용할 정당한 이익 또는 필요성을 말한다. 이에 의하여 법원은 본안판결을 필요로 하는 사건에만 그 정력을 집중할 수 있게 되고, 또 불필요한 소송에 응소하지 않으면 안 되는 상대방의 불이익을 배제할 수 있다. 소의 이익의 문제는 권리보호 청구권설이 권리보호를 요구함에 갖추어야 할 사항을 찾는 과정에서 나온 파생들이기 때문에, 권리보호요건이라고도 하며, 이를 소권요건 또는 정당한 이익이라고도 한다.

2) 소의 이익을 지나치게 넓히면 국가의 적정한 재판권의 행사를 저해하고 남소를 허용하는 결과가 되고, 반면 이를 과도하게 좁히면 법원의 본안판결부담을 절감하게 되지만 당사자의 헌법상 보장된 재판을 받을 권리를 부당하게 박탈하는 결과가 된다. 따라서 소의 이익을 판단함에 있어서는 소 이외의 다른 민사분쟁의 간편한 해결수단의 유무, 행정적 구제·입법적 구제가 있느냐의 여부, 민사사법권의 한계 등을 기준으로 신중히 정하여야 한다.

---

18) 이시윤, 앞의 책, 221-228면

3) 넓은 의미의 소의 이익은 i) 청구의 내용이 본안판결을 받기에 적합한 일반적 자격, ii) 원고가 청구에 대하여 판결을 구할 현실의 필요성(권리보호의 이익), iii) 제대로 소송수행을 하고 본안판결을 받기에 적합한 정당한 당사자(당사자적격) 등 세 가지의 형태로 나타난다. i)·ii)는 청구의 측면에서 본 객관적 이익의 문제로서, 이것만이 좁은 의미의 소의 이익이다. iii)은 당사자의 측면에서 본 주관적 이익의 문제인데, 「당사자적격」에서 설명한다.

Ⅱ 권리보호의 자격(공통적인 소의 이익)

1. 청구가 재판상 청구할 수 있는 구체적인 권리 또는 법률관계일 것

1) 청구가 재판상 청구할 수 있는 것이라야 한다. 근대법에 있어서는 원칙적으로 청구권에 소권이나 강제이행을 구할 수 있는 권리가 포함되지만 소권이 없는 채무, 즉 자연채무(예 파산면책결정의 채무는 존속되나 소제기 권능은 상실)도 인정하는데, 이러한 자연채무에 대한 청구는 권리보호의 자격이 없다. 소로써만 행사할 수 있는 형성권(형성소권)을 제외한 나머지 형성권(예 해제·해지권, 상계권, 취소권 등 당사자의 일방적 의사표시에 사의하여 행사할 수 있는 것)을 행사하기 위한 형성의 소의 제기도 소의 이익이 없다. 또한 약혼의 강제이행(민법 제803조)이나 입법을 해 달라는 청구는 허용되지 않는다.

> **🕮 사례**
> 甲은 건축업자인 乙에게 건축공사를 맡겼으나 공사지연, 부실공사, 공사 하자 등으로 인하여 분쟁이 있어 공사대금을 변제하지 못하고 있었다. 결국 甲이 乙에 대한 공사대금 채무를 변제하지 못한 상태에서 부도가 나자 甲은 乙에 대한 공사대금 채무를 포함하여 법원으로부터 파산면책을 받아 확정되었다. 그럼에도 불구하고 乙이 甲을 상대로 공사대금 청구 소송을 제기한다면? (피고가 이 사건 면책결정을 받아 그 결정이 확정됨으로써 이전에 발생한 원고 주장의 이 사건 피고의 대여금 채무는 자연채무가 되어 원고로서는 그 소제기 권능을 상실하였으므로, 원고의 이 사건 소는 권리보호의 이익이 없어 부적법하다.)

2) 청구가 구체적인 권리관계의 주장일 것을 요한다. 법원조직법 제2조 제1항에서 '법률적 쟁송'만을 법원의 권한으로서 심판한다고 규정하였음은 이러한 취지이다.

(1) '법률적' 쟁송이어야 한다. 심판의 대상인 소송물은 법적 판단에 적합한 성질·내용을 가진 것이어야 한다. 따라서 단순한 사실의 존부의 다툼은 원칙적으로 소송의 대상이 되지 않는다. 판례는 임야 토지·건축물대장상의 명의말소 등은 권리관계주장이 아니라고 하여 소의 이익을 부인하였다.

(2) '쟁송', 즉 사건성이 있어야 한다. 법률문제라 하여도 구체적 이익 분쟁과 관계없는 추상적인 법령의 효력이나 해석의견을 다투는 소송은 허용되지 않는다. 따라서 법률·명령 자체의 합헌성 여부, 정관·규약 등의 무효 확인 등의 추상적인 권리의 존부확인청구는 소의 대상이 되지 않는다.

(3) '법원의 권한'에 속하는 법률적 쟁송이 아닌 것은 청구적격이 없다. 법원의 권한에 속하는 법률상 쟁송이 아닌 정치적 문제에 대해서는 소송상 다툴 수 없다. 정당, 종교단체, 종중 등과 같은 단체의 내부 분쟁에 대해서는 원칙적으로 법원이 관여하지 않는다.

2. 법률상·계약상의 소제기금지사유가 없을 것

1) 법률상 소제기금지의 사유

민사소송법 제259조의 중복소제기금지와 제267조 제2항의 재소금지 등

2) 계약상 제소금지의 사유, 즉 부제소합의가 없어야 한다.

> **관련 기출문제 - 2018년 공인노무사**
> 乙은 조합규약에 근거하여 자체적으로 만든 신분보장대책기금관리규정(이하 '관리규정'이라 한다)상의 위로금 지급을 둘러싼 乙과 조합원 간의 분쟁에 관하여 乙을 상대로 일절 소송을 제기할 수 없다는 규정을 두고 있다. 그 후 甲이 乙에 대하여 위 관리규정에 따른 위로금의 지급을 요구하였으나 乙이 이를 거절하였다. 이에 甲은 乙을 피고로 하여 위 관리규정에 따른 위로금 지급을 구하는 소를 법원에 제기하였다. 위 소송에서 乙은 甲이 위 관리규정상의 소제기 금지규정에 위반하여 소를 제기한 것이므로 위 소는 소의 이익이 없다고 주장하고 있다. 乙의 주장은 타당한가? [30점]

(1) 어떠한 분쟁이 발생하였을 때 당사자 간에 원만한 타협을 본 끝에 장차 민·형사상 일체의 소송을 제기하지 않는다는 합의가 이루어지는데, 이것이 바로 부제소합의 또는 특약이다.

(2) 학설은 한때 소권의 포기로서 무효라 하였으나 오늘날에는 소송을 제기하지 않는다는 사법상의 부담으로 유효하다는 것이 통설로 되어 있다. 판례도 행정소송에서는 별론으로 하고, 일반민사소송의 경우에 「특정한 권리나 법률관계에 관하여 분쟁이 있더라도 소제기하지 않기로 한 합의에 위반하여 제기한 소는 권리보호의 이익이 없다」라고 하였다.

(3) 이와 같이 부제소합의를 사법상의 계약이라 본다면 한 쪽이 그에 위반하여 소제기하는 경우에는 다른 쪽 당사자에게 항변권이라는 구제수단이 인정된다. 최근 판례에서는 甲과 乙 사이에 부제소합의가 있은 채권을 피보전권리로 하여 제기한 사해행위취소청구도 인용될 수 없다고 했다. 최근 대법원 판례는 부제소합의는 직권조사사항이라 하면서도, 당사자들이 부제소합의의 효력·범위에 관하여 다투지 아니하는데도, 법원이 직권으로 부제소합의의 위배를 이유로 소각하하는 것은 예상 외의 재판으로 당사자 일방에게 불의의 타격이 되므로 석명의무위반으로 보았다.

(4) 병원 등 실무상 엄청나게 많이 활용되는데, 특히 甲·乙 관계에서 甲이 이용하는 부제소합의가 유효하기 위해서는,

① 특약 자체가 불공정한 방법(민법 제104조)으로 이루어져서는 아니 되며, 또 합의 시에 예상할 수 있는 상황에 관한 것이어야 한다. 매매계약이 불공정법률행위로 무효이면, 그 계약에 관한 부제소합의도 무효라고 볼 것이다. 사기·강박·착오에 의한 경우도 뒤에 다툴 수 있다.

② 당사자가 자유로이 처분할 수 있는 권리관계, 즉 처분권주의에 의하는 경우이어야 한다. 공법적 권리관계나 강행법규에 관한 경우이면 안 된다.

③ 특정한 권리관계에 관한 것이어야 한다. 당사자 간에 앞으로 민사상의 일체의 소송을 제기하지 않는다는 포괄적 합의조항은 헌법상 보장된 '재판을 받을 권리'를 미리 일률적으로 박탈하는 것이 되어 무효가 된다.

④ 부제소합의는 헌법상 보장된 재판청구권의 포기라는 중대한 효과를 발생시키므로 합의의 존부에 관한 당사자의 의사가 불분명하다면 가급적 소극적 입장에서 그러한 합의의 존재를 부정할 수밖에 없다.

대법원 2002.2.22. 선고 2000다65086 판결 위로금

[1] 노동조합은 근로자들이 자신들의 이익을 옹호하기 위하여 자주적으로 결성한 임의단체로서 그 내부의 운영에 있어 조합규약 등에 의한 자치가 보장되므로 노동조합이 조합규약에 근거하여 자체적으로 만든 신분보장대책기금관리규정은 조합규약과 마찬가지로 일종의 자치적 법규범으로서 소속조합원에 대하여 법적 효력을 가진다고 할 것이나, 그러한 자치적 법규범의 제정에 있어서도 헌법이 보장하고 있는 조합원 개개인의 기본적 인권을 필요하고 합리적인 범위를 벗어나 과도하게 침해 내지 제한하여서는 아니 되며 또한 그의 내용이 강행법규에 위반되어서는 아니 되는 등의 제한이 따르는 터이므로 그 제한에 위반된 자치적 법규범의 규정은 무효라고 할 것이다.

[2] 헌법 제27조 제1항은 "모든 국민은 헌법과 법률이 정한 법관에 의하여 법률에 의한 재판을 받을 권리를 가진다."고 규정하여 국민의 재판을 받을 권리를 기본적 인권 중의 하나로 보장하고 있고, 법원조직법 제2조 제1항은 "법원은 헌법에 특별한 규정이 있는 경우를 제외한 일체의 법률상의 쟁송을 심판하고, 이 법과 다른 법률에 의하여 법원에 속하는 권한을 가진다."고 규정하여 국민의 재판청구권을 실질적으로 보장하고 있으며 한편, 권리의무의 주체인 당사자 간에서의 부제소합의라도 그 당사자가 처분할 수 있는 특정된 법률관계에 관한 것으로서 그 합의 당시 각 당사자가 예상할 수 있는 상황에 관한 것이어야 유효하게 되는바, 그러한 법리와 규정 취지들을 고려할 때, 노동조합이 조합규약에 근거하여 자체적으로 만든 신분보장대책기금관리규정에 기한 위로금의 지급을 둘러싼 노동조합과 조합원 간의 분쟁에 관하여 노동조합을 상대로 일절 소송을 제기할 수 없도록 정한 노동조합의 신분보장대책기금관리규정 제11조는 조합원의 재산권에 속하는 위로금의 지급을 둘러싸고 생기게 될 조합원과 노동조합 간의 법률상의 쟁송에 관하여 헌법상 보장된 조합원의 재판을 받을 권리를 구체적 분쟁이 생기기 전에 미리 일률적으로 박탈한 것으로서 국민의 재판을 받을 권리를 보장한 위의 헌법 및 법원조직법의 규정과 부제소합의 제도의 취지에 위반되어 무효라고 할 것이다.

중재합의가 있을 때에도 부제소계약에 준하여 소의 이익을 잃는다. 중재합의의 경우에 합의의 대상인 분쟁의 범위를 명확하게 특정하여 한정하였다는 등 특별한 사정이 없는 한 당사자 사이의 특정한 법률관계에서 비롯된 모든 분쟁을 중재에 의하여 해결하기로 정한 것으로 볼 것이다.

3. 특별구제절차(제소장애사유)가 없을 것

① 법률의 통상의 소송이 아닌 간이하고 경제적인 특별구제절차를 마련해 놓고 있는 경우에는 그에 의하는 것이 국가제도운영의 혼선을 막고 저비용·고효율이 된다는 것이다. 소송만능주의는 있을 수 없으며, 소송도 경제원칙을 따르라는 취지이다.

② 판례를 보면 i) 소송비용확정절차에 의할 것인데도 신체감정비용 등 소송비용의 상환의 소, ⅱ) 비송사건절차법에 의거할 것인데도 통상의 소로 한 임시이사선임취소의 소, ⅲ) 등기관의 직권사항인데 부기등기·경정등기의 소, ⅳ) 법원의 등기촉탁사항 또는 집행법상의 집행이의사항인데 제기하는 이전등기, 가처분등기말소나 회복등기의 소, 경매불허의 소, ⅴ) 공탁금출급절차를 밟지 않고 공탁공무원이나 국가상대의 민사소송으로 지급청구 등은 허용되지 아니한다.

4. 원고가 이미 승소확정의 판결을 받은 경우가 아닐 것

① 승소확정판결을 받아 놓았기 때문에 즉시 강제집행을 할 수 있을 때에는 동일 청구에 대한 신소의 제기는 원칙적으로 소의 이익이 없다.

② 다만 i) 판결원본의 멸실, ⅱ) 판결채권의 시효중단·연장의 필요, ⅲ) 판결내용이 불특정이고 판결경정으로 고칠 수 없어 집행불능 등의 특별한 경우에는 예외적으로 소의 이익이 인정된다. 또 재판상 청구를 하여 확정된 채권이라도 시효중단을 위해 이행소송이 아닌 채권 자체의 확인의 새로운 방식의 확인소송도 허용된다는 것이 판례이다.

5. 신의칙위반의 소제기가 아닐 것

신의칙에 반하는 소제기는 권리보호의 가치 없는 소송으로서 소의 이익이 부인된다. 대법원은 「학교법인의 경영권을 타에 양도하기로 결의함에 따라 그 법인 이사직의 사임을 승인한 바 있어 학교법인의 이사로서의 직무수행의사는 없으면서 오로지 학교법인이나 현 이사들로부터 다소의 금액을 지급받을 목적만으로 제기한 이사회결의부존재확인의 소는 소의 이익 내지 신의칙에 반한다」고 각하하였다.

Ⅲ 권리보호의 이익 또는 필요(각종의 소에 특수한 소의 이익)

1. 이행의 소

가. 현재의 이행의 소

1) 의의

현재의 이행의 소는 원고가 현재 이행기가 도래하였으나 이행되지 않은 이행청구권의 존재를 주장하면 그것으로서 원칙적으로 권리보호의 이익이 인정된다. 따라서 따로 소의 이익이 있음을 설명할 필요가 없다. 소제기에 앞서 이행의무자에 대한 최고, 의무자의 이행거절이 있을 것을 요하지 않는다.

2) 문제되는 경우

(1) 집행의 불가능·현저한 곤란

① 통상의 소에 있어서 이행판결을 받아도 이행 또는 집행불능이거나 현저하게 곤란한 사유가 있는 경우에는 소의 이익이 문제된다(예 채무자가 무자력인 경우의 금전지급청구). 판결절차는 분쟁의 관념적 해결절차로서 사실적인 해결방법인 강제집행절차와는 별도로 독자적인 존재의의를 갖고 있는 것이고, 집행권원의 보유는 피고에 대한 심리적 압박이 되기 때문에 소의 이익을 긍정해야 할 것이다. 판례도 대체로 같은 입장이다.

② 원고가 A → B → C로 순차로 마친 소유권이전등기의 각 말소를 청구하는 소송에서 후순위 등기명의자인 피고 C에 대해서 이미 패소판결이 확정되었다 해도 선순위 등기명의자인 피고 A·B명의의 등기말소를 청구할 이익이 있다고 했다. C의 승낙이 없으면 A·B에 대한 말소판결의 집행불능이 되어도 그렇다.

③ 甲의 乙에 대한 금전채권이 A에 의하여 가압류·가처분된 경우에 채무자인 甲이 제3채무자인 乙에 대한 이행의 소를 제기할 수 있다고 했다. 제3채무자인 乙에 대하여 강제집행을 할 수 없을 뿐이고 언젠가는 강제집행할 수 있는 집행권원을 얻는 것까지 금할 것은 아니라고 하여 무조건의 이행판결을 구할 수 있다(시효중단을 위해서도 필요하다. 다만, 압류 및 추심명령을 받았으면 이행 소송은 안 됨). 그러한 판결이 나도 집행은 못하며, 甲이 집행하려 하면 제3채무자 乙은 집행기관에 압류명령을 제시하여 변제를 거부하거나 공탁을 하면 된다. 그러나 금전채권이 아닌 소유권이전등기청구권이 가압류된 경우에는 이와 달리 가압류의 해제를 조건으로 채무자가 제3채무자 상대의 이전등기청구를 해야 한다.

(2) 목적의 실현·실의 없는 청구

① 원고의 소유권이전등기소송 중에 다른 원인에 의하여 원고 앞으로 소유권이전등기된 경우

② 사해행위취소소송의 계속 중 목적재산이 이미 채무자에게 복귀된 경우

③ 처분금지가처분의 신청취하, 집행취소·해제절차의 이행소송에서 가처분기입등기가 말소된 경우

④ 건물이 전부멸실된 경우에 그 건물에 대한 등기청구 등은 모두 소의 이익이 없다.

(3) 일부청구의 경우

① 다액의 채권을 소액사건심판법의 적용을 받을 목적으로 분할하여 구하는 '쪼개기' 일부청구는 소를 각하하여야 한다.

② 그러나 그 밖의 경우에는 소권의 남용임이 뚜렷하지 않는 한 견해의 타진 필요도 있어 일부청구의 소의 이익을 긍정해야 할 것이다. 그렇지 않으면 원고의 승패의 예측이 불가능할 경우라도 다액의 채권을 전부 주장할 것을 강제하여야 하므로 과도한 인지 등 부담 때문에 소송경제상 가혹한 결과를 빚을 것이며, 특히 손해배상사건에 있어서 앞으로 법원의 감정결과를 보고 청구취지를 확장할 예정으로 우선 제기한 손해액의 일부청구까지도 부정하여야 할 것이기 때문이다.

사례 1) 사법연수원 자료

소외 한석율이 2015.8.14. 원고를 채무자로, 피고들을 제3채무자로 하여 이 사건 대여금 150,000,000원의 채권에 대한 가압류 신청을 하고 같은 날 서울중앙지방법원 2015카합23699호로 위 채권에 대한 채권가압류결정을 받아 그 가압류 결정이 2015.8.26. 피고들에게 송달되었다. 피고들이 위 가압류 집행이 해제되지 않는 한 원고는 피고들을 상대로 이 사건 청구를 할 수 없다고 다툴 경우 판결에서 설시할 피고들의 주장에 대한 판단

| 해설 |

채권가압류집행이 있다고 하더라도 이는 가압류채무자가 제3채무자로부터 현실로 급부를 추심하는 것만을 금지하는 것이므로, 가압류채무자는 제3채무자를 상대로 그 이행을 구하는 소를 제기할 수 있고 법원은 가압류가 되어 있음을 이유로 이를 배척할 수 없는 것이어서(대판 2000.4.11. 99다23888, 2002.4.26. 2001다59033), 피고들의 위 주장은 이유 없다.

사례 2) 사법연수원 자료

1) 한라산은 2009.4.경 친구인 천관산으로부터 9,000만원을 받기로 하고 천관산 소유의 아파트 인테리어 공사를 수급하여 그 무렵 그 공사를 완공하였다. 당시 한라산과 천관산은 공사 완료 후 공사대금을 지급하기로 하되 따로 이행기를 정하지는 않았다.

2) 그 후 한라산에 대하여 확정판결에 기한 2,000만원의 채권을 가지고 있던 A가 위 채권을 집행채권으로 하여, 2009.7.15. 채무자를 한라산, 제3채무자를 천관산으로 하여 위 공사대금 채권 중 2,000만원에 대하여 압류 및 추심명령을 받았고, 위 명령은 천관산에게 2009.7.31. 송달되었으나 한라산에게는 송달 불능되었다.

3) 한라산의 채권자 B는 2009.8.6. 한라산에 대한 확정판결에 기한 3,500만원의 채권을 집행채권으로 하여 위 공사대금 채권 중 3,500만원에 대하여 채권압류 및 전부명령을 받았고, 위 명령은 천관산에게 2009.8.31.에, 한라산에게 2009.9.4. 각 송달되었는데, 이에 대하여 즉시항고가 제기되지 않았다.

4) 한편, 한라산은 2009.8.31. C에게 위 공사대금 채권 중 2,000만원을 양도하고 2009.9.15. 천관산에게 내용증명 우편으로 채권양도 통지를 하였으며 위 내용증명 우편은 2009.9.30. 천관산에게 송달되었다.

5) 한라산의 또 다른 채권자 D는 2009.10.16. 한라산에 대한 1,000만원의 채권을 피보전채권으로 하여 위 공사대금 채권 중 1,000만원에 대하여 채권가압류신청을 하였고, 그 가압류결정이 2009.10.30. 천관산에게 송달되었다.

그런데 천관산이 1년이 지나도록 위 공사대금을 전혀 지급하지 아니하자, 한라산은 2010.4.14. 천관산을 상대로 "위 공사대금 9,000만원 및 이에 대한 소장부본 송달 다음날부터 완제일까지 연 15%의 비율에 의한 지연손해금을 지급하라."는 소를 제기하였다. 이에 대하여 천관산은 위 채권압류 및 추심명령, 채권압류 및 전부명령, 채권일부의 양도가 있었고, 채권가압류결정까지 송달받았으므로, 한라산의 청구에 응할 수 없거나 적어도 위 추심명령, 전부명령, 채권양도 및 채권가압류 결정이 내려진 부분에 대하여는 책임이 없다고 다투었다. 천관산에 대한 소장부본 송달일은 2010.4.30. 변론종결일은 2011.1.12. 판결선고일은 2011.1.26.이다.

| 해설 |

1. 이 사건 소 중 20,000,000원 및 이에 대한 지연손해금 부분을 각하한다.

2. 피고는 원고에게 15,000,000원 및 이에 대한 2010.5.1.부터 2011.1.26.까지는 연 5%의, 그 다음 날부터 다 갚는 날까지는 연 20%의 각 비율에 의한 금원을 지급하라.

3. 원고의 나머지 청구를 기각한다.

(추심명령 부분은 각하, 전부명령 및 양도부분은 기각, 가압류 부분 및 나머지 부분은 인용)

채권에 대한 압류 및 추심명령이 있는 경우에는 실체법상의 청구권은 집행채무자(원래의 채권자)에게 있으면서 소송법상의 관리권만이 추심채권자에게 넘어가는 제3자의 법정소송담당 관계에 있게 되므로 집행채무자는 원고로서의 당사자적격을 상실한다.

→ 압류 및 추심명령의 효력발생시기는 제3채무자에 대한 송달일이고, 제3채무자에게 송달된 이상 채무자에게 송달되지 않았다 하더라도 효력발생에는 아무런 영향이 없다.

🖐 **사례 3) 사법연수원 자료**

소외 서호원이 2013.11.15. 의뢰인을 채무자로, 최양호를 제3채무자로 하여 이 사건 토지에 관한 소유권이전등기청구권에 대한 가압류신청을 하고 같은 날 서울중앙지방법원 2013카단13578호로 위 청구권에 대한 가압류결정을 받아, 그 가압류결정이 2013.11.21. 최양호에게 송달되었다. 최양호가 위 가압류집행이 해제되지 않는 한 최양호는 의뢰인에게 이 사건 소유권이전등기절차를 이행할 수 없다고 다툴 경우 최양호의 주장에 대한 판단을 기재하시오.

| 해설 |

피고 최양호는 위 가압류집행의 해제를 조건으로 하여서만 원고에게 위 소유권이전등기절차를 이행할 의무가 있다.

(※**참고** : 소유권이전등기청구권의 압류나 가압류는 등기청구권의 목적물인 부동산 자체의 처분을 금지하는 대물적 효력은 없고 채무자가 제3채무자에게서 현실로 급부를 추심하는 것을 금지하는 것뿐이므로 채무자는 제3채무자를 상대로 이행을 구하는 소송을 제기할 수 있고 법원은 가압류가 되어 있음을 이유로 이를 배척할 수 없으나, 소유권이전등기를 명하는 판결은 의사의 진술을 명하는 판결이어서 이것이 확정되면 채무자는 일방적으로 이전등기를 신청할 수 있고 제3채무자는 이를 저지할 방법이 없으므로, 가압류의 해제를 조건으로 하지 않는 한 법원은 이를 인용하여서는 안 된다(대판 2011.8.18, 2009다60077).

나. 장래의 이행의 소

🖐 **관련 기출문제 – 2023년 공인노무사**

장래의 이행을 구하는 소에 관하여 설명하시오.

1) 의의

① 장래의 이행의 소는 변론종결 시를 표준으로 하여 이행기가 장래에 도래하는 이행청구권을 주장하는 소이기 때문에 "미리 청구할 필요"가 있는 경우에 한하여 허용된다(법 제251조).

② 장래의 이행의 소는 이행기에 이르거나 조건이 성취된 경우에 채무자의 임의 이행의 거부에 대비하는 것이고, 일반적으로는 무자력으로 강제집행의 곤란에 대비하기 위한 것이 아니다. 따라서 집행이 곤란해질 사유가 있으면 가압류·가처분사유는 될지언정, 장래의 이행의 소를 제기할 사유는 되지 않는다.

2) 청구적격

(1) 기한부청구권, 정지조건부청구권 혹은 장래 발생할 청구권이라도 그 기초되는 법률상·사실상 관계가 성립되어 있는 경우는 이행의 소의 대상이 된다. 그러나 다만 조건부청구권에 있어서는 조건성취의 개연성이 충분하여야 하며 그 개연성이 희박하기 때문에 현재로서는 아무런 재산가치가 없는 경우(예 판검사가 되면 집을 준다는 따위)는 장래의 이행의 소의 대상이 되지 않는다. 기한도래나 조건 성취가 되면 그 판결의 강제집행은 가능할 수 있어야 한다.

→ 판례[19]에 의하면, 아직 거래허가를 얻지 못한 토지거래계약은 유동적 무효라고 하여, 거래허가구역의 토지매수인이 매도인 상대로 장차 허가받을 것을 조건으로 하여 소유권이전등기청구를 하는 것은 불허되며, 단지 허가신청협력의무이행청구는 소의 이익이 있다고 하였다. 허가를 얻지 못한 때에 소유권이전등기청구권은 조건부·부담부 권리에 해당되지 않는다는 것이다.

📌 부정례

채권을 양수하기는 하였으나 아직 양도인에 의한 통지 또는 채무자의 승낙이라는 대항요건을 갖추지 못하였다면 채권양수인은 현재는 채무자와 사이에 아무런 법률관계가 없어 채무자에 대하여 아무런 권리주장을 할 수 없기 때문에 채무자에 대하여 채권양도인으로부터 양도통지를 받은 다음 채무를 이행하라는 청구는 장래이행의 소로서의 요건을 갖추지 못하여 부적법하다(대판 1992.8.18, 90다9452·9469(참가)).

📌 긍정례

① 향후 30년의 생존을 조건으로 하는 정기금청구, ② 관할관청의 허가·인가를 조건으로 하는 청구와 농지취득자격증명을 조건으로 한 소유권이전등기청구, ③ 판례는 한때 장래의 부당이득반환청구는 청구권의 성질상 허용되지 않는다고 하였으나, 뒤에 전원합의체판결로써 부당이득은 현재의 부당이득뿐만 아니라 장래의 부당이득도 그 이행기에 지급을 기대할 수 없어 미리 청구할 필요가 있으면 미리 청구할 수 있다고 이를 변경하였다.

(2) 선이행청구

① 원고가 먼저 자기 채무의 이행을 해야 비로소 그 이행기가 도래하는 이행청구권을 대상으로 하는 선이행청구는 원칙적으로 허용되지 않는다. 예컨대 저당채무자가 먼저 저당채무를 지급하는 것을 조건으로 한 저당권설정등기말소청구, 양도담보설정자가 먼저 채무 변제할 것을 조건으로 하여 담보로 넘어간 부동산을 되찾기 위한 소유권이전등기의 말소청구 등이다.

---

19) 대법(전) 90다12243

② 다만 양도담보 등의 경우에 채권자가 자기명의의 등기가 담보의 목적이 아님을 다툰다든가 피담보채무의 액수를 다투기 때문에 채무자가 변제하여도 담보조로 옮겨간 등기의 말소에 즉시 협력을 기대할 수 없으면, 미리 청구할 필요가 있다고 볼 것이다.

3) 미리 청구할 필요

장래의 이행의 소는 '미리 청구할 필요가 있는 때(법 제251조)'에 한하여 예외적으로 소의 이익이 있다. 어떠한 경우에 그러한 필요가 있는가는 이행의무의 성질, 의무자의 태도를 고려하여 개별적으로 판정하지 않으면 안 된다.

(1) 정기행위

부양료·양육비 등 이행이 제때에 이루어지지 않는다면 채무본지에 따른 이행이 되지 않는다든지(민법 제545조) 또는 이행지체를 하면 회복할 수 없는 손해가 발생할 경우에는 채무자가 이행을 확약하여도 미리 이행판결을 받을 필요가 있다.

(2) 계속적·반복적 이행청구

① 현재 이미 이행기도래분에 대해 불이행한 이상, 장래의 분도 자진이행을 기대할 수 없기 때문에 현재의 분과 합쳐서 미리 청구할 수 있다. 또 이행기미도래의 부작위채무에 대해서도 채무자가 이미 의무위반을 하였다든가 의무위반의 염려가 있을 때에는 미리 청구할 필요가 있다.

② 특히 장래의 계속적인 불법행위·부당이득이 있을 것을 전제하여 미리 청구의 경우 판례는 원고가 주장하는 변론종결 후의 장래시점까지 변수 없이 침해가 존속될 것이 변론종결 당시에 확정적으로 예정되어야 한다는 입장이다. 그 이전에 채무자의 침해가 중단될 변수 등 사정변경이 생길 유동적이면 부적법하다는 취지이다. 변론종결 당시에 확정적으로 채무자가 책임질 기간을 예정할 수 없다면 장래 이행의 판결을 할 수 없다. 또한 소유권상실 시까지 계속적 부당이득만 청구하는 것은 무의미한 판결주문이며, 집행력에 영향을 미칠 수 없다.

(3) 미리 의무의 존재를 다투는 경우

의무자가 이 때문에 이행기에 이르거나 조건이 성취되어도 즉시 이행을 기대할 수 없음이 명백한 경우에는 미리 청구할 필요가 있다. 대주주가 주식양도를 거부하는 경우에는 그 주식회사도 명의개서를 거부할 염려가 있다 하여 회사에 대한 장래의 명의개서청구를 할 수 있다.

(4) 현재의 이행의 소와 병합한 장래의 이행의 소

① 원금청구와 함께 원금을 앞으로 다 갚을 때까지의 지연이자청구, 가옥명도와 함께 앞으로 명도할 때까지의 임대료상당의 손해금청구를 하는 경우인데, 주된 청구가 다투어지는 이상 이행기에 가서 그 이행을 기대할 수 없으므로 미리 청구할 필요가 있다.

② 문제는 본래의 목적물의 인도청구와 현품이 없어 그 집행불능에 이를 때를 대비하여 이에 갈음하는 금전청구(대상청구=代償請求라고 함)를 병합하는 경우이다. 대상청구는 본래의 급여의 집행단계에 이르러 그 급여의 집행불능에 대비한 장래의 이행의 소이지만,

만일 본래의 청구에 이의 병합청구하는 것을 불허한다면 인도판결의 집행불능 시에 새로 대상청구를 할 수밖에 없는 비경제 때문에 허용된다.

(5) 형성의 소와 장래의 이행소송의 병합은 부정하는 것이 판례이다. 공유물분할청구와 병합하여 분할판결이 날 경우에 대비한 분할부분에 대한 등기청구는 허용되지 않는다.

4) 장래이행판결과 사정변경

한편, 정기금의 지급을 명한 판결이 확정된 뒤에 그 액수산정의 기초가 된 사정이 현저하게 바뀜으로써 당사자 사이의 형평을 크게 침해할 특별한 사정이 생긴 때에는 그 판결의 당사자는 장차 지급할 정기금 액수를 바꾸어 달라는 소를 제기할 수 있는바(법 제252조), 여기서 말하는 정기금판결은 그 변론종결 당시 이미 발생한 손해에 관한 것이든, 장래에 계속적으로 발생할 손해에 관한 것이든 불문하는 것이므로, 이는 장래에 계속적으로 발생할 손해의 배상을 명하는 경우에도 적용된다고 할 것이다[20].

2. 확인의 소

가. 의의

① 확인의 소는 기본적으로는 대상이 무한정이다. 따라서 남소의 우려가 있으므로 소의 이익으로 그 제한을 하지 않으면 안 된다[21]. 따라서 확인의 소에 있어서는 소의 이익이 그 통제에 중요한 역할을 한다.

② 확인의 소의 이익은 대상적격과 확인의 이익 두 가지로 나뉜다.

나. 대상적격

원칙적으로 현재의 권리·법률관계일 것을 요한다.

1) 확인의 대상은 **권리·법률관계이어야** 하기 때문에 사실관계는 허용될 수 없다. 다만 증서의 진정여부를 확인하는 소는 예외이다.

2) 확인의 대상은 현재의 권리·법률관계이어야 한다.

(1) 과거의 권리관계 존부확인

① 과거의 권리관계의 존부확인은 청구할 수 없다. 과거의 권리관계가 현재의 권리관계에 영향을 미치면 차라리 현재의 권리관계로 고쳐서 확인을 구하는 것이 직접적이고 간명한 방법이기 때문이다. 판례를 보면, 근저당권이 말소된 후 피담보채무에 관한 부존재확인의 소, 부부 쌍방의 사망후혼인사실의 확인, 저당권의 실행으로 이미 종료된 임의경매절차의 무효확인 청구는 모두 과거의 권리관계에 관한 확인청구라 하여 소를 각하하였다.

② 과거의 권리관계의 존재의 확인은 원칙적으로 불허되지만, 판례는 예외적으로 다음의 경우는 완화하려 한다.

---

20) 사법연수원, 민사실무 Ⅱ, 2018, 114-115면
21) 전병서, 강의민사소송법, 박영사, 2023, 268면

㉠ 과거의 법률행위의 효력확인

그 진의가 근본적으로 현재의 권리·법률관계에 관련되어 있으면 허용된다.

판례는 i) 매매계약무효확인의 소에 있어서 '과거의 법률행위인 매매계약무효확인을 구하는 것으로 볼 것이 아니라 현재 매매계약에 기한 채권·채무가 존재하지 않는다는 확인을 구하는 취지를 간결하게 표현한 것으로 선해(善解)하여야 한다.'고 했다. 또 ii) 대법 2010다36407에서도 2개월 정직처분의 무효확인을 구하는 사건에서 그 정직 2개월이 경과되었지만, 정직기간 동안의 임금 미지급 처분의 실질을 갖는 징계처분의 무효여부에 관한 다툼이라 보아 적법하다고 했다. iii) 과거의 당연해직조치라도 근로기준법 제23조의 정당한 해고이유가 없음을 들어 근로자가 사용자 상대의 당연퇴직처분 무효확인의 소를 허용하였다.

㉡ 과거의 포괄적 법률관계의 확인

판례는 신분관계, 사단관계, 행정소송관계처럼 포괄적 법률관계인 경우에 과거의 것이라도 일체 분쟁의 직접적·획일적 해결에 유효적절한 수단이 되는 때에는 허용할 것이라고 했다.

(2) 장래의 권리관계 확인

장래의 권리관계의 확인도 허용되지 않는다. 그러나 조건부권리나 기한부권리는 확인의 대상이 된다.

3) 제3자 확인의 소

이 확인의 대상은 원·피고 당사자 간의 권리관계가 아니라 타인 간의 권리관계라 하여도 당사자의 권리관계에 대한 불안·위험제거에 유효하고 적절한 수단이 되는 경우에 확인의 이익이 있다. 예를 들면 보험계약의 당사자 사이에 계약상 채무의 존부·범위에 다툼이 있는 경우, 보험회사가 보험수익자를 상대로 소극적 확인의 소의 이익이 있으며, 제2번 저당권자가 제1번 저당권자와 담보물의 소유권자를 상대로 하여 제1번 저당채무의 부존재확인을 구하는 경우이다. 판례는 채권자가 채권자대위권에 기하여 채무자의 권리확인의 소를 제기할 수 있다 하였다.

4) 소송법상의 법률관계

확인의 대상은 비단 실체법상의 권리관계에 한하지 않으며, 소송법상의 법률관계에 대해서도 독일의 학설·판례는 소나 항고 등에 의하여 시정의 길이 없는 한 확인의 소의 대상이 될 수 있다고 본다. 그러나 우리 판례는 경매절차 자체의 무효확인은 허용되지 않는다고 보았다.

다. 확인의 이익

1) 의의

확인의 이익은 권리 또는 법률상의 지위에 현존하는 불안·위험이 있고, 그 불안·위험을 근본적으로 제거함에는 확인판결을 받는 것이 가장 유효·적절한 수단일 때에 인정된다.

2) 요건

다음 세 가지 요건을 갖추어야 한다.

(1) 법률상의 이익

반사적으로 받게 될 사실적·경제적 이익은 포함되지 않는다. 따라서 판결에 의하여 불안을 제거함으로써 원고의 법률상의 지위에 영향을 줄 수 있는 경우이어야 한다.

(2) 현존하는 불안

① 자기의 권리 또는 법적 지위가 다른 사람으로부터 부인되거나 부지(不知)라고 주장된 경우, 이와 양립하지 않는 주장을 당하게 되는 경우가 현존하는 불안이 있는 전형적인 경우이다. 따라서 권리관계에 대하여 당사자 사이에 아무런 다툼이 없어 불안이 없으면 원칙적으로 확인의 이익이 없다.

그러나 당사자 간에 다툼이 없어도 소멸시효의 완성단계에 이른 경우, 원고의 주장과 반대되는 공부상의 기재 등 불확실할 때는 법적 불안이 있는 것으로 보아야 한다.

대법원 판례에 의하면, 멸실임야대장상의 소유자란이 공백이 되어서 토지소유자임을 임야대장으로 증명할 수 없는 경우에는 보존등기를 위한 소유권증명 때문에 토지소유자가 국가를 상대로 제기한 소유권확인의 소는 가사 관계당사자 간에 다툼이 없어도 확인의 이익이 있다고 하였다. 국가 상대의 토지소유권 확인청구는 어느 토지가 미등기이고 토지대장 또는 임야대장상에 주소가 없는 경우 등록명의자가 없거나 등록명의자가 누구인지를 알 수 없을 때와 그 밖에 국가가 등록명의자의 소유를 부인하면서 계속 국가소유를 주장하는 등 특별한 사정이 있는 경우에 확인의 이익이 있다.

② 다른 사람이 권리가 없는데도 있다고 주장하며 자기의 지위를 위협하는 경우도 불안이 있는 경우이다(소극적 확인의 소의 이익이 있는 경우). 판례에서 유치권이 없는데 있다 하여 경매 절차에서 저가매각의 우려가 있어 저당권자가 하는 유치권부존재확인의 소에는 확인의 이익이 있다고 했다.

(3) 불안제거에 유효·적절한 수단(방법선택의 적절)

원고의 권리 또는 지위의 불안을 해소시킴에 있어서 확인판결을 받는 것 이외에 유효·적절한 수단이 없을 것을 요한다. 피공탁자가 아닌 제3자가 피공탁자 상대 공탁금 출급확인의 소에서 승소판결을 받아도 공탁물 출급청구를 할 수 없으므로, 확인의 이익이 없다.

① 자기의 소유권을 상대방이 다투는 경우에는 특별한 사정이 없는 한 자기에게 소유권 있다는 적극적 확인을 구할 것이고, 상대방이나 제3자에게 소유권 없다는 소극적 확인을 구할 것이 아니다.

② 당해 소송 내에서 재판을 받는 것이 예정되어 있는 절차문제에 대해서 별도의 소로 확인을 구하는 것은 소송경제를 해치는 것이고 확인의 이익이 없다. 대리권과 같은 소송요건의 존부, 소취하의 유·무효 등의 소송상의 다툼 등은 당해 소송에서 심판받을 일이지, 별도의 소로써 확인을 구할 것이 아니다.

③ 확인의 소의 보충성

이행의 소나 형성의 소를 제기할 수 있는 경우인데도 같은 권리관계에 관한 확인의 소를 제기할 수 있는지가 확인의 소의 보충성의 문제이다.

㉠ 이행의 소를 바로 제기할 수 있는데도, 이행청구권 자체의 존재확인의 소를 제기하는 것은 적절치 못하므로 원칙적으로 허용되지 않는다(예 을에 대해 1,000만원의 채권을 갖고 있는 갑이 1,000만원 채권존재확인의 소를 제기하는 따위는 불허). 따라서 확인의 소는 이행의 소를 제기할 수 없을 때 보충적으로 허용되게 되는데, 이를 "확인의 소의 보충성"이라 한다. 확인의 소에 의한 확인판결을 받아 보아도 강제집행할 수 있는 효력인 집행력이 없어 분쟁의 근본적 해결에 실효성이 없고 소송경제에 도움이 안 되기 때문이다.

그러나 i) 목적물이 압류된 경우, ii) 현재 손해액수의 불판명, iii) 확인판결이 나면 피고의 임의이행을 기대할 수 있을 때에는 예외적으로 확인의 이익이 있다. iv) 기본되는 권리관계로부터 파생하는 청구권에 기한 이행의 소가 가능한 경우라도, 당해 기본되는 권리관계 자체에 대하여 확인의 소가 허용된다(건물명도청구가 가능한 경우에 그 명도청구권 발생의 기본이 되는 소유권의 확인청구). 그러나 판례는 저당권설정계약에 의한 피담보채무의 부존재확인청구와 함께 그 저당권설정등기의 말소청구를 한 경우에 피담보채무의 부존재를 이유로 그 등기말소청구를 하면 되지 별도로 그 채무부존재확인의 청구까지는 확인의 이익이 없다고 했다.

㉡ 형성의 소를 제기할 수 있는 경우에 확인의 소를 제기한 경우도 마찬가지로 확인의 이익은 부정할 것이다. 예컨대 이혼청구를 할 수 있는데 이혼권의 존재확인 따위이다. 파산면책된 채무자가 집행권원을 갖고 있는 채권자에게 청구이의의 소를 제기하지 않고 면책확인을 구하는 경우도 같다.

라. 증서의 진정 여부를 확인하는 소(법 제250조)

1) 의의

① 확인의 소는 법률관계를 증명하는 서면이 진정한지 아닌지를 확정하기 위하여서도 제기할 수 있다(법 제250조). 이는 법률이 예외적으로 사실관계의 확인청구를 인정하는 경우이다.

② 여기의 '법률관계를 증명하는 서면(증서)'은 그 내용에 의해 직접적으로 현재의 법률관계의 존재가 증명될 수 있는 경우를 말한다. 예를 들면 어음·수표 등의 유가증권, 정관·매매계약서·차용증서 따위다.

③ '진정 여부'란 서면이 그 작성명의자에 의하여 작성된 것인가 아니면 위조·변조되었는가를 말하는 것이지, 내용의 진정을 뜻하는 것이 아니다.

※ 증서진부확인의 소

소 장

원 고 ○○○
　　　　　○○시 ○○구 ○○길 ○○
피 고 ◇◇◇
　　　　　○○시 ○○구 ○○길 ○○

증서진부확인의 소

청 구 취 지

1. 별지목록 기재의 약속어음은 진정하게 성립된 문서가 아님을 확인한다.
2. 소송비용은 피고가 부담한다.
라는 판결을 구합니다.

청 구 원 인

1. 원고는 20○○.○.○○. 약속어음을 발행한 사실이 전혀 없음에도 불구하고, 피고로부터 위조된 별지목록 기재 약속어음의 액면 금 10,000,000원을 지급하라는 독촉을 받았습니다.
2. 그런데 피고가 소지하고 있는 별지목록 기재 약속어음 1매는 소외 ◆◆◆가 20○○.○.○.경 원고의 도장을 임의로 새긴 뒤 원고로 행세하면서 별지목록 기재 약속어음을 위조하여 피고에게 교부하는 방법으로 행사한 것입니다.
3. 따라서 원고는 그 법적 지위의 위험을 제거할 필요가 있으므로, 청구취지 기재와 같은 판결을 받고자 이 사건 청구에 이른 것입니다.

입 증 방 법

1. 갑 제1호증   약속어음사본

첨 부 서 류

1. 위 입증서류   각 1통
1. 소장부본   1통
1. 송달료납부서   1통

20○○.○.○.   원고   ○○○   (서명 또는 날인)
○○ 지방법원   귀중

2) 확인의 이익

일반확인의 소와 마찬가지로 확인의 이익을 요하므로, 원고의 권리 또는 법적 지위의 위험·불안을 제거함에 문서의 진정여부확인이 필요하고 적절한 수단이어야 한다. 불안이 제거될 수 없는 경우이면 안 된다. 그러므로 서면에 의하여 증명되는 법률관계에 대해 당사자 간에 다툼이 없거나 법률관계가 소멸되면 확인의 이익이 없다. 또 서면에 의하여 증명되어야 할 법률관계를 둘러싸고 이미 소가 제기되어 있는 경우에는 그 소송에서 분쟁을 해결하면 되는 것이므로 그와 별도로 서면의 진정여부를 가리는 확인의 소를 제기할 이익이 없다.

3. 형성의 소

1) 원칙

형성의 소는 원칙적으로 법률에 특히 규정을 두고 있는 경우에 한하여 제기할 수 있으며(형성소송법정주의), 법률의 규정에 따라 소송을 제기한 경우에는 원칙적으로 소의 이익이 인정된다.

2) 예외

예외적으로 권리보호의 이익이 부인되는 경우가 있다.

(1) 소송목적의 실현

예컨대 공유물의 분할에 관한 협의가 성립된 후의 분할청구의 소는 소의 이익이 없다.

(2) 소송계속 중 사정변경

회사이사의 선임결의취소소송 계속 중 임기만료로 이사가 퇴임한 경우에는 소의 이익이 없으며, 영업정지처분 취소소송의 계속 중 영업정지기간이 경과한 때에도 소의 이익이 부정된다.

(3) 별도의 직접적 권리구제절차가 있는 경우

이때에도 소의 이익이 부정된다. 판례가 대집행완료 후에는 철거명령이 위법함을 이유로 손해배상청구를 할 것이지, 철거명령취소청구는 소의 이익이 없는 것으로 본 것이 한 예이다.

Ⅳ 소송상의 취급

소의 이익은 소송요건의 일종으로 직권조사사항(직권탐지사항은 아니다)이고, 본안판결의 요건이며, 따라서 이의 흠이 있을 때에는 소가 부적법하다 하여 각하판결하여야 한다.

다만 소의 이익에 흠이 있을 때에 그를 이유로 원고의 청구를 배척하면서 소각하가 아니라 청구기각을 했다고 해서 본안인 권리관계의 존부에 기판력이 생기는 것은 아니므로 주문형식은 문제 삼을 실익이 없다고 할 것이다.

02 | 법원과 관할

제1절　법관의 제척 · 기피 · 회피[22]

Ⅰ 제도의 의의

재판의 공정성을 유지하기 위하여 법관이 자기가 담당하는 구체적 사건과 인적 · 물적으로 특수한 관계가 있는 경우에 그 사건의 직무집행에서 배제되는 제도를 법관의 제척 · 기피 · 회피라고 한다.

Ⅱ 법관의 제척(除斥)

1. 의의

법관의 제척이란 법관이 담당하고 있는 구체적인 사건과 법률에서 정한 특수한 관계가 있는 때에 당연히 법에 의하여 그 사건에 관한 직무집행에서 제치는 것을 말한다.

2. 제척이유(법 제41조 제1호–제5호)

법관은 법 제41조 각 호[23]의 가운데 어느 하나에 해당하면 직무집행에서 제척(除斥)된다. 법 제41조 각 호의 사유는 열거규정이며, 유추확대해서는 안 된다.

※ 전심관여(前審關與) – 법 제41조 제5호

1) 법관이 불복사건의 이전심급의 재판에 관여하였을 때에는 제척사유에 해당한다. 다만, 다른 법원의 촉탁에 따라 그 직무를 수행한 경우에는 그러하지 아니하다. 이를 전심관여(前審關與)라고 하는데, 이것이 제척이유로서 실무상 가장 많이 문제되고 있다.

   이를 제척이유로 한 것은 예단배제의 원칙에 의한 재판의 공정성을 유지하는 한편, 새로운 법관으로 하여금 재심사시키는 심급제도의 취지가 허물어지는 것을 막고자 하는 데 있다.

---

22) 이시윤, 앞의 책, 82–91면
23) 제41조(제척의 이유)
　　법관은 다음 각 호 가운데 어느 하나에 해당하면 직무집행에서 제척(除斥)된다.
　　1. 법관 또는 그 배우자나 배우자이었던 사람이 사건의 당사자가 되거나, 사건의 당사자와 공동권리자 · 공동의무자 또는 상환의무자의 관계에 있는 때
　　2. 법관이 당사자와 친족의 관계에 있거나 그러한 관계에 있었을 때
　　3. 법관이 사건에 관하여 증언이나 감정(鑑定)을 하였을 때
　　4. 법관이 사건당사자의 대리인이었거나 대리인이 된 때
　　5. 법관이 불복사건의 이전심급의 재판에 관여하였을 때. 다만, 다른 법원의 촉탁에 따라 그 직무를 수행한 경우에는 그러하지 아니하다.

PART
01

2) 불복사건의 '이전심급의 재판'이란 해당사건의 하급심재판을 의미한다. 즉, 어떤 사건이 항소심에 계속되어 있는 경우 1심에 관여한 법관은 항소심을 담당할 수 없고, 상고심에 계속되어 있는 경우 1심 또는 항소심에 관여한 법관은 상고심을 담당할 수 없게 된다(예를 들면 A부장판사는 소유권이전등기청구사건에서 제1심 재판장으로 재판에 관여하여 판결한 바 있었는데, 그 뒤 A가 대법관으로 승진되었다고 할 때에 A는 항소·상고에 의하여 현재 대법원에 계류 중인 그 사건의 담당 재판부구성원으로서 관여할 수 없다).

그러나 상고심에서 파기환송 또는 파기이송되기 전의 원심판결에 관여한 법관에 대하여는 민사소송법에 별도의 제척규정을 두고 있다(법 제436조 제3항). 재심대상 재판에 관여한 법관은 해당 재심사건의 재판에 관여할 수 있으며, 본안 사건의 재판에 관여한 법관은 그 집행문 부여의 소나 강제집행정지 등 사건의 재판에 관여할 수 있다. 본안소송에 대한 관계에서 가압류·가처분에 관한 재판도 '이전심급의 재판'에 해당하지 않는다. 또 판례는 소송상 화해에 관여한 법관이 그 화해내용에 따른 목적물의 인도소송에 관여하는 것은 전심관여라 볼 수 없다고 하였다. 그러나 이와 같은 것들은 기피사유로 문제를 삼을 수는 있다.

3) 여기의 전심 '관여'란 하급심의 판결에 실질적으로 관여하는 것을 말하며, 따라서 판결에 관여하지 아니하고 그 이전 단계에서만 관여하거나 판결 선고에만 관여한 경우에는 전심관여라고 할 수 없다. 또 다른 법원으로부터 촉탁을 받고 전심에 관여한 때에도 제척이유가 되지 아니한다(법 제41조 제5호 단서).

4) 전심에 관여한 사건과 동일사건이라야 한다.

※ 참고 : "이전심급" = "전심"에 관한 해설)

① 상고심에서 파기환송 또는 파기이송되기 전의 원심판결은 이전심급의 재판에 해당되지 않는다. 다만, 이 경우에 대하여는 민사소송법에 별도의 제척규정을 두고 있다(법 제436조 제3항).

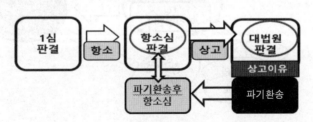

② 재심소송에 있어서 재심대상의 확정판결은 이전심급의 재판에 해당되지 않는다.

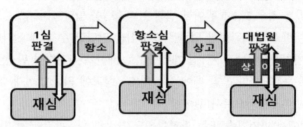

③ 청구이의의 소에 있어서 그 대상확정판결은 이전심급의 재판에 해당되지 않는다.

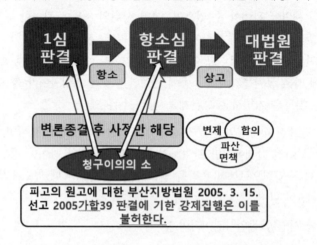

④ 집행정지신청사건에 대하여 집행권원을 성립시킨 본안재판은 이전심급의 재판에 해당되지 않는다.

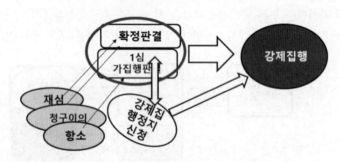

⑤ 본안소송에 대한 관계에서 가압류·가처분 재판은 이전심급의 재판에 해당되지 않는다.

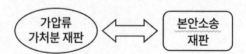

⑥ 본안소송의 재판장에 대한 기피신청사건의 재판은 이전심급의 재판에 해당되지 않는다.

⑦ 또 판례는 소송상 화해에 관여한 법관이 그 화해내용에 따른 목적물의 인도소송에 관여하는 것은 전심관여라 볼 수 없다고 하였다. 그러나 이와 같은 것들은 기피사유로 문제를 삼을 수는 있다.

3. 제척의 재판

① 제척이유의 유무는 그 문제된 법관 자신과 그 소속합의부의 직권조사사항이다. 조사결과 제척이유가 있음이 명백하면 당해 법관은 스스로 직무집행에서 물러나고 이를 조서에 기재하면 된다. 그러나 제척이유의 유무에 관하여 의문이 있으면 법원은 당사자의 신청 또는 직권으로 제척의 재판을 하지 않으면 안 된다. 다만 제척의 효과는 그 재판 유무에 관계없이 당연히 발생하기 때문에 제척의 재판은 확인적 성질(선언적 의미)을 갖는다.

② 제척재판에 관한 절차는 기피의 재판에 준한다.

4. 제척의 효과

① 제척이유가 있는 법관은 법률상 당연히 그 사건에 대해 직무집행을 행할 수 없다. 그러나 ⅰ) 종국판결의 선고에 관여, ⅱ) 긴급을 요하는 행위(멸실우려가 있는 증거조사, 가압류·가처분 등)는 할 수 있으며, 제척신청이 각하된 때에는 결정이 확정되기 이전이라도 직무를 행할 수 있다(법 제48조 단서).

② 제척이유가 있는 법관이 관여한 소송행위는 본질적인 절차상의 하자로서 무효로 된다. 절대적 상고이유(법 제424조 제1항 제2호), 확정 후에는 재심사유가 된다(법 제451조 제1항 제2호).

Ⅲ 법관의 기피

1. 의의

① 기피란 법 제41조에서 정해진 제척이유 이외의 재판의 공정을 기대하기 어려운 사정이 있는 경우에 당사자의 신청을 기다려 재판에 의하여 비로소 법관이 직무집행에서 배제되는 것을 말한다.

② 기피의 재판은 제척과 달리 신청주의이고 형성적이며, 이는 제척제도를 보충하여 재판의 공정을 보다 철저히 보장하기 위한 것이다.

2. 기피이유

제척이유 이외의 법관에게 공정한 재판을 기대하기 어려운 사정(법 제43조 제1항)이 기피 이유가 되는데 구체적으로 본다.

① 「법관에게 공정한 재판을 기대하기 어려운 사정」이란 통상인의 판단으로서 법관과 사건과의 관계에서 편파적이고 불공평한 재판을 하지 않을까 하는 염려를 일으킬 객관적 사정을 가리킨다(당사자와 법관이 약혼·사실혼관계 등 애정관계, 당사자가 법인인 경우에 법관이 주주 등 그 구성원인 경우). 당사자는 아니나, 법관이 소송대리인과 혼인관계나 법 소정 친족관계 등(장인과 사위 등)이 있을 때에도 기피이유가 되는 것으로 봄이 옳을 것이다.

② 기피이유는 불공평한 재판을 하지 않을까 하는 염려를 일으킬 객관적 사정을 말하기 때문에, 당사자 측에서 품는 불공정한 재판을 받을지도 모른다는 주관적인 의혹만으로는 해당되지 않는다.

3. 기피신청

1) 기피신청의 방식(법 제44조)

① 합의부의 법관에 대한 제척 또는 기피는 그 합의부에, 수명법관(受命法官)[24]·수탁판사(受託判事)[25] 또는 단독판사에 대한 제척 또는 기피는 그 법관에게 이유를 밝혀 신청하여야 한다.

② 제척 또는 기피하는 이유와 소명방법은 신청한 날부터 3일 이내에 서면으로 제출하여야 한다.

2) 기피신청권의 행사시기와 상실

당사자가 법관을 기피할 이유가 있다는 것을 알면서도 본안에 관하여 변론하거나 변론준비기일에서 진술을 한 경우에는 기피신청을 하지 못한다(법 제43조 제2항). 이 점이 절차의 어느 단계에서나 직권조사를 요하는 제척이유와 다르다.

4. 기피신청에 대한 재판

1) 기피당한 법관 스스로의 재판(간이각하) - 법 제45조

① 제척 또는 기피신청이 법 제44조의 규정에 어긋나거나 소송의 지연을 목적으로 하는 것이 분명한 경우에는 신청을 받은 법원 또는 법관은 결정으로 이를 각하(却下)한다. 기피권의 남용에 대한 우리 법 특유의 대책으로, 이 경우에는 기피당한 법원이나 법관(수명법관·수탁판사·단독판사) 스스로가 신청을 각하할 수 있다.

② 제척 또는 기피를 당한 법관은 제1항의 경우를 제외하고는 바로 제척 또는 기피신청에 대한 의견서를 제출하여야 한다.

---

24) 합의체는 재판장과 합의부원(통칭 배석판사라 한다)으로 구성된다.
  → 재판장은 다음과 같은 권한을 갖는다.
    ① 합의체의 대표기관으로서 소송지휘권, 판결의 선고 및 석명권을 행사하고 합의를 주재한다.
    ② 전원관여의 필요 없는 간단한 사항과 여유 없는 급박한 사항. 예컨대 수명법관의 지정, 기일지정, 소장심사·소장각하명령, 변론준비절차회부와 진행 등은 단독으로 그 권한을 행사한다.
  → 수명법관
    합의체는 그 구성법관 중에서 1인을 수명법관으로 정하여 일정한 사항의 처리를 위임할 수 있다. 합의체의 활동을 원활·신속하게 하기 위한 것으로 수명법관의 지정은 재판장이 행한다.
25) 수탁판사란 수소법원이 같은 급의 다른 법원에 일정한 재판사항의 처리를 부탁한 경우에 그 처리를 맡은 다른 법원의 단독판사를 말한다. 수탁판사가 한 처분 또는 재판은 소송법상 재판장·수명법관이 한 것과 마찬가지로 취급된다.

2) 다른 합의부의 재판(법 제46조)

제척 또는 기피신청에 대한 재판은 그 신청을 받은 법관의 소속 법원 합의부에서 결정으로 하여야 한다. 제척 또는 기피신청을 받은 법관은 위 재판에 관여하지 못한다. 다만, 의견을 진술할 수 있다. 제척 또는 기피신청을 받은 법관의 소속 법원이 합의부를 구성하지 못하는 경우에는 바로 위의 상급법원이 결정하여야 한다.

3) 불복신청(법 제47조)

① 제척 또는 기피신청에 정당한 이유가 있다는 결정에 대하여는 불복할 수 없다.

② 법 제45조 제1항의 각하결정(却下決定) 또는 제척이나 기피신청이 이유 없다는 결정에 대하여는 즉시항고를 할 수 있다. 제45조 제1항의 각하결정에 대한 즉시항고는 집행정지의 효력을 가지지 아니한다.

5. 기피신청의 효과

1) 본안소송절차의 정지(법 제48조)

법원은 제척 또는 기피신청이 있는 경우에는 그 재판이 확정될 때까지 소송절차를 정지하여야 한다. 다만, 제척 또는 기피신청이 각하된 경우 또는 종국판결(終局判決)을 선고하거나 긴급을 요하는 행위를 하는 경우에는 그러하지 아니하다.

2) 정지 없이 진행한 효과

① 정지 없이 판결선고를 하였을 때에 그 종국판결에 대한 불복절차로 당부를 다투어야 하지, 별도로 항고할 수 없다.

② 정지하지 않고 판결을 비롯하여 소송행위를 하였을 때에 뒤에 기피결정이 있으면 그 행위가 위법하게 됨에 아무 다툼이 없지만(상고이유 및 재심사유가 된다[26]), 그러나 뒤에 기피신청 기각·각하결정이 확정된 경우에 그 위법이 치유되는지 여부에 견해의 대립이 있다. 판례에는 유효하여 위법성이 치유된다고 적극적으로 보는 예도 있으나, 정지하지 않고 절차를 진행시킨 끝에 쌍방불출석으로 항소취하간주의 효과를 발생시킨 경우에 절차위반의 흠결은 치유될 수 없다는 판례도 있다. 모든 경우가 아니라 당사자의 소송상의 이익이 해하여지지 않은 때에 한하여 위법성이 치유된다고 절충적으로 볼 것이다.

Ⅳ 법관의 회피 – 자발적인 배제

법관의 회피란 법관이 스스로 제척 또는 기피이유가 있다고 인정하여 자발적으로 직무집행을 피하는 것을 말한다(법 제49조).

---

26) 법 제424조 제1항 제2호, 법 제451조 제1항 제2호

제 2 절   민사재판권

I 재판권(사법권) 일반

재판권은 일반적으로 사법권이라고도 불리는데, 헌법 제101조는 이를 법관으로 구성된 법원에 속하는 것으로 규정하고 있다. 삼권분립주의의 구조하에서 재판권은 입법권과 행정권 다음으로 제3의 국가권력을 이루고 있다.

II 민사재판권[27)]

1. 의의

재판권 중 통상의 민사재판권을 보면, 민사분쟁을 처리하기 위하여 판결, 강제집행, 가압류·가처분 등을 행하는 국가권력을 말한다.

2. 인적 범위

국가의 영토고권 때문에 재판권은 국적을 불문하고 국내에 있는 모든 사람에게 미친다. 대통령이라고 해서 예외가 아니다. 다만 재판권 면제자인 치외법권자에 대해서만은 제한받는다.

3. 물적 범위 − 국제재판관할권

1) 의의

① 국내민사재판권이 세계의 모든 사건을 다 재판하게 되면 국제재판권을 무시하는 결과가 될 뿐더러 특히 피고가 외국에 있을 때에 우리나라에 와서 응소해야 하는 불편을 주게 된다. 이에 국내법원과 외국법원의 재판관할권의 한계를 설정할 필요가 생기게 되는데, 이러한 섭외적 민사사건의 국내법원의 관할권을 국제재판관할권이라 한다.

② 국제민사분쟁 사건에 대하여 어느 국가의 법원이 해당 사건에 대하여 재판권을 행사할 수 있는가의 문제로, 이는 한 국가 내에서 어느 지방의 법원이 관할권을 가지는가 하는 문제와는 차원이 다르다.

2) 원칙적 기준

국제재판관할의 합의관할·변론관할 등 우리나라 법원의 재판에 복종할 의사가 있을 때는 당연히 재판권이 생길 것이나, 그렇지 않은 경우에 국제재판관할권의 결정기준에 대하여서는 일찍부터 논란이 있었다.

---

27) 이시윤, 앞의 책 58-66면

(1) 학설의 대립

① 역추지설(토지관할규정유추설)

이는 국내의 민사소송법의 토지관할에 관한 규정에서 기준을 구하여 그로부터 역으로 파악하여 국제재판관할의 유무를 정하자는 입장이다. 즉 당해 사건에 대해 우리 민사소송법의 규정상 토지관할권이 국내에 있는 사건이면(주소·의무이행지, 불법행위지, 재산소재지, 사무소 등이 국내인 경우) 국내법원에 국제재판관할권이 있는 것으로 보자는 것이다.

② 관할배분설(조리설)

이는 국제재판관할권의 유무, 즉 어느 나라에서 재판할 것인가의 문제는 재판의 적정·당사자 간의 공평·소송의 신속이라는 민사소송의 이념을 고려하여 조리에 따라 결정하여야 한다는 입장이다.

(2) 개정 국제사법

개정 국제사법 제2조 제1항에서는 실질적 관련성을 원칙적으로 천명하고, 제2항에서는 국제사법 등에 국제관할 규정이 없는 경우에 민사소송법의 관할 규정이 보충적 기능을 하는 것으로 낮추었다[28].

3) 전속관할(국제사법 제10조)

국제사법 제10조는 소위 전속관할이라 하여 외국법원의 관할을 부정하고 우리나라 법원에만 제기할 것을 규정하였다.

① 대한민국의 공적 장부의 등기 또는 등록에 관한 소. 다만, 당사자 간의 계약에 따른 이전이나 그 밖의 처분에 관한 소로서 등기 또는 등록의 이행을 청구하는 경우는 제외한다.

② 대한민국 법령에 따라 설립된 법인 또는 단체의 설립 무효, 해산 또는 그 기관의 결의의 유효 또는 무효에 관한 소

③ 대한민국에 있는 부동산의 물권에 관한 소 또는 부동산의 사용을 목적으로 하는 권리로서 공적 장부에 등기나 등록이 된 것에 관한 소

④ 등록 또는 기탁에 의하여 창설되는 지식재산권이 대한민국에 등록되어 있거나 등록이 신청된 경우 그 지식재산권의 성립, 유효성 또는 소멸에 관한 소

⑤ 대한민국에서 재판의 집행을 하려는 경우 그 집행에 관한 소

---

28) 국제사법 제2조(일반원칙)
① 대한민국 법원은 당사자 또는 분쟁이 된 사안이 대한민국과 실질적 관련이 있는 경우에 국제재판관할권을 가진다. 이 경우 법원은 실질적 관련의 유무를 판단할 때에 당사자 간의 공평, 재판의 적정, 신속 및 경제를 꾀한다는 국제재판관할 배분의 이념에 부합하는 합리적인 원칙에 따라야 한다.
② 이 법이나 그 밖의 대한민국 법령 또는 조약에 국제재판관할에 관한 규정이 없는 경우 법원은 국내법의 관할 규정을 참작하여 국제재판관할권의 유무를 판단하되, 제1항의 취지에 비추어 국제재판관할의 특수성을 충분히 고려하여야 한다.

4) 국제재판관할의 존재

① 이는 소송요건으로서 절차의 어느 단계에서도 직권조사를 하여야 하며, 이는 외국판결의 승인 요건도 된다(법 제217조). 다만 우리나라 법원에 국제재판관할권의 흠이 있으면 소를 각하할 것으로, 이 점이 소송이송에 의하는 국내토지관할과 법리를 달리한다.

② 국제재판관할권은 배타적인 것이 아니라 병존할 수 있으므로, 외국법원과 국내법원 중 어느 쪽 판결이 자기에게 유리한가를 기웃거리며 무리하게 관할법원을 선택하는 남용도 있다.

4. 장소적 범위

영토주권의 원칙에 의하여 국내재판권은 자국 내에만 미치고 외국에까지 확대될 수 없다.

5. 재판권 없을 때의 효과

사건에 인적·물적 재판권이 미쳐야 하는 것은 소송요건이며 직권탐지사항이다. 따라서 재판권이 없으면 소는 부적법하게 된다. 이를 간과하고 본안판결을 한 경우에는 상소에 의하여 다툴 수 있으나 판결확정 후에는 재심청구를 할 수 없다. 판결이 확정되어도 무효이다.

제 3 절   관할

Ⅰ   서설

관할이란 어떤 사건에 대하여 어느 법원이 재판권을 행사하는가에 관한 재판권의 분담관계를 말한다. 법률에 의하여 직접 정해진 관할을 법정관할이라 하며, 직분관할[29]·사물관할·토지관할이 있다. 당사자의 거동에 의한 관할은 당사자의 합의 또는 피고의 본안변론에 의하여 발생하는 관할로써, 앞을 합의관할, 뒤를 변론관할이라 한다.

Ⅱ   심급관할[30]

1) 판결절차에 있어서는, 제1심 위에 상소심으로 항소심과 상고심의 두 단계를 두어 3심제를 채택하고 있는데, 심급관할은 어느 종류의 법원이 제1심의 수소법원이 되고, 그 법원의 판결에 대한 상소(항소·상고)에 대하여 어느 종류의 법원이 관할을 가지는가의 문제, 즉 어느 종류·단계의 법원에 어느 심급의 직분을 분담시킬 것인가를 정한 것이다. 서로 종류·단계를 달리하는 법원 사이에서 다루는 심급의 직분의 차이를 기준으로 재판권의 분담을 정하여 놓은 것이므로 심급관할은 직분관할이다.

---

29) 직분관할(직무관할)이란 취급하는 직분의 차이를 기준으로 법원 사이에서 재판권의 분담관계를 정해놓은 것이다(예 수소법원과 집행법원의 직분관할, 심급관할 등).
30) 이시윤, 앞의 책, 67-69면 참조

2) 제1심은 지방 법원(본원, 지원) 단독판사나 합의부, 항소심은 지방법원본원(또는 일부지원[31]) 합의부(항소부)나 고등법원, 상고심은 대법원이 담당한다.

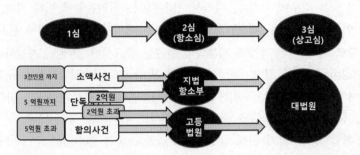

3) 심급관할은 비약상고[32]의 경우를 제외하고 원칙적으로 전속관할이다. 그러므로 제1심 사건을 제2심 법원에 제소하면 전속관할의 위반이 된다. 예를 들어 지방법원 본원 합의부가 지방법원 단독판사의 판결에 대한 항소 사건을 제2심으로 심판하는 도중에 지방법원 합의부의 관할에 속하는 소송이 새로 추가되거나 그러한 소송으로 청구가 변경되거나 반소가 제기되더라도, 심급관할은 제1심 법원의 존재에 의하여 결정되는 전속관할이어서 이미 정하여진 항소심의 관할에는 영향이 없는 것이므로 추가, 변경된 청구나 반소에 대하여도 그대로 심판할 수 있다. 지방법원 본원 합의부가 소송을 고등법원에 이송하든지, 제1심 법원으로 판결하여 다시 고등법원에 항소할 수 있도록 처리하여야만 되는 것은 아니다[33].

III 전속관할[34]

1. 의의

① 전속관할이란 법정관할 가운데서 재판의 적정·공평 등 고도의 공익적 견지에서 정해진 것으로, 오로지 특정법원만이 배타적으로 관할권을 갖게 한 것을 말한다.

② 이에 대하여 임의관할은 주로 당사자의 편의와 공평을 위한 사익적 견지에서 정하여진 것으로, 당사자 간의 합의나 피고의 본안변론에 의하여 다른 법원에 관할을 발생시킬 수 있는 것을 말한다. 합의관할 가운데 특정의 법원에만 관할권을 인정하고 그 밖의 법원의 관할을 배제하는 전속적 합의(배타적 합의)가 있으나, 이는 그 성질상 임의관할이며 그러한 합의를 한다고 해서 법정의 전속관할(법 제31조)로 바뀌는 것이 아니다. 그러므로 원고가 전속적 관할합의를 무시한 채 다른 법정관할법원에 소를 제기하여도 피고가 이의 없이 본안변론하면 변론관할이 생긴다.

---

31) 특별히 지역특성상, 춘천지방법원 강릉지원 합의부는 제2심을 담당한다.
32) 항소심의 종국판결만이 상고의 대상이 되는 원칙에는 예외가 있다. 당사자 간에 비약상고의 합의가 있는 제1심판결에 대해서는 직접 상고할 수 있다. 불항소합의라고도 한다. 비약상고의 합의는 사건의 사실관계에 관하여 당사자 간에 다툼이 없고, 법률문제에 대하여 신속하게 최종심법원의 판단을 받으면 해결될 수 있는 경우에 이용된다(법 제390조 제1항 단서. 존엄사인정의 '김할머니' 사건).
33) 대법원 1992.5.12. 선고 92다2066 판결; 대법원 2011.7.14.자 2011265 결정[미간행]
34) 이시윤, 앞의 책, 93-94면

2. 종류

1) 직분관할은 명문의 규정이 없어도 전속관할이지만, 사물관할·토지관할은 법률이 전속관할로 명백히 정해 놓은 경우에 한한다. 따라서 전속관할은 임의관할에 비해 적다. 전속관할법원은 한 개인 것이 보통이다. 두 개 중 선택할 수 있는 예외가 지식재산권에 관한 소이다.

① 전속관할로 정하는 데 특정의 직분과의 관련을 중요시한 것에는, 재심사건, 정기금판결에 대한 변경의 소 등이 있고, 개정 국제사법 제10조도 전속관할사항을 규정하고 있다.

② 다수인에게 이해가 미침을 고려한 것에는 가사소송사건, 회사관계사건, 파산·개인회생·회생사건, 증권관련 집단소송과 소비자·개인정보 단체소송 등이 있다.

③ 부당한 관할합의를 막기 위해 할부거래에 관한 소송은 매수인의 주소·거소지(할부거래에 관한 법률 제44조), 방문판매자와의 계약에 관한 소송은 소비자의 주소·거소지(방문판매 등에 관한 법률 제53조)관할의 지방법원의 전속관할로 하였다.

④ 일반법원과 헌법재판소의 관할관계는 전속관할에 준해 볼 것이다. 헌법재판소가 일반법원의 관할을 침해하여서는 안 되지만, 일반법원도 헌법재판소의 관할을 침해할 수 없다.

2) 사물관할 토지관할은 원칙적으로 임의관할이며, 직분관할 중 심급관할은 비약상고의 경우에 한하여 임의관할이다.

3. 효과

① 전속관할은 법원의 직권조사사항이다.

② 당사자 간의 합의나 피고의 본안변론에 의하여 법정관할을 다른 법원으로 바꿀 수 없다. 즉 합의관할이나 변론관할이 인정되지 않는다.

③ 관할이 원칙적으로 여러 군데가 되는 경합이 생길 수 없으며 관할위반의 경우를 제외하고는 소송이송이 허용되지 않는다. 다만, 특허권 등의 지식재산권에 관한 소는 전속관할임에도 불구하고 관할경합(서울중앙지법과 다른 고법소재지 지법 간의 선택적 관할)과 재량이송이 허용된다.

④ 전속관할위반이 있으면 당사자는 상소이유로 삼아 이를 주장할 수 있으며, 상소심은 이 경우에 판결을 취소·파기하지 않으면 안 된다(법 제411조 단서, 법 제424조 제1항 제3호). 그러나 재심사유는 되지 않는다.

이에 반하여 임의관할은 그 위반이 있다 하여도 항소심에서는 이를 주장할 수 없으며, 상소심으로서도 이를 이유로 원심판결을 취소할 수 없다(법 제411조 본문).

⑤ 전속관할이 있는 경우에는 보통재판적·특별재판적에 관한 규정이 적용되지 아니하므로, 원고는 보통재판적·특별재판적의 선택여지가 없는 것이므로 전속관할법원에 소를 제기하여야 한다.

4. 관련문제 – 전속관할과 이송결정의 구속력 문제

① 이송결정이 확정되면 이송을 받은 법원은 이에 따라야 한다. 따라서 이송받은 법원은 잘못된 이송이라도 다시 이송한 법원으로 되돌리는 반송이나 다른 법원으로 넘기는 전송을 할 수 없다(법 제38조 제1, 2항).

② 다만 전속관할에 관한 규정에 위반하여 이송한 경우에는 구속력이 없다는 반대설이 있으나, 법문이 전속관할의 경우를 배제하고 있지 않고, 이송의 반복에 의한 소송지연을 피하여야 할 공익적 요청은 전속관할이라도 예외일 수 없기 때문에 이때에도 구속력을 인정할 것이다.

판례는 전속관할위반의 이송의 경우에도 원칙적으로 구속력이 있다고 하면서, 다만 심급관할위반의 이송의 경우는 당사자의 심급의 이익박탈 등을 이유로 그 구속력이 상급심법원까지는 미치지 아니한다고 하였다. **예** 제2심 법원의 관할인데도 2심이 잘못 대법원으로 이송한 경우, 대법원은 다시 그 제2심으로 이송할 수 있다. 하급심에도 구속력이 없다는 확대해석설도 있으나 이론적 근거에 문제가 있고 상·하급심을 왔다 갔다의 서로 미루기가 될 수 있어 본안소송사건의 촉진만 저해하게 되고, 나아가 법원조직법 제8조의 상급법원 재판의 기속력에 위반될 수 있다.

제 4 절 사물관할35)

🗨 관련 기출문제 – 2015년 공인노무사
사물관할에 대하여 설명하시오.

1. 의의

① 지방법원 단독판사와 합의부 사이에서 제1심 소송사건의 분담을 정한 것을 사물관할이라 한다.
② 법원조직법은 지방법원 및 그 지원의 심판권을 원칙적으로 단독판사가 행사하도록 하면서, 예외적으로 일정한 사건에 대하여는 합의부가 심판하도록 규정하고 있다. 따라서 같은 지방법원 내에서 합의부와 단독판사 사이의 재판권 분담은 사건배당의 문제가 아니라 관할의 문제가 된다.

2. 합의부의 관할

1) 소송목적의 값(소가)이 5억원을 초과하는 민사사건

사물관할규칙의 개정으로 합의부의 관할이 2억원 초과사건에서 5억원 초과사건으로 상향조정되었다. 비변호사대리의 범위(단독사건 중 1억원까지)는 그대로 두었다.

2) 재정합의사건

합의부에서 심판할 것으로 합의부가 스스로 결정한 사건을 말한다. 단독판사의 법정관할에 속하는 사건이라도 그 내용이 복잡하고 사회적 이목이 집중되는 사건이면 재정합의부의 결정으로 합의재판에 돌릴 수 있다.

3) 민사소송 등 인지법 제2조 제4항 소정의 민사사건

① 비재산권상의 소
② 재산권상의 소로서 소송목적의 값을 산출할 수 없는 경우

---

35) 이시윤, 앞의 책 96-102면

4) 관련청구

본소가 합의부관할일 때에 이에 병합제기하는 반소, 중간확인의 소, 독립당사자참가 등의 관련청구는 그 소가가 5억원 이하라도 관계없이 본소를 따라 합의부의 관할에 속한다. 본소 청구법원에 관련재판적이 생기기 때문이다.

3. 단독판사의 관할

제1심 민사사건 중 위에서 본 지방법원 합의부의 관할사건을 제외한 모든 민사사건은 단독판사가 관장한다. 평판사 아닌 부장판사와 같은 보직자도 단독판사의 일을 할 수 있다. 사물관할규칙의 개정으로 단독관할의 범위를 2억원에서 5억원으로 확대하여 제1심은 단독중심의 재판운영을 시도했다.

1) 구체적 관할사항

① 소송목적의 값이 5억원 이하의 사건

② 사안이 단순한 사건은 소송목적의 값의 높고 낮고를 막론하고 단독사건이 되는데 다음 세 가지이다. ⅰ) 수표금・약속어음금 청구사건, ⅱ) 금융기관 등이 원고가 된 대여금・구상금・보증금 청구사건, ⅲ) 자동차나 철도운행・산업재해로 인한 손해배상청구사건 및 채무부존재확인 사건

③ 재정단독사건 – 단독판사가 심판할 것으로 합의부가 결정한 사건이다. 합의부의 법정관할에 속하여도 사건이 단순하면 재량으로 단독재판으로 돌릴 수 있다.

④ 관련청구 – 본소가 단독판사의 관할일 때에 이에 병합제기된 단독판사 관할에 해당하는 독립당사자 참가・반소・중간확인의 소 등의 관련청구(합산의 원칙배제)

2) 단독사건의 3분화(고액, 중액, 소액)

단독사건의 사물관할을 확대함에 따라, 법원은 단독사건을 세 가지로 분류 운영한다.

① 그 하나는 고액단독사건으로 2억원 초과 5억원까지의 사건으로 부장판사급이 담당하며, 항소심은 고등법원의 심급관할이 된다.

② 두 번째는 중액단독사건으로 3,000만원 초과 2억원까지의 사건을 말하는 것으로서 전형적인 민사단독사건이다.

③ 세 번째는 소가 3,000만원까지의 소액단독사건으로 시・군 법원 판사의 사물관할이 되는가 하면, 소액사건심판법에 따른 심판을 한다.

4. 소송목적의 값(訴價)

1) 소가의 의의

소송목적의 값이란 소송물, 즉 원고가 소로써 달하려는 목적이 갖는 경제적 이익을 화폐단위로 평가한 금액이다. 소가는 사물관할을 정하는 표준이 되며, 소장 등을 제출할 때에 납부할 인지액을 정하는 데 기준이 된다.

2) 소가의 산정방법

소가는 원고가 청구취지로써 구하는 범위 내에서 원고가 전부 승소할 경우에 직접 받는 경제적 이익을 기준으로 객관적으로 평가 산정하여야 한다. 심판이 쉬우냐 어려우냐의 정도, 피고의 응소태도나 자력의 유무는 고려할 필요가 없다. 직접적 이익, 즉 기판력이 생기는 소송물에 관한 이익이기 때문에, 상환(동시)이행청구와 같이 자기의 반대급부와 맞바꿀 것을 조건으로 이행을 구하는 경우에 반대급부를 계산 공제할 필요가 없다(예컨대 원고가 피고에게 "피고는 원고로부터 3,000만원을 지급받음과 동시에 건물을 명도하라"는 청구를 한 경우에 건물의 가액이 소가이지, 여기에서 3,000만원을 공제할 것이 아니다).

3) 산정의 표준시기

① 소가의 산정은 소제기한 때를 표준으로 한다. 소제기한 때를 표준으로 하여 산정된 소가에 의하여 사물관할이 정해지기 때문에, 뒤에 목적물의 훼손·가격의 변동 등 사정변경이 있어도 관할에 영향을 줄 수 없다. 예 소의 제기 시에 부동산이 금 1억 5,000만원이어서 단독판사의 관할이었는데, 그 뒤 가격이 올라 5억원을 초과하더라도 합의부로 관할변경이 되지 않는다.

② 그러나 예외적으로 제1심 단독판사에 계속 중 원고의 청구취지의 확장에 의하여 소가가 5억원을 초과하게 되는 때에는 관할위반의 문제가 되므로 변론관할이 생기지 아니하였으면 합의부로 이송하여야 한다. 이에 반하여 합의부에 계속 중 청구취지의 감축에 의하여 소가가 5억원 이하로 떨어졌을 때에는 단독판사에 이송할 필요가 없다. 합의부에서 계속 심리하여도 당사자에게 불리하지 않기 때문이다.

4) 청구병합의 경우의 소가

(1) 합산의 원칙

1개의 소로써 여러 개의 청구를 하는 때에는 그 가액을 합산하여 그에 의하여 사물관할을 정한다(법 제27조 제1항). 개개의 청구의 경제적 이익이 각 독립한 별개일 것을 요한다(예컨대, 원고가 1개의 소로써 대여금 1억 5천만원, 물품대금 4억원을 청구하면 합산액이 5억 5천만원이 되어 지법 합의부의 관할이 된다).

(2) 예외

① 중복청구의 흡수

하나의 소로써 여러 개의 청구를 한 경우라도 경제적 이익이 같거나 중복되는 때에는 합산하지 않으며, 중복이 되는 범위 내에서 흡수되고 그중 다액인 청구가액을 소가로 한다. 예 여러 연대채무자에 대한 청구

② 수단인 청구의 흡수

예를 들면 토지인도청구와 함께 그 지상의 건물철거청구의 경우처럼 1개의 청구(건물철거)가 다른 청구(토지인도)의 수단관계인 때에는 그 가액은 소가에 산입하지 않고 인도청구만이 소가가 된다(다만, 수단이 큰 경우는 예외).

③ 부대청구의 불산입

주된 청구와 그 부대목적인 과실(이자 같은 법정 과실도 포함)·손해배상금(지연손해금·지연이자)·위약금·비용(최고)의 청구는 별개의 소송물이나, 이 두 가지를 1개의 소로써 병합 청구하는 때에는 부대청구의 가액은 소가에 산입하지 않는다(법 제27조 제2항). 예를 들면 원고가 원금과 이자를 함께 청구할 때에 이자는 계산의 번잡 때문에 소가 산정에서 무시한다.

제 5 절   토지관할(=재판적)36)

I 총설

1. 의의

토지관할이란 소재지를 달리하는 같은 종류의 법원 사이에 재판권(특히 제1심 사건)의 분담관계를 말한다. 토지관할의 발생원인이 되는 인적·물적인 관련(연고)지점을 재판적(裁判籍)이라 한다(토지관할 발생의 원인지). "각급 법원의 설치와 관할구역에 관한 법률"에서는 각 법원에 그 직무집행의 지역적 테두리로서 그 관할구역을 정해 놓고 있다.

2. 종류

1) 보통재판적과 특별재판적

보통재판적은 모든 소송사건에 대하여 공통적으로 적용되는 재판적(일반재판적)임에 대하여, 특별재판적은 특별한 종류·내용의 사건에 대해서 한정적으로 적용되는 재판적이다. 특별재판적에는 다른 사건과 관계없이 인정되는 독립재판적과 다른 사건과 관련하여 비로소 생기는 관련재판적이 있다.

2) 인적재판적과 물적재판적

인적재판적은 사건의 당사자 특히 피고와 관계되어 인정되는 재판적임에 대하여, 물적재판적은 소송물과 관계되어 인정되는 재판적이다. 보통재판적은 어느 때나 인적재판적이지만, 특별재판적은 인적재판적인 경우도 있고 물적재판적인 경우도 있다.

3. 재판적의 경합과 원고의 선택권

한 사건인데도 여러 곳의 법원이 관할권을 갖게 되는 재판적의 경합이 있을 수 있다. 보통재판적과 특별재판적이 공존하거나 특별재판적이 여러 개 공존함으로써 토지관할의 경합이 생겨날 수 있다. 재판적 사이에 우선순위는 없다. 이 경우에 원고는 경합하는 관할법원 중 아무데나 임의로 선택하여 소제기할 수 있으며, 특별재판적이 보통재판적에 우선하는 것이 아니다(단, 전속관할은 다름. 예를

---

36) 이시윤, 앞의 책, 102-112면

들면 서울에 사는 乙이 고향인 광주에 갔다가 그곳에서 사고를 내어 甲에 중상을 입혔다고 할 때에 甲은 乙을 상대로 보통재판적의 서울법원과 특별재판적의 광주법원 두 군데 중 하나를 선택 제소). 하나의 법원에 소제기하였다고 해서 다른 법원의 관할권이 소멸되지 아니하며 이미 한 법원에 소제 기하였는데 다른 관할법원에 소제기하면 중복소송(법 제259조)으로 부적법해질 뿐이다.

Ⅱ 보통재판적

1. 의의

① 모든 소송사건에 공통적으로 적용되는 재판적을 보통재판적이라 하는데, 이를 피고와 관계 있는 곳을 기준으로 해서 정해 놓았다. 그리하여 소는 피고의 보통재판적이 있는 곳의 법원이 관할한다(법 제2조 일반관할).

② 소를 제기할 것인지 여부의 선택권은 원고에게 있고, 일단 소가 제기되면 피고로서는 응소가 강제된다. 그러나 소제기 당시에는 원고의 청구가 이유 있는지 알 수 없는 상태이므로, 이러한 상황하에 피소당하는 피고의 응소의 편의와 경제를 고려한 것이다.

2. 종류

보통재판적은 원칙적으로 우선 자연인이면 그의 주소(법 제3조), 법인 등 단체이면 이들의 주된 사무소 또는 영업소(법 제5조)에 의하여 정한다. 그리고 민사소송에 있어서 피고가 국가일 때에 국가의 보통재판적은 국가를 대표하는 관청[37] 또는 대법원이 있는 곳[38]으로 한다(법 제6조). 위 규정에 따라 보통재판적을 정할 수 없는 때에는 대법원이 있는 곳을 보통재판적으로 한다(민사소송규칙 제6조).

Ⅲ 특별재판적

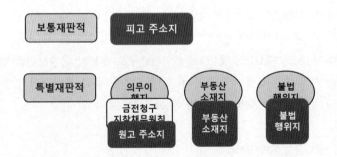

1. 의의

특별재판적은 특별한 종류·내용의 사건에 대해서 한정적으로 적용되는 재판적이다.

---

37) 국가를 당사자로 하는 소송에 관한 법률 2조에 따라 법무부장관을 장으로 하는 법무부가 있는 곳(현재는 경기도 과천시이고, 수원지방법원 안양지원이 관할)

38) 서울시 서초구이므로 현재로서는 서울중앙지방법원이 관할

2. 종류

특별재판적에는 민사소송법 제7조 이하 제25조에 걸쳐 여러 가지가 있는데, 주로 당사자의 편의의 관점에서 규정된 것이다.

1) 가령, 재산권에 관한 소는 의무이행지(법 제8조 후단)에서 소를 제기할 수 있다. 그 취지는 당사자가 의무이행지에서 이행의 제공을 하고 그 수령을 하므로 그 곳에서 소를 제기하고 이에 응소하는 것은 어느 쪽 당사자에게도 편리하며 부당한 불이익은 되지 않는다는 점에 있다. 의무이행지는 채무의 성질 또는 당사자의 의사표시로 변제장소를 정하지 않은 때에는 특정물의 인도는 채권 성립 당시에 그 물건이 있던 장소이고(민법 제467조 제1항), 특정물인도 이외의 채무변제는 지참채무의 원칙에 의하여 채권자의 현주소가, 다만 영업에 관한 채무의 변제는 채권자의 현영업소가 의무이행지가 된다(민법 제467조 제2항). 예컨대, 甲은 부산에서 살았을 당시 동네 이웃인 乙에게 돈을 빌려준 바 있는데, 현재 甲은 의정부에 살고 있다면 재산권에 관한 소는 의무이행지의 특별재판적(법 제8조 후단)이 인정되고 있으므로 보통재판적과 특별재판적에 의하여 생기는 토지관할이 경합되는 경우에 甲은 그 가운데 임의로 선택하여 소를 제기할 수 있다. 위 사안에서 특별히 甲이 乙의 주소지에 가서 돈을 받기로 한 사정이 없다면, 甲은 乙의 주소지 관할법원(부산)과 의무이행지 관할법원(의정부) 가운데 자신의 주소지인 의정부에서도 소를 제기할 수 있다.

2) 또한 부동산에 관한 소(부동산 자체에 관한 소이기 때문에 그 매매대금청구의 소는 이에 해당하지 않는다)는 부동산이 있는 곳(법 제20조)의 법원에서 재판하는 것이 증거자료의 수집의 편의로부터 적당하다.

3) 그리고 불법행위에 관한 소는 행위지(법 제18조 제1항)의 법원에서 재판하는 것이 증거자료의 수집에 용이하며, 증거조사에 의한 사실규명에 적당하다.

4) 그 밖의 특별재판적으로는 ① 근무지의 특별재판적(법 제7조), ② 거소지의 특별재판적(법 제8조 전단), ③ 선원, 군인, 군무원에 대한 특별재판적(법 제10조), ④ 재산이 있는 곳의 특별재판적(법 제11조) ⑤ 사무소·영업소가 있는 곳의 특별재판적(법 제12조), ⑥ 선적(籍)이 있는 곳의 특별재판적(법 제13조), ⑦ 선박이 있는 곳의 특별재판적(법 제14조), ⑧ 사원 등에 대한 특별재판적(법 제15조, 제16조, 제17조), ⑨ 해난구조에 관한 특별재판적(법 제19조), ⑩ 등기·등록에 관한 특별재판적(법 제21조), ⑪ 상속·유증 등의 특별재판적(법 제22조, 제23조), ⑫ 지식재산권 등에 관한 특별재판적(법 제24조)[39] 등이 있다.

---

39) 제24조(지식재산권 등에 관한 특별재판적)
① 특허권, 실용신안권, 디자인권, 상표권, 품종보호권(이하 "특허권 등"이라 한다)을 제외한 지식재산권과 국제거래에 관한 소를 제기하는 경우에는 제2조 내지 제23조의 규정에 따른 관할법원 소재지를 관할하는 고등법원이 있는 곳의 지방법원에 제기할 수 있다. 다만, 서울고등법원이 있는 곳의 지방법원은 서울중앙지방법원으로 한정한다.
② 특허권 등의 지식재산권에 관한 소를 제기하는 경우에는 제2조부터 제23조까지의 규정에 따른 관할법원 소재지를 관할하는 고등법원이 있는 곳의 지방법원의 전속관할로 한다. 다만, 서울고등법원이 있는 곳의 지방법원은 서울중앙지방법원으로 한정한다.
③ 제2항에도 불구하고 당사자는 서울중앙지방법원에 특허권 등의 지식재산권에 관한 소를 제기할 수 있다.

Ⅳ 관련재판적(병합청구의 재판적)

1. 의의와 목적

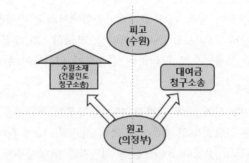

① 원고가 하나의 소로써 여러 청구를 하는 경우에 그중 어느 하나의 청구에 관하여 토지관할권이 있으면 본래 그 법원에 법정관할권이 없는 나머지 청구도 그곳에 재판적이 생기는 것을 말한다. 예컨대 甲이 乙을 상대로 가옥명도청구와 손해배상청구를 A법원에 병합제기한 경우에 가옥명도청구에 대해 A법원이 관할권이 있으면 본래 관할권이 없는 손해배상청구에 대해서도 관할재판을 할 수 있게 된다.

② 이에 의하여 하나의 법원에서 여러 개의 청구의 병합제기가 용이해져 원고가 편리하고 피고로서도 어차피 응소할 바에야 한 법원에서 재판을 받는 이점이 생기며, 법원으로서도 분쟁을 한 곳에서 1회적으로 해결할 수 있게 되어 관할집중과 소송경제에 도움을 줄 수 있다.

2. 적용범위

1) 토지관할

(1) 관련재판적 규정인 법 제25조는 토지관할권에 관하여 적용되고, 청구를 병합제기하는 경우의 사물관할에 관하여서는 적용이 없다(법 제27조에 의하여 합산된 소가에 의하여 사물관할이 정해진다). 또 다른 청구가 다른 법원의 전속관할에 속하는 경우에는 적용이 배제된다(법 제31조).

(2) 다만 제25조의 법문에는 제2조 내지 제24조의 규정에 의하여 1개의 청구에 대하여 관할권을 갖는 법원에 다른 청구를 병합하여 소를 제기할 수 있다고 규정하고 있지만, 반드시 이에 한정시킬 필요가 없다(1개의 청구에 대해 합의관할 등에 의하여 관할권이 생기는 경우에도 적용된다).

→ 부대청구인 임료를 병합청구로 보고 지참채무로 인정하여 원고의 주소지에 관할을 인정할 수 있는지 여부가 문제되는데 부동산의 인도와 그 부동산에 관한 임료 내지 임료 상당의 손해배상금 또는 부당이득금을 병합하여 청구하는 경우 임료 등은 부동산의 인도소송에 부대 목적이지만, 이것도 상기한 주된 청구에 병합된 청구의 한 형태이므로 관련재판적의 규정을 적용하여 지참채무인 임료청구의 채권자 주소지에도 관할이 인정된다. 다만 소송목적의 값에 있어서는 이를 소송목적의 값에 산입하지 않는다.

(3) 그 적용과 관련하여 중요한 판례 두 가지가 있다.

① 피고 A에 대한 청구에 대하여 서울법원이 관할권을 갖게 할 목적으로 본래 제소할 의사가 없는 피고 B에 대한 청구를 병합시킨 경우는 관할선택권의 남용으로 법 제5조 제2항의 규정이 적용될 수 없다는 것이 판례이다.
② 외국법원에 재판적이 있을 때에 국제재판관할에서의 관련재판적은 피고의 입장에서 부당응소가 강제당하지 않도록 청구의 견련성, 분쟁의 1회 해결 가능성, 피고의 현실적 응소 가능성 등을 종합적으로 고려하여 신중하게 인정해야 한다고 했다.

2) 공동소송에의 적용 여부

① 법 제25조의 관련재판적이 소의 객관적 병합의 경우에 적용됨은 이론이 없으나, 나아가 소의 주관적 병합, 즉 공동소송의 경우에도 확대 적용되느냐에 관하여는 적극설·소극설·절충설 등 학설의 다툼이 있었다. 예를 들면 채권자가 연대채무자 甲·乙을 상대로 A법원에 공동소송을 제기한 경우에 甲에 대해서는 관할권이 있지만, 乙에 대해서는 독립한 관할권이 없을 때에, 피고 甲에 대해 관할권이 있는 A법원에 피고 乙에 대해서도 관할권이 생기느냐는 문제이다.

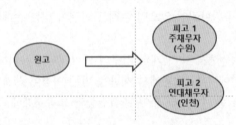

② 이에 대하여 민사소송법 제25조 제2항은 '소송목적이 되는 권리나 의무가 여러 사람에게 공통되거나 사실상 또는 법률상 같은 원인으로 말미암아 그 여러 사람이 공동소송인으로서 당사자가 되는 경우에는 제1항의 규정을 준용한다.'고 규정함으로써 입법에 의하여 제65조 전문의 공동소송에만 한정 적용된다는 절충설을 채택하였다. 따라서 제65조의 전문에 해당되는 공동소송에 한하는 것으로 입법화했다. 제65조의 후문에 해당되는 공동소송에는 적용이 없다.

> 🗒 **사례**
> 임대인 乙(주소지 : 서울 서초구)은 임차인 甲(주소지 : 경기도 의정부시)과 사이에 乙 소유인 경기도 의정부시 소재 X 건물에 관하여 임대차보증금 2억원, 임대기간을 2년으로 정하여 甲에게 임대하였다.
> **물음 1)** 그 후 임차기간이 만료하여 임차인 甲이 임대인 乙을 상대로 임차보증금반환청구 소송을 제기하는 경우 어느 법원에 관할권이 인정되는지를 설명하시오.
> **물음 2)** (반대로) 그 후 임차기간이 만료하였고 임대인 乙이 자신의 X 건물에서 직접 거주하기 위하여 임차인 甲과의 임대차계약 갱신도 거절하고 甲에게 X 건물의 인도를 요구하였으나 甲이 이를 거절하기에 甲을 상대로 X 건물의 인도소송을 제기하고자 하는 경우 어느 법원에 관할권이 인정되는지를 설명하시오.
> **물음 3)** (물음 2)에 추가하여, 만일 임대차보증금 1억원에 월 차임이 50만원으로 사례가 변경된 상황에서, 임차인 甲이 처음부터 차임 연체를 수개월 계속 하기에 임대인 乙이 임차인 甲을 상대로 X 건물의 인도소송 및 연체차임 그리고 건물인도 시까지 차임 상당의 부당이득을 청구하는 경우 어느 법원에 관할권이 인정되는지를 설명하시오.

제 6 절　　합의관할[40]

> 📝 **관련 기출문제 - 2019년 공인노무사**
> 합의관할에 대하여 설명하시오.

1. 의의

① 합의관할이란 당사자의 합의에 의하여 생기게 되는 관할을 말한다. 예를 들면 甲이 乙과 임대차계약을 체결하면서 앞으로 그 계약과 관련하여 제소할 경우 A법원을 관할법원으로 하자고 합의하여 생긴 관할을 말한다.

② 원래 관할에 관한 규정은 법원 간에 재판사무의 공평한 분담 외에 주로 당사자의 편의를 고려하여 정해진 것이다. 따라서 당사자의 합의에 의하여 법정관할법원과 다른 법원을 관할법원으로 정할 수 있게 하더라도 그것이 법원 간 부담의 균형을 깨뜨릴 만큼 빈번한 것도 아니며, 오히려 당사자의 편의에 이바지할 수 있어 전속관할 아닌 임의관할의 경우에 이를 인정하게 된 것이다.

③ 대기업이 작성한 보통계약약관 속에 관할합의 조항을 넣어 남용되는 경우가 있다. 우리나라에서도 여신거래약정서·종합병원입원서약서·아파트분양계약서·할부매매계약서·물품운송계약서·보험약관·펀드 등 각종 금융상품약관 등에 나타나고 있다. 대개 기업이 편하게 자기의 본점소재지법원을 관할법원으로 하는 내용의 합의인데, 기업에게는 유리할지언정 먼 거리에 거주하는 고객에게는 소제기 및 응소에 큰 불편을 줄 수 있다. 특히 관할합의조항은 고객이 부지불식간에 이루어짐에 비추어 문제가 있다. 약관의 규제에 관한 법률 제14조는 약관상의 관할의 합의조항이 고객에게 부당하게 불리할 때에는 무효가 되게 하였다.

2. 성질

① 관할의 합의는 관할의 발생이라는 소송법상의 효과를 낳는 소송행위로서 소송계약의 일종이다. 그 요건이나 효과는 소송법에 의한 규율을 받으므로 관할의 합의에는 소송능력이 필요하다. 관할의 합의는 임대차계약과 같은 사법상의 계약과 동시에 체결되는 수가 있지만 소송행위이기 때문에 사법상의 계약과 운명을 같이하는 것이 아니다. 따라서 본 계약인 임대차계약과 같은 사법상의 계약이 무효·취소 또는 해제되었다고 하여도 원칙적으로 관할합의의 효력에 영향이 없다(무인성).

② 다만 소송행위로서 특이한 것은 합의에 흠(통정허위표시·불공정한 행위·착오·사기·강박)이 있을 때 민법의 규정을 유추적용하여야 한다는 데 있다(반대설 있음). 왜냐하면 관할의 합의는 소송행위이지만 소의 제기나 소의 취하와 같이 직접 법원에 대하여 하는 행위가 아니라, 민법상의 계약처럼 법원의 관여 없이 당사자 사이에서 체결되기 때문이다.

---

40) 이시윤, 앞의 책, 113-118면 및 박재완, 민사소송법강의, 박영사 2021, 34-36면 참조

3. 요건

1) 제1심법원의 임의관할에 한정(법 제29조 제1항)

① 제1심법원에 한하기 때문에 지방법원 단독판사나 합의부의 관할사건에 한해 합의할 수 있다. 대법원·고등법원은 제1심법원이 아니므로 합의의 대상으로 할 수 없다.

② 전속관할이 정해져 있는 때에는 합의할 수 없다(법 제31조).

2) 합의의 대상의 특정(법 제29조 제2항)

예를 들면, 일정한 매매계약상의 소송·임대차계약상의 소송과 같이 합의의 대상인 법률관계를 특정하여야 한다. 따라서 당사자 간에 앞으로 발생할 모든 법률관계에 관한 소송에 대한 합의, 즉 포괄적 합의라면 특정되었다고 할 수 없기 때문에 무효이다.

3) 합의의 방식은 서면(법 제29조 제2항)

관할의 합의는 당사자에게 중대한 영향이 있으므로 당사자의 의사를 명확하게 하기 위한 것이다(전자문서도 포함).

4) 합의의 시기

이에 관하여 아무런 제약이 없다. 다만 법정관할법원에 소제기 후에도 합의할 수 있지만, 그에 의하여 관할이 변경되지 않기 때문에 소송이송의 전제로서 그 의미가 있을 뿐이다.

5) 관할법원의 특정

법률관계와 마찬가지로 관할법원도 특정할 수 있어야 한다. 반드시 1개의 법원만이 아니라 수 개의 법원을 정하여도 무방하다. 그렇더라도 전국의 모든 법원을 관할법원으로 하는 합의, 원고가 지정하는 법원에 관할권을 인정하는 합의는 피고로 될 사람에게 뜻밖의 불이익을 주어 심히 공평을 해치는 것이기 때문에 무효라고 할 것이다. 그러나 모든 법원의 관할을 배제하는 합의는 차라리 부제소합의(不提訴合意)라고 볼 것으로 관할의 합의와는 다르다.

4. 합의의 모습

1) 부가적 합의와 전속적 합의

법정관할 외에 1개 또는 수 개의 법원을 덧붙이는 부가적 합의(경합적 합의)와 특정의 법원에만 관할권을 인정하고 그 밖의 법원의 관할을 배제하는 전속적 합의(배타적 합의)의 두 가지가 있다. 관할의 합의가 이 중 어느 것인지 불명할 때에는, 경합하는 법정관할법원 중 어느 하나를 특정하는 합의는 전속적이지만, 그렇지 않은 경우에는 부가적 합의로 볼 것이다. A·B 두 개의 법원이 법정관할법원인데 그중 A법원을 관할법원으로 하자고 특정하였다면 A법원이 전속적 합의법원이 되고, A·B법원이 아닌 C법원을 관할법원으로 합의했다면 C법원이 부가적 합의법원이 된다. 다른 견해로, 합의가 불명할 때에는 부가적 합의라고 볼 특별한 사정이 없는 한 전속적 합의로 해석하여야 하고, 다만 약관에 의한 관할합의의 경우에는 부가적 합의로 해석할 것이라고 한다.

2) 국제재판관할의 합의

국내법원 외에 외국법원을 관할법원으로 하는 부가적 합의와 외국법원만을 배타적으로 관할법원으로 하는 전속적 합의가 있다. 전자는 별문제 없지만 후자는 우리나라의 재판권을 배제하는 것이기 때문에 문제이다. 이에 대하여 2022년 개정 국제사법 제8조는 종전 판례 입장을 따르지 않고, 합의한 국가의 법에 따를 때 그 효력을 잃게 되거나 합의한 국가 아닌 다른 국가의 국제재판관할에 전속하거나 소가 합의한 국가의 공서양속에 위반되는 때, 그리고 그 외의 또 한 가지 (합의당사자의 합의 무능력) 등 4가지 사유나 변론관할이 발생한 경우 등에 해당하지 않으면 전속적 관할합의를 유효한 것으로 보았다. 합의는 서면으로 하여야 한다. 유효한 합의가 있음에도 국내법원에 소가 제기된 때는 소를 각하하여야 한다.

5. 합의의 효력

1) 관할의 변동

① 관할의 합의가 성립되면 합의의 내용에 따라 관할이 변동된다. 관할권 없는 법원에 관할권을 발생시키며, 특히 전속적 합의인 경우에는 법정관할법원의 관할권을 소멸시킨다.

② 합의관할은 전속적 합의관할의 경우에도 그 성질상 임의관할이며 법정의 전속관할(법 제31조)로 바뀌는 것이 아니다. 따라서 원고가 합의를 무시한 채 다른 법정관할법원에 소를 제기하여도 피고가 이의 없이 본안변론하면 변론관할이 생기며, 전속적 합의의 법원이 재판하다가도 현저한 지연을 피한다는 공익상의 필요가 있을 때에는 다른 법정관할법원에 이송할 수 있다(법 제35조의 재량이송).

2) 효력의 주관적 범위

관할의 합의는 당사자 간의 소송상 합의이기 때문에, 당사자와 그 승계인에 대해서만 미친다.

① 상속인과 같은 일반승계인에 미치는 것은 의문이 없지만, 특정승계인일 경우에는 문제이다. 소송물을 이루는 권리관계가 당사자 간에서 자유로 정할 수 있는 채권(계약자유)과 같은 것이면, 양수인도 변경된 내용의 권리를 양수받았다고 볼 수 있기 때문에 합의의 효력이 그 양수인에게 미친다고 봄이 원칙일 것이다. 반면 그 내용이 법률상 정형화되어 있는 물권인 경우에는 당사자가 그 내용을 자유롭게 대세적으로 변경할 수 없고(민법 제185조의 물권법정주의) 또 그 합의된 바를 등기부상 공시할 수 없는 것이기 때문에 물권의 양수인은 양도인이 한 합의에 구속되지 않는다. 이 점은 소송물이 물권적 청구권인 때는 채권적 청구권과 달리 기판력의 주관적 범위가 양수인(승계인)에 미친다고 보는 경우와는 대조적이다.

판례는 대출계약에 관할의 합의가 부가된 경우 대출금채권을 양수한 자에게도 관할의 합의의 효력이 미친다고 보았지만, 근저당권이 설정된 부동산을 양수한 자는 양도인과 근저당권자 사이의 근저당권설정계약에 포함된 관할의 합의의 효력을 원칙적으로 받지 아니한다고 하였다.

② 합의가 일반 제3자를 구속할 수 없는 것은 물론이다. 따라서 채권자와 보증채무자 간의 합의, 채권자와 연대채무자 중의 1인 간의 합의는 각각 주채무자나 다른 연대채무자에게는 미치지 않는다.

> **☝ 사례 1)**
> B가 C에게 3,000만원을 빌려주면서 이 대여금과 관련하여 소송의 필요가 생긴 때에는 B의 주소지인 甲법원을 관할법원으로 하기로 합의를 하였는데, 그 후 B가 C에 대한 채권을 E에게 양도하였다면 이 관할합의의 효력이 E에게도 미치는지 설명하시오.

> **☝ 사례 2)**
> 위 사례 1)에 추가하여 만일 C가 B에게 위 돈을 빌리면서 그 담보로 C소유이던 부동산에 관하여 B를 근저당권자로 하는 근저당권설정계약과 근저당설정등기를 마쳤고 근저당권설정계약 당시 위 B와 C 사이에 위 근저당권에 관련한 소송에 관하여 그 제소법원을 B의 주소지인 甲법원을 관할법원으로 하기로 하는 취지의 합의가 이루어졌다면, 그 후 위 부동산이 C로부터 D명의로 매매를 원인으로 한 소유권이 이전되어 D가 이 사건 부동산의 소유자로서 위 근저당권설정등기의 피담보채무가 이미 소멸되었다고 하면서 B을 상대로 위 근저당권말소 소송을 청구하는 소송을 제기하는 경우 위 관할합의의 효력이 D에게도 미치는지를 설명하시오.

제 7 절 　 변론관할(응소관할)[41]

1. 의의

① 변론관할이란 원고가 관할권 없는 법원에 소제기하였는데, 피고가 이의 없이 본안변론을 하였으면 생기는 관할을 말한다(예 甲·乙 간의 소의 법정관할법원은 부산지법임에도 원고 甲이 서울지법에 제소하였는데, 그럼에도 피고 乙이 문제 삼지 않고 본안변론을 하였으면 서울지법에 관할권이 생기는 것). 구법에서는 응소(應訴)관할이라 했다. 엄밀하게는 본안변론관할이다.

② 원래 관할에 관한 규정은 전속관할의 경우를 제외하고 소송수행의 편의라는 당사자의 이익도 고려하여 정한 것이므로, 원고가 관할권 없는 법원에 소제기하여도 피고가 말없이 응소한 때에는 구태여 관할법원에 이송할 필요까지는 없다 할 것이고, 그 법원에 관할을 인정하는 것이 당사자의 이익, 소송촉진에 도움이 된다는 이유에서이다.

③ 변론관할은 국제재판관할에서도 적용된다.

2. 요건(법 제30조)

1) 원고의 관할권 없는 제1심법원에의 제기

① 원고가 관할권을 어긴 경우에 한하므로, 관할권 있는 법원에 소제기한 경우에는 변론관할의 문제가 없다.

② 관할권을 어긴 경우라도 제1심의 토지관할과 사물관할 등 임의관할을 어긴 경우에 인정되는 것이지, 전속관할위반의 경우에는 변론관할이 생기지 않는다(법 제31조).

---

41) 이시윤, 앞의 책, 118–120면

③ 소제기 당초에는 관할권이 있었으나 그 뒤 청구취지의 확장·반소 등의 제기에 의하여 관할
위반이 된 경우, 예를 들면 3억원의 단독판사관할사건에서 청구취지의 확장으로 합의부관할
인 6억원으로 늘어나는 경우라도, 이에 대하여 상대방이 이의 없이 본안변론을 하면 단독판
사에 변론관할이 생긴다. 항소심계속 중 이와 같이 늘어나는 경우, 제1심법원에 의하여 심급
관할이 정해지는 만큼, 관할에 영향이 없다.

2) 피고의 이의 없는 본안변론

즉, 피고가 관할위반의 항변을 제출하지 아니하고, 본안에 관하여 변론하거나 변론준비기일에서
진술하여야 한다.

① '본안'에 관하여 변론 또는 진술이란, 피고 측에서 원고의 청구가 이유 있느냐의 여부에 관하
여 사실상·법률상의 진술을 하는 것을 말한다. 따라서 실체사항이 아닌 절차사항인 기피신
청·기일변경신청·소각하판결의 신청 등은 본안에 관한 진술이 아니다. 문제는 출석한 피
고가 단지 '청구기각의 판결'만을 구하고 청구의 원인에 관한 답변을 뒤로 미루는 경우에 변
론관할이 생기는가이다. 이때에도 원고의 청구가 이유 없다고 말한 것이라 하여 본안변론에
들어섰다는 것이 통설이지만, "반대설"이 있다.

② 본안에 관한 '변론'은 변론기일 또는 변론준비기일에 출석하여 말로 적극적으로 할 필요가
있다. 따라서 피고가 변론기일 등에 불출석하거나 출석하여도 변론하지 아니한 경우에는 변
론관할이 생길 여지가 없으며, 비록 본안에 관하여 준비서면만 제출한 채 불출석한 때에 그
것이 진술간주(법 제148조)되어도 마찬가지이다.

3) 피고의 관할위반의 무항변

관할위반의 항변은 반드시 명시적이어야 하는 것은 아니며, 묵시적이라도 상관없다.

3. 효과

① 관할위반의 항변을 하지 않고 본안변론하는 때에는 그 시점에서 변론관할이 생긴다. 따라서 그
소에 관하여 관할위반의 문제는 생길 수 없으며 그 이후 피고의 관할위반의 항변은 허용되지
않는다. 또 이의 없이 본안에 관하여 변론한 것을 갖고 뒤에 의사의 흠을 이유로 취소할 수 없다.

② 변론관할은 당해사건에 한하여 발생하기 때문에 소의 취하나 각하 후에 다시 제기하는 재소(再
訴)까지는 그 효력이 미치지 않는다.

🖋 **관련 기출문제 - 2020년 공인노무사**

甲(수원에 주소를 두고 살고 있음)은 대전에 소재한 자기 토지를 乙(대구에 주소를 두고 살고 있음)에게 매도
하고 매매잔대금 1억원을 받지 못하여, 그 지급을 구하는 소를 대전지방법원에 제기하였다. 이후에 甲은 乙
이 소제기 이전에 사망하였다는 사실과 乙의 유일한 상속인인 丙(대구에 주소를 두고 살고 있음)이 있다는
사실을 알게 되었다. 甲은 피고를 丙으로 바꾸는 신청을 하였고 법원은 당사자표시정정하여 피고를 丙으로
바꾸었다. 다음 물음에 답하시오.

丙은 변론기일에 출석하여 위 매매대금은 모두 지급되었으므로 甲의 이 사건 소에 대하여 청구기각을 구한
다는 진술을 하였다. 위 법원에 관할권이 인정되는지를 논하시오. 25점

제 8 절   관할권의 조사[42)

1. 직권조사(법 제32조)

소가 제기된 법원에 관할권이 있어야 하는 것은 소송요건이다. 따라서 관할권의 유무는 직권조사사항이다. 전속관할에 대해서는 관할위반의 본안판결을 한 경우라도 그 흠이 치유되지 않기 때문에 (법 제411조 단서, 제424조 제1항 제3호), 제1심은 물론 상소심에서도 이를 직권조사하여야 한다. 그러나 임의관할의 경우에는 그 위반의 본안판결을 하였을 때에 그 흠을 상소심에서는 다툴 수 없기 때문에 제1심에 한하여 조사할 것이다(법 제411조 본문). 다만 임의관할위반에는 변론관할이 생기는 수가 많으므로 관할권이 없다고 즉시 이송의 재판을 할 것이 아니다.

2. 조사의 정도 · 자료

① 관할에 관한 조사는 관할을 정하기 위하여 필요한 한도 내에서 하면 된다. 관할이 청구의 종류나 법적 성질에 의하여 정해지는 때에, 그 종류나 법적 성질은 소장의 청구취지와 청구원인의 원고주장의 사실관계를 토대로 하여 판단하여야 한다. 예컨대 사물관할의 기준이 되는 비재산권상의 청구인가, 특별재판적의 원인인 불법행위에 관한 청구인가, 부동산에 관한 청구인가 등은 청구취지와 청구원인에서 원고가 주장하는 사실 자체를 기초로 하여 조사 · 판단하면 되고, 본안심리한 뒤에 그 결과를 토대로 판단할 것이 아니다.

이에 반하여 관할이 청구의 법적 성질과 관계없이 법원과 특수관계 때문에 발생되는 경우에는, 관할의 원인이 되는 사실에 대하여 증거조사를 하여야 한다. 예컨대 의무이행지에 관한 관할의 합의의 유무, 피고가 그 법원의 관할구역 내에 주소 · 거소 또는 재산이 있느냐의 여부, 원고가 불법행위에 관한 청구를 한 경우에 원고가 주장하는 지점이 그 관할구역 내에 있는가 여부를 조사하는 것이 그것이다.

② 관할권의 존재에 대해서는 원고에게 이익이 있기 때문에, 원고가 관할 원인사실에 대하여 주장 · 증명책임을 지게 되지만 법원도 직권증거조사를 할 수 있다(법 제32조). 전속관할의 존부는 직권증거조사를 할 것이지만, 임의관할에 대해서는 당사자 간에 다툼이 없으면 그대로 넘어간다.

3. 관할결정의 표준시기(법 제33조)

① 법원의 관할은 소를 제기한 때를 표준으로 하여 정한다. 소제기 시에 관할이 인정되는 한 그 뒤 사정변경이 있어도 관할이 바뀌지 않는다(관할항정(恒定)의 원칙, 한번 관할은 영원한 관할). 토지관할의 원인이 되는 피고의 주소나 주된 영업소 또는 재산이 있는 곳이 소제기 후에 변경되어도, 소제기 당시에 관할권이 있는 이상 관할에 아무 영향이 없다. 또 관련재판적에서 관할원인이 된 그 청구의 취하, 반소에 있어서 본 소의 취하, 독립참가소송에서 본소의 취하 등의 경우 본소가 없어져도 일단 적법하게 계속된 병합소송 · 반소 · 독립참가의 소의 관할권에 영향이 없다.

---

42) 이시윤, 앞의 책, 120-122면

② 이러한 관할항정(恒定)의 원칙에 대한 예외가 단독사건의 경우이다. i) 단독판사에 본소사건의 계속 중에 합의부 관할사건이 반소로 제기된 경우, ii) 청구취지의 확장으로 합의부의 관할이 된 경우이다. 이때는 합의부로의 이송원인이 된다.

4. 조사의 결과

① 관할권의 존재가 긍정되면 법원은 심리를 그대로 진행시킬 것이나, 당사자 간에 다툼이 있으면 중간판결(법 제201조)이나 종국판결의 이유에서 이에 관한 판단을 하면 된다.

② 조사결과 관할권이 없을 때에는 소각하판결이 아닌 관할권이 있는 법원으로 직권이송할 것이다 (법 제34조 제1항, 국제관할권의 위반은 소각하). 만일 관할위반을 간과하고 본안판결을 하였을 때에는, 전속관할의 경우는 다르나 임의관할의 경우에는 그 흠이 치유된다(법 제411조 본문).

제 9 절　　소송의 이송[43]

Ⅰ　의의

소송의 이송이란 어느 법원에 일단 계속된 소송을 그 법원의 재판에 의하여 다른 법원에 이전시키는 것을 말한다(예 이송결정에 의하여 부산지법에서 서울지법으로 사건을 옮기는 것). 관할위반의 경우에 소를 각하하기보다 관할권이 있는 법원으로 이송함으로써 다시 소를 제기할 때에 들이는 시간·노력·비용을 절감케 하고, 소제기에 의한 시효중단·제척기간 준수의 효력을 유지시켜 소송경제에 도움이 되게 하며, 나아가 관할위반이 아닌 경우라도 소송촉진과 소송경제의 견지에서 보다 편리한 법원으로 선도하여 심판케 하려는 데 그 제도적 의의가 있다. 이송은 크게 나누어 관할위반에 따른 이송 및 심판의 편의에 따른 재량이송으로 구분할 수 있다. 그 밖에 지식재산권 등에 관한 소송의 이송, 반소제기에 따른 이송 등이 있다.

Ⅱ　이송의 원인(이송요건)

1. 관할위반에 의한 이송

가. 법 제34조 제1항

법원은 소송의 전부 또는 일부에 대하여 관할권이 없다고 인정하는 경우에는 결정으로 이를 관할법원에 이송한다.

나. 적용범위

관할권 없는 법원에서 있는 법원으로 옮기는 것으로, 전속관할위반의 경우에 한하지 않으며, 사물관할이든 토지관할이든 가리지 않고 적용된다. 관할위반에 의한 이송규정은 제1심법원 사이에 적

---

43) 이시윤, 앞의 책, 122–131면

용됨이 원칙이나(수평이송), 이를 넘어 그 밖의 법원 사이에서도 유추적용할 것인가(수직이송 등)의 문제가 있다.

1) 심급관할위반의 소제기

상급심법원을 제1심법원으로 하여 소제기한 경우(예 대법원을 제1심법원으로 하여 소제기하였을 때와 같은 직분관할의 위반)에 상급심법원은 관할권 있는 제1심법원으로 이송할 것인가, 당사자가 다른 법원의 재판을 받지 않을 의사를 명확히 한 때에는 바로 소를 각하할 것이라는 견해도 있으나, 심급관할의 문제는 공익적인 것이기 때문에 당사자의 의사를 고려함이 없이 관할법원으로 이송함이 타당할 것이다(다수설). 반대로 상급법원에 제기하여야 할 사건을 하급법원에 소제기한 경우가 문제인데, 판례는 항소심법원에 제기하여야 할 재심의 소를 제1심법원에 제기한 경우, 항소심법원으로 이송하여야 한다고 했다.

2) 관할위반의 상소

상소법원을 혼동하여 상소를 제기한 경우에 관할상소법원에 이송할 것인가에 대해 본조의 적용을 부정하고 각하할 것이라는 견해가 있지만, 법 제34조 제1항은 상소심에서도 적용될 수 있는 총칙규정인 점과 각하하면 상소기간이 짧아 그 준수의 이익을 잃게 되는 점을 고려하여 이송을 긍정할 것이다(통설과 판례).

3) 민사소송사항으로 혼동하여 소제기(일반법원과 전문법원 간의 이송)

① 가사소송사건을 일반민사사건으로 잘못 알고 가정법원이 아닌 지방법원에 소제기한 경우에는 다툼이 있었으나, 판례의 입장과 같이 이송을 긍정할 것이다.

② 행정사건을 일반민사사건으로 잘못 알고 행정법원이 아닌 민사법원에 소제기한 경우에는 그 법원에도 동시에 관할권이 있으면 심리할 것이로되 그렇지 않으면 고의·중과실이 없을 때는 관할법원으로 이송할 것이다(행정소송법 제7조).

③ 비송사건에 해당함에도 불구하고 소의 형식으로 제기할 경우, 예컨대 임시이사해임청구의 소 등의 경우에 판례는 부적법한 소로서 각하할 것이라는 입장이나, 이 경우에도 법 제34조 제1항을 유추하여 이송함이 비송사건과 소송사건의 한계 모호에서 오는 위험부담을 줄이며 법오해자에 대하여 법원이 선도하는 의미가 있을 것이다(통설).

4) 법원과 다른 국가기관 간의 이송

다만 법 제34조 제1항의 이송규정은 법원 간의 이송을 전제로 하므로, 예를 들면 특허법원이 행정기관의 일종인 특허심판원에 이송하는 것 등은 허용되지 않는다. 헌법재판소와 일반법원 사이에도 마찬가지이다.

다. 전부 또는 일부이송

전부관할위반의 경우에는 소송전부를 이송할 것을 요한다. 소송의 일부이송은 청구병합의 경우에 청구의 일부가 다른 법원의 전속관할에 속하는 경우 등에 행한다.

라. 신청권 없는 직권이송

① 관할위반의 경우에는 원칙적으로 직권으로 관할권 있는 법원으로 이송하지 않으면 아니 된다. 예외적으로 지방법원 합의부는 그 관할에 속하지 않는 단독판사의 관할사건이더라도 전속관할에 속하는 것이 아닌 한 상당하다고 인정될 경우 이송하지 아니할 수 있다.

② 관할위반에 의한 이송의 경우는 이처럼 직권에 의한 이송인 점에서, 다른 원인에 의한 이송인 법 제34조 제2항(지법단독판사로부터 합의부로 이송), 제35조(손해, 지연을 피하기 위한 이송), 제36조(지적재산권 등에 관한 소송의 이송), 제269조 제2항(반소제기에 의한 이송)의 경우와 다르다.

③ 판례는 관할위반의 경우에 당사자에게 이송신청권이 없다고 한다. 따라서 당사자가 내는 이송신청은 법원의 직권발동을 촉구하는 의미 이상은 없고 이송신청에 대해 재판을 필요로 하지 아니하며, 또 이송신청기각결정을 하여도 즉시항고권이 없다는 것이다. 나아가 항고심에서 당초의 이송결정이 취소된 경우, 이에 대한 재항고가 허용되지 않는다는 것이다. 그러나 i) 관할권 있는 법원에서 재판을 받을 피고의 이익보호와 ii) 관할위반이 아닌 다른 원인에 의한 이송에 이송신청권이 인정되는 것과의 균형 등을 고려하여, 이 경우에도 이송신청권을 주어 이송재판에 즉시항고로 불복할 수 있게 할 것이다(다수설).

2. 심판의 편의에 의한 이송(재량이송)

1) 현저한 손해나 지연을 피하기 위한 이송(법 제35조)

① 법원은 소송에 대하여 관할권이 있는 경우라도 현저한 손해 또는 지연을 피하기 위하여 필요하면 직권 또는 당사자의 신청에 따른 결정으로 소송의 전부 또는 일부를 다른 관할법원에 이송할 수 있다. 다만, 전속관할이 정하여진 소의 경우에는 그러하지 아니하다.

② 관할위반이 아님에도 불구하고 다른 관할법원으로 이송하는 경우이다. 이 이송은 신청 또는 직권으로 한다. 전속관할에 속하는 사건일 경우에는 이송할 수 없으나 전속적 합의관할의 사건이라면 현저한 지연을 피한다는 공익상의 필요가 있을 때에는 합의의 효력을 무시하고 다른 법정관할법원으로 이송할 수 있을 것이다(통설).

2) 지식재산권 등에 관한 소송의 이송특칙(법 제36조)

① 법원은 특허권 등을 제외한 지식재산권과 국제거래에 관한 소가 제기된 경우 직권 또는 당사자의 신청에 따른 결정으로 그 소송의 전부 또는 일부를 법 제24조 제1항[44])에 따른 관할법원에 이송할 수 있다. 다만, 이로 인하여 소송절차를 현저하게 지연시키는 경우에는 그러하지 아니하다.

② 제1항은 전속관할이 정하여져 있는 소의 경우에는 적용하지 아니한다.

---

44) 제24조(지식재산권 등에 관한 특별재판적)

① 특허권, 실용신안권, 디자인권, 상표권, 품종보호권(이하 "특허권 등"이라 한다)을 제외한 지식재산권과 국제거래에 관한 소를 제기하는 경우에는 제2조 내지 제23조의 규정에 따른 관할법원 소재지를 관할하는 고등법원이 있는 곳의 지방법원에 제기할 수 있다. 다만, 서울고등법원이 있는 곳의 지방법원은 서울중앙지방법원으로 한정한다.

③ 법 제24조 제2항 또는 제3항에 따라 특허권 등의 지식재산권에 관한 소를 관할하는 법원은 현저한 손해 또는 지연을 피하기 위하여 필요한 때에는 직권 또는 당사자의 신청에 따른 결정으로 소송의 전부 또는 일부를 법 제2조부터 제23조까지의 규정에 따른 지방법원으로 이송할 수 있다.

3) 지법단독판사로부터 지법합의부로의 이송(법 제34조 제2항, 제4항)

지방법원 단독판사는 소송에 대하여 관할권이 있는 경우라도 상당하다고 인정하면 직권 또는 당사자의 신청에 따른 결정으로 소송의 전부 또는 일부를 같은 지방법원 합의부에 이송할 수 있다. 전속관할이 정하여진 소에 대하여는 위 규정을 적용하지 아니한다. 시군법원 관할의 소액사건도 본 조항에 의해 지법합의부로 이송할 수 있다.

3. 반소제기에 의한 이송

① 본소가 단독사건인 경우에 피고가 지방법원 합의부의 사물관할에 속하는 반소청구를 한 경우에는 원고가 반소청구에 대하여 합의부에서 심리를 받는 이익을 박탈하지 않기 위해, 직권 또는 당사자의 신청에 의하여 본소와 반소를 일괄하여 합의부로 이송하여야 한다(법 제269조 제2항 **예** 본소의 소가 1억원의 단독사건에 소가 5억 1천만원의 반소 제기된 경우에 합의부로 이송). 다만, 반소청구에 관하여 원고 측에서 단독판사의 관할은 아니라고 관할위반의 항변을 하지 아니하고 본안변론을 함으로써 변론관할(법 제30조)이 생길 때에는 이송할 필요가 없는 것으로 하였다.

② 그러나 단독사건에 대한 항소사건을 심판하는 도중에 지법합의부관할에 속하는 반소가 제기되어도 이미 정하여진 항소심관할에 영향이 없어 이송의 여지가 없다.

Ⅲ 이송절차 등

1) 이송신청의 방식(규칙 제10조)

① 소송의 이송신청을 하는 때에는 신청의 이유를 밝혀야 한다.

② 이송신청은 기일에 출석하여 하는 경우가 아니면 서면으로 하여야 한다.

2) 이송결정에 관한 의견진술(규칙 제11조)

법 제34조 제2항·제3항, 법 제35조 또는 법 제36조 제1항의 규정에 따른 신청이 있는 때에는 법원은 결정에 앞서 상대방에게 의견을 진술할 기회를 주어야 한다. 법원이 직권으로 법 제34조 제2항, 법 제35조 또는 법 제36조의 규정에 따른 이송결정을 하는 때에는 당사자의 의견을 들을 수 있다. 법 제34조 제1항의 관할위반으로 인한 이송결정에는 당사자에게 이송신청권이 없음을 고려하여 의견진술에 관한 규정의 적용을 배제시켰다.

3) 이송의 재판

이송의 재판은 결정으로 한다. 다만 상소심에서 원판결을 취소 또는 파기하고 이송하는 때에는(법 제419조, 제436조) 예외적으로 판결의 형식으로 한다.

4) 즉시항고(법 제39조)

① 이송결정과 이송신청의 기각결정(棄却決定)에 대하여는 즉시항고(卽時抗告)를 할 수 있다.

② 이송신청의 기각결정에 대해 즉시항고할 수 있도록 한 법 제39조의 적용범위가 문제가 된다. 관할위반 이외의 이송의 경우에는 당사자에게 이송신청권이 인정되기 때문에 이송신청의 기각결정에 대해 즉시항고할 수 있음은 아무런 의문이 없다. 그러나 관할위반에 따른 이송(법 제34조 제1항)의 경우에는, 앞서 본 바와 같이 판례는 당사자에게 이송신청권이 없기 때문에 법원의 이송신청의 기각결정에 대해 즉시항고권이 없다고 한다. 나아가 특별항고(법 제449조)조차 안 된다고 한다.

Ⅳ 이송의 효과

1. 구속력

① 이송결정이 확정되면 이송을 받은 법원은 이에 따라야 한다. 따라서 이송받은 법원은 잘못된 이송이라도 다시 이송한 법원으로 되돌리는 반송이나 다른 법원으로 넘기는 전송을 할 수 없다(법 제38조 제1, 2항).

② 다만 전속관할에 관한 규정에 위반하여 이송한 경우에는 구속력이 없다는 반대설이 있으나, 법문이 전속관할의 경우를 배제하고 있지 않고, 이송의 반복에 의한 소송지연을 피하여야 할 공익적 요청은 전속관할이라도 예외일 수 없기 때문에 이때에도 구속력을 인정할 것이라는 것이 통설이다. 판례는 전속관할위반의 이송의 경우에도 원칙적으로 구속력이 있다고 하면서, 다만 심급관할위반의 이송의 경우는 상급법원까지는 아니고 하급심법원만을 기속한다고 본다[45].

③ 이 밖에 이송받은 뒤에 소의 변경 등으로 새로 관할법원이 생긴 경우에도 구속력은 미치지 아니한다 할 것이다.

2. 소송계속의 이전

① 이송결정이 확정된 때에는 소송은 처음부터 이송받은 법원에 계속(係屬)된 것으로 본다(법 제40조). 따라서 처음 소제기에 의한 시효중단·기간준수의 효력은 그대로 유지계속된다(소송계속의 일체성). 재심의 소가 재심제기기간 내에 제1심법원에 제기되었으나 재심사유 등에 비추어 항소심판결을 대상으로 한 것이라 인정되어 위 소를 항소심법원에 이송한 경우에 있어서 재심제기기간의 준수 여부는 제1심법원에 제기된 때를 기준으로 할 것이지 항소법원에 이송된 때를 기준으로 할 것은 아니다. 행정소송법상 항고소송으로 제기해야 할 사건을 민사소송으로 잘못 제기하여 관할법원에 이송하는 결정을 하고, 항고소송으로 소 변경을 한 경우, 그 항고소송에

---

45) 전병서, 앞의 책, 220면. 심급관할위반의 이송의 경우는 당사자의 심급의 이익박탈 등을 이유로 그 구속력이 상급심법원까지는 미치지 아니한다고 하였다. ⑩ 제2심 법원의 관할인데도 2심이 잘못 대법원으로 이송한 경우, 대법원은 다시 그 제2심으로 이송할 수 있다. 하급심에도 구속력이 없다는 확대해석설도 있으나 이론적 근거에 문제가 있고 상·하급심을 왔다 갔다의 서로 미루기가 될 수 있어 본안소송사건의 촉진만 저해하게 되고, 나아가 법원조직법 제8조의 상급법원 재판의 기속력에 위반될 수 있다(이시윤, 앞의 책, 130면).

대한 제소기간 준수 여부는 원칙적으로 처음에 소를 제기한 때를 기준으로 판단하여야 한다. 다만, 항소장이 제1심법원이 아닌 항소심법원에 접수되었다가 제1심법원으로 송부된 경우에는 항소심법원 접수 시가 아니라 제1심법원 도착 시를 기준으로 하여 기간의 준수 여부를 가리게 된다[46].

② 이송 전에 행한 소송행위(예 당사자의 자백, 증거신청, 증거조사 따위)가 이송 후에도 당연히 그 효력을 보유하는가에 대하여 관할위반에 의한 이송의 경우에만은 다른 이송의 경우와 차별하여 이송 전의 소송행위가 실효된다는 견해가 있다. 생각건대 관할위반에 따른 이송의 경우에도 소송계속의 일체성을 인정하는 이상, 이송한 법원과 이송받은 법원 사이에 변론의 일체성이 있는 것이라고 할 것이고, 더욱이 우리 법 제37조가 관할위반에 의한 이송결정 확정 후에도 이송법원이 긴급처분을 할 수 있게 하였음에 비추어 관할위반의 경우라도 이송 후에 효력을 지속한다고 볼 것이다(통설).

3. 소송기록의 송부

이송결정이 확정되면 이에 따르는 사실상의 조치로서 그 결정의 정본을 소송기록에 붙여 이송받을 법원 등에게 보내야 한다(법 제40조 제2항). 다만, 소송기록이 이송법원에 있는 동안만은 급박한 사정이 있는 때에는 증거조사나 가압류·가처분 등의 필요한 처분을 할 수 있다.

> 🖉 사례)
> 임대인 乙(주소지 : 서울 서초구)은 임차인 甲(주소지 : 경기도 의정부시)과 사이에 乙 소유인 경기도 의정부시 소재 X 건물에 관하여 임대차보증금 2억원, 임대기간을 2년으로 정하여 甲에게 임대하면서 이 임대차관련 분쟁이 발생하면 임대인 乙의 주소지인 서울중앙지방법원을 관할법원으로 하기로 하는 합의를 하였다. 그런데 그 후 임차기간이 만료하여 임차인 甲이 임대인 乙을 상대로 임차보증금반환청구 소송을 임차인 주소지인 의정부지방법원에 제기한 경우 발생하는 관할관련 문제들을 설명하시오.

> 🖉 관련 기출문제 - 2023년 법무사
> [기본적 사실관계] 丙은 2022.1.1. 丁에게 1억원을 변제기를 2022.12.31.까지로 정하여 대여하는 계약을 체결하면서, "대여금청구소송은 丁의 보통재판적 소재지 법원인 서울중앙지방법원의 관할로 한다."라고 계약서상 약정하였다(이하 "이 사건 계약"이라 한다). 위 기본적 사실관계를 토대로 아래 각 문항에 답하시오(아래 각 문항은 특별한 언급이 없는 한 상호 독립적이고, 견해의 대립이 있는 경우 대법원 판례에 따름).
> 1. 丙은 2023.1.10. 자신의 보통재판적 소재지 법원인 서울남부지방법원에 丁을 상대로 1억원의 지급을 구하는 소를 제기하였다. 丁은 이 사건 계약상 서울중앙지방법원에 전속적 관할합의가 있다고 주장하면서 이송을 신청하였다. 丁의 주장이 타당한지 여부를 논하시오.
> 2. 만약 丙이 대여금채권을 戊에게 양도하였고(채권양도의 효력에는 다툼이 없다), 戊가 丁을 상대로 양수금청구의 소를 제기하면서 戊의 보통재판적 소재지인 서울북부지방법원에 소를 제기하였다면, 이 경우 위 1문항의 결론이 달라지는지 및 그 이유를 논하시오. [10점]

---

46) 전병서, 앞의 책, 220-221면

03 | 당사자

제 1 절 총설[47]

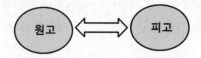

1) 민사소송에 있어서 당사자란 자기의 이름으로 판결에 의한 권리보호를 요구하는 사람과 그 상대방을 말한다. 당사자의 호칭은 각 절차에 따라 다르다. 재판절차 중 제1심절차에서는 원고·피고, 항소심절차에서는 항소인·피항소인, 상고심절차에서는 상고인·피상고인이라 하며, 재심에 있어서는 재심원고·재심피고라고 부른다.

2) 당사자는 무슨 판결이든 자기의 이름으로 판결을 요구하는 사람과 그 상대방이면 되기 때문에 실체법과는 관계없는 소송법상의 형식적 당사자 개념이다. 19세기 말까지는 유럽 등에서 오히려 소송의 목적이 된 권리관계의 주체인 자, 즉 권리자 = 원고, 의무자 = 피고로 당사자를 이해하는 실체적 당사자개념이 지배적 경향이었다. 그러나 제3자가 다른 사람의 권리의무에 대해 소송수행권을 갖고 당사자로서 소송에 나서는 경우가 있기 때문에 실체적 당사자개념은 옳지 않다.

3) 소송에서는 그 기본구조로 두 당사자가 대립하는 당사자대립주의를 원칙으로 한다. 소송의 적정과 공평을 기하기 위한 것인데, 이 점이 반드시 당사자의 대립을 필요로 하지 않는 편면적(片面的) 구조인 비송사건과 다르다.

소송에 있어서는 두 당사자의 대립을 필요로 하기 때문에, 당사자 한쪽이면서 상대방의 대리인(쌍방대리)이나 그의 공동소송인 또는 보조참가인이 될 수 없다. 당사자 한쪽이 이미 사망한 자인 소송, 같은 회사의 지점 상호간의 소송 등은 한쪽 당사자뿐이므로 부적법 각하하여야 한다(자기소송의 금지). 소송계속 중 당사자 한쪽의 지위를 상속이나 법인의 합병에 의하여 상대방 당사자가 승계한 결과인 때에는 당사자의 혼동에 의해 소송은 당연히 종료된다. 또 소송물인 권리관계의 성질상 승계할 자가 없는 때도 소송은 종료되며, 소송종료선언을 요한다.

당사자대립주의라 하여도, 반드시 1인 대 1인(甲과 乙)의 대립을 뜻하는 것은 아니며, 당사자 한쪽 또는 양쪽에 다수의 당사자가 관여하는 경우도 있는데 이를 공동소송이라고 한다. 두 당사자대립구조의 예외로 甲, 乙 외에 丙 개입의 다면소송이 있다(독립당사자 참가, 예비적 공동소송 등). 대립당사자가 존재하여야 한다는 것은 소송요건으로서 법원은 직권으로 고려하여야 한다. 나아가 대립당사자는 각기 평등한 지위를 보장받아야 한다.

---

47) 이시윤, 앞의 책 132–134면

제 2 절　당사자의 확정

I　의의

① 당사자의 확정이란 현실적으로 소송계속 중인 사건에서 원고가 누구이며 피고를 누구로 볼 것인가를 명확히 하는 것이다. 당사자로 확정되는 자가 절차개시 단계에서부터 관여할 자이고, 소장부본의 송달명의인과 판결의 명의인이 되며, 또 확정된 당사자를 기준으로 인적 재판적, 제척이유, 소송절차의 수계, 송달, 소송물의 동일성, 기판력·집행력의 주관적 범위, 증인능력 등이 결정된다.
② 당사자능력이나 당사자적격의 유무를 판정에 있어서 당사자의 확정이 선행되어야 한다. 직권심리 사항이다.

II　확정의 기준에 관한 학설[48]

1) 의사설

원고나 법원이 당사자로 삼으려는 사람이 당사자가 된다는 설이다. 예를 들면 甲이 乙을 피고로 하여 제소하고 싶었는데, 乙의 성명을 착오로 丙으로 알고 소장에 丙을 피고로 표시하였을 때에, 소장의 표시에 불구하고 의사에 따라 피고(당사자)는 乙이라는 것이다.

2) 행위설(행동설)

소송상 당사자로 취급되거나 또는 당사자로 행동하는 사람이 당사자라고 하는 견해이다. 예를 들면 甲이 丙의 성명을 모용(도용)하여 乙을 상대로 소송을 할 때에 소장에는 원고가 丙으로 표시되어 있어도 실제로 원고 행세를 하는 사람은 丙이 아니라 甲이기 때문에, 甲이 원고(당사자)로 된다는 것이다.

3) 표시설

소장에 나타난 당사자의 표시를 비롯하여 청구원인 그 밖의 기재 등 전취지를 기준으로 하여 객관적으로 당사자를 확정하여야 한다는 설이다. 예를 들면 甲이 乙을 피고로 삼고자 하였는데 성명착오로 丙을 피고로 표시한 경우나, 甲이 丙의 이름을 모용하여 소제기한 경우에 乙이나 甲이 당사자가 아니라 소장에 표시된 그대로 둔 경우 모두 丙이 피고(당사자)로 된다는 것이다.

소　장		
원 고	김갑동	
	서울 서초구 서초중앙로 143	
피 고	이을서	
	서울 동작구 동일로 197길 90(대방동)	

---

48) 이시윤, 앞의 책 137-139면

4) 검토

의사설은 누구의 의사를 표준으로 하며, 또 어떠한 방법으로 의사를 확정할 것인가에 관하여 객관적인 표준이 없으며, 특히 원고의 의사에 의하여 당사자를 확정한다면 원고의 확정이 곤란하게 되고, 법원의 의사에 맡긴다면 당사자를 원고가 정해야 하는 처분권주의와 모순된다. 그리고 행위설의 경우에는 어떠한 행동을 할 때 당사자다운 행동을 하였다고 볼 것인가 그 기준이 불명확하다. 따라서 당사자확정의 객관적·획일적인 기준을 찾자면 소장의 표시에 의해 쉽게 찾을 수밖에 없으며, 이러한 의미에서 표시설이 정당하다고 하겠다. 다만 표시설에 의한다 하더라도 소장의 당사자란의 기재만이 아니라 청구의 취지·원인 그 밖의 일체의 표시사항 등을 종합하여 합리적으로 해석하여 확정하여야 한다(실질적 표시설). 직권조사하여 확정할 사항이다. 이 설이 통설·판례이기도 하다.

다만 판례에는 의사설을 부분적으로 따른 예도 있다. 특히 원고가 이미 사망한 사람인데 이를 모르고 피고로 표시하여 소제기한 경우에는 사실상의 피고를 사망자의 상속인으로 보는 것이 대표적인 예이다.

Ⅲ 당사자표시의 정정[49]

1. 의의

① 당사자표시정정이란 당사자확정 후 당사자의 동일성을 해치지 않는 범위 내에서 당사자표시를 바로잡는 것을 말한다. 당사자표시를 잘못 적거나 애당초 당사자능력이 없는 사람을 당사자로 잘못 표시한 것이 분명한 때에는 당사자의 동일성이 인정되는 범위 내에서 당사자표시정정을 한다.

② 그러나 표시정정을 명분으로서 새로운 사람을 당사자로 끌어들여 교체하는 결과가 된다면 동일성의 변경인 당사자의 변경이 되며, 후자는 예외적으로 허용함을 유의할 필요가 있다. 판례법으로 확립된 이와 같은 표시정정과 당사자의 변경 특히 피고의 경정은 요건·효과면에서 차이가 있으므로, 그 구별은 중요하다.

2. 표시정정의 요건

1) 명백한 잘못 기재

가족관계등록부, 주민등록표, 법인등기부·부동산 등기부 등 공부상의 기재에 비추어 당사자의 이름에 잘못 기재·누락이 있음이 명백한 경우에 당사자표시정정을 허용할 것은 물론이다.

```
원 고   김갑동
         서울 서초구 신반포로 28

피 고  [임지운] ⟹ [임지윤]
         서울 서초구 반포대로 155(잠원동)
```

---

49) 이시윤, 앞의 책 139-141면

2) 명백한 당사자무능력자, 당사자부적격자의 표시

① 법을 몰라 당사자능력 없는 사람을 당사자로 잘못 표시한 것이 명백한 경우 예를 들면, 점포 주인 대신 점포 자체, 민사소송에서 대한민국이나 지방자치단체 대신에 관계행정관청, 본점 대신에 지점, 학교법인 대신에 학교를 당사자로 표시한 경우에도 소장전체의 취지를 합리적 으로 해석하여 인정되는 올바른 당사자능력자(점포주인, 대한민국, 본점, 학교법인)로 표시 정정은 허용되는 것이라 하겠으며, 그것이 판례·통설이다.

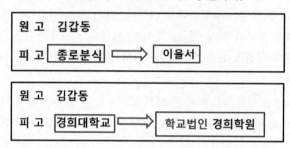

② 당사자능력이 없는 사망한 자임을 정보가 없어 모르고 그를 피고로 하여 소제기한 경우에는 그 상속인으로 표시정정, 제1순위 상속인이 상속포기한 것을 모르고 그를 상대로 소제기하 였다가 실제 (제2순위) 상속인으로의 표시정정도 같다. 이 경우에 피고의 표시정정절차에 의하지 않고 피고의 경정의 방법을 취하였다 하여도 피고표시정정의 법적 성질 및 효과는 잃지 아니한다. 그러므로 당초 소제기 때에 생긴 시효중단의 효과는 유지된다. 최근의 판례 는 추후에 상속인을 알아내어 표시정정을 할 의도로 일단 사망한 자를 피고로 하여 소제기한 경우라면, 피고의 사망사실을 안 경우에도 피고의 상속인으로 표시정정을 할 수 있다는 것으 로, 시효중단의 효과발생은 처음 소장제출 시로 보았다. 나아가 당사자적격이 없는 자를 당 사자로 잘못 표시한 경우에도 당사자의 표시를 정정, 보충시키는 조치가 필요하다고 하였다.

3. 당사자표시의 정정을 위한 석명

당사자가 누구인가를 확정하기 어려운 경우에는 이를 분명하게 하기 위한 석명이 필요하며, 또 당 사자표시에 있어서 착오가 있음이 소장의 전취지에 의하여 인정되는 경우에도 당사자표시를 정정 하기 위한 석명이 필요하다.

4. 피고의 경정과의 차이

당사자의 동일성이 없는 정정, 예를 들면 피고의 경정은 당사자의 동일성유지를 전제로 한 당사자 의 표시정정과 다르다. 전자는 명문에 있는 것이고, 후자는 판례상 나타난 것이다.

※ 참고 – 피고 경정

원고가 피고를 잘못 지정한 것이 분명한 경우에는 제1심 법원은 변론을 종결할 때까지 원고의 신청 에 따라 결정으로 피고를 경정하도록 허가할 수 있다(예 법인격이 있어 회사를 피고로 하여야 할 것을 그 대표자 개인을 피고로 한 경우, 아내 명의의 계약을 남편이 하여 남편이 물어주어야 하는 것으로 착각하여 남편을 피고로 한 경우).

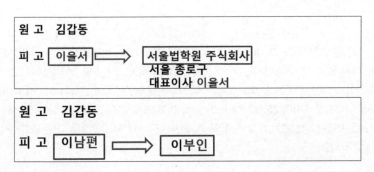

① 피고의 경정은 제1심변론종결 시까지 허용됨에 대하여, 표시정정은 제1심은 물론 항소심에서도 허용된다(상고심불허).

② 피고의 경정은 종전소송의 승계 없는 신소의 제기이므로 그 경정신청서의 제출 시에 시효중단 · 기간준수의 효과가 생기지만, 표시정정은 종전 소송상태의 승계를 전제로 하기 때문에 당초의 소제기 시의 효과가 유지된다.

5. 당사자표시정정 없이 행한 판결의 효력

판례는 잘못 기재된 당사자를 표시한 본안판결이 확정되어도 그 확정판결은 당연무효로 볼 수 없을 뿐더러, 그 확정판결의 효력은 잘못 기재된 당사자와 동일성이 인정된 범위 내에서는 적법하게 확정된 당사자에게 미친다고 했다.

> **🖋 관련 기출문제 – 2020년 공인노무사**
> 甲(수원에 주소를 두고 살고 있음)은 대전에 소재한 자기 토지를 乙(대구에 주소를 두고 살고 있음)에게 매도하고 매매잔대금 1억원을 받지 못하여, 그 지급을 구하는 소를 대전지방법원에 제기하였다. 이후에 甲은 乙이 소제기 이전에 사망하였다는 사실과 乙의 유일한 상속인인 丙(대구에 주소를 두고 살고 있음)이 있다는 사실을 알게 되었다. 甲은 피고를 丙으로 바꾸는 신청을 하였고 법원은 당사자표시정정하여 피고를 丙으로 바꾸었다. 丙은 이 사건 법원의 당사자표시정정은 부적법하다고 주장하였다. 丙의 이 주장이 타당한지를 논하시오.

> **🖋 사례 1)**
> 甲은 乙에게 물품을 납품하고 그 대금을 2020.6.1.까지 변제받기로 하였다. 그러나 그 후 乙은 대금을 변제하지 않았고 연락이 두절되어 아무런 조치를 취하지 못하고 지내오던 중 甲은 물품대금 소멸시효 3년이 도래하기 직전인 2023.5.28. 乙의 주소지인 A법원에 乙을 상대로 물품대금 소송을 제기하였다. 피고 乙에게 소장이 송달되지 않아 법원의 보정명령에 따라 피고 乙의 주민등록 초본을 발급받아 보니 피고 乙이 이미 소제기 전에 사망하였음이 밝혀졌다. 이에 甲은 물품대금 소멸시효 3년이 도과한 2023.7.1.에야 피고를 乙에서 상속인으로 丙으로 하는 피고 표시정정을 신청하였다. 丙이 甲의 위 물품대금 채권의 소멸시효가 도과하였음을 항변하는 경우 그 소멸시효가 완성되었는지 또는 중단되었는지 여부에 관하여 설명하시오.

🖐 사례 2)

만일 피고 乙이 주식회사이고 그 대표이사가 丙임에도 불구하고, 甲이 소장을 작성하면서 착오로 피고를 乙 주식회사로 하지 않고 그 대표이사인 개인 丙을 피고로 작성하여 소를 제기하였다. 그 후 甲은 물품대금 소멸시효 3년이 도과한 2023.7.1. 피고표시가 착오로 잘못되었음을 발견하고 피고를 대표이사인 개인 丙에서 주식회사인 피고 乙로 바로잡고자 한다. 이 경우 피고 표시 정정 절차를 밟아야 하는지 아니면 피고 경정을 밟아야 하는지를 설명하고, 그 경우 甲의 위 물품대금 채권의 소멸시효가 완성되는지 또는 중단되는지 대하여도 설명하시오.

Ⅳ 법인격부인과 당사자[50]

1. 의의(문제의 제기)

탈세·강제집행의 면탈 등 반사회적 행위에 이용되는 법인격이 남용 내지 형해화가 범람하는 현실에서 법인격 있는 회사를 당사자로 한 경우 당사자표시정정절차에 의해 배후자(배우자 또는)를 당사자로 바꿀 수 있는가의 문제가 있다.

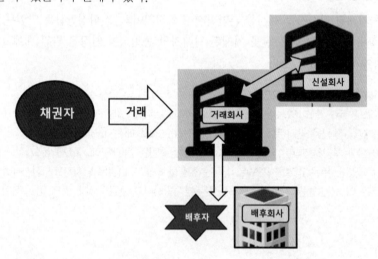

2. 학설

① 회사를 피고로 하였다가 배후자를 피고로 바꾸는 것은 소송절차의 승계에 준할 것이지 표시정정은 안 된다는 소송승계설,

② 이때 당사자는 회사이고 배후자가 아님을 전제로 바꾸면 임의적 당사자변경절차에 의할 것이지 표시정정은 안 된다는 임의적 당사자변경설(피고경정설),

③ 상대방에 대한 채무면탈을 목적으로 구회사와 인적 구성이나 영업목적이 실질적으로 같은 신회사를 설립한 경우에는, 예외적이지만 당사자표시정정절차에 의하여 구회사를 배후자로 바꿀 수 있다는 수정임의적 당사자변경설 등이 있다.

---

50) 이시윤, 앞의 책, 141-142면

3. 최근판례

기존회사가 폐업하고 채무면탈의 목적으로 기업의 형태와 내용이 실질적으로 동일한 신설회사를 설립한 경우에는 기존회사의 채권자가 두 회사 어느 쪽에 대하여서도 채무의 이행을 청구할 수 있다고 하고, 또 회사가 외형적으로는 법인의 형식을 갖추고 있으나 법인의 형태를 빌리고 있는 것에 지나지 아니하고 실질적으로 그 배후인 타인의 개인기업에 불과한 경우, 즉 형해화의 경우 회사는 물론 그 배후인에 대하여도 회사의 행위책임을 물을 수 있다고 했다.

4. 생각건대,

이와 같은 관계에 있을 때에 양자 간에 당사자의 동일성을 부정함은 신의칙에 반하므로 당사자를 기존회사에서 신설회사로 바꾸거나, 형해화된 회사를 배후의 개인으로 바꾸거나 그 개인을 추가하여 공동소송화하는 것은 당사자표시정정으로 가능한 것으로 볼 것이다. 제3설이 대체로 무난하다. 나아가 실체가 있는 회사가 일정한 목적으로 paper company를 만들어 놓은 경우에는 만든 사람의 또 다른 명칭을 쓴 것으로 볼 것으로 실체 있는 회사와 paper company 사이에는 제3자의 관계가 아니므로, 후자를 전자로 바꿀 때에 쉽게 당사자표시정정절차에 의할 것이다.

V 성명모용소송(차명소송)[51]

1. 의의(문제의 제기)

1) 소장의 전취지에 의해 확정되는 당사자와 사실상 당사자로서 관여하여 소송을 수행하는 사람이 동일한지 여부를 법원은 직권으로 조사하여야 한다.

2) 문제되는 것은 성명모용소송(姓名冒用訴訟)이다. A가 무단히 甲명의로 소를 제기하여 소송을 수행하거나(원고측 모용), 乙에 대한 소송에 A가 乙명의를 참칭하여 소송을 수행하는 경우(피고측 모용)이다.

2. 당사자 확정

이때 표시설에 의하면 모용당한 피모용자인 甲이나 乙이 표시된 대로 당사자이고 모용자인 A는 당사자가 아니다.

3. 발견 시 조치

엉뚱한 모용자의 소송행위는 마치 절차에 관여할 수 없는 무권대리인의 행위처럼 무효로 된다. 원고측이 모용되었으면 피모용자가 그 소를 추인하지 않는 한 판결로써 소를 각하하여야 하고, 그 소송비용은 모용자가 부담하게 된다. 피고측이 모용된 경우에는 모용자의 소송관여를 배척하고 진정한 피고에게 기일통지를 하여야 한다.

---

51) 이시윤, 앞의 책 132-143면

4. 간과판결 시 구제

① 만약 법원이 이를 간과하고 본안판결을 하였을 때에는 그 판결은 피모용자에게 미치며, 피모용자는 무권대리인이 대리권을 행사한 경우처럼 확정 전이면 상소(법 제424조 제1항 제4호)를, 그 후이면 재심의 소(법 제451조 제1항 제3호)를 제기하여 판결의 효력을 배제할 수밖에 없다.

② 다만 원고가 피고의 주소를 소장에 허위기재함으로써 허위주소로 송달된 소장부본·판결정본 등을 원고 자신이나 원고와 서로 짠 A가 피고를 모용하여 수령하고 법원으로 하여금 제대로 송달된 것으로 속게 만들어 원고승소판결을 받는 경우가 있다. 이처럼 송달과정에서의 피고모용의 경우는 피모용자는 재심이 아닌 항소제기를 하여야 한다는 것이 판례이다(항소설). 판결정본의 송달이 무효이기 때문에 적법한 송달 때로부터 진행하는 항소기간이 끝나지 아니하였다는 이유에서이다.

③ 그러나 이와 같은 효과는 성명모용소송이 피모용자에게 불리한 판결일 때에 문제이므로, 그에게 유리한 판결일 때에는 피모용자의 원용의 자유를 인정하여도 좋을 것이다.

📗 사례 1)

甲이 원고로서 乙을 피고로 하는 외상매매대금지급청구의 소를 제기하였는데, A가 乙의 성명을 모용하여 소송을 수행하였으나 乙 패소의 판결이 선고되었다고 하자. 그 후에 甲이 乙을 상대로 위 판결을 가지고 강제집행을 진행하는 경우 위 판결의 효력이 피모용자인 乙에게 미치는가. 표시설에 의하면 乙 패소의 판결은 乙에게 미친다. 그러므로 乙로서는 강제집행을 당하지 않기 위해서는 위 판결이 아직 확정되지 않았다면 상소를 제기하여 위 판결의 취소 등을 받아 구제받아야 하고, 위 판결이 이미 확정되었다면 법 제451조 제1항 제3호에 준하여 재심의 소에 의하여 위 판결을 취소할 수 있다.

📗 사례 2)[52]

A가 甲의 성명을 모용하여 甲을 원고로, 乙을 피고로 하는 외상매매대금지급청구의 소가 제기되었고, 甲 패소의 판결이 확정되었다고 하자. 그 후에 甲 본인이 원고로 乙에 대하여 동일한 소를 제기한 경우에 우선 위 성명모용소송판결의 효력이 피모용자에게 미치는가. 다음으로 피모용자에 의한 두 번째 소가 인정되는가. 아니면 재심의 소에 의하여 취소하는 것이 필요한가에 대하여 생각하여 보자. 여기서 당사자의 확정이론의 구체적 적용이 문제된다. 표시설에 의하면 甲 패소의 판결은 甲에게 미친다. 그래서 甲은 법 제451조 제1항 제3호에 준하여 재심의 소에 의하여 판결을 취소할 수 있지만, 취소하지 않는 한, 甲 본인이 원고가 되어 乙을 상대로 동일한 내용의 소를 제기하는 것은 확정된 전소의 기판력 때문에 부정된다.

---

52) 전병서, 강의민사소송법, 박영사 2023, 58면

Ⅵ 사망자를 당사자로 한 소송[53]

1. 소제기 전의 사망

1) 원칙

① 피고가 소제기 전에 이미 사망하였음에도 불구하고 그를 피고로 표시한 사망자소송의 경우에, 표시설에 의하면 사망자가 당사자이기 때문에 당사자가 실재하지 않는 소송으로 되어 부적법하게 되며, 법원은 판결로 소를 각하하지 않으면 안 되는 것이 원칙이다. 두 당사자의 대립당사자구조를 요구하는 민사소송법의 기본원칙의 무시로 실질적 소송 관계가 이루어질 수 없기 때문이다.

② 상속인들에 의한 소송수계신청도 허용될 수 없다. 이 점은 법인격이 소멸된 법인이나 부존재하는 상대의 소송도 마찬가지이다. 최근 판례는 소제기 당시 이미 사망한 당사자와 상속인이 공동원고로서 손해배상청구의 소를 제기한 경우, 사망자의 소 부분은 각하할 것이고 상속인이 사망한 당사자의 권리에 대한 자신의 상속분까지 함께 권리행사를 한 것이라 할 수 없다고 했다.

③ 당사자가 죽은 사람인가의 여부는 법원의 직권조사사항이다. 법원이 피고가 사망자임을 간과하고 본안판결을 하였을 때에는 판결이 확정되어도 기판력이나 그 밖의 효력이 생기지 아니하며, 판결로서 당연무효이기 때문에 재심의 대상도 되지 아니하고, 소송사기죄도 안 된다. 표시설에 의하는 한 판결이 상속인에게 미치지 않는다고 보아야 한다. 판례는 상소도 부적법하다고 보고 있으나, 유효한 판결인 것으로 보이는 외관의 제거를 위해 상속인의 상소 제기를 허용할 것이다.

2) 선의인 경우

① 다만 피고가 정보부재로 이미 죽은 사람임을 모르고 선의의 사망자 상대의 소가 제기되고 사망자의 상속인이 현실적으로 소송에 관여하여 소송수행을 함으로써 상속인과 실질적인 소송관계가 성립된 경우라면, 신의칙상 상속인에게 그 소송수행의 결과나 판결의 효력을 인수시킴이 옳을 것이다.

② 또한 죽은 사람임을 모르고 제기한 선의의 소송에서는 앞서 본 바와 같이 의사설에 따라 사실상의 피고는 상속인이라 하여 원고가 상속인으로 당사자표시정정을 하는 것이 허용된다는 것이 판례이다(수계신청을 할 경우라도 당사자표시정정으로 보아줄 수 있다).[54]

---

53) 이시윤, 앞의 책, 143-145면, 447-455면
54) 이렇게 되면 적법한 소로 된다. 제1순위 상속인이 상속포기한 것을 모르고 그를 상대로 소제기하였다가 실제 (제2순위) 상속인으로의 표시정정도 같다. 이 경우에 피고의 표시정정절차에 의하지 않고 피고의 경정의 방법을 취하였다 하여도

③ 그러나 선의도 아닌 경우라면 피고 경정의 방법으로 바꿀 수밖에 없다.

2. 소송위임 후 소송계속 전의 사망

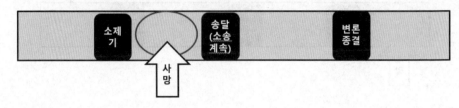

① 판례는 소제기 후 소장부본이 피고에게 송달되기 전에 피고가 사망한 경우에도 소제기 전의 피고사망과 마찬가지로 부적법이라 본다.

② 그러나 당사자가 사망하였다 하더라도 소송대리인의 대리권은 소멸되지 아니하므로 당사자가 소송대리인에게 소송위임한 다음 소제기 전에 사망하였을 경우, 이를 모르고 사망자를 원고로 표시하여 소를 제기하였다면 소의 제기는 적법하다.

3. 소송계속 후 변론종결 전의 사망

① 소송계속 후에 당사자가 죽은 경우에는 소송은 없어지지 않고 상속인들에게 당연히 승계되기 때문에 부적법해지지 아니한다. 소장송달 후에 피고가 사망한 때에만 적법한 소송이 되는데, 이때에는 상속인이 그 소송상의 지위에 대하여 수계절차를 밟을 때까지 소송절차가 중단된다. 소송계속 후에 죽었어도 소송물인 권리의무가 상속의 대상이 되는 때에 한한다. 상속의 대상이 아닌 경우는 중단되지 않고 소송절차가 종료된다. 그 예로 이혼소송에 있어서 당사자 한쪽의 사망, 상대방 당사자가 한쪽 당사자의 승계인이 될 때(혼동)에도 소송절차는 중단하지 않고 종료된다. 통상공동소송에서는 소송절차의 중단이 죽은 당사자와 그 상대방 간에만 가분적으로 생기는 데 반하여, 필수적 공동소송에서는 전면적으로 중단된다.

② 다만, 그 중단사유가 생긴 당사자 측에 소송대리인이 있으면, 중단사유에 불구하고 소송절차는 중단되지 않는다. 이와 같은 사유가 발생하여도 소송대리인이 있으면 그 대리권은 소멸되지 않고 계속 존속하므로 당사자가 대리인 없이 무방비상태가 되는 것이 아니기 때문이다.

소송대리인은 수계절차를 밟지 아니하여도 신당사자의 소송대리인이 되며, 판결의 효력은 신당

피고표시정정의 법적 성질 및 효과는 잃지 아니한다. 그러므로 당초 소제기 때에 생긴 시효중단의 효과는 유지된다. 최근의 판례는 추후에 상속인을 알아내어 표시정정을 할 의도로 일단 사망한 자를 피고로 하여 소제기한 경우라면, 피고의 사망사실을 안 경우에도 피고의 상속인으로 표시정정을 할 수 있다는 것으로, 시효중단의 효과발생은 처음 소장제출 시로 보았다.

사자에게 미친다. 그러나 소송대리인이 있어 중단되지 아니하는 경우라도 상속인이 소송절차를 수계하지 못한다는 뜻으로 풀이될 수는 없다. 만일 구당사자로 표시하여 판결이 선고된 때에는 소송승계인을 당사자로 판결경정을 하면 된다.

다만 소송대리인이 있다고 하여 소송절차가 무제한하게 속행되는 것이 아니라, 심급대리의 원칙상 그 심급의 판결정본이 당사자에게 송달됨으로써 심급종결로 소송절차는 중단된다는 것이 판례이다. 이 경우 상소는 소송수계절차를 밟은 다음에 제기하는 것이 원칙이나, 소송대리인에게 상소제기에 관한 특별수권이 있어 상소를 제기하였다면, 그 상소제기 시부터 소송절차가 중단되므로, 이때에는 상소심에서 적법한 소송수계절차를 거쳐야 소송중단이 해소된다.

③ 그러나 소송대리인에게 상소에 관한 특별한 권한수여가 있으면 판결이 송달되어도 예외적으로 중단되지 않는다. 따라서 이 경우에 소송대리인이 패소한 당사자를 위하여 상소를 제기하지 아니하면 상소기간의 도과로 판결은 확정된다. 예를 들면 甲·乙 간의 소송계속 중 乙은 사망하고 乙의 소송대리인인 丙이 소송수행 끝에 乙이 패소하는 판결을 받았는데, 乙의 상속인으로는 A·B·C·D 4인이 있다고 하자. 그런데 A·B만이 항소를 제기한 경우, 상소제기의 특별수권을 받은 대리인 丙이 C·D가 상속인임을 몰라서 그를 위해 항소를 제기하지 않았다면(C·D 자신도 항소를 제기하지 않음) 항소기간의 도과로 C·D에 대한 패소 판결은 확정되며, 누락한 C·D의 소송수계문제는 소송계속이 소멸된 이상 생길 수 없다는 것이 판례이다(확정설). 이와 같은 판례의 결론이 부당하다고 지적하며 문제의 적절한 해결을 위해서 누락한 C·D에 대하여는 중단상태에 있다는 견해 등이 나오고 있다(중단설).

생각건대 C·D에 대해 상소에 관한 특별 수권이 있는 소송대리인 丙이 있으므로 乙의 사망에 불구하고 절차는 진행되어(법 제238조) C·D에 대한 판결은 확정되는 것으로 볼 것이고, 그렇게 된 데 대하여 누락 상속인 C·D와 대리인 丙에게 과실이 없다면 C·D를 위한 추후보완의 상소로 침해된 절차권을 보호할 것이며, 그렇지 아니하면 C·D를 위한 손해배상 등 실체법의 문제로 해결할 수밖에 없을 것으로 본다.

다만 최근에 확정설의 종전판례와는 사실관계에 다소 차이가 있어도 다른 취지가 아닌가 하는 판례가 나타났다. 제1심 계속 중 사망한 원고의 공동상속인 중에 A만이 수계절차를 밟았을 뿐이고 A만을 망인의 소송수계인으로 표시하여 한 원고패소판결에 대하여 망인의 소송대리인이 항소인을 A만을 기재하여 항소제기 한 사안에서, 제1심 판결의 효력은 공동상속인 전원에 대하여 미치는 것임에도 위 판결의 잘못된 당사자 표시를 신뢰한 망인의 소송대리인이 항소인을 A만으로 기재하여 항소를 제기하였다면, 항소를 제기한 소송대리인의 합리적 의사에 비추어 B 등 공동상속인 전원에 대하여 항소가 제기된 것으로 보아야 하고, 그들에 대하여 확정차단이 된다는 것이다. 중단설은 아니고 효력확장설이라 하겠다.

④ 소송절차의 중단은, 당사자측이 수계신청을 하거나 법원의 속행명령에 의하여 해소된다.

수계신청이란 당사자 측에서 중단된 절차가 계속 진행되도록 속행을 구하는 신청이다. 수계신청은 중단사유가 있는 당사자 측의 신수행자뿐만 아니라, 상대방 당사자도 할 수 있다(법 제241조). 신수행자는 각 중단사유마다 법에 정해져 있다. 당사자 사망의 경우에 수계신청권자는 상속인·상속재산관리인·유언집행자·수증자들이다. 공동상속재산은 필수적 공동소송관계가 아니므로 상속인 전원이 당사자 사망의 공동으로 수계신청하여야 하는 것이 아니며, 개별적으로 수계신청하여도 무방하다. 상속인 중 한 사람만이 수계절차를 밟아 재판을 받았으면 수계절차를 밟지 않은 다른 상속인의 소송관계는 중단된 채 제1심에 그대로 계속되어 있게 된다. 그러나 반대인 듯한 판례가 있다. 상속인이 상속포기기간 안에 한 수계신청은 위법이나 상대방이 이의 없이 응소하면 이의권의 포기로 하자가 치유된다.

⑤ 수계신청은 중단 당시 소송이 계속된 법원에 하여야 한다. 종국판결이 송달된 뒤에 중단된 경우에 수계신청을 어디에 내야 하느냐가 문제인데 원법원에 하여야 한다는 견해와 원법원 또는 상소법원에 선택적으로 할 수 있다는 견해로 갈린다. 대법원은 이러한 경우에는 「상급법원에 수계신청을 할 수 있다」고 하여 후설에 접근하였으나, 후설은 법 제243조 제2항의 명문에 반할 뿐더러, 상소장의 원법원제출주의(법 제397조)에 의하는 우리 법제에도 맞지 않는다. 기록보관을 하는 원법원이 함에 비추어 전설을 따른다.

⑥ 소송절차의 중단을 간과하고 변론을 진행하여, 이를 기초로 선고된 판결은 무효라는 견해도 있지만, 유효한 판결이나 상속인의 재판받을 권리를 침해한 점은 무권대리에 준하는 하자이므로 상소 또는 재심의 대상이 된다는 견해가 통설(위법설)이고, 판례도 같다. 기본적으로 무효설은 판결에 기재된 명의대로 사망자가 당사자임을 전제로 하고, 위법설은 상속인이 당사자임을 전제로 한다. 위와 같은 하자는 상속인 등의 추인에 의하여 치유될 수 있고, 추인은 묵시적으로도 가능하다고 한다(예컨대, 대법원 94다28444 전원합의체 판결은 항소심판결에 위와 같은 하자가 있는데, 상속인이 상고이유로서 이와 같은 하자를 주장하지 않고, 본안에 대하여만 다투는 상고이유서를 제출한 경우 상속인이 묵시적으로 위 하자를 추인한 것으로 보아야 한다고 판시하였다). 그리고 상소심에서 당사자가 수계절차를 밟으면 상소사유·재심사유는 소멸된다.

> **⚖ 대판 1995.5.23, 94다28444**
> 소송계속 중 어느 일방 당사자의 사망에 의한 소송절차 중단을 간과하고 변론이 종결되어 판결이 선고된 경우에는 그 판결은 소송에 관여할 수 있는 적법한 수계인의 권한을 배제한 결과가 되는 절차상 위법은 있지만 그 판결이 당연 무효라 할 수는 없고, 다만 그 판결은 대리인에 의하여 적법하게 대리되지 않았던 경우와 마찬가지로 보아 대리권흠결을 이유로 상소 또는 재심에 의하여 그 취소를 구할 수 있을 뿐이므로, 판결이 선고된 후 적법한 상속인들이 수계신청을 하여 판결을 송달받아 상고하거나 또는 사실상 송달을 받아 상고장을 제출하고 상고심에서 수계절차를 밟은 경우에도 그 수계와 상고는 적법한 것이라고 보아야 하고, 그 상고를 판결이 없는 상태에서 이루어진 상고로 보아 부적법한 것이라고 각하해야 할 것은 아니다.

> **⚖ 관련 기출문제 - 2017년 공인노무사**
> 乙 회사의 근로자 丙이 업무상 운전하던 차량이 보행자 甲을 충격하여 부상을 입혔다. 甲이 乙 회사를 피고로 하여 제기한 교통사고로 인한 손해 배상청구의 소(전소)에서 丙이 乙 회사 측에 보조참가하여 소송이 진행되었고, 법원은 丙의 운전상의 과실을 인정하여 甲 청구인용판결을 선고하여 이 판결이 확정되었다. 그 후 乙 회사가 丙을 피고로 위 손해배상에 대한 구상금을 청구하는 소(후소)를 제기하였다. 후소에서 丙은 소송대리인을 선임하지 않고 소송을 수행하던 중 사망하였다. 법원은 丙의 사망사실을 간과하고 변론을 진행한 후 회사 청구인용판결을 선고하였다. 이 판결은 丙의 상속인에게 효력이 미치는지를 설명하시오. 15점

4. 변론종결 후의 사망

변론종결 후에 당사자가 죽은 때에는 수계절차를 밟을 필요가 없으며 판결선고에 지장이 없다. 이 때에는 사망자명의로 된 판결이라도 소송계속 전의 사망의 경우처럼 무효도 아니며 소송계속 후의 사망사실을 간과한 경우처럼 위법도 아니고, 상속인이 변론종결한 뒤의 승계인으로 되어 기판력이 미친다. 그 상속인에 대하여 승계집행문을 받아 집행할 수 있다.

제 3 절   당사자능력55)

📌 **관련 기출문제 – 2021년 공인노무사**
당사자능력에 대하여 설명하시오. `25점`

Ⅰ 의의

① 당사자능력이란 소송의 주체가 될 수 있는 일반적인 능력으로, 원고·피고·참가인이 될 수 있는 능력이다. 당사자능력은 소송상의 권리능력이라고도 불리는 것으로, 민법상의 권리능력에 대응된다. 그러나 당사자능력은 권리능력과 반드시 동일하게 볼 수 없으며 그보다는 넓다.

② 당사자능력은 소송사건의 내용이나 성질에 관계없는 일반적인 자격이므로, i) 특정의 소송사건에 있어서 정당한 당사자로서 본안판결을 받기에 적합한 자격인 당사자적격과 구별되며, ii) 현재 계속 중인 특정소송의 당사자가 누구인가를 정하는 당사자확정의 문제와도 다르다.

Ⅱ 당사자능력자

1. 권리능력자

법 제51조는 당사자능력에 관하여는 민법 그 밖의 법률에 따른다고 하였으므로 민법상 권리능력을 가지는 사람은 민사소송에 있어서 당사자능력을 갖는다. 이를 실질적 당사자능력자라고도 한다.

1) 자연인

① 자연인, 즉 출생에서 사망까지의 생존하는 동안의 사람은 어느 누구나 당사자능력을 갖는다. 도롱뇽 등은 환경소송에서도 원고로 되어 나설 수 없다. 연령·성별·국적에 차별이 없다.

---

55) 이시윤, 앞의 책 146-154면, 박재완, 앞의 책 63-64면, 전병서 앞의 책 223, 228면 각 참조 요약

② 자연인에 이르지 못한 태아는 원칙적으로 당사자능력이 없다. 그러나 민법은 태아에 대하여 불법행위로 인한 손해배상, 상속 및 유증, 사인증여 등 일정한 경우에는 이미 출생한 것으로 보고 있으므로, 이러한 한도에서 예외적으로 태아에 당사자능력이 인정되느냐의 문제가 있다. 일부 학설과 판례는 정지조건설의 입장에 서서 태아인 상태에서는 권리능력이 인정되지 아니하므로 당사자능력을 인정할 수 없다고 본다. 그러나 의학의 발달로 태아의 사망률이 낮아진 점, 태아에게도 증거보전과 집행보전의 필요성이 있는 점을 고려하면 해제조건설에 따라 당사자능력을 인정함이 좋을 것이다(통설). 최근 판례에서 태아도 보험금수령능력을 인정했다.

③ 자연인이 사망하면 당사자능력을 잃으며 사망자 이름으로 과거의 일을 제소할 수 없다.

2) 법인

① 법인은 모두 권리능력자(민법 제34조)이므로 민사소송법에서도 당사자능력을 가진다. 법인이 당사자가 된다는 의미는 법인 자체가 그 이름으로 당사자가 될 수 있다는 것을 의미한다. 법인에는 사법인뿐만 아니라 국가, 지방자치단체 등의 공법인도 포함된다. 행정기관(행정청)은 행정소송에서는 당사자능력이 인정되나, 민사소송에서는 당사자능력이 인정되지 않는다.

② 법인은 비록 해산·파산되어도, 청산·파산의 목적범위 내에서는 법인격이 유지되므로 당사자능력을 보유하며 청산이 종결되면 당사자능력을 잃는다. 판례는 청산종결등기가 있어도 청산사무가 종료되지 않는 이상 그 한도에서 청산법인은 당사자능력이 있다고 본다. 그러나 흡수합병 등에 의해 법인격이 소멸되면 당사자능력이 없다.

2. 법인이 아닌 사단·재단

1) 의의

① 현행법에 의하면 권리능력 및 당사자능력이 인정되는 법인이 되기 위하여는 법인설립등기를 필요로 한다. 법인설립등기를 하지 않았지만 법인으로서의 실체를 갖추고 있는 사단을 비법인 사단이라고 한다. 법 제52조는 설립등기까지 안 한 법인이 아닌 사단이나 재단으로서 대표자 또는 관리인이 있으면 사단·재단의 이름으로 당사자가 될 수 있도록 하였다. 이를 형식적 당사자능력자라고도 한다.

② 법인 아닌 단체에 대해 실체법에서와 같이 소송법에서도 그 주체성을 부인한다면, 분쟁이 생겼을 때에 단체를 상대로 소제기하려는 자는 단체의 구성원 전원을 피고로 하여야 하는 불편이 따르게 된다. 한편 단체 측으로서도 단체 자체의 이름으로 원고가 되어 소송을 수행하는 것이 편리한 경우가 적지 않다. 여기에서 소송법은 실체법과는 입장을 달리하여, 법인이 아닌 사단·재단이라 하여도 대표자가 있는 경우에는 당사자능력을 인정하여 그 자체의 이름으로 원·피고가 될 수 있는 길을 열었다.

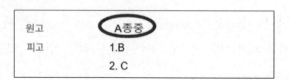

원고	A종중
피고	1. B
	2. C

2) 종류

(1) 사단

① 사단이란 일정한 목적하에 이루어진 다수인의 결합체로서, 그 구성원의 가입·탈퇴에 관계없이 유지 존속하며 대내적으로 그 결합체의 의사결정·업무집행기관에 관한 정함이 있고, 대외적으로 그 결합체를 대표할 대표자·관리인의 정함이 있는 것을 말한다. 그 예로서, 종중, 문중, 동창회, 등기되지 아니한 노동조합, 정당, 자연부락, 직장·지역 주택조합, 교회, 사찰, 공동주택입주자대표회의·아파트부녀회·상가번영회·시민단체 등을 들 수 있다.

② 비법인 사단의 총유 재산에 관한 소송은 특별한 사정이 없는 한 사원총회의 결의를 거쳐야 한다.

(2) 재단

① 재단이란 일정한 목적을 위하여 결합된 재산 중심의 운영체로서 재산을 내놓은 출연자 자신으로부터 독립하여 존재하며 관리운영되는 것을 말한다. 법 제52조에 의해 당사자로 인정되는 것은 재단의 실질을 갖고 있으나 주무관청의 허가가 없어 법인격을 취득하지 못한 것이다. 예컨대 사회사업을 위해 모집한 기부재산, 대학교장학회, 사립유치원 등이 이에 해당한다.

② 판례는 학교에 대하여 국공립학교·사립학교·각종 학교 등 어느 것을 막론하고 교육시설(영조물)의 명칭에 불과하다고 하여 학교의 당사자능력을 부인하고 있다. 그러므로 국·공립학교의 경우에는 국가·지방자치단체, 사립학교는 학교법인 등 각 운영주체를 당사자로 삼을 수밖에 없다.

(3) 민법상의 조합

① 의의(문제제기)

㉠ 법인 아닌 사단보다 단체성이 더 약한 공동출자자의 동업체인 민법상의 조합에 당사자능력이 있는가에 관하여는 다툼이 있다. 특히 민법상의 조합에 대표자가 정하여져 있어 그를 통해 대외적 활동을 하고 있을 때에 문제가 된다.

㉡ 다만, 조합의 명칭이 붙었다 하여 곧바로 민법상의 조합이라고 속단하여서는 안 되며, 조합이란 명칭에 구애됨이 없이 사단인가 조합인가는 실질에 의해 판단하여야 한다. 농업협동조합은 명칭은 조합이나 실질은 법인임을 주의할 필요가 있다.

② 학설과 판례

㉠ 긍정설

민법상의 조합도 비록 약하기는 하지만 단체성이 있고 조합과 사단의 구별이 용이하지 아니하고 혼동하기 쉬운 점, 조합의 당사자능력을 부인하면 거래의 상대방이 소를 제기할 때 누가 조합원인가를 조사하여야 하며 그 전원을 피고로 하여야 하는 불편이 따르게 되는 점 등을 고려하면 조합·사단 다 같이 당사자능력을 인정하는 편이 옳다는 것이다.

ⓒ 부정설

조합은 동업목적의 조합원 간의 계약적 기속관계에 지나지 않으며 조합원의 개성과 독립된 단체적 조직이라고 인정할 수 있는 실질이 없는 점, 우리 법은 조합은 법인이 아닌 사단과의 관계에서 전혀 별개의 조직체임을 전제로 하여 그 재산관계를 전자는 합유관계(민법 제271조)로 정하고 있음에 대해 후자를 총유관계로 규정하고 있으므로(민법 제275조) 긍정설은 이론상 무리라고 한다. 또 조합의 채무는 조합원이 분담하게 되어 있는데(민법 제712조) 조합에 당사자능력을 인정한다고 할 때에 조합 자체에 대한 판결로써 그 구성원인 조합원에 대한 분할책임을 추궁할 수 있을 것인가 하는 어려운 문제도 생긴다고 한다.

ⓒ 판례

판례는 조합의 당사자능력을 부정하고 있다.

ⓔ 생각건대, 조합과 법인이 아닌 사단이 전혀 별개의 조직체임을 전제로 하고 있는 우리 민법의 체계상(민법 제271조 합유, 민법 제275조 총유) 부정설이 타당하다고 본다. 다만, 민법상의 조합에 당사자능력을 인정하지 않을 때 조합원 전원이 모두 당사자로 나서서 공동으로 소송하여야 하는 필수적 공동소송이 되는데, 이때의 복잡 불편함은 i) 조합원 중에서 선정당사자를 뽑아 그를 내세우거나, ii) 조합원들이 업무집행조합원에게 임의적 소송신탁을 하여 그의 이름으로 소송수행을 하게 하거나, iii) 업무집행조합원(민법 제709조)을 법률상대리인으로 보고 그에게 소송대리권이 있다고 해석하여 그를 내세운다면 불편이 제거될 것이므로, 조합소송의 단순화가 가능하다고 할 것이다.

> **관련 기출문제 - 2014년 공인노무사**
> 근로자 甲은 해고를 당한 후 사용자인 乙회사를 상대로 해고무효 확인의 소를 제기하고자 한다. 그런데 乙회사는 명칭만 회사일 뿐 A, B, C 3인이 공동으로 출자해서 설립한 민법상 조합에 불과하다. 甲은 乙회사를 피고로 해서 해고무효 확인의 소를 제기할 수 있는지 논하시오. 25점

(4) 소송상 취급

법인이 아닌 사단이나 재단이 원·피고가 된 경우에는 법인이 당사자일 때와 마찬가지의 소송상 취급을 한다. 따라서 법인이 아닌 사단·재단 그 자체가 당사자가 되며, 그 대표자·관리인은 법정대리인에 준하여 취급된다. 나아가 판결의 기판력·형성력은 당사자인 사단이나 재단에 대해서만 미치기 때문에, 사단의 구성원·출연자 개인은 그 효력을 받지 아니하며, 강제집행의 대상은 사단이나 재단의 고유재산뿐이다. 이와 같이 법인이 아닌 사단·재단에 소송법상 당사자능력이 인정되므로 판결에 있어서는 그 사단·재단을 권리자·의무자로서 판단하게 되고, 강제집행에 있어서도 사단·재단 자체가 집행당사자로서 취급된다.

Ⅲ 당사자능력의 조사와 그 능력 없을 때의 효과

1) 당사자능력은 본안판결을 받기 위해 필요로 하는 소송요건이다. 그 기초사실의 직권탐지는 아니라도 그 존부는 법원의 직권조사사항이다. 법원은 법인이 아닌 사단·재단이 당사자가 된 경우에는 정관·규약 그 밖의 당사자능력의 판단에 필요한 자료를 제출하게 할 수 있다. 당사자능력의 유무에 대해 자백이 있어도 법원은 이에 구속받지 않는다.

조사의 결과 소제기 당시부터 당사자능력이 없었음이 발견되면 판결로써 소를 각하하지 않으면 안된다. 그러나 소장표시로 보아 당사자능력이 없어도 소장의 전취지를 합리적으로 해석할 때에 올바른 당사자능력자로 고칠 수 있는 경우에는 바로 소를 각하할 것이 아니라 이에 앞서 그 표시정정의 형태로 당사자능력자로의 보정을 시켜보고 그 다음에 당사자능력이 있는지를 가려 보아야 한다는 것이 판례의 입장이다.

2) 소제기 후 소송계속 중에 당사자가 사망·법인합병 등의 사유로 인하여 당사자능력을 상실한 경우에는 소송은 중단되며(법 제233조, 제234조), 승계인이 있으면 그가 당사자로서 소송절차를 수계하게 된다. 그러나 소송물이 승계할 성질의 권리관계가 아닌 때(⑩ 이혼소송에 있어서 당사자 일방의 사망)에는 소송은 종료된다.

3) 피고로부터 당사자능력에 흠이 있다는 항변이 있어 다툼이 있는 경우에, 조사 결과 당사자능력이 없으면 판결로써 소를 각하할 것이나, 당사자능력이 있으면 중간판결 또는 종국판결의 이유에서 이를 판단하여야 한다. 당사자무능력자라 하여도 당사자능력을 다투어 상소를 제기하는 한도 내에서는 능력자로 취급된다. 따라서 무능력자가 상소를 제기하였을 때에 부적법한 상소라 하여 상소각하를 할 것이 아니다. 당사자능력에 관해서는 원고에게 그 증명책임이 있다.

4) 당사자능력이 없어 소각하판결을 하여야 하는데도 이를 간과하고 본안판결을 하였을 때에는 확정 전이면 상소에 의하여 취소할 수 있다. 이런 판결이 확정된 경우에 그 효력에 관하여는 다툼이 있다. 이에 대하여 무효설이 없지 않으나, 당사자가 비실재인 또는 사망자인 경우와 같이 당사자부존재일 때와는 구별하여 당사자무능력자일 때는 판결을 당연무효로 볼 것은 아니다(다만, 당사자가 사망한 사람이거나 실재하지 않는 등 부존재인 경우에는 판결이 무효가 된다). 나아가 유효로 본다면, 재심사유가 되는지 여부에 대하여, 당사자능력이 없는 것이 재심사유로 규정되어 있지 않으므로 확정된 뒤에는 이를 취소할 수는 없다고 할 것이고, 이러한 입장이 통설이다(행정청이나 학교가 당사자가 된 경우를 생각할 것).

제 4 절   당사자적격56)

▌ I ▐ 개념

① 당사자적격이란 당사자능력이 있는 당사자라도 특정의 소송사건에서 정당한 당사자로서 소송을 수행하고 본안판결을 받기에 적합한 자격을 말한다. 당사자로서 소송을 수행할 수 있는 자격을 당사자의 권능으로 보는 때에는 「소송수행권」으로 부르고, 이 자격 내지는 권능을 가지는 당사자를 정당한 당사자라고 한다. 당사자가 원고·피고로 나뉘는 것에 대응하여 당사자적격도 원고적격과 피고적격으로 나뉜다.

② 당사자가 어느 특정사건에서 자기의 이름으로 소송을 수행하고 거기에서 판결을 받았으되 그것이 별 가치 없는 것이라면 소송은 무의미한 것이므로 이러한 소송을 배제하기 위한 제도이다. 나아가 남의 권리에 대하여 아무나 나서서 소송하는 이른바 민중소송을 막는 장치도 된다57).

③ 당사자적격은 특정한 청구와의 관계에서 결정되는 것이고, 당사자능력과 같이 개개의 사건을 떠난 일반적 인격적 능력과는 다른 것이다. 당사자적격(소송수행권)은 민법상의 관리처분권에 대응되는 개념이다.

▌ II ▐ 당사자적격을 갖는 자

1. 일반적인 경우

1) 이행의 소

① 이행청구권의 실현목적의 이행의 소에서는 자기에게 이행(급부)청구권이 있음을 주장하는 자가 원고적격을, 그로부터 이행의무자로 주장된 자가 피고적격을 각기 갖는다(통설·판례). 원고를 청구권자가 아니라 청구권을 주장하는 자로 보는 형식적 당사자개념 때문에 주장 자체에 의하여 당사자적격이 판가름이 된다. 따라서 당사자적격을 갖기 위해서는 실제로 이행청구권자나 의무자일 것을 요하지 않는다. 원고가 실제 이행청구권자이며 피고가 이행의무자인가는 본안심리에서 가릴 문제로서, 본안심리 끝에 실제 이행청구권자나 의무자가 아님이 판명되면 청구기각의 판결을 할 것이고, 당사자적격의 흠이라 하여 소를 각하해서는 안 된다(통설·판례). 예를 들면 甲이 乙을 채무자라고 주장하여 피고로 삼아 이행의 소를 제기하였으나 丙이 채무자임이 판명된 경우에 甲의 乙에 대한 청구를 기각할 것이지 각하할 것이 아니다.

---

56) 전병서, 앞의 책 244면, 이시윤, 앞의 책 154-163면 각 참조
57) 형식적 당사자개념에서는 실체법상의 권리관계의 주체와 전혀 관계없는 제3자가 타인의 권리를 자기의 이름으로 소송상 주장하는 것(예를 들어 타인의 권리에 대하여 아무나 나서서 소송하는 민중소송)을 막을 수 없다. 다만, 전혀 무관계한 제3자가 타인의 권리의무에 대하여 행한 소송에서 내려진 판결은 실체법상의 권리 관계의 주체를 구속하지 않으므로 불필요하게 상대방과 법원을 번잡하게 할 뿐이다. 이러한 무의미한 소송을 배척하여 본안판결에 이르지 않게 하는 것이 필요하다. 이 때문에 당사자가 특정한 청구에 대하여 당사자적격을 가질 것이 요구된다.

📝 사례 1)58)

다른 사람의 권리를 주장하면서 소를 제기할 수 있는가? 예컨대, 「A가 여자친구 B로부터, 그녀가 그녀의 친구 C에게 1,000만원을 빌려 주고 못 받고 있다고 하면서 도와 달라는 부탁을 받은 경우, A가 자신이 원고가 되어 C를 피고로 하여 'C는 B에게 1,000만원을 지급하라'는 소를 제기할 수 있는가?」 불가능하다. A에게는 원고적격이 없기 때문이다. 이행의 소에서 원고로서의 당사자적격, 즉 원고적격을 가지는 자는 자기에게 심판대상이 되는 이행청구권이 있다고 주장하는 자에게 있다. 그런데, A는 위 대여금청구권의 권리자가 자신이 아닌 B에게 있다고 주장하고 있기 때문에 원고적격을 가질 수 없다. 만약 A가 위 대여금청구권이 자기에게 있다고 주장하는 경우는 원고적격을 가질 수 있다. 이 경우 'C는 A에게 1,000만원을 지급하라'는 소를 제기하게 되는데, 제대로 심리가 이루어진다면 A의 청구는 기각될 것이다. 이와 같이 민사소송에서 당사자가 되려면 일반적으로 당사자가 될 수 있는 능력인 당사자능력 외에도 당해 소송과 관련하여 소송을 수행하여 판결을 받을 만한 자격 내지 지위, 즉 당사자적격을 갖추고 있을 것을 요구한다. 당사자적격은 소의 적법요건, 즉 소송요건이다. 당사자적격을 가지는 자를 정당한 당사자라고도 한다. 당사자적격은 소송결과의 정당성을 뒷받침하기 위하여 부실하거나 무익한 소송수행을 사전에 막기 위한 것이다. 위의 예를 들어 설명하면 자기의 권리를 주장하는 경우에만 원고적격을 인정함으로써 타인의 권리를 주장하면서 제소하는 것을 막겠다는 것이다. 타인의 권리를 주장하는 경우 소송수행이 부실해질 수 있기 때문이다.

② 다만, 예외적으로 판례에 의하면 등기말소청구소송에서는 등기명의자에게 피고적격이 인정된다고 하면서 실제 등기명의자가 아닌 자를 상대로 등기말소청구를 하면, 비록 원고가 그 자에게 등기말소의무가 있다고 주장하였다 하더라도, 피고적격이 없다는 이유로 소를 각하한다는 것이다. 그리고 부기등기에 의하여 이전된 근저당권 또는 가등기 등의 말소청구는 부기등기의 말소를 구할 것은 아니고 바로 근저당권 또는 가등기의 말소를 구하여야 하되 그 청구의 상대방은 부기등기에 의하여 표시된 양수인만을 상대로 하면 족하고 양도인은 그 말소등기청구에 있어서 피고적격이 없다(대판 2000.4.11, 2000다5640).
한편, 등기부상 진실한 소유자의 소유권에 방해가 되는 불실등기가 존재하는 경우에 그 등기명의인이 허무인 또는 실체가 없는 단체인 때에는 소유자는 그와 같은 허무인 또는 실체가 없는 단체 명의로 실제 등기행위를 한 자에 대하여 소유권에 기한 방해배제로서 등기행위자를 표상하는 허무인 또는 실체가 없는 단체 명의 등기의 말소를 구할 수 있다(대판 2019.5.30, 2015다47105).

📝 사례 2)

갑과 을이 A 명의의 매매계약서, 위임장 등 관련 서류를 위조하여 X토지에 관하여 병 앞으로 소유권이전등기를 마쳤다. 그 후 병은 정에게 위 토지에 관하여 근저당권설정등기를 해 주었고, 그 후 정은 무에게 근저당권이전의 부기등기를 마쳤다. 이 경우 A가 위 소유권이전등기 및 근저당설정등기 말소 청구를 할 경우 피고적격이 있는 사람은?

---

58) 박재완, 앞의 책 77면

③ 채권에 대한 압류 및 추심명령이 있는 경우, 제3채무자에 대한 이행의 소는 추심채권자만이 제기할 수 있고, 실체법상 권리자인 채무자는 피압류채권에 대한 이행소송을 제기할 당사자 적격을 상실한다(대판 2000.4.11, 99다23888). 그러나 채권에 대한 가압류(압류 포함)가 있 더라도 이는 채무자가 제3채무자로부터 현실로 급부를 추심하는 것만을 금지하는 것일 뿐 채 무자는 제3채무자를 상대로 그 이행을 구하는 소송을 제기할 수 있다(대판 2002.4.26, 2001 다59033).

2) 확인의 소

① 권리·법률관계의 불안제거목적의 확인의 소에서는 그 청구에 대해서 확인의 이익을 가지는 자가 원고적격자로 되며, 원고의 이익과 대립·저촉되는 이익을 가진 자, 즉 원고의 법률관 계를 다툼으로써 원고의 법률상 지위에 불안·위험을 초래할 염려 있는 자가 피고적격자로 된다.

판례는 좀 더 구체적으로 어떠한 권리의 존재확인을 구하는 소의 원고적격자는 당해 권리의 권리자에 한하지 않고, 누구라도 확인의 이익이 있으면 원고적격을 갖는다고 한다. 반대로 확인의 이익이 없을 때에는 당해 권리의 권리자라도 원고적격이 없다. 따라서 확인의 소의 당사자적격은 확인의 이익과 결부시켜 각 사건마다 개별적으로 판정할 필요가 있다.

② 단체의 내부분쟁의 피고적격

판례는 단체의 대표자선출결의의 무효·부존재 확인의 소에서 피고를 단체로 하지 않고 문 제된 결의에 의하여 선출된 대표자 개인을 피고로 함은 확인의 이익이 없다 하였다(**단체피고 설**). 다수설도 판례와 같다. 단체 자체를 피고로 하지 않으면 비록 승소판결을 받아도 그 효 력이 당해 단체에 미치지 못하여 단체가 그 판결은 자기네와 무관계함을 내세울 수 있어서 법적 불안제거에 도움이 안 된다는 이유에서이다. 법률관계의 주체가 법인 등 단체라는 것도 근거로 한다.

그러나 이러한 내부분쟁에 있어서 i) 가장 큰 이해관계인은 문제의 결의에 의하여 선출된 대표자이기 때문에 그 사람을 상대방으로 하여 소송하게 함이 옳다는 견해가 있다(대표자피 고설). ii) 단체와 당해 대표자를 모두 피고로 하여야 한다는 견해(필수적 공동소송설)도 있 다. 이 경우에 단체가 패소하면 내쫓길 당해 대표자에게 피고적격을 인정하지 않으면 그의 권익수호의 길은 보조참가일 것이다. 다만 이러한 소송의 보전 처분은 이사직무집행정지가 처분인데, 판례는 가처분신청에 있어서 당해 단체가 아니고 당해 이사가 채무자적격이 있다 고 본다.

3) 형성의 소

① 판결로 권리변경을 시키려는 형성의 소는 법적 안정성 때문에 법규 자체에서 원고적격자나 피고적격자를 정해 놓고 있는 경우가 많다. 명문의 규정이 없는 경우에는 제3자에게 판결의 대세효가 발생함에 비추어, 당해 소송물과의 관계에서 가장 강한 이해관계를 갖고 있고 충실 한 소송수행을 기대할 수 있는 사람을 당사자적격자로 볼 것이다.

② 예컨대, 주주총회결의취소의 소에서 원고적격자가 주주·이사 또는 감사임은 상법 제376조에 규정되어 있고, 피고적격자에 관하여는 판례가 회사만으로 제한하고 있다(대판 1982.9.14, 80다2425). 또 사해행위취소의 소에서 원고적격자가 채권자임은 민법 제406조에 규정되어 있고, 피고적격자에 관하여는 판례가 채무자가 아니라 수익자 또는 전득자로 제한하고 있다 (대판 1991.8.13, 91다13717).

4) 고유필수적 공동소송

고유필수적 공동소송에서는 여러 사람이 뭉쳐 공동으로 원고나 피고이어야 한다. 그렇지 않으면 당사자적격의 흠으로 부적법하게 된다. 이러한 소송에서 공동소송인 일부만이 소송을 제기하거나 공동소송인 일부만을 상대로 소송을 제기한 때에는 소가 부적법해진다. 다만 당사자의 신청에 의하여 제1심 변론종결 시까지 빠뜨린 당사자를 추가할 길이 열려 부적법을 고칠 수 있다.

2. 제3자의 소송담당(타인의 권리에 관한 소송)

1) 의의

① 권리관계의 주체자가 아닌 제3자가 관리처분권을 갖기 때문에 당사자적격을 갖고 나서는 경우가 있는데, 이 경우를 제3자의 소송담당이라 한다. 말하자면 제3자가 소송수행권을 갖는 경우이다.

② 소송담당자는 다른 사람의 권리관계에 관하여 소송을 수행하여 소송대리인과 비슷하지만, 자기의 이름으로 소송수행을 하는 사람이기 때문에, 다른 사람의 이름으로 소송수행하는 대리인과 혼동해서는 안 된다.

2) 종류

(1) 법정소송담당

권리관계의 주체는 아니면서 제3자가 법률의 규정에 의하여 관리권을 가지게 되어 그 자격에 의하여 당사자로 되는 경우이다. 법정소송담당에는 다음과 같은 경우가 있다.

① 권리관계의 주체에 갈음하여 단독으로 소송수행권을 가지는 '갈음형'으로 파산관재인 (채무자회생법 제359조), 추심명령을 받은 추심채권자(민사집행법 제229조 제2항) 등

② 원래의 권리관계의 주체와 병존하여 소송수행권을 가지는 '병존형'으로 채권자대위권을 행사하는 채권자(민법 제404조), 대표소송에 의하여 이사의 회사에 대한 책임을 추궁하는 소를 제기한 주주(상법 제403조) 등

③ 법률이 실체법상 권리관계와는 아무 상관없이 일정한 직무에 있는 사람에게 특정소송에 관하여 소송수행권을 부여한 직무상 당사자에는 친족관계소송에 있어서의 검사 등

(2) 임의적 소송담당(임의적 소송신탁)

📝 관련 기출문제 - 2010년 공인노무사
임의적 소송담당(임의적 소송신탁)을 설명하시오. 25점

① 의의

권리관계의 주체인 자가 자신의 의사에 의해 제3자에 자기의 권리에 대한 소송수행권을
변호사 아닌 다른 사람에게 맡겨 제3자가 서는 경우이다. 법률이 명문으로 임의적 소송
담당을 인정한 예로 법 제53조의 선정자가 정한 선정당사자, 어음법 제18조의 추심위임
배서를 받아 추심에 나서는 배서인, 그리고 금융기관의 연체대출금의 회수위임을 받아
나서는 한국자산관사가 있다.

② 한계

㉠ 명문이 없는 경우는 임의적 소송담당은 원칙적으로 허용되지 않는다는 것이 통설·
판례이다. 무제한 허용한다면 소송대리인의 자격을 변호사인 전문직에 한정시키는
변호사대리의 원칙을 탈법할 염려와 신탁법 제6조의 소송신탁금지의 취지에 저촉될
염려가 있기 때문이다.

㉡ 그러나 변호사대리의 원칙이나 소송신탁의 금지를 탈법할 염려가 없고, 또 이를 인정
할 합리적 필요가 있는 때에는 제한적으로 임의적 소송담당을 허용하여도 좋을 것이
고, 판례도 일관되었다. 예를 들면 근로기준법위반의 해고자와 같은 영세근로자가 그
소속 노동조합에, 집단적 피해자가 그 소속단체에 소송수행권을 신탁하여 노동조합
이나 단체를 내세워 법정투쟁을 하는 길을 여는 것은 법원에의 access권의 실질적인
존중일 것이다.

판례는, 업무집행조합원은 조합재산에 관하여 조합원으로부터 임의적 소송신탁을 받
아 자기의 이름으로 소송수행하는 것이 허용된다고 하였다. 또한 관리단으로부터 집
합건물의 관리업무를 위탁받은 위탁관리회사도 구분소유자를 상대로 관리비청구의
당사자적격이 있다고 본다.

> 📋 관련 기출문제 – 2016년 공인노무사
> 乙회사의 근로자인 甲이 업무 중 상해를 입어 회사를 상대로 손해배상청구의 소를 제기하고자
> 한다. 甲이 소속하고 있는 노동조합 丙이 원고로서 사용자인 乙회사를 상대로 甲을 위하여 소송
> 을 수행할 경우, 노동조합에 당사자적격이 있는지를 설명하시오. 35점

(3) 법원허가에 의한 소송담당(재정소송담당)

공해소송·주민소송·소비자나 투자자소송·환경소송·대량불법행위소송 등 이른바 현대
형 소송에 있어서는 소액의 피해자가 양산되는 것이 특색이다. 피해자 전원이 모두 소송당
사자로 직접 나서는 것이 사실상으로나 법률상으로 적절치 못하므로, class action의 경우
에는 대표당사자가 나서게 하였는데 이때에 법원의 허가를 받도록 하였다. 증권관련 집단
소송법에서는 법원의 허가를 받은 대표당사자가 피해자 전원을 위한 소송수행에 나서도록
하였다. 소비자단체소송에서도 소비자단체가 법원의 허가를 얻어 소송수행권을 갖도록 했
다. 개인정보 단체소송도 그러하다. 남소의 방지를 목적으로 법원이 후견적 개입을 하는
것이다.

3) 제3자의 소송담당의 효력

(1) 기판력 문제

제3자가 소송담당자로서 소송수행한 결과 받은 판결은 권리관계의 주체인 본인에게 미친다(법 제218조 제3항)고 규정되어 있는데 그 적용범위가 문제된다.

① 제3자의 소송담당 가운데 파산관재인과 같은 「갈음형」 소송담당자, 직무상의 당사자, 그리고 임의적 소송담당자의 경우에 법 제218조 제3항이 적용되어 판결의 기판력이 권리귀속주체인 자에 미치는 것에 아무런 의문이 없다.

② 그러나 병행형 소송담당자, 예컨대 채권자대위소송에 있어서 채권자, 주주대표소송에 있어서 주주와 같은 경우에 법 제218조 제3항이 적용되어 제3자가 받은 판결의 기판력이 권리주체인 자에게 어느 때나 미치는가는 논의가 있다. 권리주체인 자가 이 경우에도 기판력을 전면적으로 받는다면 소송담당자가 불성실한 소송수행을 하여 패소판결을 받은 경우에도 기판력을 받아 그 자신 고유의 소송수행권에 기하여 다시 소제기를 못하게 되어, 결국 권리주체인 사람의 소송수행권이 침해·상실되는 결과가 된다. 우리 판례는 채무자가 대위소송이 제기된 사실을 알았을 때, 즉 소송참가 문제로 자기측이 패소되는 것을 막을 기회를 갖는 등 절차보장이 되었을 때에는 채무자에게도 기판력이 미친다고 한다(절충설, 절차보장설). 생각건대 이와 같은 판례의 법리는 「병행형」 소송담당자에 의한 소송에 있어서 공통적으로 확대적용시킬 여지가 있다.

③ 증권관련 집단소송에서는 대표당사자가 받은 판결은 제외신청을 하지 아니한 구성원에게 기판력이 미치고, 소비자·개인정보 단체소송에 있어서 단체가 패소판결을 받았을 때에 원칙적으로 동일한 단체에 미친다.

(2) 소제기의 효력

제3자가 소송담당자로서 한 소의 제기는 권리주체인 자에게 효력이 미치므로, 그의 청구권에 시효중단과 소송계속의 효력이 생긴다. 따라서 뒤에 권리주체인 자에 의한 같은 소의 제기는 중복소송의 문제가 생긴다.

III 당사자적격 없을 때의 효과

① 당사자적격은 소송요건이다. 따라서 법원의 직권조사사항이며, 조사결과 그 흠이 발견된 때에는 판결로 소를 각하할 것이고, 청구 기각의 판결을 할 것이 아니다. 원고가 당사자를 정확히 표시하지 못하고 당사자적격이 없는 자를 당사자로 잘못 표시한 경우에 당사자표시를 정정보충하는 조치를 취하지 않고 막연히 보정명령만을 내린 후 소각하는 잘못이라는 것이 판례이다.

채권자대위소송을 하는 원고가 채권자라고 주장하여도 실제로 채권자 아닌 것으로 판명되면 제3자로서 소송담당자 적격이 없게 되어 소각하하여야 한다. 그러나 당사자적격에 관하여 당사자 간에 다툼이 있지만, 그 존재가 인정되면 중간판결(법 제201조)·종국판결의 이유 속에서 판단하여야 한다.

② 당사자적격이 없음을 간과하고 행한 본안판결은 상소로써 취소할 수 있지만, 확정되면 재심사유는 되지 않는다. 이러한 판결은 정당한 당사자로 될 사람이나 권리관계의 주체인 사람(제3자의 소송담당의 경우)에게 그 효력이 미치지 아니하며, 이러한 의미에서 판결은 무효로 된다(통설). 예컨대 부부를 당사자로 하지 않은 혼인무효·취소의 판결, 주주 아닌 자가 제기하여 받은 주주총회결의 취소의 판결 등은 무효로 된다.

③ 소송 중에 당사자적격을 상실하는 경우에 현행법은 소송승계의 방식에 관하여 한 가지로 규정해 놓지 않았다. 당연승계의 규정에 따라 신적격자가 소송승계를 하게 될 경우가 있고(법 제53조 제2항, 제54조, 제233 내지 제236조) 신적격자의 참가승계 또는 그에 대한 소송인수의 방법으로 소송 승계시킬 경우가 있다(법 제81조, 제82조).

※ 보충

1. 채권자대위소송의 성격 내지 본질[59]

1) 법정소송담당설

채권자대위권 소송은, 원래의 권리관계의 주체와 함께 법률의 규정에 의하여 채권자에게 관리처분권을 부여한 결과 채권자가 타인의 권리, 즉 채무자의 실체법적 권리인 피대위권리를 행사하여 자신의 이름으로, 즉 자신이 당사자(원고)가 되어 소를 제기하는 것으로 파악한다. 제3자의 소송담당 중 법정소송담당에 해당한다고 보는 견해로서 통설이자 판례이다.

판례나 실무는 채권자대위소송이 제3자의 법정소송담당이라는 점에 착안하여 채권자대위소송에서 심리되어야 할 사항 중 ① 피보전채권의 존재, ② 피보전채권의 변제기 도래(보전행위의 경우에는 요건이 아니고, 법원의 허가를 받은 경우에는 변제기가 도래하지 아니하여도 가능), ③ 보전의 필요성, ④ 대위할 채권에 대한 채무자 스스로의 권리불행사는 두 당사자적격에 관계되는 소송요건으로 보고, ⑤ 대위할 채권의 존재는 실체법적인 요건사실로 보고 있다.

2) 독립한 대위권설

채권자대위소송은 민법이 채권자에게 인정한 대위권이라는 실체법상의 권리를 행사하는 점에서 근본적으로 소송담당자가 아니한다. 판결의 효력도 채무자에게 미칠 여지가 없다고 한다.

2. 피보전권리가 인정되지 않는 경우 학설의 차이

1) 대위소송에서 채권자의 채무자에 대한 권리, 즉 피보전권리가 인정되지 않는 경우 법정소송담당설에 입각한 판례는, 원고적격 흠결을 이유로 대위소송을 각하한다.

---

59) 박재완, 앞의 책, 84-94면 참조, 전병서, 앞의 책, 252-252면 각 참조

대판 1990.12.11, 88다카4727
직권으로 살피건대, 채권자대위소송에 있어서 대위에 의하여 보전될 채권자의 채무자에 대한 권리가 인정되지 아니할 경우에는 채권자 스스로 원고가 되어 채무자의 제3채무자에 대한 권리를 행사할 당사자적격이 없게 되므로 그 대위소송은 부적법하여 각하할 수밖에 없다 할 것인바, 원고의 위 김점도에 대한 소유권이전등기청구권이 인정되지 아니하는 이 사건에 있어서는 원고가 위 김점도에 대한 소유권이전등기청구권을 보전하기 위하여 위 김점도의 피고에 대한 소유권이전등기청구권을 대위청구하는 이 사건 소를 각하하여야 함에도 불구하고 원심이 이를 간과하고 본안에 관하여 심리판단한 것은 위법하므로 원심 판결은 파기를 면할 수 없다.

2) 이에 대하여 채권자대위소송을 채권자가 자신의 실체법상 권리인 대위권을 행사하는 것으로 보는 독자적 대위권설에서는 채권자의 채무자에 대한 권리, 즉 피보전권리가 인정되지 않는 경우 당사자적격이 없다 하여 그 소를 각하할 것이 아니라, 청구를 이유 없다 하여 기각하여야 한다고 한다(실체법상의 법률요건의 불비로 보아 청구기각 판결을 하는 것이 타당하다고 한다).

3. 결언

그러나 독립한 대위권설에 의하면 1회적 채무를 질 뿐인 제3채무자가 여러 채권자들이 있을 때에 그들에 의하여 두 번 세 번 소제기를 당하게 되는 등 파상공격의 시달림으로 제3채무자의 지위불안정의 문제가 생길 수 있다. 그러므로 채권자대위소송의 성질을 법정소송담당으로 채권자의 지위를 포착하는 통설·판례에 찬성한다. 한편 당사자적격의 존부는 소송요건의 하나로 이른바 직권조사사항에 속한다. 따라서 법원은 만약 甲의 乙에 대한 채권의 존재에 의심을 가진다면, 피고 丙의 항변을 기다릴 필요도 없이 그 존부를 조사할 수 있고, 만약 채권의 부존재가 명확하게 되면 소각하의 소송판결을 하게 된다.

이 밖에 다른 견해로는 채권자대위소송에 있어서 채무자가 그 사실을 알기 전에는 채무자와 병행형, 그 사실을 안 후에는 갈음형의 소송수행권을 갖는다는 견해도 있다.

관련 기출문제 – 법무사(변형)
甲은 乙로부터 X 건물을 매수하였다. 이 X 건물에는 丙명의의 근저당권설정등기가 경료되어 있다. 甲은 乙을 상대로 하여서는 乙명의로 경료된 X 건물에 관하여 매매를 원인으로 한 소유권이전등기절차를, 丙을 상대로 하여서는 乙을 대위하여 위 X 건물에 관하여 丙명의로 경료된 근저당권설정등기에 관하여 말소등기절차를 이행하라는 소송을 제기하였다.
피고 乙은 원고 甲과 피고 사이의 매매계약은 원고 甲의 귀책사유로 해제되었다고 주장하였는데, 심리결과 피고 乙의 주장대로 원고 甲의 귀책사유로 매매계약이 해제되었음이 인정되고, 피고 丙은 원고 甲의 청구를 기각해 주기 바란다는 짤막한 내용의 답변서만을 제출해놓은 상태라면 원고 甲의 청구는 어떻게 되는지 피고별로 설명하시오.

※ 사안의 결론
① 우선 甲의 피고 乙에 대한 소유권이전등기청구는 이행의 소로써 주장 자체로 당사자적격이 인정되며, 다만 본안심리결과 그 이행청구권이 존재하지 않는 경우에 해당하므로 甲의 피고 乙에 대한 청구는 기각되어야 한다.
② 반면, 甲의 피고 乙에 대한 소유권이전등기권이 부존재하는 것으로 밝혀졌고, 이는 통설과 판례에 의하면 甲의 피고 丙에 대한 채권자대위소송에서 그 당사자적격을 갖추지 못한 경우에 해당한다. 이러한 당사자적격은 소송요건으로 직권조사사항이므로 피고의 항변 유무에 관계없이 법원이 이를 직권으로 조사하여야 하고, 조사결과 소송요건의 흠결이 드러나면 소를 부적법각하하여야 한다.
③ 그리고 사례의 경우 甲의 피고 乙 및 피고 丙에 대한 공동소송관계는 공동소송인 사이에 합일확정이 필수적이 아닌 통상의 공동소송에 해당하므로 소송요건의 존부는 각 공동소송인마다 개별심사하여 흠이 있는 공동소송인인 피고 丙에 대한 청구에 한하여 소를 각하하여야 한다.

제 5 절　소송능력60)

I　의의

① 소송능력이란 당사자(또는 보조참가인)로서 유효하게 소송행위를 하거나 소송행위를 받기 위하여 갖추어야 할 능력을 말한다. 따라서 증거방법으로서 증거조사의 대상이 되는 경우는 소송능력이 불필요하다(예 증인, 당사자 본인으로서 신문을 받는 경우에는 무능력자도 된다).
② 민법상의 행위능력처럼 소송에서 자기의 권익을 제대로 주장·옹호할 수 없거나 미약한 자를 보호해 주기 위한 제도이다.

II　소송능력자

① 법 제51조는 소송능력에 관하여서는 민사소송법에 특별한 규정이 없으면 민법, 그 밖의 법률에 의한다고 하였으므로, 민법상 행위능력을 갖는 자는 소송능력을 갖는다.
② 법인이 행위능력 내지 소송능력을 갖느냐의 여부는 이론상 법인의 본질에 관하여 실재설을 따르느냐 의제설을 좇느냐에 달려 있다. 그러나 법 제64조에서는 법인이나 법인이 아닌 사단·재단에 대해 소송무능력자임을 전제로 그 대표자·관리인을 법정대리인에 준하여 취급하고 있다.

---

60) 이시윤, 앞의 책, 163-169면

III 제한능력자 등

1. 제한능력자(법 제55조)

1) 미성년자

① 소송법상 미성년자의 소송능력은 인정되지 아니한다. 미성년자는 법정대리인이 처분을 허락한 재산에 대해서는 임의로 처분할 수 있지만(민법 제6조), 이와 같은 경우라도 소송법상 미성년자의 소송능력은 인정되지 아니한다. 민법상 미성년자의 경우에 동의를 얻으면 유효하게 법률행위를 할 수 있는 때에도 소송행위는 대리에 의하여야 하는데, 이는 소송행위가 1회적인 법률행위와 달리 연쇄적이고 또 복잡하여 앞을 내다보기 어렵기 때문이다.

② 예외적으로, i) 미성년자가 혼인한 때에는 완전하게 소송능력을 가지며, ii) 미성년자가 독립하여 법률행위를 할 수 있는 경우(법정대리인의 허락을 얻어 영업에 관한 법률행위를 하는 경우)에는 그 범위 내에서는 소송능력이 인정된다. iii) 미성년자는 근로계약의 체결·임금의 청구를 스스로 할 수 있기 때문에 그 범위의 소송에 대해서는 소송능력이 인정된다.

2) 피성년후견인

① 피성년후견인은 법정대리인에 의해서만 소송행위를 할 수 있는 것을 원칙으로 하되, 다만, 가정법원이 「민법」제10조 제2항에 따라 취소할 수 없는 것으로 정한 법률행위에 관하여는 법 제55조 제1항 제2호에 따라 소송능력을 가진다.

② 다만, 위 제55조 제1항 제2호가 민법 제10조 제2항만 인용하고 제4항을 배제하였으므로 피성년후견인이 단독으로 하여도 취소할 수 없는 일용품 구입행위 등에 관하여는 피성년후견인에게 소송능력이 인정되지 않는다.

3) 피한정후견인

피한정후견인은 원칙적으로 소송능력을 인정하면서, 예외적으로 한정후견인의 동의가 필요한 행위(민법 제13조 제1항)에 관하여는 대리권 있는 한정후견인에 의해서만 소송행위를 할 수 있다.

2. 의사능력이 없는 자

① 그의 소송행위는 절대무효이다. 다만 의사능력의 유무는 개별적으로 판정하여야 할 것이다. 예컨대 성년후견개시의 심판 등을 받지 않은 성년자라도 12, 13세 정도의 지능밖에 없는 자, 치매환자 등이 한 소송행위, 예컨대 항소의 취하는 무효로 된다.

② 이 경우 법 제62조의2에서 제한능력자를 위한 특별대리인에 준하여 직권 또는 신청에 의하여 선임되는 특별대리인의 대리행위에 의하도록 하였다.

IV 소송능력의 소송법상 효과

1. 소송행위의 유효요건

소송능력은 개개의 소송행위의 유효요건이다. 따라서 미성년자·피성년후견인 등 제한능력자의 소송행위나 제한능력자에 대한 소송행위는 무효이다. 이 점은 취소할 수 있게 되어 있는 민법상 제한능력자의 법률행위와 취급을 달리하였는데, 소송절차의 안정을 위해서이다. 예컨대 소송제한능력자에 의한 소의 제기, 소송위임행위, 청구의 포기·인낙은 무효로 된다. 기일통지나 송달 역시 제한능력자에게 하면 무효로 되며, 특히 판결정본이 제한능력자에게만 송달되고 법정대리인에게 송달되지 않았으면 상소기간은 진행하지 않고, 판결은 확정되지 않는다.

2. 추인

제한능력자의 소송행위나 그에 대한 소송행위라도 확정적 무효는 아니며, 이른바 유동적 무효이다. 따라서 법정대리인이 추인하면 그 행위 시에 소급하여 유효로 된다(법 제60조). 제한능력자의 소송행위라도 본인에게 반드시 불리한 것이라 단정할 수 없으므로 그 소송행위를 되살릴 여지를 남기는 것이 좋고, 또 같은 소송행위를 반복하지 않음으로써 소송경제에도 도움이 되기 때문이다.

① 추인은 법원 또는 상대방에 대하여 명시·묵시의 의사표시로 할 수 있다. 예를 들면 미성년자가 직접 선임한 변호사의 제1심 소송수행에 대해 제2심에서 법정대리인에 의해 선임된 소송대리인이 아무런 이의를 하지 않으면 묵시의 추인이 된다. 미성년자가 스스로 소송행위를 하거나 소송대리인의 선임행위를 하였다고 하더라도, 성년이 된 후에 묵시적으로 추인하였다고 보이는 경우에는 소송능력의 흠은 없어진다.

② 추인의 시기에 관하여는 아무런 제한이 없다. 따라서 상급심에서도 소송무능력자가 한 하급심의 소송행위를 추인할 수 있다.

③ 추인은 원칙적으로 소송행위 전체에 대하여 일괄하여(일괄추인) 행하여야 하며, 소송행위를 선별하여 하는 일부추인은 허용하지 않는다. 소송행위는 판결을 목표로 하여 계통적으로 연속된 불가분의 행위이므로 분할이 부적절할 뿐더러, 그 뒤의 절차가 복잡해질 우려가 있기 때문이다. 그러나 소의 취하와 같은 것을 제외하고 나머지 소송행위만을 추인하는 경우와 같이 소송의 혼란을 야기할 염려가 없으면 일부추인도 유효하다고 할 것이다.

④ 일단 추인거절의 의사표시를 한 이상 제한능력자의 소송행위가 유동적 무효의 상태에서 확정적 무효로 되므로 그 뒤에 재추인은 허용될 수 없다. 이 점은 무권대리행위의 경우와 다를 바 없다.

3. 소송능력의 조사와 보정 - 법 제59조(소송능력 등의 흠에 대한 조치)

① 소송능력의 유무는 법원이 절차의 어느 단계에서도 조사해야 할 직권조사사항이다. 조사의 결과 능력에 흠이 있을 때에는 법원은 그 행위를 배척하는 조치가 필요하다.

② 그러나 법원은 이를 즉시 배척할 것이 아니라, 추인의 여지가 있으므로 기간을 정하여 그 보정을 명하지 않으면 안 된다(법 제59조 전단). 보정을 기다리자면 지연으로 인하여 손해가 생길 염려가 있는 때에는(급히 해야 할 증거의 조사, 집행정지 따위), 법원은 보정을 조건으로 일시적으로 소송행위를 하게 할 수 있다.

4. 소송능력의 흠이 소송에 미치는 영향

1) 소제기과정에 소송능력의 흠

제한능력자 스스로 또는 그가 직접 선임한 소송대리인이 한 소제기나 제한능력자에 대한 소장부본의 송달은 적법하지 않기 때문에, 변론종결 시까지 보정되지 않는 한 소를 부적법각하하지 않으면 안 된다. 이러한 의미에서 소송능력은 본안판결을 받기 위해 갖추어야 할 소송요건이다. 다만 소제기과정에서는 소송능력이 없었으나, 뒤에 법정대리인이 추인하거나 또는 제한능력자가 소송능력을 취득하여 추인한 경우는 보정이 된 것이다.

2) 소제기 후 소송능력의 흠

소제기 뒤 소송계속 중에 소송능력을 상실한 경우(예 소의 제기 후에 성년후견개시) 소 자체가 부적법해지는 것이 아니므로 소각하를 할 것이 아니다. 이때 소송절차는 법정대리인이 수계할 때까지 중단된다(법 제235조). 소송대리인이 있는 경우에는 중단되지 않는다.

3) 소송능력에 관하여 당사자 간에 다툼이 있는 경우

① 조사결과 능력이 없을 때에는 소를 각하할 것이지만, 그 능력이 긍정되는 경우에는 중간판결, 종국판결의 이유에서 판단하여야 한다.

② 제한능력자라 하더라도 그 능력의 존부가 기판력 있는 판결로 확정되기까지는 소송능력을 다투는 한도 내에서는 유효하게 소송행위를 할 수 있다. 그렇지 않으면 소송능력이 잘못 부정되는 것을 막을 수 없게 되기 때문이다. 따라서 제한능력자라도 소송능력의 흠을 이유로 각하한 판결에 대하여 유효하게 상소제기할 수 있다.

4) 제한능력을 간과한 판결

미성년자·피성년후견 등 제한능력을 간과하고 패소의 본안판결을 하였을 때에 판결이 당연무효라고 할 수 없고, 당사자는 상소로써 다툴 수 있으며, 확정된 뒤에는 재심의 소를 제기할 수 있다(법 제451조 제1항 제3호). 다만 판결 후에 법정대리인 또는 성년자로 된 당사자가 추인을 하면 상소나 재심의 소는 허용되지 않는다. 또 제한능력자 측이 승소한 경우에는 제한능력자의 보호가 제도의 취지임에 비추어 제한능력자뿐만 아니라 패소한 상대방도 승소자 측의 능력흠결을 주장하며 상소나 재심으로 다룰 수 없다 할 것이다.

제 6 절　변론능력[61]

1. 의의

① 변론능력이란 변론장소인 법정에 나가 법원에 대한 관계에서 유효하게 변론 등 소송행위를 하기 위한 능력을 말한다.

② 변론능력은 소송의 원활·신속을 도모하고 사법제도의 건전한 운영을 위한다는 공익적인 제도인 점에서, 소송상 자기의 이익을 주장·옹호할 수 없는 자를 보호하기 위한 제도인 소송능력 제도와 차이가 있다. 또, 법원에 대한 소송행위를 함에 필요하기 때문에, 당사자 간의 소송행위(예 상소권의 포기나 소송고지, 관할의 합의 등)에 있어서는 필요 없으며, 이 점에서 모든 소송행위에 필요한 소송능력과 차이가 있다.

③ 우리 법에서는 독일 등에서와 같이 변호사에게만 변론능력이 인정되는 변호사강제주의를 헌법재판절차와 집단소송 및 소비자·개인정보 단체소송 이외에는 채택하지 아니하고 본인소송을 허용하고 있다. 때문에 소송능력이 있으면 변론능력을 인정하는 관계상 변론능력은 큰 의미가 없다.

2. 변론무능력자

1) 진술금지의 재판과 변호사선임명령(법 제144조)

① 법원은 소송관계를 분명하게 하기 위하여 필요한 진술을 할 수 없는 당사자 또는 대리인의 진술을 금지하고, 변론을 계속할 새 기일을 정할 수 있다. 그 효력은 당해 변론기일에만 한정하는 것이 아니라 그 심급에 있어서는 그 뒤의 변론 전부에 미친다. 진술금지의 재판은 변론기일만이 아니라 변론준비기일에서도 할 수 있다.

② 제1항의 규정에 따라 진술을 금지하는 경우에 필요하다고 인정하면 법원은 변호사를 선임하도록 명할 수 있다. 이 조항은 선정당사자에게 유추되므로 선정당사자가 변변치 못하여 같은 조치를 받은 때에는 선정자에게 그 취지의 통지를 요한다는 것이 판례이다. 변호사선임명령을 받은 당사자는 쉽게 소송구조결정을 받을 수 있다.

③ 제1항 또는 제2항의 규정에 따라 대리인에게 진술을 금지하거나 변호사를 선임하도록 명하였을 때에는 본인에게 그 취지를 통지하여야 한다.

2) 변호사대리의 원칙 위반(법 제87조)

법률에 따라 재판상 행위를 할 수 있는 대리인 외에는 변호사가 아니면 소송대리인이 될 수 없다. 변호사대리의 원칙을 소송대리인의 변론능력 제한의 일종이라고 파악하는 것이 다수설이나, 반대설이 있다.

---

61) 이시윤, 앞의 책, 169–172면 참조

3) 발언금지 명령을 받은 자(법 제135조 제2항, 제286조)

재판장은 발언을 허가하거나 그의 명령에 따르지 아니하는 사람의 발언을 금지할 수 있다. 이 발언금지명령을 받은 자는 해당기일에만 변론능력이 없다.

4) 듣거나 말하는 데 장애자(법 제143조 제1항)

통역인을 붙이는데 변론무능력자로 보는 견해가 있다.

3. 변론능력 보충의 진술보조인(법 제143조의2)

① 질병, 장애, 연령, 그 밖의 사유로 인한 정신적·신체적 제약으로 소송관계를 분명하게 하기 위하여 필요한 진술을 하기 어려운 당사자는 법원의 허가를 받아 진술을 도와주는 사람과 함께 출석하여 진술할 수 있다.

② 법원은 언제든지 제1항의 허가를 취소할 수 있다.

③ 제1항 및 제2항에 따른 진술보조인의 자격 및 소송상 지위와 역할, 법원의 허가 요건·절차 등 허가 및 취소에 관한 사항은 대법원규칙으로 정한다.

4. 변론능력 없을 때의 효과

1) 무효와 기일불출석의 불이익

① 변론능력은 소송행위의 유효요건이다. 변론무능력자의 소송행위는 무효이며, 소급추인은 안 된다. 법원은 변론무능력자의 소송관여를 배척하고 그에 의한 소송행위를 무시할 수 있다.

② 진술금지의 재판을 한 경우에는 변론속행을 위한 새 기일을 정할 것이나, 그 새 기일에 당사자가 거듭 출석하여도 기일에 불출석한 것으로 취급되어 기일불출석의 불이익(진술간주·자백간주·취하간주)을 받게 된다.

2) 소·상소각하 – 법 제144조(변론능력이 없는 사람에 대한 조치)

① 소 또는 상소를 제기한 사람이 진술금지의 명령과 변호사선임명령을 받고도 새 기일까지 변호사를 선임하지 아니한 때에는 법원은 결정으로 소 또는 상소를 각하할 수 있다. 이 결정에 대하여는 즉시항고를 할 수 있다.

② 다만 선정당사자가 진술금지와 함께 변호사선임명령을 받았지만 이 사실을 선정자에게 통지하지 아니한 경우에는 변호사의 불선임을 이유로 소각하할 수 없다.

3) 간과와 그 흠의 치유

법원이 변론능력에 흠이 있음을 간과 또는 묵과하고 위에서 본 바와 같은 조치를 취하지 않고 종국재판을 한 경우에는, 이를 이유로 상소나 재심에 의하여 취소를 구할 수는 없다. 소송의 원활·신속을 목적으로 하는 법원을 위한 제도의 취지에 비추어 법원이 변론무능력을 문제 삼지 아니하고 넘어 갔으면 그 흠은 일단 치유된 것으로 볼 것이기 때문이다.

제 7 절 소송상의 대리인62)

제1항 총설

I 대리인의 의의

① 소송상의 대리인이란 당사자의 이름으로 소송행위를 하거나 소송행위를 받는 제3자이다. 대리인의 행위는 당사자 본인에게만 그 효과가 미치고 대리인에게는 미치지 않는다.

② 대리인은 당사자 본인의 이름으로 소송행위를 하는 사람이기 때문에 다른 사람의 권리관계에 관하여 자기의 이름으로 하는 소송담당자(예 선정당사자)는 대리인이 아니며, 자기의 이름으로 하는 소송행위가 다른 사람의 소송에 효력이 미치는 보조참가인도 대리인이 아니다.

II 소송상 대리인의 종류

1. 임의대리인과 법정대리인

민법상의 대리와 마찬가지로 본인의 의사에 의하여 대리인이 된 임의대리인과 본인의 의사와 관계없이 법률의 규정 등에 의하여 대리인이 된 법정대리인이 있다.

2. 포괄적 대리인과 개별적 대리인

일체의 소송행위를 대리하는 포괄적 대리인이 원칙이지만, 개개의 특정한 소송행위에만 국한하여 대리할 수 있는 개별적 대리인도 있다(예 송달영수에 국한하여 대리인이 되는 교도소 · 구치소 · 경찰관서의 장).

3. 민법상의 대리와의 차이

소송상의 대리는 민법상의 대리와 달리 소송절차의 원활 · 신속 · 안정을 위하여 대리권의 존재와 범위의 명확화와 획일적 처리가 필요하다. i) 소송상의 대리권의 서면증명(법 제58조, 제89조), ii) 대리권소멸의 통지(법 제63조, 제97조), iii) 대리권범위의 법정(법 제56조, 제90조), iv) 민법상의 표현대리의 배제(판례) 등은 이와 같은 요청 때문이다.

제2항 법정대리인

I 개념

① 법정대리인이란 본인의 의사에 의하지 아니하고 대리인이 된 사람을 말한다. 법률에 의하여 그 자격을 갖게 되었든, 법원 등 관청의 선임에 의하여 자격을 갖게 되었든 상관없다. 법원의 선임명령을 받아 선임된 대리인이라도 대리인의 선택은 본인이 한 것이므로 법정대리인이 아니고 임의대리인이다.

---

62) 이시윤, 앞의 책, 172-200면 요약, 전병서, 앞의 책, 73-74면 참조

② 법정대리인제도는 스스로 소송을 수행할 능력이 없는 사람의 소송상 권익을 보호하기 위한 것이다.

Ⅱ 종류

1. 실체법상의 법정대리인

누가 법정대리인이냐에 관하여서는 민법 그 밖의 법률에 의하므로(법 제51조), 민법상 법정대리인의 지위에 있는 사람은 소송법상으로도 법정대리인이 된다. 따라서 만 19세 미만의 미성년자의 친권자인 부모 또는 미성년후견인, 대리권 있는 한정후견인・성년후견인은 소송법상으로도 법정대리인이 된다.

2. 소송상의 특별대리인

1) 제한능력자를 위한 특별대리인(법 제62조)

① 미성년자・피한정후견인 또는 피성년후견인이 당사자인 경우, 그 친족, 이해관계인(미성년자・피한정후견인 또는 피성년후견인을 상대로 소송행위를 하려는 사람을 포함한다), 대리권 없는 성년후견인, 대리권 없는 한정후견인, 지방자치단체의 장 또는 검사는, i) 법정대리인이 없거나 법정대리인에게 소송에 관한 대리권이 없는 경우, ii) 법정대리인이 사실상 또는 법률상 장애로 대리권을 행사할 수 없는 경우, iii) 법정대리인의 불성실하거나 미숙한 대리권 행사로 소송절차의 진행이 현저하게 방해받는 경우에, 소송절차가 지연됨으로써 손해를 볼 염려가 있다는 것을 소명하여 수소법원(受訴法院)에 특별대리인을 선임하여 주도록 신청할 수 있다.

② 법원은 소송계속 후 필요하다고 인정하는 경우 직권으로 특별대리인을 선임・개임하거나 해임할 수 있다.

③ 특별대리인은 대리권 있는 후견인과 같은 권한이 있다. 특별대리인의 대리권의 범위에서 법정대리인의 권한은 정지된다.

④ 특별대리인의 선임・개임 또는 해임은 법원의 결정으로 하며, 그 결정은 특별대리인에게 송달하여야 한다.

⑤ 특별대리인의 보수, 선임 비용 및 소송행위에 관한 비용은 소송비용에 포함된다.

2) 법인 등 단체의 대표자의 지위(법 제64조)

법인의 대표자 또는 제52조의 대표자 또는 관리인에게는 이 법 가운데 법정대리와 법정대리인에 관한 규정을 준용한다.

3) 의사무능력자를 위한 특별대리인의 선임(법 제62조의2)

① 의사능력이 없는 사람을 상대로 소송행위를 하려고 하거나 의사능력이 없는 사람이 소송행위를 하는 데 필요한 경우 특별대리인의 선임 등에 관하여는 제62조를 준용한다. 다만, 특정후견인 또는 임의후견인도 특별대리인의 선임을 신청할 수 있다.

② 제1항의 특별대리인이 소의 취하, 화해, 청구의 포기・인낙 또는 제80조에 따른 탈퇴를 하는 경우 법원은 그 행위가 본인의 이익을 명백히 침해한다고 인정할 때에는 그 행위가 있는

날부터 14일 이내에 결정으로 이를 허가하지 아니할 수 있다. 이 결정에 대해서는 불복할 수 없다.

3. 판결절차 이외의 특별대리인

제한능력자를 위한 특별대리인 이외에 증거보전절차, 상속재산에 대한 집행절차에도 특별대리인의 제도가 있다.

Ⅲ 법정대리인의 권한

1) 법정대리권의 범위

대리권의 범위도 소송법에 특별한 규정이 없는 한 민법 그 밖의 법률에 따른다(법 제51조).

① 친권자가 자(子)를 대리하여 소송수행을 할 때에는 아무런 제약 없이 변호사의 선임행위 등 일체의 소송행위를 할 수 있다.

② 후견인의 권한 대리권행사의 견제장치로 피후견인을 대리하여 능동적 소송행위를 할 때에는 후견감독인이 있으면 그의 동의를 얻어야 한다. 다만 법정대리인인 후견인이 상대방의 소제기·상소에 관하여 피고 또는 피상소인으로서 어차피 해야 하는 수동적 응소행위를 함에는 후견감독인으로부터 특별한 권한을 받을 필요가 없다(법 제56조 제1항). 그러나 더 나아가 후견인은 소송계속 중 판결에 기하지 않고 소송을 종료시키는 행위, 즉 소·상소의 취하, 화해, 청구의 포기·인낙 또는 소송탈퇴를 함에는 후견감독인이 있으면 그로부터 특별한 권한을 받아야 한다(법 제56조 제2항). 개정법은 후견감독인이 없는 경우에는 가정법원으로부터 특별수권을 받도록 하였다(법 제56조 제2항 단서).

2) 공동대리

① 법정대리인이 여러 사람인 경우가 있다. 친권을 공동행사하는 부모, 복수의 후견인, 회사 등 법인의 공동대표가 그 예이다.

② 이 경우에 상대방이 하는 소송행위를 받아들이는 수령은 단독으로 할 수 있으며, 송달은 여러 사람 중에서 한 사람에게 하면 된다(법 제180조).

그러나 소·상소의 제기, 그리고 소·상소의 취하, 화해, 청구의 포기·인낙, 소송탈퇴 등 법 제56조 제2항 소정의 소송행위를 함에 있어서는 명시적으로 공동으로 하지 않으면 무효로 된다는 법 제56조 제2항 유추설이 있다. 그 밖의 것은 단독으로 하여도 다른 대리인이 묵인하면 공동으로 한 것으로 보아 무방할 것이다.

③ 문제는 각 대리인의 변론내용이 모순될 때인데, 이 경우는 더 이익이 되는 것을 받아들여야 할 것이다. 다만 여기에서 민사소송법 제67조[63]를 준용하여 공동대리인 중 1인의 행위가 본인에

---

63) 제67조(필수적 공동소송에 대한 특별규정)
　① 소송목적이 공동소송인 모두에게 합일적으로 확정되어야 할 공동소송의 경우에 공동소송인 가운데 한 사람의 소송행위는 모두의 이익을 위하여서만 효력을 가진다.

게 유리한 것이면 혼자 해도 되지만, 불리하면 공동대리인 전원이 함께 할 때에만 효력이 있다는 법 제67조 준용설(소수설)도 있다. 필수적 공동소송에 관한 법 제67조보다 대리규정인 법 제56조 제2항[64]을 유추적용하는 것이 옳다고 본다.

3) 대리권의 증명

법정대리권이 있는 사실 또는 법정대리인이 소송행위를 위한 권한을 받은 사실은 서면으로 증명하여야 한다(법 제58조 제1항). 가족관계증명서, 법인사항전부·일부증명서 등이 그것이다.

Ⅳ 법정대리인의 지위

법정대리인은 당사자 본인이 아니기 때문에 법관의 제척, 재판적을 정하는 표준이 되지 아니하며, 판결의 효력인 기판력·집행력도 받지 않기 때문에 당사자와는 다르다. 그러나 다음 몇 가지 점에서는 당사자에 준하는 지위를 갖는다.

1) 법정대리인의 표시는 소장·판결의 필요적 기재사항이며

2) 소송수행에 있어서 당사자 본인의 간섭이나 견제를 받지 않으며

3) 제한능력자의 소송능력을 보충하는 자이므로 본인이 할 수 있는 행위 등 일체의 행위를 대리,

4) 본인에 대한 송달은 법정대리인에게 하여야 하며,

5) 본인이 출석하여야 할 경우에는 대신 출석하게 되어 있고,

6) 법정대리인의 사망·대리권의 소멸은 본인의 사망·능력의 상실에 준하여 소송절차가 중단되며

7) 당해 소송에서 보조참가인·증인이 될 수 없다.

8) 법정대리인을 신문할 때에는 당사자신문의 규정에 의한다.

Ⅴ 법정대리권의 소멸

1) 대리권의 소멸원인

소멸원인도 민법 그 밖의 법률에 의하기 때문에, 본인·법정대리인의 사망, 법정대리인이 성년후견의 개시·파산선고를 받은 경우에 소멸된다(민법 제127조). 또는 본인이 소송능력을 갖게 되거나(미성년자의 혼인, 성년도달 등) 법정대리인의 자격을 상실한 경우(친권의 상실, 후견인의 사임·해임 등)에도 대리권은 소멸한다.

---

64) 제56조(법정대리인의 소송행위에 관한 특별규정)
　② 제1항의 법정대리인이 소의 취하, 화해, 청구의 포기·인낙(認諾) 또는 제80조에 따른 탈퇴를 하기 위해서는 후견감독인으로부터 특별한 권한을 받아야 한다. 다만, 후견감독인이 없는 경우에는 가정법원으로부터 특별한 권한을 받아야 한다.

2) 소멸의 통지

① 민법과 달리 법정대리권의 소멸은 본인 또는 대리인이 상대방에게 통지하지 않으면 그 효력이 없다(법 제63조). 따라서 대리권의 소멸통지가 도달할 때까지는 구대리인이 한 또는 구대리인에 대한 소송행위는 무효로 되지 않는다. 상대방이 소멸사유의 발생을 알든 모르든, 모른 데 대해 과실이 있든 없든 유효하다는 것이 판례·다수설이다. 법 제63조는 상대방을 보호하는 규정이 아니라, 절차의 안정·명확·획일적 처리를 목적으로 하는 것이기 때문이다. 소멸통지한 사람은 그 취지를 법원에 서면신고하여 법원도 알게 하여야 한다(규칙 제13조 제1항).

② 법 제63조의 통지규정은 법인 등 단체의 대표자에게도 준용되므로(법 제64조), 甲회사의 대표이사 A가 회사를 대표하여 乙 상대의 소송을 제기하였는데, 소송계속 중 대표이사가 A에서 B로 교체되었다고 하여도 이를 乙에게 통지하지 않은 동안 법원에 알려지던 않던 구대표자 A에 의한 소의 취하 사례에서 그 취하가 유효하다는 것이 대법원 전원합의체의 판결이었다. 이렇게 되면 구대리인(대표자)이 상대방과 통모하여 본인에게 손해를 입히려고 배신적 소취하 등의 소송행위를 한 경우에도 유효한 것으로 볼 수밖에 없어 당사자 본인에게 너무 가혹하다는 문제점이 있었다. 그리하여 신법은 소멸통지효력의 예외를 인정하여 법원에 법정대리권(대표권)의 소멸사실이 알려진 뒤에는 상대방에게 통지 전이라도 구대리인에 의한 법 제56조 제2항의 행위, 즉 소의 취하, 화해, 청구의 포기·인낙, 독립당사자참가에서의 탈퇴 등의 행위를 할 수 없도록 하고 그러한 행위는 무효로 되도록 하였다(법 제63조 제1항 단서). 다만 법정대리인이 사망하거나 성년후견개시심판을 받았을 때에는 통지할 수 없는 상황이기 때문에 사망·성년후견개시 시에 소멸의 효과가 생긴다는 것이 통설이다.

3) 소송절차의 중단

소송의 진행 중에 법정대리권이 소멸되면 새로 수계절차를 받을 때까지 소송절차는 중단된다. 그러나 소송대리인이 따로 선임되어 있으면 중단되지 않는다.

Ⅵ 법인 등의 대표자

1. 서설

법인 또는 법인이 아닌 단체도 당사자능력을 갖지만, 소송의 당사자로 되는 경우에 당사자로서의 소송행위는 법인 등 단체의 대표자에 의하여 행한다. 법인 등의 대표자는 제한능력자에 준하여 취급되는 준법정대리인이다(법 제64조).

2. 법인 등의 대표기관

1) 사법인 등의 경우

민법상의 법인의 대표기관은 이사이며, 주식회사의 대표기관은 대표이사·청산인·대표이사직무대행자이다. 다만, 회사가 이사의 책임을 추궁하는 소와 같이 이사와 회사와의 소송에서는 감사가 회사를 대표한다. 특히 문제되는 것은 비법인사단의 일종인 문중·종중의 대표자적격인데 판례의 주류는 특별한 규약이 없는 한 문장(門長)이 종중원인 성년 이상인 자를 소집하고, 그 출석자 과반수의 결의에 의하여 선출된 자를 종중대표자로 보고 있다.

2) 공법인의 경우

① 국가를 당사자로 하는 소송에서는 법무부장관이 국가를 대표한다. 다만 법무부장관은 법정대리인이 소송대리인을 선임하는 입장에서 검사와 공익법무관·해당 행정청의 직원 중에서 소송수행자를 지정하여 국가를 대리케 한다.

② 특별시·광역시·도·시·군·자치구 등 지방자치단체를 당사자로 하는 소송에서는 시장·도지사·군수·구청장 등 단체장이 자치단체를 대표한다. 다만 교육·학예에 관하여서는 교육감이 당해 지방자치단체를 대표한다.

3. 대표자의 권한과 지위

① 법인 등의 대표자의 소송상의 권한과 지위에 대하여도 법정대리인의 소송상의 권한과 지위에 준한다. 법인 등의 대표자의 권한도 법정대리인의 경우와 마찬가지로 법 제51조에 의하여 실체법상의 규정에 따른다. 법인 등의 대표자는 그 법인의 목적인 사업의 수행에 필요한 일체의 행위를 할 수 있지만, 실체법에 제한이 있으면 소송행위도 그 한도에서 제한을 받게 된다. 다만 민법상 법인의 대표자는 법인의 사무의 일체에 관하여 대표권이 있고, 이에 어떠한 제한을 가하여도 등기하지 않으면 선의·악의를 불문하고 제3자에게 대항할 수 없으므로, 일체의 소송행위를 할 수 있다. 법인 아닌 사단(예 종중)이 보존행위 소송을 제기하는 경우라도 대표자 혼자서가 아니라 사원총회의 결의를 거쳐 그 사단 명의로 하거나 구성원 전원이 필수적 공동소송의 형태로 소를 제기하여야 한다.

② 주식회사의 대표이사직무대행자가 하는 소송대리인의 선임·보수계약의 체결 등은 회사의 상무에 속하는 것이나, 청구의 인낙·항소의 취하 등 상무에 속하지 않는 행위는 법원의 특별수권을 얻어야 한다. 학교법인의 이사직무대행자도 항소권의 포기는 같이 볼 것이다. 비법인사단의 대표자직무대행자도 같다.

제3항 임의대리인(소송대리인)

Ⅰ 개념과 종류

임의대리인이란 대리권의 수여가 본인의 의사에 기한 대리인을 말한다. 본인의 의사와 관계없이 대리인이 되는 법정대리인과 구별된다. 임의대리인에도 앞서 본 바와 같이 포괄적 대리인과 개별적 대리인이 있다. 중요한 것은 앞의 것으로서 이를 소송대리인이라 한다. 다시 두 가지로 나누어진다.

1. 법률상 소송대리인

① 법률에 따라 본인을 위해 재판상의 행위를 행할 수 있는 것으로 인정된 자를 말한다. 지배인, 국가소송수행자가 대표적 예이다. 민법상 조합의 업무집행조합원이 법률상의 소송대리인인가는 다툼이 있으나, 우리 민법 제709조는 그에게 업무집행의 대리권이 있는 것으로 추정하는 바이고, 그 범위는 업무에 관한 포괄적 대리자일 수밖에 없으므로 법률상 소송대리인으로 보아야 할 것이다.

② 법정대리인이냐 임의대리인이냐는 본인의 의사에 의한 선임여부가 기준인데, 법률상 대리인은 본인이 그 의사로 선임하고 그 의사로 소송대리권을 상실하게 할 수 있는 점에서 성질상 임의대리인이라 할 것이다. 그러나 본인에 갈음해 당연히 일체의 행위를 할 수 있고, 소송위임에 의해 변호사에게 소송수행을 시킬 수 있는 점에서 법정대리인과 사실상으로 유사한 면이 있다.

③ 법률상 소송대리인의 권한의 범위는 각 법령에서 정해 놓고 있는데, 재판상의 행위를 할 수 있음이 원칙이다. 대리인의 법정권한은 제한할 수 없으며, 이를 제한하여도 효력이 없다. 특히 주목할 것은 법률상 소송대리인의 하나인 국가소송수행자의 지위인데 i) 국가를 당사자로 하는 소송에 한정하고 지방자치단체를 당사자로 하는 소송에는 그 법률의 적용이 없다. ii) 변호사의 자격이 없어도 지정될 수 있다(지방자치단체 소송에서 그 산하공무원은 안 되고 변호사일 것). iii) 복대리인의 선임을 제외하고 일체의 소송행위를 대리할 수 있다. 이 때문에, 예를 들면 甲이 피고 국가 상대의 소유권이전등기청구를 하는 경우에 국가 측의 소송수행자인 기획재정부직원 B가 법무부장관의 승인 없이 원고의 청구를 인낙하였다 하여도 유효하다.

④ 법원은 법률상 소송대리인의 자격 또는 권한을 심사할 수 있고 그 심사에 필요한 때에는 소송대리인·당사자 본인 또는 참고인을 심문하거나 관련자료를 제출하게 할 수 있다(규칙 제16조 제1항). 제도악용의 염려 때문이다.

2. 소송위임에 의한 소송대리인

사건의 처리를 위임받은 대리인으로서 좁은 의미의 소송대리인이라 할 때는 이것만을 지칭한다. 변호사는 어느 지역의 어떠한 심급의 사건이든 제한 없이 수임할 수 있다.

■ 소송대리인의 자격 – 변호사대리의 원칙

1. 원칙

① 원칙적으로 법률상 소송대리인을 제외하고 소송대리인은 변호사(또는 법무법인 등)가 아니면 안 된다(법 제87조). 이를 변호사대리의 원칙이라 한다.

② 우리 법에서는 증권관련 집단소송·소비자·개인정보 단체소송을 제외하고 변호사강제주의를 채택하고 있지 않기 때문에 본인 스스로 소송할 수 있으나, 대리인을 세우는 이상 법률사무의 전문가로서 공인된 변호사(또는 법무법인 등)에 한정된다.

③ 법률전문가가 관여하여야 소송절차가 원활·효율적으로 진행되고 승소할 사건이 승소될 수 있어 본인의 이익이 제대로 보호될 수 있기 때문이다.

2. 예외

1) 단독사건 중 소가 1억원 이하의 사건

단독판사가 심판하는 사건 모두가 아니라 소송목적의 값(소가)이 일정한 금액 이하인 사건에서, 당사자와 친족관계나 고용관계 등이 있는 사람 중 일정한 사람은 법원의 허가를 얻으면 변호사가 아니라도 소송대리인이 될 수 있다(법 제88조 제1항).

→ 소가 5억원 이하의 단독사건 중 소가 1억원 이하 사건까지가 비변호사대리가 허용된다.

→ 단독사건 중 1억원 이하의 사건이라도 상소심에서는 당연히 합의사건이 되므로 상소심에서는 변호사대리의 원칙으로 돌아간다.

2) 소액사건

소가 3,000만원 이하의 소액단독사건의 제1심에 있어서는 당사자의 배우자·직계혈족·형제자매는 따로 법원의 허가 없이도 소송대리인이 될 수 있게 했다.

3) 가사소송사건

가사소송사건은 합의사건이라도 본인출석주의이며, 특별한 사정이 있을 때 대리인을 출석하게 할 수 있는데, 이 경우에 비변호사가 대리인이 되기 위해서는 재판장의 허가를 요한다.

4) 비송사건과 조정사건

소송능력자이면 소송대리인이 될 수 있다(비송사건절차법 제6조). 조정사건에서는 소송대리인의 자격이 문제되지 않는다(민사조정법 제39조).

> ✒ 사례)
> 임대인의 건물인도소송(소송물가액 2억원)에서 배우자 B(공인노무사로서 제한능력자가 아니라면)가 임대인의 위 소송을 대리할 수 있는지? 소송물가액이 8,000만원이라면? 소송물가액이 2,000만원이라면?

> ✒ 관련 기출문제 – 2018년 공인노무사
> 乙은 조합규약에 근거하여 자체적으로 만든 신분보장대책기금관리규정(이하 '관리규정'이라 한다)상의 위로금 지급을 둘러싸고 甲은 乙에 대하여 5천만원의 위로금 지급을 구하는 소를 제기하였다. 甲(제한능력자가 아님)의 배우자(공인노무사로 제한능력자가 아님)가 위 소송을 대리할 수 있는가? 20점

3. 변호사대리 원칙 위반의 효과

원칙적으로 법률상 소송대리인을 제외하고 소송대리인은 변호사가 아니면 안 된다(법 제87조). 이를 변호사대리의 원칙이라 한다. 이러한 원칙을 어기고 비변호사가 소송대리를 한 경우에 그 대리행위의 효력을 어떻게 볼 것인가 하는 문제가 있다.

1) 비변호사의 대리

징계 제명된 변호사의 대리나 합의사건, 소가 1억원 초과의 단독사건에 있어서 변호사 아닌 무자격자 대리의 경우 등이다. 변론능력 없는 경우에 준하여 소송행위는 무효이나, 소급효 없는 추인은 가능하다고 볼 것이다. 변호사 아닌 지방공무원이 지방자치단체의 소송을 대리한 경우에 무권대리로 본 판례가 있으나, 논란의 여지가 있다.

2) 비변호사가 이익을 받을 목적의 대리

이러한 대리행위는 본인이 수권했다 하여도 절대 무효라고 할 것이고, 추인의 여지가 없다고 할 것이다. 이 경우에는 고도의 공익적 규정인 변호사법 제109조 제1호의 규정을 정면으로 위반하기 때문이다. 당사자 본인은 이러한 자를 이용하려 하기 때문에 본인의 추인에 의하여 유효

화하는 것은 무의미하다. 소송수행을 전담케 할 목적으로 비변호사를 지배인으로 그것만을 선임하여 법률상 소송대리인으로 소송수행하게 하는 것도 동규정의 위반으로 볼 수 있는 한, 같은 해석을 할 수 있다.

3) 노무사나 법무사의 변호사활동도 위 1), 2)에서 설명한 바에 준할 것이다.

Ⅲ 소송대리권의 수여

1) 대리권을 주는 수권행위는 소송대리권의 발생이라는 소송법상의 효과를 목적으로 하는 소송행위이고, 또 대리인으로 되는 자의 승낙을 요하지 않는 단독행위이다.

대리권수여의 기본관계로서 본인과 대리인 간에 위임계약을 체결하는 것이 통례이며, 소송대리인의 보수청구권과 성실의무는 내부관계인 위임계약에 의하여 생기지만, 대외적 효력이 생기는 대리권수여 자체는 이와 별개의 단독적 소송행위이다.

2) 본인이 소송위임을 함에 있어서는 소송능력이 있어야 한다.

3) 대리권수여의 방식은 자유이며 말로나 서면으로 할 수 있으나, 대리권의 존재와 범위는 서면으로 증명하지 않으면 안 되어 서면으로 하는 것이 보통이다. 소송위임에 의한 소송대리인의 경우에는 당사자 본인이 써주는 소송위임장을 제출하며, 지배인 등의 법률상 소송대리인일 때에는 상업등기 일부사항증명서를 제출할 것이나 법원이 관계자료의 제출을 요구할 수 있다. 서면이 소송위임장과 같이 사문서이면 법원은 공증인 그 밖의 공증업무를 보는 사람의 인증(認證)을 받아올 것을 명할 수 있다. 인증명령을 할 것인지의 여부는 법원의 자유재량에 속한다. 다만 당사자가 법원에 출석하여 말로 대리인을 선임하고 법원사무관 등이 그 진술을 조서에 적은 때에는 서면증명이 필요 없다(법 제89조 제3항).

Ⅳ 소송대리권의 범위

1. 서설

① 법률상 소송대리인의 대리권의 범위는 실체법에 정해 놓고 있는데, 대체로 본인을 위해 일체의 재판상의 행위를 할 수 있는 것으로 정하고 있다. 이러한 대리인의 법정권한을 제한했다 하더라도 소송법상 아무런 효력이 없다.

② 소송위임에 의한 소송대리인의 대리권의 범위는 소송법에 직접 정해 놓고 있는데, 변호사인 소송대리인의 경우에는 이를 제한할 수 없다. 그러나 변호사 아닌 소송대리인의 경우에는 본인의 의사를 존중하는 뜻에서 그 제한이 허용된다(법 제91조 단서).

2. 원칙

① 소송대리인은 위임을 받은 사건에 대하여 반소(反訴)·참가·강제집행·가압류·가처분에 관한 소송행위 등 일체의 소송행위와 변제(辨濟)의 영수를 할 수 있다(법 제90조 제1항).

소송위임에 의한 소송대리인은 위임받은 사건에 대해 특별수권사항을 제외하고 소송수행에 필요한 일체의 소송행위, 즉 소송절차 전의 가압류·가처분부터, 그 절차가 끝난 뒤에 강제집행까지 일련의 절차 전반에 걸쳐 권한을 갖는다. 구체적으로 소제기·소변경·반소와 제3자의 소송참가에 응소·공격방어방법의 제출을 할 수 있으며, 맡은 본안소송에 대한 강제집행, 가압류·가처분 등을 할 수 있다. 나아가 주된 소송절차의 대리권은 그에 부수·파생되는 소송절차(판결경정·소송비용 확정·집행정지)에도 미친다.

② 소송대리인이 할 수 있는 사법행위에 관하여 법문에서는 변제의 영수에 대해서만 규정하고 있지만 이것은 예시적인 것이며, 당해 사건에 대한 공격방어방법의 전제로서 본인이 가진 상계권, 취소권, 해지·해제권의 사법상의 형성권을 행사할 수 있다.

그러나 이 밖에 재판 외의 행위, 예를 들면 재판 외 화해계약은 당연히 대리권의 범위에 포함될 수 없다. 헌법재판소는 민사소송대리인과 수형자의 접견제한에 대해 헌법불합치의 선언을 하였다.

3. 특별수권사항

① 소송대리인은 1. 반소의 제기, 2. 소의 취하, 화해, 청구의 포기·인낙 또는 제80조의 규정에 따른 탈퇴, 3. 상소의 제기 또는 취하, 4. 대리인의 선임에 대하여는 특별한 권한을 따로 받아야 한다(법 제90조 제2항).

② 그러나 피고가 제기한 반소에 원고가 대응하는 행위는 통상의 대리권의 범위에 속하며, 소 취하의 동의에는 특별수권을 요하지 않는다는 것이 판례이다(대판 1984.3.13, 82므40).

4. 심급대리의 원칙

법 제90조 제2항 제3호의 명문에는 상소의 제기라고 하였지만, 해석상 상대방이 제기한 상소에 피상소인으로서 응소하는 것도 제1심 대리인이 임의로 할 수 없고 특별수권사항으로 보고 있는 것이 우리 다수설이다. 따라서 이를 근거로 하여 소송대리인의 대리권은 능동적으로 상소제기할 경우나 수동적으로 상소에 응소할 경우 모두 상소에 관한 특별수권이 없으면 맡은 심급에 한정한다고 하고, 한 심급종결이면 대리인의 임무도 종결되고 더 이상 상급심에는 미치지 아니한다고 한다. 이른바 심급대리의 원칙을 내세우고 있다(갑의 제1심 소송대리인 A가 당연히 제2심의 甲의 대리인이 되는 것이 아니므로 그를 계속 대리인으로 하려면 선임절차를 새로 밟고 소송위임장을 다시 내는 것이 보통이다)[65]. 다만 대판 2004.5.14, 2004다7354는 변호사의 선량한 관리자의 주의의무범위에는 의뢰인으로부터 상소에 관한 특별수권이 없어도 의뢰인에게 패소판결의 내용과 상소하는 때의 승소가능성에 대하여 구체적으로 설명하고 조언하여야 할 의무가 포함된다고 했다. 또 대법원에서 파기

---

65) 그러나 이에 대하여는 우리 법은 '상소의 제기'만을 특별수권사항으로 하고 있으므로, 반대해석으로 상대방이 제기한 상소에 대해 대응하는 응소행위는 통상의 소송대리권에 포함되는 것으로 볼 수 있으며, 따라서 한 심급의 종료로 대리권이 당연히 소멸되지 않는 것으로 볼 여지가 있고, 이 점은 판결절차 전의 가압류·가처분절차, 판결절차 뒤인 강제집행에까지도 특별수권 없이 대리권이 미치는 것으로 보아도 그렇다면서, 이에 사건의 종국적 완결로 대리권은 소멸한다고 해석하여야 한다는 견해도 있다. 그것이 당사자의 의사에 합치될 뿐더러 변호사의 문턱을 낮추고 동일 변호사라도 심급이 바뀔 때마다 고객으로부터 보수를 받아낼 수 있는 근거를 없애는 길일 것이라고 한다. 또 3심중심주의의 현실에서 '송사 3년에 기둥뿌리 빠지는' 적폐를 막는 소송경제일 것이라고 한다. 이시윤, 앞의 책, 190면

환송돼 판결이 확정되지 않았다면 그 자체로서 위임사무가 성공한 때에 해당되지 않아 성공보수금을 청구하지 못한다는 하급심판례가 있다. 보수청구는 환송 후 항소심사건의 소송사무까지 처리하여야만 임무종료로 청구할 수 있다. 2·3심에 패소해도 1심 성공 보수금은 치러야 한다.

> 🐢 관련 기출문제 - 2013년 공인노무사
> 乙과 丙은 도급계약에 따라 함께 사업을 수행하고 있고, 임금지급에 대하여 연대책임 관계에 있다. 그런데 수급인인 丙은 소속 근로자인 甲에게 임금을 지급하지 못하고 있다. 이에 甲은 乙과 丙을 공동피고로 하여 임금청구의 소를 제기하였다. 위 소송에서 甲이 변호사 A를 소송대리인으로 선임한 경우 소송대리인 A의 대리권의 범위는? [20점]

5. 파기환송 후 대리권의 부활

① 판례는 상급심에서 원판결이 파기환송되었을 경우에는 환송 전 원심의 상태로 환원되었으므로 환송 전의 옛 소송대리인의 대리권이 다시 부활하는 것으로 일관한다. 예를 들면 A는 원고 甲의 소송대리를 서울고등법원에서 하였는데 문제의 사건은 甲의 패소 때문에 대법원에 상고되었으며, 대법원에서는 사건을 파기환송하여 서울고등법원으로 되돌렸다. 이러한 사례에서 A가 대법원에서 소송대리를 한 바 없어도 이때에 A의 옛 고등법원의 소송대리권이 다시 부활한다는 것이다[66].

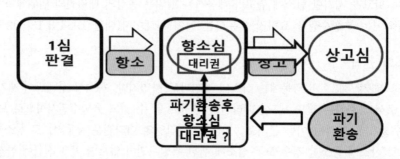

② 그렇다고 다시 재상고했을 때 환송 전 상고심의 옛 대리인의 대리권이 부활하는 것은 아니라고 한다. 그리고 재심은 신소제기의 형식을 취하는 것이므로 다시 소송위임을 받을 것을 요한다.

---

66) 그러나 이에 대하여는 첫째로 과거 제2심에서 사건을 맡았다가 손을 뗌으로써 이미 잊히고 금이 간 본인과 대리인 간의 신뢰관계의 부활이므로 현실적인 무리이고, 둘째로 파기환송판결이 중간판결이라면 모르되, 대법원에 갔다 돌아오는 심급이동의 종국판결임에 비추어 맞지 아니한 해석이며, 셋째로 한 심급이 끝나면 소송대리권이 소멸한다는 심급대리의 판례입장과도 모순된다는 비판이 있다. 이시윤, 앞의 책, 190면

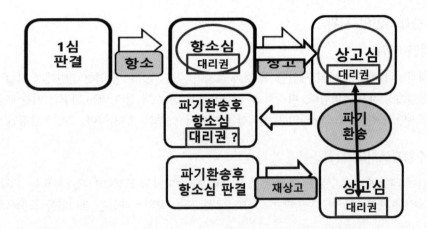

📖 대판 1996.4.4, 96마148

소송대리권의 범위는 특별한 사정이 없는 한 당해 심급에 한정되므로, 상고심에서 항소심으로 파기환송된 사건이 다시 상고되었을 경우에는 항소심에서의 소송대리인은 그 소송대리권을 상실하게 되고, 이때 환송 전의 상고심에서의 소송대리인의 대리권이 그 사건이 다시 상고심에 계속되면서 부활하게 되는 것은 아니라고 할 것이어서, 새로운 상고심은 변호사보수의 소송비용산입에 관한 규칙의 적용에 있어서는 환송 전의 상고심과는 별개의 심급으로 보아야 한다.

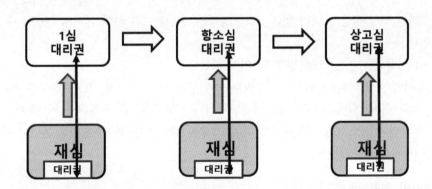

📖 대판 1991.3.27, 90마970

재심의 소의 절차에 있어서의 변론은 재심 전 절차의 속행이기는 하나 재심의 소는 신소의 제기라는 형식을 취하고 재심 전의 소송과는 일응 분리되어 있는 것이며, 사전 또는 사후의 특별수권이 없는 이상 재심 전의 소송의 소송대리인이 당연히 재심소송의 소송대리인이 되는 것이 아니다.

📖 관련 기출문제 - 2016년 공인노무사

乙회사의 근로지인 甲이 업무 중 상해를 입어 회사를 상대로 손해배상청구의 소를 제기하고자 한다. 甲이 乙회사를 상대로 손해배상청구의 소를 제기하였다. 그 소송의 항소심에서 변호사 丁이 甲의 소송대리인이었는데, 대법원의 파기환송판결에 의하여 사건이 항소심에 다시 계속하게 되었다면 위 丁의 소송대리권은 어떻게 되는지를 설명하시오. 15점

Ⅴ 소송대리인의 지위

1. 제3자인 지위

소송대리인의 행위는 본인 자신이 한 것과 효과가 같은 것으로 당연히 본인에게 그 효력이 미치며 대리인에게 미치지 아니한다. 따라서 소송대리인의 소송수행 결과 받는 판결의 기판력이나 집행력은 본인에게만 미친다. 소송대리인은 이러한 의미에서 소송의 제3자이며, 증인·감정인능력이 있다.

2. 소송수행자로서의 지위

대리인에 의하여 소송수행을 할 경우에 어떠한 사정의 알고 모름(知·不知) 또는 고의·과실이 소송법상의 효과에 영향을 미칠 때는 그 知·不知 또는 고의·과실은 대리인을 표준으로 하여 결정할 것이다.

3. 본인의 지위(당사자의 경정권)

① 소송대리인이 선임되어 있는 경우라도, 본인 자신의 고유의 소송수행권은 상실하지 않는다. 소송대리인이 있음에도 불구하고 기일통지서·판결정본 등의 소송서류를 본인에게 송달할 수 있으며, 법률상 부적법한 것이 아니다. 본인은 소송대리인과 같이 기일에 출석하여 변론을 하여도 무방하다.

② 본인이 소송대리인과 같이 법정에 나와 소송대리인의 사실상의 진술을 잘못이라고 취소하거나 경정하면 그 진술은 효력이 없다. 이를 경정권(更正權)이라 하며 본인의 진술을 우선시키려는 것이다.

→ 이 경정권은 본인 또는 법정대리인이 갖는다.

→ 경정의 대상은 자백 등의 사실상의 진술에 한하므로, ⅰ) 신청, ⅱ) 소송물을 처분하는 행위 (소의 취하, 화해, 청구), ⅲ) 법률상의 진술·경험법칙은 포함되지 아니한다.

→ 지체 없이 취소 또는 경정하여야 하며, 그렇지 않으면 대리인의 행위는 본인이 한 것과 마찬가지의 효력을 갖는다.

4. 개별대리의 원칙

① 같은 당사자에 대하여 여러 소송대리인, 즉 여러 변호사가 있을 때라도 대리인 각자가 당사자를 대리한다(법 제93조 제1항).

② 여러 사람의 소송대리인이 있으면 대리인의 행위가 서로 모순 저촉될 수 있다. 모순되는 행위가 동시에 행해진 경우에는 어느 것도 효력이 발생하지 않는다. 그러나 때를 달리하는 경우에는 앞의 행위가 철회될 수 있는 것이면 뒤의 행위에 의하여 그 행위가 철회된 것이 되고, 앞이 철회할 수 없는 행위이면(예 자백, 청구 포기·인낙 등) 뒤의 행위가 효력이 없게 된다.

③ 소송서류의 송달은 여러 사람의 소송대리인에 각각 송달하여야 한다. 다만 항소기간의 기산점은 그중 1인에게 최초로 판결정본이 송달된 때가 된다.

VI 소송대리권의 소멸

1. 불소멸 사유

① 소송대리인의 소송대리권은 1. 당사자의 사망 또는 소송능력의 상실, 2. 당사자인 법인의 합병에 의한 소멸, 3. 당사자인 수탁자(受託者)의 신탁임무의 종료, 4. 법정대리인의 사망, 소송능력의 상실 또는 대리권의 소멸·변경, 5. 제3자의 소송담당의 경우에 소송담당자(선정당사자 등)의 자격상실에 의하여 소멸되지 아니한다(법 제95조, 제96조). 이는 수권자인 당사자·법정대리인의 사망 등의 사정 때문에 소송대리인의 대리권에 영향이 없다는 것을 뜻한다.

② 이 점은 민법과 다른 것으로, 민법의 위임은 개인적 신뢰관계를 바탕으로 하므로 신뢰관계가 파괴되는 사정, 즉 본인 사망의 경우 대리권은 소멸되지만, 소송위임에 있어서는 소송절차를 신속·원활하게 진행시킬 필요, 위임범위의 명확화(법 제90조 제2항, 제91조), 그리고 수임자가 변호사임에 비추어 신뢰관계를 저버릴 가능성의 희박 등을 감안한 것이다.

③ 원래 이와 같은 사유는 소송절차의 중단사유로 되지만(법 제233조-제237조), 소송대리인이 있는 한 소송은 중단되지 아니하며(법 제238조), 소송대리인은 위임자의 승계인을 위해 대리인으로 소송을 수행할 수 있다.

2. 소멸 사유

① 대리인의 사망·성년후견의 개시 또는 파산, 위임사건의 종료, 변호사의 해임이나 사임 등 기본관계의 소멸 등에 의하여 대리인의 대리권도 소멸된다.

② 법정대리권이 소멸한 경우와 마찬가지로 소송절차가 진행되는 중에 소송대리권이 소멸한 경우에는 본인 또는 대리인이 상대방에게 소멸된 사실을 통지하지 아니하면 소멸의 효력을 주장하지 못한다(법 제97조, 제63조 제1항 본문). 따라서 소송대리인이 사임서를 법원에 제출하여도 상대방에게 그 사실을 통지하지 않은 이상 그 대리인의 대리권은 존속한다.

다만, 법원에 소송대리권의 소멸사실이 알려진 뒤에는 그 소송대리인은 소의 취하, 화해, 청구의 포기·인낙, 또는 독립당사자참가소송에서의 탈퇴의 소송행위를 하지 못한다(법 제97조, 제63조 제1항 단서).

제4항 무권대리인

1. 개념

① 무권대리인이란 대리권이 없는 대리인을 말한다. 당사자 본인으로부터 대리권을 수여받지 못한 경우뿐 아니라, 널리 법정대리인의 무자격, 특별수권 없는 대리행위, 그리고 대리권을 서면증명하지 못한 경우를 포함한다. 소송서류의 송달받을 권한이 없는 자에게 잘못 송달된 경우도 같다.

② 법인이나 비법인단체의 대표자는 법정대리인에 준하므로, 대표권 없는 자도 무권대리인에 준한다. 특히 법인이나 단체(예 종중)에 있어서 무권대표자(대표권의 흠결)의 문제가 실무상 많이 대두된다.

2. 소송상 취급

1) 소송행위의 유효요건

① 대리권의 존재는 소송행위의 유효요건이다. 따라서 무권대리인에 의한, 그에 대한 소송행위는 무효이다. 소송능력의 경우와 유사하다.

② 확정적 무효가 아니기 때문에 뒤에 당사자 본인이나 정당한 대리인·적법하게 선임된 대리인(대표자)이 추인하면 소급하여 유효하게 된다(유동적 무효). 추인의 소급효는 절대적이다.

→ 추인의 방식은 명시·묵시를 가릴 필요가 없다.

→ 추인의 시기에 제한이 없으며, 하급심에서 한 무권대리인의 소송행위를 상고심에서 추인하여도 무방하다.

→ 일단 추인거절의 의사표시를 한 이상 무권대리행위는 유동적 무효의 상태에서 확정적 무효가 되므로 그 후에 다시 추인할 수 없다.

→ 추인은 원칙적으로 소송행위의 전체에 대하여 하여야 하며, 일부추인은 허용되지 않는다. 다만 판례는 예외적으로 소취하 행위만을 제외하고 나머지 소송행위를 추인하는 경우와 같이 소송의 혼란을 일으킬 우려가 없고, 소송경제상으로도 적절하다고 인정될 때에는 일부추인이 허용된다고 한다.

③ 대리권의 유무는 법원의 직권조사사항이다. 그러나 대리권의 유무를 판단하는 데 기초자료가 되는 사실과 증거를 직권탐지하여야 하는 것은 아니다. 조사결과 대리권(대표권)의 흠을 발견하면 대리인의 소송관여를 배척할 것이나, 보정의 가능성이 있으면 기간을 정하여 보정을 명하여야 하며, 보정은 상급심에서도 가능하다. 또 지연으로 인하여 당사자 본인에게 손해가 생길 염려가 있는 때에는 보정을 조건으로 일시적 소송행위를 하게 할 수 있다(법 제59조, 법 제97조).

2) 소제기과정에서 무권대리인의 관여

① 소제기과정에 대리인이 관여하는 경우에 대리권의 존재는 소송요건이다. 따라서 무권대리인이 제기한 소는 보정되지 않는 한 법원은 종국판결로써 소를 각하하여야 한다.

② 만일 법원이 대리권이 없음을 간과하고 본안판결을 하였을 때에는 그 확정 전이면 상소에 의하여, 확정 후이면 재심에 의하여 취소를 구할 수 있다. 다만 추인하였을 때에는 재심에 의한 취소를 구할 수 없다(법 제451조 제1항 제3호 단서).

3) 소제기 후 무권대리인의 관여

① 소가 적법하게 제기되었으나 그 뒤에 무권대리인이 변론기일·변론준비기일에 관여하는 경우에는 그 소송관여를 배척하여야 한다. 본인에 대해서는 기일에 불출석한 것으로 기일불출석 불이익을 입힐 수 있다.

② 또 항소가 무권대리인에 의해 제기된 경우에는 부적법한 것으로 항소각하판결을 하지 않으면 안 된다.

3. 쌍방대리의 금지

1) 통상의 쌍방대리

소송에 있어서 원·피고는 이해 대립의 관계에 있기 때문에 법률행위(민법 제124조)와 마찬가지로 당사자의 한쪽이 상대방을 대리하거나 같은 사람이 당사자 양쪽의 대리인을 겸하는 것이 허용되지 않는다. 그러나 이러한 경우는 대리의 불능을 뜻하는 것이 아니라, 단지 무권대리의 일종으로 다룰 문제이므로, 당사자가 사전허락, 사후추인을 하면 그 흠은 치유된다. 제소 전 화해를 위하여 자기대리인의 선임권을 상대방에게 위임하는 것도 실질상 쌍방대리와 같은 결과가 되므로 금지된다. 일반소송사건에서도 이 규정을 유추적용할 것이다.

2) 변호사법 제31조 위반의 대리행위 – 수임제한행위

변호사법 제31조의 규정에 의하여 변호사가 못하는 대리도 있다.

4. 소송행위와 표현대리

1) 문제의 제기

비록 무권대리인의 소송행위이나, 상대방이 대리권이 있는 것으로 믿고 그 믿은 데 정당한 사유가 있을 때에 무권대리인을 상대로 소송수행을 한 상대방은 표현대리의 법리에 의하여 보호를 받게 되는지가 문제이다.

예를 들면 甲이 乙법인을 상대방으로 하여 소를 제기하면서 법인등기부에 등재된 대표자 A를 현재의 진정한 대표자로 믿고 그를 상대로 소송수행하여 승소하였는데 나중에 A가 진정한 대표자가 아님이 판명되었을 때, 등기부를 믿은 당사자 甲이 민법상의 표현대리의 법리에 의하여 보호를 받게 되는가이다. 바꾸어 말하면 A가 무권대리인으로 취급되느냐, 선의의 甲의 보호를 위하여 적법한 대리권자로 보아 주느냐이다. 특히 판결이 확정되었을 때에 乙법인은 대표권의 흠을 이유로 재심의 제기가 허용되느냐가 문제된다. 이는 주로 법인 등의 대표자가 사임·해임 등으로 대표권이 소멸되었음에도 불구하고 등기부미정리로 대표자로 그대로 남아 있을 때에 문제된다.

2) 학설과 판례

소송행위에 실체법상의 표현대리의 법리가 유추적용되는가에 대해서는 견해 대립이 있다.

① 소극설

실체법상의 표현대리의 법리는 거래의 안전에 이바지하기 위한 규정이므로, 실체적 거래행위가 아니고 절차의 안정을 중요시하는 소송행위에는 적용될 수 없다고 한다. 특히 표현지배인에 관한 규정인 상법 제14조 제1항 단서가 소송행위를 제외하고 있는 것을 주요논거로 들고 있다.

② 적극설

소송이 실체법상의 권리관계를 처분하는 절차임에 비추어 거래행위와 소송은 무관한 것이 아니며, 또 등기말소를 해태한 법인을 보호하기 위하여 등기를 신뢰한 상대방을 희생시킴은 공평의 관념에 반할 뿐만 아니라, 외관존중의 요청은 소송행위라 하여 예외일 수 없음을 논거로 든다.

③ 절충설

법인의 절차보장, 즉 진정한 법인대표자에 의하여 재판을 받을 권리를 존중하는 의미에서 소극설이 일반적으로는 타당하되, 과거의 대표자를 등기부상 정리하지 아니하여 생긴 부실등기가 법인 자신의 고의적 태만 때문인 경우에는 표현대리를 적용하여도 좋다고 한다.

④ 판례

우리 판례는, 집행증서(공정증서)를 작성할 때의 강제집행수락의 의사표시는 공증인에 대한 소송행위라고 할 것이고, 이러한 소송행위에는 민법상의 표현대리의 규정은 적용 또는 준용될 수 없다고 하여 소극설에 의함을 분명히 하였다.

3) 결론

민사소송법에는 민법과 달리 표현대리를 인정하는 규정이 없는 점, 소송행위는 절차의 안정을 중요시되는 점에 비추어 소극설(판례)의 입장이 타당하다고 본다.

5. 비변호사의 대리행위

원칙적으로 법률상 소송대리인을 제외하고 소송대리인은 변호사가 아니면 안 된다(법 제87조). 이를 변호사대리의 원칙이라 한다. 이러한 원칙을 어기고 비변호사가 소송대리를 한 경우에 그 대리행위의 효력을 어떻게 볼 것인가에 대해서는 경우를 나누어 보아야 한다.

1) 징계에 의한 정직 중의 변호사대리

이 경우는 법원은 무자격자의 소송관여를 배척할 것이나, 이를 간과하고 배척하지 않은 경우는 의뢰자나 상대방의 뜻하지 아니한 손해방지와 절차의 안정·경제의 관점에서 그 소송행위를 무효라고 볼 것이 아니다.

2) 비변호사의 대리

징계 제명된 변호사의 대리나 합의사건, 소가 1억원 초과의 단독사건에 있어서 변호사 아닌 무자격자 대리의 경우 등이다. 변론능력 없는 경우에 준하여 소송행위는 무효이나, 소급효 없는 추인은 가능하다고 볼 것이다. 변호사 아닌 지방공무원이 지방자치단체의 소송을 대리한 경우에 무권대리로 본 판례가 있으나, 논란의 여지가 있다.

3) 비변호사가 이익을 받을 목적의 대리

이러한 대리행위는 본인이 수권했다 하여도 절대 무효라고 할 것이고, 추인의 여지가 없다고 할 것이다. 이 경우에는 고도의 공익적 규정인 변호사법 제109조 제1호의 규정을 정면으로 위반하기 때문이다. 당사자 본인은 이러한 자를 이용하려 하기 때문에 본인의 추인에 의하여 유효화하는 것은 무의미하다. 소송수행을 전담케 할 목적으로 비변호사를 지배인으로 그것만을 선임하여 법률상 소송대리인으로 소송수행하게 하는 것도 동규정의 위반으로 볼 수 있는 한, 같은 해석을 할 수 있다.

4) 법무사의 변호사활동도 위 2), 3)에서 설명한 바에 준할 것이다.

제1심 소송절차

01 | 소의 제기

제1절 소제기의 방식[67]

I 소제기

1. 소장제출주의(법 제248조)

※ 소장의 기재례[68]

소 장

원 고 김갑동 (700205-1035324)
　　　　서울 중구 서애로 190
　　　　소송대리인 변호사 사연생
　　　　서울 서초구 사평대로 100

피 고 최삼식 (561121-1234232)
　　　　서울 서초구 반포대로 12길 263

대여금 청구의 소

청 구 취 지

1. 피고는 원고에게 50,000,000원 및 이에 대하여 2017.10.1.부터 이 사건 소장부분 송달일까지는 연 5% 그 다음날부터 다 갚는 날까지 연 12%의 각 비율로 계산한 돈을 지급하라.
2. 소송비용은 피고가 부담한다.
3. 제1항은 가집행할 수 있다.
라는 재판을 구합니다.

청 구 원 인

1. 원고는 2017.7.1. 피고에게 5,000만원을 변제기는 같은 해 9.30.로 정하여 대여하였습니다.
2. 그렇다면 피고는 원고에게 차용금 5,000만원 및 이에 대하여 변제 다음날인 2017.10.1.부터 이 사건 소장부본 송달일까지는 민법이 정한 연 5%의, 그 다음날부터 다 갚는 날까지는 소송촉진 등에 관한 특례법이 정한 연 12%의 각 비율로 계산한 지연손해금을 지급할 의무가 있습니다.

증 명 방 법

1. 갑 제1호증 (차용증서)

---

67) 이시윤, 앞의 책, 264-266면 참조
68) 사법연수원, 민사실무 Ⅰ, 2018, 43면

첨 부 서 류

1. 위 증명방법   2통
1. 영수필확인서   1통
1. 송달료납부서   1통
1. 소송위임장   1통
1. 소장부본   1통

2018.3.2.
원고 소송대리인 변호사 사연생 (인)

서 울 중 앙 지 방 법 원   귀 중

① 통상의 소를 제기함에는 원칙적으로 소장이라는 서면을 제1심법원에 제출할 것을 요한다. 증권 관련 집단소송과 소비자·개인정보 단체소송을 빼고는 소의 제기에 법원의 허가가 필요 없다. 독립의 소만이 아니라, 소송 중의 소(반소, 중간확인의 소, 청구의 변경, 당사자참가 등)의 경우 에도 소장에 준하는 서면의 제출을 필요로 한다.

② 소장에는 법 제249조에 정한 필요적 기재사항 이외에 원고 또는 대리인이 기명날인 또는 서명 할 것을 요한다. 소장의 제출에 있어서는 선납주의의 원칙에 의하여 민사소송 등 인지법에서 정한 인지와 소송서류의 송달비용을 납부해야 한다.

③ **소장의 첨부서류** : ⅰ) 피고의 수만큼의 소장의 부본, ⅱ) 원·피고가 제한능력자일 때에 법정 대리인, 법인 등일 때에 그 대표자의 각 자격증명서, ⅲ) 부동산사건이면 부동산사항증명서, 친족상속사건이면 가족관계증명서, 어음·수표사건이면 어음·수표의 각 사본 등을 제출하여 야 한다. 이 밖에 증거로 될 문서 가운데 중요한 것의 사본을 붙여야 한다.

④ 증거방법으로 서증, 녹취록, 영상물을 붙일 수 있다.

2. 구술에 의한 소제기 등의 예외

① 소가 3,000만원 이하의 소액사건에서는 말(구술)로 소의 제기를 할 수 있게 하였다(소액사건심 판법 제4조).

② 소액사건에서는 이 밖에 양쪽 당사자가 법원에 같이 임의출석하여 법관 앞에서 변론함으로써 간편하게 제소할 수 있는 길이 있다. 이를 임의출석이라 하는데, 별로 활용이 안 된다.

3. 소제기의 간주

독촉절차에 의한 지급명령에 대하여 채무자의 이의가 있는 경우, 제소 전 화해의 불성립으로 소제 기신청이 있는 때, 조정이 성립되지 아니하거나 조정에 갈음한 결정에 이의신청을 한 때는 소송절 차로 이행되는데, 이 경우 지급명령신청이나 화해 또는 조정신청을 한 때에 소가 제기된 것으로 간주한다.

Ⅱ 소장의 기재사항[69]

1. 필요적 기재사항(법 제249조 제1항)

소장으로서 효력을 갖기 위해서는 반드시 기재하여야 할 사항으로, 그것이 갖추어지지 않았는데도 보정하지 않으면 재판장은 명령으로 소장을 각하하여야 한다(법 제254조). 이로써 원·피고와 소송물이 특정되는데, 다음 3가지이다.

1) 당사자·법정대리인의 특정

① 당사자를 표시함에 있어서 누가 원고이며, 누가 피고인가 분명히 알아볼 수 있도록 그 동일성을 특정하여 기재한다. 당사자는 소장의 기재에 의하여 확정되며(표시설), 이를 표준으로 당사자능력·당사자적격·재판적의 유무 등이 가려지기 때문에 신중하게 당사자를 정하여야 한다. 당사자의 동일성을 벗어나지 않는 표시정정은 자유롭게 허용되나, 이를 깨뜨리는 당사자의 변경은 피고경정(법 제260조, 제261조)의 요건을 갖추어야 한다.

② 당사자가 제한능력자일 경우에는 당사자의 법정대리인을 기재할 것을 요한다. 소송대리인은 필요적 기재사항은 아니나 소송서류의 송달의 편의상 기재하는 것이 실무관행이다.

2) 청구의 취지

(1) 의의

① 청구의 취지는 원고가 어떠한 내용과 종류의 판결을 요구하는지를 밝히는 판결신청이고, 소의 결론 부분이다. 청구의 원인 앞에 기재하며 원고가 승소하면 판결주문에 적을 것을 간단명료하게 표시하여야 한다. 이 밖에 소송비용재판과 가집행선고의 신청기재가 보통이다.

② 청구의 취지는 소송물의 동일성을 가리는 기준으로서, 법원은 여기에 구속되어 재판하여야 하는 제약(처분권주의) 때문에 그 의미가 매우 중요하다. 이 밖에도 청구의 취지는 소가의 산정·사물관할·재판의 누락·상소의 이익의 유무·소송비용의 분담비율·시효중단의 범위 등을 정함에 있어서 표준이 된다.

(2) 명확한 기재

청구의 취지는 이를 명확히 알아볼 수 있도록 구체적으로 특정하지 않으면 안 된다. 다른 것과 구별할 수 있을 정도로 구체적인 특정을 요한다. 그 기재방법은 각 소송의 종류에 따라 다르다.

① 이행의 소

이행의 소에서는 「피고는 원고에게 금 1,000만원을 지급하라」는 판결을 구한다는 것과 같이, 이행의 대상·내용과 함께 이행판결을 구하는 취지를 기재하여야 한다.

㉠ 금전청구일 때에는 청구의 취지에 금액의 명시는 필요하나, 금전의 성질(대여금, 손해배상금)까지 기재는 불필요하다.

---

69) 이시윤, 앞의 책, 266-272면

ⓒ 특정물청구에서 청구의 취지는 앞으로의 피고로서 의무이행에 지장이 없도록, 또 강제집행에 의문이 없도록 목적물을 명확하게 특정하지 아니하면 안 된다.

② 확인의 소

확인의 소에서는 「○○ 건물이 원고의 소유임을 확인한다」라는 판결을 구한다는 것과 같이, 확인을 구하는 권리관계의 대상·내용과 함께 확인판결을 구하는 취지를 표시하여야 한다.

③ 형성의 소

㉠ 형성의 소에서는 「원고와 피고는 이혼한다」라는 판결을 구한다는 것과 같이, 형성의 대상·내용과 함께 형성판결을 구하는 취지를 명시하여야 함이 원칙이다.

ⓒ 다만 형식적 형성의 소에서는 어떠한 내용의 판결을 할 것인가는 법관의 재량에 맡겨지기 때문에 통상의 소에서와 같이 청구의 취지를 반드시 명확히 할 필요는 없고, 법관의 재량권행사의 기초가 청구의 취지에 나타나 있으면 된다.

(3) 확정적인 기재

① 청구의 취지에서는 판결을 확정적으로 요구하여야 한다.

② 피고가 잘못을 시인하는 것을 해제조건으로, 제3자가 소제기에 동의하는 것을 정지조건으로 판결을 구하는 조건부의 청구취지와 같이, 소송 외의 장래 발생할 사실(소송 외의 조건)을 조건으로 붙이는 것은 안 된다. 절차의 안정을 해치기 때문이다. 그러나 소송 내에서 밝혀질 사실(소송 내의 조건)을 조건으로 하여서 청구의 취지를 기재하는 것은 허용된다. 이것을 예비적 신청이라 하며, 제1차적 신청이 이유 없음이 소송 내에서 판명되었을 때의 조건부신청이다. 예비적 신청에는 예비적 청구·예비적 반소와 예비적 공동소송이 있다. 부대상소도 그러한 성질의 것이다.

3) 청구의 원인

청구의 원인은 실무상 널리 쓰이는 넓은 의미의 청구의 원인, 소장의 필요적 기재사항으로 쓰이는 좁은 의미의 청구의 원인이 그것이다.

(1) 넓은 의미의 청구의 원인(청구의 이유)

원고가 청구취지로 주장한 권리에 대하여, 그 권리의 발생원인사실을 말한다(권리근거규정의 요건사실 = 물권적 청구권, 계약, 불법행위·부당이득·이혼사유 등). 다시 말하면 주장·증명책임 분배의 원칙상 원고 측이 주장·증명할 사실관계를 말한다. 따라서 청구를 이유 있게 하는 사실관계이며(청구취지 → 법률효과, 청구원인 → 법률요건), 피고의 항변사실에 대응한다. 이처럼 원고청구를 이유 있게 하는 사실적 근거이므로, 이에 대하여 피고가 답변서를 제출하지 아니하거나 이를 모두 자백하는 취지의 답변서를 제출하면 원고는 무변론승소판결을 받을 수 있게 된다(법 제257조).

(2) 좁은 의미의 청구의 원인(청구의 특정)

① 좁은 의미의 청구의 원인은 청구의 취지를 보충하여 청구(소송물)를 특정함에 필요한 사실관계를 말한다. 예를 들어, 금 1,000만원의 대여금 청구라면 대여일·당사자·금액까지는 청구를 특정하는 데 해당되는 사실이나, 변제기일의 도과는 청구를 이유 있게 하는 사실일 뿐 특정에 필요한 사실까지는 되지 않는다. 다시 말하면 청구를 다른 것과 구별하여 그 동일성을 인식할 수 있을 정도의 사실을 의미한다.

② 소송물의 특정과 관련하여 신·구소송물이론 사이에 견해 대립이 있다. 권리주장을 소송물로 보는 구이론에서는 확인의 소는 청구의 취지만으로 소송물이 특정되나, 이행의 소와 형성의 소에서는 그 기재만으로 특정되지 아니하며, 권리발생원인사실(청구권발생의 원인인 매매, 이혼원인인 부정행위 등)을 청구의 원인에 기재하여야 비로소 특정되는 것으로 본다.

신이론(단, 신이론 중 이분지설은 소송물의 특정에 있어 구이론과 크게 다를 바 없다)에 의하면, 원칙적으로 청구의 취지로만 소송물이 특정된다고 보기 때문에 소송물의 특정을 위해 아예 청구의 원인의 기재를 필요로 하지 않는다. 따라서 청구의 원인에 어떠한 기재가 있어도 그것은 공격방법에 그친다. 다만 예외적으로 이행소송 중 금전지급·대체물인도를 구하는 경우에는 청구의 원인에서 권리발생원인사실의 보충적 기재에 의하여 특정된다고 한다.

(3) 식별설과 이유기재설

청구의 원인에서 어떠한 사실을 기재하여야 하는가에 관해서는 식별설과 이유기재설이 대립되어 있다. 식별설은, 청구인 권리관계를 다른 권리관계와 구별하기에 필요한 사실을 기재하면 되며, 위에서 본 좁은 의미의 청구의 원인을 적으면 된다는 입장이다. 이에 대해 이유기재설은 청구를 이유 있게 하는 모든 사실을 기재하여야 한다는 것으로서, 넓은 의미의 청구원인사실을 적어야 한다는 입장이다.

생각건대 소장에다가 청구를 이유 있게 할 사실을 한 몫에 모두 적어 제출하여야 하는 동시제출주의가 아니라 때맞추어 순차적으로 내도 되는 적시제출주의를 채택하고 있는 현행법하에서는 소장에는 청구를 특정하기만 하면 되는 것이고, 나중에 법정변론기일에 가서 청구를 이유 있게 할 사실관계를 적시에 추가보충할 수 있으므로, 이를 소장에 처음부터 밝혀 소장의 기재를 장황하게 만들 필요는 없다. 따라서 이론적으로는 식별설이 타당하며, 좁은 의미의 청구의 원인을 적으면 된다 할 것이다.

2. 임의적 기재사항(법 제249조 제2항)

기재하지 아니하여도 소장각하명령을 받지 않는 사항이다. 뒤에 준비서면으로 제출하여도 될 사항을 소장을 이용하여 미리 기재하는 것이다.

제 2 절 　재판장 등의 소장심사와 소제기 후의 조치

I 　재판장 등의 소장심사

1. 개설

① 소장이 접수되어 소송기록화된 뒤에 사법행정적 조치에 의하여 사건이 배당되면, 우선 재판장은 소장의 적식(適式), 즉 방식(form)에 맞는가의 여부를 심사한다. 합의부에서는 재판장이, 단독사건에서는 단독판사가 이러한 권한을 행사한다.

② 소장의 심사는 원칙적으로 소송요건을 갖추었느냐, 청구가 이유 있느냐의 여부보다 선행적으로 따져야 하는 절차이다(소장심사의 최선위성).

2. 심사의 대상

① 심사의 대상은 소장의 필요적 기재사항이 제대로 되어 있는지의 여부와 소장의 인지대를 제대로 납부하였는지 여부이다. 소송요건의 구비여부와 청구의 당부는 심사의 대상이 아니다.

② 법 제254조 제4항에 의하면, 재판장은 소장을 심사하면서 필요하다고 인정하는 경우에는 원고에게 청구하는 이유에 대응하는 증거방법을 구체적으로 적어 내도록 명할 수 있으며, 원고가 소장에 인용한 서증(書證)의 등본 또는 사본을 붙이지 아니한 경우에는 이를 제출하도록 명할 수 있다. 그러나 이에 불응하여도 소장각하를 할 수는 없다.

3. 접수보류

한편, 민사소송 등 인지법에서는 일정 금액의 인지를 붙이지 아니하거나 납부한 인지액이 일정 금액에 미달하는 경우에 법원이 소장, 참가신청서, 재심소장 등의 접수자체를 보류할 수 있도록 규정하고 있다. 그리고 접수보류와 접수보류된 서류의 반환 및 폐기 등에 관한 구체적인 절차와 방법은 대법원규칙으로 정하고 있다(민사소송 등 인지법 제13조 제2항 및 제3항).

4. 보정명령

① 소장의 필요적 기재사항의 흠ㆍ인지의 부족 등 소장에 흠이 있을 때에는 재판장은 원고에게 상당한 기간을 정하여 그 기간 내에 흠의 보정, 즉 고칠 것을 명하여야 한다. 재판장은 법원사무관 등으로 하여금 위 보정명령을 하게 할 수 있다(법 제254조 제1항 전문).
보정기간은 불변기간이 아니다. 보정명령을 받았어도 자금력의 부족으로 소송구조신청을 한 때에는 인지보정의무의 이행이 저지 내지 유예된다. 재판장의 보정명령에는 시기적인 제한이 없다. 변론이 개시된 뒤라도 소장에 흠이 발견되면 그 보정을 명할 수 있다. 인지를 송달료로 잘못 납부했을 때에는 재판장은 보정석명을 하여야 한다.

② 보정명령에 응하여 소장을 보정하였을 때에 그것이 부족인지의 보정의 경우라면 소장제출 시에 소급하여 적법한 소장이 제출된 것이라고 볼 것이나, 청구의 내용의 불명 때문에 보정한 경우에는 보정 시에 소장이 제출된 것으로 보아야 할 것이다.

재판장의 인지 등 보정명령에 대해서는 독립하여 이의신청이나 항고를 할 수 없다. 불복할 수 없는 명령에 해당되지 아니하여 특별항고의 대상도 아니다. 보정불응의 이유로 소장을 각하한 때에는 즉시항고를 할 것이다.

5. 소장각하명령

① 원고가 소장의 흠을 보정하지 않는 때에는 재판장은 명령으로 소장을 각하하여야 한다. 소송은 이로써 종료되는 점에서 소각하판결과 동일한 효력을 지닌다. 다만, 소장각하명령은 소장이 부적법하다 하여 수리할 수 없다는 취지의 재판이므로 소장을 수리한 후 소가 부적법하다 하여 각하하는 소각하판결과는 다르다.

다만 원고가 소장을 제출하면서 소정의 인지를 붙이지 아니하고 소송구조신청을 한 경우, 구조신청에 대한 기각결정이 확정되기 전에는 소장각하명령을 하여서는 안 된다.

② 재판장의 소장각하권 행사의 시기에 관하여는 다툼이 있다. 즉 일단 피고에게 소장이 송달되면 소송계속의 효과가 발생하므로 이후에는 소장각하는 불가능하고 판결로 소를 각하해야 한다는 견해(소송계속 시가지라는 견해)와 여유 있는 심사권행사를 위하여서는 변론개시 시까지로 볼 것이라는 견해이다. 다만, 어느 견해에 의하더라도 변론에 들어간 뒤에 소장의 흠이 발견되면, 판결로써 소를 각하하지 않으면 안 된다.

생각건대, 소장의 흠이 간과되어 소장부분이 피고에게 송달된 후에는 소송계속이 이루어져 당사자 쌍방 대립관계의 절차가 개시되기 때문에 명령에 의해 소장을 각하할 수는 없고, 종국판결로 소를 부적법 각하하여야 한다고 본다.

판례는, 항소관련 항소장 각하명령을 할 수 있는 시기는 항소장 송달 전까지라고 한다(대판 2020.1.30, 2019마5599·5600). 따라서 피항소인 중 1명에게 항소장이 적법하게 송달되어 항소심법원과 당사자들 사이의 소송관계가 일부라도 성립한 것으로 볼 수 있는 경우, 항소심재판장이 단독으로 항소장 각하명령을 할 수 없다고 한다.

6. 즉시항고

① 재판장의 소장각하명령에 불복이 있으면 원고는 즉시항고할 수 있다.

② 판례는 소장의 적법 여부는 각하명령을 한 때를 기준으로 할 것이고 뒤에 즉시항고를 제기하고 항고심 계속 중에 흠을 보정(부족 인지액 납부 등)하였다고 하여 그 흠이 보정되는 것이 아니라고 한다. 최근 판례도 각하명령이 성립된 이상 그 명령정본이 당사자에게 고지되기 전에 부족인지를 보정하였다 하여 각하명령이 위법이 되거나 재도의 고안에 의하여 취소할 수 있는 것이 아니라고 하였다.

Ⅱ 소장부본의 송달과 답변서 제출의무의 고지

① 재판장은 제출된 소장을 심사하여 방식에 맞는다고 인정할 때에는 소장의 부본을 특별한 사정이 없으면 바로 피고에게 송달하여야 한다. 피고에 대한 소장의 부본 송달에 의하여 소송계속의 효과가 발생하고 소장에 기재된 최고·해제·해지 등 실체법상 의사표시의 효력이 생긴다. 그리고 지연손해금의 법정이율이 소장부본 송달 다음날부터는 연 12%로 된다.

② 소장에 기재된 피고의 주소가 잘못되었거나 법정대리인의 표시가 없는 경우에는 송달불능으로 된다. 송달하고자 하는 소장부본이 송달불능이 된 경우에는 법 제254조 제1항을 준용하여 재판장이 원고에게 상당한 기간을 정하여 주소 보정을 명하여야 하며, 불응하면 소장을 각하한다(법 제255조 제2항). 소장이 송달되어 변론이 개시된 뒤에는 소장각하규정을 적용할 수 없다.

③ 소장부본을 송달하면서 피고에게 답변서 제출의무의 고지와 그 불이행 시에 무변론판결의 선고기일의 통지를 함께 하게 되어 있다. 의무고지는 필요적이고 선고기일의 통지는 재량이다.

Ⅲ 피고의 답변서 제출의무

※ 답변서 기재례[70]

답 변 서

사　건　2018가합872 대여금
원　고　김갑동
피　고　최삼석

위 사건에 관하여 피고 소송대리인은 아래와 같이 답변합니다.

청구취지에 대한 답변

1. 원고의 청구를 기각한다.
2. 소송비용은 원고가 부담한다.

청구원인에 대한 답변

1. 피고가 2015.7.1. 원고로부터 1억 5,000만원을 변제기를 같은 해 9.30.로 정하여 차용한 사실은 인정합니다.
2. 그러나 피고는 원고와 변제기 후인 2016.12.20. 변제할 금액을 1억 2,000만원으로 합의하고(을 제1호증) 위 금액을 전액 변제하였으므로(을 제2호증) 피고의 원고에 대한 이 사건 차용금채무는 모두 소멸하였습니다.
3. 그러므로 원고의 청구는 부당하여 기각되어야 합니다.

---

70) 사법연수원, 민사실무 Ⅰ, 2018, 158-159면

증 명 방 법

1. 을 제1호증 (합의서)
2. 을 제2호증 (영수증)

첨 부 서 류

1. 위 증명방법   각 2통
2. 소송위임장   1통
3. 답변서 부본   1통

2018. 3. 29.
원고 소송대리인 변호사 사연생 (인)

서울중앙지방 법원   제21 민사부   귀중

1. 피고의 답변서 제출의무

공시송달 외의 방법으로 소장부본을 송달받은 피고가 원고의 청구를 다툴 의사가 있으면 그 송달받은 날부터 30일 이내에 답변서를 제출하여야 하도록 했다(법 제256조 제1항). 법원은 피고에게 소장부본을 송달하면서 30일 이내에 답변서 제출의무가 있음을 알려야 한다(법 제256조 제2항). 피고의 응소기간 내 피고가 제출의무를 불이행하면 원칙적으로 무변론판결을 선고한다.

2. 답변서의 내용

① 피고가 제출할 답변서에는 준비서면에 관한 규정을 준용한다. 따라서 피고는 법 제274조의 준비서면에 기재할 사항을 적어야 한다. 청구의 취지에 관한 답변과 청구의 원인에 관한 답변으로 나뉜다.

② 청구의 취지에 대응해서는, '이 사건 소를 각하한다' 또는 '원고의 청구를 기각한다', '소송비용은 원고의 부담으로 한다'라고 적는다.

③ 청구의 원인에 대응해서는, ⅰ) 소장에 기재된 개개의 사실에 대한 인정여부, ⅱ) 항변과 이를 뒷받침하는 구체적 사실, ⅲ) 위에 관한 증거방법을 적어야 한다.

④ 원고의 청구를 다투는 취지의 답변서가 제출되면 그 부본을 원고에게 송달하여야 한다(법 제256조 제3항).

Ⅳ 무변론판결

1. 의의

① 만일 피고가 소장부본을 송달받은 날부터 30일 이내에 답변서를 제출하지 아니할 때에는 원고의 청구의 원인사실에 대하여 자백한 것으로 보고 변론 없이 판결을 선고할 수 있다. 다만 피고가 답변서를 제출하여도 청구의 원인사실에 대해 모두 자백하는 취지이고 따로 항변을 제출하지 아니한 때에도 마찬가지로 무변론판결을 할 수 있다(법 제257조).

② 무변론판결서의 이유에는 청구를 이유 있게 할 사항이 아니고, 청구를 특정함에 필요한 사항만 간략하게 표시할 수 있다.

※ 무변론판결례

○○ 지방법원

판결

사건 2023가소000 물품대금
원고 김00
    의정부시 000
피고 박00
    남양주시 000

변론종결 무변론
판결선고 2023.11.1.

주문

1. 피고는 원고에게 50,519,568원 및 이에 대하여 2023.8.25.부터 갚는 날까지 연 12%의 비율로 계산한 돈을 지급하라.
2. 소송비용은 피고가 부담한다.
3. 제1항은 가집행할 수 있다.

청 구 취 지

주문과 같다.

이유

1. 청구의 표시
원고는 피고와 2023.5.1.까지 조적공사부자재(시멘트 등) 및 타일 등 물품을 공급하여 주는 거래를 해왔는데 총 50,519,568원을 지급받지 못하였다.

> 2. 무변론판결
> 민사소송법 제208조 제3항 제1호, 제257조
>
> 판사 김○○

2. 무변론판결의 예외

① 답변서가 제출되지 아니한 경우라도 예외적으로 공시송달사건(법 제256조 제1항 단서), 직권조사사항이 있는 사건, 판결선고기일까지 피고가 원고의 청구를 다투는 취지의 답변서를 제출한 사건은 무변론의 판결선고를 할 수 없다(법 제257조 제1항 단서).

② 당사자의 주장에 구속받지 아니하는 형식적 형성소송, 자백간주의 법리가 적용되지 아니하는 사건도 답변서 제출여부에 관계없이 같이 볼 것이다.

3. 소액사건의 경우

소액사건에서는 소가 제기되면 법원이 원칙적으로 이행권고결정을 할 수 있도록 되어 있고, 이행권고결정에 대하여 피고가 이의신청을 한 때에는 법원은 바로 변론기일을 지정하여야 하며, 이때에는 원고가 주장한 사실을 다툰 것으로 보므로(소액사건심판법 제5조의4) 이행권고결정에 회부된 소액사건은 무변론판결의 대상이 될 수 없다. 또 이행권고결정절차를 거치지 아니하고 바로 기일을 지정하는 소액사건의 경우에도 30일간의 답변서 제출기한을 반드시 거치도록 하는 것은 소액사건의 특성에 비추어 적합하지 아니하므로, 무변론판결을 활용할 여지는 거의 없게 된다. 또한 채무자가 지급명령을 송달받은 날부터 2주 이내에 적법한 이의신청을 하여 소송으로 이행된 사건의 경우에도 무변론판결에 적합하지 아니하다고 할 것이다.

4. 기타

제1심법원이 피고의 답변서 제출을 간과한 채 민사소송법 제257조 제1항에 따라 무변론판결을 선고하였다면, 이러한 제1심판결의 절차는 법률에 어긋난 경우에 해당한다. 항소법원은 제1심판결의 절차가 법률에 어긋날 때에 제1심판결을 취소하여야 한다(법 제417조). 따라서 제1심법원이 피고의 답변서 제출을 간과한 채 민사소송법 제257조 제1항에 따라 무변론판결을 선고함으로써 제1심판결 절차가 법률에 어긋난 경우 항소법원은 민사소송법 제417조에 의하여 제1심판결을 취소하여야 한다. 다만 항소법원이 제1심판결을 취소하는 경우 반드시 사건을 제1심법원에 환송하여야 하는 것은 아니므로, 사건을 환송하지 않고 직접 다시 판결할 수 있다[71].

---

71) 대법원 2020.12.10. 선고 2020다255085 판결

V 바로 제1회 변론기일의 지정

변론준비절차중심제가 2008.12.26. 개정법률에 의하여 변론기일중심제로 바뀌었다. 따라서 재판장은 제257조 제1항 및 제2항에 따라 변론 없이 판결하는 경우 외에는 바로 변론기일을 정하여야 한다. 다만 사건을 변론준비절차에 부칠 필요가 있는 경우에는 그러하지 아니하다. 재판장은 변론준비절차가 끝난 경우에는 바로 변론기일을 정하여야 한다.

제 3 절   소송구조(법 제128조 – 제133조)[72]

1. 총설

경제적 약자에게 '재판을 받을 권리'의 실질적 보장을 위하고 사법복지의 차원에서 민사소송법은 제128조 이하에서 우선 비용을 들이지 않고 소송할 수 있는 소송구조제도를 마련하였다.

2. 구조의 요건

소송구조를 받으려면 '소송비용'을 지출할 '자금능력이 부족한 자'가 '패소할 것이 분명한 경우가 아닐 때'라야 한다(법 제128조). 이 요건은 소명되어야 한다. 1990년 개정법률 전에는 「승소의 가망이 없는 것이 아닐 것」으로 하였으나, 이보다는 더 낮은 정도로 본안에 관한 승패 요건을 완화하였다.

3. 구조의 절차

① 소송구조는 구조받고자 하는 당사자가 서면으로 신청하여야 하고, 신청서에는 신청인과 그와 같이 사는 가족의 자금능력을 적은 서면을 붙여야 한다. 법원은 신청인으로 하여금 구조사유를 소명케 하여 결정으로 재판한다.

② 구법은 구조결정을 당사자의 신청에 의하였지만, 신법은 법원의 직권으로도 할 수 있도록 하여 제도의 활성화를 위한 진일보의 입법을 하였고, 구법과 달리 당사자가 상소를 제기하면서 상소장인지의 구조신청을 하는 경우라도 구조결정은 소송기록을 보관하는 법원이 하도록 하였다(제128조 제4항).

③ 구조신청기각결정에 대하여 신청인은 즉시항고할 수 있다. 구조결정에 대하여 상대방이 항고할 수 있는지에 대하여 견해의 대립이 있었는데, 소송비용 담보의 면제결정이 난 경우 빼고는 즉시항고를 할 수 없도록 하였다. 원고가 소장에 인지를 붙이지 아니하고 소송구조 신청을 한 경우에는 소송구조 신청에 대한 기각결정이 확정 전에 인지 미보정을 이유로 소장을 각하할 수 없다.

4. 구조의 효과

1) 구조를 받으면 재판비용, 즉 국고에 납입할 인지대와 체당금(송달료, 검증비용, 감정료, 증인의 일당, 여비 등 당사자가 먼저 예납하는 비용)은 납입유예되는 것이 원칙이다.

---

72) 이시윤, 앞의 책, 280-284면.

2) 구조의 효과는 개별적·속인적이고, 구조받은 사람 이외에는 미치지 않는다. 일신전속적이기 때문에 승계인에게 미치지 않는다(법 제130조).

3) 구조결정은 원칙적으로 비용의 지급유예이지 비용면제가 아니다.

제 4 절 소제기의 효과

소가 제기되면 소송법상 소송계속의 효과가 발생하고, 실체법상 권리의 시효중단과 소권행사의 법률상의 기간준수의 효과 등이 생긴다.

▋ 소송계속[73]

1. 의의

① 소송계속이란 특정한 청구에 대하여 법원에 판결절차가 현실적으로 걸려 있는 상태를 말한다.

② 소송계속은 판결절차(협의의 소송절차)에 의하여 처리되는 상태를 말하기 때문에, 판결절차가 아닌 강제집행절차, 가압류·가처분절차, 증거보전절차, 중재절차에 걸려 있을 때에는 소송계속이라 할 수 없다.

③ 재판절차가 현존하면 소송계속은 있다고 할 것이며, 그 소가 소송요건을 갖추고 있지 못하더라도 상관없다. 다만 피고나 그 대리인에게 소장의 부본이 송달되면 된다.

④ 소송계속은 특정한 소송상의 청구(소송물)에 대하여 성립하는 것이므로, 소송상의 청구의 당부를 판단하는 데 전제가 되는 공격방법인 선결적 법률관계, 방어방법인 항변관계에 대하여서는 소송계속이 발생하지 않는다.

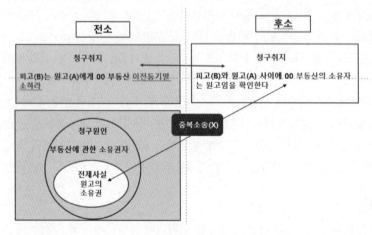

---

73) 전병서, 앞의 책, 281-282면, 이시윤, 앞의 책, 284-286

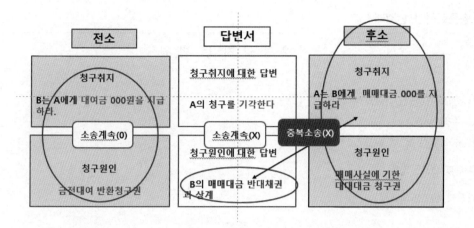

2. 발생시기

① 소송법률관계가 법원·원고·피고 3자 사이의 삼면적 법률관계라고 본다면, 이와 같은 소송법
률관계는 피고에게 소장부본이 송달됨으로써 성립되기 때문에, 소송계속의 발생시기는 소장부
본의 송달 시로 볼 것이다(통설·판례).

② 비록 소제기에 앞서 가압류, 가처분 등의 보전절차가 선행되어 있다 하더라도 상관없다.

3. 효과

소송계속의 효과로서 가장 중요한 것은 다음에 설명할 중복소제기금지이지만, 이로 인해 소송참가
·소송고지의 기회가 생기게 되고, 관련청구의 재판적이 인정된다. 소송계속 후에 관할 변동원인
의 사실이 생겨도 관할이 변동되지 아니하는 법원의 항정(恒定)은 되지만, ⅰ) 소송물의 항정(소의
변경 금지), ⅱ) 당사자의 항정(소송물의 양도금지)은 되지 아니한다. 한때 소유권등기의 말소소송
이 계속되었음을 알리는 예고등기제도가 있었으나, 폐지되었다.

4. 종료

① 소송계속은 소장의 각하, 판결의 확정, 이행권고결정·화해권고결정의 확정, 화해·조정조서나
청구의 포기·인낙조서의 작성 또는 소의 취하·취하간주 등에 의하여 소멸된다.

② 선택적·예비적 병합청구의 경우에 어느 한 청구를 인용한 판결이나 주위적 청구를 인용한 판
결이 확정되면, 심판을 받지 않은 다른 청구나 예비적 청구는 소급적으로 소송계속이 소멸된다.

③ 소송계속종료의 효과를 다투어 기일지정신청을 한 경우에 그 이유가 없거나 소송계속의 종료를
간과한 채 심리를 진행한 경우에는 판결로써 소송종료선언을 하여야 한다.

※ 소송종료선언 판결례

서 울 중 앙 지 방 법 원
판결

사건 2018가단5164967 대여금
원고 주식회사 A
피고 주식회사 B

변론종결 2019. 3. 8.

판결선고 2019. 3. 22.

주문
1. 이 사건 소송은 이 법원의 2018. 11. 2.자 화해권고 결정이 2018. 11. 23. 확정됨으로써 종료되었다.
2. 소송종료 이후의 소송비용은 피고가 부담한다.

이유
...

이 사건에 관하여 보건대, 피고 회사의 소재지로 이 사건 결정 정본이 적법하게 송달된 이상, 피고가 주장하는 피고 회사의 내부적 사정만으로는 피고가 이의신청기간을 준수하지 못한 데에 피고에게 과실이 없다고 보기도 어렵다. 따라서 피고의 이 사건 추완이의신청은 부적법하다.

한편 위 제1항에서 인정한 사실에 의하면, 이 사건 결정은 원고와 피고의 각 이의신청기간이 모두 만료된 다음날인 2018. 11. 23. 확정되었고 그에 따라 이 사건 소송은 종료되었는바, 피고가 이를 다투고 있으므로 이에 대하여 판결로써 소송종료선언을 함이 상당하다.

그렇다면, 이 사건 소송은 이 사건 결정이 2018. 11. 23. 확정됨으로써 종료되었으므로 소송종료선언을 하고, 피고의 이 사건 추완이의신청은 부적법하므로 이를 각하한다.
...
이하 생략

II 중복된 소제기의 금지[74]

1. 의의

① 이미 사건이 계속되어 있을 때는 그와 동일한 사건에 대하여 당사자는 다시 소를 제기하지 못한다(법 제259조). 이를 중복된 소제기의 금지원칙이라 한다. 한편 판결이 확정되어 소송이 끝난 뒤에는 중복제소의 문제가 아니라, 기판력의 문제가 된다.

② 동일사건에 대하여 다시 소제기를 허용하는 것은 소권의 남용으로서, 법원이나 당사자에게 시간·노력·비용을 이중으로 낭비시키는 것이어서 소송경제상 좋지 않고, 판결이 서로 모순·저촉될 우려가 있기 때문이다.

2. 해당요건

이미 소송계속 중인 사건과 동일한 사건에 관하여 다시 후소가 제기되어야 한다. 중복된 소제기인지 여부의 판단은 원칙적으로 당사자 및 소송물(청구)의 동일이라는 두 가지 면에서 행한다. 전후 양소가 계속된 법원의 동일성은 문제되지 않으며, 소가 어느 법원에 제기되었는가와 관계없이 당사자 및 소송물이 동일하면 중복된 소제기에 해당될 수 있다.

가. 당사자의 동일

중복된 소제기의 금지의 요건으로서 우선 당사자의 동일성이 요구된다. 예를 들어 甲이 乙을 상대로 소유권확인의 소를 제기하여 소송계속 중에 관계없는 丙이 乙을 상대로 제기한 동일물의 소유권확인의 소는 일단 대상이 되는 권리관계와 피고는 동일하더라도 원고가 다르므로 전소와 후소가 동일한 사건이라고 할 수 없다.

1) 원·피고 역전형

당사자가 동일하면 원고와 피고가 전소와 후소에서 서로 바뀌어도 무방하다. 즉, 전소에서의 원고가 후소에서는 피고로 되어도 동일성은 인정되어 중복제소가 된다. 가령 甲이 乙을 상대로 (甲의) 소유권확인청구의 소를 제기하여 소송계속 중에 乙이 甲을 상대로 별소로 동일 물건의 (甲의) 소유권부존재확인 청구를 하는 경우에는 중복된 소제기에 해당된다.

2) 판결의 효력을 받는 사람

전후 양소의 당사자가 동일하지 아니할지라도 후소의 당사자가 기판력의 확장으로 전소의 판결의 효력을 받게 될 경우에는 동일사건이라 할 수 있다. 따라서 사실심의 변론종결 후에 소송물을 양수받은 승계인이 그 소송이 끝나지 아니하고 아직 소송계속 중인데 같은 당사자에 대하여 별도로 소제기한 경우, 선정당사자가 소제기한 뒤에 선정자가 또 별도로 소제기한 경우에는 동일사건에 해당된다. 여기에서 채권자대위소송과 압류채권자의 추심금청구소송이 문제된다.

---

74) 전병서, 앞의 책, 282-296면, 이시윤, 앞의 책, 286-295면

(1) 채권자대위소송 등과 소송경합 – 두 사람이 하나의 권리를 행사하는 경우

　① 채권자대위소송의 계속 중 채무자의 후소 제기

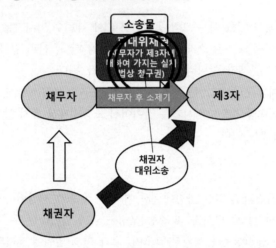

　　㉠ 채권자대위소송이 제기된 뒤에 채무자가 동일한 내용의 후소를 제기한 경우에 있어서 채권자대위소송을 법정소송담당이라고 해석하는 통설에서는 채무자의 후소는 중복된 소제기에 해당하여 부적법 각하된다. 다만, 이렇게 중복제소로 금지된다고 보면, 채권자대위소송의 기판력이 채무자가 대위소송의 제기 여부를 알았을 경우에 한하여 기판력이 미친다고 한 대법원 1975.5.13. 선고 74다1664 전원합의체 판결과 논리의 모순이 있다는 지적을 하고, 그리하여 위 전원합의체 판결과의 일관성을 고려하여 무조건 중복제소로 부적법 각하할 것이 아니라 채무자에게 채권자대위소송이 계속 중임을 알려 참가의 기회를 제공하고 부적법 각하함이 타당하다는 견해도 있다. 이에 대하여 채권자의 대위소송의 판결효가 채무자에게 미치는지 여부는 기판력의 문제이고, 소극적 소송요건인 중복제소의 경우와 동일시할 필요는 없는 것으로 기판력의 저촉 충돌 가능성을 방지하려는 중복제소금지의 취지에 비추어 오히려 채무자가 채권자대위소송의 제기 여부를 아느냐에 관계없이 일률적으로 이를 금지하는 것이 타당하다고 반박하는 견해도 있다.

　　㉡ 한편, 채권자대위소송을 법정소송담당이 아니라고 보는 독자적 대위권설의 입장에서는 위 경우에 각각 소송물도 다르고 당사자도 달라서 중복제소가 아니라고 볼 것이고, 설사 채권자대위소송을 법정소송담당이라고 보더라도 이를 중복제소로 처리하는 것은 문제가 있다고 한다. 그리하여 남의 권리를 행사하는 모습을 지닌 채권자대위소송보다는 자기 권리의 행사가 우선하여야 하므로 비록 채권자대위소송이 먼저 계속되었어도 이는 변론종결 시를 기준으로 민법 제404조 제1항의 해석상 요구되는 '채무자가 채권을 행사하지 않을 것'이라는 실체법상 대위권 행사요건의 불비로 전소인 채권자대위소송을 기각하여야 하는 것이지, 채무자의 소송이 뒤에 계속되었다고 하여 이를 중복제소로 부적법 각하해서는 안 된다고 한다.

ⓒ 판례는 통설과 마찬가지로 비록 당사자는 다르다 할지라도 실질상으로는 동일소송이라고 할 것이므로 중복제소금지 규정에 저촉된다고 판시하였다[75].

② 채무자 자신의 소송계속 중에 채권자대위소송 제기

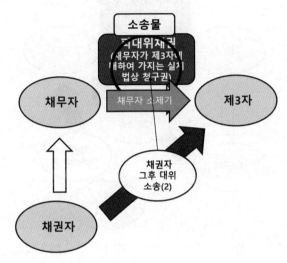

㉠ 종전 판례는 이 경우에도 양 소송은 동일소송이므로 중복소송에 해당된다고 하고, 통설도 그러하다. 다만 근자의 판례는 이 경우에 채권자의 당사자적격의 상실로 부적법이라 한다[76].

ⓒ 그러나 채권자대위소송을 법정소송담당이 아니라고 보는 독자적 대위권설의 입장에서는 채권자의 대위권 행사의 요건불비라고 하여 청구기각을 하여야 한다고 한다[77].

---

75) 대법원 1995.4.14. 선고 94다29256 판결
76) 전병서, 앞의 책, 284면, 위 경우를 중복된 소제기의 금지 규정의 저촉으로 보지 않고, 채권자대위권은 채무자가 제3채무자에 대한 권리를 행사하지 아니하는 경우에 한하여 채권자가 자기의 채권의 보전을 보전하기 위하여 행사할 수 있는 것이므로, 채권자가 대위권을 행사할 당시 이미 채무자가 그 권리를 재판상 행사하였을 때에는 설사 패소확정판결을 받았더라도 채권자는 채무자를 대위하여 권리를 행사할 당사자적격이 없다고 하였다(대판 1992.11.10, 92다30016, 대판 1993.3.26, 92다32876).
77) 전병서, 앞의 책, 284면, 이러한 경우는 채무자가 이미 자기 채권을 행사하고 있으므로 민법 제404조 제1항의 해석상 요구되는 '채무자가 채권을 행사하지 않을 것'이라는 대위권 행사요건이 불비되었다고 보아야 하고, 따라서 중복제소로 처리할 것이 아니라, 후소인 채권자대위소송을 청구기각하여야 한다는 비판이 있다고 한다(호문혁, "채권자대위소송과 중복제소", 민사소송법연구(1), 240면 이하).

③ 채권자대위소송의 계속 중에 다른 채권자의 소송 제기

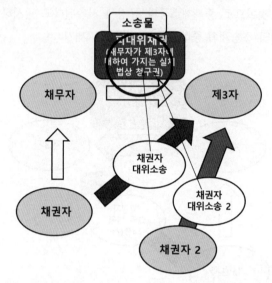

㉠ 대위소송의 경합의 경우에 판례는 시간적으로 나중에 계속하게 된 소송은 중복된 소제기라고 보았다. 이에 대하여 기판력에 관한 문제와 일관하려면 채무자가 채권자대위소송이 있는 것을 알았을 때에 다시 다른 채권자가 제기한 대위소송이 중복된 소제기가 된다고 볼 것이라는 견해가 있다.

㉡ 한편 채권자대위소송을 법정소송담당이 아니라고 보는 독자적 대위권설의 입장에서는, 채권자대위소송의 소송물은 채권자의 대위권 행사라고 보는 것이 타당하므로 이 경우는 각기 다른 대위권의 행사로 소송물이 다르므로 중복된 소제기가 되지 않는다고 한다[78]. 이러한 경우는 중복제소로 각하하는 것보다 오히려 변론을 병합하여 유사필수적 공동소송으로 처리하는 것(대판 1991.12.27, 91다23486 참조)이 논리에 맞고 소송경제에도 부합한다고 한다.

---

78) 전병서, 앞의 책, 285면. 이러한 경우는 중복제소로 각하하는 것보다 오히려 변론을 병합하여 유사필수적 공동소송으로 처리하는 것(대판 1991.12.27, 91다23486 참조)이 논리에 맞고 소송경제에도 부합한다고 한다.

(2) 추심의 소

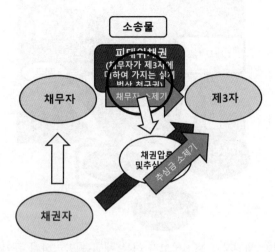

판례79)에 의하면 채무자가 제3채무자를 상대로 먼저 제기한 이행의 소가 법원에 계속되어 있는 상태에서, 압류 및 추심명령을 받은 압류채권자가 제3채무자를 상대로 나중에 제기한 추심의 소는 중복된 소제기에 해당하지 않는다고 한다. 압류채권자는 채무자가 제3채무자를 상대로 제기한 이행의 소에 소송참가할 수도 있으나, 채무자의 이행의 소가 상고심에 계속 중인 경우에는 승계인의 소송참가가 허용되지 아니하므로 압류채권자의 소송참가가 언제나 가능하지는 않으며, 압류채권자가 채무자가 제기한 이행의 소에 참가할 의무가 있는 것도 아니고, 추심의 소의 본안에 관하여 심리·판단한다고 하여, 제3채무자에게 불리하게 과도한 이중응소의 부담을 지우고 본안심리가 중복되어 당사자와 법원의 소송경제에 반한다거나 판결의 모순 저촉의 위험이 크다고 볼 수 없다는 것 등이 그 논거이다.

(3) 여러 명의 채권자취소소송

① 여러 명의 채권자가 제기한 사해행위취소 및 원상회복청구의 소는 중복된 소제기에 해당하지 않는다. 채권자취소권의 요건을 갖춘 각 채권자는 고유한 권리로 채무자의 재산처분행위를 취소·원상회복을 구할 수 있기 때문이다.

---

79) 대법원 2013.12.18. 선고 2013다202120 전원합의체 판결

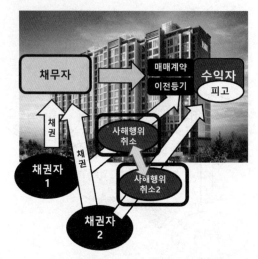

② 한편, 동일한 채권자가 보전하고자 하는 채권을 달리하여 동일한 법률행위의 취소 및 원
상회복을 구하는 채권자취소의 소를 이중으로 제기하는 경우에 전소와 후소는 소송물이
동일하다고 보아야 한다. 그렇다면 중복된 소제기에 해당한다[80].

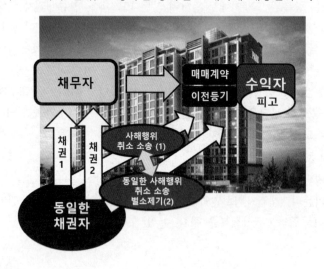

나. 청구(소송물)의 동일

사건의 동일성이 인정되어 중복된 소제기에 해당되려면 원칙적으로 소송물이 동일하여야 한다. 다
음과 같은 경우가 문제된다.

1) 청구의 취지가 같지만, 청구의 원인을 이루는 실체법상 권리가 다른 경우

소송물의 동일성은 소송물이론에 따라 그 기준이 달라지는 것이고, 즉 소송물개념이 결정적 의
미를 가지고, 따라서 중복된 소제기의 범위도 그에 따라서 달라진다. 가령 동일한 사실관계에
기하여 채무불이행을 원인으로 하는 손해배상청구의 소를 제기하여 계속 중에 불법행위를 원인

으로 하는 손해배상청구의 별소를 제기하는 경우에는 구소송물이론에 따르면 소송물이 다르므로 중복된 소제기에 해당되지 않으나, 신소송물이론에 따르면 소송물은 동일하고, 다만 공격방어방법 내지 법률적 관점만 달리할 뿐이므로 중복된 소제기에 해당된다.

2) 청구의 취지가 다른 경우

청구취지가 다르면 원칙적으로 동일사건이 아닌 점에 관하여는 신·구 이론 간에 견해의 차이가 없다. 청구취지가 서로 다른데 문제되는 것은 다음 몇 가지이다.

(1) 선결적 법률관계나 항변 – 특히 상계항변과 중복소송

① 전소의 소송물이 아닌 공격방어방법을 이루는 선결적 법률관계나 항변으로 주장한 권리에 대하여 소송계속이 발생되지 아니한다.

예를 들면 甲이 乙 상대의 乙 명의의 등기말소청구소송의 계속 중 별도의 甲이 乙 상대의 같은 부동산에 대한 소유권확인청구의 후소로 제기하였을 때에 원고가 전소에서 소유권의 존재를 공격방법으로 주장한 바 있어도 후소가 중복소송이 되지 않는다.

또 피고가 전소에서 동시이행의 항변이나 유치권항변으로 제출한 반대채권인데 이를 별도의 소로 청구하여도 중복소송에 해당되지 않는다(예 갑이 을 상대의 매매에 기한 소유권이전등기청구에 을이 잔대금채권이 있음을 들어 이를 받기 전에는 청구에 응할 수 없다는 동시이행의 항변, 한편으로 을이 갑 상대의 그 잔대금청구를 별도의 소로 제기도 같음).

② 현재 계속 중인 소송에서 상계항변으로 주장한 채권을 갖고 별도의 소 또는 반소로써 청구하거나(예 갑이 을 상대의 대여금 1,000만원 지급청구 소송에서 을의 갑에 대한 매매대금 1,000만원에 기하여 상계항변을 하면서, 또 을이 갑을 상대로 그 매매대금 1,000만원의 지급청구를 별도의 소로 제기한 경우)(선 항변 – 먼저 항변으로 쓴 권리로 별도의 소제기), 역으로 별도의 소권행사의 채권을 갖고 상대방이 청구하는 소송에서 상계항변을 할 수 있느냐는 문제이다(후 항변 – 별도의 소제기의 권리를 뒤에 항변으로 행사). 우리의 다수설과 판례는 상계항변 자체가 소송물이 아니고 일종의 방어방법임을 중시하여 허용된다는 적극설이다. 그러나 상계에 제공된 채권의 존재에 대한 판단에는 제216조 제2항에서 기판력이 생김에 비추어 상계의 항변은 일종의 중간확인의 반소라고 할 수 있으며, 적극적으로 풀이할 때에 하나의 채권에 대하여 두 번씩의 이용에 의한 심판의 중복, 서로 간 판결의 모순저촉의 염려 때문에 허용될 수 없다는 소극설이 있다. 그러나 한편 상계항변에 대하여 기판력을 인정하였다 하여도 그것은 소송물이라기보다는 일종의 방어방법이요, 더구나 소송상 예비적 항변으로 취급되어야 할 특수성 때문에 적어도 법원이 상계항변에 관한 판단을 할지 안 할지 소송이 종료될 때까지는 불확실하다. 그런데도 상계항변에 한 번 쓴 반대채권이라 하여 전면적으로 별도의 소권행사를 막으면 그에 대해 조속히 소권을 행사하여 집행권원을 얻어 집행하고 싶은 피고의 권리보호의 길이 막히게 되어 가혹하다. 따라서 허용된다는 적극설에 원칙적으로 찬성한다. 그러나 이미 계속 중인 소송에서 상계항변으로 썼던 반대채권에 관하여는 별도의 소제기를 하기보다 기왕의 소송에서 석명권에 의하여 반소의 제기를 하도록 유도함이 타당할 것이다.

권리를 두 번을 쓰게 하되 하나의 절차에서 집중심리하도록 하자는 취지이다. 그러나 만일 피고가 반대채권에 관하여 기왕의 소송에서 반소의 제기를 하지 않고 구태여 별도의 소를 제기하였을 때가 문제인데, 바로 이를 소각하를 할 것은 아니다. 별도의 소를 소송의 이부(移部), 이송 또는 변론의 병합에 의해 기존의 소송절차 있는 쪽으로 몰아서 그 절차의 반소로써 병합되도록 노력할 것이다. 이것이 융합과 통섭의 예지일 것이다.

> **관련 기출문제 – 2023년 공인노무사**
>
> 【문제 1】
>
> 甲은 乙을 피고로 매매대금채권 5천만원의 지급을 구하는 소(이하, 'A소'라 한다)를 제기하였다. 이 소송에서 乙은 甲에 대하여 갖고 있는 대여금채권 6천만원(이하 '이 사건 대여금채권'이라 한다)을 자동채권으로 하는 상계의 항변을 주장하였다. 다음 물음에 답하시오(다만, 아래의 각 물음은 독립적임).
>
> 물음 1)
>
> ① 상계의 항변을 주장한 乙은 A소 계속 중 이 사건 대여금채권을 소구채권으로 하여 甲을 피고로 하는 대여금반환을 구하는 소(이하, 'B소'라 한다)를 제기하였다. 乙이 제기한 B소는 적법한가?
>
> ② 만일 甲이 제기한 A소 계속 전에 乙이 이 사건 대여금채권의 반환을 구하는 소('C소'라 한다)를 제기하였다면, 乙은 그 후 제기된 甲의 A소에서 이 사건 대여금채권을 자동채권으로 하는 상계의 항변을 주장할 수 있는가? `20점`

(2) 같은 권리관계에 관하여 청구취지의 차이

① 원고의 적극적 확인청구(이행청구)와 피고의 소극적 확인청구

가령 甲의 乙에 대한 (甲의) 소유권확인청구가 계속 중 乙이 甲을 상대로 동일 물건의 (甲의) 소유권부존재확인 청구를 한 경우와 같이 동일한 권리관계에 관한 원고의 적극적 확인청구에 대하여 피고의 소극적 확인청구는 원고의 청구기각을 구하는 것 이상의 의미가 없으므로 양 청구는 동일한 사건이다.

② 확인청구와 이행청구(소의 종류를 달리하는 소권의 우선행사의 경우이다)

㉠ 문제의 제기

예를 들면 금 100만원의 대여금채권존재 또는 부존재확인을 구하는데 별도의 소로 그 100만원 대여금의 이행청구를 하는 경우에 중복소송인가. 그와 반대로 먼저 이행청구, 후에 확인청구를 하는 경우도 같은 문제가 생긴다. 이때에 청구취지가 서로 다르므로 중복소제기로 처리할 문제가 아니고 확인의 소의 보충성 등으로 처리할 것이라는 견해도 있지만, 그것으로 반드시 처리될 수 없는 경우도 있으며, 일반적으로 확인의 소와 이행의 소 간에 그 내용이 소(小)와 대(大)의 관계이고 겹쳐지기 때문에 중복소송 여부를 문제 삼는다.

㉡ 학설

이행청구의 경우에 채권의 존재·부존재에 대한 확인판단 없이 변제기 미도래를 이유로 청구기각이 될 수 있음을 근거로 양소는 어느 경우나 동일사건이 아니라고 보는 견해도 있지만,

i) 이행의 소가 먼저 제기, 확인의 소가 뒤에 제기의 경우는 동일사건이로되, 확인의 소가 먼저 제기, 이행의 소가 뒤에 제기의 경우는 후소는 전소와 동일사건이 아니라고 보는 견해가 있다(제한적 부정설). 이 경우에 후소가 전소보다 더 큰 집행력 있는 판결까지 바라는 것을 근거로 한다.

ii) 확인의 소가 먼저 제기, 이행의 소가 뒤에 제기도 동일사건으로 중복소송에 해당한다는 견해가 있다(긍정설). 확인청구를 하다가 원고가 이행청구를 하자면 동일절차 내에서 청구취지의 변경으로 가능하므로 구태여 별도의 소송절차를 인정할 필요가 없다는 것이다.

생각건대 긍정설은 이행청구의 별도의 소 대신에 기왕에 계속 중인 전소인 확인의 소에서 청구취지의 변경의 방식으로 확장의 길을 택하여야 한다는 것이나, 청구의 변경·확장은 어디까지나 전소가 사실심에 계속 중일 때나 가능할 수 있는 일이며, 전소가 법률심인 상고심에 계속 중일 때에는 불가능하다. 따라서 일반론으로 중복소송으로 보아 금지한다면 확인의 소가 상고심에 계속 중일 때에는 이행청구의 길은 막힌다. 그러므로 후소가 이행의 소일 때에는 중복소송의 예외라는 제한적 부정설이 옳다고 하겠다. 이때에 전소인 확인의 소를 어떻게 처리할 것인지 문제이지만 이미 확인의 소가 본안판단을 하기에 성숙되었으면 본안판결로 끝낼 것이고, 아니면 확인의 이익이 없다 하여 각하할 것이다.

(3) 일부청구와 잔부청구

① 의의(문제의 제기)

동일채권의 일부청구의 계속 중 잔부(殘部)청구를 별도로 하는 것은 중복소송이 되는가가 문제된다.

(예 갑이 을 상대의 불법행위로 인한 8,000만원의 장래의 총 기대수입 손해금 중 6,000만원만 소제기하여 소송계속 중인데, 나머지 2,000만원을 별도의 소로 청구하는 경우)

② 학설

㉠ 다수설은 일부청구의 계속 중 잔부청구를 하는 것은 동일소송절차에서 청구취지의 변경으로 가능하다 하여 중복소송이 된다고 한다(중복소송설).

㉡ 판례도 같은 입장이었다가 현재는 전소에서 일부청구임을 명시하지 않는 경우는 중복소송이지만, 명시적 일부청구의 소송계속 중 유보된 나머지 청구의 후소 제기는 중복소송이 아니라는 태도이다(명시적 일부청구설).

그러나 일부청구가 계속 중일 때에 청구취지의 확장에 의하여 나머지 잔부청구를 하는 것은 상고심에서 허용될 수 없음에 비추어 다수설에는 문제가 있으며, 다수설대로 일부청구의 계속 중 잔부청구의 후소를 중복소송이라 하여 무조건 각하하는 것은 실체법상 가분채권의 분할청구의 자유에도 반한다. 또 일부청구임을 명시하였다는 이유로 전소가 끝나지도 아니한 상태에서 잔부를 별도의 소로 청구해도 좋고 두 개의 절차를 벌여도 된다는 것은 분쟁해결의 1회성을 도외시한 것이며 재판의 모순 저촉의 방지의 견지에서도 옳지 않다. 일부청구가 명시적이든 아니든 사실심에 계류 중이어서 잔부마저 청구취지의 확장으로 간편하게 거기에서 추가 청구할 수 있는 길이 있는데도 구태여 잔부를 별도의 소로 제기하는 것은 바람직하지 않으며 소권남용으로 볼 여지가 있다고 본다. 이때에 우선은 i) 동일법원의 별개재판부에 각 계속 중일 때에는 이부(移部)로, ii) 동일심급의 별개법원에 계속 중일 때에는 이송으로, 동일재판부에 계속 중일 때에는 변론의 병합으로 한 절차로 집중시켜 절차의 단일화를 시도하여 보고, 소권남용이 뚜렷할 때에는 후소를 각하할 것이다(단일 절차병합설). 분쟁의 1회적 해결의 요청과 분할청구의 자유를 조화시키는 것이라 보아 이 설에 찬성한다.

3) 확대시도

지금까지는 소송물과 중복소송의 범위를 되도록 통일적으로 이해하려는 것이 다수설이었으나, 최근에 중복소송의 범위를 소송물이 동일한 경우만이 아니라, 그보다 폭을 넓혀 ① 양 소 간에 사실관계 내지 그 자료가 공통하여 청구의 기초에 동일성이 인정되는 경우, ② 두 사건의 쟁점이 공통인 경우에는 동일사건으로 처리하자는 논의가 나타나고 있다. 이 경우에는 청구취지의 확장이나 반소제기의 길을 택하여야 한다는 견해이다. 예를 들면, i) 매매의 효력이 주요쟁점으로 된 경우에 매수인이 목적물인도청구를 하고 있는데 매도인은 이전등기말소청구를 별도의 소로 구하는 경우, ii) 소유권에 기한 등기말소소송이 계속 중 그 부동산소유권확인청구의 별도의 소 등이다. 한편, 핵심에 있어서 같은 생활사실관계를 토대로 한 같은 분쟁이면 서로 모순되는 재판의 방지를 위해 같은 소송물로 보아 중복소송문제로 처리하자는 핵심점이론(사실관계일원설)이 나타난다.

> 🦜 **관련 기출문제 – 2023년 법무사**
> [기본적 사실관계] 2019.4.1. 甲은 길을 걷다 乙이 운전하는 차량에 의해 교통사고를 당하였다(이하 "이 사건 사고"라 한다). 이 사건 사고 당일 甲은 이 사건 사고로 인한 손해 및 가해자를 알았으며 이 점에 대하여는 甲과 乙 사이에 다툼이 없다. 2020.4.1. 甲은 乙을 상대로 전체 치료비 중 일부인 700만원을 청구금액으로 하여 불법행위에 기한 손해배상청구의 소를 제기하였다(지연손해금은 고려하지 아니함). (아래 각 사안은 서로 상호 독립적이고, 견해의 대립이 있는 경우 대법원 판례 및 대법원 전원합의체 판결의 다수의견에 따름)
> (위 기본적 사실관계에 추가하여)
> 甲은 소제기 당시 이 사건 사고로 인한 치료비 중 사고일로부터 2019.12.31.까지의 치료비인 700만원만을 특정하여 우선 청구하고 그 다음날 이후부터의 치료비는 별도 소송으로 청구하겠다는 취지를 명시적으로 유보하였고, 2021.4.1. 현재 이 소송은 상고심에 계속 중이다. 2021.4.1. 甲은 乙을 상대로 2020.1.1. 이후의 치료비 1천300만원을 별도로 청구하는 불법행위에 기한 손해배상청구의 소를 제기하였다. 甲의 2021.4.1. 소제기가 적법한지 여부에 대한 결론을 기재하고 그 이유를 설명하시오. `10점`

다. 전소의 계속 중에 후소를 제기하였을 것

① 전·후 양소가 동일한 사건이면 전소와 같은 법원에 제기되었든 다른 법원에 제기되었든 가리지 않는다. 반면, 계속 중의 소송절차에서 반소를 제기하거나, 소를 추가적으로 변경하는 것은 금지의 대상이 되지 않는다.

> **🗂 사례)**[81]
> 원고의 채무부존재확인소송의 계속 중에 동일한 권리관계에 대하여 피고가 반소로 이행의 소를 제기하는 것은 중복된 소제기에 해당되지 않는다. 심판의 중복과 판결의 모순·저촉의 방지라는 중복제소금지의 취지에 비추어 전후 양소가 별개의 소로서 심리되는 경우에 한하여 중복된 소제기가 문제되는 것이고, 제259조의 「다시」라는 문언에서 이해할 수 있듯이 중복된 소제기는 별개의 소를 제기하는 것을 의미하기 때문에 반소는 이에 해당하지 않는다.

② 한편, 금지되는 후소는 단일의 독립한 소일 것에 한하지 않는다. 다른 청구와 병합되어 있든지 다른 소송에서 소의 변경, 반소 또는 소송참가의 방법으로 제기되었든지 금지됨에 있어서 문제되지 않는다. 가령 소송계속 중에 소송의 목적인 권리의무가 승계되었을 때에 승계인이 신소를 제기하는 한편, 참가승계(법 제81조)나 인수승계(법 제82조)에 따라 전소의 당사자의 지위를 이어 받았다면 신소가 소급하여 중복된 소제기가 된다.

③ 전소가 소송요건을 구비하지 못한 부적법한 소라도 무방하다. 후소의 변론종결 시까지 전소가 취하·각하 등에 의하여 그 계속이 소멸되지 아니하면 후소는 중복소송에 해당되어 각하를 면치 못한다. 후심판이 중복심판청구금지에 위반되는지 판단하는 기준시점은 후심판의 심결 시이다.

> **🗂 사례연습**[82]
> 甲은 乙에게서 물품을 공급받아 丙에게 오랫동안 물품을 외상으로 공급하여 주었으나 丙이 간혹 일부만 변제하면서 외상거래를 지속한 결과 그 물품대금을 제대로 변제받지 못하고 있다. 그 결과 甲 역시 乙에게 물품대금을 제대로 변제하지 못하고 있을 뿐만 아니라 甲은 코로나 사태 이후 사업부진으로 다른 거래처 등에도 많은 채무를 부담하고 있다.
> 2023.8.1. 乙이 甲을 대위하여 丙을 상대로 물품대금 청구 소송을 서울 남부지방법원에 제기하여 그 소장이 丙에게 2023.8.20. 송달되었다(이하 "乙"의 대위 소송). 한편, 甲의 다른 채권자 武는 2023.8.5. 서울 중앙지방법원에 甲과 丙을 상대로 하여 甲에 대하여는 대여금의 반환을 구하고 丙을 상대로는 물품대금 청구 소송을 2023.8.5. 서울 중앙지방법원에 제기하여 그 소장이 乙에게 2023.8.18. 송달되어(이하 "武"의 대위 소송) 현재 2건의 소송이 진행되고 있는 상태이다. 한편 "武"가 제기한 소에 대하여 甲은 소멸시효 완성의 항변을 하였고, 심리 결과 "武"의 甲에 대한 대여금채권은 이미 시효가 완성된 사실이 밝혀졌다. 한편, 乙은 "乙"의 대위 소송 제기 전인 2017.2.26. 이미 甲의 재산에 대하여 가압류처분결정을 받았고 위 결정은 등기부에 기입되었다. 이 사건 소의 변론종결 당시에도 "武"의 대위 소송은 계속되고 있었다. 서울 남부지방법원은 "乙"의 대위 소송에 대하여 본안판단을 할 수 있는지?

---

81) 전병서, 앞의 책, 293면
82) 사법연수원 48기 공식자료집에서 일부 발췌

답안례)

1) 중복소송에서 전소와 후소의 판별기준은 소송계속의 선후, 즉 소장부본 송달일자의 선후에 의하고, 소장 접수일자의 선후에 의하는 것이 아니다. 비록 전소의 제기 이전에 후소의 원고가 후소를 위하여 미리 가압류, 가처분 등의 보전절차를 취하였다 하더라도 이는 판별의 기준이 되지 않는다. 본 사례에서 "武"의 대위 소송의 소장부본이 "乙"의 대위 소송의 소장부본보다 먼저 피고 乙에게 송달되었으므로, 소장 접수일자의 선후와 무관하게 "乙"의 대위 소송이 '후소'가 된다.

2) 그리고 전·후 양소가 동일한 사건이면 전소와 같은 법원에 제기되었든 다른 법원에 제기되었든 가리지 않는다. 후소가 단일한 독립의 소일 것에 한하지 아니하며, 다른 청구와 병합되어 있든지 다른 소송에서 소의 변경·반소·소송참가의 방법으로 제기되었든지 문제되지 않는다. 전소가 소송요건을 구비하지 못한 부적법한 소라도 무방하다.

3) 후소의 변론종결 시까지 전소가 취하·각하 등에 의하여 그 계속이 소멸되지 아니하면 후소는 중복소송에 해당되어 각하를 면치 못한다. 따라서 본 사례의 경우 "乙"의 대위 소송이 중복소송에 해당되어 각하를 면치 못한다. 그러므로 "乙"의 대위 소송은 중복소송에 해당되어 서울 남부지방법원은 이에 대하여 본안판단을 할 수 없다.

3. 효과

① 중복소제기여서는 안 된다는 것은 소극적 소송요건이다. 중복소제기인가의 여부는 직권조사사항이기 때문에, 이에 해당하면 피고의 항변을 기다릴 필요 없이 판결로써 후소를 부적법각하하지 않으면 안 된다.

② 만일 중복소송임을 법원이 간과하고 본안판결을 하였을 때에는 상소로 다툴 수 있다. 판결이 확정되었을 때에는 당연히 재심사유가 되는 것은 아니며, 그렇다고 당연무효의 판결도 아니다. 다만 전·후 양소의 판결이 모두 확정되었으나 그 내용이 서로 모순저촉이 되는 때에는 어느 것이 먼저 제소되었는가에 관계없이 뒤의 확정판결이 재심사유가 될 뿐이다(법 제451조 제1항 제10호). 그러나 재심판결에 의하여 취소되기까지는 뒤의 판결이 새로운 것이기 때문에 존중되어야 할 것이다.

4. 국제적 중복소제기(국제소송의 경합)

① 이 문제는 개정 국제사법에서 직접 규정하였기 때문에 그에 의할 것으로 논쟁의 필요성은 없어졌다. 국제사법의 규정을 따라가야 할 일이다. 지금까지는 i) 규제소극설, ii) 승인예측설, iii) 비교형량설 등이 논란되었는데 개정 국제사법 제11조[83]는 ii) 승인예측설을 취하여 다시 국내

---

83) 국제사법 제11조(국제적 소송경합)
① 같은 당사자 간에 외국법원에 계속 중인 사건과 동일한 소가 법원에 다시 제기된 경우에 외국법원의 재판이 대한민국에서 승인될 것으로 예상되는 때에는 법원은 직권 또는 당사자의 신청에 의하여 결정으로 소송절차를 중지할 수 있다. 다만, 다음 각 호의 어느 하나에 해당하는 경우에는 그러하지 아니하다.
1. 전속적 국제재판관할의 합의에 따라 법원에 국제재판관할이 있는 경우
2. 법원에서 해당 사건을 재판하는 것이 외국법원에서 재판하는 것보다 더 적절함이 명백한 경우
④ 외국법원이 본안에 대한 재판을 하기 위하여 필요한 조치를 하지 아니하는 경우 또는 외국법원이 합리적인 기간 내에 본안에 관하여 재판을 선고하지 아니하거나 선고하지 아니할 것으로 예상되는 경우에 당사자의 신청이 있으면 법원은 제1항에 따라 중지된 사건의 심리를 계속할 수 있다.

법원에 제기된 동일한 소에 대하여 직권 또는 신청에 의하여 소송절차를 중지할 수 있도록 하였다. 전속적 국제관할의 합의가 있는 경우나 국내법원에서 재판하는 것이 보다 더 적절함이 명백한 경우는 예외로 한다고 했다. 동조 제4항은 외국법원이 본안재판을 하지 아니하거나 본안에 관하여 선고하지 않을 것으로 예상되면 국내법원은 중지된 사건 심리를 계속할 수 있는 것으로 규정하였다.

② 외국법원에 소가 제기되어 계속된 권리에 시효중단의 효력이 생기는가가 또한 논의가 되는데, 그 외국법원의 판결이 우리나라에서 승인될 것이 예측되면 중단의 효력을 인정해도 좋을 것이다.

Ⅲ 실체법상의 효과[84]

1. 시효의 중단

1) 중단의 근거

소제기에 의한 시효중단의 근거에 관하여는 권리자가 권리 위에 잠자지 않고 단호하게 권리를 행사하는 점에 근거를 찾는 권리행사설, 권리관계의 존부가 판결에 의하여 확정되고 계속된 사실상태가 법적으로 부정되는 점에 그 근거를 둔 권리확정설의 대립이 있다. 다만 소각하된 소송은 시효중단의 효력이 없다(재판 외의 최고로서의 효과만 갖게 된다).

2) 중단의 대상

(1) 의의

① 시효가 진행되는 채권에 관하여 이행의 소뿐 아니라 확인의 소가 제기된 경우에도 중단의 효력이 생긴다. 최근 판례에 의하면, 기존의 재판상 청구인 이행소송이 확정된 이후라도 확정된 채권의 시효중단을 위한 새로운 방식의 확인의 소도 허용된다고 한다.

② 원고인 채무자가 채무 없다는 부존재확인의 소를 제기했을 때 피고인 채권자가 채무 있다고 응소하여 그것이 받아들여진 경우이면 재판상 청구에 준하는 권리주장으로 보아 중단의 효력을 긍정할 것이다.

③ 조세채권확인소송은 시효중단청구에 해당된다. 판례는 형성의 소(예 재심의 소)에도 중단의 효력을 인정할 것이지만, 행정소송의 제기는 조세소송 등 이외는 원칙적으로 중단사유가 아니라고 한다.

(2) 소송물과 시효중단

소송물로 주장한 권리관계에 대하여 시효중단의 효력이 생기는 것이 원칙이다. 구이론은 소송물인 원고 주장의 실체법상의 권리만을 시효중단의 대상으로 본다. 따라서 승객이 교통사고로 부상을 당한 경우에 불법행위를 구성하여 배상청구를 하였다면 불법행위채권만이 시효중단되고, 다른 운송계약채권은 중단되지 않는다. 우리 판례도 그러한 입장이다.

그러나 신이론에서는 이행의 소가 제기되면 그 1회적 급부실현에 수단이 되는 모든 실체법상의 권리는 권리행사한 것으로 본다.

---

84) 이시윤, 앞의 책, 295-302면

(3) 공격방어방법으로 주장한 권리와 시효중단

공격방어방법으로 주장한 권리는 중단의 대상이 아니라는 것이 전통적인 입장이나, 판례는 완화하려 한다. 판례는 재판상의 청구를 기판력, 즉 소송물이 미치는 범위와 일치시켜 고찰할 필요가 없다는 전제하에서, 소유권을 바탕으로 한 명도청구소송·등기청구소송에 있어서 소유권에 취득시효중단의 효력이 생김은 물론, 소유권에 바탕을 둔 방해배제·손해배상·부당이득청구 등에서도 그것이 인용되어 확정되었으면 소유권에 시효중단의 효력이 생긴다고 했다. 권리자의 권리행사의 의사가 공적기관에 의하여 확인된 경우이기 때문이다. 나아가 소송물인 권리관계의 파생관계를 이루는 권리관계에도 미친다는 것이 판례이다. 따라서 해고무효확인소송(파면처분무효확인의 소, 고용관계존재확인의 소도 같다)의 제기는 그 고용관계에서 파생하는 보수채권의 시효중단사유가 된다. 또한, 근저당권설정등기청구의 소 제기는 그 피담보채권이 될 채권에 대한 시효중단사유가 된다.

3) 일부청구와 중단의 범위

(1) 의의(문제의 제기)

예를 들면 7,000만원 채권 중 3,000만원만 일부청구하는 경우에 그 3,000만원만이 소송물이요, 따라서 시효중단의 대상이 되는 것이며, 나머지 4,000만원에 대해서는 시효진행되는 것이고 별도의 소를 제기하거나 청구취지확장신청서를 법원에 제출한 때에 비로소 시효중단의 효력이 생긴다고 할 것인가가 문제된다.

(2) 학설

① 7,000만원 채권 중 3,000만원만 청구한다고 명시한 경우이든, 이를 밝히지 아니한 경우이든 불문하고 청구한 일부인 3,000만원만이 중단되고 나머지 잔부에 대하여서는 중단의 효력이 생기지 않고 시효가 진행된다는 견해(일부중단설)가 있다.

② 반면 일부청구의 경우는 명시 여부를 불문하고 권리관계의 일부인 3,000만원만이 아니라 7,000만원 전부에 대하여 시효중단의 효력이 생긴다는 견해도 있다(전부중단설).
그러나 생각건대 3,000만원 청구가 총채권 7,000만원 중 일부청구임을 명시한 경우는 그 한도에서 시효중단이 되지만, 일부청구임을 명시하지 아니한 경우에는 채권의 동일성의 범위에서 그 전부인 7,000만원에 미친다고 볼 것이며, 현재 판례도 그러하다(명시설, 절충설). 그렇게 보는 것이 일부청구에 관한 절충설과 기본 입장을 같이하는 것이라 하겠다. 예외적으로 손해배상사건에서 앞으로 감정인의 손해액의 감정결과를 보고 청구취지의 확장을 전제로 하여 소송기술적으로 일부청구를 한 경우에, 비록 명시적 일부청구라도 그 한도 내에서 중단의 효력을 인정할 것은 아니고 당해 소송이 종료될 때까지 나머지를 확장한 경우에는 소제기 당시부터 청구권 전부에 미친다고 할 것이다. 또 비록 그중 일부만을 청구한 경우에도 그 취지로 보아 채권전부에 관하여 판결을 구하는 것으로 해석될 때에도 그와 같이 볼 것이다. 그러나 판례는 일부청구를 하면서 소송종료 시까지 실제로 청구하지 않은 경우 나머지 부분에 대하여 시효중단의 효력이 발생하지 않으나, 이 경우에 당해소송이 종료된 때부터 6월 내에 민법 제174조의 조치를 취하면 나머지에 대해 시효중단을 시킬 수 있다고 하였다.

> **📖 관련 기출문제 – 2023년 법무사**
>
> [기본적 사실관계] 2019.4.1. 甲은 길을 걷다 乙이 운전하는 차량에 의해 교통사고를 당하였다(이하 "이 사건 사고"라 한다). 이 사건 사고 당일 甲은 이 사건 사고로 인한 손해 및 가해자를 알았으며 이 점에 대하여는 甲과 乙 사이에 다툼이 없다. 2020.4.1. 甲은 乙을 상대로 전체 치료비 중 일부인 700만원을 청구금액으로 하여 불법행위에 기한 손해배상청구의 소를 제기하였다(지연손해금은 고려하지 아니함). (아래 각 사안은 서로 상호 독립적이고, 견해의 대립이 있는 경우 대법원 판례 및 대법원 전원합의체 판결의 다수의견에 따름)
>
> (위 기본적 사실관계에 추가하여)
>
> 甲은 이 사건 사고로 인한 치료비를 손해배상으로 구하는 소장을 제출하면서 앞으로 시행될 법원의 신체감정결과에 따라 청구금액을 확장할 뜻을 명백히 표시하고 치료비 700만원을 청구하였다가 2022.5.1. 기존의 청구금액 700만원에 1천300만원을 더하여 총 청구금액을 2천만원으로 확장하였다. 乙은 민법 제766조가 불법행위로 인한 손해배상청구권은 피해자가 그 손해 및 가해자를 안 날로부터 3년간 이를 행사하지 아니하면 시효로 소멸한다고 규정하므로 확장된 부분의 손해배상청구권은 이 사건 사고일로부터 3년이 지나 소멸시효가 완성되었다고 항변한다. 乙의 항변이 타당한지 여부에 대한 결론을 기재하고 그 이유를 설명하시오. `10점`
>
> (위 기본적 사실관계에 추가하여)
>
> 甲은 이 사건 사고로 인한 손해배상을 구하는 소장을 제출하면서 앞으로 시행될 법원의 신체감정결과에 따라 청구금액을 확장할 뜻을 명백히 표시하고 치료비 700만원을 청구하였다가 소송이 종료될 때까지 청구금액을 확장하지 아니하였고, 법원은 2022.4.1. '피고는 원고에게 700만원을 지급하라'는 甲의 청구를 전부 인용하는 취지의 판결을 선고하였다. 위 판결은 2022.5.1. 확정되었다. 그 후 甲은 2022.6.1. 나머지 금액 1천300만원을 지급하라는 후소를 제기하였는데, 후소에서 乙은 甲의 1천300만원 채권은 사고일로부터 3년이 지나 이미 소멸시효가 완성되었다고 항변한다. 乙의 항변이 타당한지 여부에 대한 결론을 기재하고 그 이유를 설명하시오. `10점`

2. 법률상의 기간준수

1) 의의

① 법률상의 기간이란 출소기간 그 밖의 청구를 위한 제척기간 등 권리나 법률상태를 보존하기 위하여 일정한 기간 안에 소를 제기하지 않으면 안 되며, 그것이 지나면 권리 등이 제쳐져서 없어지게 되는 기간을 말한다. 이는 법적 안정성을 위해서도, 시효기간과는 다르다. 채권자취소소송(민법 제406조 제2항 안 날로부터 1년, 있은 날로부터 5년) 등이 그 예이고, 가사소송사건, 회사관계소송에 그 예가 많다.

② 출소기간은 소송요건이며 그 준수는 항변이 필요 없는 직권조사사항이다. 상고심에서도 새로 주장할 수 있다.

2) 제척기간준수의 범위

시효중단의 범위와 마찬가지로 ① 원칙적으로 소송물인 권리관계와 일치한다. 따라서 이혼소송이나 주주총회결의취소의 소 등에서 개개의 이혼사유나 결의취소사유마다 소송물이 별개가 된다는 구이론에 의하면(이분지설도 대체로 같다), 어느 이혼사유나 취소사유를 바탕으로 출소기간 내에 소를 제기하였다 하더라도 그 사유의 한도에서 기간준수의 효과가 생겨 기간경과 후에는 새로운 사유를 주장할 수 없게 된다. 그러나 신이론에 따라 목적인 혼인해소 혹은 위법한 주주총회결의효력의 해소목적 그 자체를 소송물로 보고 개개의 이혼사유·취소사유는 단지 그 목적달성을 위한 공격방법에 불과하다고 파악하면 어느 한 가지 사유를 출소기간 내에 주장하였으면 나머지 다른 사유도 기간준수의 효과가 생겨 다른 사유의 추가변경은 변론종결 시까지 허용할 수 있게 된다. ② 제척기간 내에 명시적 일부청구를 한 채권에 터잡아 잔부를 확장하였다 하여도, 제척기간 내에 청구한 액수를 초과한 부분의 청구는 제척기간의 도과로 소멸되었다고 할 것이다.

3. 효력발생 및 소멸시기

① 시효중단·법률상의 기간준수의 효력은 소의 제기 시, 즉 소장을 법원에 제출한 때에 발생한다(법 제265조 전단). 소송계속의 효과와 달리 소장을 법원에 제출한 때에 발생하게 한 것은 법원이 피고에 대한 소장부본의 송달을 지연시킴으로써 소장부본의 송달 전에 시효완성이나 출소기간이 도과해버리는 원고의 불이익을 막자는 데 있다. 소송 중의 소(청구의 변경, 중간확인의 소, 반소, 독립당사자 참가, 공동소송 참가, 피고의 경정 등. 단, 피고표시정정의 경우는 다름)의 경우에는 소장에 해당하는 서면을 법원에 제출한 때에 그 효력이 생긴다(법 제265조 후단).

② 시효중단·기간준수의 효력은 소의 취하·각하로 소급하여 소멸한다. 그러나 소송의 이송에 의하여는 소멸되지 않는다. 다만 소의 취하·각하에 의하여 소멸되어도 6월 내에 소의 제기, 압류 또는 가압류·가처분을 하면 최초의 소제기 시에 중단된 것으로 본다(민법 제170조 제2항).

4. 소송지연손해금의 법정이율(소송이자의 발생)

1) 의의

채무자가 정당한 사유 없이 소송을 지연하는 것에 대한 방지책으로 소송촉진 등에 관한 특례법에서는 금전채무의 이행을 명하는 판결을 선고할 경우에 소장 송달 다음날로부터는 금전채무불이행으로 인한 손해배상액 산정의 기준이 되는 법정이율을 연 12%로 하고 있다[85].

2) 적용배제

채무자가 그 이행의무의 존부나 범위에 관하여 항쟁함이 상당하다고 인정되는 때에는 그 적용을 배제한다[86]. 그리고 판례[87]에 의하면 본래의 채권관계의 준거법이 외국법인 경우나 장래의 이행의 소에는 특례법규정이 적용될 수 없다고 한다.

3) 사실심판결선고 이후

판례[88]에 의하면 적용배제의 이러한 예외는 당해사건의 사실심판결선고 시까지이고 판결선고 이후에는 어떠한 이유이든 연 12% 고리의 적용을 배제할 수 없다고 한다. 판결선고 후 상소심은 무조건 연 12%의 지연손해금의 적용은 패소한 피고에 대하여 판결채무이행의 큰 간접강제임에 틀림없으나, 현재의 정기예금이율에 비추어 징벌적 배상에 해당하는 가혹함이며 과잉금지원칙 위배의 여지가 있다.

85) 소송촉진 등에 관한 특례법 제3조 제1항
86) 소송촉진 등에 관한 특례법 제3조 제2항
87) 대판 2012.10.25, 2009다77754, 대판 2014.9.4, 2012므1656
88) 대판(전) 1987.5.26, 86다카1876

02 | 변론(심리)

소가 제기되었을 때 피고가 30일 이내에 답변서 제출의무를 이행하지 아니하면 무변론판결로 소송을 끝내지만, 답변서를 제출하였으면 변론준비절차에 부칠 경우를 제외하고 바로 변론기일을 지정하여 변론에 들어가 심리를 진행한다(법 제258조 제1항). 변론심리는 판결하기 위하여 그 기초가 될 소송자료 수집으로 민사소송절차의 가장 핵심적인 것이다.

제1절 변론의 의의와 종류

1. 의의

변론이란 기일에 수소법원의 공개법정에서 당사자 양쪽이 말로 판결의 기초가 될 소송자료, 즉 사실과 증거를 제출하는 방법으로 소송을 심리하는 절차이다.

2. 종류

가. 필요적 변론

1) 원칙

재판 특히 판결절차에서는 그 전제로서 반드시 변론을 열지 않으면 안 되며, 변론에서 행한 구술진술만이 재판의 자료로서 참작되는 경우를 필요적 변론이라 한다. 판결절차는 원칙적으로 변론에 의하게 하는 것을 필요적 변론의 원칙이라 한다(법 제134조 제1항). 필요적 변론기일의 불출석은 변론의 해태(기일의 해태)로 된다.

2) 예외(무변론판결)

판결절차라도 예외적으로 변론 없이 서면심리에 의해 판결을 할 수 있는 경우가 있다. 무변론판결의 경우이다. 다음의 경우이다. ⅰ) 소송요건·상소요건에 보정할 수 없는 흠이 있어 각하판결, ⅱ) 소액사건에서 소송기록에 의하여 청구가 이유 없음이 명백하여 기각판결, ⅲ) 소송비용에 대한 담보제공의 결정을 받고도 담보를 제공하지 않아 소각하판결, ⅳ) 피고가 소장부본을 송달받고 30일의 답변서제출기간 내에 답변서를 제출하지 아니하여 변론 없이 판결, ⅴ) 상고심 판결을 하는 때 등이다.

나. 임의적 변론

① 결정으로 완결될 사건은 법원의 재량에 의하여 임의적으로 변론을 열 수 있는 임의적 변론에 의한다. 예를 들면 제척·기피, 관할의 지정, 특별대리인의 선임, 소송인수, 소송비용의 확정, 소송구조, 필수적 공동소송인의 추가와 피고의 경정, 판결경정, 항고사건 따위이다.

② 재량으로 변론을 열지 않는 경우에 소송기록에 의한 서면심리만으로 재판할 수 있으나, 법원은 당사자·이해관계인·그 밖의 참고인을 심문할 수도 있다. 심문(審問)이란 당사자와 이해관계인, 그 밖의 참고인에게 적당한 방법으로 서면 또는 말로 개별적으로 진술할 기회를 주는 것을 말하고, 법관이 공개법정에서 행할 것을 요하지 않으며, 심문실에서 할 수 있다. 개별심문주의·비공개주의·서면심리주의에 의하는 절차이다. 법원 밖에서도 행할 수 있다. 증인 등의 증거조사 시에 물어보는 신문(訊問)과는 다르다. 심문의 대상은 당사자에 한정되지 아니하며 이해관계인과 참고인도 가능하다. 심문의 여부는 자유재량임이 원칙이나, 필요적 심문의 경우도 있고, 반대로 심문을 할 수 없는 경우도 있다.

③ 임의적 변론에서는 변론이 열려도 반드시 기일에 출석하여 말로 진술하여야 하는 것이 아니며, 서면제출을 해도 된다. 따라서 변론기일불출석의 경우는 필요적 변론기일의 불출석의 경우처럼 기일의 해태문제가 생기지 아니하며, 진술간주·자백간주·소취하간주 등 3간주의 규정(법 제148조, 제150조, 제268조)은 적용이 없다.

제 2 절　심리에 관한 제원칙

변론절차는 다음 여러 가지 원칙에 의하여 행한다. 이와 같은 여러 가지 원칙은 적정·공평 그리고 신속·경제의 이상에 맞는 심리를 실현하기 위하여 노력하는 과정에서 생긴 역사적 소산이다.

제 3 절　처분권주의[89]

I　의의

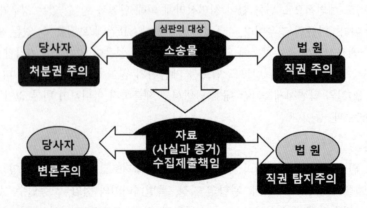

---

89) 이시윤, 앞의 책, 317–326면

① 처분권주의라 함은 절차의 개시, 심판의 대상과 범위 그리고 절차의 종결에 대하여 당사자에게 주도권을 주어 그의 처분에 맡기는 입장이다. 현행법이 원칙적으로 채택한 입장이다.

② 사권의 발생·변경·소멸을 개인에게 맡기는 것이 민법의 사적자치의 원칙이라면, 처분권주의는 사적자치의 소송법적인 측면이라고 할 수 있다.

③ 처분권주의는 당사자의 소송물에 대한 처분자유를 뜻하는 것임에 대하여, 변론주의는 당사자의 소송자료에 대한 수집책임을 뜻하는 것이므로 양자는 별개의 개념이다.

④ 다만, 집단소송 성격의 현대형 소송에서는 처분권주의가 크게 수정되고 있다. 주주대표소송·증권 관련 집단소송·소비자·개인정보 단체소송 그리고 주민소송 등이 그러하다.

Ⅱ 절차의 개시

① 민사소송절차는 당사자의 소의 제기가 있을 때에 개시되며 결코 법원의 직권에 의하여 개시되지 않는 것이 원칙이다.

② 예외적으로 당사자의 신청 없이 직권으로 재판할 수 있는 경우가 있다(소송비용재판, 가집행선고, 판결의 경정, 소송구조 등). 그리고 증권관련 집단소송과 소비자·개인정보 단체소송에서는 소의 제기에 법원에 허가 신청을 내어 허가받았을 때에 소송절차가 본격적으로 개시되게 하였다.

Ⅲ 심판의 대상과 범위

1. 의의

심판의 대상도 원고의 의사에 맡겼기 때문에 원고는 이를 특정하여야 하며, 법원은 당사자가 특정하여 판결신청한 사항에 대하여 그 신청의 범위 내에서만 판단하여야 한다. 따라서 당사자가 신청한 것보다 전부, 일부 기각판결하는 것은 허용되나, 신청한 사항과 별개의 사항에 대해서나(피고더러 제3자 A에게 이전등기절차를 이행할 것을 구하였는데, 원고에게 직접 이전등기절차이행을 하라는 판결), 신청의 범위를 넘어서 판결하여서는 안 된다(청구하는 것보다 더 많은 위자료의 인정 따위). 이러한 법리는 상소심에서는 불이익변경금지로 나타난다(법 제415조).

> 🖎 관련 기출문제 - 2014년 노무사
> 甲이 적법하게 제기한 해고무효 확인의 소에서 제1심 법원이 甲이 청구하지도 않은 해고처분 이후 미지급한 임금의 지급을 명하는 판결을 하였다면 동 임금지급 판결은 적법한지 여부에 대해 논하시오. 25점

2. 질적 동일

1) 소송물

① 제203조의 '신청한 사항'이라 함은 좁게는 소송물을 뜻하기 때문에, 원고가 심판을 구한 소송물과 별개의 소송물에 대한 판단을 해서는 안 된다. 문제되는 것은 소송물이론이다.

② 구이론은 실체법상의 권리마다 소송물이 별개라는 입장이기 때문에 청구취지가 동일하다 하여도 원고 주장권리와 다른 권리에 기하여 판결하는 것은 허용되지 않는다. ⅰ) 甲·乙이 옥파 종자공급계약을 하였는데 보통 파종자를 공급받은 피해자 甲이 손해배상청구를 불법행위에 기하여 청구한 데 대하여 채무(계약)불이행에 기하여 인용함은 허용되지 않는다. ⅱ) 이혼청구에 있어서도 이혼사유마다 소송물이 별개로 된다고 보기 때문에 민법 제840조 제1호의 부정(不貞)행위에 의한 이혼청구를 동 제6호의 혼인을 계속하기 어려운 중대사유로 평가하여 이혼청구를 인용할 수 없다.

다만 구이론에 있어서도 청구권의 경합이 아닌 법조경합의 경우는 다르다(자동차손해배상보장법 제3조는 민법상의 불법행위규정의 특별규정으로 보아 원고의 주장이 없어도 민법에 우선하여 적용가능).

③ 그러나 신이론(이분지설은 이혼 사건에서 다름)에 의하면, 원고 주장의 실체법상의 권리는 공격방법 내지 법률적 관점이고 소송물의 요소가 아니기 때문에, 원고 주장과는 다른 실체법상의 권리에 기하여 판단하여도 원고 주장과 같은 취지목적의 판결이면 다른 소송물에 대한 판단이 아니므로 법 제203조에 위배되지 않는다.

2) 소의 종류·순서

① 법 제203조의 신청사항에는 넓게는 원고가 구하는 소(구제)의 종류·순서가 포함되기 때문에, 법원은 이행·확인·형성 등 원고가 특정한 소의 종류에 구속이 된다. 따라서 원고의 확인청구에 같은 금액의 이행판결을 할 수 없다.

② 당사자의 권리구제의 순서에도 법원은 구속된다. 예비적 병합에서 순서대로 주위적 청구에 대하여 먼저 심판함이 없이 예비적 청구를 받아들이는 판결은 법 제203조에 위반된다. 예비적 공동소송에서도 마찬가지이다.

3) 제203조의 예외

실질은 비송사건이지만 형식은 소송에 의하는 형식적 형성의 소에는 법 제203조가 적용되지 아니한다. 즉, 형성의 소인 공유물분할청구의 소에서도 분할방법에 대한 당사자의 신청은 법원을 구속할 수 없다. 원고가 현물분할을 청구하여도 경매에 의한 가격분할을 명할 수 있다. 경계확정의 소에 있어서도 원고의 「A·B 두 토지의 경계를 구한다」는 신청에는 구속되나, 「A·B 두 토지의 경계선은 X선이다」라는 신청에는 구속되지 아니하며 그 경계선을 Y선 또는 Z선 등으로 자유로이 정할 수 있다.

3. 물적 동일

가. 양적 상한

1) 의의

심판의 범위도 원고의 의사에 일임되어 있으므로 원고는 심판의 양적인 한도를 명시하여야 한다. 법원은 그 상한을 넘어서 유리하게 판결할 수 없다. 예를 들면 금 100만원의 금전지급청구에서 150만원의 지급을 명하거나(연 5%의 지연이자 청구에 연 6%의 지급명령도 같다), 또 100

만원의 지급과 상환하여 소유권이전등기말소를 구하는 경우에 50만원의 지급과 상환으로 말소를 명하는 것은 허용되지 않는다.

2) 인명사고에 의한 손해배상청구

(1) 문제의 제기

피해자가 적극적 손해·소극적 손해·위자료 등 세 가지 손해항목에 걸쳐서 배상을 구한 경우에 배상청구 총액을 초과하지 않으면, 원고의 항목별의 청구액을 초과하여 인용하여도 무방한가에 대해 이는 앞서 본 손해배상소송의 소송물과 관계되는 문제이다.

(2) 판례 및 학설

① 현재 판례처럼 적극적 손해·소극적 손해·위자료로 소송물이 삼분된다는 삼분설에 의한다면, 법원은 각 손해항목의 청구액에 구속되어 각 항목의 청구액을 초과하여 인용하는 것은 허용되지 아니하며, 비록 초과하여 인용하였지만 청구총액을 벗어나지 않는 경우까지도 처분권주의의 위배로 본다(예 적극적 손해 300만원 + 소극적 손해 500만원 + 위자료 100만원 = 총 900만원을 청구한 때, 소극적 손해액을 그 청구액보다 많은 600만원을 인용하였지만 청구총액 900만원을 넘어서지 아니하여도 위배).

② 그러나 손해 1개설로 본다면 청구총액에 구속되어 이를 초과하지 않으면 원고가 정한 항목별의 청구액을 초과하여도 처분권주의에 위배되지 않게 된다. 실례에서 소극적 손해를 600만원을 인용하였지만 청구총액 900만원을 넘어서지 않기 때문에 처분권주의 위배라고 보지 아니한다.

(3) 검토

생각건대 손해배상청구에 있어서 적극적 손해·소극적 손해·위자료 등의 항목분류는 생명·신체침해로 인하여 생긴 하나의 인적 손해를 금전적으로 평가하기 위한 원고의 분류 자료(공격방법)에 지나지 않으며, 손해총액이 피해자의 주된 관심사이고 분쟁의 핵심이라면 손해 1개설이 옳다고 할 것이다(다수설). 그것이 손해배상사건의 비송적 성격과 위자료의 보충작용에 맞고, 나아가 원고가 손해항목마다 별건으로 만들어 차례로 제소함으로써 피고로 하여금 여러 차례 응소강제를 당하게 하는 폐단도 막을 수 있다. 대법원 2015.1.22, 2012 다204365 전원합의체 판결은 재판상 화해와 동일한 효력이 있는 민주화운동 관련자 보상결정에는 적극적·소극적 손해배상만 포함될 뿐이라 하여 위자료청구를 별도로 제기한 사안에서, 그 결정에는 적극적·소극적 손해배상과 위자료가 모두 포함된다 하여 위자료청구를 결정의 기판력으로 소각하였다.

📌 **관련 기출문제 - 2011년 노무사**

교통사고 피해자인 甲은 가해자인 乙을 상대로 손해배상청구의 소를 제기하면서 적극적 손해, 소극적 손해, 위자료 각 1,000만원씩 합계 3,000만원을 청구하였다. 그런데 법원은 피고에 대하여 적극적 손해 1,500만원, 소극적 손해 1,000만원, 위자료 500만원 합계 3,000만원을 이행하라는 판결을 선고하였다. 이 판결의 적법성 여부에 대하여 논하시오. 50점

3) 원금청구와 이자청구

① 원금청구와 이자(지연손해금도 같다)청구는 별개의 소송물이므로 원리금을 합산한 전체청구 금액의 범위 내라도 원금청구액을 넘어선 원금의 인용은 허용되지 아니한다. 원본채권과 지연 손해금채권은 별개의 소송물이라 상소심에서 불이익변경금지의 원칙 해당 여부를 판단함에 있어서 원금과 지연손해금의 합산액으로 판단해서는 안 되고 원금만을 기준으로 하여야 한다.

② 판례는 나아가 이자청구의 소송물은 원금·이율·기간 등 3개의 인자에 의하여 정해진다고 보고, 비록 원고의 이자청구액을 초과하지 않았지만 3개의 기준 중 어느 것에서나 원고 주장 의 기준보다 넘어서면 처분권주의에 반한다고 하고 있으나, 당사자의 계산착오 때에 법원이 시정하는 것을 어렵게 하는 것이므로 문제 있다.

4) 일부청구와 과실상계, 상계항변

① 원고가 손해배상의 일부청구를 한 경우 예를 들면, 1억원의 손해 중 6,000만원만 일부청구 한 때의 과실상계의 방법이다. 피해자의 과실이 40%라 보자.

② 여기에는, i) 우선 손해전액을 산정하여 그로부터 과실상계한 뒤에 남은 잔액이 청구액을 초 과한 때에는 청구액의 한도에서 인용할 것이고 잔액이 청구액에 미달하면 잔액대로 인용할 것이라는 외측설이 있다. 이 설에 의할 때에 1억원 × (10 − 4)/10 = 6,000만원이 과실상계 하고 남은 잔액인데 그것이 원고의 청구액 6,000만원을 넘지 않으므로 결국 인용액은 6,000 만원이 된다. ii) 손해전액이 아니라 일부청구액에서 과실상계하여야 한다는 안분설이 있다. 이 설에 의할 때 6,000만원 × (10 − 4)/10 = 3,600만원이 과실상계 후 잔액이 되며 결국 이를 인용하여야 한다.

③ 판례는 두 설 중에서 외측설을 따랐다. 당사자가 자신의 과실을 자인하여 일부청구를 했다고 봄이 옳을 것이라면 손해배상청구권 전부가 소송물이라고 볼 수 있는 점, 일부청구라도 채권 전부에 대해 심리하는 것이 통상적인 점을 고려할 때 일응 외측설이 타당하다고 할 것이다. 단, 명시적 일부청구로서 잔부를 유보하여 둔다는 표시를 한 경우까지 외측설을 관철하는 것은 무리라고 하겠다. 원고의 일부청구에 대해 피고가 반대채권으로 상계항변을 할 때에도 외측설에 의할 것이다.

📝 **관련 기출문제 – 2023년 법무사**

[기본적 사실관계] 2019.4.1. 甲은 길을 걷다 乙이 운전하는 차량에 의해 교통사고를 당하였다(이하 "이 사건 사고"라 한다). 이 사건 사고 당일 甲은 이 사건 사고로 인한 손해 및 가해자를 알았으며 이 점에 대하여는 甲과 乙 사이에 다툼이 없다. 2020.4.1. 甲은 乙을 상대로 전체 치료비 중 일부인 700만원을 청구금액으로 하여 불법행위에 기한 손해배상청구의 소를 제기하였다(지연손해금은 고려하지 아니함). (아래 각 사안은 서로 상호 독립적이고, 견해의 대립이 있는 경우 대법원 판례 및 대법원 전원합의체 판결 의 다수의견에 따름) (위 기본적 사실관계에 추가하여)
甲은 이 사건 사고로 인한 손해배상을 구하는 소장을 제출하면서 우선 전체 치료비 중 일부인 1,700만원을 청구금액으로 하지만 후에 추가로 치료비 청구를 할 수 있다는 취지를 기재하였다. 법원은 심리 결과 이 사건 사고로 인한 甲의 전체 치료비는 2천만원인데 甲에게도 스마트폰을 보며 차로와 인도를 왔다갔 다 걷는 등 과실이 있고 그 과실비율은 20%임을 인정하였다. 이 경우 법원은 甲의 청구금액 중 얼마를 인용할 수 있는지에 대한 결론을 기재하고 그 이유를 설명하시오. `10점`

나. 일부인용

법원은 신청한 소송물의 전부를 받아들일 수 없으면 일부를 받아들이는 일부인용의 판결을 하여야 한다. 그것이 원고의 통상의 의사에 맞고 또 응소한 피고의 이익보호나 소송제도의 합리적 운영에도 부합한다.

1) 분량적 일부인용

① 분량적인 일부인용은 처분권주의에 반하지 않는다. 예컨대 금 100만원 청구 중 금 40만원이 인정되어 금 40만원의 지급을 명하는 판결을 할 수 있다. 또 분량적으로 가분인 채무부존재확인의 소에서 일부인용의 판결90)은 원고가 청구취지를 변경하지 아니하여도 가능하다.

② 전부의 소유권확인청구에는 지분에 대한 소유권확인의 취지가 포함되어 있으므로 그 범위에서 원고청구를 일부인용할 수 있으며, 피고들에게 부진정연대의 관계에서 청구한 경우에 진정연대의 관계에서 인용하는 것도 위에 준할 것이다. 그러나 판례는, 피고 乙, 丙에 대하여 부진정연대관계에서 청구하였는데도 乙과 丙에게 중첩관계가 아닌 개별적 지급책임을 인정한 것은 청구한 범위를 넘는 것으로 처분권주의에 반한다고 했다. 또 피고들의 손해배상채무를 부진정연대관계로 주장함이 없음에도 그렇게 판단하는 것은 아니 된다.

2) 단순이행청구의 경우에 상환이행의 판결

① 이러한 판결은 원고의 신청취지를 벗어난다고 할 수 없다. 원고가 단순이행청구를 하고 있는데 피고의 동시이행의 항변 또는 유치권항변이 이유 있을 때에 원고가 반대의 의사표시를 하지 않는 한 원고청구기각이 아니라, 원고로부터 채무이행을 받음과 상환으로 피고의 채무이행을 명하는 상환이행판결을 하여야 한다. 상속인에 대한 이행청구에서 한정승인의 항변이 이유 있으면 상속재산의 한도에서 이행을 명하여야 한다(유보부판결).

② 대지임대인 甲이 그 임차인 乙을 상대로 건물철거와 그 대지인도를 청구하는 소송에서 乙이 적법하게 건물매수청구권을 행사하였을 때에 피고는 원고로부터 건물대금을 지급받음과 동시에(상환으로) 건물을 명도하라는 판결을 허용할 것인가에 대해, 이때에 甲의 청구에는 그 건물의 매수대금을 지급할 터이니 그와 동시에 피고는 건물명도를 하라는 내용의 청구까지는 포함되어 있지 않고, 또 그러한 내용으로 원고의 청구취지를 바꾸라는 법원의 석명의무도 없다는 것이 과거의 판례였다(석명의무부정설). 그러나 대판(전) 1995.7.11. 94다34265에 이르러 위와 같은 석명의무 없다는 종전 견해를 바꾸는 경우에 원고가 자기가 차지할 건물의 매매대금을 지급함과 동시에 건물명도청구를 하는 것으로 청구취지를 변경하도록 법원이 석명해야 하고, 그렇지 아니하면 위법이라고 하였다(석명의무설). 해당 사건에서 분쟁을 1회적으로 해결하기 위해 필요하다는 것이다.

---

90) 1,000만원 넘어서는 채무부존재확인의 경우 남은 채무가 1,500만원이면 1,500만원 초과 부존재, 나머지 청구기각으로 한다.

3) 채권자취소소송에서 인도청구의 경우에 가액배상판결

판례는, 채권자취소소송에서 사해행위의 전부취소와 원상회복청구의 주장에는 사해행위의 일부
취소와 가액배상청구의 주장도 포함되어 있으므로, 원상회복으로 물건인도만 구하여도 가액배
상을 명할 수 있다고 했다. 다만, 원물반환이 불가능하거나 현저히 곤란한 경우 또는 공평에
반하는 경우이다. 가액배상의 경우는 이행의 상대방은 채권자이어야 한다.

4) 현재의 이행의 소의 경우에 장래의 이행판결

현재의 이행의 소에서 심리결과 원고에게 청구권은 있는데 이행기의 미도래·이행조건의 미성
취일 때 바로 기각할 것이 아니다. 장래의 소로서 '미리 청구할 필요'가 있고 원고의 의사에 반하
는 것이 아니면 장래의 이행판결을 해도 좋을 것이다. 원고가 피담보채무의 소멸을 이유로 저당
권설정등기말소나 소유권이전등기말소청구(양도담보의 경우)를 한 경우에, 심리과정에서 원고
에게 아직 채무가 남아 있는 것으로 밝혀졌을 때이다. 이때에 위 청구 중에는 장래의 이행의
소로서 남은 채무의 변제를 조건으로 등기말소를 구하는 취지도 포함되었다고 보아, 남은 채무
의 선이행을 조건으로 청구를 인용하여야 할 것이다.

Ⅳ 절차의 종결

1) 개시된 절차를 종국판결에 의하지 않고 종결시킬 것인가의 여부도 당사자의 의사에 일임되어 있다.
당사자는 어느 때나 소의 취하, 청구의 포기·인낙 또 화해·조정에 의하여 절차를 종결시킬 수
있다. 또 상소의 취하, 불상소의 합의, 상소권의 포기도 인정된다.

2) 통상의 소송절차와 달리 직권탐지주의에 의하는 절차, 예컨대 가사소송, 행정소송에 있어서는 처분
권주의가 제한을 받는다. 임의로 처분할 수 있는 권리관계가 아니기 때문이다. 재심소송도 같다.
판례는 당사자가 자유롭게 처분할 수 없는 사항을 대상으로 한 조정이나 재판상 화해는 허용할 수
없으므로, '재심대상 판결 및 제1심판결을 각 취소한다'는 취지의 조정조항은 당사자가 자유롭게 처
분할 수 있는 권리에 관한 것이 아니어서 당연무효라고 했다. 그러나 이러한 절차에서도 절차의
개시·소송물의 특정은 당사자의 의사에 일임되며, 원고의 소취하의 자유도 인정된다. 성질상 허용
될 수 없는 것은 청구의 포기·인낙 그리고 재판상 화해이다.

필수적 공동소송과 독립당사자참가에서는 공동으로 하지 않고 개별적으로는 위와 같은 행위가 허용
되지 않는다.

직권탐지주의의 명문이 없는 회사관계소송에서는 문제인데, 원고패소확정판결과 같은 효력이 있는
청구의 포기는 별론, 승소확정판결과 같은 효력이 있는 청구의 인낙이나 화해·조정은 허용될 수
없을 것이다. 주주대표소송에서는 소의 취하, 화해, 청구의 포기·인낙은 법원의 허가를 요한다.
또 증권관련 집단소송에서는 이러한 소송행위(청구인낙은 제외) 외에, 상소의 취하와 포기도 법원
의 허가를 얻어야 한다.

V 처분권주의 위배의 효과

① 처분권주의에 위배된 판결은 원칙적으로 상소 등으로 불복하여 취소를 구할 수 있을 뿐이고 당연무효라고는 할 수 없다.

② 처분권주의의 위배는 판결의 내용에 관한 것이고 소송절차에 관한 것이 아니므로 이의권의 대상이 아니다.

③ 그러나 처분권주의에 위배된 경우라도 피고가 항소한 경우에, 원고가 항소기각의 신청을 하거나 제1심에서 신청하지 아니한 사항에 대해 항소심에서 새로 신청하면 그 흠이 치유된다.

제 4 절 변론주의[91]

I 의의

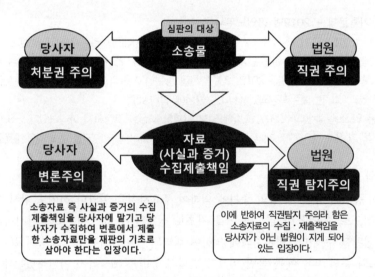

1) 변론주의란 소송자료, 즉 사실과 증거의 수집·제출의 책임을 당사자에게 맡기고, 당사자가 수집하여 제출한 소송자료만을 변론에서 다루고 재판의 기초로 삼아야 한다는 입장이다. 이에 대하여 직권탐지주의란 소송자료의 수집·제출책임을 당사자가 아닌 법원이 지고 나서야 한다는 입장이다.

2) 변론주의는 민사소송을 관류하는 대원칙임에도 불구하고 이에 관한 직접규정을 두고 있지 아니하며, 다만 특수소송에서 이와 대립하는 직권탐지주의를 규정함으로써 간접적으로 이에 의함을 추단케 하고 있다. 민소규칙 제69조의2에서는 사실관계와 증거에 관한 사전조사의무를 부과하였는데, 이는 변론주의를 전제한 것이라 하겠다.

---

91) 이시윤, 앞의 책, 326–350면

Ⅱ 변론주의의 내용

1. 사실의 주장책임 = 사실자료의 제출책임

1) 의의

① 주요사실은 당사자가 변론에서 주장하여야 하며, 당사자에 의하여 주장되지 않은 사실은 법원은 판결의 기초로 삼을 수 없다. 그러므로 유리한 판결을 받으려면 원고의 경우는 청구원인사실(권리발생사실), 피고의 경우는 항변사실(권리장애, 소멸, 저지 사실)을 주장할 것을 요한다. 변론주의의 적용결과, 예컨대 별도의 상계의사 표시가 없는데 상계인정, 소멸시효 완성의 주장을 하지 않는데 시효소멸되었다는 판단을 해서는 안 된다.

② 따라서 당사자가 자기에게 유리한 사실을 주장하지 아니하면 그 사실은 없는 것으로 취급되어 불이익한 판단을 받게 되는데, 이를 주장책임이라고 한다. 그러나 어느 당사자이든 변론에서 주장하였으면 되고 반드시 주장책임을 지는 당사자가 진술하여야 하는 것은 아니다(주장공통의 원칙).

> **📌 관련 기출문제 – 2019년 공인노무사**
> 甲은 乙에 대하여 지급기일을 2017.2.1.로 하는 1억원의 공사대금채권을 가지고 있었다. 乙은 2017.10.1. 이 채권금액 가운데 3,000만원을 변제하였다. 甲은 2018.4.1. 乙에 대하여 위 공사대금 1억원의 지급을 구하는 소를 제기하였다. 법원은 2018.12.1. 변론을 종결하고 甲의 청구대로 1억원의 지급을 명하는 판결을 선고하였고, 그 판결은 확정되었다. 다음 물음에 답하시오.
> 물음) 乙은 위 소송절차에서 2017.10.1.에 일부 변제한 사실을 주장하지 아니하였다. 3,000만원의 변제사실을 인정하지 않고 1억원의 지급을 명한 위 법원의 판결이 타당한지를 논하시오. `30점`

2) 소송자료와 증거자료의 구별

① 법원이 증인의 증언 그 밖의 증거에 의하여 주요사실을 알았다 하여도 당사자가 법정변론에서 정식으로 주장한 바 없으면 이를 기초로 심판할 수 없으며, 또한 당사자가 주장한 바와 달리 심판할 수 없다. 변론주의에 의하여 심리되는 민사사건에서 소송자료(=사실자료)는 증거자료와 준별된다. 예를 들면 피고가 변제의 항변을 제출하지 아니하였는데 증인이 변제하였다는 증언을 하고 법원이 이를 믿는다 하더라도 석명권을 통해 피고에게 주장권유는 별론, 증언만으로 변제에 의한 채권소멸을 판단할 수는 없다(통설).

② 간접적 주장 등

다만 판례는 사건의 타당한 해결을 위해 변론에서 당사자가 주요사실을 직접적으로 주장하지 않아도 i) 당사자변론의 전체적인 관찰에 의하여 간접적으로 밝힌 것으로 볼 수 있을 때 혹은 서증을 제출하여 그 입증취지를 진술하여 서증기재사실을 주장한 때, ii) 감정서나 서증을 이익으로 원용한 때에는 주요사실의 주장이 있는 것으로 볼 수 있다고 하였다.

3) 주요사실과 간접사실의 구별

(1) 변론주의는 주요사실에 대해서만 인정되고, 간접사실과 보조사실에는 그 적용이 없다. 따라서 간접사실 등은 변론에서 당사자의 주장이 없어도 또 주장과는 달리 증거로써 이를 인정할 수 있으며, 자백이 되어도 구속력이 없다.

주요사실이란 권리의 발생·변경·소멸이라는 법률효과를 발생시키는 실체법의 구성요건사실을 말하고, 간접사실은 주요사실의 존재를 추인하는 데 도움이 됨에 그치는 사실을 말한다. 증거능력이나 증거가치에 관한 사실을 보조사실이라 하는데 간접사실에 준하여 취급한다.

※ 참고자료 : 주요사실, 간접사실, 보조사실 사례[92]

◉ 소장 - 청구원인에서의 주요사실과 간접사실

📑 주요사실

원고 甲은 2012.10.1. 피고에게 1,000만원을 변제기 2013.10.1.로 정하여 대여하였다.

📑 간접사실

원고 甲은 피고 乙이 사업자금으로 필요하다고 하여 甲의 친구로부터 1,000만원을 빌린 다음 乙의 예금계좌로 500만원을 송금하고 500만원은 직접 만나 빌려주었다. 그런데 乙은 甲의 처로부터 원래 받을 계금 1,000만원이 있었는데 이를 甲의 처로부터 지급받은 것일 뿐 甲으로부터는 돈을 빌린 적이 없다고 하며 돈을 갚지 않고 있다. 甲은 丙으로부터도 돈을 빨리 갚으라는 독촉을 받고 시달리고 있고, 乙을 상대로 사기죄로 형사고소한 바도 있다.

◉ 피고 - 답변서에서의 주요사실과 간접사실

📑 주요사실

피고 乙은 2013.10.1. 원고 甲에게 1,000만원을 변제하였다.

📑 간접사실

피고 乙은 원고 甲의 처가 피고의 거래처에 악소문을 퍼뜨리고 다녀 할 수 없이 1,000만원을 甲의 처를 통하여 돌려주었는데, 甲의 처가 이 돈을 丁에게 계금으로 지급해 버리고 甲에게 돈 돌려받은 얘기를 하지 않고 있다.

◉ 보조사실

보조사실이란 증거방법에 관한 증거능력이나 증명력에 관계된 사실을 말한다. 주로 증거항변의 소재가 되는 사실(예컨대 해당 문서가 위조되었다는 주장, 증인이 해당 사건에 관하여 당사자 일방과 밀접한 경제적 이해관계를 가진다는 주장 등)이다.

보조사실도 변론주의의 적용을 받지 않으므로 당사자의 주장 유무에 불구하고 법원이 증거에 의하여 자유로이 인정할 수 있다.

---

92) 2021년, 요건사실론, 법원공무원교육원, 2-5면

(2) 판례상 주요사실과 간접사실

판례는 취득시효의 기산일은 간접사실이나 소멸시효의 기산일만은 주요사실로 본다. 유권대리의 주장에 표현대리의 주장, 변제의 주장 속에 상계주장은 각 포함되지 않은 것으로 본다.

(3) 법규기준설과 준주요사실

① 이상 본 바와 같이 법률효과를 발생시키는 법규의 요건사실이 주요사실이고, 그 이외의 사실은 간접사실이라고 보는 것이 종래의 통설이다(법규기준설). 전자는 변론주의의 적용을 받되 후자는 그 적용을 받지 않는다고 본다.

② 준주요사실

교통사고에 의한 손해배상소송에서 피고의 「과실」이 문제가 되는 경우에 과실 그 자체가 주요사실인가, 아니면 과실의 구체적 사실이나 내용을 이루는 음주운전, 속도위반 등이 주요사실인가가 반드시 분명하지 않게 된다. 종래의 입장은 「과실」과 같은 일반조항 내지는 추상적인 개념을 법규의 구성요건으로서 그 자체가 주요사실이라고 보았다. 그런데 「과실」을 주요사실로 보면, 그 구체적 사실이나 내용인 음주운전이나 속도위반은 간접사실이 되어 당사자의 주장이 필요하지 않고, 법원이 이를 자유롭게 인정할 수 있게 된다는 의문이 들게 된다. 「과실」 그 자체가 주요사실이므로 당사자가 가령 음주운전 여부를 다투고 있는 때에 법원은 속도위반을 인정하면서 이에 기한 판결을 할 수 있는데, 이는 당사자 특히 패소한 피고에게는 불공평하다. 이러한 논의를 배경으로 주요사실과 간접사실을 구별하는 종래의 틀을 유지하면서도 「과실」, 「정당사유」, 「신의성실」과 같은 일반조항 내지는 추상적인 개념의 요건사실 자체에 한정하여 이를 변론주의의 적용이 있는 주요사실로 볼 것이 아니라, 경우에 따라서는 위 예에서 음주운전, 속도위반 등의 구체적 사실을 준주요사실로 보아, 이 준주요사실에 대하여도 변론주의의 적용에 의해 당사자의 주장이 필요하고, 주장이 없으면 판결의 기초로 할 수 없다는 견해가 다수설로 등장하였다.

(4) 구별의 효과

첫째로, 주요사실과 달리 간접사실·보조사실은 당사자의 주장이 없어도 법원은 증거로 인정할 수 있다(변론주의의 부적용). 간접사실을 바꾼다 해서 소송물이 달라지는 것은 아니다.

둘째로, 간접사실·보조사실의 자백은 법원도 당사자도 구속할 수 없다.

셋째로, 유일한 증거가 주요사실에 관한 것일 때는 조사거부할 수 없지만, 간접·보조사실에 관한 것일 때는 그러하지 아니하다.

넷째로, 상고이유, 재심사유에 해당되는 판단누락이 되는 사실은 주요사실뿐이고 간접사실·보조사실은 해당되지 않는다.

2. 자백의 구속력

① 다툼이 없고 시인하는 사실은 법원은 증거조사를 할 필요 없이 그대로 판결의 기초로 하지 않으면 안 된다. 변론주의에 의하는 소송절차에 있어서는 자백한 사실에 관하여는 법원의 능동적 권한인 사실인정권이 배제되기 때문이다.

② 다툼이 없는 사실이란 당사자가 자백한 사실과 자백간주되는 사실이다. 이에 대하여는 증거에 의한 인정을 필요로 하지 않을 뿐더러, 반대심증을 얻었다 하더라도 자백에 반하는 사실인정을 하여서는 아니 된다. 다만 현저한 사실에 반하는 자백은 자백으로서 구속력이 없다.

3. 증거의 제출책임(직권증거조사의 금지)

증거도 당사자가 세워야 하기 때문에 당사자가 신청한 증거에 대해서만 증거조사한다. 원칙적으로 법원은 직권으로 증거조사해서는 안 된다. 다른 사건 판결문에서 인정된 사실이라도 증거로 제출하지 않았다면 재판부가 이를 토대로 판단을 내리는 것은 변론주의의 위배이다. 직권증거조사는 당사자가 신청한 증거에 의하여 심증을 얻을 수 없을 때에 보충적으로 할 수 있을 뿐이다(법 제292조, 소액사건·증권관련 집단소송에서는 예외).

▥ 변론주의의 한계

변론주의의 지배는 사실과 증거방법에만 국한되고 그 주장된 사실관계에 관한 법적 판단과 제출된 증거의 가치평가는 법원의 직권에 속한다. 따라서 법률해석적용, 증거의 가치평가는 이에 관한 당사자의 의견이 있어도 법원이 구속될 필요가 없다. 단순한 법률상의 주장과 사실 판단의 전제가 되는 경험법칙(사실인 관습도 포함)도 변론주의의 적용범위 밖이다. 간접사실·보조사실에 대하여 변론주의가 적용되지 않음은 앞서 본 바이다.

▦ 변론주의의 보완·수정 – 특히 진실의무

1) 변론주의는 소송수행능력이 평등·완전한 양쪽 당사자의 대립을 전제하고 있지만, 현실의 소송당사자는 완전하거나 평등하지 않은 것이 통상적이며, 특히 당사자 스스로 소송수행하는 본인소송에서는 충분한 소송자료의 수집·제출을 기대할 수 없다. 따라서 소송자료의 수집에 관하여 법원이 전혀 개입하지 않은 채 변론주의를 기계적·형식적으로 관철시킨다면 소송수행능력의 불완전으로 주장·증거제출 책임을 다하지 못하여 승소할 사안인데도 패소를 당하는 폐단을 막을 수 없으며, 이러한 소송에서의 적자생존의 원리가 결코 사회적 법치국가관과 조화될 수 없다. 그리하여 당사자 사이의 능력의 불균형을 조절하여 당사자 간의 실질적 평등을 보장하기 위하여, i) 실질적인 소송지휘라 할 석명권 내지 지적의무, ii) 직권증거조사, iii) 대리인(변호사)의 선임명령, 진술보조허가, iv) 진실의무도 위와 함께 변론주의의 보완·수정장치이다.

2) 진실의무란 아무리 변론주의에 의하여 사실주장의 책임이 당사자에게 있다 하여도 진실에 반하는 것으로 알고 있는 사실을 주장해서는 안 되며, 진실에 맞는 것으로 알고 있는 상대방의 주장을 다투어서는 안 되는 의무를 말한다. 나아가 알고 있는 것은 유리·불리를 불문하고 모두 진술하지 않으면 안 되는 완전의무(불리한 것은 감추고 유리한 것은 과장해서는 아니 될 의무)까지도 포함한다. 이는 민사소송법 제1조 제2항의 신의칙에 의한 성실소송 수행의무의 당연한 요청이기도 한데, 세계 각국은

일찍부터 이를 명문으로 규정하였으나, 우리 법에는 직접적인 규정이 없다. 그러나 법 제363조[93]), 제370조[94])의 규정과 같이 진실의무의 일반적 존재를 전제로 한 규정이 있음에 비추어 통설은 이를 긍정해 오고 있다. 다만 진실의무가 있다고 하여 상대방 당사자를 위한 소송자료의 제공의무가 있다고는 할 수 없다(예 원고는 피고를 위한 반소자료나 항변자료의 제공의무 등은 없다). 그러나 진실의무위반의 경우에 특별한 법률효과를 인정하는 일반적 규정을 두고 있지 않음이 특색이다. 다만 승소한 경우라도 상대방에 대한 소송비용의 부담, 소송사기로 인한 손해배상책임, 또 사실인정에 있어서 변론전체의 취지로서 당해 당사자에게 불리한 영향, 나아가 소송사기죄가 성립될 수 있다.

Ⅴ 변론주의의 예외(제한)

1. 직권탐지주의

1) 의의

직권탐지주의는 앞서 본 바와 같이 소송자료의 수집책임을 당사자가 아닌 법원에 일임하는 입장이다.

2) 구체적 내용

(1) 사실의 직권탐지(주장책임의 배제)

당사자의 변론은 법원의 직권탐지를 보완하는 데 그치며, 당사자가 주장하지 않은 사실도 법원은 자기의 책임과 직권으로 수집하여 판결의 기초로 삼아야 한다. 이 점에서 직권탐지사항은 판결의 기초가 될 사실·증거까지는 탐지하지 않는 직권조사사항과는 다르다. 그러나 직권에 의한 사실의 수집의무는 무제한적인 것이 아니라 기록에 나타난 사실에 한한다는 것이 판례이다. 다만 당사자의 주장책임이 없기 때문에 당사자의 주장 자체로 원고가 패소될 수는 없다.

(2) 자백의 구속력배제

당사자의 자백은 법원을 구속할 수 없으며 한낱 증거자료에 그친다.

(3) 직권증거조사(주관적 증명책임의 배제)

당사자의 증거신청을 불허하는 것은 아니나, 그 신청여부에 불구하고 법원은 원칙적인 직권증거조사의 책임을 진다. 이 점이 보충적 직권증거조사에 의하는 변론주의와 다르다.

---

93) 제363조(문서성립의 부인에 대한 제재)
  ① 당사자 또는 그 대리인이 고의나 중대한 과실로 진실에 어긋나게 문서의 진정을 다툰 때에는 법원은 결정으로 200만원 이하의 과태료에 처한다.
94) 제370조(거짓 진술에 대한 제재)
  ① 선서한 당사자가 거짓 진술을 한 때에는 법원은 결정으로 500만원 이하의 과태료에 처한다.

(4) 이 밖에 공격방어방법의 제출시기의 무제한, 즉 소송자료의 제출이 시기에 늦었다 하여도 배척하여서는 안 되며, 이러한 의미에서 법 제147조[95], 제149조[96]와 제285조[97] 등 3가지 실권효(失權效)규정의 적용이 배제된다.

3) 당사자의 절차권보장
다만 직권으로 탐지한 사실이나 증거를 곧바로 판결의 자료로 삼는다면 예상 밖의 불리한 재판이 될 수 있으므로, 이의 방지를 위하여 미리 당사자에게 알려 그에 관한 의견진술의 기회를 부여하여야 한다. 또 직권탐지주의에 의하는 경우도 소송인 이상 당사자는 당사자권의 보장하에 사실자료나 증거자료를 제출할 권리를 갖는다.

4) 적용범위
일반적으로 직권탐지주의의 대상은 가능한 한 객관적인 진실발견이 필요하다고 인정되는 사항이다.

(1) 재판권·재심사유의 존재는 고도의 공익성 때문에, 알려지지 않은 경험법칙·외국법규·관습법 따위는 법관이 직책상 규명하여야 할 사항이기 때문에 각기 직권탐지가 필요하다. 전속관할뿐 아니라 나아가 당사자능력·소송능력도 직권탐지사항이라는 견해가 있다.

(2) 소송물의 성질상 가사소송, 선거소송, 헌법재판은 직권탐지주의에 의한다(다수설). 판례는 동요하는 바이나, 직권에 의한 증거조사와 사실조사가 허용됨에 비추어 행정소송도 가사소송처럼 직권탐지주의임에 틀림없다. 판결의 효력이 제3자에 미치는 대세효에 비추어도 그렇고 실체적 진실발견이 민사소송에서 보다 중요한 공익이 되기 때문이다. 증권관련 집단소송에는 직권에 의한 증거조사·문서제출명령과 소의 제기·소취하·화해·청구의 포기에 법원의 허가 등 직권주의의 요소가 크게 가미되어 있다. 비록 소송절차는 아니나, 민사집행법절차, 비송사건과 특허심판사건에서도 직권탐지주의가 적용된다. 회사관계소송에 명문의 규정은 없으나 직권탐지주의를 준용할 것인지, 일정한 경우에만 제한적으로 받아들일 것인지에 대하여 학자들 사이에 의견이 나뉜다.

---

95) 제147조(제출기간의 제한)
  ① 재판장은 당사자의 의견을 들어 한 쪽 또는 양 쪽 당사자에 대하여 특정한 사항에 관하여 주장을 제출하거나 증거를 신청할 기간을 정할 수 있다.
  ② 당사자가 제1항의 기간을 넘긴 때에는 주장을 제출하거나 증거를 신청할 수 없다. 다만, 당사자가 정당한 사유로 그 기간 이내에 제출 또는 신청하지 못하였다는 것을 소명한 경우에는 그러하지 아니하다.
96) 제149조(실기한 공격·방어방법의 각하)
  ① 당사자가 제146조(적시제출주의)의 규정을 어기어 고의 또는 중대한 과실로 공격 또는 방어방법을 뒤늦게 제출함으로써 소송의 완결을 지연시키게 하는 것으로 인정할 때에는 법원은 직권으로 또는 상대방의 신청에 따라 결정으로 이를 각하할 수 있다.
97) 제285조(변론준비기일을 종결한 효과)
  ① 변론준비기일에 제출하지 아니한 공격방어방법은 다음 각 호 가운데 어느 하나에 해당하여야만 변론에서 제출할 수 있다.
  1. 그 제출로 인하여 소송을 현저히 지연시키지 아니하는 때
  2. 중대한 과실 없이 변론준비절차에서 제출하지 못하였다는 것을 소명한 때
  3. 법원이 직권으로 조사할 사항인 때

2. 직권조사사항

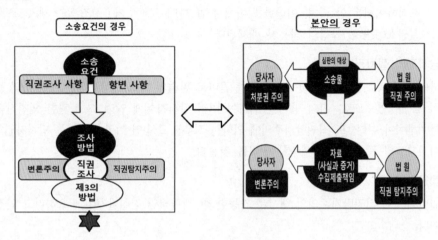

1) 의의

① 직권조사사항이란 당사자의 신청 또는 이의에 관계없이 법원이 반드시 직권으로 조사하여 판단을 하여야 할 사항을 말한다. 공익에 관한 것이기 때문이다. 항변사항과 대립된다.

② 직권조사는 변론주의와 직권탐지주의가 아닌 제3의 입장이라고 하며, 또 변론주의와 직권탐지주의의 중간지대라고도 한다.

2) 구체적 내용

① 직권조사사항은 공익에 관한 것이기 때문에 항변이 없어도 법원이 직권으로 문제 삼아 판단한다는 것을 뜻하는 것이지(당사자 간에 다툼이 없을 때에도 직권으로 문제 삼았을 때에는 불의의 타격 방지를 위해 석명의무가 있다) 판단의 기초될 사실과 증거에 관한 직권탐지의무는 없다. 이 한도에서는 변론주의와 흡사하다.

② 당사자의 이의 유무에 관계없이 이를 조사하여야 하며, 설사 이의하다가 철회하여도 이에 구애됨이 없이 심리하여야 한다. 이의권의 포기는 허용되지 아니한다.

③ 제출자료상 그 존부에 대해 의문이 제기될 사정이 있을 때에는 법원의 직권석명 내지는 조사의무가 있다. 그러나 법원에 현출된 모든 소송자료를 통하여 살펴볼 때 의심할 만한 사정이 발견되지 않는 경우까지 법원이 직권증거조사를 하여야 하는 것은 아니다.

④ 그 존부 자체는 재판상의 자백이나 자백간주의 대상이 될 수 없다.

⑤ 피고의 답변서 제출이 없어도 무변론판결을 할 수 없다. 공격방어방법과 상고이유서 제출의 시기적 제한이 없다.
위 ② 내지 ⑤의 한도에서는 직권탐지의 경우의 취급과 흡사하다.

⑥ 직권조사사항에 관하여 '자유로운 증명에 의할 수 있는가'는 다투어지고 있다. 상고심에서도 이에 대해 새로이 주장·증명을 할 수 있다.

3) 적용범위

직권조사사항에 속하는 것으로는 소송요건 또는 상소요건, 외국재판의 승인요건, 상고심의 심리불속행사유, 절차적 강행법규의 준수, 실체법의 해석적용 따위이다. 다만 소송요건 중에 임의관할 등의 항변사항은 직권조사사항으로 볼 수 없으나 반면에 재판권은 오히려 직권탐지사항에 속한다. 이 밖에도 판례는 소멸시효기간 아닌 "제척기간"을 비롯하여 i) 당사자의 확정, ii) 소송계속의 유무와 전소확정판결의 유무, iii) 과실상계와 손익상계, iv) 위자료의 액수, v) 배상책임경감사유, vi) 신의성실의 원칙 또는 권리남용, vii) 채권자대위소송에서 피보전권리의 존재, viii) 지체상금의 감액사유를 직권조사사항으로 보고 있다.

Ⅵ 석명권

🖐 관련 기출문제 – 2020년 공인노무사
【문제 2】 석명의무에 관하여 설명하시오. 25점

1. 의의

1) 석명권이란 소송관계를 분명하게 하기 위하여 당사자에게 질문하고 증명촉구를 할 뿐 아니라, 당사자가 간과한 법률상 사항을 지적하여 의견진술의 기회를 주는 법원의 권능을 말한다.

2) 석명권은 법원이 당사자의 소송자료수집에 협력하여 변론주의의 결함을 시정하는 Magna Charta로서 실질적 당사자평등을 보장하는 제도이다. 변론주의의 형식적인 적용에 의한 불합리를 시정하고, 적정하고 공정한 재판을 가능하게 하기 위하여 법원의 소송지휘권의 하나로서 석명권을 인정하고 있다. 따라서 석명권은 변론주의의 보충 및 수정의 원리에 의한 것으로 법원의 권한임과 동시에 의무(석명의무)이다.

3) 문제는 법원이 석명을 태만히 하거나 그릇 행사한 경우에 상고이유로 삼을 수 있는가이다. i) 석명권의 범위와 석명의무의 범위가 일치하는 것을 전제로 석명권불행사가 판결결과에 영향을 미칠 수 있는 한 모두 심리미진이고 상고이유가 된다는 적극설, ii) 석명권은 법원의 권능이고 그 행사 여부는 법원의 자유재량에 속하므로 석명권의 불행사는 상소의 대상이 되지 않는다는 소극설의 대립이 있다. 생각건대 석명의무의 범위는 그 권능으로서의 범위보다는 좁다고 할 것이므로 석명권의 중대한 해태로 심리가 현저히 조잡하게 되었다고 인정되는 경우, 즉 석명권의 불행사가 객관적 자의라고 할 정도일 때에 상고이유가 된다고 볼 것이다(절충설 – 다수설).

2. 석명권의 범위(한계)

1) 소극적 석명

당사자가 밝힌 소송관계의 테두리 내에서 사실적·법률적 측면에서 당사자의 신청이나 주장에 불분명·불완전·모순 있는 점을 제거하는 방향으로 행사해야 하는 것을 소극적 석명이라 하며 이 경우는 석명권의 과도한 행사가 문제되지 않는다(통설).

2) 적극적 석명

석명권의 행사에 의하여 새로운 신청·주장·공격방어 방법의 제출을 권유하는 석명을 적극적 석명이라 한다.

3) 판례

판례는 소극적 석명은 허용되지만, 당사자의 주장이 분명한데 새로운 당사자가 주장하지도 않는 요건사실 또는 공격방어방법을 시사하여 그 신청이나 제출을 권유함과 같은 것(적극적 석명)은 변론주의에 위반되며 석명권의 범위를 일탈한다고 하였다. 다만 일부 판례에서는 소변경의 석명과 지적의무를 통한 적극적 석명의 태도를 보이고 있다. 또 손해배상의무가 인정될 경우에 배상액은 적극적 석명사항이라 했다. 최근 대법원 판례에서는 법률적 관점 등에 모순·불분명한 점은 적극적 석명사항이라 보았다.

3. 석명의 대상[98]

1) 청구, 주장, 증명촉구

석명은 청구(소송물), 법률상 주장, 사실상 주장, 증명 등 모든 사항에 대하여 가능하다.

(1) 우선 청구와 관련하여 청구취지가 불분명하거나, 청구병합의 형태나 변경의 태양이 불분명한 경우 법원은 석명할 수 있다.

① 전혀 새로운 청구를 하라는 경우는 적극적 석명에 해당하여 원칙적으로 허용되지 않지만, 새로운 청구인지 여부는 소송물이론에 따라 달라질 수 있다. 예컨대, 원고가 불법행위에 기한 손해배상청구를 하였는데, 채무불이행에 기한 손해배상청구를 하라고 촉구하는 것은 소송물이론에 따라 평가가 달라진다. 판례가 취하는 실체법설에 의하면 적극적 석명에 해당한다.

② 판례가 예외적으로 새로운 청구로의 청구취지변경에 대한 석명을 허용하는 대표적인 예가 토지임대차종료를 원인으로 하는 토지인도와 건물철거를 구하는 소송에서 피고의 건물매수청구권의 항변이 이유 있는 경우이다. 판례는 이 경우는 오히려 매매대금지급과 상환으로 건물인도청구를 하도록 청구취지변경을 유도하는 것이 법원의 의무라고 하였다.

(2) 법률상 주장이나 사실상 주장이 불분명한 경우 이를 바로잡기 위한 석명은 허용된다. 당사자가 특정한 법률효과를 주장하면서 요건사실의 일부를 누락한 경우 이를 보충하라는 석명도 허용된다. 하지만 전혀 별개의 새로운 공격방어방법의 제출을 유도하는 석명은 적극적 석명이므로 허용되지 않는다.

(3) 당사자가 주장은 하였지만 증명을 하지 않은 경우, 증명촉구는 당연히 허용된다는 것이 판례의 입장이다. 증명촉구는 일반적으로 의무는 아니지만, 판례는 특히 손해배상청구소송에서 손해배상청구권의 존재는 인정되지만 손해액에 대한 증명이 부족한 경우, 원고가 증명하지 않겠다는 의사를 명백히 표시한 경우를 제외하고는, 법원은 적극적으로 증명을 촉구하여

---

98) 박재완, 앞의 책, 233-235면

야 한다고 하였다. 다만 개정법 제202조의2[99]는 이와 같은 경우에, 법원은 변론의 전체 취지와 증거조사결과에 의하여 인정되는 모든 사정을 종합하여 상당하다고 인정되는 금액을 손해배상액수로 정할 수 있다고 하였다.

2) 법률상 사항 – 지적의무

(1) 의의

① 민사소송법 제136조 제4항[100]은 1990년 법개정 때 추가된 조항으로 법률상 사항에 대한 지적의무를 인정하고 있다.

② 위 의무의 성격이나 내용에 관해 여러 견해가 있지만, 아래 두 가지의 사항이 위 의무와 관련하여 주로 논의된다. 첫째, 위 조항으로 인하여 신소송물 이론이 강화되었는지 여부인바, 견해 대립이 있다. 둘째, 위 조항의 법률상 사항 지적의무가 불의타를 방지하기 위한 것이라고 보는 데에는 이견이 없다. 즉, 제소기간 도과, 당사자적격, 소익의 흠결로 소송요건이 흠결되었음에도 불구하고 원고가 전혀 이를 눈치채지 못하고 본안의 변론만 하고 있는 경우 아무런 지적도 하지 않은 채 변론을 종결하여 소각하판결을 하는 것은 위 조항에 반한다는 데에 의견이 일치하고, 판례도 같다.

(2) 행사요건

① 당사자가 '간과하였음이 분명한' 법률상의 사항이어야 한다. 통상인의 주의력을 기준으로 당사자가 소송목적에 비추어 당연히 변론에서 주장되어야 할 법률상의 사항을 부주의 또는 오해로 빠뜨리고 넘어가 쟁점이 된 바 없는 경우를 뜻한다. 나아가 당사자의 주장이 법률적 관점에서 보아 불명료·불완전·모순이 있는 경우도 같다고 할 것이다. 따라서 법률전문가인 법관의 입장에서 기대할 수 있는 정도의 법률을 간과한 경우까지는 포함될 수 없다. 다만 다툼없이 쟁점화되지 않고 넘어간 것이 분명한지를 판단함에 있어서는 당사자의 법률지식 정도를 고려하여야 하며, 본인소송은 변호사대리소송과는 달리 후하게 판단하여야 할 것이다.

② 당사자가 간과한 '법률상 사항'이 그 대상이 된다. 법률상 사항은 사실관계에 대한 법규적용사항인 법률적 관점을 뜻한다. 법률상 사항도 법 제136조 제1항에 의하여 종래부터 석명권의 대상이 되었던 것이며, 법률적 주장에 불분명·불완전한 점이 있을 때에는 지적대상이 되었으나, 이에 나아가 당사자가 간과하고 주장하지도 생각하지도 않은 법률적 관점도 석명의 범위 내인가는 적극적 석명을 불허하는 우리 판례하에서는 명확하지 않았다. 그런데 동조 제4항에 의하여 석명대상으로 포함시킴으로써 이제 법률상의 관점에 관한 석명의무의 강화와 적극화에 이른 것이며 대판 2015다236820·236837에서 적극석명사항임을 확인했다.

---

99) 제202조의2(손해배상 액수의 산정)

손해가 발생한 사실은 인정되나 구체적인 손해의 액수를 증명하는 것이 사안의 성질상 매우 어려운 경우에 법원은 변론 전체의 취지와 증거조사의 결과에 의하여 인정되는 모든 사정을 종합하여 상당하다고 인정되는 금액을 손해배상 액수로 정할 수 있다.

100) 제136조(석명권(釋明權)·구문권(求問權) 등)

④ 법원은 당사자가 간과하였음이 분명하다고 인정되는 법률상 사항에 관하여 당사자에게 의견을 진술할 기회를 주어야 한다.

→ 최근 판례는 석명지적의무의 의의를 정의하면서 손해배상청구의 법률적 근거가 계약 책임인지 불법행위책임인지는 증명책임을 달리하는 중대한 법률적 사항인데 원고가 명시하지 아니한 경우에 석명하지 않고 불법행위책임을 묻는 것으로 단정하는 것은 잘못이라 하였다.

→ 원고가 소유권에 기한 건물인도를 구하는 경우에 채권자대위권에 기하여 건물인도청 구를 인용하기 위해서는 그에 관한 피고의 견해를 듣고 반대주장을 할 수 있는 기회 를 부여하여야 한다고 한다. 이렇게 직접청구와 대위청구에서 보는 바와 같이 지적의 무가 동일소송물 내에서 행사하여야 하는 제약은 없다.

→ 부제소합의와 같은 직권조사사항은 당사자 간에 다툼이 없을 때에도 직권으로 부적법 각하하기에 앞서 상대방 당사자가 불의의 타격을 받지 않도록 의견진술의 기회를 주 는 석명이 필요하다는 것이 최근의 판례이다.

→ 채권자대위소송에서 보전의 필요성이 없다는 이유로 소각하하고자 할 때에도 지적석 명을 필요로 한다는 대법원 판례도 이와 같은 맥락이다.

④ 법원은 적절한 방법으로 간과한 법률적 관점을 지적하여 당사자로 하여금 불이익의 배제 를 위한 방어적 의견진술의 기회를 갖도록 하여야 한다.

(3) 지적의무의 위반

불의의 타격방지의 지적의무를 어기고 판결한 경우에는 당연히 심리미진의 절차위배로 상고 이유가 된다. 이때에 절대적 상고이유가 되는 것이 아니고 일반상고이유(법 제423조)가 된 다. 따라서 의무위반이 판결에 영향을 미칠 것을 요한다.

4. 석명권의 행사

1) 주체와 행사방법

① 석명권은 소송지휘권의 일종이므로 합의재판의 경우에는 재판장이, 단독재판의 경우에는 단 독판사가 이를 행사한다(법 제136조 제1항). 합의부원(배석판사)도 재판장에게 알리고 석명 권을 행사할 수 있다. 석명권은 법원의 권한임에 비추어 당사자는 상대방에게 직접 석명을 구할 수 없으며, 필요한 경우에는 재판장에게 상대방에 대하여 석명을 요구하여 줄 것을 요 청할 수 있다[101].

② 석명권은 변론절차에서뿐 아니라 변론준비절차에서 행사할 수 있다(법 제286조). 석명권은 법정에서 행사하게 되어 있지만(질문권), 필요한 경우에는 미리 당사자에게 석명할 사항을 서면·구두로 지시하고 변론준비기일이나 변론기일 전에 준비할 것을 명할 수 있다. 이를 석명준비명령이라 한다. 실무상 많이 활용된다.

③ 석명권을 행사함에 있어서는 법관으로서의 중립성을 유지하여야 한다.

---

101) 제136조(석명권(釋明權)·구문권(求問權) 등)
① 재판장은 소송관계를 분명하게 하기 위하여 당사자에게 사실상 또는 법률상 사항에 대하여 질문할 수 있고, 증명 을 하도록 촉구할 수 있다.
② 합의부원은 재판장에게 알리고 제1항의 행위를 할 수 있다.
③ 당사자는 필요한 경우 재판장에게 상대방에 대하여 설명을 요구하여 줄 것을 요청할 수 있다.

2) 석명불응에 대한 조치

당사자에게는 석명에 응하여야 할 의무가 없다. 그러나 당사자가 석명에 불응하는 때에는 주장책임이나 증명책임의 원칙에 따라 주장·입증이 없는 것으로 취급되어 불이익한 재판을 면치 못하게 된다. 이보다 구체적인 재판으로서는 석명에 응하지 않는 사항에 대해서는 진술취지의 불명으로 각하되는 불이익을 받을 수 있다(법 제149조 제2항).

5. 석명처분(법 제140조)[102]

법원은 위에서 본 변론 중의 질문이나 증명촉구 이외에 소송관계를 분명하게 하기 위하여 다음의 일정한 처분을 할 수 있다. 이것은 어디까지나 사건의 내용을 이해하기 위한 것이므로 증거자료의 수집을 목적으로 하는 증거조사와는 다르다. 따라서 석명처분에 의하여 얻은 자료는 당연히 증거로서의 효력이 없으며, 단지 변론 전체의 취지로서 참작될 수 있을 뿐이다. 그러나 당사자가 이를 증거로 원용하면 다르다.

1) 당사자 본인의 출석명령

소송대리인이 있어도 직접 본인으로부터 사정을 청취하는 것이 적당한 경우에는 본인 또는 법정대리인의 출석을 명할 수 있다. 이때 출석하는 당사자는 본인신문을 받기 위하여 증거방법으로 출석하는 당사자 본인(법 제367조 이하)과는 다르다.

2) 문서 그 밖의 물건의 제출·유치

예컨대 당사자가 변론에서 계약서를 인용하였을 때에 이에 대하여 석명하였지만 계약내용이 불명한 경우에는, 법원은 계약내용의 파악을 위하여 당사자에게 그 계약서의 제출·유치를 명할 수 있다. 영상과 녹취록도 대상이 될 것이다.

3) 검증·감정

당사자의 주장이나 쟁점이 명확하지 아니하여 검증을 하면 분명해질 수 있는 사건에서는 법원이 현장검증을 할 수 있다. 또 전문적인 학식경험이 없이는 이해가 곤란한 경우에는 전문가에게 감정을 명하여 그 설명을 들어볼 수 있다.

4) 조사촉탁

법원은 소송관계를 분명하게 하기 위해 필요한 조사를 공공기관·학교·개인·외국의 공공기관에게 촉탁, 또는 보관 중의 문서송부를 촉탁할 수 있다.

이 밖에 항소심에서 항소이유서 제출을 촉구하는 석명적 준비명령을 행한다.

---

102) 제140조(법원의 석명처분)
　① 법원은 소송관계를 분명하게 하기 위하여 다음 각 호의 처분을 할 수 있다. 1. 당사자 본인 또는 그 법정대리인에게 출석하도록 명하는 일 2. 소송서류 또는 소송에 인용한 문서, 그 밖의 물건으로서 당사자가 가지고 있는 것을 제출하게 하는 일 3. 당사자 또는 제3자가 제출한 문서, 그 밖의 물건을 법원에 유치하는 일 4. 검증을 하고 감정을 명하는 일 5. 필요한 조사를 촉탁하는 일

제 5 절   적시제출주의(공격방어방법의 제출시기)[103]

I   의의

1) 적시제출주의는 공격방어방법의 제출시기에 관한 기본원칙으로서, 당사자가 공격방어방법을 소송의 정도에 따라 적절한 시기에 제출하여야 하는 입장을 말한다(법 제146조). 이에 의하여 변론 종결에 이르기까지 어느 때라도 공격방어방법을 제출할 수 있고 또 제출에 있어서 순서를 정해 놓고 있지 아니한 구법의 수시제출주의를 버리게 되었다.

2) 공격방어방법의 제출에 대한 역사적 변천을 보면, ⅰ) 이에 관하여 엄격한 순서를 정하여 ① 원고의 청구원인, ② 피고의 항변, ③ 원고의 재항변, ④ 증거신청의 순서를 따라야 하고, 그 순서를 놓치면 실권되게 하는 동시제출주의 또는 법정순서주의가 있었다. 그러나 이는 실권할 것을 두려워한 당사자로 하여금 허겁지겁 가정주장이나 가정항변을 하게 만들어 사건을 복잡하게 만들고 기록을 두텁게 하여 심리를 경직시키는 폐해를 낳았다. ⅱ) 그리하여 프랑스 혁명 이후 프랑스 민사소송법은 공격방어방법의 제출에 있어 순서를 정하는 굴레를 깨고 순서 없이 변론종결 시까지 자유롭게 제출할 수 있는 수시제출주의로 나아갔다. 수시제출주의는 소송자료를 유연성 있게 제출할 수 있는 장점이 있었으나 당사자의 주의력을 산만하게 하여 변론의 집중을 어렵게 만들고, 수시제출의 자유를 악의의 당사자에 의하여 소송지연의 도구로 남용되는 폐해가 있었다. ⅲ) 그리하여 최근에 독일·일본은 적시제출주의로 선회하는 입법을 하기에 이르렀고, 우리 민사소송법은 이 입법추세를 따랐다. 적시제출주의는 법정순서주의와 수시제출주의의 절충이다.

II   적시제출주의의 내용

1) 적시제출주의는 공격방어방법의 제출시기에 관한 기본원칙이다. 적시제출주의가 소송당사자에게 일반적인 소송촉진의무를 지게 한 규정이라면, 뒤에 설명하는 재정기간·실기한 공격방어방법의 각하와 변론준비기일 종결 후의 실권 등 3가지 실권효(失權效) 규정은 적시제출주의의 이념의 구체화라고 할 수 있다.

2) 적시제출주의에 의하면 공격방어방법은 소송의 상태에 따라 적절한 시기에 제출하여야 한다. '적절한 시기'는 개개의 소송절차에서 구체적인 상황에 비추어 판단할 문제이나, 집중심리를 위하여 신법이 마련한 소송절차의 취지와 당사자의 신의성실의무 특히 소송촉진의무가 일단의 판단기준이 될 것이다.

---

103) 이시윤, 앞의 책, 351–357면

Ⅲ 적시제출주의의 실효성 확보를 위한 제도 - 3실권효

1. 재정기간제도(裁定期間制度, 공격방어방법의 제출기간제한)[104]

1) 의의

당사자가 특정한 공격방어방법을 적절한 시기에 제출하도록 재판장이 제출기간을 정하는 한편, 그 기간 내에 제출하지 못하고 넘기면 그 공격방어방법을 제출할 수 없게 하는 실권제도를 신설하였다. 적시제출주의에 의한 소송촉진이 이루어지려면 뒤에 볼 실기한 공격방어방법의 각하규정만으로 한계가 있다고 본 때문이며, 이는 적시제출주의의 관철을 위한 사전유도책이다.

2) 내용

① 재판장은 한 쪽 또는 양 쪽 당사자에 대하여 특정한 사항에 관하여 언제까지로 주장·항변의 제출기간, 증거신청의 기간을 정할 수 있다. 이는 적시에 맞는 제출기간·신청기간을 정하는 것인데, 앞서 재판장은 당사자의 의견을 들어야 한다. 당사자의 절차권을 보장하고 무리하게 단기간으로 제출기간을 정하는 것을 막자는 취지이다. 재판장의 재량으로 정하는 것이나 재판장은 또한 주장제출·증거신청을 요하는 사항과 그 기간 및 어느 당사자에 대한 기간인지를 명확하게 특정하여야 한다. 재판장은 법 제147조 제1항의 재정기간을 정하면서 그 기간을 넘긴 때에는 주장제출·증거신청은 실권된다는 취지를 함께 고지하여 당사자가 예상치 아니한 불이익을 입지 않도록 할 것이다.

② 만일 당사자가 정해진 기간을 지키지 못하고 넘긴 때에는 이후에 재정기간에서 정한 특정한 사항에 관하여 주장을 제출하거나 증거를 신청할 수 없다. 이와 같은 실권효는 변론집중을 위한 큰 개혁임에 틀림없는데, 한편 당사자가 정당한 사유로 제출기간 이내에 제출·신청하지 못하였을 때는 소명에 의해 면책되는 길을 열어 놓았다.

③ 재정기간에 관한 법 제147조는 변론절차에 적용되지만 변론준비절차에도 준용된다(법 제147조 제2항 단서)

---

104) 제147조(제출기간의 제한)
   ① 재판장은 당사자의 의견을 들어 한 쪽 또는 양 쪽 당사자에 대하여 특정한 사항에 관하여 주장을 제출하거나 증거를 신청할 기간을 정할 수 있다.
   ② 당사자가 제1항의 기간을 넘긴 때에는 주장을 제출하거나 증거를 신청할 수 없다. 다만, 당사자가 정당한 사유로 그 기간 이내에 제출 또는 신청하지 못하였다는 것을 소명한 경우에는 그러하지 아니하다.

2. 실기(失機)한 공격방어방법의 각하(법 제149조 제1항)[105]

1) 의의

법원이 제출기간을 정하지 아니한 경우라도 당사자가 적시제출주의를 어겨 고의·중과실로 공격방어방법을 늦게 제출하여 소송절차를 지연시킬 때에는 각하하고 심리하지 아니하는 권한을 법관에게 부여하였다. 이는 법원의 소송촉진의무의 결과이다. 적시제출주의의 위반에 대한 사후 응징책이며, 늑장을 부리며 게을리 하는 자를 보호하지 아니하는 대표적 예이다. 다만 이 규정을 엄격하게 적용하면 절차적 정의인 소송촉진은 되지만 실체적 정의인 진실이 희생된다고 하여 그 적용을 꺼리던 것이 종래의 실무관행이었으나 이제는 탈피함이 마땅하다.

2) 각하요건

(1) 시기에 늦은 공격방어방법의 제출일 것

① 적시제출주의를 어겼으면 이에 해당된다. 공격방어방법을 소송의 정도에 따라 적절한 시기에 제출하였는지 여부는 개개 소송의 진행정도와 내용에 따라 개별적으로 판단할 문제이나, 소송의 진행정도로 보아 과거에 제출을 기대할 수 있었음에도 이를 하지 아니한 경우이다. 상대방과 법원에 새로운 공격방어방법을 제출하지 않을 것이라는 신뢰를 부여하였는지 여부를 고려하여야 한다는 것이 판례이다. 판례는, 1심에서는 하지 않고 항소심 제4차 기일에 비로소 유치권항변을 제출한 경우를 실기한 공격방어방법이라고 보았다.

② 항소심에서 새로운 공격방어방법이 제출되었을 때에, 시기에 늦었느냐의 여부를 항소심만을 표준으로 판단할 것인가, 제1심·제2심을 통하여 판단할 것인가가 문제되는데, 항소심이 속심구조이고 제149조가 총칙규정인 점을 고려하여 현재의 통설·판례는 제1심의 경과까지 전체를 통틀어 늦었는가를 판단하여야 한다고 본다. 만일 항소심만을 표준으로 판단한다면, 제1심에서 구태여 모든 사실자료와 증거자료를 내어놓고 싸울 필요가 없게 되며 그리하여 제1심 중심주의의 이상은 파탄되고 결국 항소율을 높이는 결과가 될 것이다.

③ 증거방법 중 유일한 증거방법을 실기하였다고 각하할 수 있느냐에 관하여 판례는 동요하고 있으나, 유일한 증거방법이라고 해서 예외로 취급할 것이 아니다.

(2) 당사자에게 고의 또는 중과실이 있을 것

고의 또는 중과실은 당사자 본인 또는 대리인 어느 한 편에 있으면 된다. 고의·중과실의 유무를 판단함에 있어서는 법률지식의 정도를 고려하여야 하며, 따라서 본인소송은 변호사 대리소송과는 달리 판단하여야 한다. 또 공격방어방법의 종류도 고려하여야 할 것으로, 출

---

105) 제149조(실기한 공격·방어방법의 각하)
　① 당사자가 제146조(적시제출주의)의 규정을 어기어 고의 또는 중대한 과실로 공격 또는 방어방법을 뒤늦게 제출함으로써 소송의 완결을 지연시키게 하는 것으로 인정할 때에는 법원은 직권으로 또는 상대방의 신청에 따라 결정으로 이를 각하할 수 있다.
　② 당사자가 제출한 공격 또는 방어방법의 취지가 분명하지 아니한 경우에, 당사자가 필요한 설명을 하지 아니하거나 설명할 기일에 출석하지 아니한 때에는 법원은 직권으로 또는 상대방의 신청에 따라 결정으로 이를 각하할 수 있다.

혈적인 상계항변이나 건물매수청구권의 행사와 같은 것의 조기제출요구는 무리라고 할 것이다. 그러나 판례는 파기환송되기 전에 제출할 수 있었던 상계항변을 환송 후에 주장한 경우는 실기한 방어방법으로 보았다.

(3) 이를 심리하면 각하할 때보다 소송의 완결이 지연될 것(절대설)

소송의 완결을 지연시키게 하는 것은 이러한 공격방어방법의 심리가 없으면 즉시 변론을 종결할 수 있는데, 이 때문에 기일을 새로 열지 않으면 안 되는 경우이다. 가령 재정증인과 같이 해당 기일에 즉시 조사할 수 있는 증거의 신청은 소송의 완결을 지연시킨다고 할 수 없다.

3) 각하의 대상

각하의 대상은 공격방어방법, 즉 사실상의 주장·부인·항변·증거신청 등이고, 반소·소의 변경·참가신청 등 판결신청은 이에 해당되지 않는다.

4) 각하절차

각하는 직권 또는 상대방의 신청에 따라 한다. 각하요건이 갖추어졌을 때에 제149조가 소송촉진을 위한 공익적 규정임을 들어 반드시 각하하여야 한다는 견해가 있으나, 입법론은 별론으로 하고, 해석론으로는 제149조의 문면상 무리하다고 하겠으며 각하 여부는 법원의 재량적 사항으로 볼 것이다(통설). 각하를 함에는 독립된 결정으로 하거나 종국판결의 이유 속에서 판단하면 된다. 각하당한 당사자는 독립하여 항고할 수 없고, 종국판결에 대한 상소와 함께 불복하여야 한다(법 제392조). 그러나 각하신청이 배척된 경우에는 법원의 소송지휘에 관한 사항이기 때문에 불복신청이 허용되지 않는다.

3. 변론준비기일 종결 후 공격방어방법(법 제285조, 변론준비기일의 종결효)

필요에 의하여 변론준비절차에 부쳐 변론준비기일이 열리고 끝난 뒤에는 그 기일에서 미처 제출하지 않은 공격방어방법은 적절한 시기를 놓친 것이므로 원칙적으로 변론에서 제출할 수 없는 실권(失權)을 당하게 된다.

4. 그 밖의 확보책

1) 석명에 불응하는 공격방어방법의 각하(법 제149조 제2항)

당사자가 제출한 공격방어방법의 취지가 분명하지 아니한 경우 법원의 석명권 행사 석명처분에도 불구하고 당사자가 필요한 설명을 하지 않거나 설명할 기일에 출석하지 않은 때에는 법원은 실기한 공격방어방법과 같은 절차에 의하여 당해 공격방어방법을 각하할 수 있다.

2) 중간판결의 내용과 저촉되는 주장의 제한

중간판결을 한 때에는 기속력 때문에 그 판단사항에 관한 공격방어방법은 당해 심급에서는 제출할 수 없다.

3) 상고이유서제출기간 지난 뒤의 새로운 상고이유의 제한(법 제427조, 제431조)

상고심에서는 상고이유서제출기간 안에 이에 기재하여 제출하지 않은 상고이유는 원칙적으로 고려하지 않는다.

4) 답변서제출의무와 방소항변

신법은 피고에게 소장부본을 송달받은 날부터 30일 이내에 답변서를 제출할 의무를 지우고 있다. 임의관할 위반, 소송비용의 담보제공, 중재합의의 존재 등의 방소항변을 본안에 관한 변론 전까지 제출케 한 것도 적시제출주의를 실현하기 위한 것이다.

Ⅳ 적시제출주의의 예외

적시제출주의는 변론주의가 적용되는 범위에 한정되며, 직권탐지주의나 직권조사사항에 관하여는 그 적용이 배제된다. 각하하여 절차의 촉진을 도모하기보다는, 실체적 진실발견의 요청이 우선되기 때문이다.

제 6 절 직권진행주의와 소송지휘권[106]

Ⅰ 의의

소송절차의 진행과 그 정리를 법원의 주도하에 행하는 입장을 직권진행주의라고 하고, 이를 당사자에게 맡기는 입장을 당사자주의라고 한다. 근대 초기의 민사소송법인 1806년의 프랑스 민소법은 자유방임사상의 기조하에 철저한 당사자주의를 채택하여 소송절차전개의 주도권을 전적으로 당사자에게 맡겼으나, 그 뒤 소송의 진행에 대해서까지 당사자에게 맡기는 것은 소송의 지연 등 여러 가지 폐해를 낳기 때문에 소송의 공적 측면을 중시하여 점차 소송의 진행에 대한 법원의 관여가 강화되고 직권주의를 받아들이게 되었다. 우리 민사소송법도 이러한 추세에 맞추어 소송물의 처분과 소송자료의 제출에 대해서는 당사자주의를 기조로 하여 원칙적으로 처분권주의・변론주의를 채택하였지만, 소송의 진행에 대해서는 법원에 주도권을 주는 직권진행주의를 따랐다.

Ⅱ 소송지휘권

1. 의의

직권진행주의에 따라 법원의 소송절차의 진행을 주재하는 권능을 소송지휘권이라고 한다.

---

106) 이시윤, 앞의 책, 361-368면, 박재완, 앞의 책, 239면

2. 소송지휘권의 주체 및 형식

1) 소송지휘권은 법원에 속하고, 기일에서는 재판장이 행사한다[107]. 합의부사건의 경우 위 재판장의 소송지휘권 행사에 대하여 당사자는 이의 신청을 할 수 있고, 이에 대하여는 합의부가 재판하여야 한다[108]. 재판장이 독립하여 소송지휘권을 갖는 경우도 있다. 기일지정, 소장심사, 공시송달명령 등이 그 예이다. 수명법관이나 수탁판사도 자신이 진행하는 절차에 대한 소송지휘권을 가진다.

2) 소송지휘는 변론의 지휘와 같이 사실행위로서 행하는 경우도 있지만, 대체로 재판의 형식을 취한다. 재판의 형식을 취하는 경우에 법원의 지위에서 하는 때에는 결정이며, 재판장·수명법관·수탁판사가 그 자격에서 하는 때에는 명령의 형식에 의한다. 소송지휘의 재판은 불필요·부적당하다고 생각하면 어느 때나 스스로 취소할 수 있다.

3. 당사자의 신청권

1) 소송지휘는 법원의 직권에 속하는 것이어서, 당사자의 신청은 법원의 직권 발동을 촉구하는 의미밖에 없으며, 이를 받아들이지 않는 경우에도 각하하는 재판이 필요 없다.

2) 그러나 법률은 일정한 경우에 당사자에게 소송지휘를 구하는 신청권을 인정하고 있다. 이 경우에 법원은 신청을 그대로 방치할 것이 아니라 반드시 신청에 대한 재판을 하여야 한다. 예를 들면 소송이송, 구문권, 시기에 늦은 공격방어방법의 각하, 중단절차의 수계 등이다.

Ⅲ 소송절차에 관한 이의권(법 제151조)[109]

1. 의의

1) 소송절차의 진행 중에 법규에 위배되는 일이 있는 경우, 이에 대해 당사자는 이의를 하고 그 효력을 다툴 수 있는 소송상의 권능을 갖는다. 이를 소송절차에 관한 이의권이라 하는데 구법에서는 책문권이라 하였다.

2) 이의권의 적극적인 행사보다도 그 권능을 행사하지 아니하는 것이 문제된다. 그리하여 소송법에서도 전적으로 그 불행사의 소극적인 측면에서 규정하였으며, 소송절차의 안정과 소송경제를 위해 절차규정 중 임의규정의 위배에 대해서는 이의권의 포기·상실에 의하여 절차위배의 잘못이 치유되도록 하였다.

---

107) 제135조(재판장의 지휘권)
① 변론은 재판장(합의부의 재판장 또는 단독판사를 말한다)이 지휘한다.
108) 제138조(합의부에 의한 감독)
당사자가 변론의 지휘에 관한 재판장의 명령 또는 제136조 및 제137조의 규정에 따른 재판장이나 합의부원의 조치에 대하여 이의를 신청한 때에는 법원은 결정으로 그 이의신청에 대하여 재판한다.
109) 전병서, 앞의 책, 128-131면

2. 대상

1) 이의권은 법원이나 상대방 당사자의 소송절차에 관한 규정 위배가 있는 때에 한하여 생긴다. 따라서 소송절차 아닌 소송행위의 내용, 소송상 주장의 정당여부는 이의권의 발생과 무관하다. 공격방어방법에 관한 판단 잘못, 채증법칙위반, 자백에 반하는 사실인정 등은 절차에 관한 규정 위반이라고 할 수 없으므로 이의권의 문제로 되지 않는다.

2) 이의권의 포기·상실이 허용되는 것은 소송절차에 관한 규정 중에서도 처분 가능한 임의규정 위배에 한한다. 소송절차에 관한 규정이라도 효력규정이 아닌 훈시규정, 사익규정이 아닌 강행규정은 여기에서 배제된다는 취지이다.

① 임의규정이란 당사자의 소송진행상의 이익보장과 편의를 목적으로 한 사익규정을 말하고, 이에 위배된 경우에는 이의권의 포기·상실의 대상이 된다(당사자·보조참가인에 대한 기일 통지 누락, 당사자본인신문에 의할 것을 증인신문 하는 등 증거조사방식의 위배, 청구의 기초에 변경이 있는 소의 변경, 반소요건인 상호관련관계의 흠 등은 이의권의 포기·상실의 대상이 된다).

② 절차규정 중 공익에 관계있는 강행규정 위배의 경우는 이의권의 포기·상실이 허용되지 아니한다. 이는 주로 직권조사사항이다. 예를 들면 법원의 구성·법관의 제척·공개주의·불변기간의 준수·항변사항을 제외한 소송요건·상소요건·재심요건에 관한 규정들이다. 송달에 관한 흠은 상소기간의 기산점이 되는 판결정본의 송달에 관한 흠만 여기에 속한다.

③ 소송절차에 관한 규정일지라도 효력규정이 아닌, 그것이 훈시규정일 경우에는 그 법규에 어긋난 행위라도 효력에는 영향이 없으므로 이에 어긋나도 당사자는 이의를 할 수 없고, 절차이의권의 문제는 발생할 여지가 없다. 법원의 행위에 관한 법규, 가령 판결선고기간(법 제199조), 판결선고기일(법 제207조) 등과 같이 이른바 직무규정에 훈시규정이 많다.

3. 행사

1) 주체

행사의 주체, 즉 누가 절차이의권자가 되는가 하는 문제는 흠이 있는 소송행위를 한 주체가 법원인가 아니면 당사자인가에 따라 다르다. 법원의 소송행위에 흠이 있는 경우에는 원칙적으로 당사자 쌍방이 절차이의권자가 된다. 이에 대하여 당사자의 소송행위에 흠이 있는 경우에는 그 상대방만이 절차이의권자가 된다. 그런데 절차이의권은 어디까지나 법원 또는 상대방 당사자의 소송절차에 관한 규정에 어긋난 경우에 인정되는 것이고, 자기의 행위에 대하여는 절차이의권의 대상이 될 수 없다.

2) 시기

행사의 시기에 대하여는 절차이의권의 해태로 인한 이의권의 상실과의 관계로 보아 당사자가 소송절차에 관한 규정에 어긋난 것임을 알거나 알 수 있었을 경우에 바로(지체 없이) 행사되어야 할 것이다.

4. 절차이의권의 포기 · 상실

1) 절차이의권의 포기

소송절차에 관한 규정에 어긋난 소송행위가 생긴 경우에 당사자가 소송절차에 관한 불이익을 감수하고 이에 대한 이의를 하지 않겠다는 취지를 적극적으로 법원에 대하여 표시하는(명시 또는 묵시의 의사표시) 것을 절차이의권의 포기라고 한다. 절차이의권의 포기는 규정에 어긋난 소송행위가 있을 때에 비로소 행사되므로 사전포기는 인정되지 않는다. 따라서 예를 들어 자기에 대한 송달은 불필요하다고 표시하여도 송달을 생략하는 것은 허용되지 않는다.

2) 절차이의권의 상실

절차이의권의 상실이란 소송절차에 관한 규정에 어긋난 것임을 알거나 알 수 있을 경우에 바로 이의를 제기하지 않는 것에서 절차이의권을 잃게 되는 경우를 말한다(법 제151조 본문). 여기서 「바로」는 이의를 할 수 있는 기회에 지체 없이 이의를 하지 아니한 것을 뜻한다. 예를 들어 당사자에 대한 기일통지서를 송달하지 아니한 채 기일을 열어 증거조사를 한 경우에 그 다음 기일에 바로 이의를 제기하지 않고 변론을 하였으면 절차이의권을 상실한다. 절차이의권을 상실하면 흠이 있는 소송행위는 완전히 유효하게 된다(흠의 치유). 다만, 법원의 행위로 당사자 쌍방에 절차이의권이 생긴 경우에는 쌍방 모두가 이를 상실한 때에 유효하게 된다.

제 7 절 기타 – 심리에 관한 제원칙[110]

1. 공개심리주의

① 재판의 심리와 판결의 선고를 일반인이 방청할 수 있는 공개상태에서 행하는 주의이다. 국민에게 재판을 감시시켜 그 공정성을 담보하고 사법의 투명성에 대한 국민의 신뢰를 유지하는 한편(법원의 행위에 대한 민주적 통제), 허위진술 · 허위증언을 방지하려는 데 그 목적이 있다. 근대국가의 사법제도의 기본으로 되어 있는 바이다.

② 여기의 재판이란 법률상의 실체적 권리관계 자체를 확정하는 것인 소송사건의 재판만을 뜻하며, 또 공개하여야 할 것은 변론절차와 판결의 선고이다.

③ 공개에 관한 사항은 변론조서의 필요적 기재사항(법 제153조 제6호)이므로 조서에 공개하는 취지의 기재가 없으면 공개사실을 인정할 수 없다. 공개심리주의의 위배는 절대적 상고이유로 된다(법 제424조 제1항 제5호).

---

110) 이시윤, 앞의 책, 310–317면, 박재완, 앞의 책, 236–238면

2. 쌍방심리(문)주의

① 소송의 심리에 있어서 당사자 양쪽에 평등하게 진술할 기회를 주는 입장을 말한다. 일방만의 공격으로 불의의 타격에 의한 희생을 방지하기 위한 것이다. 일방 당사자의 소송대리인이 재판부에게 전화를 걸어서 어떤 사정을 주장하는 것은 쌍방심리주의의 요청에 반한다.

② 쌍방심리주의는 필요적 변론사건에만 적용된다. 결정으로 완결할 사건에 있어서는 임의적 변론에 의하므로 반드시 쌍방심리주의에 의하지 아니하며, 당사자가 대등하게 맞서지 않는 강제집행절차도 같다.

③ 특히 절차의 간이·신속이 요청되는 소액사건심판절차, 독촉절차, 가압류·가처분절차에 있어서는 일방심리주의에 의한 재판이 허용되지만, 그 재판에 대한 상대방 당사자로부터의 이의신청이 있으면 쌍방심리의 절차로 넘어가게 된다. 그러므로 이 경우는 법률상 심문의 거부가 아니고 일정한 시기 뒤로 미루어지는 것뿐이다.

3. 구술심리주의

① 심리에 임하여 당사자 및 법원의 소송행위 특히 변론 및 증인신문 등 증거조사를 말(구술)로 행하는 원칙으로서 서면심리주의에 대립한다. 당사자의 본안의 신청(판결의 요구), 주장, 증명(공격방어방법의 제출)은 기일에 구술에 의하여 이루어져야 한다. 소장, 답변서, 준비서면을 작성하는 것은 이러한 기일에서의 구술변론을 보조 내지 준비하기 위한 것에 불과하다.

② 현행법은 구술심리주의를 원칙으로 하면서, 서면심리주의로써 그 결점을 보완하고 있다. 예외적으로 다음 몇 가지에서 서면주의에 의하고 있다.

　ⅰ) 소·상소·재심의 제기, 소의 변경, 관할의 합의, 소송고지 등 중요한 소송행위는 확실을 기하기 위해 원칙적으로 서면에 의할 것을 요구한다.

　ⅱ) 소송자료가 불확실하게 되는 것을 방지하기 위해 변론조서나 변론준비기일조서를 작성하게 하였으며, 특히 상소심의 재심사의 편의를 위해 재판에는 재판서를 작성하게 하였다.

　ⅲ) 변론의 예고를 위하여 준비서면의 제출을 요하도록 하였으며, 불출석한 당사자가 제출한 준비서면에 대하여는 진술간주의 효과를 부여하여 심리의 지연방지와 출석하기 어려운 당사자의 편의에 이바지하고 있다.

　ⅳ) 결정으로 완결할 사건, 상고심판결 특히 심리불속행기각판결, 답변서의 부제출에 의한 무변론판결 등에 있어서는 서면심리를 원칙으로 한다.

　ⅴ) 증인의 출석·증언에 갈음한 서면증언제를 채택하였다. 개정 공증인법의 선서인증제도 같은 취지이다.

　ⅵ) 신법은 서면에 의한 변론준비절차, 서면에 의한 청구의 포기·인낙, 서면화해제도의 신설로 서면주의를 가미했다.

　그러나 한편 소액사건에서는 구술에 의한 소의 제기, 임의출석제, 조서기재의 생략, 준비서면의 불필요, 판결서의 이유기재 생략 등의 특례 규정으로 이러한 서면주의를 크게 후퇴시켰다.

4. 직접심리주의

1) 원칙

변론에 직접 관여한 법관이 판결을 하여야 한다[111]. 다른 사람이 심리한 결과를 기초로 재판하는 간접심리주의와 대립한다. 만일 임의적 변론절차에서 기록을 직접 보지 아니한 법관이 연구관 보고서 그대로 서명날인함은 우선 직접심리주의에 반하는 것으로 결재만 하는 재판이 된다.

2) 예외

(1) 변론의 갱신절차[112]

① 변론에 관여한 법관이 바뀐 경우에 처음부터 심리를 되풀이하는 것은 소송경제에 반하기 때문에 당사자가 새 법관의 면전에서 종전의 변론결과를 보고하면 되는 것으로 하였다. 이 한도에서 직접심리주의의 완화이다.

② 그러나 실제 종전의 변론결과를 진술하는 것이 아니라 이를 조서에 기재해 놓는 요식행위에 그쳐 변론의 갱신절차도 형해화되어 있었다. 이는 직접심리주의의 부실화의 한 단면이었는데, 그에 대한 반성적 견지에서 개정민소규칙 제55조는 종전 변론결과의 진술은 당사자가 사실상·법률상 주장, 정리된 쟁점 및 증거조사결과의 요지 등의 진술, 법원이 당사자에게 쟁점을 확인하는 방식으로 하게 하였다.

(2) 수명법관·수탁판사에 의한 증거조사

증거조사를 법정 내에서 실시하기 어려운 사정이 있을 때에는 수명법관·수탁판사에게 증거조사를 시키고 그 결과를 기재한 조서를 판결자료로 하도록 하였으며, 이 한도에서 간접심리주의에 의하고 있다.

(3) 재판장 등에 의한 변론준비절차

필요한 때 부칠 수 있는 쟁점 및 증거의 정리절차인 변론준비절차는 재판장 또는 수명법관이 주재하며, 변론준비절차의 결과를 판결하는 법관 모두가 관여하는 변론기일에 상정시켜 이를 바탕으로 판결한다.

5. 집중심리주의

1) 의의

① 병행심리주의란 여러 사건의 기일을 동시에 지정하여 조금씩 심리를 진행하되 여러 차례의 변론기일을 거듭하면서 쟁점의 정리와 증인신문 등 증거조사도 병행하는 방식을 말한다. 사건폭주의 재판문화의 산물이다. 이에 대하여 집중심리주의는 소송의 초기단계에서 쟁점과

---

111) 제204조(직접주의)
　　① 판결은 기본이 되는 변론에 관여한 법관이 하여야 한다.
112) 제204조(직접주의)
　　② 법관이 바뀐 경우에 당사자는 종전의 변론결과를 진술하여야 한다.
　　③ 단독사건의 판사가 바뀐 경우에 종전에 신문한 증인에 대하여 당사자가 다시 신문신청을 한 때에는 법원은 그 신문을 하여야 한다. 합의부 법관의 반수 이상이 바뀐 경우에도 또한 같다.

증거를 수집정리한 다음 주로 한 사건을 중심으로 집중적인 증인신문·당사자신문을 실시하는 심리방식을 말한다. 사건이 적을 때에 적합한 심리방식이다.

② 병행심리주의에 의한다면 기일과 기일 사이에 3주 내지 4주 정도의 시간적 간격을 두고 길게 잡게 되어 전기일의 변론과정을 기억하기가 어려워지며, 천상 기록에 의지하는 재판이 되어 구술주의의 장점을 살릴 수 없다. 또 소송이 장기화되어 그 사이에 여러 차례 법관이 바뀌어 직접주의보다도 간접주의에 의한 심리가 되기 쉽다. 이러한 문제점 때문에 병행심리주의를 버리고 한 사건 중심으로 기일을 한 번 열어 마치지 못하면, 1주에 3번 내지 4번 여는 집중심리주의의 선진 입법례를 채택하였다. 관할집중, 절차집중, 변론집중 등 3집중 가운데 제일 나중의 집중은 오늘의 시대적 추이이다.

2) 내용

법 제272조[113])에서 변론은 집중되어야 한다고 규정을 두면서 본법과 민소규칙에서 다음과 같이 구체화하였다.

(1) 소송자료의 조기충실화

신법은 집중심리의 전제로 소송자료의 조기제출을 유도하였다. 소제기의 초기단계에서부터 소장·답변서기재의 충실화로 변론의 집중을 지향하여 당사자에게 사전에 사실관계와 증거를 상세히 조사할 의무를 지웠다(규칙 제69조의2)[114]. 특히 개정민소규칙은 소장의 기재사항으로 청구를 뒷받침할 사실, 피고 측의 항변에 대응할 사실, 증거방법 등을 적게 하는 한편, 답변서에는 원고주장사실의 인정여부, 항변, 증거방법 등을 구체적으로 적게 했다(규칙 제62조[115], 제65조)[116]. 피고에게 소장부본을 송달받은 후 30일 이내에 답변서 제출의무를 부과하되 불이행하면 무변론판결로 분류되어 끝을 내고, 답변서를 제출한 사건이면 바로 사건을 검토하여 가능한 최단기간 안의 날로 제1회 변론기일을 지정하도록 했다(규칙 제69조 제1항)[117].

---

113) 제272조(변론의 집중과 준비)
　　① 변론은 집중되어야 하며, 당사자는 변론을 서면으로 준비하여야 한다.
114) 제69조의2(당사자의 조사의무)
　　당사자는 주장과 입증을 충실히 할 수 있도록 사전에 사실관계와 증거를 상세히 조사하여야 한다.
115) 제62조(소장의 기재사항)
　　소장의 청구원인에는 다음 각 호의 사항을 적어야 한다. 1. 청구를 뒷받침하는 구체적 사실 2. 피고가 주장할 것이 명백한 방어방법에 대한 구체적인 진술 3. 입증이 필요한 사실에 대한 증거방법
116) 제65조(답변서의 기재사항 등)
　　① 답변서에는 법 제256조 제4항에서 준용하는 법 제274조 제1항의 각 호 및 제2항에 규정된 사항과 청구의 취지에 대한 답변 외에 다음 각 호의 사항을 적어야 한다. 1. 소장에 기재된 개개의 사실에 대한 인정 여부 2. 항변과 이를 뒷받침하는 구체적 사실 3. 제1호 및 제2호에 관한 증거방법
　　② 답변서에는 제1항 제3호에 따른 증거방법 중 입증이 필요한 사실에 관한 중요한 서증의 사본을 첨부하여야 한다.
　　③ 제1항 및 제2항의 규정에 어긋나는 답변서가 제출된 때에는 재판장은 법원사무관 등으로 하여금 방식에 맞는 답변서의 제출을 촉구하게 할 수 있다.
117) 제69조(변론기일의 지정 등)
　　① 재판장은 답변서가 제출되면 바로 사건을 검토하여 가능한 최단기간 안의 날로 제1회 변론기일을 지정하여야 한다.

PART
02

(2) 자료의 집중제출과 쟁점정리

변론준비절차에 부쳐진 사건으로 분류되면, 변론의 효율적이고 집중적인 실시를 위해 당사자의 주장·증거의 정리 절차인이 절차에 부칠 수 있도록 하였다(법 제279조 이하)[118]. 이 절차에서 변론준비기일까지 거쳤으면 그 뒤에 제출하는 자료에 대해서는 실권의 제재를 가함으로써(법 제285조)[119] 이 과정에서 공격방어방법을 모두 쏟아내는 집중제출을 하게 하였다. 집중제출된 주장을 토대로 한 쟁점정리와 신청한 증거결정·증거조사에 의한 증거정리를 마치게 하면서 사건을 간소화하게 하였다. 개정민소규칙은 당사자 본인출석명령, 나아가 법원과 당사자 사이에서 절차진행계획에 관한 협의(쟁점계약)까지 하는 등(규칙 제70조 제3항−제5항)[120] 쟁점정리를 보다 충실하게 하고, 법원에게 정리된 쟁점의 확인의무를 지웠다(개정규칙 제70조의2)[121].

(3) 1회 변론기일과 집중증거조사

① 변론준비절차에 부쳐진 사건이면 변론은 1회의 변론기일로 종결되도록 법원이 노력하고 당사자는 이에 협력하여야 한다고 규정하였다(법 제287조)[122]. 즉 법원의 노력과 당사자의 협력 하에 변론집중에 의한 1회의 변론기일로 심리를 마치는 집중심리방식에 의하게 한 것이다. 변론준비절차에 부치지 아니한 사건에 대해서도 2009년 개정민소규칙 제69조 제2항[123]

---

118) 제279조(변론준비절차의 실시)
   ① 변론준비절차에서는 변론이 효율적이고 집중적으로 실시될 수 있도록 당사자의 주장과 증거를 정리하여야 한다.
119) 제285조(변론준비기일을 종결한 효과)
   ① 변론준비기일에 제출하지 아니한 공격방어방법은 다음 각 호 가운데 어느 하나에 해당하여야만 변론에서 제출할 수 있다. 1. 그 제출로 인하여 소송을 현저히 지연시키지 아니하는 때 2. 중대한 과실 없이 변론준비절차에서 제출하지 못하였다는 것을 소명한 때 3. 법원이 직권으로 조사할 사항인 때
   ② 제1항의 규정은 변론에 관하여 제276조의 규정을 적용하는 데에 영향을 미치지 아니한다.
   ③ 소장 또는 변론준비절차 전에 제출한 준비서면에 적힌 사항은 제1항의 규정에 불구하고 변론에서 주장할 수 있다. 다만, 변론준비절차에서 철회되거나 변경된 때에는 그러하지 아니하다.
120) 제70조(변론준비절차의 시행방법)
   ③ 재판장 등은 변론준비절차에서 효율적이고 신속한 변론진행을 위하여 당사자와 변론의 준비와 진행 및 변론에 필요한 시간에 관한 협의를 할 수 있다.
   ④ 재판장 등은 당사자와 준비서면의 제출횟수, 분량, 제출기간 및 양식에 관한 협의를 할 수 있고, 이에 관한 합의가 이루어진 경우 당사자는 그 합의에 따라 준비서면을 제출하여야 한다.
   ⑤ 재판장 등은 기일을 열거나 당사자의 의견을 들어 양 쪽 당사자와 음성의 송수신에 의하여 동시에 통화를 하거나 인터넷 화상장치를 이용하여 제3항 및 제4항에 따른 협의를 할 수 있다
121) 제70조의2(변론준비기일에서의 주장과 증거의 정리방법)
   변론준비기일에서는 당사자가 말로 변론의 준비에 필요한 주장과 증거를 정리하여 진술하거나, 법원이 당사자에게 말로 해당사항을 확인하여 정리하여야 한다.
122) 제287조(변론준비절차를 마친 뒤의 변론)
   ① 법원은 변론준비절차를 마친 경우에는 첫 변론기일을 거친 뒤 바로 변론을 종결할 수 있도록 하여야 하며, 당사자는 이에 협력하여야 한다.
123) 제69조(변론기일의 지정 등)
   ② 법원은 변론이 집중되도록 함으로써 변론이 가능한 한 속행되지 않도록 하여야 하고, 당사자는 이에 협력하여야 한다.

은 법원에게는 변론이 집중되도록 함으로써 변론이 가능한 한 속행되지 않도록 할 의무를, 당사자에게는 이에 협력할 의무를 지웠다.

② 한편 변론기일에서는 정리된 쟁점에 맞추어 양쪽 신청의 증인과 당사자신문을 집중시행하는 집중증거조사를 하여야 한다(법 제293조)[124]. 2007년 개정민소규칙은 기일 변경의 엄격한 제한과 변론재개 시에 재개사유의 고지제도로 집중심리를 뒷받침하도록 했다(규칙 제41조, 제43조)[125].

(4) 계속심리주의

변론준비절차를 거친 사건에 있어서 변론기일을 1일 집중심리로 마치지 못하고 그 심리가 2일 이상 소요되는 때에는 종결에 이르기까지 매일 간단 없이 혹은 1주일에 3, 4일 변론을 열어 진행하여야 하는 계속심리주의까지 채택하였다(규칙 제72조 제1항)[126]. 규정은 없으나 변론준비절차를 거치지 아니한 사건도 이에 준할 것이다.

(5) 2008년 개정법률하의 집중심리

2008년 개정법 제258조[127]에 의하여 변론준비절차중심에서 변론기일중심으로 구조개편을 하였다. 이에 의하여 집중심리주의가 약화된 것은 사실이다.

개정법하에서도 증거의 기일전신청제, 석명준비명령, 변론에서 적시제출주의와 그 확보책인 재정기간 및 실기한 공격방어방법의 각하제도 등이 있으므로 이의 적극적인 활용이 필요하다. 또한 변론집중을 위한 법원과 당사자의 협동이 긴요하다.

그러나 미리 변론준비절차에서 쟁점정리를 하지 않는 변론기일중심제하에서 제1회의 집중 변론기일로 심리를 끝내고 속행되지 않도록 한다는 것은 바람일 뿐, 병행심리주의에 의하던 과거의 타성, 과중한 재판부담 때문에 실현에 어려움이 있을 것이다. 다만, 전자소송구조가 집중심리의 토대가 되어 신속한 재판의 이상구현에 다소간에 도움이 될 것이다.

---

124) 제293조(증거조사의 집중)
증인신문과 당사자신문은 당사자의 주장과 증거를 정리한 뒤 집중적으로 하여야 한다.
125) 제41조(기일변경의 제한)
재판장 등은 법 제165조 제2항에 따른 경우 외에는 특별한 사정이 없으면 기일변경을 허가하여서는 아니 된다.
제43조(변론재개결정과 변론기일지정)
법 제142조에 따라 변론재개결정을 하는 때에는 재판장은 특별한 사정이 없으면 그 결정과 동시에 변론기일을 지정하고 당사자에게 변론을 재개하는 사유를 알려야 한다.
126) 제72조(변론준비절차를 거친 사건의 변론기일지정 등)
① 변론준비절차를 거친 사건의 경우 그 심리에 2일 이상이 소요되는 때에는 가능한 한 종결에 이르기까지 매일 변론을 진행하여야 한다. 다만, 특별한 사정이 있는 경우에도 가능한 최단기간 안의 날로 다음 변론기일을 지정하여야 한다.
127) 제258조(변론기일의 지정)
① 재판장은 제257조 제1항 및 제2항에 따라 변론 없이 판결하는 경우 외에는 바로 변론기일을 정하여야 한다. 다만, 사건을 변론준비절차에 부칠 필요가 있는 경우에는 그러하지 아니하다.
② 재판장은 변론준비절차가 끝난 경우에는 바로 변론기일을 정하여야 한다.

03 | 변론의 준비(기일전의 절차)

제1절 준비서면[128]

※ 준비서면 작성례[129]

준 비 서 면

2017가합3758 손해배상(기)
주식회사 신성상호저축은행
이성림 외 3

위 사건에 관하여 피고 이성림, 김성규의 소송대리인은 아래와 같이 변론을 준비합니다.

1. 대출인지 대환인지
원고가 주장하는 한도초과 대출은 실제로는 모두 대환에 해당합니다(을다 제5호증의 1 참조). 그 가운데
소외 정진영에 대한 ① 2008.1.26.자 김용철 명의의 4,789,000원, ② 2008.2.7.자 김용철 명의의
1,500만원, ③ 2008.2.26.자 김용 1월 명의의 3,000만원, ④ 2008.2.26.자 조승규 명의의 9억원, ⑤
2008.2.26.자 박금도 명의의 9억원은 신규대출이 아닌 대환인 사실이 형사판결로 확정되었습니다(다 제
5호증의 2 참조). 이와 같은 대환은 이전의 대출금에 대한 변제기를 연장한 것에 불과합니다(대판 1998.
2.27. 97다16077 등 참조).
그리고 위 각 대출이 신규대출이 아닌 기존대출의 변제기 연장에 불과한 이상 위 정진영에 대한 실제
대출 합계액은 20억 2,000만원에 지나지 않으므로 그 한도초과 대출액은 854,779,000원(2,020,000,000
-1,165,221,000)에 한정됩니다.

2. 고의·과실의 부존재
피고 이성림은 원고 은행의 이사이긴 하였으나 그 여신업무에 대하여 실질적으로 관여한 바 없이 단순히
결재서류에 열람·참조의 의도로 날인만 하였을 뿐이고, 피고 김성규 역시 감사로서 사전에 각 차용자들
이 실질적인 동일인 관계에 있다는 사실을 고의·과실 없이 알지 못한 채 대출관련 결재서류에 날인을
하였습니다.
위 피고들이 원고가 주장하는 나머지 위법행위를 한 바 없음은 이미 지적한 바와 같습니다. 따라서 위
피고들은 원고에 대하여 손해배상책임이 없습니다.

---

128) 박재완, 앞의 책, 304-307면, 이시윤, 앞의 책, 368-372면, 전병서, 앞의 책, 322-326면, 김홍엽, 앞의 책, 469면
129) 사법연수원, 2018 민사실무 1, 223-224면

3. 책임감경사유

설사 위 피고들에게 법적인 책임이 있더라도, 위와 같은 사정과 위 피고들이 피용자로서 나름대로 정보와 판단을 가지고 개인이나 제3자의 이익이 아닌 원고 은행을 위한다는 목적의식하에 행한 것이라는 점, 원고 역시 영리를 추구하는 기업으로서 어느 정도 경영상의 위험과 손해를 분담할 수밖에 없다는 점 등을 감안하면 피고들의 책임은 상당부분 감액되어야 할 것입니다.

4. 원고 제출 증거에 대한 의견

가. 갑 제3호증(확인서)은 은행감독원 감사에 대비하여 피고 이성림이 원고 은행장의 요구에 따라 형식 상으로만 작성해준 것으로서 증거가치가 없습니다.

나. 금융감독원장의 2018.1.27.자 사실조회회신내용은 갑 제3호증에 관한 위 작성경위와 배치되고, 그 경위를 모르는 상태에서 작성된 것이므로 역시 증거가치가 없습니다.

다. 갑 제7호증(각서)은 위조된 문서입니다.

증 명 방 법

1. 을다 제5호증의 1(증인신문조서 등본)
2. 을다 제5호증의 2(판결 등본)

첨 부 서 류

1. 의 증명방법   각 1통
2. 참고판결

2018. 3. 22.

피고 이성림, 김성규의 소송대리인 변호사 김공평

서울서부지방법원 제3민사부 귀중

1. 의의

① 준비서면은 당사자가 변론에 앞서 자신이 하고자 하는 변론의 내용을 기재하여 법원에 제출하는 서면을 말한다. 당사자 각자에게 변론에서 진술하려는 사항을 미리 서면으로 적어 제출시켜 상대방에게 송달하는 것에 의하여 상대방에게 준비의 기회를 주고, 법원에게도 심리를 강구시키는 것에 의하여 집중심리를 용이하게 하고자 하는 것이 준비서면제도의 취지이다.

② 지방법원 합의부 이상의 절차에서는 준비서면의 제출이 반드시 필요하다. 단독판사의 제1심 사건에서는 소송절차를 신속·간이화할 필요가 있으므로 준비서면을 제출하지 않을 수 있다(법 제272조 제2항 본문). 다만 이러한 단독사건이라도 상대방이 준비하지 않으면 진술할 수 없는 사항은 예외이다(법 제272조 제2항 단서)[130].

---

130) 제272조(변론의 집중과 준비)
   ② 단독사건의 변론은 서면으로 준비하지 아니할 수 있다. 다만, 상대방이 준비하지 아니하면 진술할 수 없는 사항은 그러하지 아니하다.

③ 준비서면인가의 여부는 그 내용에 의해 정해지는 것이고, 서면의 표제를 문제 삼을 것이 아니다. 따라서 소장·상소장에 임의적 기재사항이 포함되었을 때에는 그 한도 내에서 준비서면의 성격도 가지게 된다.

④ 준비서면은 어디까지나 변론예고에 그치기 때문에 이를 제출한 것만으로 소송자료가 될 수 없으며, 소송자료로 되기 위해서는 이를 변론에서 진술하는 것이 필요하다. 준비서면의 제출 → 상대방 송달 → 변론에서 진술 → 소송자료가 되는 수순이다. 따라서 당사자는 제출한 준비서면을 진술하지 않고 철회할 수 있다.

2. 준비서면의 종류

통상의 준비서면 외에 답변서와 요약준비서면 등이 있다. 소장부본의 송달을 받은 피고가 최초로 제출하는 서면을 답변서라고 하는데, 이 역시 준비서면의 일종이다. 이를 내지 아니하면 무변론의 원고승소판결이 나간다. 요약준비서면은 여러 차례 준비서면을 제출하였다가 변론의 종결에 앞서 종래의 쟁점과 증거의 정리결과를 요약한 것으로 제일 나중에 내는 준비서면인데, 재판장은 이의 제출을 명할 수 있다.

3. 준비서면의 기재사항 및 첨부서류

① 준비서면의 기재사항은 민사소송법 제274조[131])에 규정되어 있다. 가장 중요한 사항은 자신의 공격방어방법과 상대방의 공격방어방법에 대한 대응이라고 할 수 있다.

② 당사자는 준비서면에서 인용한 문서 중 자신이 가지고 있는 것은 그 등본이나 사본을 첨부하여야 하고, 외국어로 작성된 문서를 첨부할 때에는 번역문도 같이 첨부하여야 한다[132]).

4. 준비서면의 제출과 상대방에 대한 송달

당사자는 준비서면을 제출할 때 상대방 수만큼의 부본을 함께 제출하여야 한다. 준비서면의 제출 및 법원의 상대방에 대한 준비서면 부본의 송달은 변론기일로부터 상대방이 준비하는 데 필요한

---

131) 제274조(준비서면의 기재사항)
　① 준비서면에는 다음 각 호의 사항을 적고, 당사자 또는 대리인이 기명날인 또는 서명한다. 1. 당사자의 성명·명칭 또는 상호와 주소 2. 대리인의 성명과 주소 3. 사건의 표시 4. 공격 또는 방어의 방법 5. 상대방의 청구와 공격 또는 방어의 방법에 대한 진술 6. 덧붙인 서류의 표시 7. 작성한 날짜 8. 법원의 표시
　② 제1항 제4호 및 제5호의 사항에 대하여는 사실상 주장을 증명하기 위한 증거방법과 상대방의 증거방법에 대한 의견을 함께 적어야 한다.
132) 제275조(준비서면의 첨부서류)
　① 당사자가 가지고 있는 문서로서 준비서면에 인용한 것은 그 등본 또는 사본을 붙여야 한다.
　② 문서의 일부가 필요한 때에는 그 부분에 대한 초본을 붙이고, 문서가 많을 때에는 그 문서를 표시하면 된다.
　③ 제1항 및 제2항의 문서는 상대방이 요구하면 그 원본을 보여주어야 한다.
　제277조(번역문의 첨부)
　외국어로 작성된 문서에는 번역문을 붙여야 한다.

기간 이전에 이루어져야 한다[133]. 민사소송규칙[134]은 새로운 공격방어방법이 담긴 경우에는 7일 이전에 송달되어야 한다고 정하고 있다.

5. 준비서면의 제출과 부제출의 효과

가. 부제출의 효과

1) 무변론 패소판결의 위험(법 제257조 제1항)[135]

준비서면의 일종인 답변서를 피고가 소장부본을 송달받은 날부터 30일 이내에 제출하지 아니한 때에는 원고의 청구원인사실에 대하여 자백한 것으로 보고, 변론없이 피고 패소판결을 선고할 수 있다.

2) 예고 없는 사실에 상대방 불출석 시에 주장금지(법 제276조)[136]

① 출석한 당사자가 준비서면에 적지 아니한 사실은 상대방이 출석하지 아니한 때에는 변론에서 주장하지 못한다(예 피고가 자기의 준비서면에 기재하지 않은 시효의 항변은 원고가 출석하지 않았으면 법정에 나가 변론에서 제출할 수 없다).

② 여기의 주장이 금지되는 「사실」에는 주요사실·간접사실도 포함됨은 물론이나, 증거신청의 금지도 포함되는가는 다투어진다. 적극설은 증거조사에 참여한다든지 그 결과에 대하여 변론을 하는 것은 사실인정에 중대한 영향이 있는 점에서 사실의 주장과 다를 바 없으므로 모든 증거신청이 포함된다고 한다. 그러나 증거신청 가운데 적어도 상대방이 예상할 수 있는 사실에 관한 증거신청 정도이면 여기의 「사실」에서 배제시켜 허용함이 절차촉진을 위해 좋을 것이다(절충설). 다만 법률상의 진술과 상대방의 주장사실에 대한 부인(否認)·부지(不知)의 진술은 여기에 포함되지 않는다. 전자는 법원에 참고자료이고, 후자는 상대방으로서 능히 예상할 수 있는 사항이므로, 상대방의 절차권이 침해될 수 없기 때문이다.

---

133) 제273조(준비서면의 제출 등)
준비서면은 그것에 적힌 사항에 대하여 상대방이 준비하는 데 필요한 기간을 두고 제출하여야 하며, 법원은 상대방에게 그 부본을 송달하여야 한다.
134) 제69조의3(준비서면의 제출기간)
새로운 공격방어방법을 포함한 준비서면은 변론기일 또는 변론준비기일의 7일 전까지 상대방에게 송달될 수 있도록 적당한 시기에 제출하여야 한다.
135) 제257조(변론 없이 하는 판결)
① 법원은 피고가 제256조 제1항의 답변서를 제출하지 아니한 때에는 청구의 원인이 된 사실을 자백한 것으로 보고 변론 없이 판결할 수 있다. 다만, 직권으로 조사할 사항이 있거나 판결이 선고되기까지 피고가 원고의 청구를 다투는 취지의 답변서를 제출한 경우에는 그러하지 아니하다.
② 피고가 청구의 원인이 된 사실을 모두 자백하는 취지의 답변서를 제출하고 따로 항변을 하지 아니한 때에는 제1항의 규정을 준용한다.
136) 제276조(준비서면에 적지 아니한 효과)
준비서면에 적지 아니한 사실은 상대방이 출석하지 아니한 때에는 변론에서 주장하지 못한다. 다만, 제272조 제2항 본문의 규정에 따라 준비서면을 필요로 하지 아니하는 경우에는 그러하지 아니하다.
제272조(변론의 집중과 준비)
② 단독사건의 변론은 서면으로 준비하지 아니할 수 있다. 다만, 상대방이 준비하지 아니하면 진술할 수 없는 사항은 그러하지 아니하다.

3) 변론준비절차의 종결

변론준비절차가 열렸을 때에 법원이 기간을 정하여 당사자로 하여금 준비서면을 제출하도록 하였는데, 당사자가 그 기간 내에 준비서면의 부제출 시는 상당한 이유가 없는 한 변론준비절차를 종결하여야 한다[137].

4) 소송비용의 부담

준비서면으로 미리 예고하지 아니하였기 때문에 상대방이 즉답을 할 수 없고 그 결과 기일을 속행할 수밖에 없는 경우에는 당사자는 승소에 불구하고 소송비용부담의 재판을 받을 수 있다(법 제100조)[138].

나. 제출의 효과

1) 자백간주의 이익

상대방이 이를 받고 불출석한 경우라도 주장할 수 있으며, 그 기재부분에 대해서는 상대방이 명백히 다투지 않은 것으로 되어 자백간주의 이익을 얻을 수 있다(법 제150조 제1항, 제3항)[139].

2) 진술간주의 이익

그 제출자가 불출석하여도 그 사항에 관하여 진술간주의 이익을 얻어낼 수 있다(법 제148조 제1항)[140].

3) 실권효의 배제

변론준비절차 전에 제출준비서면이면 변론준비기일에 제출하지 아니하였다 하더라도 그 사항에 관하여 변론에서 실권되지 아니한다(법 제285조 제3항)[141].

---

137) 제284조(변론준비절차의 종결)
① 재판장 등은 다음 각 호 가운데 어느 하나에 해당하면 변론준비절차를 종결하여야 한다. 다만, 변론의 준비를 계속하여야 할 상당한 이유가 있는 때에는 그러하지 아니하다. 1. 사건을 변론준비절차에 부친 뒤 6월이 지난 때 2. 당사자가 제280조 제1항의 규정에 따라 정한 기간 이내에 준비서면 등을 제출하지 아니하거나 증거의 신청을 하지 아니한 때 3. 당사자가 변론준비기일에 출석하지 아니한 때
138) 제100조(원칙에 대한 예외)
당사자가 적당한 시기에 공격이나 방어의 방법을 제출하지 아니하였거나, 기일이나 기간의 준수를 게을리 하였거나, 그 밖에 당사자가 책임져야 할 사유로 소송이 지연된 때에는 법원은 지연됨으로 말미암은 소송비용의 전부나 일부를 승소한 당사자에게 부담하게 할 수 있다.
139) 제150조(자백간주)
① 당사자가 변론에서 상대방이 주장하는 사실을 명백히 다투지 아니한 때에는 그 사실을 자백한 것으로 본다.
140) 제148조(한 쪽 당사자가 출석하지 아니한 경우)
① 원고 또는 피고가 변론기일에 출석하지 아니하거나, 출석하고서도 본안에 관하여 변론하지 아니한 때에는 그가 제출한 소장·답변서, 그 밖의 준비서면에 적혀 있는 사항을 진술한 것으로 보고 출석한 상대방에게 변론을 명할 수 있다.
141) 제285조(변론준비기일을 종결한 효과)
① 변론준비기일에 제출하지 아니한 공격방어방법은 다음 각 호 가운데 어느 하나에 해당하여야만 변론에서 제출할 수 있다. 1. 그 제출로 인하여 소송을 현저히 지연시키지 아니하는 때 2. 중대한 과실 없이 변론준비절차에서 제출하지 못하였다는 것을 소명한 때 3. 법원이 직권으로 조사할 사항인 때
③ 소장 또는 변론준비절차 전에 제출한 준비서면에 적힌 사항은 제1항의 규정에 불구하고 변론에서 주장할 수 있다. 다만, 변론준비절차에서 철회되거나 변경된 때에는 그러하지 아니하다.

4) 소의 취하 등에 대한 동의권

본안에 관한 준비서면의 제출이면 그 뒤에는 소의 취하에 있어서 피고의 동의를 얻어야 한다(법 제266조 제2항)[142]. 피고의 경정 때에도 같은 경우에 구피고의 동의를 요한다(법 제260조 제1항 단서)[143].

> **관련 기출문제 – 2012년 공인노무사**
> 준비서면을 제출하지 않았을 때의 효과에 관하여 설명하시오. **25점**

제 2 절   소변론준비절차(주장과 증거의 정리절차)[144]

1. 총설

① 변론준비절차란 변론기일에 앞서 변론이 효율적이고 집중적으로 실시될 수 있도록 당사자의 주장과 증거를 정리하는 절차를 준비절차라고 한다(법 제279조 제1항)[145].

② 신법은 소장의 제출 → 피고의 답변서제출 → 변론준비절차 → 변론기일의 기본구도이므로 변론준비절차는 구법과 달리 심판과정에서 매우 중요한 절차였다. 그러나 2008년 개정된 법 제258조 제1항 본문에서는 피고의 답변서제출이 있으면 바로 변론기일을 지정하는 변론기일중심제로 바꿨다. 동 단서에서는 변론준비절차는 필요한 경우에 한하여 예외적으로 경유하도록 하여 구법 제253조 이하의 「준비절차」로 사실상 되돌아가게 되었다. 개정 전에는 원칙이 변론준비절차를 경유하는 것이고 예외가 변론기일로 직행하는 것인데, 위 개정으로 원칙이 예외로, 예외가 원칙으로 개편되었다.

③ 변론준비절차는 변론의 집중을 위한 절차이며, 재판장이 그에 부칠 필요가 있다고 인정하는 경우에 한하는 절차로서 제1회 변론기일에 들어가기 전의 절차이다. 다만 일단 변론절차에 들어간 뒤라도 본소절차를 현저히 지연시키지 않을 정도의 소의 변경·반소의 제기·소송참가 또는 상계항변 등 새로운 공격방어방법의 제출 등으로 새로운 쟁점정리가 필요하게 되는 등 사정이 있을 때에는 변론의 중지 내지는 제한을 하고 새로 변론준비절차에 부칠 수 있다(법 제279조 제2항).

---

142) 제266조(소의 취하)

② 소의 취하는 상대방이 본안에 관하여 준비서면을 제출하거나 변론준비기일에서 진술하거나 변론을 한 뒤에는 상대방의 동의를 받아야 효력을 가진다.

143) 제260조(피고의 경정)

① 원고가 피고를 잘못 지정한 것이 분명한 경우에는 제1심 법원은 변론을 종결할 때까지 원고의 신청에 따라 결정으로 피고를 경정하도록 허가할 수 있다. 다만, 피고가 본안에 관하여 준비서면을 제출하거나, 변론준비기일에서 진술하거나 변론을 한 뒤에는 그의 동의를 받아야 한다.

144) 이시윤, 앞의 책, 373–382면

145) 제279조(변론준비절차의 실시)

① 변론준비절차에서는 변론이 효율적이고 집중적으로 실시될 수 있도록 당사자의 주장과 증거를 정리하여야 한다.

② 재판장은 특별한 사정이 있는 때에는 변론기일을 연 뒤에도 사건을 변론준비절차에 부칠 수 있다.

④ 변론에 앞선 절차로서 변론절차의 일부가 아니며 변론절차와 일체를 이루는 것도 아니다. 따라서 변론준비절차에서 수집된 소송자료와 증거자료는 변론에서 진술되거나 변론에 상정되어야 심리와 판단의 자료가 된다.

⑤ 민소규칙 제70조[146]는 변론준비절차에서 법원은 쟁점과 증거의 정리, 그 밖에 효율적이고 신속한 변론진행을 위한 준비가 완료되도록 노력해야 할 책무를 지고, 당사자는 이에 협력할 책무를 진다고 하였다.

2. 변론준비절차의 진행

1) 진행법관의 권한

① 변론준비절차의 진행은 재판장이 담당함을 원칙으로 하되(법 제280조 제2항), 합의사건의 경우 재판장은 합의부원을 수명법관으로 지정하여 변론준비절차를 담당하게 할 수 있고(동조 제3항), 재판장은 필요하다고 인정하는 때에는 변론준비절차의 진행을 다른 판사에게 촉탁할 수 있다(동조 제4항)[147]. 진행을 맡은 재판장, 수명법관, 위 다른 판사를 약정하여 "재판장 등"이라 한다.

② 변론준비절차에서 "재판장 등"의 권한은 쟁점정리, 증거결정, 그리고 증거조사 등이다. 따라서 재판장 등은 쟁점정리를 위하여 필요한 경우 증거채택 여부의 증거결정을 할 수도 있고(법 제281조 제1항), 쟁점정리를 위하여 필요한 범위 안에서 증인신문과 당사자신문을 제외한(단, 제313조[148]의 경우는 예외) 모든 증거조사를 할 수 있다(동조 제3항)[149].

③ 그러나 재판장 등은 여기에서 중간·종국을 막론하고 판결을 할 수는 없으며, 이송결정, 참가의 허가여부의 결정, 소송수계허가여부의 결정 등 소송상의 재판도 할 수 없다. 이와 같은 재판사항은 판결에 관여하는 구성법관 전원의 몫으로 수소법원에 유보된 권한이므로 진행 중에 그러한 문제가 된 때에는 재판장 등은 변론준비절차를 중지하고 수소법원에 원조를 구하여야 한다. 변론의 제한·분리·병합 역시 마찬가지이다. 다만 재판장 등에게 소송지휘에 관한 재판은 허용된다.

---

146) 제70조(변론준비절차의 시행방법)
① 재판장 등은 변론준비절차에서 쟁점과 증거의 정리, 그 밖에 효율적이고 신속한 변론진행을 위한 준비가 완료되도록 노력하여야 하며, 당사자는 이에 협력하여야 한다.
147) 제280조(변론준비절차의 진행)
② 변론준비절차의 진행은 재판장이 담당한다.
③ 합의사건의 경우 재판장은 합의부원을 수명법관으로 지정하여 변론준비절차를 담당하게 할 수 있다.
④ 재판장은 필요하다고 인정하는 때에는 변론준비절차의 진행을 다른 판사에게 촉탁할 수 있다.
148) 제313조(수명법관·수탁판사에 의한 증인신문)
법원은 다음 각 호 가운데 어느 하나에 해당하면 수명법관 또는 수탁판사로 하여금 증인을 신문하게 할 수 있다.
1. 증인이 정당한 사유로 수소법원에 출석하지 못하는 때 2. 증인이 수소법원에 출석하려면 지나치게 많은 비용 또는 시간을 필요로 하는 때 3. 그 밖의 상당한 이유가 있는 경우로서 당사자가 이의를 제기하지 아니하는 때
149) 제281조(변론준비절차에서의 증거조사)
① 변론준비절차를 진행하는 재판장, 수명법관, 제280조 제4항의 판사(이하 "재판장 등"이라 한다)는 변론의 준비를 위하여 필요하다고 인정하면 증거결정을 할 수 있다.
③ 재판장 등은 제279조 제1항의 목적을 달성하기 위하여 필요한 범위 안에서 증거조사를 할 수 있다. 다만, 증인신문 및 당사자신문은 제313조에 해당되는 경우에만 할 수 있다.

2) 서면에 의한 변론 준비절차

① 재판장이 필요하여 부쳐지는 변론준비절차에는 서면방식과 기일방식의 구분이 있다. 변론준비절차에 부쳐지면 먼저 서면방식에 의하는 것이 원칙인데, 그것이 서면에 의한 변론준비절차이다. 제280조 제1항[150]은 기간을 정하여 준비서면, 그 밖의 서류를 제출·교환하게 하고 증거를 신청하게 하는 방법으로 진행한다고 규정하였다. 준비서면의 제출·교환과 증거 신청의 방식이다.

② 서면에 의한 변론준비절차는 부쳐진 뒤에 4월을 넘어설 수 없다. 이 기간 안에 주장과 증거를 제대로 정리하였다면 절차를 마치고 변론에 넘겨야 한다. 그러나 주장·증거의 정리 등이 아직도 제대로 되지 아니하였으면 즉시 변론준비기일을 지정하여야 한다(법 제282조 제2항, 제258조 제2항)[151].

3) 변론준비기일

(1) 개요

① 변론준비기일은 변론준비절차를 진행하는 동안에 좀 더 주장 및 증거의 정리를 위하여 필요하다고 인정하는 때에 되도록 양쪽 당사자 본인을 출석하게 하여 최종적으로 쟁점과 증거를 정리하는 기일이다(법 제282조 제1항)[152].

② 당사자는 변론준비기일이 끝날 때까지 변론의 준비에 필요한 주장과 증거를 제출하여야 한다(법 제282조 제4항)[153]. 내야 할 주장과 증거를 변론준비기일이 끝날 때까지 내지 아니하면 뒤에 볼 바와 같이 기일종결효인 실권의 제재를 면치 못한다.

③ 변론준비기일을 주재하는 재판장 등은 변론준비기일이 끝날 때까지 변론의 준비를 위한 모든 처분을 할 수 있다(법 제282조 제5항)[154].

(2) 당사자 본인의 출석문제

변론준비기일은 비공개로 준비절차실 또는 심문실에서 재판장 등이 당사자와 대면하여 대화하면서 자유롭게 진행한다. 당사자에게 일반적인 출석의무는 없으나 재판장 등이 필요하다고 인정

---

150) 제280조(변론준비절차의 진행)
　① 변론준비절차는 기간을 정하여, 당사자로 하여금 준비서면, 그 밖의 서류를 제출하게 하거나 당사자 사이에 이를 교환하게 하고 주장사실을 증명할 증거를 신청하게 하는 방법으로 진행한다.

151) 제282조(변론준비기일)
　② 사건이 변론준비절차에 부쳐진 뒤 변론준비기일이 지정됨이 없이 4월이 지난 때에는 재판장 등은 즉시 변론준비기일을 지정하거나 변론준비절차를 끝내야 한다.

152) 제282조(변론준비기일)
　① 재판장 등은 변론준비절차를 진행하는 동안에 주장 및 증거를 정리하기 위하여 필요하다고 인정하는 때에는 변론준비기일을 열어 당사자를 출석하게 할 수 있다.

153) 제282조(변론준비기일)
　④ 당사자는 변론준비기일이 끝날 때까지 변론의 준비에 필요한 주장과 증거를 정리하여 제출하여야 한다.

154) 제282조(변론준비기일)
　⑤ 재판장 등은 변론준비기일이 끝날 때까지 변론의 준비를 위한 모든 처분을 할 수 있다.

하는 때에는 당사자 본인 또는 그 법정대리인에 대하여 출석명령을 발할 수 있으며, 소송대리인에게 당사자 본인 또는 그 법정대리인을 출석시키라고 요청할 수 있다(법 제282조 제1항)[155].

(3) 비공개

변론준비기일은 기일이 비공개로 열린다. 당사자는 재판장 등의 허가를 얻어 제3자와 동반 출석할 수도 있는데(법 제282조 제3항[156]), 재판공개의 의미가 있을 뿐만 아니라 당사자가 법인인 경우 대표이사보다 담당실무자가 사건의 실체에 관하여 더 잘 알고 있어 사건의 실체파악에 도움이 될 수도 있다.

(4) 조서작성

변론준비기일에서는 법원사무관 등이 원칙적으로 기일마다 조서를 작성하여야 하는바, 여기서는 변론준비의 결과만이 아니라 당사자의 공격방어방법 그리고 상대방의 청구와 공격방어방법에 관한 진술을 기재하고, 특히 증거에 관한 진술을 명확히 하여야 한다(법 제283조 제1항[157], 제274조 제1항 제4, 5호). 쟁점정리결과의 서면화로 쟁점에 집중한 증거조사가 가능해지고, 변론준비기일 종결에 따른 실권효의 근거를 명확히 한다는 의미도 있다. 변론준비절차에 관하여는 변론조서의 규정이 준용된다.

(5) 당사자의 불출석

변론준비기일에 당사자가 출석하지 아니한 때에 재판장 등은 변론준비절차를 종결하여야 함이 원칙이나, 상당한 이유가 있을 경우에는 종결함이 없이 진행시킬 수 있다(법 제284조 제1항 제3호)[158].

---

155) 제282조(변론준비기일)
   ① 재판장 등은 변론준비절차를 진행하는 동안에 주장 및 증거를 정리하기 위하여 필요하다고 인정하는 때에는 변론준비기일을 열어 당사자를 출석하게 할 수 있다.
156) 제282조(변론준비기일)
   ③ 당사자는 재판장 등의 허가를 얻어 변론준비기일에 제3자와 함께 출석할 수 있다.
157) 제283조(변론준비기일의 조서)
   ① 변론준비기일의 조서에는 당사자의 진술에 따라 제274조 제1항 제4호와 제5호에 규정한 사항을 적어야 한다. 이 경우 특히 증거에 관한 진술은 명확히 하여야 한다.
   ② 변론준비기일의 조서에는 제152조 내지 제159조의 규정을 준용한다.
158) 제284조(변론준비절차의 종결)
   ① 재판장 등은 다음 각 호 가운데 어느 하나에 해당하면 변론준비절차를 종결하여야 한다. 다만, 변론의 준비를 계속하여야 할 상당한 이유가 있는 때에는 그러하지 아니하다.
   1. 사건을 변론준비절차에 부친 뒤 6월이 지난 때
   2. 당사자가 제280조 제1항의 규정에 따라 정한 기간 이내에 준비서면 등을 제출하지 아니하거나 증거의 신청을 하지 아니한 때
   3. 당사자가 변론준비기일에 출석하지 아니한 때

이 경우에 ① 한쪽 당사자가 변론준비기일에 불출석하였으면 진술간주(법 제286조[159], 제148조)와 자백간주(법 제286조, 제150조)의 법리를 준용한다. 출석한 당사자는 상대방이 불출석했을 때 준비서면의 제출로써 예고하지 아니한 사항도 진술할 수 있다(법 제276조[160] 불준용). ② 양쪽 당사자가 불출석하였을 때에는 변론준비기일을 종결할 수도 있고, 다시 기일을 정하여 양쪽 당사자에게 통지할 수도 있다. 계속적 불출석일 때는 변론기일에 양쪽 2회 불출석의 경우처럼 소의 취하간주의 법리가 준용된다(법 제286조, 제268조). 그러나 여기에서의 불출석의 효과가 변론기일에까지 승계되지는 아니하므로, 변론준비기일에서 1회, 변론기일에서 2회 불출석으로 곧 소취하 간주되지 아니한다. 변론준비절차는 변론 전 절차에 불과할 뿐 변론기일의 일부가 아니기 때문이다.

(6) 변론기일과 구별

변론준비기일은 변론기일과는 다르다.

① 변론의 준비에 필요한 주장·증거의 정리기일일 뿐이므로 소송관계를 뚜렷이 할 필요는 없으며, 이 점에서 증인 등에 대한 집중신문 그리고 쟁점에 관한 공방기일로서 소송관계를 뚜렷이 하는 변론기일과는 다르다. 변론준비기일의 결과는 변론 결과처럼 곧바로 소송자료가 되지 아니하며 변론에 상정해야 한다(법 제287조 제2항)[161]. ② 변론의 경우와 같은 법원에 의한 쟁점확인, 당사자에게 쟁점에 대한 의견진술의 기회 보장이 아닌 것이 다르다. ③ 변론기일과 달리 공개주의와 직접주의가 적용되지 아니하는 점에서 차별이 된다. 공개법정이 아닌 준비실에서 연다. ④ 변론준비기일의 진행은 재판장 등만이 주재하는 것으로, 구성법관 전원이 관여하는 수소법원에 의한 절차진행인 변론기일과는 다르다. ⑤ 변론준비기일로서 변론기일을 생략하고 대체할 수 없다. 변론준비기일은 변론기일과 동일 심급이라도 동종의 기일이 아니다. ⑥ 변론준비기일은 변론기일과 달리 준비절차에 부쳐진 뒤에 6월이 지나기 전에 종결되어야 한다(법 제284조 제1항 제1호).

---

159) 제286조(준용규정)
변론준비절차에는 제135조 내지 제138조, 제140조, 제142조 내지 제151조, 제225조 내지 제232조, 제268조 및 제278조의 규정을 준용한다.
제148조(한 쪽 당사자가 출석하지 아니한 경우)
① 원고 또는 피고가 변론기일에 출석하지 아니하거나, 출석하고서도 본안에 관하여 변론하지 아니한 때에는 그가 제출한 소장·답변서, 그 밖의 준비서면에 적혀 있는 사항을 진술한 것으로 보고 출석한 상대방에게 변론을 명할 수 있다.
제150조(자백간주)
① 당사자가 변론에서 상대방이 주장하는 사실을 명백히 다투지 아니한 때에는 그 사실을 자백한 것으로 본다. 다만, 변론 전체의 취지로 보아 그 사실에 대하여 다툰 것으로 인정되는 경우에는 그러하지 아니하다.
160) 제276조(준비서면에 적지 아니한 효과)
준비서면에 적지 아니한 사실은 상대방이 출석하지 아니한 때에는 변론에서 주장하지 못한다.
161) 제287조(변론준비절차를 마친 뒤의 변론)
② 당사자는 변론준비기일을 마친 뒤의 변론기일에서 변론준비기일의 결과를 진술하여야 한다.

3. 변론준비절차의 종결

1) 종결의 원인

① 변론준비절차에서 주장과 증거가 제대로 정리되어 쟁점이 뚜렷이 된 것으로 인정되는 때에는 이를 종결한다.

② 하지만 이들이 제대로 실시되지 않는 경우 무작정 준비절차 단계에서 머무는 것은 무의미하므로 ⅰ) 사건을 변론준비절차에 부친 뒤 6월이 지난 때, ⅱ) 당사자가 제280조 제1항의 규정에 따라 정한 기간 이내에 준비서면 등을 제출하지 아니하거나 증거의 신청을 하지 아니한 때, ⅲ) 당사자가 변론준비기일에 출석하지 아니한 때에는 재판장 등은 준비절차를 종결하여야 하는 것으로 정하고 있다. 다만, 이와 같은 사유들이 있어도 변론의 준비를 계속하여야 할 상당한 이유가 있는 때에는 종결하지 아니할 수 있다[162].

2) 변론준비기일의 종결효[163]

(1) 실권효

변론준비기일까지 연 이상 여기에서 모든 자료를 제출하여 집중심리의 실효를 거두기 위하여, 그 기일에 제출하지 아니한 공격방어방법 항변은 원칙적으로 그 뒤 변론에서 제출하지 못하도록 하였다. 제출할 수 있는 권능을 잃게 한다는 의미에서 실권적 효과라고 한다. 이와 같은 실권효는 항소심에서도 유지된다.

(2) 예외사항

예외적으로 다음 4가지 사항은 뒤에 변론에서 제출할 수 있으며 실권되지 아니한다.

① 직권조사사항, ② 제출하여도 현저하게 소송을 지연시키지 아니할 사항, ③ 중대한 과실 없이 변론준비절차에서 제출하지 못하였다는 것을 소명한 사항, ④ 소장에나 변론준비절차 전에 제출한 준비서면에 적힌 사항이다. 다만 이에 해당되어도 변론준비절차에서 철회·변경된 때에는 변론에서 제출하지 못한다.

---

162) 제284조(변론준비절차의 종결)
① 재판장 등은 다음 각 호 가운데 어느 하나에 해당하면 변론준비절차를 종결하여야 한다. 다만, 변론의 준비를 계속하여야 할 상당한 이유가 있는 때에는 그러하지 아니하다.
  1. 사건을 변론준비절차에 부친 뒤 6월이 지난 때
  2. 당사자가 제280조 제1항의 규정에 따라 정한 기간 이내에 준비서면 등을 제출하지 아니하거나 증거의 신청을 하지 아니한 때
  3. 당사자가 변론준비기일에 출석하지 아니한 때
163) 제285조(변론준비기일을 종결한 효과)
① 변론준비기일에 제출하지 아니한 공격방어방법은 다음 각 호 가운데 어느 하나에 해당하여야만 변론에서 제출할 수 있다.
  1. 그 제출로 인하여 소송을 현저히 지연시키지 아니하는 때
  2. 중대한 과실 없이 변론준비절차에서 제출하지 못하였다는 것을 소명한 때
  3. 법원이 직권으로 조사할 사항인 때
③ 소장 또는 변론준비절차 전에 제출한 준비서면에 적힌 사항은 제1항의 규정에 불구하고 변론에서 주장할 수 있다. 다만, 변론준비절차에서 철회되거나 변경된 때에는 그러하지 아니하다.

4. 변론준비절차 뒤의 변론의 운영[164]

1) 변론에의 상정(법 제287조 제2항)

변론준비기일을 마친 뒤의 변론기일에서는 양쪽 당사자가 변론준비기일의 결과를 진술하여야 한다. 변론준비기일조서를 토대로 진술한다. 이 진술은 변론에의 상정을 뜻하며, 그렇게 하여야 소송자료가 된다. 그러나 서면에 의한 변론준비절차를 마친 경우에는 이와 달리 제출된 소장, 답변서, 준비서면에 따라 변론하면 된다.

2) 1회의 변론기일주의와 계속심리주의 지정(법 제287조 제1항)

법원은 변론준비절차를 마친 경우에는 첫 변론기일을 거친 뒤 바로 변론을 종결할 수 있도록 하여야 하며, 당사자는 이에 협력하여야 한다. 만일 1일의 변론기일로 변론종결이 안 되어 그 심리에 2일 이상 소요될 때에는 가능한 한 종결에 이르기까지 매일 변론을 계속 진행하여야 하며, 특단의 사정이 있는 경우라도 큰 간극 없이 최단기간 안의 날로 다음 변론기일을 지정하여야 하는 계속심리주의를 원칙으로 하였다(규칙 제72조 제1항)[165].

3) 집중적인 증거조사(법 제287조 제3항)[166]

법원은 변론기일에서 정리된 쟁점에 초점을 맞추어 집중적인 증인신문과 당사자신문을 하여야 한다(법 제293조)[167].

---

164) 제287조(변론준비절차를 마친 뒤의 변론)
　① 법원은 변론준비절차를 마친 경우에는 첫 변론기일을 거친 뒤 바로 변론을 종결할 수 있도록 하여야 하며, 당사자는 이에 협력하여야 한다.
　② 당사자는 변론준비기일을 마친 뒤의 변론기일에서 변론준비기일의 결과를 진술하여야 한다.
　③ 법원은 변론기일에 변론준비절차에서 정리된 결과에 따라서 바로 증거조사를 하여야 한다.
165) 제72조(변론준비절차를 거친 사건의 변론기일지정 등)
　① 변론준비절차를 거친 사건의 경우 그 심리에 2일 이상이 소요되는 때에는 가능한 한 종결에 이르기까지 매일 변론을 진행하여야 한다. 다만, 특별한 사정이 있는 경우에도 가능한 최단기간 안의 날로 다음 변론기일을 지정하여야 한다.
166) 제287조(변론준비절차를 마친 뒤의 변론)
　③ 법원은 변론기일에 변론준비절차에서 정리된 결과에 따라서 바로 증거조사를 하여야 한다.
167) 제293조(증거조사의 집중)
　증인신문과 당사자신문은 당사자의 주장과 증거를 정리한 뒤 집중적으로 하여야 한다.

CHAPTER

PART 02 제1심 소송절차

04 | 변론의 내용

제1절 변론의 내용(변론에서의 당사자의 소송행위)

1. 본안의 신청(청구취지)과 답변취지

① 변론은 먼저 원고가 낸 소장의 청구취지에 따라 특정한 내용의 판결을 구하는 진술을 함으로써 시작된다. 이는 본안재판의 대상과 내용에 관계되는 신청(청구에 대한 신청)이기 때문에 본안의 신청이라 한다. 그 당부는 원칙적으로 종국판결로 판단응답한다. 또 소송비용재판의 신청·가집행선고의 신청도 널리 본안신청에 포함되지만, 이는 직권으로도 심판할 수 있다.

② 피고는 원고의 본안신청에 대응하여 답변서에 의하여 소각하·청구기각의 판결을 구하는 신청, 즉 반대신청을 하지만 이는 본안신청이 아니라 소송상의 신청이다. 왜냐하면 이에 의하여 소송물이나 재판내용이 좌우되는 것이 아니기 때문이다(답변서 제출 시 인지 면제).

2. 공격방어방법 – 주장과 증거신청

1) 의의

① 당사자는 변론주의 때문에 본안의 신청을 뒷받침하기 위해 소송자료를 제출하여야 하는데 이를 공격방어방법이라 한다. 원고가 자기의 청구를 이유 있게 하기 위해 제출하는 소송자료를 공격방법, 피고가 원고의 청구를 배척하기 위해 제출하는 소송자료를 방어방법이라 하는데, 이를 합하여 공격방어방법이라고 부른다. 원고의 소변경이나 피고의 반소는 새로운 본안의 신청이지 결코 공격방어방법이 아니다.

② 공격방어방법은 법률상·사실상의 주장, 부인 및 증명이 그 주된 것이나, 그 밖에 증거항변, 개개의 소송행위의 효력·방식의 당부에 관한 주장도 포함된다. 공격방어방법 중에는 중간판결의 대상인 독립한 공격방어방법이 있고, 공격방어방법의 제출시기는 적시제출주의에 의한다. 공격방어방법은 소송물의 존부판단의 자료이므로 소송물(청구) 자체에 생기는 소송계속·기판력이 미치는 사항이 아니다. 그 구체적 내용을 본다.

2) 구체적 내용

(1) 주장(진술)

법률상의 주장과 사실상의 주장으로 나누어지는바, 법원에 대하여 말로 하여야 하며, 상대방이 불출석한 경우에도 할 수 있다.

① 법률상의 주장(진술)

㉠ 넓은 의미의 법률상의 주장이라 할 때에는 법규의 존부 내용 또는 그 해석적용에 관한 의견의 진술을 포함한다. 예를 들면 외국법규나 자치단체의 조례, 신의칙·권리남

용이나 선량한 풍속 등의 개념 등의 진술이 그것이다. 이러한 법률상의 주장은 법원을 구속할 수 없고 단지 법관의 주의를 환기시키는 의의밖에 없다. 좁은 의미의 법률상의 주장이라 함은 구체적인 권리관계의 존부에 관한 자기의 판단의 보고를 뜻하며, 예컨대 원고가 그 물건의 소유권자라든가 피고에게 손해배상의무가 있다는 등의 진술이다. 이러한 법률상의 주장도 원칙적으로 변론주의의 적용을 받지 아니하며, 잘못 주장하여도 법원은 이에 구속되지 아니하고 직권판단한다. 또 실기한 공격방어방법으로 처리할 수 없다. 무엇이 법률상의 주장인지 문제되나, 판례에 의하면 소멸시효기간에 관한 주장은 법률상의 주장이므로, 당사자가 3년을 주장하였다 하여도 5년 완성여부를 법원이 직권판단할 수 있다고 했다.

ⓛ 법률상의 주장에 대하여 상대방이 다투는 경우에는 그 법률상의 주장을 뒷받침할 구체적 사실을 주장하지 않으면 안 된다(이유를 밝혀야 할 의무라고 하는데, 예컨대 원고주장의 소유권을 피고가 다투면 원고는 소유권취득의 원인 사실을 주장하여야 한다). 법률상의 주장이 불리함에도 불구하고 상대방이 시인하는 경우에는 권리자백이 되어 원칙적으로 구속력이 없다. 다만 소송물인 권리관계 자체에 대한 법률상의 주장을 시인하는 때는 권리자백이지만 청구의 포기·인낙이 되며, 이에 민소법이 예외적으로 구속력을 인정하고 있다.

ⓒ 법률상의 주장에 관하여는 신·구이론 사이에 견해 차이가 있다. 소송물을 실체법상의 권리의 주장으로 보는 구이론, 특히 우리 판례 입장에서는 원고는 소송물의 특정을 위한 실체법상의 권리의 진술을 생략할 수 없으며, 법원이 이에 구속되어 판단하지 않으면 안 된다. 그러나 신이론은 원고의 주장이 있어도 법원이 구속되지 않는 법률적 관점에 그쳐 그와 반대임은 앞서 본 바이다.

② 사실상의 주장(진술)

㉠ 의의

ⓐ 사실상의 주장이란 구체적 사실의 존부에 대한 당사자의 지식이나 인식의 진술을 말한다. 당사자주장의 사실은 i) 주요사실, ii) 간접사실, iii) 보조사실로 구별된다. 변론주의하에서는 주요사실에 관한 한 변론에서 주장되지 아니하였으면 판결의 기초로 할 수 없다.

ⓑ 당사자는 일단 사실상의 주장을 하였다 하여도 사실심의 변론종결 시까지 이를 임의로 철회·정정할 수 있음이 원칙이다. 다만 자기에게 불리한 사실상의 주장을 상대방이 원용한 때에는 재판상의 자백이 되어 그 갖추지 않는 한 취소가 허용되지 않는다.

ⓒ 사실상의 주장은 절차의 불안정을 피하게 하는 의미에서 단순하여야 하며, 조건이나 기한을 붙일 수 없다. 다만 제1차적 주장이 배척될 것을 염려하여 제2차적 주장을 하는 예비적 주장은 비록 조건부 주장의 일종이나 허용된다. 예컨대 소유권확인청구에서 그 취득원인으로 먼저 매매를 주장하고 예비적으로 시효취득을 주장하는 가정주장이나, 대여금에서 피고가 먼저 변제를 주장하고 예비적으로 소

멸시효완성을 주장하는 가정항변이 이에 속한다. 이러한 예비적 주장이 수 개 있을 때에는 그 상호간의 이론적 관계나 역사적 전후에 관계없이 법원은 그 어느 것을 선택하여 당사자를 승소시켜도 무방하다. 다만 예외적으로 상계의 항변에 대해서는 그 판단이 잘못되어도 다시 다툴 수 없는 기판력이 생기고, 피고의 반대채권을 희생시켜야 하는 출혈적 항변이므로, 판단의 순서를 최후로 미루어야 한다. 다른 항변이 이유 없을 때에 비로소 판단하여야 하는 예비적(후순위) 항변으로 취급할 것이다. 판례에서도 상계항변은 그 수동채권의 존재가 확정되는 것을 전제로 행하여지는 일종의 예비적 항변이라 하였다. 지상건물철거소송에서 피고 측의 지상물매수청구권행사의 항변도 같이 취급할 것이다. 다만 모두가 다 이유 없으면 모두 배척의 판단이 필요하다.

ⓛ **상대방의 답변태도**

당사자의 사실상의 주장에 대하여 답변서 부제출로 응대하지 않을 수도 있으나, 일반적으로 답변의 기본틀은 다음 네 가지 유형이다.

ⓐ **부인**

상대방이 증명책임을 지는 주장사실을 아니라고 부정하는 진술이다.

ⓑ **부지**

상대방의 주장사실을 알지 못한다는 진술로서, 이러한 부지는 다툰 것으로, 즉 부인으로 추정한다(법 제150조 제2항). 부지는 부인과 함께 '다툼 있는 경우'로 본다.

ⓒ **자백**

자기에게 불리한 상대방의 주장사실을 시인하는 진술로서, 자백한 사실은 증거를 필요로 하지 아니하며 그대로 재판의 기초로 하지 않으면 안 된다(법 제288조).

ⓓ **침묵**

상대방의 주장사실을 명백히 다투지 아니함을 말하며, 변론전체의 취지로 보아 다툰 것으로 인정될 경우를 제외하고는 자백한 것으로 간주된다(법 제150조 제1항). 당사자가 불출석하는 경우에도 침묵에 준하여 자백으로 간주된다.

(2) 증거신청(증명)

① 증거신청은 다툼이 있는 사실에 대하여 필요하다. 상대방이 부인이나 부지로 답변한 사실에 대해 법관으로 하여금 사실상의 주장이 진실이라는 확신을 얻게 하기 위한 행위이다.

② 증거신청은 법원에 의한 증거조사가 개시되기 전까지는 임의로 철회할 수 있다. 증거신청에 대해서 상대방은 증거항변으로 대응할 수 있다.

③ 변론준비기일을 거쳤을 때에는 기일종결효인 실권효가 미치지 아니하는 증거신청만이 변론과정에 허용되는 제약이 따른다.

(3) 법원의 쟁점확인의무와 의견진술의 기회보장

공격과 방어방법을 제출하는 변론과정에서 법원은 당사자가 변론한 중요한 사실상·법률상 사항을 말로 확인하도록 하고(규칙 제28조 제1항), 당사자에게 중요한 쟁점에 관한 의견진술의 기회를 주어 판결에서 불의의 타격을 방지하도록 하였다(동조 제2항)[168].

3. 항변 - 적극적 방어

1) 의의

① 피고가 원고의 청구를 배척하기 위하여 소송상 또는 실체상의 이유를 들어 적극적인 방어를 하는 것을 널리 항변이라 한다.

② 항변은 소송절차에 관한 항변인 소송상의 항변과 청구기각을 목적으로 한 실체관계에 관한 본안의 항변으로 나누어진다. 넓은 의미의 항변은 양자를 포함하나, 좁은 의미의 항변은 후자인 본안의 항변만을 가리킨다.

2) 소송상의 항변(실체법상의 효과에 관계없는 항변)

(1) 본안전항변(방소항변)

① 원고가 제기한 소에 소송요건의 흠이 있어 소가 부적법하다는 피고의 주장이다. 본안심리에 들어갈 것이 못된다는 항변이다.

② 그러나 소송요건의 대부분은 법원의 직권조사사항에 속하는 것이므로 피고의 주장을 기다려 고려할 사항이 아니기 때문에, 이러한 피고의 항변은 엄밀한 의미의 항변이라고 하기 곤란하며 법원의 직권발동을 촉구하는 의미밖에 없다. 예를 들면 무권대리의 항변·소송계속의 항변·기판력의 항변이 그러하다. 그러나 임의관할위반 등의 방소(妨訴)항변은 예외적으로 피고의 주장을 기다려 고려하는 것이기 때문에 진정한 의미의 항변이라 할 수 있다.

(2) 증거항변

① 상대방의 증거신청에 대하여 부적법(시기에 늦어)·불필요·증거 능력의 흠 따위를 이유로 하여 각하를 구하거나 혹은 증거력이 없다 하여(예 신빙성이나 관련성이 없는 증언) 증거조사결과를 채용하지 말아달라는 진술이다.

② 증거신청의 채택 여부는 법원의 직권사항이고 또 증거력의 있고 없고의 문제도 법관의 자유심증에 의하여 결정되기 때문에, 이것도 엄밀한 의미의 항변이 아니다.

---

168) 민소규칙 제28조(변론의 방법)
① 변론은 당사자가 말로 중요한 사실상 또는 법률상 사항에 대하여 진술하거나, 법원이 당사자에게 말로 해당사항을 확인하는 방식으로 한다.
② 법원은 변론에서 당사자에게 중요한 사실상 또는 법률상 쟁점에 관하여 의견을 진술할 기회를 주어야 한다.

3) 본안의 항변(실체법상의 효과에 관계있는 항변)

(1) 의의

① 본안의 항변이란 원고의 청구를 배척하기 위하여 원고 주장사실이 진실임을 전제로 하여 이와 양립 가능한 별개의 사항에 대해 피고가 하는 사실상의 주장을 말한다.

② 원고(甲)의 권리발생사실의 주장에 대하여, 피고(乙)가 그 권리발생장애사실, 소멸사실 혹은 행사저지사실을 주장하는 것이 항변이 된다. 법률규정과 관련시키면 원고가 권리근거규정의 요건사실(청구원인사실)을 주장함에 대하여, 피고가 그 반대인 권리장애규정·소멸규정·저지규정 등 반대규정의 요건사실을 주장하여 원고청구의 배척을 구하는 것이 항변이다.

(2) 부인과의 구별

① 의의

원고의 청구를 배척하기 위한 피고의 사실상의 진술인 점에서 항변과 부인은 차이가 없다. 그러나 항변은 원고의 주장사실이 진실함을 전제로 이와 별개사실을 주장하는 것이므로 그 답변 태도가 「그렇다, 하지만」임에 대하여, 부인은 원고의 주장사실이 진실이 아니라는 주장이므로 그 답변태도가 「아니다」인 점에 차이가 있다.

② 부인의 종류(직접부인과 간접부인)

㉠ 전자는 단순히 원고의 주장사실이 진실이 아니라고 한마디로 부정하는 데 그치는 경우인데, 이를 직접·소극부인 또는 단순부인(무이유부인)이라고도 한다. 후자는 원고의 주장사실과 양립되지 않는 사실을 적극적으로 진술하며 원고의 주장을 부정하는 경우인데, 이를 간접·적극부인 또는 이유부부인이라고도 한다.

㉡ 예를 들면 원고가 소비대차로 금전을 대여하였다고 주장함에 대하여, 단순히 「그러한 사실이 없다」는 진술이 직접부인에 속하고, 「금전은 받았으나, 대여가 아니고 증여로 받았다」는 진술이 간접부인에 해당된다. 구체적 내용이 없는 단순부인은 원칙적으로 허용되지 아니하며, 이유부부인이어야 함이 원칙이다. 민소규칙 제116조는 문서의 진정성립을 부인하는 때에는 그 이유를 구체적으로 밝혀야 한다고 하여 이유부부인을 강제하였으며, 개정된 동 제65조에서는 피고의 답변서에는 소장에 기재된 개개의 사실에 대한 인정여부를 적어야 한다고 하여 「청구원인사실의 전부부인」 등의 단순부인이 허용되지 아니함을 비추었다.

③ 특히 간접부인과의 구별

구별은 실무상 매우 중요하다. 간접부인은 원고의 주장사실과 양립되지 않는 별개의 사실을 진술하는 것임에 대하여, 항변은 원고의 주장사실이 진실임을 전제로 이와 논리적으로 양립할 수 있는 별개의 사실을 진술하는 점에 차이가 있다. 예를 들면 금전을 대여하였다는 원고의 주장에 대하여 피고가 「대여가 아니라 증여를 받았다는 진술」은 간접부인이나, 「대여는 받았으나 이미 변제하였다」는 진술일 때에는 항변이다. 효력면에서 다음과 같은 차이가 있다.

④ 부인과 항변의 구별 실익

㉠ 첫째로, 증명책임분배의 원칙상 부인의 경우에는 부인당한 사실에 대한 증명책임이 그 상대방, 즉 원고에게 돌아가지만(원고의 대여주장에, 피고가 다투는 때에는 대여 사실에 대하여 원고에게 증명책임이 있어 그가 차용증서 등 증거를 내놓아야 함), 항 변의 경우에는 항변사실의 증명책임이 그 제출자인 피고에게 있다(대여주장에 대해 피고가 변제항변하는 경우는 변제사실에 대해 피고에게 증명책임이 있어 그가 영수 증 등을 찾아 증거들을 내놓아야 함).

㉡ 둘째로, 판결이유의 기재 시에 있어서 원고의 청구가 인용될 때에는 항변을 배척하는 판단을 필요로 하며 그렇지 않으면 판단누락의 위법을 면치 못하나, 간접부인사실을 배척하는 판단은 필요하지 않다.

㉢ 셋째로, 원고의 청구원인이 피고로부터 부인당한 경우에는 원고는 청구원인사실을 구체적으로 밝혀야 할 부담이 따른다. 피고의 항변제출의 경우에는 원고에게 이와 같 은 부담이 없다.

(3) 항변의 종류

권리근거규정의 반대규정의 요건사실에 의하여 분류하면, 다음 3가지이다. 항변사유는 민사 집행법의 청구이의사유도 된다.

① 권리장애사실

㉠ 권리근거규정에 기한 권리의 발생을 애당초부터 방해하는 권리장애규정의 요건사실 의 주장이다. 권리장애사실은 권리불발생사실이라고도 하며, 권리근거사실의 발생과 동시에 또는 그 이전부터 존재하는 것이 특색이다. 원고가 권리발생사실로 계약 등 법률행위를 주장할 때에, 피고가 의사능력의 흠, 강행법규의 위반, 통정허위표시, 공 서양속의 위반, 불공정한 법률행위, 원시적 이행불능 등 그 법률행위의 무효사유로 대응하는 경우가 대표적이다. 뿐더러 원고의 부당이득주장에 대하여 피고의 불법원 인급여, 불법행위주장에 대하여 정당행위·정당방위·긴급피난 등 위법성 조각사유 로 대응할 때이다.

㉡ 권리근거규정과 권리장애규정의 구별은 매우 힘들다. 대체로 후자는 법체제상 단서 등의 예외규정으로 규정된 데 대하여, 전자는 본문 등의 원칙규정으로 표현되어 있 다. 따라서 「다만, …는 그러하지 아니하다」 따위의 단서규정 또는 「…때에 …을 적 용하지 아니한다」 따위의 제외규정 등 예외규정의 요건사실은 권리장애사실인 항변 으로 된다.

② 권리소멸(멸각)사실

㉠ 권리근거규정에 기하여 일단 발생한 권리를 소멸시키는 권리소멸규정의 요건사실의 주장이다. 권리소멸사실은 권리근거사실보다도 뒤에 발생하는 것이 특색이다.

㉡ 원고주장의 채권에 대하여, 피고의 변제, 대물변제, 공탁, 경개, 면제, 혼동 등 그 소 멸원인이나, 소멸시효의 완성의 주장 따위이다. 제3자에의 권리양도, 피고주장의 취

득시효의 완성도 해당한다. 피고 측의 해제·해지권, 취소권(제한능력, 착오·사기·강박 등), 상계권 등 사법상 형성권의 행사에 의하여 원고주장의 법률효과를 배제하는 소위 권리배제규정의 요건사실을 내세우는 경우도 널리 권리소멸사실에 포함된다.

③ 권리저지사실

    ㉠ 권리근거규정에 기하여 이미 발생한 권리의 행사를 못하게 저지시키는 권리저지규정의 요건사실의 주장이다. 권리저지사실은 일반적으로 이행청구에 대하여 일시적·잠정적으로 이행거절하는 연기적 항변이나 선이행 항변으로 나타난다(= 이행거절권의 주장). 권리행사제한의 경우도 있다.

    ㉡ 유치권, 건물매수청구권, 보증인의 최고·검색의 항변권, 동시이행항변권 등 사법상의 항변권을 구성하는 사실을 피고 측이 내세울 때이다. 기한의 유예, 목적물인도청구에 있어서 권원에 의한 점유, 한정승인, 신의칙위반, 권리의 남용 등도 이에 해당된다. 다만 유치권 항변이나 동시이행항변이 이유 있을 때에는 청구기각이 아니라 원고의 반대급부와 맞바꾸는 상환이행판결의 주문을 내야 한다.

    ㉢ 또 '돈이 없어 못 갚는다'는 무자력항변은 원고의 청구를 배척할 법률상 사유는 아니므로 이론상의 항변에 속하지 않는다.

④ 항변의 또 다른 종류

주장의 형태에 의하여 분류하면 제한부자백과 가정항변으로 나눌 수 있다. 전자는 원고의 주장사실을 확정적으로 인정하면서 양립될 수 있는 별개의 사실을 진술하는 것임에 대하여, 후자는 원고의 주장사실을 일응 다투면서 예비적으로 항변하는 경우이다(일단 차용사실을 부인하고 가사 차용하였다 하여도 변제하였다는 따위).

⑤ 피고의 항변에 원고의 태도 - 재항변

    ㉠ 피고의 항변에 대하여 원고의 태도는, 원고가 항변사실에 대하여 명백히 다투지 아니하거나 자백한 경우가 아니면, i) 원고가 항변이 법률상의 이유가 없다거나 항변사실에 대하여 부인하면서 다투거나, ii) 항변사실을 일단 받아들이면서 피고의 항변사실의 효과의 불발생·소멸·저지 등 새로운 사실을 제출하는 것이다. ii)의 경우를 보다 자세히 말하면, 피고의 항변에 대하여 원고가 항변사실에 바탕을 둔 효과의 발생에 장애가 되거나 또는 발생한 효과를 소멸·저지하는 사실을 주장할 수 있는데, 이를 재항변이라 한다. 권리근거규정의 요건사실 = 청구원인사실이고, 반대규정의 요건사실 = 항변사실이라면, 반대의 반대규정의 요건사실 = 재항변사실이다(증명책임은 청구권인 사실은 원고, 항변사실은 피고, 재항변사실은 원고에게 돌아감). 예를 들면 피고의 소멸시효의 항변에 원고가 시효완성에 장애가 될 가압류·가처분·채무승인 등에 의한 시효중단 또는 이익의 포기나 권리남용으로 되받아 주장하는 경우이다.

    ㉡ 재항변에 대하여도 피고가 재항변사실에 기한 효과의 발생에 장애가 되거나 또는 일단 발생한 효과를 소멸·저지하는 사실을 주장할 수 있는데, 이를 재재(再再)항변이라 한다. 위 재항변의 첫째 예에서, 피고의 가압류가 해제되었다는 주장을 하였으면 재재항변에 해당한다.

4. 소송에 있어서 형성권의 행사와 그 각하 등의 효과

1) 문제의 제기

소송절차에서 공격방어방법으로 형성권(해제권, 해지권·취소권·상계권)을 행사하는 경우, 즉 소송 외에서 형성권을 행사하고 그 사법상 효과를 소송절차에서 진술하는 것과 달리 소송절차에서 형성권의 행사와 동시에 공격방어방법으로 이를 주장할 때 그 사법상 효과가 어떻게 되는지 문제가 된다. 특히 ① 소가 취하되는 경우(소취하), ② 소가 부적법하여 각하되는 경우(부적법 각하), ③ 또는 공격방어방법의 제출이 실기하여 각하되는 경우(실기 각하), ④ 나아가 소송계속 중 소송상 화해나 수소법원 조정 등이 성립하는 경우 등에서 특히 상계항변과 관련하여 논의가 있다[169]. 예컨대, A가 B를 상대로 제기한 1,000만원의 대여금청구소송에서 B가 대여금채무를 인정하고 같은 액수의 매매대금채권을 자동채권으로 하여 상계권을 행사하고 그에 기하여 상계항변을 하였는데, 상계항변이 실기된 공격방어방법으로 각하되어 버리고 A의 청구를 인용한 판결이 선고·확정된 이후, B가 제기한 매매대금청구소송에서 A가, 대여금청구소송 중에 하였던 B의 상계권의 행사로 매매대금 채권이 소멸하였다고 주장하는 경우이다. A의 주장을 선뜻 받아들이기 곤란한 이유는 그렇게 하는 경우 원래 A는 B로부터 1,000만원을 받을 수 있고, B도 A로부터 1,000만원을 받을 수 있어 동등하였는데, 결론적으로 A는 1,000만원을 받을 수 있지만, B는 못 받게 되는 불균형이 발생하기 때문이다. 불균형을 해결하기 위하여 A의 주장을 배척하기로 한다면 어떤 근거를 제시할 수 있을까. 이에 대한 논의는 형성권의 행사를 소송 전·소송 외 행사와 소송상 행사로 나누는 것에서 시작된다. 즉, 형성권은 일반적으로 소송 전, 즉 소송이 진행되기 이전에 행사되거나, 소송 외, 즉 소송 진행 중이더라도 소송과 무관하게 별도로 행사되는 것이 일반적이다. 이러한 형성권의 행사를 소송 전·소송 외 형성권의 행사라고 한다. 이와 달리 법정에서 진술로 형성권을 행사하거나, 준비서면 등에 형성권 행사의 의사표시를 담는 경우를 소송상 형성권의 행사라고 한다[170].

5. 소송상 형성권의 행사와 사법상 효과

실체법상 권리(특히 형성권)를 소송상 행사하는 경우 그 권리행사의 성질에 관해서는 학설의 대립이 있다.

1) 병존설

외관상 하나의 행위이지만 법률적으로 보아 형성권 행사라는 상대방에 대한 사법상 의사표시(사법행위)와 그러한 의사표시가 있었다는 것을 법원에 대하여 사실상 진술(소송행위)하는 두 가지가 병존한다고 보는 견해이다(병존설). 즉, 형성권이 소송 전·소송 외에서 행사되었든 소송상 행사되었든 차이가 없으며, 소송상 행사된 경우에도 형성권의 행사와 그에 기한 항변은 별개의 병존하는 행위이므로 불균형의 해소는 불가능하다는 견해이다(병존설). 즉 병존설은 위의 예에서 A의 주장을 받아들이는 견해이다.

---

169) 김홍엽, 앞의 책, 490면
170) 박재완, 앞의 책, 290-292면

2) 양성설과 소송행위설

① 사법행위와 소송행위 두 가지 성질을 모두 갖춘 하나의 행위라고 보는 견해가 양성설이다. 양성설은 형성권이 소송상 행사된 경우 하나의 행위만이 존재할 뿐이지만 그 행위는 법률행위인 형성권의 행사와 소송행위인 항변의 성격을 겸하여 가진다고 본다. 양성설은 형성권 행사의 효력이 형성권이 소송상 행사되었을 때 발생하였다가 항변이 각하되는 등의 사유가 발생하였을 때 실효한다고 본다.

② 순수한 소송행위라고 보는 소송행위설은 형성권이 소송상 행사된 경우 법률행위는 존재하지 않고 하나의 소송행위, 즉 항변만이 존재할 뿐이라고 본다. 소송행위설은 형성권 행사의 효력은 판결에 의하여 항변이 인용됨으로써 발생하는 것으로 본다.

그리하여 소취하, 부적법 각하, 실기 각하 등의 경우에 이들 각 견해의 입장을 보면, ① 병존설은 애당초 발생한 사법상 효과가 그대로 유효하게 존속한다고 보며, ② 양성설은 애당초 발생한 사법상 효과가 소멸한다고 보며, ③ 소송행위설은 아예 사법상 효과가 발생하지 않는다는 것이므로 이러한 경우라고 해서 달리 볼 여지가 없게 된다.

3) 신병존설

기본적으로는 병존설의 입장이나, 상계권을 행사했으나 소취하, 부적법 각하, 실기 각하 등으로 법원에 의해 실체적인 판단을 받지 못한 경우에는 사법상 효과가 발생하지 않는 것으로 해석하려는 견해이다. 신병존설은 형성권이 소송상 행사된 경우에도 형성권의 행사라는 법률행위와 항변이라는 소송행위가 별도로 병존하는 것을 부인하는 것은 불가능하므로 병존설이 일반적으로 타당하지만 상계권의 경우에는 예외를 인정하는 여러 견해들을 말한다. 신병존설 내에서 예외의 근거로 제시되는 이유는 매우 다양하다. 신병존설이 통설이다.

4) 판례

판례는 해제권이 소송상 행사된 경우 소취하로 그 효력이 좌우되지 않는다고 하는 한편, 소송상 상계항변은 통상 수동채권의 존재가 확정되는 것을 전제로 행하여지는 일종의 예비적 항변이므로 당해 소송에서 수동채권의 존재 등 상계에 관한 법원의 실질적 판단이 이루어지는 경우에 비로소 실체법적 효과가 발생한다고 판시하여, 신병존설을 취하고 있는 것으로 판단된다.

5) 결론

소송상 형성권을 행사한 당사자의 의사 내지 의도와의 정합성에 비추어 신병존설의 입장이 타당하다고 생각한다[171].

> 🖉 **사례**
> 甲은 乙을 상대로 위 대여금의 지급을 구하는 소를 제기하였고, 乙은 甲의 청구가 인용될 것에 대비하여 물품대금채권을 자동채권으로 하는 예비적 상계항변을 하였는데, 그 소송절차 진행 중에 甲과 乙 사이에 조정이 성립됨으로써 甲의 대여금채권에 대한 법원의 실질적 판단이 이루어지지 아니하였다. 이 경우 乙의 물품대금채권이 상계로써 대등액에서 소멸하는지에 관하여 설명하시오.

---

171) 전병서, 앞의 책, 140면

제 2 절	소송행위 일반172)

1. 의의

1) 널리 소송행위란 소송주체의 행위를 일컫는다. 소송주체는 법원과 당사자이므로 소송행위는 법원의 소송행위와 당사자의 소송행위로 대별된다. 법원의 소송행위는 재판과 그 밖의 행위로 나누어지는데, 이는 국가기관의 행위이므로 사법행위(私法行爲)와는 전혀 다른 원칙에 의한다. 처분권주의·변론주의에 의하는 소송에서는 주로 당사자에 의하여 절차가 발전되기 때문에 여기서는 당사자의 소송행위만을 살핀다.

2) 소송행위란 소송절차를 형성하고 그 요건과 효과가 소송법에 의하여 규율되는 행위를 말한다. 따라서 소송행위에는 민법상의 법률행위에 관한 규정이 직접적으로 적용될 수 없으며, 다만 특별한 사정이 있는 경우에 한하여 유추적용될 뿐이다. 이러한 입장이 요건 및 효과설인바, 현재의 다수설이다. 예컨대, 소의 제기, 소의 취하 등에 관하여는 민사소송법에 그에 관한 규정이 있으므로 이들은 소송행위가 된다. 이에 대해 주요불가결한 효과가 소송법의 영역에서 발생되는 행위이면 소송행위로 보아야 한다는 이른바 효과설이 있다.

2. 종류

1) 소송 전·소송 외의 소송행위와 변론에 있어서의 소송행위

시기, 장소의 관점에 의한 분류이다. 관할의 합의·대리권의 수여·중재합의가 전자에 속하고, 본안의 신청·공격방어방법의 제출행위가 후자에 속한다.

2) 신청·주장 및 소송법률행위

신청·주장에 관하여는 이미 설명하였다. 소송법률행위는 소송법률효과의 발생을 목적으로 하는 의사표시이다. 여기에는 단독행위와 소송상의 합의, 즉 소송계약이 있다.

3. 소송상의 합의(소송계약)

1) 의의

① 소송상의 합의(소송계약)란, 현재 계속 중이거나 장래 계속될 특정의 소송에 대해 직접·간접으로 어떠한 영향을 미치는 법적 효과의 발생을 목적으로 한 당사자 간의 합의를 말한다.

② 여기에는 관할의 합의, 첫 기일변경의 합의, 불항소 등 법률상 명문의 규정이 있는 경우가 있지만, 나아가 법률상 명문의 정함이 없는 경우에도 이를 일반적으로 허용할 것인가는 문제이다. 한때 계약자유원칙의 지배를 받지 않는 것이 소송법의 영역임을 강조한 나머지 그 적법성을 부정하는 것이 지배적이었다. 그러나 오늘날에는 전속관할에 관한 합의, 소송절차변경의 합의(행정소송사항을 민사소송절차에 의하기로 하는 합의, 심급의 변경합의 등)와 같이 공익에 직결되는 강행법규의 변경·배제하려는 합의는 무효로 보더라도, 당사자의 의사결정

---

172) 이시윤, 앞의 책, 394-397면

의 자유가 확보된 소송행위에 관한 계약까지 그 적법성을 부정할 이유는 없다는 것으로 굳혀
지고 있다(적법설). 예를 들면 부제소합의, 신청권 포기의 합의, 불상소의 합의, 소·상소취
하의 합의, 부집행계약 따위가 그것이다. 그 법적 성질에 관하여는 다음과 같은 견해가 있다.

2) 법적 성질

① 사법계약설

소송상의 사항에 관하여 약정대로 작위·부작위의무를 발생케 하는 사법상의 계약이라고 보
는 설이다(간접효과설). 여기에 i) 그 불이행의 경우에는 그 의무이행을 소구하여 승소판결에
의하여 강제집행을 할 수 있고 만일 집행이 불능일 때에는 손해배상을 청구할 수 있다는 견
해(의무이행소구설), ii) 의무이행의 소구나 손해배상청구로 구제보다는 의무불이행의 경우
에 다른 쪽 당사자에게 항변권이라는 구제수단을 주자는 견해(항변권발생설)로 대립되어 있
다. ii)의 설에 의하면 소취하계약이 있음에도 이에 위반하여 소를 유지하면 법원은 권리보
호의 이익이 없다는 이유로 소를 각하하게 된다. ii)의 설이 다수설이다.

② 소송계약설

㉠ 소송에 관한 합의는 소송상의 사항인 만큼 여기에 사법상의 작위·부작위의무가 발생할
여지가 없고, 직접적으로 소송법상의 효과를 발생케 하는 소송계약으로 보아야 한다는
설이다.
이에 의하면, 소송에 관한 합의가 그 소송절차 내에서 행해진 경우에는 당사자의 주장을
기다릴 필요 없이 법원은 직권으로 소송의 끝을 내며 종료선언을 하여야 하고, 그것이
소송 외에서 행하여진 경우에는 당사자의 주장을 기다려서 소송법상의 효과가 발생하지
만, 그 주장은 단지 합의의 존재를 법원에 알리는 의미 밖에 없다는 것이다.

㉡ 여기에 나아가 소송상의 합의를 소송계약으로 보면서도 소송법상의 처분적 효과뿐만
아니라 의무부과적 효과, 즉 작위·부작위의무까지도 발생한다는 발전적 소송계약설도
있다.

3) 결언

① 생각건대 사법계약설 중 의무이행소구설은 구제방법으로는 우회적이고 간접적이다. 소송계
약설은 당사자의 이익의 충실한 보호를 위해 좋다고 하나, 소송에 관한 합의가 그 요건 및
효과를 직접 소송법에서 정해 놓은 전형적인 소송행위와 같아진다. 따라서 소취하계약을 소
취하 그 자체와 동일시하게 되는바, 소송 외에서도 할 수 있고 또 소의 취하처럼 방식상의
제약도 없는 소취하계약에 대해 이와 같은 해석은 무리이다. 발전적 소송계약설도 소송상
계약불이행 시에 손해배상청구를 가능케 하려는 시도인데, 소송계약에서 그러한 사법적인
권리·의무의 도출이 될 수 있는지 의문이다. 따라서 다수설인 사법계약설 중 보다 간이한
해결책이 되는 항변권발생설을 따른다.

② 우리 판례도 강제집행취하계약의 경우에 그 취하이행의 소송상 청구는 허용되지 않는다고
하여 사법계약설 중 의무이행소구설을 배척하였으며, 부제소합의와 소취하계약을 어긴 경우
에 권리보호의 이익이 없다는 입장이다.

4) 소송상의 합의의 법리

① 소송상의 합의는 말이든 서면이든 상관없는 방식자유가 존중된다(단, 관할의 합의는 예외).

② 단독적 소송행위와 달리 조건·기한 등 부관을 붙일 수 있고, 나아가 의사표시의 흠이 있을 때에는 민법의 규정을 유추하여 이의 취소·무효를 주장할 수 있다.

③ 소송상의 합의의 존부는 항변사항이고 직권조사사항은 아니다(다툼 있음. 부제소합의에 대해 최근 판례는 다른 입장 – 판례는 부제소합의를 직권조사사항으로 보는 한편, 당사자가 주장하지 않은 부제소합의를 인정하는 데 따른 당사자에게 초래할 불의의 타격에 대해서는 법적 관점 지적의무(법 제136조 제4항)로써 이를 해결하고 있다. 이에 대하여는 부제소합의를 사법상의 계약임을 전제로 항변사항으로 보는 경우에는 구태여 법적 관점 지적의무를 언급할 하등의 필요가 없다는 비판이 있다).

제 3 절 　 소송행위의 특질 – 사법상의 법률행위와 다른 특색[173]

소송행위는 소송절차 본래의 요청에서 독자적인 법리의 규율을 받으며, 특별한 규정 또는 특별한 사정이 없는 한 사법의 규정이 적용되지 않는다. 당사자의 소송행위는 사법상의 법률행위와의 관계에서 다음과 같은 특색이 있다.

1. 인적 요건

소송행위를 유효하게 하기 위해서는 소송능력·변론능력을 갖추어야 하고, 법정대리권 및 소송대리권을 필요로 한다. 특히 소송행위에 민법상의 표현대리의 법리가 적용되느냐는 논란이 있으나, 거래행위와 다른 소송행위에는 그 규정이 적용되지 않는다는 것이 다수설·판례이다.

2. 소송행위의 방식

1) 소송행위는 변론주의 및 구술주의의 요청으로 변론절차에서는 말로 함이 원칙이다. 이 점이 방식자유의 원칙에 따라 서면·구술을 임의선택할 수 있는 사법상의 법률행위와 다르다. 따라서 공격방어방법을 기재한 준비서면을 제출해도 말로 진술하지 않으면 소송자료로 할 수 없다. 그러나 예외적으로 서면에 의해야 하는 소송행위가 적지 않다. 상대방에게 송달하여야 할 경우가 그러하다. 소·상소·재심의 제기, 청구취지의 변경, 소의 취하, 소송고지 따위가 그것이다. 이는 법원에 제출되고 상대방에 도달되었을 때 효력이 발생한다.

2) 소송행위는 사법상의 법률행위와 달리 법원에 대한 단독행위가 원칙이며, 따라서 법원에 대하여 할 것을 요한다. 상대방 당사자가 결석한 경우에도 할 수 있다.

---

173) 이시윤, 앞의 책, 397-402면

3. 소송행위의 조건과 기한

1) 계약자유의 원칙이 적용되는 사법행위와 달리 소송행위에는 원칙적으로 기한이나 조건과 같은 부관을 붙일 수 없다. 단독적 소송행위에는 그러하다. 소송행위 효력의 발생·소멸 시기를 정할 수 있게 하면 절차의 진행은 무질서하게 되고 소송자료는 불안정해지기 때문에 기한은 어느 경우에도 붙일 수 없다.

2) 조건의 경우에는 소송외적 조건과 소송내적 조건으로 나누어 살펴야 한다.

(1) 소송외의 장래 발생할 불확실한 사정에 소송행위의 효력발생을 의존케 하는 소송외적 조건부의 소송행위는 상대방이나 법원의 지위, 크게는 절차의 개시진행 자체를 불안정하게 만들기 때문에 허용되지 않는다. 예를 들면 피고가 원고의 청구를 시인하면 없었던 것으로 하는 해제조건부 소의 제기, 상대방도 상소제기를 하면 없었던 것으로 하는 해제조건부 상소의 제기, 피고가 소송비용을 부담할 것을 정지조건으로 하는 소의 취하 따위이다.

(2) 소송내적 조건, 즉 소송진행 중에 주위적 신청·주장이 이유 없음이 판명될 사실을 조건으로 하는 예비적 신청이나 예비적 주장은 절차의 진행에 영향을 주는 등의 절차의 안정을 해칠 염려가 없기 때문에 허용된다. 예비적 신청에는 청구의 예비적 병합·예비적 반소 이외에 예비적 공동소송이 있다. 부대항소·상고도 상소의 취하·각하를 해제조건으로 한 예비적 신청이다.

4. 소송행위의 철회와 의사의 하자(흠)

1) 소송행위는 상대방이 그에 의하여 소송상의 지위를 취득하지 아니한 때에는 자유롭게 철회할 수 있으며, 정정변경이 허용된다. 처분권주의와 변론주의가 적용되는 결과이다. 신청·주장·증거신청이 모두 그러하다. 다만 사실자료와 증거신청의 철회·정정이 허용되는 시기는 원칙적으로 사실심의 변론종결 시까지이다.

2) 그러나 당해 행위를 한 당사자에게 불리하거나 또는 상대방에 일정한 법률상 지위가 형성된 소송행위, 즉 구속적 소송행위는 자유로이 철회할 수 없다. 재판상 자백의 철회, 증거조사개시 후의 증거신청의 철회, 피고가 응소한 뒤의 소의 취하, 청구의 포기·인낙 또는 화해의 철회, 상소의 취하 철회 등은 자유롭지 않다.

이와 같은 구속적 소송행위에 사기·강박 또는 착오 등 흠이 있어도 이를 이유로 민법 제109조나 제110조에 의한 취소·무효를 주장할 수 없다. 소송절차의 명확성과 안정성을 기하기 위해 표시한대로의 표시주의, 외관대로의 외관주의가 관철되어야 하는 것이 소송행위이기 때문이다. 이러한 판례·통설에 대하여 각 소송행위를 구체적으로 검토하여 이익을 형량하여 의사의 흠을 다루어야 한다는 다른 견해가 있다. 특히 소·상소의 취하, 청구의 포기·흠에 관한 민법상의 규정을 유추적용해야 한다는 것이다. 그러나 이러한 민법규정 유추설에는 문제가 있다. 우선 청구의 포기·인낙, 화해에 있어 준재심의 소에 의한 취소 이외에 그 흠의 구제책을 인정하지 아니하는 것이 우리 법제이므로 민법규정의 유추는 논의되기 어렵다고 할 것이다. 그 밖의 소송행위에 있어서 사기·강박이기 때문에 취소가 문제될 때에도 민법의 규정보다도 민소법 제451조 제1항 제5호의 재심규정을 유추하는 것이 옳을 것이다. 착오 때문에 민법의 규정을 유추한다는 것은 이미 법원에 대한 공적 진술로 명확히 의사를 밝힌 점, 소송에 있어서 법적 안정성의 요청과는 조화하기 어려운 점 등으로 미루어 받아들이기 힘들다. 다만 소송 외에서 하는 관할의 합의 등 소송상의 합의는 소송절차와의 직접적인 관련성이 없기 때문에 의사표시의 흠에 관한 민법의 규정이 유추적용된다.

3) 다만 구속적 소송행위의 무효·취소의 제한에는 예외가 있다.

(1) 형사상 처벌할 수 있는 다른 사람의 행위로 인하여 한 소송행위의 경우는 법 제451조 제1항 제5호를 유추하여 그 소송절차 내에서 당연히 효력이 부정된다고 할 것이다. 예컨대 문맹자를 속여서 항소취하서에 날인케 하거나 대리인의 배임행위에 의한 항소취하, 다른 사람의 폭행이나 강요(강성노조가 사측에 손해배상소송의 취하 강요 따위)에 의하여 작성된 소취하서를 제출한 경우로서 형사책임이 수반되는 경우, 피고회사의 대표이사이던 자가 소송상대방과 공모하여 개인적으로 돈을 받기로 하고 항소취하한 경우 등이다.

그러나 판례에는 이러한 재심규정유추설에 의하면서도 ① 유죄판결의 확정, ② 그 소송행위에 부합되는 의사 없이 외형만의 존재 등 두 가지 요건을 모두 갖추었을 때 무효라고 보는 것이 있는데, 구제의 길을 지나치게 좁힌 것이므로 무리라고 본다.

(2) 상대방의 동의

이때는 조사개시 후의 증거신청의 철회, 피고의 응소 후의 소의 취하, 재판상의 자백의 취소가 허용된다.

5. 소송행위의 하자(흠)의 치유

1) 소송행위의 인적 요건을 갖추지 못하고, 방식과 내용에 있어서 소송법규에 합치하지 않는 소송행위는 하자(흠) 있는 소송행위로서 무효로 된다. 이 경우에 법원은 그 행위(특히 신청)를 기각·각하하거나 종국판결의 이유 속에서 판단하여야 함이 원칙이다. 예외적으로 법원은 아무런 응답을 하지 않고 무시할 수도 있다. 예를 들면 변론무능력자의 소송행위, 직권발동을 촉구하는 의미의 신청(예 변론재개 신청, 관할위반에 의한 이송신청), 불필요하다고 인정한 증거신청 등이다.

2) 무효인 소송행위라도 다음의 사유가 있으면 유효하게 될 수 있다.

(1) 하자 없는 새로운 행위

예를 들면 소장부본의 송달이 잘못되었으면 다시 송달하는 것이다. 다만 기간이 경과하지 아니한 때에만 가능하다.

(2) 추인

소송능력의 흠은 법정대리인이나 소송능력을 취득한 본인에 의한 추인, 대리권의 흠은 본인에 의한 추인에 의하여 소급적으로 치유된다. 추인은 상소심에서도 가능하다.

(3) 보정

소장제출 시에 납입할 인지가 부족하거나 주소불명 등 형식적 요건이 구비되지 아니한 때에는 보정에 의하여 유효하게 되는데, 보정기간이 지나가지 아니한 때에만 허용된다.

(4) 이의권의 포기·상실(법 제151조)

소송절차에 관한 규정 중에서 임의적·사익적 규정에 위배된 소송행위는 그에 의하여 불이익을 입을 당사자의 소송절차에 관한 이의권(책문권)의 포기·상실로써 그 흠이 치유된다.

(5) 무효행위의 전환

① 하자 있는 소송행위가 당사자가 의도하는 목적과 같은 다른 소송행위의 요건을 갖춘 경우에 그 다른 소송행위로서의 효력을 갖게 되는 것을 말한다. 어느 한도로 무효행위의 전환을 인정할 것인가는 어려운 문제이나, 절차상의 과오의 결과 실체상의 권리를 잃게 되어 실제 가혹한 감이 들고 소송법의 규제의 진의에 반하지 않으며, 원래의 행위가 무효로 되는 것을 알았다면 다른 행위를 하였으리라고 인정되는 때에 허용된다고 할 것이다. 석명권 제도가 있기 때문에 사법상의 법률행위의 전환만큼 큰 의미가 없지만, 부적법한 소송행위의 선해적 해석으로 살리는 것이므로 나름대로 의미가 있고 소송경제상 좋다.

② 판례

i) 부적법한 독립당사자참가의 경우에 당사자 한쪽을 위한 보조참가신청으로 전환, ii) 불복할 수 없는 결정·명령에 대해 항고법원에 항고했을 때에 특별항고로 보아 항고법원이 대법원에 소송기록의 송부, iii) 항소기간의 도과가 그 책임질 수 없는 사유에 기인한 것으로 인정되는 이상 추후보완의 항소라는 기재가 없어도 추후보완의 항소로 보거나, iv) 항소심판결을 대상으로 항소법원에 제기하여야 할 재심의 소인데 제1심판결을 대상으로 제1심법원에 제기한 경우에 관할위반으로 보아 항소법원으로의 이송, v) 청구기간이 도과한 공동소송참가신청을 보조참가신청으로 보는 따위 등이다.

6. 소송행위의 해석 - 표시주의

① 소송행위의 해석은 일반 실체법상의 법률행위와는 달리 내심의 의사가 아닌 철저한 표시주의와 외관주의에 따라 그 표시를 기준으로 하여야 하고, 표시된 내용과 저촉되거나 모순되어서는 안 된다.

② 의심스러울 때에는 행위자에게 유리하게 해석할 것이다.

05 | 변론의 실시174)

1. 변론의 경과

변론은 미리 재판장이 지정하여 양쪽 당사자에게 통지한 기일에 공개법정에서 행한다.

2. 변론의 정리 − 변론의 제한·분리·병합

① 법원은 소송심리를 정리하기 위하여 변론 중에 변론의 제한·분리·병합을 명할 수 있다(법 제 141조).

② 필수적 공동소송, 독립당사자참가소송, 예비적·선택적 병합청구나 예비적·선택적 공동소송 의 경우에는 분리가 허용되지 않는다. 분리가 되어도 관할에 영향이 없으며, 분리 전의 증거자 료는 그대로 분리 후 양 절차의 증거자료로 된다.

③ 변론의 병합이 있으면 복수의 소송이 변론단계에서 1개의 공동소송으로 혹은 청구의 병합으로 결합한다. 따라서 병합은 특별한 규정이 없는 한, i) 같은 종류의 소송절차로 심판될 것에 한하 며, ii) 각 청구 상호간에 법률상의 관련성이 있을 것을 요한다.

3. 변론의 재개

① 법원은 일단 변론을 종결한 후라도 심리가 덜 되어(미진)있음이 발견되거나 그 밖에 필요하다고 인정할 때에는 자유재량으로 변론을 재개할 수 있다. 변론의 재개 여부는 법원의 직권사항이고 당사자에게 신청권이 없기 때문에 당사자의 변론재개신청은 법원의 직권발동을 촉구하는 의미 밖에 없으며, 이에 대해 허부의 결정을 할 필요가 없다.

② 예외적인 재개의무사유로, i) 재개사유로 재심사유를 제출하였을 때, ii) 당사자가 책임질 수 없 는 사유로 주장·증명의 기회를 갖지 못하는 등 재개하여 기회를 주지 않은 채 패소판결을 하여 절차적 정의에 반할 때, iii) 결론을 좌우하는 관건적 요증사실을 재개사유로 한 때는 재개의무 가 있다. 더 나아가 iv) 석명의무나 지적의무 등을 위반한 채 변론종결을 함으로써 사건의 적정 ·공정한 해결에 영향을 미칠 절차상의 위법이 있을 때에도 재개의무가 있다는 것이 판례이다.

③ 변론재개결정을 할 경우에 재판장은 특별한 사정이 없는 한 결정과 동시에 변론기일을 지정하 고 당사자에게 재개사유를 알려야 한다.

---

174) 이시윤, 앞의 책, 403-412면

4. 변론의 일체성

변론을 여러 차례의 기일에 걸쳐 열었다 하여도 같은 기일에 동시에 연 것과 같아진다. 뒤 기일의 변론은 먼저 기일까지의 변론을 전제로 속행하면 된다. 법관이 바뀐 경우 외에는 전일까지의 변론의 결과를 되풀이 보고할 필요가 없다. 변론준비기일을 연 경우를 제외하고 당사자의 변론이나 증거조사를 어느 단계까지 하지 않으면 실권되는 제한이 없어, 어느 시점의 변론이라도 소송자료로서 같은 효력을 갖게 됨이 원칙이다. 이를 변론의 일체성이라 한다.

5. 변론조서

1) 의의

변론조서란 변론의 경과를 명확하게 기록보존하기 위하여 법원사무관 등이 작성하는 문서를 말한다. 이에 의하여 소송절차의 진행을 밝혀 절차의 안정·명확을 기하는 동시에 상급법원이 원심판결의 잘잘못을 판단하는 데에 이바지하게 된다. 조서에는 변론조서 이외에 다른 기일의 조서가 있으나 여기에는 변론조서의 규정이 준용된다.

2) 조서의 기재사항 등

① 법원사무관 등은 변론기일에 참여하여 법 제153조의 형식적 기재사항[175]과 법 제154조의 실질적 기재사항[176]을 기재한 조서를 작성한다(법 제152조 제1항 본문).
② 소액사건에 있어서는 통상사건과 달리 당사자의 이의가 없는 경우에는 판사의 허가를 얻어 조서의 기재를 생략할 수 있는 특례가 있다(소액사건심판법 제11조).

3) 변론의 속기와 녹음

법원은 필요하다고 인정하는 경우에는 변론의 전부 또는 일부를 녹음하거나, 속기자로 하여금 받아 적도록 명할 수 있다. 당사자가 신청하면 특별한 사유가 없는 한 이를 명하여야 한다. 이 녹음테이프와 속기록은 조서의 일부로 삼는다(법 제159조). 재판장은 변론을 녹음 또는 속기하는 때에는 법원사무관 등을 참여시키지 아니하고 변론기일을 열 수 있다(법 제152조 제1항 단서).

---

175) 제153조(형식적 기재사항)
    조서에는 법원사무관 등이 다음 각 호의 사항을 적고, 재판장과 법원사무관 등이 기명날인 또는 서명한다. 다만, 재판장이 기명날인 또는 서명할 수 없는 사유가 있는 때에는 합의부원이 그 사유를 적은 뒤에 기명날인 또는 서명하며, 법관 모두가 기명날인 또는 서명할 수 없는 사유가 있는 때에는 법원사무관 등이 그 사유를 적는다. 1. 사건의 표시 2. 법관과 법원사무관 등의 성명 3. 출석한 검사의 성명 4. 출석한 당사자·대리인·통역인과 출석하지 아니한 당사자의 성명 5. 변론의 날짜와 장소 6. 변론의 공개여부와 공개하지 아니한 경우에는 그 이유
176) 제154조(실질적 기재사항)
    조서에는 변론의 요지를 적되, 특히 다음 각 호의 사항을 분명히 하여야 한다. 1. 화해, 청구의 포기·인낙, 소의 취하와 자백 2. 증인·감정인의 선서와 진술 3. 검증의 결과 4. 재판장이 적도록 명한 사항과 당사자의 청구에 따라 적는 것을 허락한 사항 5. 서면으로 작성되지 아니한 재판 6. 재판의 선고

4) 조서의 공개

① 조서의 기재는 그 정확성의 담보를 위해 작성 중인 조서에 대하여 당해 소송관계인의 신청이 있는 때에는 법원사무관 등은 이를 읽어 주거나 보여주어야 한다(법 제157조).

② 법원은 당사자의 신청에 따라 결정으로 소송기록 중에 당사자의 사생활에 관한 중대한 비밀이 적혀 있고, 제3자에게 비밀 기재부분의 열람 등을 허용하면 당사자의 사회생활에 지장이 클 우려가 있는 때, 당사자가 가지는 영업비밀이 적혀 있다는 소명이 있는 경우에는 법원은, 비밀이 적혀 있는 부분의 열람·복사, 재판서·조서 중 비밀이 적혀 있는 부분의 정본·등본·초본의 교부를 신청할 수 있는 자를 당사자로 한정할 수 있다(법 제163조 제1항).

③ 누구든지 권리구제·학술연구 또는 공익적 목적으로 대법원규칙으로 정하는 바에 따라 법원사무관 등에게 재판이 확정된 소송기록의 열람을 신청할 수 있다. 다만, 공개를 금지한 변론에 관련된 소송기록에 대하여는 그러하지 아니하다(법 제162조 제2항).

5) 조서의 정정

조서에 적힌 사항에 대하여 관계인이 이의를 제기한 때에는 조서에 그 취지를 적어야 한다(법 제164조). 이유 없다고 인정될 경우에는 조서에 그 취지를 적어 처리하면 된다. 이의가 정당하면 조서의 기재를 정정한다.

6) 조서의 증명력

① 조서가 무효가 아닌 한, 변론의 방식에 관한 규정이 지켜졌다는 것은 조서의 기재에 의하여만 증명할 수 있으며(법 제158조 본문)[177], 이에 대하여 다른 증거방법으로 증명하거나, 그 기재를 반증을 들어 번복할 수 없다. 조서에 그 사실의 기재가 있으면 그 사실은 있는 것으로 인정되고, 그 기재가 없으면 그 사실은 없는 것으로 인정되며, 또 조서가 없으면 그 사실은 존재하지 아니한 것으로 된다. 예컨대 판결선고조서가 없으면 판결선고가 되었다고 볼 수 없어 그 판결은 효력이 없다. 판결문의 선고일자와 선고조서의 선고일자가 다르면 후자의 일자에 판결이 선고된 것이다. 이는 변론의 방식에 관한 한 자유심증주의를 버리고 법정증거주의를 따랐다는 것을 뜻한다. 변론에 참여한 법원사무관 등에 의한 작성, 재판장에 의한 인증, 관계인에게 열람·이의의 기회제공 등으로 고도의 정확성을 담보한 것이 조서이므로, 법정증거력을 주어 소송절차 그 자체가 분쟁의 원인이 되지 않도록 하려는 취지이다.

② 그러나 변론의 방식에 관한 사항이 아닌 것, 즉 당사자의 변론의 내용, 자백, 증인의 선서나 진술내용 등 법 제154조의 실질적 기재사항(제6호의 재판의 선고 제외)은 법정증거력이 인정되지 아니하며, 일응의 증거가 되는 데 그치고 다른 증거로 번복할 수 있다. 다만 조서는 엄격한 형식하에 법원사무관 등이 작성하고 재판장에 의하여 인증된 것이기 때문에, 특별한 사정이 없는 한 진실한 것이라는 강한 증명력을 가진다.

---

177) 제158조(조서의 증명력)
변론방식에 관한 규정이 지켜졌다는 것은 조서로만 증명할 수 있다. 다만, 조서가 없어진 때에는 그러하지 아니하다.

06 | 변론기일에 있어서의 당사자의 결석
(기일의 해태)178)

I 총설

판결은 구술변론을 거쳐서 행하여야 하는 필요변론의 원칙(법 제134조 제1항) 때문에, 변론기일(변론준비기일 포함, 법 제286조)에 한쪽 또는 양쪽 당사자가 결석하면 소송진행의 길이 막혀 사건의 신속한 해결이 지연될 뿐 아니라, 소송제도의 기능이 마비되게 된다.

따라서 우리 법제는 한쪽 당사자 결석의 경우에는 진술간주(법 제148조)와 자백간주(법 제150조 제3항)로, 양쪽 결석의 경우에는 소의 취하간주(법 제268조)로 대처하고 있다. 이러한 변론기일 출석주의에 기한 출석강제의 3간주를 기일해태의 효과라고 한다. 신법에서는 기일을 게을리함에 따른 불이익이라고 한다(법 제167조 제2항).

II 당사자의 결석(기일의 해태)

당사자의 결석이란, 당사자가 적법한 기일통지를 받고도 필요(수)적 변론기일에 불출석하거나 출석하여도 변론하지 않은 경우를 말한다.

1) 필요적 변론기일에 한정

임의적 변론에 있어서는 그 적용이 배제된다. 판결선고기일은 포함하지 않는다. 판례는 법정 외에서 한다는 특별한 사정이 없는 한 증거조사기일은 여기의 변론기일에 포함된다고 하였다. 또 변론준비기일에도 기일해태의 효과는 생긴다.

2) 적법한 기일통지를 받고(법 제167조 제1항) 불출석

기일통지서의 송달불능·송달무효이면 기일해태가 아니다. 공시송달에 의한 기일통지를 받고 불출석한 경우는 자백간주의 기일해태효과가 생기지 않는 것이 명문이나, 생각건대 "진술간주", "소취하간주" 등의 기일불출석의 효과도 생기지 않는다고 볼 것이다.

3) 사건의 호명을 받고 변론이 끝날 때까지 불출석·무변론

① 당사자도 대리인도 모두 법정에 나오지 않은 경우이다. 비록 당사자가 출석하였으나, i) 진술금지의 재판, 퇴정명령, ii) 임의퇴정의 경우에도 불출석으로 된다.

② 출석하여도 변론하지 아니하면 기일의 해태로 된다.

---

178) 이시윤, 앞의 책, 412-419면

Ⅲ 양쪽 당사자의 결석 – 소의 취하간주(법 제268조)

1. 의의

우리 법은 2회 불출석의 경우는 제1심에서는 소의 취하간주(의제적 취하, 쌍불취하)로, 상소심에서는 상소의 취하간주로 하고 있다.

2. 취하간주(의제적 취하)의 요건

다음의 세 가지를 모두 갖추어야 한다.

1) 양쪽 당사자의 1회 결석

양쪽 당사자가 변론기일에 1회 불출석이거나 출석하여도 무변론일 것(법 제268조)을 말한다. 여기에는 양쪽이 모두 불출석하는 경우보다도 원고는 불출석하고 피고는 출석무변론으로 양쪽 결석으로 되는 경우가 많다.

2) 양쪽 당사자의 2회 결석

양쪽 당사자의 1회 결석 후에 새 기일 또는 그 뒤의 기일에 불출석이거나 출석무변론이었을 것을 말한다.

3) 그 뒤 기일지정신청이 없거나 또는 새로 기일지정신청 후의 양쪽 결석

(1) 양쪽 당사자가 2회 결석 후 그로부터 1월 내에 당사자가 기일지정신청을 하지 아니하면 소의 취하가 있는 것으로 본다(법 제268조). 이 기간은 2회 결석한 기일로부터 기산하며, 불변기간은 아니므로 기일지정신청의 추후보완은 허용될 수 없다.

(2) 만일 기일지정신청을 하거나 법원이 직권으로 새 기일을 지정한 때에는 소송은 속행되지만, 새 기일 또는 그 후의 기일에 양쪽 당사자가 결석한 때에도 소의 취하가 있는 것으로 본다. 결국 양쪽 당사자가 모두 3회 결석한 때에도 취하간주의 효과가 생긴다.

(3) 이처럼 양쪽 2회 결석 후에 기일지정신청이 없거나 양쪽 3회 결석에 의한 취하간주의 효력에 유의할 점이 있다.

① 2회 내지 3회 결석이 반드시 연속적이어야 하지 않고, 단속적이어도 무방하다.

② 같은 심급의 같은 종류의 기일에 2회 내지 3회 불출석일 것을 요한다. 제1심에서 1회, 제2심에서 1회와 같이 전소송과정을 통해 2회 불출석하였을 때는 포함하지 않는다. 또 파기환송 전 한 차례, 환송 후 한 차례와 같이 환송판결 전후를 통하여 2회인 때도 같다. 변론기일과 변론준비기일은 같은 종류의 기일이 아니므로 변론준비기일 1회, 변론기일 1회 불출석하고 기일지정신청을 하지 아니하여도 소취하간주의 효과가 생기지 아니한다.

③ 같은 소가 유지되는 상태에서 2회 내지 3회 결석일 것을 요한다. 소의 교환적 변경에 앞서 한 차례, 변경 후 한 차례 불출석한 때에는 2회 결석이 아니다. 소의 교환적 변경에 의하여 구청구는 이미 취하되어 떨어져 나갔기 때문이다. 추가적 변경의 경우는 다르다.

3. 취하간주의 효과

1) 이러한 양쪽 당사자의 기일해태에 의한 소의 취하로 보는 규정은 변론준비기일에서도 준용된다. 소의 취하간주를 실무상 쌍불취하라 한다. 다만 배당이의의 소에서는 첫 변론기일에 원고가 결석하면 소취하로 간주하는 예외가 있는가 하면, 증권관련 집단소송에서는 쌍불취하규정이 배제된다.

① 취하간주의 효과는 법률상 당연히 발생하는 효과이며, 당사자나 법원의 의사로 그 효과를 좌우할 수는 없다.

② 소의 취하간주는 원고의 의사표시에 의한 소의 취하와 그 효과가 같다. 따라서 소송계속의 효과는 소급적으로 소멸하며 소송은 종결된다. 소의 취하간주가 있음에도 이를 간과한 채 본안판결을 한 경우에는 상급법원은 소송종료선언을 하여야 한다.

③ 본래의 소의 계속 중 1회 결석한 뒤에 소의 추가적 변경·반소·중간확인·당사자참가 등 소송 중의 소가 제기되었는데, 다시 1회 결석 후에 기일지정신청이 없을 때 취하의 효과가 미치는 것은 본래의 소 부분뿐이고 소송 중의 소 부분은 해당되지 아니한다. 이 경우는 가분적인 일부취하간주가 된다.

2) 상소심에서 기일해태의 경우에는 상소의 취하로 본다. 이로써 상소심절차가 종결되고, 원판결이 그대로 확정된다. 제1심에서의 취하간주의 경우와 달리 원판결이 그대로 확정되어 상소인에게는 가혹한 불이익이 돌아간다.

Ⅳ 한쪽 당사자의 결석

1. 서설

한쪽 당사자가 기일에 결석하는 경우에 우리 민사소송법은, 한쪽 당사자가 불출석하였으되 마치 출석하여 진술하였거나 또는 자백한 것처럼 보아 절차를 진행시키는 대석(對席)판결주의를 취하였다.

2. 진술간주(진술의제, 법 제148조)

1) 의의

① 한쪽 당사자가 소장, 답변서, 준비서면 등의 서면을 제출한 채 불출석의 기일해태한 경우이다. 즉 제148조에 의하면 한쪽 당사자가 변론기일에 불출석이거나 출석 무변론인 경우에는 그가 제출한 소장·답변서, 그 밖의 준비서면에 기재한 사항을 진술한 것으로 간주하고 출석한 상대방에 대하여 변론을 명할 수 있도록 하였다. 이를 진술간주(진술의제)라고 하는데 일종의 서면변론을 시키고 진행하는 방식이다.

② 이것은 i) 당사자일방이 결석할 때의 소송지연의 방지책이며, ii) 기일출석의 시간·노력·비용상의 불경제를 제거하는 데도 도움이 될 수 있다.

2) 요건

① 제148조의 「변론기일」은 첫 기일뿐만 아니라, 다음(속행)기일을 포함한다. 항소심의 변론도 제1심의 속행이므로 항소심기일은 물론 파기환송 후의 항소심기일에도 적용된다. 본조는 단독사건이든 합의사건이든 불문하며, 불출석한 원·피고에게 공평하게 적용된다. 그러나 원고의 불출석의 경우에는 출석한 피고가 무변론에 의하여 양쪽 불출석을 유도하므로, 실무상 원고보다도 피고의 불출석의 경우에 이 법리가 적용되는 경우가 많다.

② 진술간주되는 서면은 소장·답변서, 그 밖의 준비서면이다. 명칭에 불구하고 실질적으로 준비서면인 것으로 인정되면 그 기재사항은 진술한 것으로 간주된다.

3) 효과

한쪽 당사자의 불출석의 경우에 반드시 제148조를 적용하여야 하는 것은 아니다. 따라서 이를 적용하여 변론을 진행하느냐 기일을 연기하느냐는 법원의 재량에 속하는 사항이나, 출석한 당사자만으로 변론을 진행할 때에는 반드시 불출석한 당사자가 그때까지 제출한 준비서면에 기재한 사항을 진술한 것으로 보아야 한다. 그러므로 아무런 서면도 제출하지 않은 채 불출석한 경우처럼 불출석한 당사자에게 자백간주의 불이익이 돌아가지는 않는다. 원고 측이 불출석한 때에는 소장, 그 밖의 준비서면대로 진술한 것으로 간주하고 피고에게 변론을 명할 것이고, 피고 측이 불출석한 경우에는 먼저 원고에게 변론을 명하는 뜻에서 소장을 진술시키고 피고가 제출한 서면을 진술한 것으로 간주할 것이다. 서면내용대로의 구술진술이 간주된다는 것 이외에 양쪽 당사자가 출석한 경우와 같은 취급을 한다. 따라서 진술간주되는 서면에서 상대방의 주장사실, 특히 원고의 주장사실을 자백한 때에는 자백간주 아닌 재판상의 자백이 성립되고, 명백히 다투지 아니한 경우에는 자백간주가 되어 증거조사 없이 변론을 종결할 수 있다. 그러나 상대방의 주장사실을 다투는 경우에는 증거조사 때문에 특단의 사정이 없는 한 다음(속행)기일의 지정이 필요하다.

4) 확대적용과 한계

① 판례는 과거에 불출석한 피고가 청구를 인낙하는 취지의 서면을 제출한 경우 그것이 진술간주되어도 청구인낙의 효과가 발생하지는 않는 것으로 보았으나, 신법 제148조 제2항에서는 이와 달리 불출석한 당사자가 진술한 서면에 청구의 포기·인낙의 의사표시가 적혀 있고 공증사무소의 인증까지 받은 때에는 청구의 포기·인낙이 성립되는 것으로 보도록 하였다. 이에 나아가 불출석한 당사자 제출의 서면에 화해의사표시가 적혀 있고 인증까지 받은 경우에 상대방 당사자가 출석하여 그 화해의 의사표시를 받아들인 때에는 재판상의 화해가 성립되는 것으로 보도록 했다(법 제148조 제3항).

② 다만 판례는 원고가 관할권 없는 법원에 제소한 때에 피고가 본안에 관한 사실을 기재한 답변서만을 제출한 채 불출석한 경우 그것이 진술간주가 되어도 변론관할이 생기지 않는다고 하였다. 특히 준비서면에 서증 같은 증거를 첨부하여 제출하였을 때 그 서면이 진술간주되어도 증거신청의 효과가 생기지 않는다고 한 판례가 있다. 앞서 본 바와 같이 주장이나 증거신청이 다 같은 공격방어방법인데, 주장은 진술간주되고 증거신청은 진술간주가 되지 않는다는 것이므로 기이하다.

3. 자백간주 의제자백(법 제150조)

1) 당사자 한쪽이 답변서·준비서면 등도 제출하지 않은 채 불출석한 경우이다. 공시송달에 의하지 않은 방법으로 기일통지받은 당사자가 답변서·준비서면 등을 제출하지 않고 당해 변론기일에 출석하지 않은 경우에는 출석한 당사자의 주장사실에 대하여 마치 출석하여 명백히 다투지 않은 경우처럼 자백한 것으로 간주된다. 이를 자백으로 본다 하여 자백간주라 한다.
   다만 제1심에서 피고에 대하여 공시송달로 진행되었다고 해도, 항소심에서 공시송달 아닌 방법으로 송달받고 다투지 아니한 경우는 자백간주가 성립된다.

2) 자백간주의 이론은 원·피고 양쪽에 같이 적용된다. 따라서 원고가 피고의 답변서, 그 밖의 준비서면을 받았음에도 불구하고 불출석하고 피고가 출석하여 변론한 경우에도 피고의 주장사실에 대해 원고에게 자백간주의 효과가 미친다. 다만, 신법하에서는 답변서를 제출하지 아니하면 변론기일의 지정 없이 그것으로 자백간주하고 바로 무변론의 원고승소판결을 하도록 하였기 때문에 피고의 변론기일 불출석에 의한 자백간주의 효과가 생기는 일은 예외적이다.

07 | 기일·기간 및 송달

제1절 기일(제165조-제168조/규칙 제39조-제45조)

1. 의의

기일(期日)이란 법원, 당사자, 그 밖의 소송관계인이 모여서 소송행위를 하기 위해 정해진 시간을 말한다. 그 목적에 따라 변론기일·변론준비기일·증거조사기일·화해기일·조정기일·판결선고기일 등으로 나누어진다.

2. 기일의 지정

기일은 소송지휘에 관한 것이기 때문에 직권으로 지정한다.

3. 기일지정신청

널리 심리의 속행(계속진행)을 위하여 기일의 지정을 촉구하는 당사자의 신청을 말한다. 여기에는 세 가지가 있다.

① 하나는, 사건을 심리하지 않고 오랫동안 방치할 때에 당사자가 법원에 의한 변론기일의 직권지정을 촉구하는 의미에서 신청하는 것이다.

② 둘은, 양쪽 당사자가 2회 결석한 때에 소의 취하간주를 막기 위해 당사자가 1월 내에 기일지정신청을 하는 것이다.

③ 셋은, 소송종료 후 그 종료효력을 다투는 경우이다. 형식은 소송상의 신청이나 실질은 소송이 아직 종료되지 않고 계속 중이라는 전제하에서 본안판결을 구하는 본안의 신청이므로, 반드시 변론을 열어 종국판결에서 판단하여야 한다. 유효하게 소송이 종결된 것으로 인정되면 판결에 의한 소송종료선언을 하여야 한다.

4. 기일의 변경

1) 기일의 변경이란 기일개시 전에 그 지정을 취소하고 이에 갈음하여 신기일을 지정하는 것을 말한다. 기일개시 후에 그 기일에 아무런 소송행위를 하지 아니하고 신기일을 지정하는 기일의 연기와 구별되며, 기일에 소송행위를 하였지만 완결을 보지 못하여 다시 계속하기 위하여 다음 기일을 지정하는 기일의 속행과 다르다. 기일의 연기나 속행도 실질적으로 기일의 변경과 큰 차이가 없는 것이므로 이것도 기일의 변경의 경우와 같은 규율을 받게 된다. 기일변경 시에는 증인·감정인 등에 대하여도 변경되었다는 취지를 즉시 통지하여야 한다(규칙 제44조).

2) 첫 변론기일·변론준비기일은 당사자의 합의가 있으면 당연히 바꾸는 것이 허용된다(법 제165조 제2항). 계속진행의 변론기일·변론준비기일(속행기일)은 최초의 기일과 달리 현저한 사유가 있는 경우에 한하여 바꾸는 것이 허용된다. 이 경우 외에는 당사자의 합의가 있어도 특별한 사정이 없으면 바꿀 수 없다(규칙 제41조).

5. 기일의 통지와 실시

1) 지정된 기일을 당사자, 그 밖의 소송관계인에게 알려 출석을 요구하는 것을 통지라 한다. 통지의 방식은 기일통지서를 작성하여 이를 송달하는 것이 원칙이다(법 제167조 제1항). 다만 법원사무관 등이 그 원내에서 기일통지서 또는 출석요구서를 받을 사람에게 이를 교부하고 영수증을 받은 때(법 제177조), 소송관계인이 출석승낙서를 제출한 때에는(법 제168조) 기일통지서 또는 출석요구서의 송달로 본다. 또 당해 사건으로 인하여 출석하여 법정에 있는 사람에 대하여는 말로 기일고지하면 된다. 다만, 신법은 불출석에 따른 법률상의 불이익을 돌리지 않을 것을 조건으로 대법원규칙이 정하는 간이통지방식을 도입하였다(법 제167조 제2항).

2) 당사자에게 적법한 통지 없이 한 기일의 진행실시는 위법하다. 다만 이의권의 포기로 그 흠은 치유된다. 그러나 기일통지를 받지 못해 출석할 수 없었기 때문에 패소판결을 받은 사람은 기일에 정당하게 대리되지 않은 사람에 준하여 상소 또는 재심에 의하여 구제되어야 한다(다수설). 그러나 판결선고기일의 통지만은 다르다. 선고기일의 통지 없이 판결을 선고하여도 판결내용에 영향이 없기 때문에 상소이유로 되지 않는다. 판례는 나아가 적법한 기일통지를 받고도 한쪽 당사자가 출석하지 않은 기일에 판결선고기일을 고지한 때에는 그 기일에 불출석한 당사자에 대하여도 효력이 생긴다는 것이고, 따라서 그 당사자에게 다시 선고기일의 통지서를 송달할 필요가 없다고 보았다. 형사소송과 달리 민사소송에서는 선고기일에 당사자가 불출석하여도 진행에 영향이 있거나 불이익이 없다.

제 2 절　　기간

기간(期間)이란 소송행위나 기일의 준비를 그 사이에 하여야 할 시적 공간을 말한다.

▌ Ⅰ ▎ 기간의 종류

1. 행위기간과 유예기간

행위기간은 소송을 신속·명확하게 처리할 목적으로 특정의 소송행위를 그 사이에 하여야 하는 것으로 정해진 기간을 말한다. 이에 대하여 유예기간이라 함은 당사자, 그 밖의 소송관계인의 이익을 보호할 목적으로 어느 행위를 할 것인가에 관하여 고려와 준비를 위하여 일정기간의 유예를 두는 것으로서 중간기간이라고도 한다(숙려기간).

1) 행위기간은 다시 당사자의 행위에 관한 기간인 고유기간(본래기간)과 법원의 행위에 관한 기간인 직무기간으로 나누어진다. 보정기간, 주장·증거 또는 답변서의 제출기간, 준비서면의 제출기간, 상소기간, 재심기간 등은 전자에 속하며, 당사자가 그 기간 중에 그 행위를 하지 않고 도과시키면 실권하거나 그 밖의 불이익을 받게 된다. 판결송달기간, 소송기록송부기간 등은 후자의 예로서 원칙적으로 훈시적 의미를 갖는 데 그친다.

2) 유예기간에 해당하는 것으로 제척·기피이유의 소명기간, 공시송달의 효력발생기간, 기일지정신청기간 등이 있다.

2. 법정기간과 재정기간

법률에 의하여 정해진 기간을 법정기간, 재판기관이 재판으로 정하는 기간을 재정기간이라 한다. 제척·기피원인의 소명기간, 답변서제출기간, 상소기간, 상고이유서제출기간 등은 전자의 예이고, 소송능력 따위의 보정기간, 소장보정기간, 주장·증거의 제출기간 등은 후자의 예에 속한다.

3. 불변기간과 통상기간

1) 법정기간은 다시 두 가지로 나누어진다. 그중에서 법률이 "불변기간으로 한다."고 정해 놓고 있는 기간이 불변기간이며, 그 밖의 기간이 통상기간이다.

2) 불변기간은 통상기간과는 다른 특색이 있다. 즉 불변기간은 대체로 재판에 대한 불복신청기간으로서, ① 법원이 부가기간을 정할 수 있으나 이를 늘이고 줄이는 신축을 할 수 없고(법 제172조), ② 책임에 돌릴 수 없는 사유로 그 기간이 도과되었을 때 추후보완(법 제173조)이 허용된다. ③ 불변기간의 준수 여부는 직권조사사항에 속하는 소송요건이다. ④ 국민의 재판을 받을 권리와 직접 관계되기 때문에 기간계산에 오해가 생기지 않도록 명확하게 규정되어야 한다(불변기간 명확화의 원칙).
항소·상고기간, 즉시항고기간 등 상소기간, 제소전화해에 있어서 소제기신청기간, 화해권고결정·이행권고결정·지급명령·조정을 갈음하는 결정 등에 대한 이의신청기간, 행정소송에 있어서 제소기간 등이 불변기간의 예에 속한다.

▋ || ▋ 기간의 계산

1) 기간의 계산은 민법에 따른다, 따라서 기간을 시·분·초로 정한 때에는 즉시로부터 기산하지만 일·주·월 또는 년으로 정한 때는 그 기간이 오전시로부터 시작하지 않는 한 초일불산입의 원칙에 의한다. 예를 들면 '항소는 판결이 송달된 날로부터 2주일 이내에'라고 한 때에는, 판결의 송달일의 다음날부터 기간이 진행되어 2주간의 경과에 의하여 만료한다.

2) 기간의 말일이 토·일요일, 공휴일에 해당한 때에는 기간은 다음날 만료된다. 일반의 공휴일에는 임시공휴일, 신정의 공휴일도 포함된다.

Ⅲ 기간의 신축

1) 법정기간은 법원이, 또 재정기간은 이를 정한 법원 또는 재판기관이 연장하거나 줄일 수 있는 것이 원칙이다(법 제172조 제1항, 제3항). 이렇듯 기간의 신축은 법원의 재량에 의해 적당한 기간으로 조절하기 위한 것이다. 다만 법원의 소송지휘적 재량에 친하지 아니하여 예외적으로 신축이 허용되지 않는 경우가 있다. i) 불변기간(법 제172조 제1항 단서), 소송행위의 추후보완 기간(법 173조 제2항 부가기간까지 불허) 등은 명문으로 불허하는 경우이고, ii) 상고이유서제 출기간이나 직무기간은 성질상 불허되는 경우이다.

2) 법원은 불변기간에 대해 신축할 수는 없으나, 부가기간을 정할 수 있다(법 제172조 제2항). 부가기간은 '주소 또는 거소가 멀리 떨어져 있는 사람'을 위하여 법원이 직권에 의한 재판(결정)으로 정한다. 법원소재지와 가까운 거리의 거주자와의 형평을 도모하기 위한 것이다. 법원이 부가 기간을 정하면 이는 원래의 기간과 일체가 되므로 연장된 기간까지 합하여 전 기간이 불변기간이 된다.

3) 기간의 신축 또는 부가기간을 정하는 조처는 법원의 직권사항이기 때문에, 당사자의 합의에 구속되지 아니하며, 당사자는 그 조치에 불복신청을 할 수 없다.

Ⅳ 기간의 불준수(기간을 지키지 못한 경우)

1. 기간의 불준수와 소송행위의 추후보완(追後補完)

기간의 불준수란 당사자, 그 밖의 소송관계인이 행위기간을 지켜서 하여야 할 소정의 소송행위를 하지 않고 그 기간을 넘긴 것을 말한다(예 2주간의 항소기간을 지켜 항소하지 않고 기간을 넘긴 경우). 이에 의하여 그 행위를 할 수 없는 불이익을 받게 되는데, 행위기간 중 불변기간의 경우에는 판결의 확정(상소기간의 불준수), 소권의 상실(행정소송 제소기간의 불준수) 등의 치명적인 불이익을 입게 된다. 그러나 "당사자가 책임을 질 수 없는 사유"로 말미암아 불변기간을 지킬 수 없어, 하여야 할 행위를 할 수 없었던 경우까지 그와 같은 불이익을 입게 하는 것은 가혹하고 불공평하다. 그리하여 구제책으로서, 기간 안에 미처 못한 소송행위를 추후보완하는 제도를 마련한 것이다.

2. 추후보완대상인 기간

① 추후보완대상인 기간은 모든 기간이 아니고 법률로 불변기간으로 정해진 것에 한하며, 그 나머지 기간은 추후보완의 대상이 되지 않음이 원칙이다.

② 비록 법률로 명백히 정해진 불변기간은 아니지만 상고이유서 제출기간·재항고이유서 제출기간은 그 해태한 효과가 상고기간·재항고기간 자체를 해태한 효과와 실질적인 차이가 없는 불이익이 따르므로 유추적용이 필요하다(다수설). 더구나 우리나라의 그 기간이 유례없이 짧고 연장도 되지 않아 쉽게 넘길 수 있기 때문이다. 그러나 판례의 주류는 반대이다.

③ 송달이 부적법 무효가 되어 불변기간이 진행될 수 없는 경우에는 추후보완의 문제는 생길 수 없다는 것이 판례이다.

3. 추후보완사유(불귀책사유)

어떠한 사유가 있을 때에 불변기간이 지난 소송행위의 추후보완이 허용되는가에 대해 어느 때나 허용되는 것은 아니고, 법 제173조는 '당사자가 책임질 수 없는 사유'로 말미암은 경우, 즉 귀책사유가 없는 경우에 한하는 것으로 규정하였다. 이것은 천재지변, 그 밖의 불가항력에만 한하는 것이 아니고 일반적으로 하여야 할 주의를 다하였음에도 그 기간을 준수할 수 없었던 경우를 말한다.

1) 추후보완의 긍정례

① 천재지변에 의한 항공·교통·통신의 두절로 우편물의 배달지연, ② 법원의 잘못이 불변기간을 지키지 못한 데에 원인이 된 경우, 법원이 무권대리인에게 소송비용부담하도록 하는 재판 결과를 통지하지 아니하여 항고기간을 지키지 못한 경우, ③ 소송서류전달의 잘못(우편집배원으로부터 우편물의 전달을 부탁받은 자가 당사자에게 전달하지 않은 경우, 母子간 등 분쟁이 있는 경우 子에 대한 판결을 母가 전달하지 않음, 우체국 집배원의 불성실한 사무처리로 인한 송달불능 등은 귀책사유가 아니다), ④ 무권대리인이 소송을 수행하고 판결정본을 송달받은 때, ⑤ 공시송달에 의한 송달의 경우(대표적인 예이다. 소장부본과 판결정본 등이 공시송달의 방법으로 송달되어 피고가 과실 없이 알지 못한 것이 인정되는 경우이다. 항소심의 소송계속을 몰랐던 경우도 같다. 그러나 처음에는 송달이 되다가 송달불능으로 공시송달에 이른 경우는 다르다. 당사자에게 소송의 진행상황을 조사할 의무가 있기 때문이다)이다[179].

2) 추후보완의 부정례

① 소송대리인이나 그 보조자의 고의·과실

판례는 소송대리인은 판결정본을 송달받았는데 당사자에게 통지하지 아니하거나, 변호사사무원이 당사자에게 통지해 주지 아니한 과실도 추후보완불허하고 있다. 소송대리인·보조자의 과실은 당사자 본인의 것으로 본다. 추후보완항소사유를 알리지 아니한 변호사는 손해배상책임을 질 수 있다.

② 여행, 질병치료를 위한 출타

판례는 지방출장이나 질병치료를 위해 집을 나가서 발생한 기간해태의 경우라도 자기의 처나 가족에 송달된 이상 추후보완사유로 부정하였다. 다만 피고는 입원, 처는 간병, 자녀는 외가에 있을 때에 피고주소에 송달한 것은 불귀책사유이다. 최근판례는 당사자가 해외여행 중 지급명령의 송달을 받아 채무자가 2주간의 이의기간을 지키지 못하였으면 불귀책사유라고 했다.

③ 그 밖에, 교도소에 수감되어 있었다는 사정, 집행관의 말만 믿고 기록열람 등 사실확인을 하지 아니한 경우, 소송계속 중에 이사하면서 법원에 주소이전신고를 하지 아니한 경우도 귀책사유로 보았다.

---

179) 조정불성립으로 소송으로 이행된 경우에 주소변경신고를 하지 않은 상태에서 발송송달이나 공시송달이 된 경우에는 상소제기의 불변기간을 지키지 못한 것이 책임질 수 없는 사유라고 보았다(대법 2015.8.13, 2015다213322).

4. 추후보완절차

추후보완신청을 내자면 일정한 기간 내 신청을 해야 한다.

1) 추후보완기간

① 책임질 수 없는 사유로 불변기간을 지킬 수 없어 못했던 소송행위의 보완, 예컨대 기간을 넘긴 항소의 추후보완은 장애사유가 없어진 날부터 2주 이내에 하여야 한다(법 제173조 제1항 본문). 다만 외국에 있는 당사자의 추후보완 기간은 30일이다(법 제173조 제1항 단서). 추후보완기간은 불변기간이 아니더라도 신축할 수 없으며(법 제173조 제2항), 불변기간이 아니므로 부가기간은 정할 수 없고, 책임 없는 사유라고 하여 또 다시 추후보완을 인정할 수 없다. 이 점에서 불변기간이고 안 날로부터 30일인 재심기간(법 제456조 제1항, 제2항)과는 다르다.

② 장애사유가 없어진 때란 천재지변, 그 밖의 이와 유사한 사유의 경우에는 그 재난이 없어진 때이다. 다만 공시송달에 의한 판결의 송달사실을 과실 없이 알지 못한 경우에는 당사자·대리인이 판결이 있었던 사실을 안 때가 아니라, 그 판결이 공시송달의 방법으로 송달된 사실을 안 때이다. 제1심 판결이 확정되어 공탁금에 관한 배당절차가 진행된다는 것만으로 법률문외한이 제1심판결이 있었던 사실을 알게 되었다고 단정할 수 없다. 당해 사건기록의 열람 또는 새로이 판결 정본을 발급받은 때로부터 추후보완기간이 기산된다.

2) 추후보완신청

① 추후보완신청을 할 수 있는 사람은 그 사유가 있는 사람에 한하며, 미처 못한 소송행위를 본래의 방식에 의하여 하면 된다. 따로 추후보완신청을 내지 아니하여도 된다. 예를 들면 항소제기를 보완하자면 단순하게 항소장을 제출하여도 된다. 추후보완사유는 소송요건으로서 법원의 직권조사사항이지만, 그에 관계되는 사실에 대해서는 보완신청을 하는 당사자가 주장·증명할 것이다. 반드시 '추후보완항소'임을 밝혀야 할 필요는 없으나, 추후보완임을 밝히는 것이 실무이다.

② 추후보완신청은 형사소송법의 상소권회복신청처럼 독립한 신청이 아니기 때문에, 추후보완사유의 유무와 문제된 소송행위의 당부를 따로 심리하지 않고 하나의 절차에서 심리함이 원칙이다. 따라서 추후보완신청이 이유 있으면 보완되는 소송행위의 당부에 관하여 실질적 판단을 하여야 하고, 이유 없으면 그 소송행위에 대해 부적법각하의 재판을 한다.

3) 추후보완신청의 효력

추후보완신청은 확정판결의 기판력의 배제를 목적으로 한 재심의 소, 정기금판결에 대한 변경의 소와 같은 제도이나, 보완신청을 하는 것만으로는 불변기간의 도과에 의한 판결의 형식적 확정력이 바로 해소되지 않는다. 따라서 보완대상이 상소라 하여도, 그 불복을 신청한 판결의 집행력·기판력에 아무런 영향이 없다. 상소추후보완의 경우에 확정판결의 집행정지를 시키려면 제500조에 의해 별도의 정지결정을 받아야 한다. 항소추후보완신청이 적법한 경우에는 항소심에서 반소도 제기할 수 있다.

제 3 절   송달180)(법 제174조 · 제197조)

Ⅰ 의의

① 송달이란 당사자, 그 밖의 소송관계인에게 소송상의 서류(소장 · 기일통지서 · 상소장 · 판결정본 등)의 내용을 알 수 있는 기회를 주기 위해 법정의 방식에 좇아 하는 통지행위이다. 재판권의 한 가지 작용에 속한다. 송달은 법정의 방식을 좇을 필요가 있는 점에서 무방식의 통지와 그 성질이 다르다. 어떠한 경우에 송달이 필요한가는 법에 명시되어 있다.

② 송달은 법원이 직권으로 하는 것이 원칙이다(법 제174조). 이와 같이 직권송달주의에 의하는 것은, 송달은 소송절차의 진행 · 종료의 시점으로 되는 경우가 많아, 그 신속 · 확실을 기하고자 함이다. 다만 직권송달주의의 예외로서 당사자의 신청에 의하는 공휴일 등의 송달(법 제190조)과 공시송달제도가 있다(법 제194조). 공시송달의 경우에 당사자의 신청에 의하여서도 행할 수 있게 한 것은 그 요건의 증명을 당사자의 책임으로 하였기 때문이다.

③ 송달의 목적에는 여러 가지가 있다. 단순한 통지의 목적, 법원의 요구를 관계인에게 알리기 위한 경우, 소송행위를 완성시키고 효력을 발생시키기 위한 경우, 상소 등 기간의 진행을 개시시키기 위한 경우, 강제집행개시의 요건으로 하기 위한 경우 등이 있다.

Ⅱ 송달기관

1. 송달담당기관(사무처리자)

① 송달사무는 원칙적으로 법원사무관 등이 한다(법 제175조). 다른 관내 거주자에 대한 송달의 경우에 당해지역을 관할하는 법원사무관 등 또는 그곳의 집행관에게 촉탁할 수 있다.

② 송달사무는 법원사무관 등의 고유의 권한으로서 자기판단과 책임하에서 행하는 것이 원칙이다.

2. 송달실시기관

① 원칙적인 송달실시기관은 집행관과 우편집배원이다(법 제176조). 집행관은 소속 지방법원의 관할구역 내에 한하여 송달을 실시할 수 있다. 예외적으로 송달실시기관이 법원사무관 등과 법정경위가 되는 일이 있다181).

② 송달한 기관은 송달에 관한 사유를 대법원규칙이 정하는 방법으로 법원에 알려야 한다(법 제193조).

---

180) 이시윤, 앞의 책, 432-445면
181) 제177조(법원사무관 등에 의한 송달)
　　① 해당 사건에 출석한 사람에게는 법원사무관 등이 직접 송달할 수 있다.
　　② 법원사무관 등이 그 법원 안에서 송달받을 사람에게 서류를 교부하고 영수증을 받은 때에는 송달의 효력을 가진다.

Ⅲ 송달받을 사람

송달을 받을 사람은 원칙적으로 소송서류의 명의인인 당사자이나, 예외적으로 다음과 같은 자는 송달을 받을 권한이 있다.

1) 법정대리인

소송서류의 명의인이 소송제한능력자일 때는 송달받을 사람은 법정대리인이다(법 제179조). 법인 그 밖의 단체에 대한 송달은 법정대리인에 준하는 그 대표자 또는 관리인에게 한다(법 제64조). 국가를 당사자로 하는 소송에 있어서 국가에 대한 송달은 수소법원에 대응하는 검찰청의 장에게 한다. 소송수행자 또는 소송대리인이 있는 경우는 다르다.

2) 소송대리인

소송서류의 명의인인 당사자가 소송위임을 하였을 때에는 소송대리인이 송달받을 사람이나, 당사자 본인에 대한 송달은 적절한 것은 아니라도 유효하다. 여러 사람이 공동대리를 하는 경우라도 그중 한 사람에게 송달하면 된다(법 제180조). 다만 공동대리인이 송달받을 대리인 1인을 지명·신고한 때에는 그 대리인에게 송달하여야 한다(규칙 제49조).

3) 법규상 송달영수권이 있는 사람

군사용의 청사 또는 선박에 속하는 사람에 대한 송달은 그 청사 또는 선박의 장에게 하여야 한다(법 제181조). 교도소·구치소 또는 국가경찰관서의 유치장에 체포·구속 또는 유치된 사람에 대한 송달은 수감자에 대한 일종의 법정대리인이라 할 그 관서의 장에게 하여야 한다(법 제182조). 비록 송달받을 사람이 교도소 등에 수감 중인 사실을 법원에 신고하지 아니하였거나 기록에 의하여 법원에서 그 사실을 알 수 없었다고 하여도 수감자의 종전 주소에의 송달은 무효이며, 반드시 교도소장에게 송달하여야 한다는 것이 판례이다.

4) 신고된 송달영수인

법 제184조는 당사자 등이 주소 등 외의 장소를 송달장소로 정하여 법원에 신고할 수 있게 하고, 이 경우에는 송달영수인을 정하여 신고할 수 있도록 하였다.

Ⅳ 송달실시의 방법

교부송달을 원칙으로 하면서도, 이 밖에 보충송달, 유치송달, 우편송달, 공시송달의 방법을 별도로 정해 놓고 있으며, 신법은 송달함송달제와 간이방법에 의한 송달을 신설하였다. 전자송달의 시대가 열려 송달의 문제점이 많이 해소될 전망이다.

1. 교부송달

송달은 원칙적으로 송달을 받을 사람에게 직접 서류의 등본·부본을 교부하는 방법에 의한다(법 제178조). 이러한 의미에서 우편함에 넣으면 되는 보통우편물의 송부와 다르다.

가. 송달할 장소

① 송달은 받을 사람의 주소·거소·영업소 또는 사무소(이하 "주소 등"이라 한다)에서 한다. 다만, 법정대리인에게 할 송달은 본인의 영업소나 사무소에서도 할 수 있다(법인의 경우에 먼저 그 사무소에 송달하여 보고 송달불능이 되면 그 대표자의 주소에 송달할 것이고 그 곳으로 송달불능이 될 때에 주소보정을 명할 것이라는 것이 판례이다). 그러나 "주소 등"을 알지 못하거나 그 장소에서 송달할 수 없는 때에는 송달받을 사람이 고용·위임 그 밖에 법률상 행위로 취업하고 있는 다른 사람의 주소 등(이하 "근무장소"라 한다)에서 송달할 수 있다. 소장, 지급명령신청서 등에 기재된 주소 등에 송달을 시도하지도 아니한 채 바로 근무장소로 한 송달은 무효이다.

② 송달받을 사람의 주소 등 또는 근무장소가 국내에 없거나 알 수 없는 때에는 그를 만나는 장소에서 송달할 수 있다. 주소 등 또는 근무장소가 있는 사람도 송달받기를 거부하지 아니하면 만나는 장소에서 송달할 수 있다(법 제183조 제4항). 이를 "조우송달" 또는 출회(出會)송달이라고 한다. 가령 우체국 직원이 수취인 부재로 반송되어 있는 송달서류를 우체국창구로 찾아온 송달받을 사람에게 교부하는 경우를 생각할 수 있다. 그런데 송달받을 사람 이외의 보충송달을 받을 수 있는 데 불과한 동거인 등 수령대행인에 대하여는 위와 같은 송달은 인정될 여지가 없다.

③ 당사자·법정대리인·소송대리인이 송달장소를 바꿀 때에는 변경의 신고의무가 있으며, 신고하지 아니하면 종전의 송달장소로 우편송달할 수 있다(법 제185조)[182].

나. 보충송달

송달장소에서 송달받을 자를 못 만났을 때에 다른 사람에게 대리송달하는 경우이다. 두 가지가 있다.

1) 본래의 주소 등에서 보충송달

① 이는 송달받을 사람의 근무장소 아닌 본래의 주소 등 송달할 장소에서 송달을 시도하였으나 송달받을 사람을 만나지 못한 때에 하는 송달이다. 그때에는 그 사무원, 피용자 또는 동거인, 즉 수령대행인으로서 사리를 분별할 지능이 있는 사람에게 교부하는 것이다(법 제186조 제1항). 실무상 많이 활용된다. 사무원 등에 소송서류를 교부한 때에 송달의 효력이 생긴다. 제183조 제1항 "주소 등"에서 정한 송달장소에서 하지 아니한 서류의 교부는 적법한 보충송달이 아니다.

② 송달받을 사람의 손에 들어갔는지 여부는 송달의 효력에 관계없다. 다만 최근 판례는 소송서류를 송달받을 본인과 소송에 관하여 이해의 대립 내지 상반된 이해관계가 있는 수령대행인에게 보충송달을 할 수 없다고 했다.

---

182) 제185조(송달장소변경의 신고의무)

① 당사자·법정대리인 또는 소송대리인이 송달받을 장소를 바꿀 때에는 바로 그 취지를 법원에 신고하여야 한다.

② 제1항의 신고를 하지 아니한 사람에게 송달할 서류는 달리 송달할 장소를 알 수 없는 경우 종전에 송달받던 장소에 대법원규칙이 정하는 방법으로 발송할 수 있다.

2) 근무장소에서의 보충송달

근무장소에서 송달받을 사람에게 송달할 수 있게 한 것처럼 근무장소에서의 대리송달이라 할 보충송달도 할 수 있도록 하였다. 즉 신법 제186조 제2항은 근무장소에서 송달받을 사람을 만나 송달코자 하였으나 만나지 못한 때에는 그의 사용자, 사용자의 법정대리인이나 피용자 그 밖의 종업원으로서 사리를 분별할 지능이 있는 사람이 서류의 수령을 거부하지 아니하면 그에게 서류를 교부하여 송달할 수 있도록 하였다. 일반 보충송달과 다른 점은 이들이 서류의 수령을 거부하지 아니하는 경우에 한한다는 점이다.

3) 보충송달이 유효하기 위한 송달장소

① 보충송달은 법률이 정한 '송달장소'에서 송달받을 사람을 만나지 못한 경우에만 허용되고, 송달장소가 아닌 곳에서 사무원·피용자·동거인을 만난 경우에는 설사 그들이 송달받기를 거부하지 아니한다 하더라도 그 곳에서 그 사무원 등에게 서류를 교부하는 것은 보충송달로서 부적법하고, 나아가 조우송달로서도 부적법하다.

② 우체국 창구에서 송달받을 사람의 동거인에게 송달서류를 교부한 경우(대법원 2001.8. 31.자 2001마3790 결정)에는 모두 적법한 보충송달로 볼 수 없다. 그러나 송달받을 사람이 그 동거인과 실제로 거주하고 있는 곳에서 보충송달이 이루어졌다면 그 장소가 송달을 받을 사람의 주민등록상의 주소지가 아니라고 하여도 그 송달을 부적법한 것이라고 할 수는 없다(대법원 2000.10.28.자 2000마5732 결정). 다만 송달받을 사람이 장기출타(예컨대 여행, 출장 등)로 송달장소에 부재중이라도 그 송달장소는 여전히 보충송달을 할 수 있는 적법한 송달장소에 해당한다(대법원 1991.4.15.자 91마162 결정 참조).

> 📖 관련 기출문제 - 2015년 공인노무사
> 甲은 A은행과의 고용계약서상의 퇴직금 조항 등이 무효라는 확인과 함께 퇴직금의 지급을 구하는 내용의 소를 A은행 리스크관리본부장인 乙을 상대로 제기하였다. 당초에 甲이 피고로 삼은 사람은 개인으로서의 乙이 아니라 A은행 부서장인 리스크관리본부장을 피고로 특정한 것인데, 법률적으로 확신이 서지 않자, 甲은 예비적으로 A은행도 피고로 추가하였다. 이때 피고 A은행에 대한 소장부본을 A은행 사무원인 丙에게 우체국 창구에서 교부하였다면, 이러한 송달은 적법한가? **20점**
>
> "송달장소("주소 등", "근무지 등")"가 아닌 우체국에서의 보충송달은 부적법 보충송달이 된다.

다. 유치송달

송달을 받을 사람이 정당한 사유 없이 송달받기를 거부하는 때에 하는 송달로서, 송달할 장소에 서류를 놓아두는 것이다. 이를 유치송달이라 한다. 송달을 받을 본인·대리인의 거부뿐만 아니라, 제186조 제1항에서 말하는 사무원·피용자 또는 동거인의 거부도 여기에 포함한다. 근무장소에서 보충송달을 받을 수 있는 사람에게까지는 유치송달을 할 수 없음이 조문상 명백하다.

2. 우편송달 - 발송송달

① 이는 i) 본인에 교부송달은 물론 보충송달·유치송달도 불가능한 경우, ii) 당사자 등이 송달장소의 변경신고의무를 이행하지 아니하고 기록에 현출된 자료만으로 달리 송달장소를 알 수 없

는 경우 등 두 가지 중의 하나에 해당할 때 하는 송달이다. 법원사무관 등이 소송서류를 송달장소 또는 종전에 송달받던 장소에 등기우편의 방법으로 발송하면 되는 송달로서, 그 발송 시에 송달된 것으로 보는 송달방법이다. 등기우편발송 시에 송달이 완료된 것으로 보기 때문에, 발신주의에 의하고 있다. 발송송달임을 명백히 밝힐 필요가 있다.

② 도달주의의 다른 방법의 송달과 달리 현실적인 소송서류의 도달 여부나 도달시기 등은 불문하는 점에서 송달받을 사람에게 매우 불이익한 송달방법이다. 제187조(우편송달) 사유에 의한 발송송달은 당해 서류의 송달에 한하나, 제185조 제2항[183](송달장소변경의 신고의무) 사유에 의한 송달은 이후의 모든 송달을 발송송달할 수 있다.

③ 발송송달은 법원사무관 등이 하는 점에서 우편집배원이 실시하는 다른 송달과 구별되며, 조문 표제인 '우편송달'에 불구하고 흔히 발송송달이라고 한다. 의무를 어겨 송달을 어렵게 만든 데 대하여 제재적 의미가 있다.

④ 화해권고결정·이행권고결정·채무명시명령의 송달은 우편송달에 의할 수 없으며, 이러한 송달은 외국판결의 효력승인을 받는 데서도 문제된다. 우편송달은 발신주의이기 때문에 송달받는 자가 송달사실을 알기 어려우므로 법원사무관 등은 신중하게 하여야 하며, 그렇지 않으면 부적법해질 수 있다. 신법은 우편·통신제도의 발전에 따라 적절한 발송방법을 강구할 수 있도록 발송의 방법을 대법원규칙에 유보하였는데, 아직은 등기우편에 의한 발송송달만이 인정되고 있다.

3. 송달함 송달(법 제188조)

신법은 교부송달·보충송달·유치송달·우편송달 등의 송달방법에 불구하고 법원 안에 송달함을 설치하여 여기에 송달할 서류를 넣는 방법의 송달을 할 수 있게 하였다. 변호사나 소송사건이 많은 대기업용의 송달함을 설치하여 여기에 넣은 서류를 찾아가도록 함으로써 사서함제도의 이점을 본받는 취지이다. 송달함 송달은 법원사무관 등이 한다. 송달받을 사람이 송달함에서 서류를 수령해가지 아니하는 경우에는 송달함에 서류를 넣은 지 3일이 지나면 송달된 것으로 본다.

4. 공시송달

관련 기출문제 – 2016년 공인노무사
공시송달에 대하여 설명하시오. 25점

가. 의의

당사자의 주소 등 행방을 알기 어려워 송달장소의 불명으로 통상의 송달방법에 의해서는 송달을 실시할 수 없게 되었을 때에 하는 송달이다. 공시송달은 법원사무관 등이 송달서류를 보관하고 그 사유를 ① 법원게시판 게시, ② 관보·공보·신문게재, ③ 전자통신매체를 이용한 공시 중

---

183) 제185조(송달장소변경의 신고의무)
　　① 당사자·법정대리인 또는 소송대리인이 송달받을 장소를 바꿀 때에는 바로 그 취지를 법원에 신고하여야 한다.
　　② 제1항의 신고를 하지 아니한 사람에게 송달할 서류는 달리 송달할 장소를 알 수 없는 경우 종전에 송달받던 장소에 대법원규칙이 정하는 방법으로 발송할 수 있다.

의 어느 하나의 방법으로 알린다(규칙 제54조 제1항). 이리하여 송달받을 자가 어느 때라도 송달받아 갈 수 있게 하는 송달방법이다(법 제195조).

나. 요건(법 제194조)

① 당사자의 주소 등 또는 근무장소를 알 수 없는 경우와 외국에서 하여야 할 송달에 관하여 제191조(외국에서 하는 송달의 방법)의 규정에 따를 수 없거나 이에 따라도 효력이 없을 것으로 인정되는 경우를 요건으로 한다.

② 따라서 i) 공시송달은 당사자나 이에 준하는 보조참가인에 한하며, 증인·감정인에의 송달은 이에 의할 수 없다. ii) 공시송달의 경우에 송달받을 사람이 송달의 내용을 현실적으로 안다는 것은 불가능에 가깝기 때문에 이에 의한 송달은 신중하게 하여야 하며, 다른 송달방법에 의하는 것이 불가능한 때에 한하는 보충적인 송달방법이다. 피고의 주소를 제대로 적지 않아 송달불능이 된 경우임에도, 주소불명임을 전제로 한 공시송달은 무효이다.

다. 절차

1) 공시송달은 직권 또는 당사자의 신청에 의하여 재판장의 명령으로 한다고 하였다가, 2015. 7.1.부터는 법원사무관 등의 처분으로 하는 것으로 개정되었다. 다만 재판장은 지연을 피하기 위하여 필요한 경우 공시송달을 명할 수 있고 법원사무관 등의 처분을 취소할 수 있다.

① 당사자가 공시송달의 신청을 함에는 송달받을 사람의 행방을 알 수 없다는 사유를 소명하여야 한다. 공시송달 신청이 각하된 때에는 신청인은 법원사무관 등의 처분에 대한 이의신청을 할 수 있다.

② 직권에 의한 공시송달은 당사자의 신청을 기대할 수 없거나 또는 소송지연을 방지할 필요가 있는 경우에 한다. 실무상 통상의 송달방법에 의하여 송달받아오던 자가 뒤에 소재불명으로 송달불능에 이른 때는 직권에 의한 공시송달을 명하는 것이 보통이다.

2) 공시송달처분이 있을 때에는 법원사무관 등은 송달할 서류를 보관하고 ① 법원게시판 게시, ② 관보·공보 또는 신문 게재, ③ 전자통신매체를 이용한 공시의 3가지 중 어느 하나의 방법으로 그 사유를 공시하여야 한다(규칙 제54조 제1항). 법원은 현재 위 3가지 공시방법 중 ③의 방식을 선택하여 대법원 홈페이지(http://www.scourt.go.kr)의 전자게시판을 활용하여 공시하고 있다. 신법은 구법과 달리 법원은 외국에 대한 공시송달도 국내에 대한 공시송달과 같은 방법으로 하도록 하였다.

라. 효력

1) 효력발생 시기

최초의 공시송달은 게시한 날부터 2주가 지나야 효력이 생긴다. 그러나 같은 당사자에 대한 그 뒤의 공시송달은 실시한 다음 날부터 효력이 생긴다(법 제196조 제1항). 다만, 외국거주자에 대한 최초의 공시송달은 그 효력발생을 위한 공시기간을 2개월로 하고 있다. 이러한 기간은 신장할 수는 있으나, 단축할 수 없다(법 제190조 제3항).

2) 공시송달의 요건에 흠

① 공시송달의 요건에 흠이 있어도 재판장이 공시송달을 명하여 절차를 취한 경우에는 유효한 송달이라 보는 것이 판례였다. 공시송달이 재판장의 명령인 재판형식으로 이루어진 데 근거를 두고 있다. 따라서 공시송달이 무효임을 전제로 한 재송달은 있을 수 없으며, 또 공시송달명령에 대해 불복할 수 없다고 했다. 그러나 법원사무관 등이 한 공시송달에 대하여도 기존판례가 유지될 것인지는 지켜볼 일이다. 재판장의 명령이라면 법관의 재판인 데 반하여, 법원사무관 등의 처분이라면 법관 아닌 사법기관의 처분이기 때문이다. 따라서 법원사무관 등의 공시송달에 관한 처분의 잘못, 예컨대 요건불비의 공시송달 등은 제223조(법원사무관 등의 처분에 대한 이의)에 따라 그 소속법원에 이의신청을 할 수 있다고 할 것이다.

② 공시송달로 진행되어 판결이 확정된 경우를 보면, 법원이 송달장소를 알고 있으나 단순히 폐문부재로 송달이 되지 아니하는 경우인데도 공시송달을 하는 등 잘못된 공시송달로 심리가 진행된 끝에 패소된 경우 송달받을 사람은 선택에 따라 추후보완항소 또는 재심을 제기하여 구제를 받을 수 있다. 공시송달로 진행되어 피고가 책임질 수 없는 사유로 전소에 응소할 수 없다 하더라도, 확정된 권리관계를 다투려면 전소의 기판력을 소멸시켜야 한다.

3) 공시송달의 한계

이러한 송달받은 당사자에게는 자백간주・소취하간주 등 기일해태의 불이익, 답변서제출의무, 변론준비절차, 외국판결의 승인규정 등이 적용되지 아니하며, 화해권고결정・조정을 갈음하는 결정・이행권고결정, 지급명령의 송달은 공시송달(다만 금융기관의 대여금 채권 등에 관하여는 공시송달에 의한 지급명령이 가능하다는 특례가 있다)에 의할 수 없다.

5. 송달의 특례 – 전자송달 등

1) 간이통지방법과 전자송달

① 간이통지방법은 법 제167조 제2항과 규칙 제45조에 규정된 것으로, 기일통지를 위한 기일통지서・출석요구서를 송달할 때 이용할 수 있는 특례이다. 우편집배원에 의한 서류교부의 방식이 아니고 법원사무관 등이 전화・팩시밀리・보통우편 또는 전자우편, 문자메시지 등의 간이통지의 방법으로 한다. 간이통지를 받은 당사자・증인 또는 감정인이 기일에 불출석하여도 법률상의 제재나 그 밖의 기일의 해태의 불이익이 따르지 아니한다. 기일통지를 위한 송달에 한정되는 것이므로 소장부본・판결정본 등 다른 소송서류의 송달에는 해당 없다.

② 「민사소송 등에서의 전자문서 이용 등에 관한 법률」 제11조・제12조에 의하면 전자진행에 동의한 등록사용자에 대하여는, 판결문・결정문・재판과정에서의 기일통지 등 모든 소송서류의 송달 또는 통지는 대법원의 전자관리시스템을 이용하여 전자적으로 이루어지는 전자송달을 이용할 수 있다. 송달받은 자가 전산정보시스템에 등재된 전자문서를 확인한 때에 송달된 것으로 간주한다.

2) 민소규칙의 송달특례

① 변호사에 대한 송달

변호사인 소송대리인에 대한 송달은 법원사무관 등이 전화·팩시밀리·전자우편(e-mail) 또는 휴대전화 문자메시지를 이용하여 할 수 있게 하였다. 교부송달원칙의 예외이다. 법원사무관 등은 변호사 송달의 경우는 이러한 송달특례를 우선 고려하여야 한다(규칙 제46조).

② 변호사 사이의 직접 송달

양쪽 당사자가 변호사에 의하여 대리되는 경우에는 한쪽 당사자의 변호사가 상대방 변호사에게 송달할 서류의 부본을 직접 교부하거나 팩시밀리·전자우편으로 보내고 영수증 등으로 그 교부사실 등을 법원에 증명하는 방법으로 송달할 수 있게 하였다. 우편집배원 등에 의한 송달원칙의 예외이다.

V 송달의 하자

1) 송달이 법이 정한 방식에 위배된 경우, 예를 들면 송달을 받을 사람이 아닌 사람에 송달, 수령권자 아닌 사람에 송달, 송달장소 아닌 곳에서 송달, 보충송달·유치송달을 해보지도 않고 하는 제187조 소정의 우편(발송)송달 등은 원칙적으로 무효이다.

2) 송달에 흠이 있으면 원칙적으로 무효라도, i) 송달받을 자가 추인하면 유효하게 되며, ii) 이의 없이 변론하거나 수령하면 이의권의 포기·상실로 흠은 치유된다. 사망자에 대한 송달을 상속인이 이의 없이 현실적으로 송달을 받는 경우가 예이다.

3) 불변기간의 기산점에 관계 있는 송달(상소기간의 기산점으로 되는 판결정본의 송달)에 위법이 있는 경우는 이의권의 포기·상실에서 제외된다고 할 것이다. 특히 판결정본의 송달의 흠은 '자백간주에 의한 판결편취'의 경우에 생겨난다. 이 경우는 판결정본이 피고의 허위주소에 송달된 만큼 송달이 무효이므로 송달받을 때로부터 기산하는 불변기간인 항소기간이 진행될 수 없다는 것이 판례이다.

08 | 소송절차의 정지(제233조 - 제247조)[184)]

제1절　총설

1. 의의

1) 소송절차의 정지란 소송이 계속된 뒤에 아직 절차가 종료되기 전에, 소송절차가 법률상 진행되지 않는 상태를 말한다. 한쪽 당사자의 사망·법인의 합병·법정대리권의 소멸 등의 사유가 생겨 소송행위가 불가능하게 될 때에도 법원이 그대로 소송절차를 진행시키면 그 당사자가 소송에 관여할 수 없게 됨으로써 절차권이 침해되기 때문이다.

2) 정지제도는 쌍방심문주의를 관철시키기 위한 제도이므로, 양당사자의 대석(對席)변론을 요하는 판결절차에 원칙적으로 적용된다. 뿐더러 판결절차에 준하는 절차(독촉절차, 제소전화해절차)에 대해서도 인정된다. 그러나 대석변론에 의한 재판의 공평보다도 절차의 신속을 앞세우는 강제집행절차, 가압류·가처분절차에는 준용되지 않는다.

2. 종류

소송절차의 정지에는 중단과 중지 두 가지가 있다.

1) 중단이란 당사자나 소송행위자에게 소송수행할 수 없는 사유가 발생하였을 경우에 새로운 소송수행자가 나타나 소송에 관여할 수 있을 때까지 법률상 당연히 절차의 진행이 정지되는 것을 말한다. 중단은 일정한 사유에 의하여 발생하며, 새로운 당사자에 의한 소송절차의 수계가 있거나 법원의 속행명령에 의하여 해소되게 된다.

2) 중지란 법원이나 당사자에게 소송을 진행할 수 없는 장애가 생겼거나 진행에 부적당한 사유가 발생하여, 법률상 당연히 혹은 법원의 결정에 의하여 절차가 정지되는 경우를 말한다. 새로운 소송수행자로 교체가 없고 새 사람에 의한 수계가 없는 점에서 중단과는 다르다.

3) 이 밖에도 제척·기피신청, 관할지정신청이 있는 경우에 소송절차가 정지된다.

---

184) 이시윤, 앞의 책, 446-455면

제 2 절	소송절차의 중단

1. 중단사유

가. 당사자의 사망

1) 소송계속 후 변론종결 전에 당사자가 죽었을 것을 요한다. 실종선고에 의한 사망간주도 포함한다. 따라서 소제기 전에 이미 죽은 사람이 당사자가 된 경우에는 중단사유가 아니며 상속인에 의한 소송수계신청은 허용될 수 없다. 이미 소송대리인을 선임한 뒤에 소제기의 경우는 다르다.

2) 소송계속 후에 죽었어도 소송물인 권리의무가 상속의 대상이 되는 때에 한한다. 상속의 대상이 아닌 경우는 중단되지 않고 소송절차가 종료된다. 첫째로 상속인이 상속포기기간 내에 포기를 한 때, 둘째로 권리의무가 사망에 의하여 소멸되거나 일신전속적인 권리인 때이다. 그 예로 이혼소송에 있어서 당사자 한쪽의 사망 등이다. 상대방 당사자가 한쪽 당사자의 승계인이 될 때에도 소송절차는 중단하지 않고 종료된다.

3) 통상공동소송에서는 소송절차의 중단이 죽은 당사자와 그 상대방 간에만 가분적으로 생기는 데 반하여, 필수적 공동소송에서는 전면적으로 중단된다.

나. 법인의 합병

회사 그 밖의 법인이 인수합병에 의하여 소멸된 경우에는 소송절차는 중단된다.

다. 당사자의 소송능력의 상실, 법정대리인(대표자)의 사망·대리권(대표권)의 소멸

당사자 자체는 변경되지 않지만 소송수행자가 교체되기 때문에 중단되는 경우이다. 다만 법정대리권이나 대표권의 소멸은 상대방에 통지하여야 효력이 생기기 때문에, 통지가 있어야 중단된다. 당사자가 소송능력을 상실하는 것은 성년후견개시의 심판을 받은 경우이다. 그러나 소송대리인의 사망, 소송대리권의 소멸의 경우에는 본인 스스로 소송행위를 할 수 있기 때문에 중단사유로 되지 않는다.

라. 신탁재산에 관한 소송의 당사자인 수탁자의 임무종료(법 제236조)

한 수탁자의 임무종료를 말하는 것이고, 이른바 명의신탁관계는 포함하지 않는다.

마. 소송담당자의 자격상실 및 선정당사자 전원의 자격상실(법 제237조)

일정한 자격에 기하여 타인소송의 당사자, 즉 남을 위한 소송담당자가 된 자란 파산관재인, 회생회사의 관리인, 유언집행자 등을 말하는데, 그들이 자격상실한 경우이다. 증권관련 집단소송에서 대표당사자 전원이 사망하거나 사임한 때도 같다. 그러나 소송담당자 중에서 권리주체인 자와의 병행형 소송담당자, 예를 들면 채권자대위소송의 채권자, 대표소송의 소수주주(당사자)는 그 자격을 상실하여도 여기에 포함하지 않는다(통설).

바. 파산재단에 관한 소송 중의 파산선고 및 파산해지

① 채무의 존재를 다투는 소송이 계속 중 채무자에 대한 파산선고가 있는 때 채권자대위소송의 계속 중 채무자가 파산선고가 되면 그 소송절차는 중단되고 파산관재인이 수계할 수 있다. 채권자취소소송의 계속 중 채무자에 대하여 회생절차개시결정이 있을 때도 마찬가지로 중단된다.

② 회생개시결정이 있었던 사실을 알지 못한 채 수계절차가 이루어지지 아니한 상태에서 그대로 진행하여 선고한 판결은 무권대리를 한 때와 마찬가지의 잘못이다. 간과하고 한 판결은 당연무효는 아니나 상소·재심사유가 되며, 수계절차를 상소심에서 밟은 경우 절차상 하자가 치유된다.

2. 중단의 예외

1) 이상 본 중단사유 중 가 내지 마 사유에 있어서는 그 중단사유가 생긴 당사자 측에 소송대리인이 있으면, 중단사유에 불구하고 소송절차는 중단되지 않는다(법 제238조). 이와 같은 사유가 발생하여도 소송대리인이 있으면 그 대리권은 소멸되지 않고 계속 존속하므로 당사자가 대리인 없이 무방비상태가 되는 것이 아니기 때문이다.

소송대리인은 수계절차를 밟지 아니하여도 신당사자의 소송대리인이 되며, 판결의 효력은 신당사자에게 미친다. 만일 구당사자로 표시하여 판결이 선고된 때에는 소송승계인을 당사자로 판결경정을 하면 된다. 다만 소송대리인이 있다고 하여 소송절차가 무제한하게 속행되는 것이 아니라 심급대리의 원칙상 그 심급의 판결정본이 당사자에 송달됨으로써 심급종결로 소송절차는 중단된다는 것이 판례이다. 이 경우, 상소는 소송수계절차를 밟은 다음에 제기하는 것이 원칙이나, 소송대리인에게 상소제기에 관한 특별수권이 있어 상소를 제기하였다면, 그 상소제기 시부터 소송절차가 중단되므로, 이때에는 상소심에서 적법한 소송수계절차를 거쳐야 소송 중단이 해소된다.

2) 그러나 소송대리인에게 상소에 관한 특별한 권한수여가 있으면 판결이 송달되어도 예외적으로 중단되지 않는다. 따라서 이 경우에 소송대리인이 패소한 당사자를 위하여 상소를 제기하지 아니하면 상소기간의 도과로 판결은 확정된다. 예를 들면 甲·乙 간의 소송계속 중 乙은 사망하고 乙의 소송대리인인 丙이 소송수행 끝에 乙이 패소하는 판결을 받았는데, 乙의 상속인으로는 A·B·C·D 4인이 있다고 하자. 그런데 A·B만이 항소를 제기한 경우, 상소제기의 특별수권을 받은 대리인 丙이 C·D가 상속인임을 몰라서 그를 위해 항소를 제기하지 않았다면(C·D 자신도 항소를 제기하지 않음) 항소기간의 도과로 C·D에 대한 패소판결은 확정되며, 누락한 C·D의 소송수계문제는 소송계속이 소멸된 이상 생길 수 없다는 것이 판례이다(확정설). 이와 같은 판례의 결론이 부당하다고 지적하며 문제의 적절한 해결을 위해서 누락한 C·D에 대하여는 중단상태에 있다는 견해 등이 나오고 있다(중단설).

생각건대 C·D에 대해 상소에 관한 특별수권이 있는 소송대리인 丙이 있으므로 乙의 사망에 불구하고 절차는 진행되어 C·D에 대한 판결은 확정되는 것으로 볼 것이고, 그렇게 된 데 대하여 누락 상속인 C·D와 대리인 丙에게 과실이 없다면 C·D를 위한 추후보완의 상소로 침해된 절차권을 보호할 것이며, 그렇지 아니하면 C·D를 위한 손해배상 등 실체법의 문제로 해결할 수밖에 없을 것으로 본다.

다만 최근에 판례는 제1심 계속 중 사망한 원고의 공동상속인 중에 A만이 수계절차를 밟았을 뿐이고 A만을 망인의 소송수계인으로 표시하여 한 원고패소판결에 대하여 망인의 소송대리인이 항소인을 A만을 기재하여 항소제기한 사안에서, 제1심 판결의 효력은 공동상속인 전원에 대하여 미치는 것임에도 위 판결의 잘못된 당사자 표시를 신뢰한 망인의 소송대리인이 항소인을 A만으로 기재하여 항소를 제기하였다면, 항소를 제기한 소송대리인의 합리적 의사에 비추어 B 등 공동상속인 전원에 대하여 항소가 제기된 것으로 보아야 하고, 그들에 대하여 확정차단이 된다는 것이다. 중단설은 아니고 효력확장설이라 하겠다.

3. 중단의 소멸

소송절차의 중단은, 당사자 측이 수계신청을 하거나 법원의 속행명령에 의하여 해소되면 소송절차의 진행이 재개된다.

가. 수계신청

수계신청이란 당사자 측에서 중단된 절차가 계속 진행되도록 속행을 구하는 신청이다(소송상의 지위를 물려 받는 "승계"와는 다르다).

1) 수계신청권자

① 수계신청은 중단사유가 있는 당사자 측의 신수행자뿐만 아니라, 상대방 당사자도 할 수 있다(법 제241조).

② 당사자 사망의 경우에 수계신청권자는 상속인·상속재산관리인·유언집행자·수증자들이다. 공동상속재산은 필수적 공동소송관계가 아니므로 상속인 전원이 공동으로 수계신청하여야 하는 것이 아니며, 개별적으로 수계신청하여도 무방하다. 상속인 중 한 사람만이 수계절차를 밟아 재판을 받았으면 수계절차를 밟지 않은 다른 상속인의 소송관계는 중단된 채 제1심에 그대로 계속되어 있게 된다. 그러나 반대인 듯한 판례가 있다(망인의 공동상속인 중 소송수계절차를 밟은 일부만을 당사자로 표시한 판결도 역시 수계하지 아니한 나머지 공동소송인에게도 미친다는 다른 취지의 판례가 있다).

2) 신청하여야 할 법원

수계신청은 중단 당시 소송이 계속된 법원에 하여야 한다. 종국판결이 송달된 뒤에 중단된 경우에 수계신청을 어디에 내야 하느냐가 문제인데 원법원(原法院)에 하여야 한다는 견해와 원법원 또는 상소법원에 선택적으로 할 수 있다는 견해로 갈린다. 대법원은 이러한 경우에는「상급법원에 수계신청을 할 수 있다」고 하여 후설에 접근하였으나, 후설은 제243조 제2항의 명문에 반할 뿐더러, 상소장의 원법원제출주의(법 제397조)에 의하는 우리 법제에도 맞지 않는다. 기록보관을 하는 원법원이 함에 비추어 전설을 따른다.

3) 수계에 관한 재판

① 수계신청이 있으면 법원은 그 적법 여부를 직권으로 조사하여 이유 없으면 결정으로 기각한다(법 제243조 제1항). 이 결정에 대하여는 통상항고를 할 수 있다.

진정한 수계인이 아닌 참칭수계인임에도 불구하고 이를 간과한 채 받아 들여 본안판결을 하였을 때에는 진정한 수계인에 대한 관계에서는 소송은 중단상태에 있지만, 참칭수계인에 대해서는 기판력이 미친다.

② 수계신청이 이유 있으면 별도의 재판을 할 필요 없이 그대로 소송을 진행시킬 것이다. 판결정본송달 후에 중단된 경우에는 원법원에 수계신청을 하여야 함은 앞서 본 바이나, 이 경우에는 원법원이 수계결정을 하여 이를 송달하여야 한다. 그 결정의 송달 시로부터 상소기간이 진행된다.

나. 법원의 속행명령

당사자가 수계신청을 하지 아니하여 사건이 중단된 상태로 오랫동안 방치되었을 때에는, 법원은 직권으로 소송절차를 계속 진행하도록 명하는 속행명령을 할 수 있다. 영구 미제의 사건이 되는 것을 방지하기 위한 것이다. 속행명령이 당사자에게 송달되면 중단은 해소된다. 속행명령은 중단 당시에 소송이 계속된 법원이 발한다. 속행명령은 중간적 재판이므로 독립하여 불복할 수 없다.

제 3 절　소송절차의 중지

1. 당연중지(법 제245조)

천재지변, 그 밖의 사고로 법원전부가 직무집행을 할 수 없게 된 경우이다. 이때에는 따로 결정의 필요가 없으며 중지는 당연히 발생하고, 직무집행불능의 상태가 소멸함과 동시에 중지도 해소된다.

2. 재판중지(법 제246조)

법원은 직무를 행할 수 있으나, 당사자가 법원에 출석하여 소송행위를 할 수 없는 장애사유가 발생한 경우이다. 예를 들면 전쟁, 그 밖의 사유로 교통이 두절되어 당분간 회복될 전망이 보이지 않거나 또는 당사자가 갑작스러운 중병 등으로 법원에 출석은 물론 법원이나 변호사와 통신연락을 행할 수 없게 된 때이다. 소비자단체소송의 원고소송대리인의 사임 등도 중지의 원인이 된다. 이에 의한 중지는 신청 또는 직권으로 법원의 결정에 의하여 발생하며, 그 취소결정에 의하여 해소된다.

3. 다른 절차와의 관계에서 진행의 부적당

다른 절차와의 관계에서 소송의 계속진행이 부적당하기 때문에 절차가 중지되는 경우가 있다. 여기에는 i) 위헌여부제청, 조정에 회부 등의 경우처럼 절차가 당연히 중지되는 경우가 있고, ii) 채무자회생 및 파산절차에서 회생절차개시의 신청이 있는 경우의 중지(중지명령 등)와 같이 법원의 재량에 의한 중지의 경우가 있다. 다른 민사사건이나 형사사건의 판결결과가 선결관계에 있는 경우 해석상 법원은 재량으로 사건의 중지를 명할 수 있다는 것이 다수설이나 실무상 이와 같은 경우는 기일의 추후지정으로 결과를 기다리는 일이 많다.

제 4 절　소송절차정지의 효과

소송절차의 정지 중에는 변론종결된 경우의 판결의 선고를 제외하고, 소송절차상의 일체의 소송행위를 할 수 없으며, 기간의 진행이 정지된다(법 제247조).

1. 당사자의 소송행위

정지 중의 당사자의 행위는 원칙적으로 무효이다. 예외적으로 소송절차 외에서 행하는 소송대리인의 선임·해임, 소송구조신청은 유효하게 할 수 있다. 그러나 무효라 하여도 상대방이 아무런 이의를 하지 아니하여 이의권이 상실되면 유효하게 된다. 정지제도는 공익적 제도가 아니라 당사자보호를 위한 제도이기 때문에 정지 중의 소송행위라도 추인하면 유효하게 된다. 상소라고 예외로 취급할 이유가 없다.

2. 법원의 소송행위

① 정지 중에 법원은 기일지정, 기일통지나 재판, 증거조사, 그 밖의 행위가 허용되지 않는다. 이에 위반하여 행한 법원의 재판은 상소로 불복할 수 있으며, 그 밖의 법원의 소송행위는 당사자 양쪽과의 관계에서 무효로 된다. 그러나 당사자의 이익권의 포기·상실로 하자가 치유된다.

② 만일 변론종결하기에 앞서 정지가 되었음에도 간과한 채 변론을 종결하고 판결을 선고하면 위법이 된다. 그러나 판결이 당연무효라고는 할 수 없다. 판례는 한때 소송계속 중 당사자가 사망한 것을 간과하고 한 판결을 당연무효라고 하였다가 뒤에 대법(전) 1995.5.23, 94다28444로써 변경하였다. 이때에는 대리권의 흠이 있는 경우에 준하여 그 판결이 확정 전이면 상소(법 제424조 제1항 제4호), 확정 후이면 재심(법 제451조 제1항 제3호에 의한 취소사유)이 될 뿐이다(통설).

3. 기간의 진행

정지되면 소송상의 기간은 진행을 개시하지 아니하며, 또 이미 진행 중의 기간은 그 진행을 멈추고, 정지해소 후에는 남은 기간이 아니라 다시 전기간이 진행한다(이 점은 시효중단의 해소와 같다).

09 | 증거

제1절　총설[185]

1. 증거의 의의

1) 증거란 원칙적으로 사실을 확정하기 위한, 즉 사실주장이 진실한지 아닌지를 판단하기 위한 자료를 말한다. 재판과정은 사실을 확정하는 과정과 법규를 해석·적용하는 과정으로 나누어 볼 수 있다. 법관은 법률전문가이므로 원칙적으로 법규의 존재사실을 증거에 의하여 확정할 필요는 없으나, 사실을 확정하기 위해서는 이를 위한 자료가 있어야 하는데, 이를 증거라 한다.

2) 증거라는 말은 증거방법, 증거자료, 증거원인 등 여러 가지 뜻으로 쓰인다.

① 증거방법

증거방법은 법원이 사실의 존부를 확정하기 위하여 조사 대상이 되는 유형물을 말한다. 증거방법 가운데 증인, 감정인, 당사자 본인 등은 인증(人證)이고, 문서, 검증물, 그 밖의 증거인 사진·녹음테이프 등 전자문서 등은 물증(物證)이다.

② 증거자료

증거자료는 증거방법을 조사하여 얻은 내용, 즉 증거조사결과를 말한다. 여기에는 증언(법 제303조), 감정결과(법 제339조), 문서의 기재 내용, 검증결과(법 제364조), 당사자신문결과(법 제367조), 조사촉탁결과(법 제294조), 그 밖의 증거의 조사결과(법 제374조), 전자문서의 조사결과(전자문서 제13조) 등이 있다.

③ 증거원인

증거원인은 법관의 심증형성의 원인이 된 자료나 상황을 말한다. 증거조사결과인 증거자료나 변론 전체의 취지가 이에 해당한다(법 제202조).

2. 증거능력·증거력

가. 증거능력

① 증거능력은 유형물이 증거방법으로서 증거조사의 대상이 될 자격을 말한다. 우리 민사소송법에서는 자유심증주의를 채택하고 있기 때문에, 원칙적으로 증거능력의 제한은 없다. 소제기 후 다툼 있는 사실을 증명하기 위해 작성한 문서, 전문증거, 미확정판결서도 증거능력이 있다.

② 증거능력은 주로 그 수집과정이 불법적인 경우와 증거조사절차가 법에 위반된 경우에 문제된다.

---

185) 이시윤, 앞의 책, 456-462면

㉠ 먼저 증거의 수집과정이 불법적인 경우, 즉 위법수집증거의 경우를 보면, 우선 법이 어떤 증거방법에 대하여 명문으로 증거능력을 제한하는 경우에는 당연히 증거능력을 인정할 수 없다. 대표적인 예로 통신비밀 보호법 제3조, 제4조[186]를 들 수 있다. 명문의 규정이 없는 경우 위법수집증거의 증거능력을 어떻게 취급할지에 관하여 다양한 학설이 제기되고 있는바, 위법수집증거와 관련하여 가장 흔히 문제가 되었던 것은 대화의 일방이 상대방과 자신의 대화를 몰래 녹음하여 녹음테이프나 녹취록을 증거로 제출하는 경우 이들의 증거능력이 있는지 여부인바, 대법원은 증거능력을 인정하고 있다. 이 경우 녹음된 것은 타인 간의 대화가 아니기 때문에 통신비밀보호법 제3, 4조의 적용대상이 아니다. 다만, 이 경우에 통신비밀보호법 규정의 유추적용이 인정되어야 한다는 견해도 있다.

㉡ 증거조사절차가 법에 위반되어 증거능력이 문제되는 경우도 있다. 예를 들어 법정대리인은 본인에 준하여 취급되기 때문에 증인적격이 없으므로 증인신문을 할 수 없다. 하지만, 판례는 이러한 유형의 잘못을 소송절차에 대한 이의권의 대상으로 삼고, 상대방이 즉시 이의를 하지 않으면 증거능력의 하자는 치유된다고 보고 있다.

나. 증거력(증명력, 증거가치)

증거자료가 요증사실의 인정에 기여하는 정도를 증거력, 증명력 또는 증거가치라고 한다. 이것은 형식적 증거력과 실질적 증거력의 두 단계로 나누어지는데, 특히 서증의 경우에 중요한 의미가 있다. 법관은 이를 논리칙과 경험칙에 따라 자유롭게 판단하게 되어 있다.

3. 직접증거와 간접증거

1) 주요사실의 존부를 직접 증명하는 증거를 직접증거라 한다. 예를 들면 계약의 존부를 증명하는 계약서나 현장목격의 증인이나 현장영상물(블랙박스 등)은 직접증거이다.

2) 이에 대하여 간접사실이나 보조사실을 증명하기 위한 증거를 간접증거라 하며, 주요사실의 증명에 간접적으로 이바지한다(예를 들면 알리바이를 증명해 줄 증인의 정황증언).

4. 본증, 반증, 반대사실의 증거

증명책임의 소재를 기준으로 한 분류이다.

1) 당사자가 자기에게 증명책임 있는 사실을 증명하기 위하여 제출하는 증거를 본증이라 하고, 상대방이 증명책임을 지는 사실을 부정하기 위해 제출하는 증거를 반증이라 한다. 본증의 경우에는 법관이 요증사실의 존재가 확실하다고 확신을 갖게 되지 않으면 그 목적을 달성할 수 없으

---

186) 통신비밀보호법 제3조(통신 및 대화비밀의 보호)
① 누구든지 이 법과 형사소송법 또는 군사법원법의 규정에 의하지 아니하고는 우편물의 검열·전기통신의 감청 또는 통신사실확인자료의 제공을 하거나 공개되지 아니한 타인 간의 대화를 녹음 또는 청취하지 못한다. 다만, 다음 각 호의 경우에는 당해 법률이 정하는 바에 의한다.
제4조(불법검열에 의한 우편물의 내용과 불법감청에 의한 전기통신내용의 증거사용 금지)
제3조의 규정에 위반하여, 불법검열에 의하여 취득한 우편물이나 그 내용 및 불법감청에 의하여 지득 또는 채록된 전기통신의 내용은 재판 또는 징계절차에서 증거로 사용할 수 없다.

며, 확신을 갖지 못하면 증명책임의 효과로서 불이익을 받게 된다. 그러나 반증의 경우에는 요증사실의 존재가 확실치 못하다는 심증을 형성케 하면 된다. 예를 들면 매매대금청구의 소에서 계약체결사실이 다투어질 때에 본증을 세우는 원고로서는 그 사실의 존재를 완벽하게 증명하여야 하지만, 반증을 드는 피고로서는 계약체결이 되지 아니하였음을 완벽하게 증명할 필요는 없고 법원이 계약체결사실의 존재에 대해 의문을 품게 하는 사정을 증명하면 된다. 반증에는 직접반증과 간접반증이 있다.

2) 반증과 구별할 것에 반대사실의 증거가 있다. 이는 원칙적으로 법률상의 추정이 되었을 때 이를 깨뜨리기 위하여 그 추정을 다투는 자가 제출하는 증거이다. 이것은 반증이 아니고 본증이다. 따라서 당사자로서는 법원이 그 추정사실의 존재에 의문을 품게 하는 정도로는 되지 아니하고, 그 추정사실을 번복할 만한 반대사실을 완벽하게 증명하여야 한다(처가 혼중에 포태한 자는 부의 자로 보는 법률상의 추정규정이 있는데 부와 자의 DNA의 불일치는 반대사실의 증거라 하겠다). 사실상의 추정 → 반증, 법률상의 추정 → 반대사실의 증거로 대응할 것이다.

5. 증명과 소명

넓은 의미의 증명을 법관의 심증정도(증명도)를 기준으로 한 분류이다.

1) 증명

증명이란 법관이 요증사실의 존재에 대하여 고도의 개연성, 즉 확신을 얻은 상태 또는 법관으로 하여금 확신을 얻게 하기 위해 증거를 제출하는 당사자의 노력을 말한다. 다만 재판상의 증명은 논리적으로 반대사실의 존재가 있을 수 없고 실험결과에 의하여 확인될 수 있는 정도의 이른바 과학적 증명은 아니고, 진실에 대한 고도의 개연성으로 만족하는 이른바 역사적 증명을 뜻한다.

2) 소명

소명이라 함은 증명에 비하여 저도의 개연성, 즉 법관이 일단 확실할 것이라는 추측을 얻은 상태 또는 그와 같은 상태에 이르도록 증거를 제출하는 당사자의 노력을 말한다. 소명은 법률에 특별히 규정한 경우에 한하는데, 절차상의 파생적 사항·신속처리를 요하는 사항은 소명이면 된다고 하고 있다(소송구조사유, 가압류·가처분 등).

6. 엄격한 증명과 자유로운 증명

증거조사에 관한 법률규정을 지켰는가 여부를 기준으로 한 분류이다.

1) 엄격한 증명은 법률에서 정한 증거방법에 대하여 법률이 정한 절차에 의하여 행하는 증명이고, 자유로운 증명은 증거방법과 절차에 대해 법률의 규정에서 해방되는 증명을 말한다.

2) 민사소송에서 본안의 사실, 즉 청구를 뒷받침하는 사실이나 배척하는 사실의 인정은 엄격한 증명을 요한다. 이에 반하여 직권조사사항, 외국법, 관습법, 경험칙, 소가산정의 근거 등은 자유로운 증명으로 족하고, 판결절차가 아닌 결정절차의 경우도 마찬가지다.

제 2 절   증명의 대상(요증사실)[187]

1. 사실

1) 주요사실은 물론 간접사실, 보조사실도 다 증명의 대상이 된다. 즉 그 존재를 인정하는 데 증거가 필요하다.

2) 그러나 자백의 대상이 되는 것은 주요사실뿐이다. 간접사실과 보조사실은 원칙적으로 자백의 대상이 되지 않는다. 서증의 진정성립은 성격상 보조사실에 불과하지만 그 기능적 중요성 때문에 자백의 대상이 된다.

2. 경험법칙

1) 경험법칙이란 우리 경험을 통해 얻어지는 사물에 대한 지식이나 법칙을 말한다. 경험법칙은 구체적 사건에 있어서의 구체적 사실이 아니라, 3단논법의 대전제를 이루는 일반적인 지식으로 존재하고 있는 것인데, 논리적인 판단을 함에는 항상 이의 도움을 얻어야 한다. 경험법칙은 특히 i) 사실에 대한 평가적 판단, ii) 증거의 가치판단, iii) 간접사실에 의한 주요사실의 추단에 있어서 이용된다.

2) 일반적으로 경험칙을 일반적인 경험칙과 전문적인 경험칙으로 구분한 다음 전자는 증거 없이 인정할 수 있으나 후자는 증거가 있어야 하지만, 자유로운 증명으로 족하다고 보고 있다. 또 어느 경우나 자백의 대상은 아니라고 본다.

3) 경험법칙의 인정을 그르쳤거나 그 적용을 잘못한 경우에 사실문제로서 사실심의 전권에 속하느냐, 법령위반과 같이 보아 상고이유로 되느냐에 다툼이 있다. 생각건대 경험법칙은 법규에 준할 것이므로 그 위배는 일단은 사실문제라기보다도 법률문제로 보아야 할 것으로(통설), 우리의 판례도 경험법칙적용의 잘못은 법령위배처럼 상고이유가 된다고 보는 법률문제설이다. 이에 대해 경험법칙은 법규와 달리 통상적으로 사실판단에 쓰이는 자료라는 점, 법률이 아닌 경험법칙에 대해 더 잘 안다고 할 수 없는 상고심법관이 사실심의 인정을 비판한다는 것은 부당하다는 점 등을 이유로 이를 사실문제로 보는 사실문제설이 있다. 그러나 경험법칙에 기한 사실인정의 경로가 통상의 지식인의 표준에서 납득되어야 하며, 이것은 당해 경험법칙에 대해 전문적 지식을 갖지 않는 상고심법관이라도 충분히 판정할 수 있는 것이다. 다만 경험법칙 위반이라 하여 모두 상고심의 심사를 받게 된다면 단지 사실인정의 문제에 지나지 않는 케이스가 경험법칙 위반이라고 명분을 세워 상고되어 상고심이 법률심이 아닌 제3의 사실심의 염려가 있다. 따라서 경험법칙의 적용에 현저한 오류가 있을 때(채증법칙의 현저한 위배)에만 상고이유가 되고 심리불속행 사유를 면할 수 있을 것이다(절충설).

---

187) 박재완, 앞의 책, 318면, 이시윤, 앞의 책, 462-465면

3. 법규

1) 법규의 존부확정이나 적용은 법원의 책무이므로 증명의 대상이 되지 않는 것이 원칙이다. 그러나 법관이 그 존재를 알기 어려운 외국법, 지방법령, 관습법, 실효된 법령 등은 증명의 대상이 된다. 자유로운 증명으로 족하다.

2) 재판에 적용되어야 할 외국법의 존재 여부를 확정할 수 없는 경우 학설로는 국내법규적용설, 청구기각설, 조리설, 유사법규적용설 등이 대립하고 있으나, 판례는 조리설을 취하고 있다.

제 3 절 　 불요증사실[188]

I　개설

법원에서 당사자가 자백한 사실과 현저한 사실은 증명을 필요로 하지 아니한다(법 제288조)[189]. 다툼이 없는 사실은 변론주의와의 관계에서 이에 반대되는 법원의 사실 인정권이 배제되는 결과로 증명의 대상으로 되지 않지만, 현저한 사실은 그 객관성에 비추어 증명을 요하지 않는 것으로서 직권탐지주의에 의한 절차에서도 적용된다. 법률상의 추정을 받는 사실은 적극적 증명을 요하지 않고 판결의 기초로 되는 경우이므로, 그러한 의미에서 증명을 요하지 않는 사실이다. 따라서 불요증사실은 i) 당사자 간에 다툼이 없는 사실(재판상의 자백, 자백간주), ii) 현저한 사실, iii) 법률상의 추정받는 사실 등 세 가지이다.

II　재판상 자백

관련 기출문제 - 2011년 공인노무사
자백의 구속력에 대하여 설명하시오. 25점

1. 의의

널리 자백(自白)이란 소송당사자가 자기에게 불리한 사실을 인정하는 진술을 말한다. 여기에는 변론 또는 변론준비기일에서 소송행위로서 한 것과 재판 외에서 상대방 또는 제3자에 대하여 한 것으로 나누어진다. 전자를 재판상의 자백, 후자를 재판 외의 자백이라 한다.

---

188) 이시윤, 앞의 책, 466-477면
189) 제288조(불요증사실)
　　법원에서 당사자가 자백한 사실과 현저한 사실은 증명을 필요로 하지 아니한다. 다만, 진실에 어긋나는 자백은 그것이 착오로 말미암은 것임을 증명한 때에는 취소할 수 있다.

2. 요건

재판상의 자백이란 변론 또는 변론준비기일에서 한 상대방의 주장과 일치하고 자기에게 불리한 사실의 진술을 말한다. 자백의 성립에는 다음 4가지 요건을 갖추어야 한다.

1) 구체적인 사실을 대상으로 하였을 것(자백의 대상적격)

① 자백은 상대방 주장의 사실상의 진술에 대하여 성립하는 것이 원칙이며, 자기에게 불리한 상대방의 법률상의 진술 또는 의견은 자백의 대상이 되지 않는 것이 원칙이다.

② 자백의 대상은 주요사실에 한한다. 간접사실과 보조사실에는 자백이 성립하지 아니한다는 것이 원칙이다. 이것은 변론주의가 엄격하게 적용되는 것은 주요사실에 한하기 때문이다. 예를 들면 부동산취득시효에 있어서 점유 개시의 시기는 취득시효의 요건사실인 점유기간을 판단하는 데 간접적이고 수단적인 구실을 하는 간접사실에 불과하여 자백의 구속력이 없다. 판례는 문서의 진정성립에 관한 자백은 보조사실에 관한 것이나 그 취소에 관하여는 주요사실에 관한 자백취소와 같이 취급하여야 한다는 입장이다.

2) 자기에게 불리한 사실상의 진술(자백의 내용)

자기에게 불리한 사실이 무엇인지에 관하여 증명책임설과 패소가능성설이 대립하고 있는바, 후자가 통설이고 판례의 입장도 같다. 증명책임설은 상대방이 증명책임을 부담하는 사실을 불리한 사실이라고 보는 견해이고, 패소가능성설은 증명책임의 소재는 문제 삼지 않고 당사자에게 재판 결과에 불리한 영향을 미치는 사실을 불리한 사실이라고 본다. 따라서 증명책임설에 의하면 자백이 성립하는 범위가 좁아진다[190].

---

190) 패소가능성설과 증명책임설을 비교하면 다음과 같다. 대여금청구소송에서 피고가 대여금을 변제했다는 점에 관하여 진술이 일치하는 경우를 보면 우선 이 경우에는 원고의 자백이 문제된다. 원고가 일치된 진술을 번복하고 싶은 입장에 있기 때문이다. 원고의 입장에서 볼 때 대여금의 변제 여부는 상대방인 피고에게 증명책임이 있기 때문에, 이 경우 양설 모두 자백의 성립을 인정한다. 따라서 어느 설을 취하나 원고가 진술을 번복하기 위하여는 자백취소의 요건, 즉 반진실과 착오라는 요건을 갖추어야 한다. 그러나 피고가 대여금을 변제하지 않았다는 점에 관하여 진술이 일치하는 경우에는 피고의 자백이 문제된다. 피고가 일치된 진술을 번복하고 싶은 입장에 있기 때문이다. 피고의 입장에서 볼 때 대여금의 변제 여부는 자신에게 증명책임이 있기 때문에 증명책임설에 의하면 자백이 성립하지 않지만, 패소가능성설에 의하면 자백이 성립한다. 즉, 두 설은 자백의 성립 여부에 차이를 보인다. 나아가 증명책임설을 취하면 자백이 성립하지 않기 때문에 피고는 진술을 번복하여 대여금을 변제하였다고 주장할 수 있으나, 이 점을 증명하여야 한다. 원래 자신에게 증명책임이 있기 때문이다. 반면 패소가능성설에 의하면, 자백이 성립하기 때문에, 진술을 번복하여 대여금을 변제하였다고 주장하기 위하여는 자백취소의 요건을 갖추어야 한다. 따라서 자신이 변제하였다는 점을 증명하는 것만으로는 부족하고 나아가 전의 진술이 착오에 의한 것이었다는 점까지 증명하여야 한다. 즉, 이 경우 진술을 번복하기 위하여 피고가 해야 할 행위의 측면에서 보면 증명책임설을 취하면 반진실만 증명하면 되나, 패소가 능성설을 취하면 반진실에 더하여 착오까지 증명하여야 한다. 우리나라의 판례는 반진실이 증명되었다고 하여 착오까지 추정되지는 않는다는 입장을 취하고 있으므로 두 설 중 어느 설을 취하느냐의 차이가 크게 발생할 여지가 있다(이상, 박재완, 앞의 책, 321면).

3) 상대방의 주장사실과 일치되는 사실상의 진술(자백의 모습)

① 선행자백

상대방이든 자백하는 당사자이든 어느 쪽이 먼저 불리한 사실을 진술하였는가의 시간적 선후는 문제되지 않는다. 상대방이 진술한 뒤에 이를 시인하는 것이 보통이나, 때에 따라서는 일방이 먼저 자진하여 불리한 진술을 하는 수가 있다. 이를 문자 그대로 선행자백 또는 자발자백이라고 일반적으로 말한다(예 원고가 먼저 피고로부터 변제를 받았다고 진술하는 따위). 만일 상대방이 이를 자기 것으로 만드는 의미의 원용을 하면 자백의 효력이 생긴다. 상대방이 원용하기 전에는 자백이 아니기 때문에 이를 자유롭게 철회하고 이와 모순된 사실상의 진술을 함으로써 제거할 수 있다. 그러나 선행자백도 법원에 대한 구속력은 있는 것이기 때문에 법원이 그와 반대심증에 불구하고 이를 기초로 하여 판단하여야 한다. 다만 당사자 일방이 한 진술에 잘못이 분명한 경우는 상대방이 이를 원용하였다고 하여도 자백이 성립되지 않는다는 것이 판례이다. 선행자백한 당사자의 진의는 석명사항이 아니다.

② 가분적 자백

상대방의 주장과 전부 완전일치되어야 하는 것은 아니므로 자백의 가분성의 원칙은 당연히 인정된다. 자백에는 i) 상대방의 주장사실을 전체로서는 다투지만 그 일부에 있어서는 일치된 진술을 할 경우(이유부부인으로, 예컨대 돈을 받은 것은 인정하지만 상대방의 주장과 같이 차용한 것이 아니라 증여로 받았다는 등이 그것이며, 이 경우에 돈을 받았다는 사실의 한도에서 자백이 성립된다. 이 진술이 일치하지 않는 나머지 부분에는 이유부부인의 경우에는 부인이 된다)와 ii) 상대방의 주장사실을 인정하면서 이에 관련되는 방어방법을 부가하는 경우가 있다(제한부자백으로, 예컨대 금전차용은 인정하지만 변제하였다는 등이 그것이고, 이때에 차용사실에 관하여 자백이 성립된다. 이 진술이 일치하지 않는 나머지 부분에는 제한부자백의 경우에는 항변이 된다).

4) 변론이나 변론준비기일에서 소송행위로서 진술하였을 것(자백의 형식)

① 당해 사건의 법정에서 구술로 진술한 경우만이 아니라, 상대방의 주장사실을 자백하는 취지의 답변서나 준비서면이 변론기일·변론준비기일에 진술간주되어도 재판상의 자백의 효력이 생긴다. 소송 외에서 상대방이나 제3자에 대해 자기에게 불리한 진술을 하였다 하여도 재판 외의 자백임에 그친다. 또 다른 소송사건(형사사건의 법정이나 수사기관에서 진술해도 같다)의 변론에서 그같은 진술을 하여도 역시 재판 외의 자백이다. 이는 하나의 증거원인일 뿐 재판상의 자백과 같은 구속력이 없다. 통상공동소송에 있어서 공동피고의 자백도 변론 전체의 취지로 참작될 뿐이다.

② 자백은 소송행위이기 때문에 소송행위의 일반원칙에 따른다. 법원에 대한 단독적 소송행위이기 때문에, 상대방이 불출석하여도 자백을 할 수 있다. 소송행위는 조건에 친하지 아니하므로, 자백에는 조건을 붙일 수 없다(자기의 주장사실 인정하면 상대방의 주장사실을 인정한다는 따위). 사실의 진술이므로 법률심인 상고심에서는 자백을 할 수 없으며 그 취소도 안 된다. 자백은 소송행위로서의 진술이기 때문에 소송자료로 되는 것이며, 증거조사의 일종인

당사자본인신문에서 원고의 주장사실과 일치되는 진술을 하여도 이는 증거자료임에 그치기 때문에 자백으로 되지 않는다.

3. 효력

1) 내용 및 범위

① 일단 자백이 성립되면 그 내용은 증명을 요하지 않는다. 상대방 당사자는 자백한 사실에 대하여 증거를 대지 아니하여도 되어 증명책임이 면제되며, 당사자 간의 쟁점에서 배제되는 효과도 생기는 등 증명책임면제효와 쟁점배제효 외에, 법원은 자백한 사실을 판결의 기초로 하지 않으면 안 되는 구속을 받고, 당사자는 자백의 자유로운 철회가 인정되지 아니하는 구속을 받는다(법 제288조 단서). 자백의 구속력은 상급심에도 미친다.

② 자백의 구속력은 변론주의에 의하여 심리되는 소송절차에 한하며, 가사소송 등 직권탐지주의에 의하여 심리되는 소송절차, 소송요건 등의 직권조사사항, 재심사유에 대하여는 미치지 않는다. 여기의 자백은 재판 외의 자백처럼 그 효과에 있어서 하나의 증거원인에 그친다. 판례는 행정소송에 있어서도 직권조사사항을 제외하고 자백의 구속력이 있다고 하며, 이에 대하여 행정소송법이 직권탐지주의를 채택하여 당사자가 주장하지 않은 사실에 대해서도 참작하여 판단할 수 있도록 했고, 행정소송에서 확정판결의 효력이 제3자에게 대세효를 가지며, 행정소송이 공익관계의 소송이라는 점을 고려하면 자백의 구속력을 인정해서는 안 된다는 견해가 다수설이다. 직권주의가 강화되어 있는 민사집행절차에서도 재판상 자백은 자백 불허된다. 회사관계소송은 직권탐지주의에 의하는 소송절차는 아니나, 판결의 효력이 제3자에게 미치는 대세효가 있음에 비추어, 당사자는 자기의 이익만이 아니라 이해관계인 일반의 이익을 대표하는 것이라 보아 제67조 제1항의 유추에 의하여 다른 필수적 공동소송인이 있는 경우와 마찬가지로 자백과 같은 불리한 행위는 하지 못한다고 할 것이다(다수설). 변론 전체의 취지로는 참작될 수 있을 것이다.

2) 법원에 대한 구속력(사실인정권의 배제)

① 법원은 자백사실이 진실인가의 여부에 관하여 판단할 필요가 없으며, 증거조사의 결과 반대의 심증을 얻었다 하여도, 즉 허위자백이라는 심증을 얻어도 이에 반하는 사실을 인정할 수 없다. 자백사실이 진실인 경우가 많다는 경험상의 개연성보다도, 변론주의의 발현으로 자백의 경우에는 법원의 증거에 의한 사실인정권이 배제되는 데 그 원인이 있다.

② 현저한 사실에 반하는 자백, 경험법칙에 반하는 자백(불능한 사실의 자백)도 그 구속력이 있느냐가 문제된다. 현저한 사실에 반하는 자백이라도 이를 받아들여야 한다는 긍정설이 있지만, 판례·통설은 부정적이다. 이를 긍정하는 것은 변론주의의 과장이며 재판의 위신을 떨어뜨릴 것이기 때문에 부정설이 옳다.

3) 당사자에 대한 구속력(철회의 제한)

(1) 원칙

일단 자백이 성립되면 자백한 당사자는 임의로 철회할 수 없다. 금반언의 원칙, 상대방의 신뢰보호, 절차의 안정을 위하여 당연한 법리라 할 것이다. 이 점이 재판상의 자백이 자백간 주와는 다른 점이다. 자백간주의 경우에는 철회의 제한이란 구속력은 없다.

(2) 예외

다만 자백도 다음과 같은 경우에는 철회가 허용되지만, 철회가 시기에 늦어서는 안 되며 상 고심에서는 허용되지 아니한다.

① 상대방의 동의가 있을 때

② 자백이 제3자의 형사상 처벌할 행위에 의하여 이루어진 때

재심사유에 해당하는 흠(법 제451조 제1항 제5호)이 있는 때이므로 그 무효를 주장할 수 있다(통설).

③ 자백이 진실에 반하고 착오로 인한 것임을 증명한 때(법 제288조 단서)

  ㉠ 자백의 취소주장은 반드시 명시의 방법이 아니라, 묵시적(전의 자백과 상반되는 주 장)으로도 할 수 있다.

  ㉡ 취소하려면 반진실과 착오 두 가지를 아울러 증명하여야 하며, 반진실의 증명만으로 착오에 의한 자백으로 추정되지 않는다. 그러나 자백이 진실에 반함이 증명된 경우라 면 변론 전체의 취지만으로 착오로 인한 것임을 인정할 수 있다는 것이 판례이다.

  ㉢ 자백한 당사자가 처음부터 진실한 것이 아님을 의식하고서 자백한 때에는 취소가 허 용되지 않는다고 할 것이다.

④ 자백이 실효되는 경우도 있다.

자백이 성립한 후 청구의 교환적 변경으로 구청구에서의 자백대상이었던 주장사실이 철 회된 경우, 소송대리인의 자백을 당사자가 경정한 경우 등이다.

🖋 관련 기출문제 – 2021년 공인노무사

【문제 1】

甲은 乙에게 5,000만원을 대여하였고 丙은 乙의 대여금채무를 보증하였다. 乙이 변제하지 않자 甲 은 5,000만원을 반환받기 위해서 乙과 丙을 공동피고로 하여, 乙에 대해서는 주채무의 이행을 구하 고 丙에 대해서는 보증채무의 이행을 구하는 소를 제기하였다. 다음 물음에 답하시오.

물음 1)

제1심 제1회 변론기일에 乙은 甲에게 대여금 5,000만원을 모두 변제했다고 주장하였고, 이에 대해 甲은 그중 2,000만원을 반환받은 사실이 있다고 진술하였다. 그러나 제2회 변론기일에 甲은 종전의 진술을 철회하고, 乙로부터 전혀 변제받은 적이 없다고 주장하였다. 법원은 甲의 乙에 대한 청구 전 부를 인용하는 판결을 할 수 있는가? 25점

☞ 사례 1)

물음) 甲은 乙을 상대로 법원에 소유권이전등기 청구의 소를 제기하였다. 甲의 소유권이전등기 청구소송의 제1회 변론기일에서 甲은 乙의 인장이 날인된 매매계약서(갑 제1호증)를 증거로 제출하였고, 이에 대하여 乙은 '매매계약서(갑 제1호증)'가 진정하게 성립된 것임을 인정하였다. 그 후 乙은 자신의 이 주장이 잘못되었다며 이 주장을 취소할 수 있는지? `25점`

1) 乙이 '매매계약서(갑 제1호증)'가 진정하게 성립된 것임을 인정한 행위는 문서의 진정성립에 관한 자백으로서 보조사실에 관한 것이나 그 취소에 관하여는 주요사실에 관한 자백취소와 같이 취급하여야 한다는 것이 판례의 입장이다.

2) 그러므로 법원은 乙이 자백한 사실을 판결의 기초로 하지 않으면 안 되는 구속을 받으며, 乙은 이를 임의로 철회할 수 없다. 다만 乙은 ⅰ) 상대방의 동의가 있을 때, ⅱ) 자백이 제3자의 형사상 처벌할 행위에 의하여 이루어진 때, ⅲ) 자백이 진실에 반하고 착오로 인한 것임을 증명한 때에만 철회가 허용되며, 이 경우에도 철회가 시기에 늦어서는 안 되며 상고심에서는 허용되지 아니한다.

☞ 사례 2)

물음) 甲은 乙에게 1억원을 대여하였다고 주장하면서 乙을 상대로 대여금청구의 소를 제기하였다. 제1회 기일에서 乙은 자신이 1억원을 빌린 사실은 인정하지만 전부 변제하였다고 주장하였다. 그 후 제2회 기일에서 甲이 신청한 증인 丁은 법정에서 "甲이 乙에게 1억원을 빌려주고, 이후 乙이 甲에게 그중 5천만원을 변제하는 것을 직접 보았다."고 진술하였다. 한편, 乙은 기존의 자백을 취소하면서 자신이 甲으로부터 위 일시에 돈을 빌린 사실 자체가 없다고 주장하였다(변제항변은 예비적으로 유지). 그 후 제3회 기일이 진행되었으나 乙은 자신의 변제항변에 관하여 아무런 증거를 제출하지 않았다. 그리고 재판부는 변론을 종결하였다. 기록을 검토한 결과 재판부는 증인 丁의 증언이 신빙성이 있다고 판단하였다. 법원은 무엇을 근거로 甲의 대여사실을 인정하여야 하는지를 설명하고, 甲에게 청구인용이 가능한 금액은 얼마인지 및 그 인정근거를 설명하시오.

1) 甲은 청구원인사실로 자신이 乙에게 1억원을 대여하였다고 주장하는데, 乙이 1회 기일에서 자백하였다가 2회 기일에 자백을 취소하였다. 그러나 재판부는 증인 丁의 증언이 신빙성이 있다고 판단하고 있으므로 자백취소의 요건 중 반진실이 증명되지 않았다. 따라서 재판부는, 乙의 자백에 기하여, 甲이 乙에게 1억원을 대여하였다고 판단하여야 한다.

2) 乙은 위 대여금을 모두 변제하였다고 항변하였으나, 자신이 직접 증거를 제출하지는 않았다. 그러나 반대당사자 사이에서도 증거공통의 원칙이 적용되는바, 재판부는 丁의 증언 중 乙이 5천만원을 변제하였다는 부분도 신빙성이 있다고 판단하고 있으므로, 비록 丁은 甲이 신청한 증인이지만 그의 증언을 乙의 항변을 증명하는 데 쓸 수도 있다. 따라서 甲에 대하여 청구인용할 금액은 5천만원이다.

Ⅲ 자백간주(의제자백)

☞ 관련 기출문제 – 2017년 공인노무사
자백의 구속력에 대하여 설명하시오. `25점`

1. 의의

① 당사자가 상대방의 주장사실을 자진하여 자백하지 아니하여도, 명백히 다투지 아니하거나 당사자 한쪽의 기일불출석 또는 피고의 답변서의 부제출의 경우에는 그 사실을 자백한 것으로 본다. 이를 자백간주(의제자백)라 한다. 변론주의하에서는 당사자의 태도로 보아 다툴 의사가 없다고 인정되는 이상 증거조사를 생략하는 것이 타당하다고 본 것이다.

② 따라서 자백간주가 인정되는 것은 변론주의에 의한 절차에 한하며, 직권탐지주의에 의하는 가사소송, 행정소송, 민사집행절차 등에 있어서는 그 적용이 없다. 또 직권조사사항, 재심사유, 법률상의 주장에 대해서도 자백간주가 있을 수 없다.

2. 자백간주의 성립

상대방의 소극적 태도도 자백으로 보는 경우이다. 자백간주는 다음 세 가지 경우에 성립된다.

1) 상대방의 주장사실을 명백히 다투지 아니한 경우(법 제150조 제1항)

당사자가 변론기일에 출석하였으나 상대방의 주장사실을 명백히 다투지 아니하였으면 그 사실에 대해서는 자백간주가 성립된다. 그러나 변론 전체의 취지로 보아 다투었다고 인정되면 자백간주가 성립될 수 없다(법 제150조 제1항 단서).

2) 한쪽 당사자가 기일에 불출석한 경우(법 제150조 제3항)

① 당사자 한쪽이 불출석한 경우에도 상대방이 서면으로 예고한 사항에 대해서 답변서, 그 밖의 준비서면을 제출하여 이를 다투는 뜻을 표한 바 없다면 그가 자백한 것으로 본다.

② 이 조항이 적용되려면 첫째로, 당사자가 공시송달에 의하지 않은 기일통지를 받았음에도 불구하고 불출석한 경우라야 한다. 공시송달에 의한 기일통지를 받은 경우에는 당사자가 기일이 있음을 현실적으로 알았다고 할 수 없기 때문에 불출석하여도 자백간주가 성립될 수 없다. 둘째로, 기일에 불출석한 당사자가 상대방의 주장사실을 다투는 답변서, 그 밖의 준비서면을 제출하지 아니하였을 것을 요한다. 제출하였을 때에는 그 서면에 따른 진술간주가 되기 때문에 자백간주가 될 수 없다. 그러나 불출석한 당사자가 연기신청서를 제출하였으나 허용되지 아니한 경우, 기일통지를 받은 대리인의 사임으로 당사자 본인이 불출석한 경우에도 자백간주가 성립된다. 문제는 자기 책임에 돌릴 수 없는 사유로 불출석한 경우에 자백간주가 성립되느냐인데, 쌍방심문주의의 원칙상 부정하여야 할 것이다.

3) 답변서부제출의 경우(법 제256조, 제257조)

피고가 소장부본을 송달받고 30일의 답변서 제출기간 내에 답변서를 제출하지 아니한 경우는 청구의 원인사실에 대해 자백한 것으로 보고, 이때는 변론기일의 지정 없이 무변론의 원고승소판결을 할 수 있게 하였다.

3. 자백간주의 효력

1) 자백간주가 성립되면 재판상의 자백과 마찬가지로 법원에 대한 구속력이 생기며, 법원은 그 사실을 판결의 기초로 삼지 않으면 안 된다. 따라서 법원이 증거에 기하여 자백으로 간주된 사실에 배치되는 사실을 인정하면 안 된다. 자백간주의 요건이 갖추어지면 그 뒤 공시송달로 진행되는 등의 사정이 생겨도 자백간주의 효과가 없어지지 않는다.

2) 자백간주는 재판상의 자백과 달리 당사자에 대한 구속력이 생기지 않는다. 당사자는 자백간주가 있었다 하여도 그 뒤 사실심에서 그 사실을 다툼으로써 그 효과를 번복할 수 있다. 따라서 제1심에서 자백간주가 있었다 하여도 항소심의 변론종결 당시까지 이를 다투는 한 그 효과가 배제된다. 다만 항소심에서는 법 제149조(실기한 공격·방어방법의 각하)와 제285조(변론준비기일을 종결한 효과)의 제약하에서만 다툴 수 있다.

Ⅳ 현저한 사실

현저한 사실이란 법관이 명확하게 인식하고 있고, 증거에 의하여 그 존부를 인정할 필요가 없을 정도로 객관성이 담보되어 있는 사실이다. 이른바 증거가 필요 없는 명백한 사실이다. 현저한 사실은 불요증사실일 뿐, 주요사실이면 변론주의의 적용으로 변론 시에 당사자가 진술하여 공격방어의 대상으로 한 바 없으면 판결의 기초로 할 수 없다고 할 것이다. 절차권을 보장하고 예상 밖의 불리한 재판으로부터 당사자를 보호할 필요가 있기 때문이다. 현저한 사실에는 공지(公知)의 사실과 법원에 현저한 사실이 있다.

1. 공지의 사실

공지의 사실이란 통상의 지식과 경험을 가진 일반인이 믿어 의심하지 않을 정도로 알려진 사실을 말한다. 역사적으로 유명한 사건·천재지변·전쟁 등이 이에 해당한다(6.25사변이 1950년에 일어났다는 사실 등).

2. 법원에 현저한 사실

① 법원에 현저한 사실이란 법관이 그 직무상의 경험을 통해 명백히 알고 있는 사실로서 명확한 기억을 갖고 있거나 기록 등을 조사하여 곧바로 그 내용을 알 수 있는 사실을 말한다. 예컨대 법관이 스스로 행한 판결, 소속법원에서 행한 가압류·가처분사건, 직종별 임금실태조사보고서와 한국직업사전의 존재 및 그 기재 내용 농촌일용노임, 건설물가, 정부노임단가 등을 현저한 사실로 볼 것이다. 어쨌든 법원에 현저한 사실을 불요증사실로 한 것은 법관의 인식의 객관성에 있으며, 필요에 따라 기록이나 자료를 조사하면 법관의 기억과 동일한 결과에 도달될 수 있기 때문이다.

② 다만 법관이 직무 외에서 전해들은 사실은 판단의 객관성·공정성을 담보할 수 없기 때문에 증명을 필요로 한다.

V 법률상의 추정

(증명책임 부분에서 설명)

VI 상대방이 증명방해하는 사실

독일과 달리 우리 판례는 자유심증설에 의하므로 불요증사실이 되지 못한다(후술).

※ 참고 : 권리자백

(1) 의의

법률상의 진술에는 i) 법규의 존부·해석에 관한 진술, ii) 사실에 대한 평가적 판단, iii) 법률적
사실의 진술, iv) 소송물의 존부의 판단에 전제가 되는 선결적 법률관계의 진술 등이 있는데, 이것
이 권리자백의 대상으로 문제된다. 다만 소송물인 권리관계 자체에 대한 원고 또는 피고의 불리한
진술도 넓은 의미의 권리자백이나, 청구의 포기·인낙으로서 구속력이 생긴다(법 제220조).

(2) 법규의 존부·해석에 관한 진술

법규의 존부·해석에 관한 진술은 법원이 그 직책상 스스로 판단·해석하여야 할 전권사항이므
로 자백의 대상이 되지 않는다.

(3) 사실에 대한 평가적 판단

여기에는 「과실」, 「정당한 사유」, 「선량한 풍속위반」, 의사표시의 해석·법적 성질, 증거의 가
치평가(실질적 증거력) 등의 진술이 해당되는데, 권리자백의 대상일지언정 재판상 자백으로 법
원을 구속하지 못한다.

(4) 법률적 사실의 진술

당사자가 법률적 용어로써 진술한 경우에 그것이 동시에 구체적인 사실관계의 표현으로서 사실
상 진술을 포함하고 있을 때에는 그 범위에서 자백이 성립한다. 예컨대 '매매', '임대차'라는 진
술은 법률상 의견의 진술임과 동시에 '매매', '임대차'를 구성하는 사실관계를 총괄적으로 표현
하는 사실상 진술도 포함한다고 볼 수 있다. 이를 통상 '법률상 진술의 형태를 띤 사실상 진술'
이라고도 한다.

(5) 소송물의 존부의 판단에 전제가 되는 선결적 법률관계의 진술

예를 들면 甲이 乙을 상대로 한 소유권에 기한 등기말소 또는 명도청구에서 甲 주장의 소유권을
乙이 시인하는 경우이다. 선결적 법률관계는 그 자체로는 자백으로서 구속력이 없으므로 상대
방의 동의없이 철회할 수 있다. 그러나 소유권의 내용을 이루는 사실에 대해서는 자백이 성립될
수 있다. 소유권에 기한 가옥명도청구소송에 있어서 소유권문제는 선결적 법률관계로서 중간확
인의 소의 대상이 될 수 있는 것이며, 그때에 피고로서 청구의 인낙도 가능할 수 있는 것이라
면, 그보다 유리한 피고의 자백은 응당 긍정하여야 할 것이다.

제 4 절 증거조사의 개시와 실시[191]

증거조사절차는 증거신청 → 채부결정 → 증거조사의 실시 → 증거조사의 결과에 의한 심증형성의 순으로 진행된다. 심증형성이 안 되면 증명책임으로 해결한다.

제1항 증거조사의 개시

I 증거신청

1. 의의

증거신청은 일정한 사실(증명사항)을 증명하기 위하여 일정한 증거방법을 지정하여 법원에 그 조사를 청구하는 소송행위이다. 변론주의에 의하는 소송절차에서는 증거의 수집제출이 당사자의 책임이므로 당사자의 증거신청이 있는 때 한하여 증거조사가 이루어지는 것이 원칙이다. 따라서 당사자로부터 증거신청이 없는 경우에는 당해 쟁점에 대하여 증거가 없는 것으로 될 위험이 있으므로 증거신청은 매우 중요한 신청행위라 할 수 있다.

2. 신청의 방식

증거신청은 서면 또는 말로 한다. 그 신청에 있어서는 ⅰ) 증명할 사항(입증사항), ⅱ) 증거(특정의 증거방법), ⅲ) 증거와 증명할 사실의 관계(입증취지)를 밝혀야 한다(법 제289조, 규칙 제74조).

3. 신청시기

1) 신법은 집중심리주의와 적시제출주의를 채택하고 있으므로 증거의 신청 역시 집중심리주의가 구현될 수 있도록 소송의 정도에 따라 적절한 시기에 하여야 한다.

2) 증거신청은 기일, 즉 변론기일과 변론준비기일에서 할 수도 있고, 기일 전에도 할 수 있다(법 제289조 제2항).

4. 상대방의 진술기회보장

증거에 관한 당사자권의 보장을 위하여 증거신청이 있으면 법원은 신청에 대하여 진술할 기회를 상대방에 주지 않으면 안 된다. 상대방에게 진술의 기회를 주면 되지, 상대방이 실제로 주장할 필요는 없다. 진술의 기회를 주었음에도 의견제출이 없으면 소송절차에 관한 이의권의 포기·상실로 위법한 증거조사라도 적법한 것이 된다.

---

191) 이시윤, 앞의 책, 478-486면

5. 신청의 철회

증거신청은 변론주의에 의해 증거조사의 개시가 있기 전까지는 어느 때나 철회할 수 있다. 증거조사가 개시되면 증거조사결과가 제출자의 상대방에게 유리하게 참작될 수도 있으므로(증거공통의 원칙), 상대방의 동의가 있는 때에 한하여 철회할 수 있다. 그러나 증거조사가 종료된 뒤에는 증거신청의 목적이 달성되었기 때문에 철회는 허용하지 아니한다.

▌Ⅱ▐ 증거의 채부결정(증거결정)

1. 서설

1) 서증 외에 증거신청을 하면 채부의 증거결정을 한다.

2) 증거신청이 부적법한 경우, 즉 앞서 본 방식을 어긴 경우(증명사항의 불명시, 증거방법의 불특정), 증거방법 자체가 부적법한 경우, 재정기간을 넘겼거나 시기에 늦은 경우에는 증거신청을 각하할 수 있다.

3) 적법한 증거신청이라도 필요하지 아니하다고 인정한 것은 조사하지 아니할 수 있다(법 제290조 본문). 즉 증거방법이 쟁점판단에 무가치·무관한 경우, 또는 증명하려는 사실이 불요증사실이거나 주장 자체로 이유 없는 사실인 경우에는 조사하지 아니하여도 된다. 나아가 그 사실에 대하여 법관이 이미 확신을 얻은 경우에도 증거신청을 채택하지 않을 수 있다는 것이 실무운영이다. 그러나 당사자의 주장하는 사실에 대한 유일한 증거일 때에는 반드시 조사하도록 하였다(법 제290조 단서).

2. 유일한 증거(법 제290조 단서)

1) **의의**

유일한 증거에 대한 예외적 취급은 과거에 판례법으로 확립된 원칙을 민소법이 성문화한 것으로, 유일한 증거를 조사하지 않고 주장을 배척하면 증명의 길을 막아 놓고 증거가 없다고 나무라는 결과가 되어 쌍방심문주의에 반한다.

2) **유일한 증거**

① 유일한 증거란 당사자로부터 신청된 주요사실에 관한 증거방법이 유일한 것으로서, 그 증거를 조사하지 않으면 증명의 길이 없어 아무런 입증이 없는 것으로 되는 경우의 증거를 말한다.

② 사건 전체에 대해서가 아니라 쟁점 단위로 유일한가 아닌가를 판단하여야 하므로 사건 전체로 보아 수 개의 증거가 있어도 어느 특정 쟁점에 관하여는 하나도 조사하지 아니하면 유일한 증거를 각하한 것이 된다. 유일한가의 여부는 전심급을 통하여 판단하여야 한다.

③ 주요사실에 대한 증거, 즉 직접증거라야 하므로 간접사실·보조사실에 대한 증거인 간접증거는 포함되지 않는다. 유일한 증거는 자기에게 증명책임이 있는 사항에 대한 증거이기 때문에 본증에 한하는 것이지 반증은 해당되지 아니한다는 것이 판례이나, '법관 앞의 평등'이라

는 쌍방심문주의와 당사자의 증거제출권의 중요성과의 관계에서 반증을 본증과 달리 취급할 것이 아니다.

④ 판례는 구법하에서 당사자본인신문도 그 보충성에 비추어 유일한 증거가 아니라 하였으나, 보충성이 폐지된 신법하에서는 유일한 증거가 될 수 있다고 할 것이다.

⑤ 유일한 증거이면 증거조사를 거부할 수 없다는 것 뿐이지, 그 내용을 채택하여야 하는 것은 아니다.

3) 예외

유일한 증거는 반드시 증거조사하여야 함이 원칙이나, 다음과 같은 경우에는 예외이다.

(1) 증거신청이 부적법하거나 재정기간의 경과나 시기에 늦은 경우
(2) 증거신청서의 부제출, 비용을 납부하지 않는 등 증거제출자의 고의나 태만의 경우
(3) 증인의 병환·송달불능 등으로 조사할 수 있을지, 언제 조사할 수 있을지의 장애가 있는 때
(4) 쟁점판단에 대한 적절하지 아니하거나 불필요한 증거신청
(5) 최종변론기일에서 당사자가 증거방법이 없다고 진술한 경우
(6) 검증·감정의 경우
(7) 직권탐지주의에 의하는 소송 등

3. 증거채택 여부의 결정(증거결정)

① 증거신청에 대하여 결정으로 증거조사를 할 것인가의 여부를 정하는 것을 말한다. 여기에는 증거신청을 배척하는 각하결정과 채택하는 증거결정, 그리고 보류 등 세 가지가 있다.
증거신청에 대해서는 반드시 채택여부의 결정을 요하느냐의 문제가 있다. 판례는 부정적이다. 판례는 증거조사의 범위결정은 법원이 자유롭게 결정할 수 있는 직권사항임을 들어 증거를 채택할 때 반드시 명시적인 증거결정을 요하는 것이 아니고 다만 증거조사의 일시·장소를 당사자에게 고지하여 참여의 기회를 부여하면 된다는 것이고, 보류한 증거에 대하여는 불필요하다고 인정할 때에 각하결정을 하지 않고 묵과하면 묵시적 기각이 된다는 것이다. 생각건대 증거신청을 채택할 때에는, 법원이 일시 변론을 중지하고 증거조사의 태세를 취하는 것으로 응답의 표시가 되므로 구태여 증거결정이 필요 없다고 할 것이다. 그러나 증거신청을 배척할 때에는, 당사자가 별도의 증거를 준비하는 데 도움이 되도록 각하결정을 하는 것이 바람직할 것이다(통설).

② 증거의 채택여부 결정은 소송지휘의 재판이므로 어느 때나 취소변경할 수 있으며, 독립한 불복신청이 허용되지 않는다.

③ 법원은 증거조사결정을 한 때에는 바로 그 비용을 부담할 당사자에게 필요한 비용의 예납을 명하여야 한다. 예납명령을 받았음에도 예납을 하지 아니한 때에는 증거조사결정을 취소할 수 있으나, 반드시 증거조사를 필요로 하는 터에 예납하지 아니하여 소송절차의 진행 등이 현저히 곤란하게 되는 때에는 그 비용을 국고에서 대납지출할 수 있다.

Ⅲ 직권증거조사

직권탐지주의에 의하는 절차와 소송요건 등 직권조사사항에 관해서는 직권증거조사가 원칙이나, 증거자료의 수집·제출책임을 당사자에 일임한 변론주의에 의하는 통상의 민사소송절차에서는 직권증거조사는 보충적이고 예외적일 수밖에 없다. 그리하여 현행법은 통상의 사건에서는 직권증거조사는 당사자가 신청한 증거조사를 가지고는 심증을 얻을 수 없거나 그 밖에 필요한 경우에 보충적으로 할 수 있도록 하였으며, 다만 소액사건과 증권관련 집단소송만은 그 보충성을 폐지하여 필요하다고 인정할 때에 직권으로 증거조사할 수 있도록 하였다. 이 밖에 직권증거조사를 허용한 것으로는 i) 조사의 촉탁, ⅱ) 당사자신문, ⅲ) 감정의 촉탁 등이 있다.

원래 변론주의는 소송수행능력이 두 당사자 간에 완전히 대등한 것을 전제로 한 것이나, 실질적으로는 당사자는 지식·경험·경제력에 있어서 평등하지 않으며 특히 법률지식이 없는 본인소송에 있어서는 충분한 증거자료의 제출을 기대할 수 없으므로 이때에 생기는 변론주의의 폐해를 조절하기 위하여 법원이 나서는 이 제도를 마련한 것이다.

제2항 증거조사의 실시

1) 구법은 증인, 감정인, 문서, 검증물, 당사자본인 등 5가지 증거방법에 대해 증거조사를 실시할 수 있도록 하였으나, 신법은 "그 밖의 증거" 즉 전자저장정보물을 추가하여 6가지로 하였다.

2) 조사원칙은 집중심리, 직접심리, 공개심리주의에 의한다.

3) 증거조사의 절차 및 결과는 변론기일·변론준비기일에 행한 경우는 변론조서에, 그렇지 않은 경우는 증거조사기일의 조서에 기재하여야 한다(법 제160조).

Ⅰ 증인신문[192](법 제303조-제332조, 규칙 제75조, 제78조-제100조)

1. 의의

① 증인의 증언으로부터 증거자료를 얻는 증거조사를 말한다. 증인은 과거에 경험한 사실을 법원에 보고할 것을 명령받은 사람으로서 당사자 및 법정대리인(대표자 포함) 이외의 제3자이다. 증인은 경험사실을 보고하는 자이지 결코 자기 의견이나 상상한 바를 진술하는 자일 수 없다. 특별한 학식과 경험을 기초로 하여 얻은 사실을 보고하는 감정증인(사고를 목격하고 도움을 준 의사가 사고경위를 말하며 동시에 피해 정도에 관하여도 전문적 진술을 하는 경우)도 증인일 뿐 감정인은 아니므로(감정인의 경우처럼 대체성이 있는 경우 아님), 그 조사절차는 증인신문절차에 의한다.

② 증인의 진술을 증언이라 한다. 증인신문은 당사자신문과 더불어 쟁점정리를 한 뒤에 한 변론기일에 집중하여 실시하여야 함은 이미 본 바이다(법 제203조).

---

192) 이시윤, 앞의 책, 409-500면

2. 증인능력

① 당사자, 법정대리인 및 당사자인 법인 등의 대표자 이외의 자는 모두 증인능력을 갖는다. 소송무능력자나 당사자의 친족이라도 상관없다. 제3자의 소송담당에 있어서 이익귀속주체(채권자 대위소송에서의 채무자), 소송대리인, 보조참가인, 소송고지에서의 피고지자, 법인 등이 당사자인 경우에 대표자 아닌 그 구성원도 증인이 될 수 있다. 공동소송인도 자기의 소송관계와 무관한 사항에 관하여는 증인이 될 수 있다. 다만 공동의 이해관계 있는 사항에 대해서는 당사자본인신문을 하여야 한다(반대설 있음). 그러나 제1심의 공동소송인이었다가 항소심에서 공동소송인이 아닌 경우는 아무 제한 없이 증인이 될 수 있다.

② 당사자나 법정대리인을 잘못하여 증인으로 신문하였다 하여도 당사자신문 절차와의 유사성에 비추어 지체 없이 방식위배를 들어 이의권을 행사하지 아니하면 그 흠이 치유된다.

3. 증인의 신청과 채택여부의 결정

① 일괄신청

법원은 당사자의 주장과 증거를 정리한 뒤 증인신문을 집중적으로 실시하여야 하므로 당사자도 필요한 증인을 일괄하여 신청하여야 한다(규칙 제75조). 증인을 신청하는 때에는 증인과 당사자의 관계, 증인이 사건에 관여하거나 내용을 알게 된 경위 등을 구체적으로 밝혀야 한다(규칙 제75조 제2항).

② 일괄채택여부의 결정

법원은 신청된 증인에 대한 채택여부를 일괄하여 결정·고지하는 것이 마땅하다. 일괄신청에 일괄결정이다.

③ 증인신문사항의 제출

증인신문신청의 당사자는 법원이 정한 기한까지 증인신문사항을 적은 서면을 법원에 제출하여야 한다(규칙 제80조). 증인신문사항은 상대방, 출석요구 받은 증인에게 각기 송달한다.

4. 증인의무

우리나라의 재판권에 복종하는 사람이면 누구든지 증인으로서 신문에 응할 공법상의 의무를 진다(법 제303조 이하). 증인의 의무로 출석의무·진술의무·선서의무 세 가지가 있다.

5. 증인신문 절차

1) 증인신문사항의 제출

① 증인신문을 신청한 당사자는 법원이 정한 기한까지 상대방의 수에 3(다만 합의부에서는 상대방의 수에 4)을 더한 통수의 증인신문사항을 적은 서면을 제출해야 한다(규칙 제80조 제1항). 법원사무관 등은 제출된 증인신문사항 중 1통을 중인신문기일 전에 상대방에게 송달해야 한다(규칙 제80조 제2항). 상대방으로 하여금 반대신문을 준비할 수 있도록 하기 위함이다.

② 이는 증인진술서의 제출방식이 적당하지 않은 사건, 예를 들어 신청한 당사자의 지배영역 내에 있지 않은 중립적인 증인인 경우나 증인이 글을 읽거나 쓰지 못하는 경우, 증언 내용을

미리 밝히는 것이 부적절한 경우 등에는 증인진술서 대신 증인신문사항 제출방식에 의한다
(규칙 제80조).

증인 김OO에 대한 신문사항

1. 증인은 이 사건 공사의 건축주로서 이 사건에 대하여 잘 알고 있지요?

2. (갑 제6호증 확인서를 보이며) 이것은 증인이 직접 작성하여 준 것이었지요?

3. 증인은 모든 공사를 OO건설에 일괄계약하였고, 그에 따라 모든 공사는 OO건설이 주관하였지요?

4. 이 사건 건축공사 당시 건축주인 증인은 점검차 거의 매일 같이 이 사건 공사현장에 갔었지요?

5. 기타 이 사건 관련 사항

○○지방법원 ○○지원 제○민사단독   귀중

---

2) 증인진술서의 제출

① 법원은 효율적인 증인신문을 위하여 필요하다고 인정하는 때에는 증인을 신청한 당사자에게
증인진술서를 제출하게 할 수 있다(증인에게 제출하게 하는 것이 아님). 증인진술서에는 증
언할 내용을 그 시간 순서에 따라 적고, 증인이 서명날인해야 한다(규칙 제79조).

증 인 진 술 서

사 건   20○○가단○○○○○ 공사대금
원 고   ○○○
피 고   ◇◇◇

진술인(증인)의 인적사항
  이   름 : ■■■
  주민등록번호 : ○○○○○○-○○○○○○○
  주   소 : ○○시 ○○구 ○○로 ○○

1. 진술인(증인)은 이 사건 당시 피고 ○○건설 주식회사의 관리부장을 맡고 있었기 때문에
   이 사건에 대하여 잘 알고 있습니다.

2. 당초 이 사건 공사현장의 원청이던 ○○주식회사가 부도가 나는 바람에 2009년 1월경
   ○○건설 주식회사가 이 공사를 인수하여 공사를 하게 된 것이었습니다.

PART
02

3. 그러면서 2009.2. 이후에는 피고 OO건설 주식회사는 더 이상 하청업체 없이 직접 공사를 하기로 하였고, 원고의 대금 역시 OO건설 주식회사에서 직접 지급하겠다고 약속을 하는 바람에 원고가 이를 믿고 계속해서 중기대여 등 퍼프카 작업을 하였던 것이었습니다.

4. 위의 내용은 모두 진실임을 서약하며, 이 진술서에 적은 사항의 신문을 위하여 법원이 출석요구를 하는 때에는 법정에 출석하여 증언할 것을 약속합니다.

20○○.　○.　○.　위 진술인(증인) ■■■(서명) (날인)

○○지방법원　○○지원　제○민사단독　귀중

② 증인진술서를 제출하게 하여 상대방에게 미리 송달하고, 법정에서는 반대신문을 중심으로 효율적이고 실질적인 증인신문을 할 수 있도록 한 것이다. 가족, 친지, 회사 동료와 같이 증인을 신청한 당사자의 지배영역 내에 있는 증인에 대하여는 증인진술서의 제출방식에 의하는 것이 적당하다.

③ 증인진술서는 서증으로 취급된다. 즉 증인진술서는 그 자체로는 서증에 불과하여 그 기재 내용이 법정에서 진술되지 않는 한 여전히 서증으로 남게 된다.

3) 서면에 의한 증언

① 법원은 증인과 증명할 사항의 내용 등을 고려하여 서면에 의한 진술로 충분하다고 인정할 때에는 증인으로 하여금 출석·증언을 갈음하여 증언할 사항을 적은 서면을 제출하게 할 수 있다(법 제310조 제1항). 서면에 의한 증언은 주로 i) 공시송달사건, ii) 피고가 형식적인 답변서만 제출하고 출석하지 않는 사건, iii) 사건의 경위나 정황 등 당사자 사이의 실질적 다툼의 대상이 아닌 사실을 진술할 필요가 있는 사건, iv) 문서의 기재 내용에 대하여 전문적 지식에 의하여 설명할 필요가 있는 사건 등에서 활용된다.

② 서면에 의한 증언의 경우 선서의무가 면제되고(따라서 위증죄가 성립하지 않는다), 제출하는 서면은 서증이 아니라 증언이다. 법원은 서면에 의한 증언을 명하면서 증인에 대한 신문사항, 그 제출기한, 법원이 출석을 요구할 때에는 법정출석증언을 해야 한다는 취지 등을 증인에게 고지해야 한다. 증인은 증언할 사항을 적은 서면에 서명날인해야 한다(규칙 제84조 제2항·제3항).

4) 주신문·반대신문·재주신문 등

① 재판장의 인정신문 뒤에 증인신문의 신청자가 먼저 신문하고(주신문), 상대방 당사자가 신문한다(반대신문, 법 제327조 제1항). 재판장은 원칙적으로는 반대신문이 끝난 뒤에 신문할 수 있으나, 필요한 경우에는 앞서의 신문순서에 불구하고 언제든지 신문할 수 있다(재판장신문, 법 제327조 제2항·제3항). 한편 재판장은 알맞다고 인정하는 때에는 당사자의 의견을 들어 주신문, 반대신문, 재판장신문의 순서를 바꿀 수 있다(법 제327조 제4항). 합의사건에서 합의부원은 재판장에게 알리고 신문할 수 있다(법 제327조 제6항).

이에 대한 특칙으로, 소액사건에서는 판사가 상당하다고 인정한 때에는 증인의 신문을 갈음하여 서면을 제출하게 할 수 있다(소액사건심판법 제10조 제3항).

② 재판장은 주신문에 앞서 증인에게 그 사건과의 관계, 쟁점에 관하여 알고 있는 사실을 개략적으로 진술시킬 수 있다(증인신문 전 진술, 규칙 제89조 제1항 단서). 주신문을 한 당사자가 재주신문을 할 수 있다(규칙 제89조 제1항 제3호). 앞서의 순서에 따른 신문(재주신문까지)이 끝난 후에는 당사자는 재판장의 허가를 받은 때에만 다시 신문을 할 수 있다. 따라서 재반대신문은 재판장의 허가를 받아야 한다(규칙 제89조 제2항). 재판장은 당사자의 신문이 중복되거나 쟁점과 관계없는 때, 그 밖에 필요한 사정이 있는 때에는 당사자의 신문을 제한할 수 있다(법 제327조 제5항). 재판장은 증인신문사항이 복잡하고 긴 경우에 쟁점별로(모든 쟁점에 대하여 한꺼번에 하지 않고) 앞서의 순서에 따라(주신문 - 반대신문 - 재주신문) 신문하게 할 수 있다(쟁점별 증인신문방식, 규칙 제89조 제3항).

Ⅱ 감정[193](법 제333조-제342조, 규칙 제100조-제104조)

1. 의의

1) 감정이란 특별한 학식과 경험을 가진 자에게 그 전문적 지식 또는 그 지식을 이용한 판단을 소송상 보고시켜, 법관의 판단능력을 보충하기 위한 증거조사를 말한다. 법관은 모든 지식을 다 갖출 수 없기 때문이다. 그 증거방법이 감정인이다(인장필적 등 감정업자·측량사·의사·감정평가사 등).

2) 감정은 인증의 일종이다. 법원의 명령에 의하여 감정인이 작성한 감정서는 서증으로 취급해서는 안 된다. 그러나 소송 외에서 당사자가 전문가에게 직접 의뢰하여 작성된 감정서가 법원에 제출되었을 때에는 서증으로 되어, 합리적이라 인정되면 사실인정의 자료로 할 수 있다.
이는 감정인에 대한 당사자의 기피권, 신문권의 보장이 되어 있지 않고 선서를 하는 것도 아니므로 통상의 감정으로 보아서는 안 된다. 이것이 사감정(私鑑定)이라는 것인데, 이 경우에는 감정인으로서의 적격성 등을 증거평가에 반영시킬 필요가 있을 것이다. 양당사자의 동의가 있으면 감정으로 볼 수 있다.

3) 증인도 감정인과 마찬가지로 인증이나, 증인은 대체로 구체적인 사건에 관련하여 과거경험사실을 보고하는 사람이므로 대체성이 없다. 감정인은 법원에서 감정의 명을 받은 뒤 전문적 경험지식(주로 경험칙)에 기한 판단을 보고하는 사람이므로 대체성이 있다. 즉 증언은 법원에 출석하기 전의 과거의 경험사실보고이고, 감정의견은 법원의 명령을 받고 감정을 한 후 내린 판단보고인 점에서 근본적인 차이가 있다. 따라서 i) 증인은 증명책임있는 당사자가 특정인을 지정하여야 하나, 감정인의 지정은 법원에 일임되어 있으며, ii) 증인능력에는 특별한 제한이 없으나, 감정인의 경우에는 결격사유에 관한 규정과 기피에 관한 규정이 있고(기피이유와 소명방법은 신청일로부터 3일

---

193) 이시윤, 앞의 책, 501-505면

안에 서면제출을 요한다), iii) 불출석의 경우에 증인은 감치처분·구인할 수 있으나, 감정인은 대체성이 있기 때문에 감치처분·구인을 할 수 없다. 소송비용의 부담·과태료의 제재가 있다. iv) 자연인에 한정되는 증인과 달리 자연인 이외에 법인 등에도 감정을 촉탁할 수 있고, v) 증인진술은 구술의 원칙에 의하지만, 감정진술은 서면 또는 말로 한다(실무상 서면진술이 통례). vi) 감정은 여러 사람에게 공동으로 시킬 수 있는 점에서 증언과 다른 특질이 있다. vii) 증인은 어느 누구나 될 수 있으며 되어야 하지만, 감정인은 특수지식을 다루는 전문가만이 될 수 있다.

2. 감정절차

원칙적으로 증인신문에 준한다.

3. 감정결과의 채택여부

판례의 주류는 감정결과를 당사자가 증거로 원용하지 않는 경우라도 이를 증거자료로 할 수 있다는 입장이다. 감정의 결과를 현실적으로 증거로 채용할 수 있는가는 다른 증거와 마찬가지로 법관의 자유심증에 의한다.

Ⅲ 서증[194](법 제343조-제363조, 규칙 제105조-제116조)

1. 서증의 의의

서증이란 문서에 표현된 의사를 증거자료로 하여 요증사실을 증명하려는 증거방법을 말한다. 문서의 기재내용을 자료로 하는 것이 서증이기 때문에, 문서의 외형존재 자체를 자료로 할 때에는 서증이 아니라 검증이다. 따라서 위조문서라는 입증취지로 제출한 문서는 서증이 아니고 검증물로 된다. 당해 소송에 있어서 증거조사의 결과를 기재한 문서(증인신문조서, 감정서 등)는 다시 서증의 대상이 되는 것이 아니다. 이에 반하여 다른 사건 소송의 조서는 서증으로 된다.

2. 문서의 종류

1) 공문서·사문서

① 공무원이 그 직무권한 내의 사항에 대하여 직무상 작성한 문서를 공문서라고 한다. 공문서 중 공증인 등 공증사무소가 작성한 것을 공정증서라고 한다. 공무원이 작성한 것이라도 직무권한 내의 사항에 관하여 작성한 것이 아니면 공문서가 아니다(공무원이 개인의 자격에서 작성한 문서는 공문서가 아님).

② 공문서 이외의 문서는 사문서이다. 그런데 사문서에 공무원이 직무상 일정한 사항을 기입해 넣는 경우가 있는데, 공사병존문서(公私倂存文書)가 된다. 이 경우에 공문서 부분의 진정성립으로 사문서 부분의 진정성립을 추정할 수 없다. 확정일자 있는 사문서 역시 확정일자 부분은 공문서이다.

---

194) 이시윤, 앞의 책, 506-521면

2) 처분문서 · 보고문서

① 증명하고자 하는 법률적 행위(처분)가 그 문서 자체에 의하여 행하여진 경우의 문서를 처분문서라 한다. 예를 들면 법원의 재판서, 행정처분서, 사법상의 의사표시가 포함된 법률행위 문서(계약서, 차용증서 등), 어음 · 수표 따위의 유가증권, 유언서, 해약통지서, 납세고지서 그 밖에 관념의 통지서가 그것이다. 영수증과 같은 자백문서도 이에 준하여 볼 것이다.

② 이에 대해 작성자가 듣고 보고 느끼고 의견이나 감상을 기재한 문서를 보고문서라 한다. 예를 들면 확인서 등이다.

③ 처분문서는 보고문서와 달리 뒤에서 볼 바와 같이 그 형식적 증거력이 인정되면 실질적 증거력이 당연히 인정된다.

3) 원본 · 정본 · 등본 · 초본

원본이라 함은 문서 그 자체를 말하고, 정본이란 특히 정본이라 표시한 문서의 등본으로서 원본과 같은 효력이 인정되는 것을 말한다. 등본이란 원본전부의 사본이며, 초본은 그 일부의 사본이다.

3. 문서의 증거능력

추상적으로 증거조사의 대상이 될 수 있는 자격을 증거능력이라 한다. 민사소송에 있어서는 형사소송과 달리 증거능력에 제한이 없음이 원칙이다.

4. 문서의 증거력

> 📌 관련 기출문제 - 2018년 공인노무사
> 문서의 증거력에 대하여 설명하시오. 25점

가. 의의

문서의 증거력에는 문서의 진정성립을 의미하는 문서의 형식적 증거력과 문서 기재내용의 증명력(증거가치)을 의미하는 문서의 실질적 증거력이 있다. 일반적으로 문서의 형식적 증거력이 있는 때에 한하여 실질적 증거력을 판단한다.

나. 문서의 형식적 증거력(문서의 진정성립)

1) 의의

문서가 신청자가 주장하는 문서작성자의 의사에 기하여 작성된 것인지 여부가 진정성립의 문제이다. 진정하게 작성된 문서를 진정성립의 문서라고 하고, 이를 형식적 증거력이 있는 문서라고 한다. 즉, 진정성립의 문서이면 원칙적으로 형식적 증거력이 있다.

→ 문서의 진정성립이란 증거대는 자가 작성자라고 주장하는 자가 진실로 작성한 것이고 그의 의사와 무관하게 다른 사람에 의해 위조 · 변조된 것이 아님을 뜻한다. 그 문서의 기재내용이 객관적으로 진실하다는 것까지 말하는 것은 아니다(작성진정이지 내용진정이 아님. 허위 내용의 이력서라도 진정성립이 될 수 있다). 이것은 뒤에 볼 문서의 실질적 증거력의 문제이다.

→ 증거대는 자가 주장하는 특정인의 의사에 의해 이루어진 것이면 되므로, 반드시 그 자신의 자필일 필요가 없으며 그의 승낙하에 작성되어도 상관없다. 판례는 반드시 문서작성자의 날인이 필요하다고 보지 않는다.

2) 성립의 인부(認否)

① 서증이 제출된 경우에는 그 형식적 증거력의 조사를 위해 법원이 상대방에게 그것의 진정성립에 대해 인정여부를 물어보고 답하게 하는 절차이다. 근자의 실무는 서증의 인부절차를 거치지 않는 예도 있으나, 문서에 대한 위·변조의 항변 등 다툼이 있거나 처분문서의 경우 등 '필요적 인부문서'에 대하여는 인부절차를 거쳐야 할 것이다.

② 원고가 낸 甲 호증은 피고에게, 피고가 낸 乙 호증은 원고에게 문서의 작성자로 기재된 사람이 작성한 문서임을 인정하는지의 답변을 구한다. 이때에 상대방의 답변을 「성립의 인부」라고 한다. 성립의 인부절차에 있어서 상대방의 태도는 주장사실에 대한 답변처럼, 기본적으로 ⅰ) 성립인정, ⅱ) 침묵, ⅲ) 부인, ⅳ) 부지(不知) 등 네 가지이다. 성립의 인부는 변론에서 구술로 함이 원칙이나, 변론준비과정에서도 할 수 있다.

→ 문서의 진정성립에 관하여 상대방이 성립인정이나 침묵으로 답변하면, 주요사실에 대한 경우처럼 재판상의 자백·자백간주의 법리가 적용된다는 것이 판례이다. 따라서 당사자 사이에 성립에 다툼이 없으면 법원은 자백에 구속되어 그 형식적 증거력을 인정하여야 한다. 그 취소에 있어서는 주요사실의 자백취소와 동일하게 처리하여야 한다.

→ 문서의 진정성립에 관하여 상대방이 부인·부지로 답변할 수 있는데, 다만, 신민소규칙 제116조는 문서의 진정성립을 부인하는 때에는 단순부인은 허용되지 아니하며, 부인하는 이유를 구체적으로 밝혀야 하는 이유부부인만 할 수 있도록 하였다. 부인·부지의 답변 때는 증명을 필요로 하는데 증명책임은 그 문서제출자에게 돌아간다. 증명방법에 제한이 없으며, 변론 전체의 취지만으로 그 성립을 인정하여도 무방하다. 다만 진정성립의 증명을 쉽게 하기 위해 법정증거법칙의 일종으로 다음의 추정규정이 있다.

3) 진정의 추정 등

(1) 공문서

문서의 작성방식과 취지에 의하여 공문서로 인정되는 때에는 진정한 공문서로 추정된다(법 제356조 제1항). 공증인이 인증한 사서증서의 진정한 공문서로 추정된다. 다만 위조 또는 변조 등 특별한 사정이 있다고 볼만한 반증이 있는 경우에는 추정이 깨어진다.

(2) 사문서

① 사문서의 진정에 대해서는 증거대는 자 측이 그 성립의 진정을 증명하여야 하지만, 그 문서에 있는 본인 또는 대리인의 서명·날인·무인(지장)이 진정한 의사임을 증명한 때에 한하여 진정한 문서로서 추정을 받는다. 즉 제한적 추정력을 받는다. 여기의 추정도 공문서의 경우와 마찬가지로 법률상의 추정이 아니라 사실상의 추정이다.

② 그러나 문서의 서명, 날인이 틀림없다는 인정까지는 가지 않고 작성명의인의 인영(도장자국)이 그 사람의 도장에 의하여 현출된 것이 인정될 때면, 그 날인(도장)이 그 사람의 의사에 기한 것이라고 사실상의 추정이 된다는 것이고, 일단 날인의 진정이 추정되면 그 문서 전체의 진정성립까지도 추정된다는 것이다(먼저 내용기재가 이루어진 뒤의 도장이 진짜 → 진짜 날인한 것으로 추정 → 문서 전체의 진정성립의 추정). 이른바 '2단계의 추정'이라 한다.

③ 또한 이러한 추정은 문서 전체가 완성되어 있는 상태, 즉 완성문서의 서명날인의 추정이라는 것이다. 2단계의 추정과 완성문서의 추정의 판례법리가 생겼다고 하겠다.

④ 따라서 그 문서의 전부·일부가 미완성상태에서 서명날인만 먼저 되었다는 사정은 이례에 속하므로, 완성문서의 진정성립의 추정력을 뒤집으려면 그럴 만한 합리적 이유와 뒷받침할 간접반증 등의 증거가 필요하다는 것이다. 다만, 그 내용이 이례적이고 정황설명이 제대로 안 될 때에도 그 진정성립의 추정이 깨질 수 있다는 것이고, 특히 처분문서의 소지자가 업무 또는 친족관계 등에 의하여 문서명의자의 위임을 받아 그의 인장을 사용하기도 하였던 사실이 밝혀진 경우라면 처분문서의 진정성립의 추정에 더욱 신중을 기하여야 한다고 하였다. 만일 완성문서로서 진정성립이 깨지고 다른 사람에 의하여 보충되었다는 것이 밝혀진 경우라면, 그 미완성부분이 정당한 권원에 의하여 보충되었다는 점에 관하여 문서제출자에게 증명책임이 돌아 간다는 것이 일관된 판례이다.

문제되는 것은 i) 인장도용·강박 날인주장의 문서, 즉 인장은 틀림없지만 도용당하거나 강박에 의해 찍은 것이라는 증거항변을 한 경우가 있다. 이때 도용·강박에 대한 증명책임은 항변자에게 있다는 것이며, 그가 입증하지 못하면 진정성립이 추정된다는 것이 판례이다. 일부 변조의 항변을 할 때도 같다. ii) 판례는 백지보충문서, 즉 작성명의인의 날인만 있고 내용이 백지로 된 문서를 교부받아 후일 다른 사람이 보충한 경우는 그 문서의 진정성립의 추정은 배제된다고 하였으나 의문이다. 백지문서의 경우에 위임에 관한 증명책임은 수임인에 있다는 것이다.

(3) 필적검정 등

문서가 진정하게 성립된 것인지 어떤지는 필적 또는 인영의 대조에 의하여 증명할 수 있다. 이것은 검증의 일종인데 법원은 대조에 필요한 필적이나 인영 있는 문서, 그 밖의 물건의 제출을 명할 수 있고, 또 대조를 위하여 상대방에게 문자를 손수 쓰도록 명할 수 있다. 서류의 위조여부는 반드시 전문가의 감정에 의하여서만 판별할 수 있는 것이 아니고, 법원의 육안대조, 즉 검증에 의하여도 할 수 있다.

다. 문서의 실질적 증거력(증거가치, 증거의 무게)

1) 의의

① 어떤 문서가 요증사실을 증명하기에 얼마나 유용한가의 증거가치를 말한다. 바꾸어 말하면 다툼이 있는 사실을 증명할 수 있는 능력을 말한다.

PART
02

② 이와 같은 실질적 증거력이 있으려면 문서의 진정성립, 즉 형식적 증거력이 있을 것이 전제된다.

③ 이러한 실질적 증거력의 판단은 법관의 자유심증에 일임되어 있으며, 여기에는 형식적 증거력과 같은 증거법칙은 없다.

2) 처분문서의 증명력

(1) 의의

① 처분문서의 증명력, 그 진정성립이 인정되는 이상 문언의 객관적 의미가 명확하다면 기재내용대로 법률행위의 존재 및 내용을 인정하여야 한다(예 도급계약서의 진정성립이 인정되는 이상, 실제로 계약의 존재나 내용은 계약서대로 인정되어야 한다). 그 문서로서 처분 등 법률행위가 이루어졌기 때문이다. 그 기재내용을 부정할 만한 분명하고도 수긍할 수 있는 반증이 없으면 따라 주어야 하므로, 처분문서의 진정성립을 인정함에서는 신중을 기할 필요가 있다.

② 이와 같은 처분문서의 증거력은 상대방의 분명하고도 수긍할 수 있는 반증에 의하여 부정될 수도 있는 강력한 사실상의 추정이지, 반증의 여지가 없는 완전한 증명력으로 볼 것이 아니다. 일반 증거배척의 경우와는 달리 처분문서를 배척함에는 판결서에 합리적인 이유설시를 요한다. 문언의 객관적 의미와 달리 해석함으로써 당사자 사이의 법률관계에 중대한 영향을 초래하게 되는 경우에는 그 문언의 내용을 더욱 엄격하게 해석하여야 한다. 당사자의 내심의 의사보다 서면의 기재내용에 의한 당사자의 표시행위에 부여한 객관적 의미에 따라야 한다. 의사주의가 아닌 표시주의의 입장이다.

(2) 처분문서의 해석

추정의 범위는 문서에 기재된 법률행위의 존재와 그 내용에 국한된다 할 것이다. ① 법률행위의 해석, 행위자의 의사의 흠의 여부에는 미치지 않으며, 이와 같은 문제는 그 의미가 명확치 않거나 다툼이 있을 때 문언의 내용, 약정이 이루어진 동기와 경위, 약정으로 달성하려는 목적, 당사자의 진정한 의사 등을 종합하여 논리와 경험칙에 따라 합리적으로 해석해야 한다는 것이다. 그 처분문서의 계약상의 책임을 공평의 이념 및 신의칙 같은 일반원칙에 의하여 제한할 수도 있다. ② 그 기재내용과 다른 명시적·묵시적 약정이 있는 사실이 인정될 경우에는 그 기재내용과 다른 사실을 인정할 수 있다는 것이다.

(3) 처분문서의 진정성립은 이를 다툴 독자적인 이익이 있으므로 증서의 진실여부의 확인의 소를 제기할 수 있다.

3) 보고문서의 증명력

보고문서는 작성자의 신분, 직업, 작성의 목적, 시기, 기재의 방법, 기록이나 표현의 정확성 등 여러 가지 사정을 고려하여 법관의 자유심증으로 결정할 문제이다. 이와 같은 법리는 원칙적으로 공문서인 보고문서의 경우도 같다. 다만, 판례에서 공문서 등에 대해 그 기재사항을 진실이라고 추정할 것이라고 하는 경우가 많다. 따라서 진정성립이 인정되는 공문서는 특단의 사정이 없으면 그 증명력을 쉽게 배척할 수 없다.

사례 1)

(물음 1)

甲은 "피고 乙에게 1억원을 대여하였고, 피고 丙은 乙의 위 차용금채무에 대해서 연대보증을 하였다."고 주장하면서 대여금청구소송을 제기하였다. 위 소송에서 원고는 피고들의 인영이 기재된 갑 제1호증(차용증)을 증거로 제출하였고, 재판장은 법정에 출석한 피고들에게 위 갑 제1호증(차용증)의 진정성립을 인정할 것인지 여부에 대한 의견을 밝힐 것을 명하였다. 이에 피고 乙은 갑 제1호증의 성립인정과 관련하여 아무런 답변을 하지 아니함으로써 이를 다투지 아니하였고, 피고 丙은 "이행각서상의 인영은 자신의 것이 맞지만, 이는 이 자신의 인장을 절취하여 도용한 것이고 자신은 이러한 문서를 작성한 사실이 없다."라고 진술하였다. 피고들의 각 답변(또는 침묵) 태도에 대하여 어떠한 법률적인 평가가 가능한지, 나아가 갑 제1호증을 증거로 사용할 수 있는지 여부에 관하여 피고별로 나누어 설명하시오. **25점**

1. 乙에 대하여

　乙은 법원의 갑 제1호증(차용증)에 대한 인부요구에 아무런 답변을 하지 아니하였는데, 당사자가 변론에서 상대방이 주장하는 사실을 명백히 다투지 아니한 때에는 그 사실을 자백한 것으로 보게 되므로(법 제150조 제1항), 乙은 갑 제1호증의 진정성립에 대하여 자백한 것이 된다. 따라서 법원은 乙에 대하여 갑 제1호증을 증거로 사용할 수 있다.

2. 丙에 대하여

　인장도용·강박 날인주장의 문서, 즉 인장은 틀림없지만 도용당하거나 강박에 의해 찍은 것이라는 증거항변을 한 경우, 이때 도용·강박에 대한 증명책임은 항변자에게 있으며, 그가 입증하지 못하면 진정성립이 추정된다는 것이 판례이므로, 丙이 도용사실에 대하여 법관에게 확신을 줄 정도의 증명을 하지 못하는 한 갑 제1호증은 성립의 진정이 추정되어 증거로 사용할 수 있게 된다.

사례 2)

(물음 2)

甲은 乙에게 1억원(이하 '이 사건 대여금'이라 한다)을 대여하였다는 취지로 주장하며, 乙을 상대로 이 사건 대여금의 반환을 구하는 소를 제기하였다. 이 사건 대여금청구 소송의 제1회 변론기일에서 甲은 乙의 인장이 날인된 차용증(갑 제1호증)을 증거로 제출하였다. 이에 대하여 乙은 '차용증상의 인영이 자신의 것은 맞지만, 자신은 백지에 인장을 날인하여 주었을 뿐이고 누가 추후 그 내용을 기재하였는지는 모르겠다.'라고만 진술하고, 그 구체적인 경위 등에 관하여 추가로 설명하거나 증거를 제시하지 아니하였다. 이러한 경우 차용증(갑 제1호증)의 진정성립이 추정되는지 여부에 관하여 설명하시오. **25점**

판례에 의하면, 문서의 전부·일부가 미완성상태에서 서명날인만 먼저 되었다는 사정은 이례에 속하므로, 완성문서의 진정성립의 추정력을 뒤집으려면 그럴 만한 합리적 이유와 뒷받침할 간접반증 등의 증거가 필요하다. 그러나 乙은 '차용증상의 인영이 자신의 것은 맞지만, 자신은 백지에 인장을 날인하여 주었을 뿐이고 누가 추후 그 내용을 기재하였는지는 모르겠다.'라고만 진술하고, 그 구체적인 경위 등에 관하여 추가로 설명하거나 증거를 제시하지 아니하였다. 그러므로 제358조에 기한 추정은 깨지지 않았다.

PART
02

사례 3)

甲은 乙로부터 X 건물을 매수한 후 乙을 상대로 매매를 원인으로 한 소유권이전등기청구소송을 제기하였다. 甲은 이 소송에서 매매계약서를 증거로 제출하였는데, 乙은 매도인란에 기재된 乙 이름 옆에 날인된 인영이 자신의 인장에 의한 것임은 맞으나 자신은 이를 날인한 사실이 없다고 다투었고, 甲은 乙의 사촌동생인 丙이 乙을 대신하여 날인한 것이라고 주장하였으며, 丙이 이를 날인하였다는 甲의 주장을 乙이 이익으로 원용한 사안에서, 위 매매계약서의 형식적 증거력에 대하여 설명하시오. **25점**

甲은 소송에서 매매계약서를 증거로 제출하였는데, 乙은 매도인란에 기재된 乙 이름 옆에 날인된 인영이 자신의 인장에 의한 것임은 맞으나 자신은 이를 날인한 사실이 없다고 다투었고, 甲은 乙의 사촌동생인 丙이 乙을 대신하여 날인한 것이라고 주장하였으며, 丙이 이를 날인하였다는 甲의 주장을 乙이 이익으로 원용하였다. 그러므로 그 인영의 동일성이 인정된다고 하더라도, 다른 사람에 의한 날인사실이 인정되는 이상, 2단계의 추정은 깨어진다고 보아야 한다. 따라서 문서제출자인 甲은 丙이 乙을 대신하여 날인한 것이 작성명의인 乙로부터 위임받은 정당한 권원에 의한 것이라는 사실을 증명할 책임이 있게 되고, 그렇지 못하면 위 매매계약서의 형식적 증거력은 인정될 수 없다. 앞에서 살폈듯이 판례에 의하면, 특히 처분문서의 소지자가 업무 또는 친족관계 등에 의하여 문서명의자의 위임을 받아 그의 인장을 사용하기도 하였던 사실이 밝혀진 경우라면 처분문서의 진정성립의 추정에 더욱 신중을 기하여야 한다고 한다.

5. 서증신청의 절차

가. 의의

서증신청은 ① 신청자가 스스로 가진 문서이면 이를 직접제출의 방법으로, ② 상대방·제3자가 가진 것으로서 제출의무가 있는 문서는 그 소지인에 대한 제출명령을 신청하는 방법으로, ③ 소지자에게 제출의무가 없는 문서는 그에 대한 문서송부촉탁을 신청하는 방법으로, ④ 소지자에 대한 송부촉탁이 어려운 문서는 문서소재장소에서의 현장서증조사를 신청하는 방법으로 한다.

나. 문서제출명령(법 제344조 – 제351조)

> ## 관련 기출문제 – 2013년 공인노무사
> 문서제출명령에 대하여 설명하시오. **25점**

1) 신청

① 상대방 또는 제3자가 가지고 있는 것으로서 제출의무 있는 문서에 대해 서증신청을 함에 있어서는, 그 제출명령을 구하는 신청을 하여야 한다.

② 신법은 문서제출명령제도를 확장·강화하였으며, 이에 의하여 일반적 의무로 하여 증인의무와 균형을 맞추고 증거의 편재현상에서 오는 당사자 간의 실질적 불평등을 시정코자 하였다. 이 밖에 문서목록제출명령과 문서제시명령도 신법에서 신설하였다. 그러나 문서의 부제출에 대한 제재가 입법적으로 미온적인 점과 수동적인 제도운영의 자세 등 개선해야 할 것이 여전히 남아 있다. 민사소송법과 별도로 상법 제32조는 상업장부의 제출명령제도를 두고 있다.

2) 문서제출의무

법 제344조 제1항[195])에서 열거한 개별적 제출의무의 문서는 다음과 같다.

(1) 인용문서

소송에서 자기를 위한 증거로 또는 주장을 명백히 하기 위하여 끌어쓴 인용문서라면 상대방에게도 이용시키는 것이 형평에 맞기 때문에 그 대상으로 했다.

(2) 인도·열람문서

신청자가 소지자에 대하여 인도나 열람을 요구할 수 있는 사법상의 청구권이 있을 경우인데, 소지자는 제3자라도 관계 없고, 청구권은 물권적인 것이든 채권적인 것이든, 계약에 기한 것이든 법률상의 것이든 관계 없다. 공법상의 청구권이 있는 경우에는 그 공법상의 청구권에 터잡아 인도나 열람을 할 수 있으므로 문서제출명령을 이용할 필요가 없다.

(3) 이익문서와 법률관계문서

① 이익문서는 증거대는 자의 이익을 위하여 작성된 것으로(예 계약당사자를 위한 계약서, 돈 준 사람을 위한 영수증), 여기의 이익문서에는 직접 증거대는 자를 위하여 작성한 문서만이 아니라 간접적으로 증거대는 자를 위하여 작성된 것도 포함된다 할 것이며, 또 이익을 넓게 해석하여 증거확보라는 소송상의 이익도 포함된다고 할 것이다.

② 법률관계문서는 증거대는 자와 소지자 간의 법률관계에 관하여 작성된 것으로(통장), 여기에는 당해 문서만이 아니라, 그 법률관계에 관련된 사항의 기재가 있으면 되고 따라서 그 법률관계의 생성과정에서 작성된 문서도 포함된다고 볼 것이다. 오늘날 기업활동이나 행정관청의 활동에서 일어나는 여러 가지 사항이 문서화되고 보존되는 것이 실정인데, 기업·행정관청 측은 이를 장악하여 어느 때나 이용이 가능하지만 이를 갖고 있지 못하는 상대방은 빈손일 뿐으로 이용하기 어렵다. 이를 두고 「구조적인 증거의 편재」라고도 하며 특히 현대형 소송에서 그러한데, 이에 당면하여 증거수집에 있어서 양당사자의 실질적 불평등을 시정하기 위해서는 이와 같이 법률관계문서의 확장 해석은 불가피하다고 할 것이며, 그것이 문서제출의무를 일반화한 신법취지에도 맞을 것이다. 이렇게 해석하면, 법률관계 생성 중의 문서가 비록 공무원보관문서

---

195) 제344조(문서의 제출의무)

　① 다음 각 호의 경우에 문서를 가지고 있는 사람은 그 제출을 거부하지 못한다.

　1. 당사자가 소송에서 인용한 문서를 가지고 있는 때

　2. 신청자가 문서를 가지고 있는 사람에게 그것을 넘겨 달라고 하거나 보겠다고 요구할 수 있는 사법상의 권리를 가지고 있는 때

　3. 문서가 신청자의 이익을 위하여 작성되었거나, 신청자와 문서를 가지고 있는 사람 사이의 법률관계에 관하여 작성된 것인 때. 다만, 다음 각 목의 사유 가운데 어느 하나에 해당하는 경우에는 그러하지 아니하다.

　가. 제304조 내지 제306조에 규정된 사항이 적혀있는 문서로서 같은 조문들에 규정된 동의를 받지 아니한 문서

　나. 문서를 가진 사람 또는 그와 제314조 각 호 가운데 어느 하나의 관계에 있는 사람에 관하여 같은 조에서 규정된 사항이 적혀 있는 문서

　다. 제315조 제1항 각 호에 규정된 사항 중 어느 하나에 규정된 사항이 적혀 있고 비밀을 지킬 의무가 면제되지 아니한 문서

가 되어도 동조 제2항 괄호규정에 해당되지 아니하여 직접 제출할 수 있는 길이 열리게 되어 바람직하다.

(4) 예외

신법은 위에서 본 제344조 제1항 제3호의 이익문서와 법률관계문서라도 다음과 같은 경우는 소지자가 그 제출을 거부할 수 있도록 하였다. ① 공무원의 '직무의 비밀'이 적혀 있어 동의를 받아야 하는데 받지 아니한 문서, ② 문서소지자나 근친자에 관하여 형사소추·치욕이 될 증언거부사유가 적혀 있는 문서, ③ '직무의 비밀'이 적혀 있고 비밀유지의무가 면제되지 아니한 문서가 그것이다.

이는 뒤에 볼 일반적 제출의무의 제외문서보다는 좁다. 그러나 위 (1)의 인용문서는 당사자 간의 형평 때문에, (2)의 인도·열람문서는 신청자가 청구권을 갖고 있기 때문에, 위 (3)의 문서와 달리 제출거부의 예외가 없다.

3) 일반적 제출의무로 확장

신법 제344조 제2항[196])에서는 제1항에서 열거한 인용문서, 인도·열람문서, 이익문서, 법률관계문서에 해당되지 아니하는 문서라도 원칙적으로 소지하는 문서를 모두 제출할 의무가 있는 것으로 규정하여, 문서제출의무를 일반적 의무로 확장하였다. 다만 예외적으로 제출을 거부할 수 있는 제외문서는 다음 세 가지이다.

(1) 증언거부사유상당의 문서

문서소지자나 근친자에 대하여 형사소추·치욕이 될 증언거부사유가 적혀 있는 문서와 '직업의 비밀' 등 증언거부사유와 같은 것이 적혀 있고 비밀유지의무가 면제되지 아니한 문서이다(법 제344조 제2항 제1호).

(2) 자기이용문서

오로지 문서소지인이 이용하기 위해 작성되고 외부자에게 개시하는 것이 예정되어 있지 않으며 개시할 경우에 문서소지인에게 간과하기 어려운 불이익이 생길 염려가 있는 문서이다.

(3) 공무원직무관련문서

공무원 또는 공무원이었던 사람이 직무와 관련하여 보관하거나 가지고 있는 문서이다. 국가기관이 보유·관리하는 공문서를 뜻하는 공공기관의 보관문서의 공개에 관하여는 공공기관의 정보공개에 관한 법률에 의한 규율을 받기 때문에 그 법에 따라 제출하도록 하고 민사소송법에서는 제출의무대상에서 제외시켰다.

---

196) 제344조(문서의 제출의무)
   ② 제1항의 경우 외에도 문서(공무원 또는 공무원이었던 사람이 그 직무와 관련하여 보관하거나 가지고 있는 문서를 제외한다)가 다음 각 호의 어느 하나에도 해당하지 아니하는 경우에는 문서를 가지고 있는 사람은 그 제출을 거부하지 못한다.
   1. 제1항 제3호 나목 및 다목에 규정된 문서
   2. 오로지 문서를 가진 사람이 이용하기 위한 문서

4) 문서제출의 신청 및 심판

(1) 신청

① 문서제출신청에 있어서는 문서의 표시·취지·증명할 사실·제출의무자 및 그 의무의 원인 등을 서면으로 명시하여야 한다(법 제345조, 규칙 제110조).

② 그런데 상대방이 어떠한 문서를 소지하고 있는지를 구체적으로 몰라 신청자가 법 제345조의 규정에 맞추어 문서의 표시나 취지를 꼬집어 신청하기 어려울 때가 있을 수 있다. 특히 분량이 방대할 경우에는 신청대상인 문서의 취지나 증명할 사실을 개괄적으로만 표시하여 신청하면 법원은 상대방 당사자에게 관련문서에 관하여 그 표시와 취지 등을 명확히 적어내도록 먼저 명령할 수 있다. 이것이 신법 제346조[197]의 문서목록제출명령의 문서정보공개제도이다. 문서제출명령신청을 쉽게 할 수 있도록 하기 위함이 입법취지인데, 문서정보공개명령에 따르지 아니한 때에는 변론 전체의 취지로 참작하는 것밖에 별도의 제재가 없어 그 실효성이 문제이다.

(2) 심리와 재판[198]

① 당사자로부터 문서제출명령신청이 있으면 법원은 제출의무와 소지사실에 대하여 심리하여 그 허가여부를 결정하여야 한다. 상대방에 문서제출신청이 있음을 알려서 신청에 대한 의견 진술의 기회를 주어야 한다. 문서소지자가 제3자인 경우에는 소지자를 심문하여야 한다. 문서소지자가 당사자이면 변론(준비)절차에서 심리하면 된다.

② 대상문서의 일부에 영업비밀 등 문서제출거절사유가 있는 경우 나머지 부분만으로 증거가치가 있다면 그 부분만의 일부제출명령을 하여야 한다(법 제347조 제2항).

③ 문서제출명령을 하려면 문서의 존재와 소지가 증명되어야 하는데, 그 증명책임은 원칙적으로 신청인에게 있다.

④ 문서제출의 신청에 관한 결정에 대하여는 즉시항고를 할 수 있다.

(3) 비공개심리 절차

문서소지자의 형사소추·치욕, 프라이버시나 직무상·직업상 비밀사항이 있는 문서이면 앞서 본 바와 같이 제출의무가 없어 거부할 수 있는데, 여기에 해당여부를 심리하는 과정에서 자칫하면 그와 같은 비밀사항이 외부에 누출될 염려가 있다. 이에 대비하여 법 제

---

197) 제346조(문서목록의 제출)
　　제345조의 신청을 위하여 필요하다고 인정하는 경우에는, 법원은 신청대상이 되는 문서의 취지나 그 문서로 증명할 사실을 개괄적으로 표시한 당사자의 신청에 따라, 상대방 당사자에게 신청내용과 관련하여 가지고 있는 문서 또는 신청내용과 관련하여 서증으로 제출할 문서에 관하여 그 표시와 취지 등을 적어 내도록 명할 수 있다.
198) 제347조(제출신청의 허가여부에 대한 재판)
　　① 법원은 문서제출신청에 정당한 이유가 있다고 인정한 때에는 결정으로 문서를 가진 사람에게 그 제출을 명할 수 있다.
　　② 문서제출의 신청이 문서의 일부에 대하여만 이유 있다고 인정한 때에는 그 부분만의 제출을 명하여야 한다.
　　③ 제3자에 대하여 문서의 제출을 명하는 경우에는 제3자 또는 그가 지정하는 자를 심문하여야 한다.
　　④ 법원은 문서가 제344조에 해당하는지를 판단하기 위하여 필요하다고 인정하는 때에는 문서를 가지고 있는 사람에게 그 문서를 제시하도록 명할 수 있다. 이 경우 법원은 그 문서를 다른 사람이 보도록 하여서는 안 된다.

347조 제4항은 제344조에서 정한 비밀사항이 포함되어 제출거부사유에 해당되는지 여부를 판단하기 위하여 그 문서소지자에게 직권으로 문서의 제시명령을 할 수 있으되, 제출거부사유를 판단함에 있어서 그 제시문서를 다른 사람이 보지 못하도록 법원의 공개법정이 아닌 집무실에서 비밀심리절차에 의하도록 하였다.

5) 문서의 부제출·훼손 등에 제재

① 당사자가 문서제출명령·일부제출명령·비밀심리를 위한 문서제시명령을 받고도 이에 응하지 아니하고 버틸 때에는 법원은 문서의 기재에 대한 상대방의 주장을 진실한 것으로 인정할 수 있다(법 제349조). 사용방해의 목적으로 제출의무 있는 문서에 대해 훼손 등의 행위를 한 때에도 같다(법 제350조). 이는 제재로서 법원이 상대방의 그 문서의 기재(성질, 성립의 진정 및 내용)에 관한 주장을 진실한 것으로 인정할 수 있다는 것이지, 원칙적으로 상대방의 문제의 문서에 의하여 증명하고자 하는 사실이 바로 증명되었다고는 볼 수 없다. 예를 들면 甲이 매매계약을 체결한 사실을 증명하기 위하여 乙이 소지한 매매계약서의 제출명령을 신청하여 받아들여졌으나 乙이 제출치 않은 경우에, 법원이 진실한 것으로 인정할 수 있는 것은 甲이 주장하는 바와 같은 기재내용의 진정성립의 계약서가 있었다는 것일 뿐, 甲의 요증사실인 매매계약의 체결까지는 확대될 수 없다. 이를 바탕(변론 전체의 취지)으로 요증사실을 인정하느냐의 여부는 법관의 자유심증에 의하는 것이다. 이러한 자유심증설에 대해 요증사실 즉 「증명하고자 하는 사실」 자체를 진실인 것으로 인정할 수 있다는 "법정증거설"이 있다. 법정증거설은 명령대로 문서를 내어 놓은 때보다 더 증거대는 자를 이롭게 해주어 문제가 있다. 그러나 행정소송·공해소송·국가상대 손해배상소송의 경우처럼 대상문서가 상대방의 지배영역하에 있어 증거대는 자로서는 문서의 구체적 내용을 특정할 수 없고 또한 다른 증거에 의한 증명이 현저히 곤란한 경우에는, 제한적으로나마 요증사실이 직접 증명되었다고 볼 것으로 절충설을 따른다.

② 제3자가 제출명령을 받고 불응한 때에는 신청당사자의 주장사실이 진실한 것으로 인정할 수 없는 것이고, 다만 500만원 이하의 과태료의 제재가 따른다.

6) 제출된 문서의 서증으로의 제출

문서제출명령에 의하여 법원에 제출된 문서를 변론기일 또는 변론준비기일에 서증으로 제출할 것인지는 당사자가 임의로 결정할 수 있는데, 서증으로 제출하여야 증거로 삼을 수 있다.

다. 문서송부촉탁신청

① 서증의 신청에 관한 제3의 방식은 문서송부촉탁의 신청이다. 즉 서증의 신청을 함에 있어서 문서를 가지고 있는 사람에게 그 문서를 보내도록 촉탁할 것을 신청하여 이를 할 수 있다(법 제352조). 법원으로 보내달라고 부탁하는 것으로 특히 국가기관 또는 법원이 보관하는 문서를 이용하고자 할 때 이에 의하는 수가 많다. 송부촉탁의 상대방을 공공기관이나 공무원에 한정하고 있지는 않지만, 실제로는 공공기관 등에 대하여 행하는 것이 많다.

② 촉탁받은 사람은 정당한 사유가 없는 한 문서의 송부에 대한 협력의무를 지며, 송부촉탁에 따를 수 없는 사정이 있는 경우에는 그 사유를 촉탁법원에 통지하여야 한다(법 제353조의2).

라. 문서소재장소에서의 서증신청(법원 밖에서의 서증조사)

문서제출신청의 대상도 아니고 송부촉탁신청을 하기도 어려운 문서에 대해 서증신청을 함에 있어서는, 법원이 그 문서 있는 장소에 가서 서증조사해 줄 것을 신청할 수 있다. 예를 들면 미완결수사사건의 기록, 기소중지 중의 수사기록 등으로서 대외반출이 어려운 경우가 그 대상이 된다. 문서송부촉탁의 경우처럼 정당한 사유가 없는 한 문서소지자에게 조사에 협력의무를 부과했다(규칙 제112조).

Ⅳ 검증[199](법 제364조-제366조, 규칙 제117조-제118조)

1) 검증이란 법관이 그 오관(五官)의 작용에 의하여 직접적으로 사물의 성질과 상태를 검사하여 그 결과를 증거자료로 하는 증거조사이다.

2) 그 대상으로 되는 것을 검증물이라 한다. 토지·가옥·사고현장 등이 검증물인데, 검증은 감정과 함께 하는 경우가 많다.

→ 사람의 경우에 그 진술내용인 사람의 사상을 증거로 하는 경우에는 인증으로 되지만, 체격·용모·상처 등 신체의 특징을 검사하는 경우에는 검증물이 된다.

→ 문서의 경우에 그 기재내용을 증거로 하는 경우에는 서증이 되지만, 그 지질·필적·인영 따위를 증거로 할 때에는 검증물이 된다. 따라서 위조문서라는 증명취지로 제출하였을 때에는 그 기재내용을 증거로 하는 것이 아니므로 검증의 대상이 된다.

→ 녹음·녹화테이프, 컴퓨터용 자기디스크·광디스크 등 음성·영상자료에 대한 증거조사는 검증의 방법에 의해야 한다.

Ⅴ 당사자신문[200](법 제367조-제373조, 규칙 제119조-제119조의2)

1. 의의

① 당사자 본인은 소송의 주체이지 증거조사의 객체가 아닌 것이 원칙이다. 그러나 예외적으로 당사자 본인을 증거방법으로 하여, 마치 증인처럼 그가 경험한 사실에 대해 진술케 하는 증거조사를 당사자신문이라 한다.

② 당사자신문을 받는 경우의 당사자는 증거조사의 객체로서 증거방법이기 때문에, 여기에서 그의 진술은 증인의 증언과 마찬가지로 증거자료이지 소송자료가 아니다. 따라서 당사자가 소송의 주체로서 하는 진술(주장)인 소송자료와는 구별되며, 당사자신문의 과정에서 상대방의 주장사실과 일치되는 부분이 있다 하여도 자백이라고 할 수 없다. 또 법원의 석명에 대하여 당사자

199) 이시윤, 앞의 책, 521-523면
200) 이시윤, 앞의 책, 523-525면

본인이 진술하는 것은 주장의 보충이지 당사자신문은 아니다. 당사자신문은 소송자료를 제공하는 것이 아니기 때문에 소송제한능력자도 당사자신문의 대상이 된다.

③ 당사자의 법정대리인·법인 등이 당사자인 경우 그 대표자 등도 이 절차로 신문한다.

④ 신문의 시기는 증인신문의 경우처럼 쟁점정리가 끝난 뒤에 변론기일에서 집중적으로 행한다.

2. 보충성의 폐지 – 독립한 증거방법

① 구법은 당사자본인신문은 다른 증거방법에 의하여 법원이 심증을 얻지 못한 경우에 한해서 직권 또는 당사자의 신청에 의하여 허용된다고 했다. 당사자 본인을 증거방법으로 하면서 보충성의 원리를 채택했던 것이다.

② 현행법은 외국의 입법례에 따라 보충성을 폐지하기에 이르렀다. 즉, 법 제367조 본문에서는 법원은 직권 또는 당사자의 신청에 따라 당사자 본인을 신문할 수 있다고 규정하여, 당사자 본인이 독립한 증거방법임을 명백히 했다. 구법하의 판례는 당사자본인신문에 대해 '증거방법'으로서의 보충성에 그치지 않고 나아가 '증거력'으로서의 보충성까지 확장시켜 해석하였으나, 이제는 증인 등 다른 증거조사에 우선하여서도 당사자본인신문을 할 수 있게 되었고, 당사자본인신문결과는 다른 증거와 종합하지 않고 독립적인 사실인정의 자료가 될 수 있게 되었다.

3. 절차

① 증인신문절차의 규정이 대부분 준용된다.

② 그러나 증인신문의 경우와 여러 가지 차이가 있다. 당사자신문은 앞서 본 증인신문의 경우와 달리 i) 신청 이외에 직권으로도 할 수 있다. ii) 증거로 채택된 당사자 본인은 출석·선서·진술의무를 지지만, 증인처럼 구인·과태료·감치 등으로 출석·진술이 강제되지는 아니한다. 구법상 선서 여부는 법원의 재량에 의하였으나, 신법은 선서를 필수적인 절차로 하였다. iii) 당사자 본인이 정당한 사유없이 출석·진술·선서를 거부한 때에는 법원은 신문사항에 관한 상대방의 주장을 진실한 것으로 인정할 수 있는데, 이는 법원의 재량에 따라 신문사항에 관한 상대방의 주장을 진실한 것으로 인정할 수 있다는 취지이다. 따라서 신문사항에 포함된 사실을 진실로 인정할 수 있을 뿐 곧바로 상대방의 요증사실을 진실로 인정할 수 있다는 취지는 아니다. 정당한 사유의 존재는 불출석 당사자가 주장·입증하여야 한다. iv) 선서하고 허위진술을 하여도 형법상의 범죄가 되지 않고 500만원 이하의 과태료의 제재만 받는다. v) 당사자 본인으로 신문할 자를 증인으로 신문했다 해도 당사자의 이의가 없으면 이의권의 포기·상실로 그 흠이 치유된다. 증인능력이 없으므로 증인으로 선서하고 증언하였다고 하여도 위증죄의 주체가 될 수 없다. 신문사항은 법원의 요구가 있는 때에 한하여 제출하면 된다.

VI 그 밖의 증거(전자정보물) – (법 제374조, 규칙 제120조–제122조)

도면 · 사진 · 녹음테이프 · 비디오테이프 · 컴퓨터용 자기디스크, 그 밖에 정보를 담기 위하여 만들어진 물건으로서 문서가 아닌 증거의 조사에 관한 사항은 제3절 내지 제5절(감정, 서증, 검증)의 규정에 준하여 대법원규칙으로 정한다.

VII 조사 · 송부의 촉탁(사실조회) – (법 제294조)

법원은 공공기관 · 학교, 그 밖의 단체 · 개인 또는 외국의 공공기관에게 그 업무에 속하는 사항에 관하여 필요한 조사 또는 보관 중인 문서의 등본 · 사본의 송부를 촉탁할 수 있다.

VIII 증거보전 – (법 제375조–제384조, 규칙 제123조–제125조)

법원은 미리 증거조사를 하지 아니하면 그 증거를 사용하기 곤란할 사정이 있다고 인정한 때에는 당사자의 신청에 따라 이 장의 규정에 따라 증거조사를 할 수 있다.

제 5 절   자유심증주의[201]

요증사실에 대해서 증거조사결과 등을 토대로 자유심증주의에 의하여 그 진실여부를 가리며, 그 진실여부의 판명이 안 되면 증명책임으로 문제를 해결한다. 먼저 자유심증주의를 보고 증명책임의 문제를 검토한다.

> **☞ 관련 기출문제 – 2010년 공인노무사**
> 대여금청구소송에서 당사자 간에 금전대여사실에 대하여 다툼이 있고 이에 관하여는 증거조사의 결과와 변론에서 나타난 각종 자료가 있다. 이를 기초로 법관이 위 금전대여사실 주장이 진실한지 아닌지를 판단함에 있어서 적용되는 원칙에 관하여 논하시오. 50점

I 의의

1) 자유심증주의란 사실주장이 진실인지 아닌지를 판단함에 있어서 법관이 증거법칙의 제약을 받지 않고, 변론 전체의 취지와 증거자료를 참작하여 형성된 자유로운 심증으로 행할 수 있는 원칙을 말한다(법 제202조)[202].

---

201) 이시윤, 앞의 책, 530–541면
202) 제202조(자유심증주의)
    법원은 변론 전체의 취지와 증거조사의 결과를 참작하여 자유로운 심증으로 사회정의와 형평의 이념에 입각하여 논리와 경험의 법칙에 따라 사실주장이 진실한지 아닌지를 판단한다.

2) 이에 대립하는 형식적 법정증거주의란 증거능력이나 증거력(증거가치)을 법률로 정해 놓아 법관이 사실인정에 당하여 반드시 이러한 증거법칙에 구속되어야 하는 원칙을 말한다. 법정증거주의는 사실인정에 있어서 법관의 자의적인 판단을 막을 수 있는 이점이 있기는 하다. 그러나 사회가 단조로울 때는 증거를 유형화하여 이를 법정화할 수 있었지만, 오늘의 복잡다단한 사회에 있어서 일어나는 천태만상의 현실을 몇 가지 유형화한 증거법칙으로 대처할 수 없으며, 그것은 오히려 사실의 진실여부의 판단을 그르칠 위험이 있다. 그리하여 사실의 진실여부판단에 있어서 형식적인 증거법칙의 굴레에서 벗어나 법관의 양식을 전적으로 신뢰하고 그의 자유로운 판단에 맡기기에 이르렀다.

Ⅱ 사실인정의 근거(증거원인)

심증형성(사실인정)의 자료가 되는 증거원인에는 변론 전체의 취지와 증거조사의 결과 두 가지가 있다.

1. 변론 전체의 취지

1) 변론 전체의 취지란 증거조사의 결과를 제외한 일체의 소송자료로서, 당사자의 주장내용·태도·주장입증의 시기, 당사자의 인간관계 그 밖의 변론 과정에서 얻은 인상 등 변론에서 나타난 일체의 적극·소극의 사항을 말한다. 예를 들면 전후 일관성 없는 주장, 증명방해, 공동피고인의 자백 등이다. 형사소송에 있어서는 증거재판주의에 기하여 증거자료만이 증거원인이 되나, 민사소송에서는 증거자료와 함께 변론 전체의 취지도 증거원인이 된다.

2) 변론 전체의 취지만으로 당사자 간에 다툼 있는 사실을 인정할 수 있느냐, 아니면 이는 증거자료에 보태어 사실인정의 자료로 쓰이는 보충적인 증거원인이 되는 데 그치느냐에 대하여서는 다투어진다.

독립적 증거원인설은 변론 전체의 취지에 증거원인으로서의 독립성을 인정하여 이것만으로 다툼있는 사실을 인정할 수 있다는 입장이다. 그러나 변론 전체의 취지는 모호하고 이를 기록에 반영하여 객관화하여 놓기도 힘든 것이므로, 원심이 무엇을 변론 전체의 취지로 본 것인가는 상급심이 심사하기 곤란한 바 있다. 또 증거조사를 하지 않고 이것만으로 모든 사실의 인정을 가능케 한다면 변론 전체의 취지를 빙자하여 자의적이고 안일하게 사실인정을 할 우려가 있다. 보충적 증거원인설이 옳다고 보며 다수설이다.

현재의 우리 판례는 변론 전체의 취지만으로 인정할 수 있는 것은 문서의 진정성립(형식적 증거력)과 자백의 철회요건으로서의 착오에 국한시키며, 주요사실의 인정에 관하여서는 증거원인으로서 독립성을 부인하고 있다(보충적 증거원인설).

2. 증거조사의 결과

1) 의의

증거조사의 결과란 법원이 적법한 증거조사에 의하여 얻은 증거자료를 말한다. 예를 들면 증언, 문서의 기재내용, 감정·검증·본인신문결과, 그 밖의 증거조사결과 등이다. 자유심증주의는 이것을 토대로 하면 되는 것이고 증거법칙으로부터는 해방됨을 의미하는데, 구체적으로 다음 세 가지 내용이다.

2) 내용

(1) 증거방법의 무제한

자유심증주의는 증거방법이나 증거능력에 제한이 없기 때문에, 매매·대여사실의 인정은 반드시 증인에 의하여야 하는 것은 아니며, 서류위조 여부를 반드시 감정에 의할 필요가 없다. 판례는 소의 제기 후 다툼있는 사실을 증명하기 위하여 작성한 문서라도 증거능력이 있는 것으로 보며, 또 형사소송과 달리 전문증언이라도 증명력에 문제있겠지만 증거능력이 있다고 하였다. 나아가 위법하게 수집한 증거방법의 증거능력에 관하여도 판례는 적극적으로 보지만, 위법성조각사유 등 특별한 사정이 있는 경우에만 증거능력을 인정하여야 한다는 것은 앞서 본 바이다.

(2) 증거력의 자유평가

적법하게 실시된 증거조사에 의하여 얻은 증거자료의 증거력평가는 법관의 자유로운 판단에 일임하고 있다. 그러므로 직접증거와 간접증거 사이에, 서증과 인증 사이에 그 증거력에 있어서 우열이 없다.

그러나 판례는 처분문서는 진정성립이 인정되면 특별한 사정이 없는 한 그 문서의 기재내용에 따른 의사표시의 존재와 내용을 인정하여야 한다고 했다.

그리고 민사재판에 있어서 다른 증거가 있으면 형사판결의 내용과 달리 사실인정을 할 수 있지만, 확정된 형사판결의 인정사실은 특별한 사정이 없는 한 유력한 증거자료가 될 수 있다. 이는 확정된 관련 민사소송에서 인정한 사실도 원칙적으로 마찬가지로 보았다.

3. 증거공통의 원칙

1)
증거력의 자유평가는 증거제출자에게 유리하게도 혹은 불리하게도 평가될 수 있음을 뜻한다. 즉 증거조사의 결과는 그 증거제출자에게 유리하게 판단될 수 있을 뿐더러, 상대방의 원용에 관계없이 제출자에 불리하게 오히려 상대방에게 유리한 판단에 사용될 수 있다. 이를 증거공통의 원칙이라 하는데, 현재 우리 판례의 주류는 이를 긍정하는 입장이다.

게다가 상대방이 자신에게 유리한(제출한 당사자에게 불리한) 증거조사의 결과를 원용하는 것조차도 필요하지 않다. 예를 들어 대여금반환청구소송에서 원고 측에서 신청한 증인이, 피고가 원고로부터 돈을 빌렸지만, 변제기를 연장해 달라고 사정하자, 변제기를 연장하여 주었다고 증언한 경우에 피고가 이 증언을 원용하지 않더라도 법원은 위 증언을 가지고 증인을 신청한 원고에게 불리하게(즉 피고에게 유리하게) 대여금이 아직 이행기가 도래하지 않았다고 판단할 수 있다[203].

2)
증거공통의 원칙은 변론주의와 저촉되는 것이 아니다. 변론주의는 증거의 제출책임을 법원과의 관계에서 당사자에 일임한다는 것이지, 일단 제출한 증거를 놓고 어떻게 평가하느냐는 변론주의

203) 전병서, 앞의 책, 444면

범위 밖의 문제이며 법원의 직권이요 자유심증의 영역이기 때문이다.

그렇다면 당사자는 증거신청을 철회할 수 있는가? 증거공통의 원칙의 결과 일단 증거조사가 개시된 뒤에는 상대방에게도 유리한 자료가 나올 가능성이 있기 때문에, 상대방의 동의가 없으면 그 증거신청의 철회는 허용되지 않는다.

3) 필수적 공동소송에서는 공동소송인 가운데 한 사람이 증거를 제출하면 공동소송인 모두에게 효력이 있으므로(법 제67조 제1항) 증거공통의 원칙이 당연히 적용된다. 통상공동소송에서, 특히 법 제65조 전문에 해당하는 통상공동소송의 경우에 증거공통의 원칙이 적용되는지에 관해서는 논의가 있다. 통설은 이 경우에도 증거공통의 원칙이 적용된다고 보고 있다. 그러므로 공동소송의 경우에 공동소송인의 1인이 제출한 증거로부터 얻은 증거자료가 다른 공동소송인에게도 공통으로 증거자료가 된다. 다만, 통설의 입장에서도, 공동소송인 사이에 이해관계가 서로 상반되는 경우까지 확장되는 것은 아니고, 이 경우에는 원용이 없는 한, 증거공통의 원칙을 적용하여서는 안 된다고 본다.

Ⅲ. 자유심증의 정도

1. 사실인정에 필요한 확신의 정도

1) 고도의 개연성의 확신

증명은 심증이 확신에 이른 것을 말하는데 여기의 확신은 통상인의 일상생활에 있어 진실하다고 믿고 의심치 않을 정도의 '고도의 개연성'을 증명하는 것이다. 엄밀하게는 자유심증주의는 객관적으로는 고도의 개연성, 주관적으로는 법관의 확신 두 가지를 요구한다.

2) 손해배상소송에 있어서의 증명도의 경감 – 상당한 개연성 있는 증명

증명도는 고도의 개연성의 확신이어야 하나 다음과 같은 일정 유형의 소송의 경우는 예외가 있다. 확신은 아니고 틀림없을 것이라는 추측 정도의 저도(低度)의 개연성을 뜻하는 소명의 영역은 넘어서지만 증명의 영역에 미치지 못하는 경우이다.

판례는,

(1) 장래의 일실(逸失)이익, 즉 장래 예측의 수입상의 손해에 관한 증명에 있어서 그 증명도는 과거사실에 대한 증명의 경우보다 경감되어 합리성과 객관성을 잃지 않는 범위 내에 있어서 상당한 개연성 있는 증명이면 된다.

(2) 현대형 소송에 있어서 인과관계

공해소송·의료과오소송·제조물책임소송 등에 있어서 인과관계를 구성하는 하나 하나의 고리에 관하여 과학적인 엄밀한 증명을 요구하는 것은 곤란하다 하여 증명도를 크게 경감시켰다.

(3) 손해액의 불분명

지금까지 불법행위이든 채무불이행이든 판례의 주류는 손해발생사실은 인정되나 구체적인 손해액을 증명하는 것이 사안의 성질상 어려운 경우, 법원이 증거조사의 결과와 변론 전체의 취지에 의하여 밝혀진 간접사실을 종합하여 손해액수를 정할 수 있다는 입장이었다. 그러다가 2016.3.29. 개정법률 제202조의2에서, 손해액의 증명이 곤란한 경우에 변론 전체의 취지와 증거조사결과를 종합하여 상당하다고 인정되는 금액을 배상액수로 정할 수 있도록 하였다.

3) 기타 확률적 심증이론, 역학적 증명이론 등이 제기되고 있다.

2. 자의금지

1) 자유로운 심증에 의한 판단은 형식적인 증거법칙으로부터의 해방을 의미하는 것이지, 결코 법관의 자의적인 판단을 허용하는 것이 아니다. 따라서 사실판단은 일반의 논리법칙과 경험법칙에 따라야 하며 사회정의와 형평의 이념에 입각해 있을 것을 필요로 한다[204]. 사실일정이 사실심의 재량에 속한다고 하여도 그 한도를 벗어나서는 안 된다.

2) 자의금지의 원칙에 의하여 당사자를 보호하고 상고심으로 하여금 자의적 판단인가 여부에 관하여 재심사할 수 있도록 하기 위해 증거의 채택불채택의 심증형성의 경로를 명시하지 않으면 안 된다는 견해가 있으나, 자유심증의 경로의 논리적인 설시가 반드시 가능한 것이 아니고, 그 판단이 경험칙상 흔한 예에 속하는 경우마저 채택불채택의 이유를 빠짐없이 명시하여야 한다면 판결서 작성에 들이는 노고로 소송촉진만 저해시킬 수 있으므로 부정하는 것이 타당하다고 본다. 판례도 어떠한 증거를 갖고 어떠한 사실을 인정했는지 증거설명은 필요하나, 아래 몇 가지 특별한 증거가 아니면 무슨 이유로 A, B, C 세 증언 중 A 증언은 채택하고 B, C 증언은 배척하는지 그 이유설시를 필요로 하지 않는다는 태도이다. 다만 예외적으로 i) 진정성립이 인정되는 처분문서의 증거력의 배척, ii) 진정성립이 석연치 않은 서증의 증거력인정, iii) 공문서의 진정성립의 부정, iv) 확정된 관련민사사건에서 인정한 사실과 달리 인정할 때, v) 자기에게 불리한 사실을 시인하고 날인까지 한 서증의 증거력을 배척할 때, vi) 경험칙상 이례에 속하는 판단은 분명하고 수긍할 만한 이유의 설시를 요한다고 볼 것이다.

Ⅳ 사실인정의 위법과 상고

1) 법률심인 상고심은 사실심의 자유심증에 의한 사실인정을 그대로 받아들여야 하는 기속력이 생기므로(법 제432조), 원심의 증거채택과 사실인정이 잘못되었다는 것은 상고심에서 문제삼을 수 없다.

---

204) 제202조(자유심증주의)
법원은 변론 전체의 취지와 증거조사의 결과를 참작하여 자유로운 심증으로 사회정의와 형평의 이념에 입각하여 논리와 경험의 법칙에 따라 사실주장이 진실한지 아닌지를 판단한다.

2) 그러나 다음과 같은 사유는 자유심증주의의 내재적 한계를 일탈한 것으로 상고이유가 된다고 하겠다. i) 적법한 증거조사를 거친 증거능력 있는 적법한 증거에 의하지 아니한 사실인정, 적법한 증거조사의 결과를 간과한 사실인정, ii) 논리법칙, 경험법칙을 현저히 어긴 사실인정이다.

Ⅴ 자유심증주의의 예외

1. 증거방법·증거력의 법정(예외 1)

예외적으로 법으로 증거방법·증거능력의 제한, 증거력의 법정을 해 놓은 때이다. i) 대리권의 존재에 대한 서면증명, 소명방법에 대해 즉시 조사할 수 있는 것에 한정 등 증거방법의 제한, ii) 당사자와 법정대리인에 증인능력의 부정 등 증거능력의 제한, iii) 변론의 방식에 관하여 변론조서의 법정증거력, 공문서·사문서의 형식적 증거력에 관한 추정규정 등의 증거력 자유평가의 제한 등이 있다. iv) 이 밖에 당사자의 일방이 고의로 상대방의 증명방해행위자에게 불리한 사실을 인정할 수 있도록 한 일련의 규정도 법정증거주의의 한 예이다.

2. 증거계약(예외 2)

증거계약이라 함은 소송에 있어서 사실확정에 관한 당사자의 합의를 말한다. 소송상의 효과를 발생케 하는 계약이기 때문에 소송계약의 일종으로 자유심증주의를 당사자의 의사로 제약하는 경우이다. 다음과 같은 것이 있다.

1) 자백계약(무증거계약)

예를 들면 손해배상청구에서 사고발생사실과 같이 특정사실에 관하여서는 당사자 간에 다투지 않기로 하는 약정 따위이다. 변론주의의 적용을 받는 통상의 민사소송에 있어서는 당사자의 자백이 허용되므로 원칙적으로 자백계약은 유효한 것으로 인정된다. 권리자백은 원칙적으로 재판상의 자백과 같이 법원을 구속하는 것이 아니기 때문에 권리자백계약은 무효라는 것이 다수설이다. 또 간접사실에 대한 자백도 마찬가지로 이에 관한 자백계약은 그 효력이 없다고 할 것이다.

2) 증거제한계약

예를 들면 일정한 사실의 증명은 서증 이외 다른 증거는 쓰지 않기로 하는 약정 따위이다. 우리 법제는 일본법과 달리 통상의 민사소송에 있어서는 보충적 직권증거조사를 인정하고 있으므로 약정한 증거방법의 조사로 심증형성이 되지 않을 때에 직권으로 다른 증거를 조사하는 것을 막을 수 없을 것으로, 이 한도에서 증거제한계약은 효력을 잃는다고 할 것이다. 또 직권증거조사를 원칙으로 하는 소액사건·증권관련 집단소송에서는 이러한 계약은 무효로 된다.

3) 중재감정계약

예를 들면 보험사고나 차·항공기 사고의 원인을 전문가인 제3자의 판정에 맡기기로 하는 따위이다. 처분할 수 있는 법률관계에 관하여서는 권리관계존부의 확정을 당사자 간의 합의에 의해 제3자에게 맡길 수 있으므로, 권리관계의 존부를 판단하는 데 전제가 되는 사실의 확정을 제3자에게 맡기는 것도 가능하다고 할 것이다. 따라서 중재감정계약도 유효하다.

4) 증거력계약

증거력계약(갑의 증언내용 또는 어느 서증을 진실인 것으로 하기로 하거나 하는 약정)은 증거조사결과에 대한 법관의 자유로운 증거력평가의 제약이므로 무효이다. 이는 증거조사 후에는 증거포기의 여지가 없는 것에 견주어 당연한 귀결이라 하겠다.

5) 넓은 의미의 증거계약에는 증명책임계약도 포함하나, 사실확정의 방법에 관한 것이 아니고 사실확정이 되지 않을 때에 누구에게 법률상의 불이익을 돌릴 것이냐 하는 문제이기 때문에, 엄밀한 의미의 증거계약이라 할 수 없다. 다만 처분할 수 있는 권리관계에 관한 것이면 계약으로 책임을 바꿀 수 있다. 약관의 규제에 관한 법률 제14조에 의하면 상당한 이유 없이 고객에게 증명책임을 부담시키는 약관조항은 무효로 하였다.

※ 참고 : 증명방해(입증방해)

1. 의의

증명방해(입증방해)란 증명책임을 부담하지 않는 당사자가 고의·과실, 작위·부작위에 의한 행위에 의하여 증명책임을 부담하는 당사자에 의한 증명을 불가능하게 하거나 곤란하게 하는 것을 말한다.

2. 법률상 명문의 규정을 두고 있는 경우

민사소송법은 증명방해에 관한 일반적인 규정을 두고 있지 않다. 다만 개별적으로 당사자의 문서제출(법 제349조), 당사자의 문서사용방해(법 제350조), 당사자 또는 제3자의 대조용문서의 제출거부(법 제360조), 상대방의 수기(手記)의무위반(법 제361조 제2항), 검증목적물의 제출거부(법 제366조 제1항·제2항), 당사자신문에서 당사자의 출석·선서·진술의무위반(법 제369조) 등에 대하여 규정하고 있다. 법률상 명문의 규정을 두고 있는 증명방해의 경우 그 효과, 즉 소송상 제재는 각 해당 규정에 따른다.

3. 법률상 명문의 규정을 두고 있지 않는 경우와 증명방해이론

1) 증명방해의 인정근거

법에서 개별적으로 규정하고 있는 증명방해가 아닌 경우에도 자유심증주의의 예외로서 증명방해의 개념을 일반적으로 인정할 것인지 논의가 있을 수 있으나, 민사소송법상 신의칙, 적정·공평의 이념에 비추어 증명방해의 개념을 일반적으로 인정함이 타당하다고 본다.

2) 증명방해의 효과

증명방해의 개념을 인정할 때 그 증명방해의 효과에 관하여, 학설과 판례는 다음과 같다.

(1) 학설

① 증명방해행위가 있으면 증명책임이 방해한 사람에게 전환되어 증명책임이 있는 사람이 그 증거에 관하여 주장하는 사실의 반대사실을 그 상대방(방해자)이 증명해야 한다는 견해(증명책임전환설), ② 증명방해행위가 있으면 자유심증주의의 예외로서 요증사실 자체를 진실한 것으로 인정할 수 있다는 견해(법정증거설) 등이 있으나, ③ 증명방해행위가 있으면

증명방해의 모습이나 정도, 그 증거의 가치, 비난가능성의 정도를 고려하여 자유재량으로 방해받은 상대방의 주장의 진실 여부를 가려야 한다는 견해(자유심증설, 증거평가설)가 원칙적으로 옳고, 또 그것이 탄력적 문제해결에도 기여한다고 본다.

(2) 판례

판례는, 당사자 한쪽이 증명을 방해하는 행위를 했더라도 법원으로서는 이를 하나의 자료로 삼아 자유로운 심증에 따라 방해자 측에게 불리한 평가를 할 수 있음에 그칠 뿐 증명책임이 전환되거나 곧바로 상대방의 주장사실이 증명된 것으로 보아야 하는 것은 아니라고 하여, 자유심증설을 취하고 있다. 예컨대 의사 측이 진료기록을 변조한 행위는 그 변조이유에 대하여 상당하고도 합리적인 이유를 제시하지 못하는 한, 당사자 사이의 공평의 원칙 또는 신의칙에 어긋나는 증명방해행위에 해당하고, 따라서 법원으로서는 이를 하나의 자료로 하여 자유로운 심증에 따라 의사 측에게 불리한 평가를 할 수 있다고 보고 있다.

제 6 절 　　증명책임[205]

I　의의 및 기능

1) 증명책임(입증책임, 거증책임)이란, 소송상 어느 증명을 요하는 사실의 존부가 확정되지 않을 때에 당해사실이 존재하지 않는 것으로 취급판단을 받게 되는 당사자 일방의 위험 또는 불이익을 말한다. 이러한 의미의 증명책임을 객관적 증명책임이라고 한다.

신이 아닌 인간이 하는 재판에는 사실이 증명되지 않는 경우가 적지 않다. 이때에 법원이 진위불명(眞僞不明)이라는 이유로 재판을 거부할 수 없는 일이고, 사실이 증명될 때까지 마냥 소송진행을 연기할 수도 없다. 따라서 증명책임은 이러한 진위불명의 사태에 대처하여 증명을 요하는 사실의 부존재의 경우와 마찬가지로 취급하여 당사자 중에 어느 일방에 유리한 법규부적용의 불이익을 부담시켜서 판결을 가능하게 하는 것이다. 예를 들면 대여금청구사건에서 「금전을 대여하였다는 사실」이 진실여부 불명의 상태에 이르면 대여사실이 없는 것으로 취급하여 증명책임을 지는 원고에게 불리하게 판결을 하게 되는 것이고, 만일 변제여부가 불명하면 변제사실이 없는 것으로 보아 증명책임을 지는 피고가 각 불리한 판결을 받게 하는 것이다.

진위불명의 결과는 직권탐지주의하에서도 문제될 수 있기 때문에, 진위불명의 결과책임인 객관적 증명책임은 모든 절차, 즉 변론주의뿐만 아니라 직권탐지주의에 의한 절차에서도 문제된다.

2) 앞서 본 객관적 증명책임에 의해 진위불명의 경우에 불이익한 판단, 즉 패소위험 때문에, 증명책임 부담자는 패소를 면하기 위하여 증거를 찾아 제출하여 입증활동을 하여야 할 필요에 직면하게 된다. 그리하여 승소를 하기 위하여 증명책임을 지는 사실에 대하여 증거를 대야 하는 한쪽 당사자의

---

205) 이시윤, 앞의 책, 541-558면

행위책임이 문제되는데, 이를 주관적 증명책임(증거제출책임, 입증의 필요)이라 한다. 쉽게 말하여 패소를 면하기 위하여 증거를 대야 할 책임을 뜻한다.

다만 심리의 최종단계에서 따지는 객관적 증명책임과 달리 주관적 증명책임은 심리의 개시단계에 서부터 따지는 것으로 구체적으로 그 책임을 질 당사자가 심리과정에서 바뀔 수 있으며, 변론주의 의 산물이기 때문에 직권탐지주의하에서는 그 적용이 없다.

3) 증명책임이 민사소송에서 담당하는 역할은 크다. i) 청구원인과 항변의 구별, ii) 항변과 부인의 구별, iii) 본증과 반증의 구별, iv) 자백의 성립여부 등의 기준이 될 뿐 아니라, v) 증거를 대지 못하는 경우에 누구에게 증명촉구를 할 것인가의 석명권 행사의 대상자도 증명책임에 의하여 정하여진다.

4) 증명책임에 관한 규정이 실체법에 속하느냐 소송법에 속하느냐에 관하여 다툼이 있다. 특히 시제법 (경과법)·국제사법·상고제도 등과의 관계에서 문제된다. 그것은 재판규범으로서 본안판결의 내용을 정하기 때문에 실체법규로 해석하는 것이 옳을 것이다.

II 증명책임의 분배

1. 서설

1) 요증사실의 진실여부가 불명한 경우에 당사자 중 누구에게 불이익을 돌릴 것인가는 문제이다. 특히 증명이 안 되는 사실에 대하여는 누가 증명책임을 부담하는가에 의하여 소송의 승패가 좌우되므로 그 분배는 매우 중요한 문제이다.

2) 현재는 증명책임의 분배를 법규의 구조에서 찾아야 한다는 법률요건분류설 내지는 규범설이 통설·판례로 되어 있는바, 증명책임은 사실주장의 진실여부가 불명한 경우의 법적용에 관한 문제이기 때문에 법규의 구조·형식 속에서 그 분배를 구하는 설이 수긍가는 바이다.

2. 법률요건분류설에 기한 분배

법률요건분류설 내지 규범설은 각 당사자는 자기에게 유리한 법규의 요건사실의 존부에 대해 증명책임을 지는 것으로 분배시키고 있다. 따라서 소송요건의 존부는 원고에게 증명책임이 돌아간다. 그것이 존재하면 원고에게 유리한 본안판결을 받을 수 있기 때문이다. 본안문제를 나누어 설명하면 다음과 같다.

1) 권리의 존재를 주장하는 사람은 자기에게 유리한 권리근거규정의 요건사실(권리발생사실 = 청구원인사실)에 대하여 증명책임을 진다. 권리근거규정에는 물권적청구권, 계약, 계약불이행, 사무관리, 부당이득, 불법행위 등 규정이 있는데, 이에 기한 권리주장자는 해당 규정의 요건사실에 증명책임을 지게 된다. 예를 들면 매매계약상의 권리를 주장하는 사람은 매매계약규정인 민법 제563조의 요건사실에 대하여 증명책임이 있으며, 그 이상으로 계약이 불공정한 법률행위나 계약해제된 바 없었다는 사실 등 계속 존속된다는 사실까지는 증명책임이 없다.

2) 권리의 존재를 다투는 상대방은 자기에게 유리한 반대규정의 요건사실(반대사실 = 항변사실)에 대하여 증명책임을 진다. 권리근거규정의 반대규정에는 다음 세 가지가 있다.

① 권리장애규정의 요건사실(권리장애사실), 예컨대 불공정한 법률행위, 선량한 풍속위반, 통정허위표시, 강행법규의 위반, 공익상의 필요 등 위법성 조각 따위

② 권리소멸(멸각)규정의 요건사실(권리소멸사실), 예컨대 변제, 공탁, 상계, 소멸시효완성, 제척기간의 도과, 사기·강박에 의한 취소, 계약의 해제, 해지, 권리의 포기·소멸 따위

③ 권리저지규정의 요건사실(권리저지사실), 예컨대 기한의 유예, 정지조건의 존재, 동시이행항변권이나 유치권의 원인사실, 점유권원, 한정승인사실 따위

3) 권리근거규정과 권리멸각규정·저지규정과의 구별은 어렵지 아니하나, 권리근거규정과 권리장애규정과의 구별이 애매하여 문제가 있다. 권리장애규정은 권리근거규정의 요건이 존재함에도 불구하고 예외적으로 권리발생을 방해하는 사유에 대한 규정으로서, 권리근거규정과 권리장애규정의 관계는 원칙규정과 예외규정의 관계이다. 따라서 원칙규정은 그 적용이 유리한 측에서, 예외규정은 그 적용이 유리한 측이 각기 증명책임을 진다고 보는 것이다.

4) 권리를 주장하는 자가 원고이고, 이를 다투는 자가 피고임이 보통이므로, 원고가 권리발생사실, 즉 청구원인사실에 대해, 피고가 권리의 장애·소멸·저지사실, 즉 항변사실에 대하여 증명책임을 지게 되는 것이 통례이다. 그러나 권리부존재의 확인소송이나 청구이의의 소, 배당이의소송에서는 통상의 경우와 달리 증명책임이 그 역으로 바뀌게 된다(원고 → 권리장애·소멸·저지사실증명, 피고 → 권리발생사실 증명).

3. 법률요건분류설에 대한 비판

1) 근자에 이르러 증명책임의 분배에 있어서 법규의 형식에 중점을 두는 법률요건분류설을 버리고 실질적 근거(누구의 지배영역에 속하느냐를 기준)에 입각하여야 한다는 신설이 나타나고 있다(독일의 위험영역설). 일본에 있어서도 법률요건분류설 대신에 실질적 이익교량을 정면에 내세워 증명책임의 분배기준을 재구성하려는 움직임이 있다(증거거리설).

2) 이 밖에 미국의 discovery제도의 도입 필요성도 제기되고 있다.

Ⅲ 증명책임의 전환

1. 입법적 접근

증명책임의 전환이란 증명책임의 일반원칙에 대하여 특별한 경우에 입법에 의하여 예외적으로 수정을 가하는 것으로, 일반원칙과 다른 증명책임의 분배를 처음부터 규정한 것이다. 예를 들면 동일한 과실이라도 일반규정에서는 권리근거규정의 요건사실이 되므로 과실의 증명책임이 피해자에게 있지만, 특별규정(제조물책임법, 개인정보법 등)은 이와 달리 가해자에게 무과실의 증명책임을 지우고 있다. 피해자는 피해주장만 하면 되고 증거댈 필요는 없다.

2. 해석에 의한 접근

이러한 특별입법 이외에 근자에 증명이 곤란한 경우에 해석에 의하여도 증명책임을 전환시키려는 시도가 활발하다. 증명방해의 경우와 설명의무위반 등의 의료과오소송의 경우 등에서이다.

Ⅳ 증명책임의 완화

증명이 곤란할 경우에 형평의 이념을 살리기 위해 이에 의해 불이익을 받는 당사자에 대한 증명책임의 일반원칙을 완화시켜주는 몇 가지 입법대책과 해석론이 있다.

1. 법률상의 추정

1) 의의와 종류

① 추정은 어느 사실(전제사실)에서 다른 사실(증명할 사실, 요증사실)을 추인해 내는 것을 말한다.

② 추정에는 사실상의 추정과 법률상의 추정이 있다. 사실상의 추정은 일반 경험칙을 적용하여 행하는 추정을 말한다(예 매도증서의 보관사실에서 매수사실 추정). 법률상의 추정은 이미 법규화된 경험법칙, 즉 추정규정을 적용하여 행하는 추정을 말한다. 추정이 전자의 경우는 추정사실이 진실인가에 의심을 품게 할 반증으로 번복되지만, 후자의 경우는 추정사실이 진실이 아니라는 적극적인 반대사실의 존재를 증명해야 번복된다.

③ 법률상의 추정은 다시 사실추정과 권리추정으로 나뉜다. 「甲사실(전제사실)이 있을 때에는 乙사실(추정사실)이 있는 것으로 추정한다」고 규정된 경우가 법률상의 사실추정이다. 예를 들면 처가 혼인중에 포태한 자에 부(夫)의 친생자추정, 점유계속의 추정이 그것이다. 이에 대하여 「甲사실(전제사실)이 있을 때에는 乙권리가 있는 것으로 추정된다」고 규정된 경우가 법률상의 권리추정이다. 예를 들면 귀속불명한 재산의 부부공유추정, 점유자 권리의 적법추정이 그것이다.

2) 효과

① 추정규정이 있는 경우에도 증명책임이 있는 사람은 직접 (추정되는 사실 또는 권리를) 증명할 수도 있으나, 보통은 그보다도 증명이 쉬운 甲사실을 증명함으로써 이에 갈음하게 된다 (증명주제의 선택). 따라서 추정규정에 의하여 혜택을 입게 되는 당사자는 甲사실에 대해서만 증명책임을 지게 되는 것이지 乙에 대해서까지는 증명할 필요가 없게 된다. 예를 들면 A시점부터 B시점까지 20년간 점유한 사실을 증명해야 하는 사람은 A시점과 B시점에 각 점유하고 있던 사실만 증명하면 되지, 양 시점 사이에 점유가 계속되고 있었음을 직접 증명할 필요는 없다. 민법 제198조의 점유계속의 추정규정이 있기 때문이다. 이러한 의미에서 추정규정은 증명책임을 완화시키는 것이며 추정되는 것은 증명하지 아니하여도 되는 불요증사실이 된다.

② 이에 대하여 상대방으로서는 乙이 부존재한다는 것을 증명함으로써 추정을 번복할 수 있는데, 상대방이 乙의 부존재에 대하여 증명책임을 진다는 의미에서는 증명책임이 전환되는 것

이다. 위와 같은 예에서 A·B 양 시점의 점유계속이 추정되는 이상 상대방으로서는 그 중간에 점유가 계속되지 않은 반대사실을 적극적으로 증명해야 한다. 추정을 번복하기 위해 세우는 증거는 본증(반대사실의 증거)이고 반증이 아니다.

3) 등기의 추정력

① 법률에 규정된 바 없지만, 판례는 「부동산이전등기는 권리의 추정력이 있으므로 이를 다투는 측에서 무효사유를 주장·입증하지 않는 한 그 등기를 무효라고 판정할 수 없다」고 하여 권리추정으로 보았다. 예를 들면 등기부상 소유자명의가 甲으로 되어 있을 때에 乙이 자기의 무권대리인 丙인 제3자가 개입하여 甲명의의 등기가 마쳐진 것이라고 주장하고 甲은 아니라고 다투면, 丙이 乙을 적법하게 대리한 것으로 추정되기 때문에, 乙은 丙이 무권대리 등 무효사유에 대한 증명책임을 지게 된다. 법률상의 추정법리에 따라 甲은 증명의 필요가 없다. 등기부로 그 명의인의 권리증명이 되었지만, 이어 상대방에 의해 등기의 원인무효가 증명되면, 다음 차례인 실체관계에 부합사실의 증명책임은 등기명의인에 돌아간다. 그것이 등기소송의 특징이다.

② 보존등기의 추정력은 토지사정을 받은 사람이 따로 있는 경우는 깨진다는 것이 판례이다.

4) 유사적 추정

법조문에 '추정'이라는 말을 사용하였지만, 그 모두가 엄격한 의미의 법률상의 수정이라고 할 수 없다. 엄격한 의미의 추정이 아닌 것을 유사(의사)적 추정이라고 한다. 세 가지가 있다.

(1) 잠정적 진실

전제사실로부터 일정한 사실을 추정하는 진정한 법률상의 추정과 달리 그 전제사실이 없는 무전제의 추정(무조건의 추정)을 말한다(점유자는 무조건 소유의사, 선의·평온·공연의 점유 추정). 잠정적 진실은 그 반대사실의 증명책임을 상대방에게 전환시키는 취지의 간접적 표현에 불과한 것으로 뒤집기까지는 일응 진실로 본다는 것이다.

(2) 의사추정(해석규정)

구체적인 사실로부터의 사람의 내심의 의사추정이 아니고, 법규가 의사표시의 내용을 추정한 것이다. 엄격한 의미의 추정이 아니고 법률행위의 해석규정이다(기한은 채무자의 이익을 위한 것으로 추정).

(3) 증거법칙적 추정

실체법의 요건사실과는 관계없는 추정으로 문서의 진정의 추정이 그것이다. 문서의 진정의 추정은 실체법상의 법률효과와 달리 소송상의 법정증거법칙이다. 여기에는 변론종결 후의 승계인의 추정도 포함된다고 할 것이다.

2. 일응의 추정 또는 표현증명

1) 의의

① 사실상의 추정의 한가지로서, 고도의 개연성이 있는 경험칙을 이용하여 간접사실로부터 주요사실을 추정하는 경우를 일응의 추정이라 하며, 추정된 사실은 거의 증명된 것이나 마찬가지로 보기 때문에 표현증명(表見證明)이라 한다.

② 증명책임이 있는 당사자가 추정의 전제사실, 즉 간접사실을 증명하여 주요사실에 관한 추정이 성립되면, 상대방이 그 추정에 의문이 가는 특단의 사정없는 한 그것으로 일단 증명된 것으로 보며, 더 이상의 상세한 증명활동은 필요없게 되는 경우이다. 예를 들면 차도를 운행하던 차량이 갑자기 인도에 진입하여 인명사고를 내거나, 중앙선을 침범하여 상대방쪽 차량과의 충돌사고를 낸 것이 증명된 경우라면 특별한 사정이 없는 한, 그 한 가지만으로 가해자에게 운전상의 과실이 있는 것으로 추단하는 것 등이다. 일응의 추정은 경험칙 가운데 십중팔구는 틀림없는 정도의 신뢰성이 높은 경험법칙, 즉 경험원칙을 적용한 사실상의 추정을 뜻하는 것으로, 통상의 경험법칙을 이용한 사실상의 추정의 경우처럼 사건의 경위에 대한 구체적이고 상세한 증명(주)은 더이상 필요 없게 되는 점에서 증명책임이 경감된다.

③ 일응의 추정 또는 표현증명은 주로 불법행위에 있어서 인과관계와 과실의 인정의 경우에 적용되고, 또 흔히 되풀이될 수 있는 통례적인 사건이 벌어진 경우 이른바 정형적 사상경과(定型的 事象經過)가 문제된 경우에만 적용될 수 있는 점에 그 특징이 있다. 정형적 사상경과란 문자그대로 전형적 사태의 진행으로서, 그 사실 자체로서 일정한 원인행위의 과실 또는 결과와의 인과관계를 시사하는 경우이다. 예를 들면 앞 예의 자동차가 인도에 갑자기 진입하여 인명사고를 낸 경우, 의사가 개복수술 후에 수술용 메스를 뱃속에 그대로 남겨둔 경우 이는 운전사, 의사의 각 과실 및 손해와의 인과관계를 시사하는 전형적 사태의 진행이라고 할 수 있다.

2) 간접반증(일응의 추정의 번복)

(1) 의의

① 간접반증이란 주요사실에 대하여 일응의 추정이 생긴 경우에, 그 추정의 전제사실과 양립되는 별개의 간접사실을 증명하여 일응의 추정을 번복하기 위한 증명활동을 말한다. 반증자에게 증명책임이 있는 간접사실에 의하여 행하는 반증이기도 하다. 일응의 추정이 생긴 경우에 피고 측의 방어방법이다.

예를 들면 차도를 달리던 자동차가 인도에 진입한 사실이나 중앙선 침범의 사실이 확정되면, 그것만으로 운전자의 과실로 일응의 추정이 생겨 더 이상의 증명이 필요 없다. 그러나 그 다음 피고 측이 인도에의 진입사실이나 중앙선 침범의 사실을 받아들이면서 뒤의 다른 차량에 의한 충격의 결과였다는 특단의 사정을 증명하게 되면 운전자의 과실의 추정은 뒤집어지게 된다. 이와 같은 경우의 '특단의 사정'의 입증을 간접반증이라 한다. 이에 대해 전제사실을 직접 부정하기 위한 증명활동(인도에의 진입이나 중앙선 침범 자체를 의심케 할 사실의 증명)이 직접반증이다.

② 간접반증은 원고가 주요사실을 추정시키려는 간접사실을 입증한 경우(간접본증)에, 피고가 이와 모순되지 않는 별개의 간접사실을 증명하여 과실의 추정을 뒤집으려는 것이기 때문에, 법관으로 하여금 그 간접사실에 대해 확신이 가게 증명하지 않으면 안 된다. 따라서 주요사실에 대하여는 반증, 간접사실에 대하여는 본증이 된다. 간접본증에 대한 간접반증의 대응이다. 결코 주요사실에 대한 반대사실의 증거는 아니다.

(2) 기능과 응용

근자에 공해소송・의료과오소송・제조물책임소송, 산업 재해소송 등 현대형 소송에서 인과관계의 증명이 곤란한 소송이 늘어남에 비추어 피해자의 인과관계를 직접증거로 증명하기 곤란하여 그 완화하는 방안으로 간접반증이론을 응용하려 하고 있다. 즉 이와 같은 소송에서 인과관계의 전과정을 피해자인 원고 혼자에게 모두 증명하도록 요구하는 것은 형평의 관념에 반하는 것이므로, 그 과정의 일부를 피고의 간접반증의 대상으로 하여야 한다는 것이다.

예를 들면 공장의 폐수에 의해 피해를 입은 경우에 있어서 인과관계의 고리를 크게 i) 원인물질의 배출, ii) 원인물질의 피해물건에 도달 및 손해발생, iii) 기업에서 생성・유출된 원인물질이 손해발생에의 유해성 등 세 가지 간접사실로 대별할 수 있는바, i)・ii)에 대하여는 피해자인 원고로 하여금 증명을 하게 하여 증명이 성공하면 인과관계가 있는 것으로 일단 추정을 하되, iii)에 대하여는 가해자인 피고 측의 간접반증의 대상으로 하여 그 부존재(원인물질이 무해, 다른 원인의 존재)의 증명이 성공하면 인과관계에 관한 일응의 추정에서 벗어나게 하는 것이다. 그러나 이 경우에 있어서도 유해의 정도가 사회통념상 일반적으로 참아야 할 정도를 넘어선다는 사실까지 피해자가 증명책임을 부담해야 한다는 것이 최근 판례이다. 이는 간접반증이론과 상통한다. 이 이론은 증명책임의 분배에 관한 법률요건설에 입각한 것으로서, 증명책임이 곤란한 주요사실의 증명을 위하여 관련간접사실에 대하여 증명의 부담을 양 당사자에게 분담시켜(간접사실 세 가지 가운데 두 가지는 피해자의 간접본증, 다른 한 가지는 가해자의 간접반증으로 균형을 맞추는 증명책임분배의 기법) 증명책임제도의 공평한 운영을 기하려는 것이다. 우리 판례에서도 이를 정면으로 받아들였으며, 의료과오소송에서도 이와 유사판례가 있다.

Ⅴ 주장책임

1) 변론주의하에서는 권리의 발생・소멸이라는 법률효과의 판단에 직접 필요한 요건사실 내지 주요사실은 당사자가 변론에서 현출하지 않는 한, 법원은 이를 판결의 기초로 할 수 없다. 즉 변론주의하에서는 당사자는 주요사실을 주장하지 않으면 유리한 법률효과의 발생이 인정되지 않을 위험 또는 불이익을 부담하게 되는데, 이와 같은 당사자 일방의 위험 또는 불이익을 주장책임이라 한다(주장이 없을 때의 패소 위험). 말하자면 주장이 없는 경우에 그 불이익을 어느 당사자에게 돌릴 것인가의 문제이기 때문에, 어느 당사자로부터나 사실주장이 있을 때에는 문제가 되지 않는다.

2) 주장책임은 변론주의에만 특유한 것이지만, 증명책임(객관적 증명책임)은 변론주의만이 아니라 직권탐지주의하에서도 생기는 문제임은 앞서 본 바이다.

3) 변론주의하에서는 당사자의 주장이 없는 한, 법원은 증거조사의 결과 이미 심증을 얻은 사실이나 불요증사실이라 하더라도 이를 판결의 기초로 할 수 없다(피고의 소멸시효 항변이 없으면 채권소멸이라 판단할 수 없다).

주장책임은 요건사실에 대하여 존재하는 것이므로 법률효과 자체에 대하여는 당사자의 주장이 없어도 그 요건사실이 변론에 현출된 이상 법원은 당해 법률효과의 발생여부에 대하여 판단할 수 있다. 또한 주요사실이 아닌 간접사실과 보조사실에 대하여는 주장책임이 적용되지 아니하므로 당사자가 주장하였는지 여부와 상관없이 증거로써 인정할 수 있다. 만약 어떤 법률효과의 요건사실이 여러 개의 사실로 구성되어 있을 때 그중 하나라도 주장되지 않는다면, 그 주장은 주장 자체로 이유 없는 것이 되어 주장된 사실들의 인정 여부를 판단할 필요도 없이 배척된다(예컨대, 민법 제126조의 표현대리책임을 주장하면서 대리권의 존재를 믿었고 그와 같이 믿을 만한 정당한 이유가 있었다고만 하고 기본대리권의 존재에 관한 주장을 흠결한 경우, 그 주장은 주장 자체로 이유 없게 된다).

그런데 주장책임은 어떤 요건사실이 변론에 나타나지 않는 경우에 작용하는 불이익이므로, 그 요건사실이 변론에 나타나 있는 한 그것이 어느 당사자에 의하여 주장된 것인지 여부를 불문하고 법원은 이를 재판의 기초로 삼을 수 있다(주장공통).

4) 어느 당사자가 주장책임을 지는가를 정한 것을 주장책임의 분배라 한다. 이것은 원칙적으로 증명책임의 분배와 일치한다(판결문에 요건사실에 대해 "주장증명"이 없는 등의 연이은 표현은 이 까닭이다). 따라서 원고가 권리의 현존을 주장하는 통상의 case에서는 증명책임의 분배대로 i) 권리근거규정의 요건사실을 원고가, ii) 반대규정, 즉 권리장애·소멸·저지규정의 요건사실을 피고가 각기 주장하지 않으면 안 된다. i)이 청구원인사실(= 권리발생사실), ii)가 항변사실이다.

다만 예외적으로 소극적 확인소송·청구이의·배당이의의 소·유치권부존재확인의 소에서는 원고가 먼저 청구를 특정하여 채무발생원인사실을 부정하는 주장을 하면 채권자인 피고는 권리관계의 요건사실에 관하여 주장·증명책임을 분할한다.

03

소송의 종료

01 | 총설206)

I 소송종료 사유

소송은 법원이 종국판결을 함으로써 종료됨이 보통이나, 민사소송은 사적 자치의 원칙이 지배하는 분쟁이므로, 당사자의 행위에 의하여 소송이 종료되는 경우도 있다. 소의 취하와 그 합의, 재판상 화해, 조정, 청구의 포기·인낙이 그것이다. 이 밖에 대립당사자 구조의 소멸로 양쪽 당사자 중 한쪽만이 남게 됨으로써 소송이 종료되는 경우도 있다.

II 소송종료선언(규칙 제67조-제68조, 소취하의 효력을 다투는 절차)

1. 서설

소송종료선언이란 종국판결로써 계속 중이던 소송이 유효하게 종료되었음을 확인선언하는 것을 말한다. 소송종료선언은 그동안 판례를 통해 발전되어온 것으로 우리의 특유한 제도인데, 뒤에 민사소송규칙에서 명문화하였다. 판례를 중심으로 분석하면 그 내용은 다음과 같다.

2. 소송종료선언의 사유

가. 이유없는 기일지정신청

1) 의의

① 확정판결에 의하지 않고 소송이 종료된 뒤, 그 소송종료의 효과가 무효라고 다투면서 소송이 끝나지 아니하였음을 전제로 당사자가 재판기일을 정해달라는 기일지정신청을 하는 경우가 있다.

② 이때에 법원은 유효하게 종료되었느냐의 여부에 관하여 변론심리하여야 하며, 만일 소송종료의 처리가 잘못되었다고 인정되면 본안심리를 계속 진행할 것이다(이때 예외적으로 소취하 무효선언을 할 경우가 있다. 규칙 제67조 제4항).

③ 그러나 그 처리가 타당하고 기일지정신청이 이유없는 것으로 인정되면 신청기각이 아니라 종국판결로써 소송이 종료되었음을 선언하여야 한다. 이 선언에는 소송종료일자와 종료사유를 밝힌다(이 사건 소송은 2010.2.1. 소취하로 종료되었다).

2) 소 또는 상소취하의 효력에 관한 다툼

① 소 또는 상소취하로 일단 소송이 종료된 뒤에 그 부존재·무효를 주장하며 기일지정신청을 하는 경우이다.

---

206) 이시윤, 앞의 책, 562-565면

② 이때에 법원은 변론기일을 열어 신청사유를 심리하여야 하며, 신청이 이유 없다고 인정되
는 경우는 종국판결로써 소송종료선언을 하여야 한다(규칙 제67조 제1항 내지 제3항).
소가 취한간주로 된 뒤에 그 무효를 다투면서 기일지정신청을 하는 때도 같이 처리한다
(규칙 제78조). 종국판결이 선고된 후 상소기록을 상소심에 보내기 전에 이루어진 소의
취하에 관하여 기일지정신청이 있으면 규칙 제67조 제4·5항의 특칙이 있다.

3) 청구의 포기·인낙, 화해의 효력에 관한 다툼

청구의 포기·인낙, 재판상 화해·조정으로 인하여 일단 소송이 종료된 뒤에 그 무효를 다투
며 기일지정신청을 할 수 있는가에 대해 판례에 의하면 청구의 포기·인낙, 화해·조정의 무
효 등 흠은 재심사유가 있을 때에 재심에 준하는 절차(준재심)로써만 다툴 수 있을 뿐, 원칙
적으로 기일지정신청으로 그 무효를 다툴 수는 없다. 그럼에도 기일지정신청을 한 때 당연무
효사유가 존재하지 아니하면 소송종료선언을 요한다.

4) 당사자 대립구조의 소멸

소송계속 중 한 쪽 당사자만이 남게 되는 경우이다. 소송계속 중 당사자 한 쪽의 지위를 상속
등에 의하여 상대방 당사자가 승계하게 된 때에는 당사자의 혼동에 의하여 소송은 종료된다.
또, 당사자 한 쪽이 소송계속 중 사망하였을 때에 이혼소송, 친생자관계존부확인소송이나 이
사의 지위에서 하는 소송과 같은 일신전속적인 법률관계라면 누구에게 승계될 성질의 것이
아니므로, 마찬가지로 종료된다. 이 경우에 소송은 바로 종료되나 당사자 사이에 다툼이 있
어 기일지정신청한 경우에는 이를 명백히 하는 의미에서 소송종료선언을 한다.

재판누락이 없는데도 있다고 추가판결신청한 경우에도 이를 명백히 하기 위한 소송종료선언
을 할 수 있다.

나. 법원의 소송종료의 간과진행

1) 의의

확정판결, 청구의 포기·인낙, 화해·조정의 조서화, 화해권고결정에 이의신청기간의 도과,
소의 취하(취하간주 포함), 구 당사자의 소송탈퇴 등에 의하여 소송종료의 효과가 발생되었는
데도 법원이 이를 간과하고 소송심리를 진행하여 심판하는 경우이다. 특히 상소심에서 발견
되는 경우가 많다. 흔히 병합된 당사자나 청구 중 어느 하나의 당사자나 청구에서 끝난 것을
모르고 진행하는 실수이다. 이때에 소송의 종료 여부는 법원의 직권조사사항이 된다.

2) 소취하간주 등의 간과

제1심에서 소가 취하간주되었음에도 이를 간과하고 진행한 끝에 본안판결을 하였으면, 상급
법원은 제1심판결을 취소하고 소취하간주로 소송이 이미 종료되었다는 취지의 선언을 하여
야 한다. 소의 교환적 변경으로 구청구는 취하되었는데도 판결한 경우에도 상급법원은 마찬
가지로 처리할 것이다.

3) 청구인낙의 간과

피고가 청구인낙을 하여 그 취지가 변론조서에 기재되어 있으면 따로 인낙조서의 작성이 없는 경우라도 확정판결과 같은 효력이 생기며 그로써 소송이 종료되는 것인데, 그럼에도 소송이 진행된 것이 밝혀지면 법원은 '청구의 인낙으로 인한 소송종료'를 판결로써 명확하게 선언하여야 한다.

4) 판결의 확정의 간과

① 소송이 종료되었음에도 이를 간과하고 심판한 경우에 문제된다. 상급법원이 이미 판결의 일부가 이미 확정되어 그 한도에서 소송이 종료된 것인데도 하급심이 심판하였음을 발견하면 그 부분의 판결을 파기(취소)하고 소송은 끝났다고 종료선언을 한다. 예비적 공동소송의 형태로 청구하고 있지만 공동소송인들에 대한 청구가 상호간에 법률상 양립할 수 없는 관계가 있지 아니하여 법 제70조 제1항의 예비적 공동소송이 아니고 통상공동소송인데, 그러한 판결에 대하여 공동소송인 중 일부에 대해서만 불복할 경우에는 그 부분만이 항소심으로 이심되고 그 부분만 항소심의 심판대상이 되는데, 불복하지 아니한 피고 부분도 항소심으로 이심된 것으로 잘못 보고 항소심이 판단한 사례에서, 대법원이 그 부분을 파기하고 소송종료선언을 하였다.

② 판결의 일부가 상고부분에서 배제되어 확정되었음을 간과한 채 심판하는 일은 특히 상고심으로부터 파기환송을 받은 법원이 환송 후의 심판 범위를 오해하여 심판하는 경우이다. 예를 들면 예비적 병합의 경우 항소심에서 주위적 청구의 기각, 예비적 청구의 인용판결이 났을 때에 피고만이 상고를 제기하여 상고법원에서 파기환송되었다면 주위적 청구부분은 상고심의 심판대상이 되지 아니하며, 상고심의 판결선고와 동시에 확정된다. 그럼에도 환송받은 항소심법원이 아직도 주위적 청구가 예비적 청구와 병합상태인 것으로 오해하여 이미 끝이 난 주위적 청구에 대해서도 판결한 때에, 상고심에서 발견하였으면 그 부분에 대한 소송종료선언을 한다.

3. 효력

① 소송종료선언의 판결은 사건 완결의 확인적 성질을 가진 종국판결이며, 청구인용·기각과 같은 본안판결이 아니라 소송판결에 해당한다. 이에 대하여는 상소가 허용된다.

② 소송종료선언의 소송비용의 재판은 이유 없는 기일지정신청 때문에 소송종료선언의 경우에는 기일지정신청 후의 소송비용에 관하여 재판하여야 한다. 이에 대하여 법원의 소송종료의 간과 진행으로 소송종료선언의 경우에는 그 소송종료 후의 소송비용에 관하여 재판하지 않으면 안 된다. 한편 당사자 대립구조의 소멸의 경우는 편면적 구조로 바뀌게 되므로 소송비용 부담자를 정할 것이 아니다.

02 | 당사자의 행위에 의한 소송 종료

제1절   소의 취하(법 제266조-제267조)[207]

I 의의

소의 취하란 원고가 제기한 소의 전부 또는 일부를 철회하는 법원에 대한 단독적 소송행위이다. 이에 의하여 소송계속은 소급적으로 소멸되고, 소송은 종료된다.

1) 소의 취하는 판결에 의하지 않는 소송종료사유이다. 이 점에 있어서 화해 · 조정, 청구의 포기 · 인낙과 공통적이나, 다음처럼 구별된다.

① **청구의 포기와의 구별**

원고 일방의 행위에 의한 소송종료사유라는 점에서 양자는 공통성이 있다. 그러나 소의 취하가 심판의 신청을 소급적으로 철회하는 진술이라면, 청구의 포기는 심판신청 후에 자기의 청구가 이유 없다는 진술이라는 데 그 차이가 있다.

② **상소의 취하와의 구별**

상소의 취하는 원판결을 유지시키며 이에 의하여 원판결이 확정되게 됨에 대하여, 상소심에서의 소의 취하는 이미 행한 판결을 실효케 한다. 상소의 취하에는 피상소인이 응소하였다 하더라도 그의 동의가 필요 없다는 점에서 소의 취하와 다르다.

2) 소의 취하는 소의 전부나 일부에 대하여 할 수 있다. 여러 개의 병합된 청구 중 1개의 취하, 가분청구 중 일부분의 취하는 소의 일부취하이다. 또 공동소송의 경우에 공동원고 중의 한 사람의 소취하, 공동피고 중의 한 사람에 대한 소취하도 소의 일부취하에 해당된다(고유필수적 공동소송에서는 불허).

① 청구의 감축이 소의 일부취하인지 청구의 일부포기인지는 원고의 의사에 따라 정할 것이나, 불분명한 경우에는 원고에게 이익이 되는 소의 일부취하로 해석하여야 한다.

② 소의 일부취하는 공격방법의 일부철회와는 구별된다. 소의 일부취하는 심판신청 자체를 일부철회하는 것임에 대하여, 공격방법의 일부철회는 심판신청을 이유 있게 하는 소송자료의 일부철회이기 때문이다. 후자는 어느 때나 피고의 동의가 필요 없다.

③ 문제되는 것은 소송물이론이다. 경합하는 수 개의 청구권 · 형성권(형성원인)을 주장하다가 그 중 하나를 철회하는 경우이다. 예컨대 승객이 기차사고로 부상을 당하였다는 사실을 바탕으로 손해배상을 구하면서 경합하는 불법행위와 계약불이행청구권 두 가지를 주장하다가 그 한 가지를 철회하는 경우이다. 이때 구이론에 의하면 소의 일부취하로 되나 신이론에 의하면 공격방법의 일부철회에 지나지 아니한다.

---

207) 이시윤, 앞의 책, 566–580면

3) 소의 취하는 원고의 법원에 대한 단독적 소송행위이다. 피고의 동의를 필요로 하는 경우라도 그것
   은 소취하의 효력발생에 필요한 한 가지 요건임에 그치고, 당사자 간의 합의가 아니다.

▮▮ 소취하계약(합의)

1. 의의

소송 외에서 원고가 피고에 대하여 소를 취하하기로 하는 약정을 소취하계약 또는 소취하합의라고
한다.

2. 소취하계약의 효력에 관한 학설

① 사법계약설

사법상의 계약으로서 유효하다고 하는 것으로, 원고가 위반하여 소송을 계속 유지하거나 재소
를 하는 경우에 피고가 이를 항변으로 주장·입증하면 원고는 권리보호의 이익을 잃기 때문에
소를 각하할 것이라는 설(다수설 판례)이다.

② 소송계약설

소취하계약은 소송계속의 소멸이라는 소송상의 효과를 목적으로 하는 소송계약으로서, 계약성
립이 소송상 주장되면 직접 소송계속소멸의 효과가 생기고, 법원은 확인적 의미에서 소가 끝났
다는 소송종료선언의 판결을 할 것이라는 설이다. 나아가 발전적 소송계약설도 있다(이 설의
문제점은 이미 「소송상 합의」 참조).

③ 검토

생각건대 소송 외에서도 행할 수 있고 또 서면에 의하여야 한다는 방식상의 제약도 없는 소취하
계약에 대해 법관 앞에서 하는 소취하 자체와 같이 보는 것은 무리라 하겠다. 따라서 사법계약
설에 기하여 원고가 소취하의 의무를 위배한 채 그대로 소송을 유지함은 신의칙의 위배이고,
권리보호의 이익이 없다는 이유로 부적법각하할 것으로 볼 것이다. 또 원고가 합의에 반하여
소를 취하하지 않는 경우에 피고의 손해배상청구권의 발생의 근거를 찾으려면 사법상의 계약에
기한 소취하의무를 인정하는 것이 적절할 것이다.

3. 소송상 합의의 법리

소취하계약은 소송상 합의의 일종이므로 그에 관한 일반법리에 의하게 된다(전술 "소송상 합의" 참
조). 당사자 사이의 명시적·묵시적 합의에 의하여 해제될 수 있다. 다만 소취하계약에 의하여 소
가 각하된 뒤라도 원칙적으로 재소를 할 수 있지만, 부제소합의까지 여기에 포함된 경우라면 다르
다고 할 것이다. 다만 재판상 화해수반형의 소취하합의는 그 자체가 재판상 화해이므로 화해의 소
송종료효 때문에 재소의 여지가 없을 것이다.

III 소취하의 요건

1. 소송물

원고는 모든 소송물에 대하여 자유롭게 취하할 수 있다. 가사소송·행정소송·선거소송과 같이 직권탐지주의의 적용을 받는 소송물에 대해서도 자유롭게 소를 취하할 수 있다. 다만 주주대표소송과 증권관련 집단소송에서는 소의 취하에 대해 법원의 허가를 요한다.

2. 시기

① 소의 취하는 원고의 소제기 후 판결이 확정되기까지 어느 때라도 할 수 있다(법 제266조 제1항). 비록 소송요건의 흠 등으로 적법한 소가 아니라도 이를 취하할 수 있다. 심급 사이, 즉 판결선고나 판결송달 후 상소의 제기 전이라도 할 수 있다.

② 상소심에서도 소의 취하는 허용되나 재소금지의 제재가 따른다(법 제267조 제2항).

3. 피고의 동의

소의 취하에 있어서 피고가 본안에 대한 준비서면의 제출·변론준비기일에서의 진술·변론을 하기 전까지는 피고의 동의를 필요로 하지 아니하나, 그 뒤에는 피고의 동의를 필요로 한다(법 제266조 제2항). 왜냐하면 피고가 응소하여 본안판결을 받으려는 적극적 태도를 보였으면 소송을 유지하는 데 피고에게도 이해관계가 있다고 볼 것이며, 기왕 소송이 성립된 기회에 피고에게 청구기각의 판결을 받을 이익이 생겼기 때문이다.

① 피고의 동의를 필요로 하는 것은 피고가 본안에 관한 응소, 즉 청구가 이유 있느냐 여부에 관한 사항에 응소한 경우이어야 한다. 이 단계에 이르지 않고 실체사항이 아닌 절차사항인 기일변경에의 동의, 소송이송신청에 그친 때에는 소의 취하에 피고의 동의를 필요로 하지 않는다.
또 피고가 주위적으로 소각하판결, 예비적으로 청구기각판결을 구한 경우에는 다툼이 있으나, 청구기각의 본안판결을 구하는 것은 예비적인 것에 그치므로 피고의 동의가 필요 없다는 것이 판례이다. 본소의 취하 후에 반소를 취하함에는 원고의 동의가 필요 없다(법 제271조).

② 고유필수적 공동소송에 있어서는 공동피고 전원의 동의를 요한다. 독립당사자참가를 취하함에 있어서는 원·피고 쌍방의 동의를 요한다. 독립당사자참가 후에 원고가 본소를 취하함에 참가인의 동의가 필요하고, 예비적 공동소송에서도 소의 일부취하가 허용된다(법 제70조 제1항 단서).

4. 소송행위로서 유효한 요건을 갖출 것

① 소의 취하를 하는 원고에게는 소송능력이 있어야 하며, 대리인에 의하는 경우에는 특별한 권한 수여를 필요로 한다. 유사필수적 공동소송에서는 단독으로 취하할 수 있으나 고유필수적 공동소송에서는 공동소송인 전원이 공동으로 취하하지 않으면 아니 된다. 다만 무능력자 또는 무권대리인은 추인이 없는 한, 스스로 제기한 소를 취하할 수 있다.

② 취하는 소송행위이므로 민법상의 법률행위에 관한 규정이 적용될 수 없으며, 이에 정지조건이든 해제조건이든 조건을 붙여서는 아니 된다. 또 취하가 피고의 동의에 의하여 그 효력이 생긴 뒤에는 원칙적으로 철회는 허용되지 않는다.

③ 판례는 소송절차의 명확성과 안정성을 기하기 위해 표시주의가 관철되어야 하는 것이 소송행위이기 때문에, 착오 또는 사기·강박 등 하자(흠)있는 의사표시에 의한 것이라도 민법 제109조와 제110조에 의하여 취소할 수 없다는 입장이다. 다만 소의 취하가 형사상 처벌할 다른 사람의 행위로 인하여 이루어진 때에 제451조 제1항 제5호의 재심사유에 해당할 만큼의 충분한 가벌성이 있는 경우라면 무효·취소를 주장할 수 있다는 것이 다수설이고 판례이다. 이때에 원고는 제456조에 정한 제척기간 내에 주장하지 않으면 안 되나, 그 주장에 있어서는 제451조 제2항의 요건, 즉 유죄의 확정판결까지 필요로 하지 않는다고 할 것이다(확정판결불요설). 반대로 널리 원고의 보호를 위해 하자 있는 의사표시는 물론 착오에 의한 소의 취하까지도 취소할 수 있게 하여야 한다는 소수설도 있다(민법 규정유추설).

Ⅳ 소취하의 방법

1) 원칙적으로 소송이 계속된 법원에 취하서를 제출하여야 한다. 다만 변론기일에서는 말에 의한 취하도 허용된다. 소장부본의 송달 후에는 소취하의 서면을 피고에게 송달하지 않으면 안 된다, 말로써 소를 취하한 경우에 상대방이 결석한 때에는 취하의 진술을 기재한 조서의 등본을 상대방에게 송달하여야 한다(법 제266조).

2) 취하에 대한 피고의 동의도 서면 또는 말로써 한다. 피고의 동의 여부가 불분명한 때에는, 피고가 취하서의 송달을 받거나 기일에 출석함으로써 취하가 있는 것을 안 날로부터 2주일 내에 이의하지 아니하면 소의 취하에 동의한 것으로 본다(동의간주)(법 제266조 제6항).

Ⅴ 소취하의 효과

1. 소송계속의 소급적 소멸(법 제267조 제1항)

소가 취하되면 처음부터 소송이 계속되지 아니하였던 것과 같은 상태에서 소송이 종료된다.

1) 소송을 더 이상 진행시키거나 청구기각·인용 등의 판결을 하여서는 안 되며, 상소를 제기할 수 없다.

① 소를 취하하기에 앞서 행한 법원의 소송행위 특히 이미 행한 종국판결은 당연히 실효된다. 법원의 증거조사도 마찬가지이다.

② 소송계속을 전제로 이미 행한 당사자의 소송행위(보조참가, 소송이송신청, 법관기피신청, 소송고지 등)도 당연히 실효된다. 그러나 취하에 앞서 제기한 독립당사자참가·반소 등 소송 중의 소는 본소의 취하에 불구하고 원칙적으로 아무런 영향을 받지 아니한다.

2) 소의 제기와 결부된 사법상의 효과는 소의 취하에 의하여 그 운명이 어떻게 되는가. 소의 제기에 의한 시효중단의 효과는 소급적으로 소멸된다는 명문이 있다(민법 제170조). 문제는 소장의 기재에 의하거나 변론진행 중에 공격방어방법의 전제로서 행하는 사법행위가 소의 취하에 의하여 소멸되는가이다(예 갑의 최고나 해지·해제, 취소 또는 상계의 의사표시 따위를 하였을 때에 갑

이 소취하를 하였더라면 그러한 사법행위가 없던 것이 되는가 그대로 남는가의 문제이다).

① 사법행위(私法行爲)는 소의 취하에 불구하고 그 효과가 유지되며, 아무 영향이 없다는 병존설(사법행위설), ② 사법행위도 소취하와 함께 전부 소멸된다는 소송행위설, ③ 일반적으로 사법행위의 효과는 유지되지만, 상계의 의사표시에 관한 한 소취하와 함께 소멸된다는 신병존설 등으로 대립되어 있다.

생각건대 재판상 상계권의 행사는 수동채권의 존재확정을 전제로 하여 행해지는 예비적 항변이 되는 특수성에 비추어, 소의 취하에 의하여 상계의 효력이 없어진다 할 것이나, 그 밖의 사법행위(해제 해지)는 아무 영향이 없다는 ③설(신병존설)을 따른다.

3) 소의 취하에 의해 비록 소송계속이 소급적으로 소멸되지만, 소송계속 중에 생긴 소송비용의 부담과 액수를 정하는 절차는 남는다. 이것은 당사자의 신청에 의하여 법원이 결정으로 정한다(법 제114조).

2. 재소의 금지(법 제267조 제2항)

> 🖋 관련 기출문제 – 2015년 공인노무사
> 재소금지에 대하여 설명하시오. 25점

1) 의의

① 본안에 대한 종국판결이 있은 뒤에 소를 취하한 사람은 같은 소를 제기하지 못한다(법 제267조 제2항)[208].

② 소의 취하는 앞서 본 바와 같이 소송계속을 소급적으로 소멸시키므로 종국판결선고 후에 소를 취하하면 이미 행한 판결이라도 당연히 실효되게 된다. 그리하여 판결을 하는 데 들인 법원의 노력은 원고의 이와 같은 처사로 헛수고가 된다. 그러므로 현행법은 판결의 확정에 이르기까지는 상소심에서도 소를 취하할 수 있게 하면서, 한편으로는 소의 취하로 인하여 법원의 종국판결이 농락될 염려를 방지하기 위해 제재적 조치로 본안에 관하여 종국판결이 있은 뒤에는 이미 취하한 소와 같은 소를 제기할 수 없도록 하였다.

판결확정 시까지는 소취하의 자유를 주면서 한편으로는 일정한 시기 이후의 소취하에 재소를 금지시키고 있는 현행법은 입법론상 모순이므로, 차라리 본안판결 선고 후에는 소의 취하를 금지하는 것이 온당하다는 견해가 있다.

2) 요건

취하하기 전의 소와 취하 후의 재소가 동일한 소로서 재소금지가 되려면 동일한 당사자 사이의 동일한 소송물일 것 외에 권리보호의 이익도 같아야 한다. 기판력·중복소제기도 동일한 소금지이지만 그 점이 다르다.

---

208) 제267조(소취하의 효과)
　② 본안에 대한 종국판결이 있은 뒤에 소를 취하한 사람은 같은 소를 제기하지 못한다.

(1) 당사자의 동일

① 재소를 제기할 수 없는 것은 전소의 당사자뿐으로서 전소의 원고만이고, 피고는 재소의 제기에 제한을 받지 않는다.

② 전소의 원고나 그의 변론종결 후의 일반승계인이 그 효과를 받는 것은 문제 없으나, 특정승계인에게도 미치는가는 설이 대립되어 있다. 일부 학설과 판례는 일반승계인과 특정승계인을 가리지 않고 모두 포함한다고 해석하고 있지만, 반대입장이 있다. 그러나 재소의 금지는 기판력처럼 법적 안정성을 위한 것이 아니고 소권남용에 대한 제재이므로 전소의 취하를 알면서 승계하였다는 등의 특별한 사정이 없는 한 특정승계인에게는 미치지 않는다고 볼 것이다.

③ 소를 취하한 자가 선정당사자일 때에는 선정자도 재소금지의 효과를 받는다.

④ 본안판결 후에 취하한 자가 채권자대위소송을 한 채권자일 때에는 채무자가 대위소송이 제기된 것을 안 이상 채무자는 재소금지의 효과를 받는다는 것이 다수설・판례이다. 이에 대해 반대설이 있는데, 특히 채권자대위소송은 소송담당이 아니라는 전제이다.

> **🖋 사례 – 사법연수원 자료변형**
>
> 甲으로부터 乙에게 부동산 이전등기된 것에 대하여 甲의 채권자 丙이 甲을 대위하여 乙에게 소유권이전등기말소 소송을 제기하여 소송이 계속 중, 이렇게 丙이 자신을 대위하여 위 소송을 제기한 사실을 알게 된 甲은 직접 乙에게 소유권이전등기말소 소송을 제기하여 그 소장부분이 피고에게 송달되었다. 그 후 丙의 대위 소송이 1심에서 청구기각 판결을 받게 되자 丙이 항소를 제기하였다. 그 후 乙의 항소심 답변서를 통해서 甲 본인이 직접 소를 제기한 사실을 알게된 丙은 자신이 제기하였던 대위소송을 모두 취하하였다. 법원은 甲이 직접 제기한 소에 대하여 어떠한 내용의 판결을 선고하여야 하는가? 25점
>
> **(사례의 해결)**
>
> 1) 채권자대위권에 의한 소송이 제기된 사실을 피대위자가 알게 된 이상, 그 대위소송에 관한 종국판결이 있은 후 그 소가 취하된 때에는 피대위자도 민사소송법 제267조 제2항 소정의 재소금지규정의 적용을 받아 그 대위소송과 동일한 소를 제기하지 못한다.
> 2) 사례에서, 이미 丙이 甲을 대위하여 乙에게 소유권이전등기말소 소송을 제기한 후에 甲 자신이 乙에게 동일한 소유권이전등기말소 소송을 제기하였으므로 이는 중복제소금지에 위배되지만, 甲 자신에 직접 제기한 소의 변론종결일 이전에 丙의 대위소송이 취하되었으므로 중복상태는 해소되었다.
> 3) 다만, 채무자 甲 자신이 丙에 의한 대위소송이 제기되었음을 알고 있었고, 나아가 그 대위소송에 관한 종국판결인 제1심 판결이 있은 후 그 소가 취하된 이상 피대위자 甲도 재소금지규정의 적용을 받게 되므로, 법원은 甲이 제기한 소를 재소금지원칙에 위배된다는 이유로 각하하여야 한다.

(2) 소송물의 동일

① 전소·후소의 소송물이 같을 것을 요구한다. 구이론에 의하면 같은 목적의 소송이라도 실체법상의 권리를 달리 주장하면 동일한 소라고 할 수 없다. 예컨대 같은 목적의 가옥명 도청구라도 물권인 소유권에 기한 경우와 채권적인 약정에 기한 경우는 동일한 소일 수 없다. 이에 대해 실체법상의 권리를 소송물의 요소라기보다도 공격방법 내지 법률적 관점으로 보는 신이론(단, 이분은 결론이 다를 수 있다)은 그 경우에 동일한 소로서 재소금 지의 효과를 받는다. 판례는 구이론을 따랐다.

② 문제가 되는 것은 전소가 원본채권이고, 후소가 이자채권일 때와 같이 전소의 소송물을 선결문제로 하는 것일 때에 동일한 소라고 하는 설이 있으며 그것이 판례이나, 이 경우에는 서로 소송물이 다르기 때문에 동일한 소라고 보기가 어렵다. 기판력의 문제에 있어서도 전소의 소송물을 선결문제로 하는 후소가 제기된 경우에 선결문제의 한도에서 전소의 기판력 있는 판단에 구속될 뿐이지 후소의 제기 자체가 불허되는 것은 아니다. 따라서 재소 문제에 있어서 이 경우에 동일한 소라고 하여 재소를 막는 것은 기판력의 효과보다 더 가혹한 것이 된다. 그러나 전소의 소송물 속에 후소의 소송물이 포함된 때에는 재소금지의 효과를 받는다 할 것이다.

(3) 권리보호이익의 동일

① 전소와 권리보호의 이익을 달리하는 재소일 때에는 재소금지의 원칙에 저촉되지 아니한다. 정당한 사유 없이 소를 취하한 경우에 재소를 하는 따위의 남소는 금지하여야 하겠지만, 소권이 부당하게 박탈되지 않도록 하기 위함이다. 재소금지의 취지에 반하지 않고 재소를 필요로 하는 사정이 있으면 상관없다. 이 점이 특히 중복소송금지의 원칙과 구별되는 점이다.

② 예컨대 제1심에서 소유권 침해를 막는 내용의 본안판결이 난 다음 항소심에서 피고가 소유권침해를 중지하여 소를 취하하였는데 그 뒤 재침해하는 경우, 피고가 원고의 소취하의 전제조건으로 하였던 약정사항을 이행하지 않아 약정이 해제·실효되는 사정변경이 있는 경우는 재소를 제기하여도 무방하다.

(4) 본안에 대한 종국판결선고 후의 취하

① 본안판결이 난 뒤일 것. 따라서 소송판결이 있은 뒤의 취하에는 적용되지 아니한다. 소 각하판결이 있은 뒤나 소송종료선언의 판결 뒤에 소를 취하한 경우에 다시 원고가 동일한 소를 제기하여도 무방하다. 그러나 본안판결이면 원고승소이든 패소이든 불문한다.

② 종국판결 선고 후의 소의 취하일 것. 따라서 종국판결 선고 전에 소를 취하한 경우이면 법원이 이를 간과하고 종국판결을 선고하였다 하더라도 뒤에 동일한 소를 제기할 수 있다.

③ 항소심에서의 소의 교환적 변경과 재소

소의 교환적 변경은 구청구의 취하가 되며, 따라서 항소심에서 이 형태의 변경은 본안에 대한 제1심 종국 판결선고 후의 구청구의 취하가 된다. 그 뒤 재변경에 의하여 다시 본래의 구청구를 되살리면 일찍이 종국판결까지 났던 구청구를 취하하고 다시 제기하는 것에 해당되므로 재소금지의 효과 때문에 부적법해진다. 현재 판례·통설이다. 이는 원고로서 예상 밖의 함정이 될 수 있다. 예를 들면 甲이 乙상대로 제1심에서 목적물인도청구 → 항소심에서 그에 갈음하는 금전배상청구로 교환적 변경 → 다시 목적물인도청구의 원상 변경 등 우왕좌왕하는 경우이다. 그렇게 되면 손해배상청구는 취하로 소멸되고 목적물인 도청구는 취하 후의 재소인 것으로 부적법해진다는 문제가 생긴다. 생각건대 항소심에서 무심코 소를 잘못 변경하여 불의의 타격을 받지 않도록 항소심에서의 소변경의 경우에 그 형태가 교환적인지, 추가적인지는 반드시 석명사항으로 할 것이며, 이때 구청구를 취 하한다는 뜻의 교환적인 것으로 원고가 명시하지 아니하면 교환적이 아닌 추가적 변경으 로 볼 것이다. 판례도 교환적 변경에 있어서 신청구가 부적법하여 법원의 판단을 받을 수 없는 경우까지 구청구가 취하되는 교환적 변경이라 볼 수 없다 하여, 교환적 변경의 해석을 엄격하게 하였다. 이처럼 항소심에서 교환적 변경에 대해 석명과 엄격한 의사해 석에 의하여 예상 밖의 결과는 해결될 수 있다고 보며, 그렇게 될 때 甲이 앞의 예에서 손해배상 취하, 목적물인도 부적법으로 모두를 잃는 뜻밖의 결과를 최소화할 수 있을 것 이다.

3) 재소금지의 효과

① 재소금지의 원칙은 소송요건이고 법원의 직권조사사항이다. 따라서 피고의 동의가 있어도 재소임이 발견되면 판결로써 소를 각하하지 않으면 안 된다.

② 재소금지는 소송법상의 효과임에 그치고, 실체법상의 권리관계에는 영향이 없다. 따라서 재 소금지의 효과를 받는 권리관계라고 하여 실체법상으로도 소멸되는 것은 아니며, 자연채무 의 상태로 남게 된다(재소금지의 채권이라도 원고의 임의변제의 수령, 상계의 제공은 무방하 며 피고에게 원고의 채권부존재확인의 소를 제기할 이익은 있다).

③ 청구의 포기를 할 수 없는 소송, 예컨대 가사소송사건(단 그중에서 다류사건 및 이혼, 파양 의 소는 제외)에 있어서는 재소금지의 효과가 적용되지 않는다 할 것이다(통설). 공익소송인 소비자·개인정보 단체소송도 청구의 포기가 허용될 수 없으므로 같이 볼 것이다. 만일 재소 를 금지한다면 청구의 포기를 할 수 없는 소송에 대하여 포기를 인정하는 것과 같은 결과가 되기 때문이다.

Ⅵ 소의 취하간주

소의 취하로 간주되는 것은 다음 다섯 가지 경우이다.

첫째로, 기일에 양쪽 당사자가 2회 출석하지 아니하고(출석하여도 무변론의 경우 포함), 1월 내에 기 일지정신청을 하지 않은 때 또는 기일지정신청이나 직권으로 정한 새 기일에 양쪽 당사자가 다시 결석 한 때에는 소가 취하된 것으로 본다(법 제268조).

둘째로, 피고의 경정의 경우는 구피고에 대한 소는 취하한 것으로 본다(법 제261조 제4항).

셋째로, 법원재난의 경우에도 소의 의제적 취하로 될 수 있다. 즉 법원재난에 기인한 민형사사건 임시

조치법 제2조, 제3조에 의하면 법원이 화재·사변 그 밖에 재난으로 인하여 소송기록이 멸실된 경우에는 원고가 6개월 내에 소장을 제출하지 않으면 소의 취하가 있는 것으로 간주된다. 다만 부주의로 인한 기록분실의 경우에는 포함되지 않는다.

넷째로, 증권관련 집단소송에서 소송절차의 중단 후 1년 이내에 소송수계신청이 없으면 소가 취하된 것으로 본다.

다섯째로, 조정에 회부된 사건이 조정이 성립된 경우 등에도 같다.

Ⅶ 소취하의 효력을 다투는 절차

1) 소취하의 존재여부 또는 유·무효에 대하여 당사자 간에 다툼이 있을 때에는 당해 소송의 절차 내에서 해결하여야 한다. 따라서 소취하의 부존재나 무효임을 다투는 당사자는 별도의 소로써 소취하의 무효확인청구를 할 수는 없고, 상소를 할 수도 없으며, 당해 소송에서 기일지정신청을 하여야 한다.

2) 기일지정신청이 있을 때에는 법원은 반드시 변론을 열어 신청이유를 심리하고 그 결과 소의 취하가 유효하다고 인정되면, 종국판결로써 소송종료선언을 하여야 한다. 만일 심리 결과 소의 취하가 무효인 것이 판명되면 취하 당시의 소송정도에 따른 필요한 절차를 계속 진행할 것이고 이를 중간판결이나 종국판결의 이유 속에서 판단·표시하여야 한다.

3) 흔한 일은 아니나 종국판결선고 후에 상소기록을 상급심으로 보내기 전에 소를 취하한 경우에, 취하의 무효를 다투며 기일지정신청을 하였을 때에 어느 법원에서 어떻게 심판할 것인가에 대해 ① 상소이익이 있는 당사자 모두가 상소한 경우에는 상소법원(규칙 제67조 제4항 제1호), ② 그 밖의 경우에는 원심판결법원이 그 당부를 심판한다(규칙 제67조 제4항 제2호, 제5항). 기일지정신청에 대해서는 ①의 상소법원은 위에서 본 바 통상의 기일지정신청이 있는 경우처럼 처리하면 된다. 그러나 ②의 원심판결법원은 그 신청이 이유 없으면 소송종료선언을, 이유 있으면 소취하무효선언을 한다.

제 2 절 청구의 포기·인낙[209]

Ⅰ 의의

청구의 포기란 변론 또는 변론준비기일에서 원고가 자기의 소송상의 청구가 이유 없음을 자인하는 법원에 대한 일방적 의사표시이며, 청구의 인낙이란 피고가 원고의 소송상의 청구가 이유 있음을 자인하는 법원에 대한 일방적 의사표시이다. 변론조서 또는 변론준비기일조서에 기재하면 확정판결과 같은 효력이 생기며 이에 의하여 소송은 종료된다. 청구의 포기와 인낙은 의사표시의 주체는 각각 다르다 하여도 소송상의 청구에 관해 한쪽 당사자에만 불리한 진술이라는 점에서는 공통적이다.

---

209) 이시윤, 앞의 책, 580-587면

1) 청구의 포기·인낙은 당해 소송의 변론(또는 변론준비기일)에서 법원에 대하여 하는 진술이다. 따라서 소송 외에서 상대방 당사자나 제3자에 대해 청구의 포기·인낙과 같은 내용의 진술을 하여도 실체법상의 권리의 포기, 채무의 승인 따위의 사법상의 법률행위에 지나지 않는다. 그러므로 이를 두고 공격방어방법의 내용으로 할 수 있을지언정, 소송법상의 효과가 발생하는 청구의 포기·인낙 이라고 할 수 없다.

2) 청구의 포기·인낙은 소송상의 청구에 대한 직접적이고 무조건의 불리한 진술이다.

   (1) 자백과의 구별

   청구의 포기·인낙의 대상은 소송상의 청구이다. 따라서 소송상의 청구의 당부판단에 전제되는 개개의 사실상의 주장이나 선결적 권리관계를 그 대상으로 하는 자백이나 권리자백과는 다르다. 불리한 것이 소송물 자체에 대한 것이면 청구의 포기·인낙이고, 공격방어방법에 대한 것이면 자백이다. 예를 들면 소유권에 기한 가옥명도소송에서 피고가 원고의 가옥명도청구권을 시인 하는 진술은 청구의 인낙이나, 명도청구권의 존부판단에 전제되는 원고의 소유권이나 피고의 점유사실의 시인은 권리자백이나 재판상 자백이 된다.

   ① 자백이나 권리자백이 있어도 법원은 청구의 당부에 대하여 판결하여야 하지만, 청구인낙의 경우에는 청구의 상부에 대한 법원의 판결이 전면적으로 배제된 채 조서작성으로 소송은 종료된다.

   ② 청구가 법률상 주장 자체로 보아 이유 없을 때에는 피고가 전부 자백한 경우라도 청구 기각 판결을 하여야 하나, 인낙의 경우에는 그렇지 않으며 받아들여야 한다. 자백의 경우는 법원의 사실판단권만을 배제할 뿐 법률판단권까지는 배제하지 못하나, 인낙의 경우는 법원의 사실·법률판단권 두 가지 모두 배제되기 때문이다.

   ③ 자백은 어느 당사자나 할 수 있지만, 청구의 인낙은 피고만이 할 수 있다.

   ④ 자백은 상고심에서 허용되지 않지만, 청구의 인낙은 어느 때나 가능하다.

   (2) 일부포기·인낙

   청구의 포기·인낙은 무조건이어야 한다는 것이 통설이다. 따라서 가분적 청구의 일부포기는 물론 일부인낙은 허용된다. 그러나 조건부 또는 유보부인낙은 소송법상의 효과가 발생하는 인낙 이라고 보지 않는다.

   (3) 화해와의 구별

   모두가 판결에 의하지 아니하는 소송종료사유이다. 청구의 포기·인낙은 한쪽 당사자만이 전면 적 양보를 하는 단독행위임에 대하여, 화해는 양쪽 당사자가 상호 양보한 끝에 소송을 종료시키기로 하는 합의임에 차이가 있다.

   (4) 소의 취하의 구별

   청구의 포기나 소의 취하가 원고의 행위에 의하여 소송을 종료시킨다는 점에서 공통적이다. 그러나 전자는 심판 청구에 대한 불이익한 진술임에 대하여, 후자는 단순한 심판신청의 철회라는 점에서 본질적으로 구별이 된다.

절차상 다음과 같은 차이가 있다.

① 소의 취하가 있으면 소송은 처음부터 계속(係屬)되지 않은 것 같이 되지만, 청구의 포기는 원고패소의 확정판결과 같은 효력을 낳는다.

② 본안의 종국판결 후에 소의 취하가 있은 때에는 재소가 금지되나, 그 밖의 소취하의 경우에는 재소에 아무런 지장이 없다. 이에 대하여 청구의 포기가 있은 때에는 기판력이 생기기 때문에 어느 때나 신소의 제기는 허용되지 않는다.

③ 피고가 응소한 뒤 소의 취하에는 그 동의를 요하지만, 청구의 포기에는 상대방의 승낙이 필요 없다. 이와 같이 양자 간의 효과상의 차이 때문에 특히 청구취지의 감축의 경우에는 의사가 불명하면 소의 일부취하로 보아야 함은 앞서 본 바이다.

④ 소의 취하는 직권탐지주의에 의하는 소송절차에서도 허용되나, 청구의 포기는 그렇지 않다.

Ⅱ 법적 성질

1) 청구의 포기 · 인낙에서 다뤄지는 주요한 논점은 법적 성질과 구제수단인 바, 두 논점은 서로 표리의 관계에 있다. 우선 법적 성질에 관하여 보면 학설로는, 청구의 포기 · 인낙을 ① 실체법상의 권리의 포기, 채무의 승인 혹은 하자있는 행위의 추인 등으로 보는 사법행위설, ② 청구의 포기 · 인낙은 직접 소송상의 효과를 목적으로 한다는 점에서 소송행위라고 보아야 할 것이나, 원고 또는 피고의 의사에 의해 소송물인 권리관계를 실체법상 처분한 것과 같은 결과를 발생시키기 때문에 사법상의 법률행위와 같은 작용도 겸유한다는 양성설, ③ 법원에 대한 일방적 소송행위라고 보는 소송행위설 등이 있지만, ③설이 통설로 되어 있다.

2) 청구의 포기 · 인낙에 착오나 사기 · 강박 등의 민법상 의사표시의 하자가 있는 경우 사법행위설이나 양성설은 민법 규정의 적용을 인정하여 준재심에 의하지 아니하고 바로 기일지정신청을 할 수 있다고 본다. 하지만 소송행위설은 사법상의 하자가 있어도 포기 · 인낙의 효력에는 아무런 영향이 없으며(민법 규정의 적용을 인정하지 않고), 청구의 포기 · 인낙에 대하여 원칙적으로 준재심에 의한 구제만을 인정할 뿐이다. 소송행위설이 통설이고, 판례의 입장이다. 더구나 제461조[210]는 청구의 포기 · 인낙조서의 효력의 취소는 준재심에 의하여 하도록 규정한 것이 입법적으로 소송행위설의 유력한 근거가 된다.

---

210) 제461조(준재심)
　　제220조(화해, 청구의 포기 · 인낙조서의 효력)의 조서 또는 즉시항고로 불복할 수 있는 결정이나 명령이 확정된 경우에 제451조 제1항에 규정된 사유가 있는 때에는 확정판결에 대한 제451조 내지 제460조의 규정에 준하여 재심을 제기할 수 있다.

Ⅲ 요건

1. 당사자에 대한 요건

① 당사자로서는 소송행위의 유효요건인 소송능력을 갖추어야 하며 대리인에 의하는 경우에는 특별한 권한수여가 필요하다.

② 필수적 공동소송의 경우에는 공동소송인 전원이 일치하여 청구의 포기나 인낙을 하여야 하고(법 제67조 제1항), 그중 한 사람의 청구의 포기·인낙은 무효로 된다. 독립당사자참가의 경우에는 원고나 피고가 청구의 포기나 인낙을 하여도 참가인이 다투는 한 효력이 없다(법 제79조 제2항·제67조 제1항). 참가인이 청구를 포기하거나 참가인의 청구에 대하여 인낙하는 경우도 같다. 또 청구의 포기나 인낙은 상대방 또는 제3자의 형사상 처벌할 행위에 의하여 이루어져서는 안 되며, 상대방과 담합하여 행하는 청구의 포기·인낙은 무효이다(법 제451조 제1항 제5호). 소송행위이기 때문에 단순히 사기·강박·착오 등을 이유로 민법의 법률행위의 법리에 따라 취소할 수 없다. 의사무능력자를 위한 특별대리인의 소 취하·청구의 포기·인낙 또는 화해나 소송탈퇴 행위가 본인의 이익을 명백히 침해한다고 인정할 때에는 법원은 결정으로 불허할 수 있도록 하였다(법 제62조의2).

2. 소송물에 관한 요건

1) 청구의 포기·인낙의 대상은 당사자가 자유로이 처분할 수 있는 소송물이어야 한다. 가사소송·행정소송·선거관계소송 등 직권탐지주의에 의하는 절차에서는 청구의 포기·인낙은 허용되지 않는다. 다만, 가사소송사건 중 이혼소송과 파양소송에는 협의이혼이나 협의파양을 인정하고 있으므로 인낙도 허용된다고 할 것이다.

   회사관계소송에 있어서는 직권탐지주의를 따르고 있지 않지만 청구인용판결은 그 효력이 제3자에게 미치는 점에 비추어, 청구인용판결에 해당하는 청구의 인낙은 허용되지 않는다고 할 것이다. 판례는 예비적 청구만을 대상으로 한 청구의 인낙은 무효라 하였다. 예비적 청구는 주위적 청구의 당부를 먼저 판단하여 그 이유 없을 때에만 심리할 수 있고 그것만 먼저 분리하여 일부판결은 할 수 없다는 이유에서이다.

2) 인낙의 대상이 되는 법률효과 자체가 특정되어야 하고, 또 현행법상 인정되지 않는 것(소작권과 같은 현행법에 없는 물권을 인낙에 의하여 만들 수 없다) 또는 선량한 풍속 그 밖의 사회질서에 반하는 것(근육 1파운드의 인도청구)이 아닐 것을 요한다.

   다만 법률효과 자체는 허용되는 것이지만 법원의 법률판단을 받게 될 때면 패소할 수밖에 없는 청구에 대한 인낙도 그 효력이 있는가에 관하여는 반대설이 있으나 부정할 것은 아니다. 왜냐하면 소송상의 청구가 이유 있느냐의 여부에 대한 법원의 법률판단권 배제가 청구인낙의 취지이며, 인낙의 효력은 당사자 간에만 미치는 것이 원칙임에 비추어 이러한 청구에 대해 인낙하여도 그로 인하여 제3자의 지위에 영향을 줄 염려가 없기 때문이다. 따라서 원고의 주장 자체로 보아 이유 없는 청구라도 인낙의 대상이 되며, 이 경우에 법원이 인낙의 효력을 부인하고 청구기각의 판결을 하여서는 안 된다. 판례도 소재지관서의 증명이 없더라도 농지이전등기 청구의 인낙조서는 무효가 아니라고 하였다.

3) 소송요건의 흠이 있는 경우에 청구의 포기·인낙이 허용되느냐 하는 문제가 있다. 청구의 포기·인낙은 본안의 확정판결과 같은 효력을 가지므로 소송요건이 구비되지 않으면, 청구의 포기·인낙에 불구하고 법원은 소를 각하(또는 이송)하여야 한다(다수설).

3. 시기와 방식에 관한 요건

1) 청구의 포기·인낙은 소송계속 중이면 어느 때나 할 수 있다. 따라서 항소심은 물론 상고심에서도 허용된다.

2) 청구의 포기나 인낙의 의사표명은 당해 소송의 기일에 출석하여 말로 하는 것이 원칙이다.

① 변론기일(화해기일, 증거조사기일 포함)뿐 아니라 변론준비기일에서도 할 수 있다. 법원에 대한 일방적 진술이기 때문에 상대방이 법정에 출석하지 아니하여도 무방하다. 피고의 불출석, 준비서면의 부제출 등 피고의 태도로써 인낙을 한 것으로 보아서는 안 된다. 따라서 자백간주와 같은 인낙간주는 있을 수 없다. 청구의 인낙은 일방적 의사표시(단독행위)이므로 원고의 승낙을 요하지 아니하며, 원고가 거절한다 하여 무효가 되지 않는다.

② 신법은 불출석한 원·피고가 진술간주되는 준비서면에 청구의 포기·인낙의 의사표시를 적었고 공증사무소의 인증까지 받은 경우에는 그 취지대로 청구의 포기·인낙이 성립된 것으로 보도록 하였다(법 제148조). 서면포기·인낙제도에 의하여 당사자의 법정출석의 불편은 덜게 하였지만, 그 진정성 때문이라 하여도 공증사무소까지 출석하여 비용을 들여 인증까지 받도록 하는 것은 당사자 편의에 이바지할 것이 없다는 비판이 있다.

Ⅳ 효과

청구의 포기·인낙의 확실한 진술이 있을 때에는 법원 또는 법관은 그 요건의 구비 여부를 조사하여야 한다. 조사 결과 무효라고 판단될 때에는 그대로 심리를 속행하여야 한다. 그러나 유효한 것으로 인정하는 한 재판기관은 법원사무관 등으로 하여금 조서에 그 진술을 기재하도록 명하여야 한다. 조서의 작성방식에 있어서, 그 기일조서에는 청구의 포기·인낙이 있었다는 취지만을 기재하고, 청구의 포기·인낙조서를 별도로 작성하여야 하는 것이 원칙이다. 그러나 별도의 조서 아닌 그 기일의 변론조서·변론준비기일조서에만 포기·인낙의 취지를 기재하여도 무효라고는 할 수 없고 효력이 있다 할 것이다. 조서가 성립되면 포기조서는 청구기각의, 인낙조서는 청구인용의 확정판결과 같은 효력이 있다.

1. 소송종료효

소송은 포기나 인낙이 있는 한도 내에서는 판결없이 당연히 종료된다. 이를 간과한 채 심리가 계속 진행된 때에는 당사자의 이의나 법원의 직권에 의하여 판결로써 소송종료선언을 하여야 한다.

2. 기판력·집행력·형성력

포기조서나 인낙조서는 확정판결과 같은 효력이 있으므로 판결에 있어서와 같은 당연무효의 사유가 없는 한 기판력이 생긴다는 것이 통설·판례이다. 이 밖에 인낙조서의 경우에는 이행청구에 관한 것이면 집행력, 형성청구에 관한 것이면 형성력을 낳는다. 상소심에서 포기·인낙이 있을 때에는 그 한도 내에서 전심의 판결은 당연히 실효된다.

3. 하자(흠)를 다투는 방법

청구의 포기·인낙도 조서작성 전이면, 자백의 철회에 준하여 상대방의 동의를 얻거나 착오를 이유로 철회할 수 있다(다수설). 그러나 조서작성 후에는 그 하자(흠)는 기판력 있는 확정판결의 하자를 다투는 방법과 마찬가지로 준재심의 소에 의하여 다투어야 한다. 따라서, i) 확정판결에 있어서의 재심사유에 해당하는 하자가 있을 때에 한하여(예 대리권의 흠, 형사상 처벌받을 타인의 행위로 인한 때) 그 효력을 다툴 수 있으며, 일반적인 하자 특히 실체법상의 무효·취소사유로써는 그 효력을 다툴 수 없다. ii) 재심의 방식에 의하여만 그 효력을 다툴 수 있다. 준재심의 소제기가 아니라 무효확인소송이나 기일지정신청의 방식으로 그 무효임을 전제로 당해 소송의 계속진행을 구하는 것은 허용되지 않는다. 이 경우에 당연무효사유가 없으면 확인적 의미에서 청구포기·인낙에 의하여 소송종료가 되었다는 소송종료선언을 할 수 있을 것이다.

4. 청구의 인낙과 해제

앞서 본 바와 같이 청구의 인낙이란 피고가 원고의 소송상의 주장을 승인하는 관념의 표시에 불과한 소송행위이며, 실체법상 채권·채무의 발생원인이 되는 계약과 같은 법률행위라 볼 수 없기 때문에, 청구의 인낙 자체에 사법상의 계약해제의 법리가 적용될 여지는 없다. 따라서 피고가 인낙조서상의 의무를 이행하지 아니할 때에 이를 원인으로 하여 인낙 자체를 실효시켜 구소를 다시 부활시킬 수는 없다. 나아가 인낙은 소송행위이므로 그 불이행 또는 이행불능을 이유로 손해배상청구도 할 수 없다고 할 것이다.

제 3 절   재판상 화해(조정 포함)

널리 재판상 화해란 소송제기 전에 지방법원 단독판사 앞에서 하는 제소전화해와, 소송계속 후 수소법원 앞에서 하는 소송상 화해 두 가지를 가리킨다. 제소전화해도 법관의 면전에서 하는 화해이기 때문에 소송상 화해와 같은 효력이 인정된다. 재판상 화해가 성립된 것으로 보는 화해간주도 있는데, 효력에서는 화해를 따라가는 조정이 그 대표적이다.

I   소송상 화해

관련 기출문제 – 2013년 공인노무사
소송상 화해에 대하여 설명하시오. 25점

1. 개요

1) 의의

소송상 화해란 소송계속 중 양쪽 당사자가 소송물인 권리관계의 주장을 서로 양보하여 소송을 종료시키기로 하는 기일에 있어서의 합의이다.

① 계속 중인 소송기일에서 할 것을 요하기 때문에, 기일 외, 즉 법정 외에서 하는 재판 외의 화해(민법 제731조 이하의 화해계약)와는 구별되며, 여기에는 아무런 소송법상의 효과가 생기지 않는다.

② 소송물에 관한 주장을 서로 양보할 것을 요하기 때문에, 양보가 한쪽만이고, 한쪽이 다른쪽의 주장을 전면적으로 인정한 경우에는 청구의 포기·인낙이지, 소송상 화해라고는 할 수 없다. 양보의 정도·방법에 대해서는 법률상 제한이 없으며 유연성 있게 분쟁해결이 가능하다.

③ 소송상 화해에는 당사자 아닌 보조참가인이나 제3자가 참가할 수도 있다(제3자 참가의 화해·조정). 화해조서의 내용에 따라 효력이 제3자에게 미친다.

2) 소송상 화해의 실천적 의미

화해가 반드시 분쟁의 이상적인 해결방법이라고는 단정할 수 없다. 특히 법률과 정의에 의하여 분쟁이 해결된다는 법치주의적 의식을 마비시킨다는 문제점이 있다. 그러나 화해나 조정은 간이 신속한 해결방법이라는 점에서 소송지연의 해소책이고, 비용을 절감시킨다. 소송물 이외의 것도, 당사자 이외의 제3자도 포함시켜 포괄적인 분쟁해결이 된다. 때로 있을 수 있는 오판의 폐해를 둔화시킬 수 있다. 뿐더러 판결에 의한 일도양단적 해결, 즉 all or nothing의 해결보다는 약간씩 양보한다는 점에서 예각적 감정대립을 중화시키고 법적 평화의 회복에 효과가 있다.

2. 성질

소송상 화해의 성질에 관하여는 다음과 같은 설이 있다. 민법상의 화해계약(민법 제731조 이하)과 관련하여 문제된다.

1) 사법행위설

이 설에 의하면 소송상 화해는 소송행위가 아니라 민법상의 화해계약과 같은 것으로 본다. 그와 차이가 있다면 소송계속 중 법관 앞에서 행하여지고, 화해가 성립되었을 때에 법원사무관 등이 조서를 작성하여 이를 확인·공증한다는 점이다. 뒤에 보는 바와 같이 대법원 전원합의체는 공유물분할조정을 '협의에 의한 공유물분할'로 보아 사법행위설에 의하였다. 또 자동차보험분쟁심의위원회의 조정결정도 민법상의 화해계약이다.

2) 소송행위설

이 설에 의하면 소송상 화해는 비록 민법상의 화해계약과 그 명칭을 같이하지만, 그 본질은 전혀 다른 소송행위로서 소송법의 원칙에 따라 규율되고, 민법상의 화해계약에 관한 규정의 적용은 배제되는 것이라고 한다. 한때 다수설이었으며, 판례의 주류이다. 여기에는 그 성질에 대하여 소송을 종료시키는 합의(소송계약)로 보는 설과 판결의 대용물(代用物)인 조서를 만들려는 합동행위로 보는 설의 대립이 있다.

3) 절충설

사법행위설과 소송행위설 두 설을 절충한 학설이다. 두 갈래로 나누어진다.

(1) 양행위병존설

소송상의 화해에는 민법상의 화해계약과 소송종료목적의 소송행위 등 2개가 병존하며 각각 독립·개별적으로 소송법과 실체법의 원칙의 지배를 받는 것이라 한다.

(2) 양행위경합설(양성설)

소송상의 화해는 1개의 행위로 민법상의 화해계약임과 동시에 소송행위인 성질을 갖춘 경합된 행위로 보는 설이다. 법원에 대한 관계에서는 화해의 내용에 관하여 진술하고 조서에 기재함으로써 소송이 종료되는 것으로 이 점에 있어서는 소송법의 적용을 받지만, 당사자 간의 관계에서는 화해의 내용에 대한 진술이 민법상의 화해계약인 것으로 이 점에 있어서는 민법의 적용을 받는 것이라 한다. 현재 독일·일본뿐 아니라 우리나라에서 다수설이다.

4) 검토

생각건대 사법행위설과 같이 소송상의 화해를 민법상의 화해계약으로 볼 때에는 소송종료의 효과가 따르는 것을 충분히 설명할 수 없다. 또 소송상의 화해에는 재판 외의 화해와 달리 법관이 관여하여 화해의 성립과 내용에 영향을 미치는 경우가 적지 않은데 사법행위설은 이 점을 간과하고 있다.

다음 소송행위설을 본다. 첫째로, 소송행위설에는 이론상 문제가 있다. 이 설에 의하여 소송상의 화해를 소송상으로만 법률관계를 확정시키고 소송을 종료시키려는 순수한 소송행위로 보지만, 실제로는 화해에 있어서 당사자는 현안의 분쟁을 사법상 일정한 내용으로 해결함과 동시에 소송을 끝내려는 것이어서 당사자의 의도와는 맞지 않는 해석이다. 당사자 간의 다툼 있는 사법상의 법률관계는 아무런 해결을 봄이 없이 놓아둔 채 소송만을 종결시키려는 화해는 현실적으로 존재하지 않으며, 오히려 화해에는 소송종료의 의사와 사법상의 분쟁해결결과가 밀접불가분의 관계에서 결합되어 있는 것이 보통인데, 소송행위설은 이 점을 간과하고 있다.

둘째로, 소송상의 화해를 소송행위라고 본다면 소송법의 규율을 받게 되고 민법의 적용이 배제되기 때문에 i) 화해에 조건·기한 따위의 부관을 붙일 수 없으며, ii) 해제에 의하여 실효시켜 종료된 소송을 다시 부활시킬 수 없고, iii) 강행법규위반, 반사회질서, 불공정한 행위 및 사기·강박 따위의 실체법상의 무효·취소사유가 있어도 화해의 효력에는 아무런 영향이 없게 된다. 화해에 기한이나 조건을 붙이지 못하게 하는 것은 분쟁을 유연성 있게 해결하는 데 장애가 된다. 또 뒤에 볼 바와 같이 소송행위설은 무제한기판력설과 연결되므로 강행법규에 반하거나 사회질서에 반하여도 기판력이 생겨 다시 다툴 수 없으며, 따라서 화해가 탈법수단으로 악용되어도 속수무책이 된다.

그러므로 소송행위설은 긍정하기 힘든 학설이며, 차라리 소송상의 화해는 법원에 대한 관계에서는 소송행위라고 할 것이고, 당사자에 대한 관계에서는 그 내용이 민법의 적용을 받는 화해계약이라 보고 양행위경합설을 따른다. 절충설 중 병존설은 너무 기교에 흐른 이론구성이라 할 것이고 소송행위설과 같은 문제점이 있어 따를 바 못된다.

우리 대법원은 제소전화해 등에 관하여는 소송행위설로 일관하지 못하고 동요를 보이고 있다. 또 최근 2013.11.21, 2011두1917 전원합의체 판결에서도 공유물분할조정은 법원의 판단에 갈음하는 것이 아니어서 협의에 의한 공유물분할과 다를 바 없어, 공유물분할판결이 확정된 경우처럼 기존의 공유관계가 폐기되고 새로운 소유관계가 창설되는 것과 같은 형성적 효력은 조정에서는 없다고 했다. 이에 의한 물권변동의 효과는 민법 제187조의 '판결'에 해당되지 아니하여 조정성립 시가 아니고, 민법 제186조에 따라 등기를 마친 때라고 보는 것이다.

3. 요건

1) 당사자에 관한 요건

화해하는 당사자가 실재하여야 하고 소송능력을 갖추어야 한다. 대리인에 의한 화해에 있어서는 특별한 권한수여가 있어야 하며, 의사무능력자의 특별대리인이 화해하는 경우(소취하, 청구의 포기·인낙·소송탈퇴 같다) 법원은 본인의 이익을 명백히 침해한다고 인정할 때에는 그날부터 14일 이내에 결정으로 불허할 수 있도록 하였다.

필수적 공동소송에 있어서 화해는 공동소송인 전원이 일치하여 하여야 한다. 독립당사자참가소송에서 원·피고 간만의 화해는 안 된다. 화해는 상대방이나 제3자의 형사상 처벌받을 행위로 이루어져서는 안 된다.

2) 소송물에 관한 요건

① 화해의 대상인 권리관계가 사적 이익에 관한 것이고, 당사자가 자유로이 처분할 수 있는 것이어야 한다. 다시 말하면 소송물이 변론주의에 의하여 심판되는 권리관계이어야 한다. 직권탐지주의에 의하는 절차에서는 원칙적으로 화해를 할 수 없다. 행정소송·선거관계 소송에서는 직접 화해·조정이 인정되지 않는다. 최근 판례는 재심사건에서도 처분할 수 없는 사항을 대상으로 조정이나 화해가 허용될 수 없는 것이므로 재심대상판결을 취소한다는 취지의 조정이나 화해는 당연무효로 된다고 했다. 가사소송사건에 있어서도 화해가 허용되지 않는다고 할 것이나 임의로 처분할 수 있는 사항인 이혼 및 재산분할사건이나 파양사건 등에는 예외적으로 허용된다. 회사관계소송, 예를 들면 주주총회의 결의의 하자를 다투는 소송에 있어서는 비록 직권탐지주의에 의하는 것은 아니나 판결의 대세효에 비추어 화해가 허용되지 않는다는 것이 통설·판례이다.

② 제소전화해가 인정되기 때문에 소송요건의 흠(소장송달무효, 관할위반 등)이 있는 소송물이라도 원칙적으로 화해가 허용된다. 이 점이 청구의 포기·인낙과 다르다.

③ 화해의 내용이 강행법규에 반하거나 사회질서에 위반하여서는 안 된다는 것이 사견이다. 그러나 소송행위설에 의하고 있는 판례는 일관하여 사법상의 화해와는 달리 화해·조정의 내용이 강행법규에 위반 또는 화해에 이른 동기나 경위에 반윤리적·반사회적인 요소 및 착오·사기·강박 등이 내재되거나 통정허위표시 등 실체법상의 하자가 있어도 화해가 무효가 되지 않는 것으로 보고 있다.

④ 조건부화해의 허용여부

소송상의 화해에 있어서 그 내용을 이루는 이행의무의 발생에 조건을 붙이는 것은 무방하다 (예 피고가 언제까지 금 ○○원을 지급하지 못하면 피고는 원고 앞으로 가등기에 기한 본등기 절차를 이행한다는 따위). 그러나 소송상 화해 자체의 성립이나 그 효력발생에 조건을 붙일 수 있는가는 문제이다(제3자의 이의가 있으면 화해의 효력이 실효된다는 조건 등). 앞서 본 바와 같이 소송상의 화해의 법적 성질에 관하여 사법행위설이나 절충설에 의하는 한 이와 같은 조건부화해는 사적 자치의 원칙상 당연히 허용되며, 나아가 기한부화해나 해제권유보부 화해도 가능하다. 그러나 소송행위설은 소송행위의 확정성·안정성을 내세워 조건부화해를 허용하지 않는다. 다만 대법원은 앞서 본 바와 같이 소송상의 화해의 성질에 관하여 기본적으로는 소송행위설에 의하면서도, 실효조건부화해의 효력을 긍정하였다. 재판상 화해가 실효조건의 성취로 실효된 경우에는 화해가 없었던 상태로 돌아가며, 준재심의 소에 의하여 화해가 취소된 경우와 같이 취급된다는 것이다. 그렇다면 화해에 의하여 생긴 확정판결과 같은 효력은 없어지게 되고, 구소송은 부활하여 소송절차는 속행된다.

3) 시기와 방식에 관한 요건

① 화해는 소송계속 중 어느 때나 할 수 있다. 상고심에서도 화해가 가능하다. 법원은 소송정도 여하를 불문하고 사건의 합리적 해결을 위해 화해를 권고하거나 수명법관·수탁판사로 하여금 권고하게 할 수 있다. 소송대리인이 선임된 사건에서는 화해를 위하여 당사자 본인이나 법정대리인의 출석을 명할 수 있다.

② 화해는 기일에 양쪽 당사자가 출석하여 말로 진술하는 것이 원칙이다(구술화해). 기일이면 변론기일·변론준비기일·화해기일뿐만 아니라, 증거조사기일이라도 무방하다.

③ 다만, 신법은 서면인낙과 마찬가지로 서면화해제도를 채택하였다. 불출석하는 당사자가 제출하여 진술한 것으로 보는 답변서 그 밖의 준비서면에 화해의 의사표시가 적혀 있고 그에 공증사무소의 인증까지 받은 경우에, 상대방 당사자가 출석하여 그 화해의 의사를 받아들였을 때에는 화해가 성립된 것으로 보는 것이다.

4. 효과

1) 화해조서의 작성

당사자 양쪽의 화해의 진술이 있을 때에는 법원 또는 법관은 그 요건을 심사하여 유효하다고 인정하면 법원사무관 등에게 그 내용을 조서에 기재시킨다. 변론조서·변론준비기일조서에는 화해가 있었다는 기재만 하고, 별도로 화해조서를 작성하여야 한다.

2) 확정판결과 같은 효력

화해조서는 확정판결과 같은 효력이 있다(법 제220조).

(1) 소송종료효

화해조서가 작성되면 확정판결과 같은 효력이 있기 때문에 그 범위에서 소송은 판결에 의하지 않고 당연히 종료된다. 상급심에서 화해가 된 때에는 하급심의 미확정판결은 당연히 실효된다. 이때의 소송비용은 특별히 정한 바 없으면 각자 지출한 비용을 부담한다. 다만 소송상 화해가 준재심의 소에 의하여 취소되면 끝났던 소송은 다시 부활된다.

(2) 기판력

화해조서에 기판력을 인정할 것인가에 대해서는 다툼이 있다. 법 제220조에서 화해조서에 확정판결과 같은 효력을 인정한 것은 소송종료효와 집행력을 인정한 것에 그치고, 기판력까지 인정한 것이라 볼 수 없다는 기판력부정설이 있으나, 법 제220조의 규정에다가 화해의 하자에 대한 구제수단으로서 법 제461조에서 준재심의 소제도를 규정한 이상 입론의 여지가 적다고 할 것이다(화해조서가 단지 집행력만 갖는 데 그친다면 그 구제수단은 집행증서의 경우처럼 청구이의의 소가 되어야 하지 재심에 의할 수 없는 것이다). 문제는 기판력을 제한 없이 긍정하느냐 않느냐이다.

① 무제한기판력설

화해조서에는 확정판결과 마찬가지로 어떠한 경우에나 기판력을 인정할 것이며, 화해의 성립과정의 하자는 그것이 재심사유에 해당되어 재심절차에 의한 구제를 받는 이외에는 그 무효를 주장할 수 없다는 입장이다. 법 제220조와 제461조 등 현행법에 충실한 해석이며, 화해의 무효·취소를 쉽사리 다투면 법적 안정성을 해치게 됨을 내세운다. 일관된 판례의 입장이다. 확정판결의 경우보다 기판력의 범위가 넓어 더 무거운 족쇄이기 때문에 문제이다.

② 제한적 기판력설

이 설은 소송상의 화해에 실체법상 아무런 하자가 없는 경우에만 제한적으로 법 제220조에 의하여 기판력이 생기며, 실체법상의 하자가 있는 한 기판력은 인정될 수 없다는 입장이다. 따라서 법 제461조의 준재심의 소는 실체법상의 하자 없는 소송상 화해의 경우의 구제책인 것이며, 실체법상의 하자가 있는 경우에는 무효임을 전제로 기일지정신청이나 화해무효확인청구로 구제되어야 한다는 입장이다. 현재의 다수설이다. 우리 법은 당사자 간의 화해내용을 인증하는 의미에서 법원은 조서화할 뿐이고, 그 내용에 대하여 아무런 통제장치가 없다. 사전통제장치도 없는 우리 법(단 의사무능력자의 특별대리인의 화해는 별론)에서 그 하자에 대하여 판결재심보다 사후구제책이 너무 좁은 준재심에 의하는 것에 분명히 문제있다.

③ 검토

생각건대 무제한기판력설에는 여러 가지 이론상 난점이 있다. 첫째로, 법 제451조의 재심사유는 판결에서 생길 수 있는 하자를 예상하고 입법화한 것이므로 화해에서 생길 하자를 구제하는 데 적용시키기에 부적합하다. 둘째로, 화해는 당사자의 자주적 분쟁해결 결과인 합의로서 국가적 판단인 판결이 아니다. 더구나 양쪽 당사자가 작성한 화해조항을 단순히 법관 앞에서 보고적으로 진술하는 데 그치는 경우가 적지 않다. 그렇다면 화해에 법원의 공권적 판단의 속성인 기판력을 전면적으로 인정하는 것은 그 본질의 외면이다. 셋째로, 판결에는 주문에 포함된 사항에 대해서만 기판력이 생기지만, 화해조서에는 주문과 이유의 구별이 없으므로 화해조항 전체에 기판력이 생기는 것으로 보아야 한다. 그리하여 화해에 확정판결의 기판력보다 더 넓게 기판력을 인정하는 불합리한 결과가 생긴다. 넷째로, 특히 제소전화해는 장래의 분쟁의 예방을 위하여 당사자 간의 합의내용을 확실하게 하고 거기에 집행력을 부여하기 위해 이용하는 것이 실정이라면 그것은 실질상 공증인 앞에서 작성하는 집행력 있는 공정증서와 다를 바가 없는데, 공정증서의 경우에 기판력이 인정되지 않는 것과 형평에 어긋난다. 다섯째로, 법적 안정성을 과도하게 강조한 나머지 이에 기판력을 인정함으로써 당사자가 실체법상의 하자를 다투어 통상의 재판절차에 의한 법원의 판단을 받는 것을 막는 것은 헌법 제27조 위반의 소지가 있을 것이다. 우리 법에 특유한 제461조(151)의 조서에 대한 준재심제도는 판례의 입장인 무제한 기판력설을 뒷받침할 주요 근거라 할 것이나, 이에 의하여 제한기판력설을 완전히 배제시킬 수는 없다 할 것이다. 따라서 법 제461조에 불구하고 우리는 제한적 기판력설을 따른다.

(3) 집행력

화해조서의 기재가 구체적인 이행의무를 내용으로 할 때에는 집행력을 갖는다. 집행력이 미치는 인적 범위와 집행력의 배제방법은 집행력 있는 판결에 준한다. 따라서 재판상 화해에 의하여 소유권이전등기를 말소할 물권적 의무를 부담하는 자로부터 그 화해성립 후에 근저당권설정등기를 받은 자는 법 제218조 제1항에서 말하는 변론종결한 뒤의 승계인에 해당한다.

(4) 형성력

판례는 이 밖에 민법상의 화해계약처럼 종전 법률관계를 바탕으로 한 권리의무관계를 소멸시키는 창설적 효력을 가진다고 한다. 그러나 그로 인하여 뒤에 보는 바와 같이 소송물의 법적 성질이 물권적 청구권에서 채권적 청구권으로 바뀌어지는 것은 아니라고 하였다.

(5) 소송상의 화해의 효력을 다투는 방법

① 화해조서는 확정판결과 같은 효력을 갖기 때문에 화해조서에 잘못된 계산 등 명백한 오류가 있을 때에는 판결에 준하여 경정이 허용된다.

② 소송상 화해에 확정판결의 당연무효사유와 같은 사유가 있을 때에는 별론(이때에는 기일지정 신청으로 다룰 수 있다), 그 하자(흠)가 재심사유에 해당될 때에 한하여 준재심의 소로 다투는 방법 이외에는 그 무효를 주장할 수 없다는 것이 앞서 본 판례의 입장이다. 조정조서의 경우도 같다. 그러나 제한적 기판력설에 입각하여 법 제461조의 준재심은 화해에 실체법상의 하자가 없을 때에 한하여 적용할 제도로 보고, 실체법상의 하자가 있을 때에는 기일지정신청이나 화해무효확인청구 등으로 그 무효를 주장하게 할 것이다.

③ 화해조서상의 의무불이행을 이유로 화해를 해제할 수 있느냐가 문제된다. 우리 판례는 소송상의 화해가 사법상의 화해계약이 아님을 들어 해제 자체가 허용되지 않는다는 태도이다. 이와 같은 법리는 화해와 동일한 효력이 있는 조정조서에 대하여도 마찬가지이다. 또한 제1화해가 성립된 후에 그와 모순되는 제2화해가 성립되어도 그에 의하여 선행화해인 제1화해가 당연 실효되거나 변경될 수 없다. 선행화해가 중복제소금지의 원칙에 위배되어 제기된 소송절차에서 이루어진 경우라 하여도 같다. 제2화해가 준재심사유가 될 수 있을 것이다.

5. 화해권고결정

1) 의의

구법은 소송계속 중 수소법원·수명법관 또는 수탁판사가 법 제145조에 의한 화해권고를 할 수 있도록 한 데 그쳤지만, 신법은 여기서 나아가 직권으로 화해권고결정을 하고 당사자가 이의 없이 받아들이면 재판상 화해가 성립되는 제도를 채택하였다. '조정에 갈음하는 결정'이 성과를 거둔 것에 고무되어 이와 유사한 제도를 채택한 것으로 보이는데, 재판상 화해를 적극적으로 활성화시키고자 하는 뜻있는 제도이다. 당사자 선도의 순기능이 있으나, 화해이든 조정이든 판결문작성노고의 도피구로 안일하게 운영하거나 남용하면 법치주의가 몰락할 수 있어 경계할 것이다. 화해권고결정의 내용은 다음과 같다.

2) 결정에 의한 화해권고

수소법원·수명법관 또는 수탁판사는 소송계속 중인 사건에 대해 직권으로 당사자의 이익, 그 밖의 모든 사정을 참작하여 청구취지에 어긋나지 아니하는 범위 안에서 사건의 공평한 해결을 위한 화해권고 결정을 할 수 있다(법 제225조 제1항).

3) 당사자에게 결정서 송달

법원사무관 등은 결정서정본을 당사자에게 송달하여야 한다. 결정서를 따로 작성하지 않고 법원이 화해결정 내용을 조서에만 적었을 경우에는 그 조서정본을 송달하여야 한다. 송달을 함에 있어서는 우편송달, 공시송달의 방법으로는 할 수 없다.

4) 당사자의 이의신청

① 당사자는 화해권고결정에 대하여 결정서 등의 정본을 송달받은 날부터 2주 이내에 이의신청을 할 수 있다. 제출한 서면에 이의한다는 취지가 전체적으로 나타나면 되고, 서면의 명칭은 문제되지 않는다. 2주의 기간은 불변기간이다.

② 이의신청을 한 당사자는 그 심급의 판결이 선고될 때까지 상대방의 동의를 얻어 취하할 수 있으며, 이의신청권은 그 신청 전까지 서면에 의해 사전포기를 할 수 있다(법 제229조). 이의 신청이 적법한 때에는 소송은 화해권고결정 이전의 상태로 돌아가며, 소송절차를 속행할 것이다(법 제232조 제1항). 이 경우에 화해권고결정은 그 심급의 판결선고로써 그 효력을 잃는다(법 제232조 제2항).

5) 화해권고결정의 효력

당사자가 화해권고결정의 송달을 받고 이의기간 내에 i) 이의신청이 없는 때, ii) 이의신청에 대한 각하결정이 확정된 때, iii) 이의신청의 취하나 신청권의 포기를 한 때에는 화해권고결정은 재판상 화해와 같은 효력을 가진다. 따라서 화해권고결정은 확정판결에서와 같이 기판력·집행력·형성력이 생긴다 할 것이며, 판례에 의하면 창설적 효력도 있어 종전의 법률관계는 소멸되는 동시에 재판상 화해에 따른 새로운 법률관계가 유효하게 형성된다.

동일한 당사자 사이에서 확정된 화해권고결정의 기판력 때문에 동일한 당사자는 그 결정에 반하는 주장을 할 수 없고 법원도 이에 저촉되는 판단을 할 수 없다. 집행권원도 된다. 기판력의 기준시는 화해권고 확정시가 된다. 일부 당사자가 이의신청을 하지 아니하여 확정되어 그 소송이 종료되었는데 원심이 판결하였다면 그 부분은 소송종료선언을 하여야 한다. 다만 화해권고결정에 의하여 소송종료된 경우는 확정판결에 의해 종료된 경우처럼 참가적 효력은 인정되지 않는다.

Ⅱ 제소전화해(법 제385조–제389조)

1. 의의와 문제점

1) 제소전화해란 일반민사분쟁이 소송으로 발전하는 것을 방지하기 위하여 소제기 전에 지방법원 단독판사 앞에서 화해신청을 하여 해결하는 절차를 말한다. 제소전화해는 소송계속 전 소송을 예방하기 위한 화해인 점에서, 소송계속 후에 소송을 종료시키기 위한 화해인 소송상 화해와는 다르나, 대체로 소송상 화해의 법리에 의한다.

2) 제소전화해는 원래의 제도 본지대로 현존하는 「민사상의 다툼」(법 제385조 제1항) 해결보다도 이미 당사자 간에 성립된 다툼 없는 계약내용을 조서에 기재하여 재판상 화해를 성립시키기 위해 이용되는 것이 실무의 현상이다. 따라서 이 경우의 법원의 역할은 화해의 알선권고가 아니라 당사자 간에 성립된 계약에 대한 단지 공증적 역할을 함에 그치고 있다. 더구나 공증인이 만드는 공정증서로는 만들 수 없었던 임대건물명도 청구 등에 있어서 공정증서의 대용물로 제소전화해가 많이 이용되고 있다. 즉, 건물주인이 명도판결을 받지 않고 세입자에 대하여 나중에 쉽게 명도집행할 수 있는 수단으로 이용된다. 나아가 금전소비대차의 채권자가 경제적 강자의 지위를 틈타서 폭리행위를 해놓고 이를 집행권원으로 만들기 위하여 악용되어 왔을 뿐 아니라 우리 판례가 제소전화해조서에 무제한기판력설을 따름을 기화로 강행법규의 탈법을 합법화시키고 뒤에 재판상 다투는 길을 봉쇄하는 방편으로도 이용되고 있다. 이처럼 제소전화해제도가 제도 외적 목적으로 남용되고 있으므로, 이에 관해 입법론적·해석론적으로 재검토가 있어야 할 것이다. 이와 관련 공증인법 제56조의3이 개정되어 건물·토지인도청구도 공정증서로 작성할 수 있도록 하는 '인도공증' 제도를 신설하여 집행권원이 될 수 있게 하였다. 이 신설제도는 제소전화해와 병존한다.

3) 제소전화해에서도 소송상 화해와 흡사하게 성질은 소송행위, 효력은 무제한기판력, 구제는 준재심으로 나가는 것이 판례의 기조여서 문제이다.

2. 화해신청

1) 제소전화해를 신청할 법원은 상대방의 보통재판적 있는 곳의 지방법원이다. 청구금액이 많고 적음에 관계없이 지법단독판사의 직분관할에 속한다. 다만, 시·군법원관할구역 내의 사건은 시·군법원판사의 배타적 사물관할이다.

2) 화해의 요건으로는, 첫째로 당사자가 임의로 처분할 수 있는 권리관계이어야 한다(소송상 화해와 같다). 둘째로 화해신청은 법 제385조 제1항이 민사상의 '다툼'이라고 하였음에 비추어 현실의 분쟁이 있을 때에 한할 것이다(현실분쟁설). 학설에 따라서는 반드시 현재의 분쟁이 아니라도 화해신청 당시로 보아 장래에 분쟁발생의 가능성이 있는 경우까지 신청할 수 있다는 견해가 있다(장래분쟁설).

3) 신청은 서면 또는 말로 청구의 취지 및 원인 이외에 다투는 사정을 표시하여야 한다(법 제385조 제1항). 신청서에는 소장의 1/5의 인지를 내야 한다. 화해신청에는 그 성질에 반하지 아니하면 소에 관한 규정이 준용되므로, 신청서 제출 시에 분쟁의 목적인 권리관계에 대하여 시효중단의 효력이 생긴다. 다만 화해의 불성립으로 절차가 종료된 때에도 그 시효중단의 효력을 유지하고 자 하면 그 뒤 1월 내에 소송을 제기하여야 한다.

3. 절차

1) 화해신청의 요건 및 방식에 흠이 있을 때에는 결정으로 이를 각하한다. 이에 대해 신청인은 항고 할 수 있다. 법은 쌍방대리금지의 정신을 존중하여 법은 자기 대리인의 선임권을 상대방에 위임 하는 것을 금지시켰다. 더 나아가 법원은 필요한 경우 대리권의 유무를 조사하기 위하여 당사자 또는 법정대리인의 출석을 명할 수 있게 하였다.

2) 화해신청이 적법하면 화해기일을 정하여 신청인 및 상대방을 출석요구한다. 기일에 신청인 또는 상대방이 출석하지 아니한 때에는 법원은 화해가 성립하지 않은 것으로 볼 수 있다(법 제387조 제2항). 화해가 불성립된 경우에는 불성립조서등본이 송달된 날부터 2주 이내에 각 당사자는 소제기신청을 할 수 있다. 적법한 소제기신청이 있을 때에는 화해신청을 한 때에 소가 제기된 것으로 본다(법 제388조 제2항).

3) 화해가 성립한 때에는 조서를 작성한다. 이때 화해비용은 특별한 합의가 없으면 당사자의 각자 부담으로 된다.

4. 제소전화해조서의 효력

1) 소송상 화해와 동일한 효력

제소전화해조서도 확정판결과 같은 효력을 가지는 것으로 집행력이 있다. 판례는 기판력에 관하 여도 소송상 화해의 법리와 다를 바 없다고 하여 전면적으로 긍정하고 있다. 따라서 제소전화해 의 흠은 재심사유에 해당하는 경우에 한하여 준재심의 소에 의한 구제의 길밖에 없으며, 비록 강행법규위배의 경우라 하여도 무효라고 주장할 수 없다는 것이다. 그 기판력의 내용, 시적범 위, 객관적 범위 그리고 주관적 범위는 확정판결의 그것과 하등 차이가 없다는 취지이다.

2) 창설적 효력

판례는 특히 제소전화해에 있어서는 당사자의 화해계약이 그 내용을 이루어 그 창설적 효력 때 문에 당사자 간에 다투어졌던 종전의 권리·의무관계를 소멸시키고 새로운 권리관계를 창설하 는 것으로 일관한다. 민법 제732조의 창설적 효력 때문에 소송물의 법적 성질이 바뀌는 것은 아니라고 함은 이미 보았다. 창설적 효력이 생기는 범위는 당사자가 서로 양보하여 확정하기로 합의한 사항에 한한다.

3) 화해조서취소의 효과

준재심의 소에 의하여 화해조서가 취소되었을 때에는 종전의 소송이 부활하는 소송상 화해와 달리, 제소전화해의 경우에는 부활할 소송이 없으므로 화해절차의 불성립으로 귀착되는 것이 특징이다. 따라서 당사자들 소송의 부활을 전제로 한 기일지정신청의 여지가 없다.

Ⅲ 화해간주 – 조정 등

재판상 화해 자체는 아니나, 그 효력에 관하여 법률에 의하여 재판상 화해의 효력과 같은 것으로 간주되는(보는) 경우가 있다. 이를 화해간주 또는 의제화해라고 부르고 싶다. 조정이 그 대표적인 예로서 i) 가사조정조서, ii) 민사조정조서, 그 밖의 분쟁조정조서, iii) 조정을 갈음하는 결정도 해당된다. 조정은 재판상 화해와 같이 확정판결과 동일한 효력이 있어, 기판력, 집행력, 창설적 효력을 갖는다는 것이 판례의 일관된 입장이다. 민사조정법 제29조의 조정에 민법상 화해계약과 마찬가지의 창설적 효력을 갖는다는 것이 판례이다.

03 | 종국판결에 의한 종료

I 재판의 의의

재판은 통속적으로는 소송사건의 해결을 위해 법원이 하는 종국판결과 같은 의미로 쓰이나, 소송법상의 전문용어로서는 그보다는 널리 재판기관의 판단 또는 의사표시로서 이에 의해 소송법상 일정한 효과가 발생하는 법원의 소송행위이다.

II 재판의 종류

1. 판결 · 결정 · 명령과 그 차이

① 의의

재판의 주체와 성립절차의 차이에 의한 구별이다. 그중 판결이 가장 중요한 것으로 법률도 판결을 중심으로 규정하였으며, 결정 · 명령은 그 성질에 반하지 않는 한 판결에 관한 규정을 준용하기로 하였다

② 주체면에 있어서,

판결과 결정은 법원의 재판이고, 명령은 재판장 · 수명법관 · 수탁판사 등 법관의 재판이다. 다만 법원의 재판이기 때문에 성질은 결정이나, 재판내용을 고려하여 명령이라는 명칭이 붙여진 경우가 있다. 문서제출명령 · 검증물제출명령 · 압류명령 등이다.

③ 심리방식의 면에서,

판결은 신중을 기하기 위하여 원칙적으로 필요적 변론, 즉 변론을 거칠 것을 요하며, 결정 · 명령은 간이 신속을 요하기 때문에 원칙적으로 임의적 변론, 즉 변론을 거칠 것이냐의 여부는 법원의 재량에 일임되어 있다.

④ 소송비용 부담자 결정여부

결정 · 명령으로 완결되는 재판에서는 대립적 구조가 아니므로 소송비용부담자를 정할 필요가 없다.

⑤ 알리는 방법에 있어서,

판결의 경우에는 판결서를 작성하여 그에 기하여 선고에 의함에 대하여(심리불속행, 상고이유서 부제출에 의한 상고기각판결은 제외), 결정 · 명령의 경우에는 상당한 방법에 의하여 고지하면

---

211) 이시윤, 앞의 책, 606–608면

되고, 재판서를 작성하지 않고 조서의 기재로 대용할 수도 있다. 또 판결서에는 반드시 법관의 서명날인을 요하나, 결정·명령의 경우에는 기명날인이면 된다. 판결은 선고시에 성립되나, 결정·명령은 그 원본이 법원사무관 등에게 교부되었을 때에 성립되며 고지시가 아니다.

⑥ 불복방법에 있어서,

판결에 대해서는 항소·상고이고, 결정·명령에 대해서는 이의 또는 항고·재항고이다.

⑦ 대상의 면에서,

판결은 중요사항, 특히 소송에 대한 종국적·중간적 판단을 할 때임에 대하여, 결정·명령은 소송절차의 부수파생된 사항·강제집행사항·가압류·가처분사건·도산 등 비송사건을 판단할 때에 쓰인다.

⑧ 기속력의 면에서,

판결의 경우에 법원은 자기의 판결에 기속됨에 대하여, 결정·명령의 경우에는 원칙적으로 기속되지 아니하므로 취소변경을 할 수 있다.

⑨ 이유기재

판결서와 달리 결정서에는 이유기재를 생략할 수 있게 하였다. 판결절차에 부수적 결정, 예를 들면 보조참가허부결정·문서제출명령허부결정 등에서 실무상 경시경향이 보이고 있다.

2. 종국적 재판·중간적 재판

사건처리와의 관계에서 한 분류이다.

1) 종국적 재판이란 사건에 대하여 종국적 판단을 하고, 그 심급을 끝내고 이탈시키는 재판이다. 판결의 예로는 종국판결, 결정의 예로는 소·상소각하결정, 화해권고결정, 이행권고결정, 소송비용액확정결정, 명령으로 하는 예로는 소장·상소장 각하명령이 있다.

2) 중간적 재판이란 심리 중에 문제가 된 사항에 대하여 판단하여 종국적 재판의 준비로 하는 재판을 말한다. 판결로 하는 경우가 중간판결이고, 결정으로 하는 예로서 공격방어방법각하의 결정·소변경의 허가결정·속행명령·인지보정명령 따위가 있다. 중간적 재판은 종국적 재판에 흡수되므로 별도의 규정이 없는 한 독립하여 불복신청을 할 수 없고, 종국적 재판과 함께 불복할 수 있다.

PART
03

제2절　판결

제1항 판결의 종류

Ⅰ 중간판결[212]

1. 의의

① 중간판결이란 종국판결을 하기에 앞서 소송의 진행 중 당사자 간의 중간쟁점을 미리 정리·판단을 하여, 종국판결을 쉽게 하고 이를 준비하는 판결이다. 중간확인의 소에 대한 회답인 중간확인판결과는 전혀 다르다. 중간판결사항을 중간판결로 정리하느냐, 종국판결의 이유 속에서 판단하느냐는 법원의 자유재량에 속하나, 사건이 폭주하는 상황에서 한 건에 두 차례에 걸친 판결서작성의 번거로움 때문인지 중간판결은 별로 활용되고 있지 않다.

② 중간판결은 소송물의 가분적 일부에 대한 판단인 일부판결과 달리 소송자료의 일부에 대한 판단이다.

2. 중간판결사항

다음 세 가지에 대하여 필요한 때 중간판결을 할 수 있다(법 제201조)[213].

1) 독립한 공격방어방법

① 독립한 공격방어방법이라 함은 그 한 개만으로 독립하여 본소를 유지 또는 배척하기에 충분한 것, 즉 본안에 관한 주장이나 항변 중에서 다른 것과 독립하여 그에 관한 판단만으로 청구를 유지 또는 배척하기에 충분한 것을 말한다. 예를 들면 소유권확인의 소에서 소유권의 취득원인으로 일차적으로 매매, 예비적으로 시효취득을 주장할 경우에 그중 어느 하나가 인정되면 그것만으로 원고의 청구가 이유 있게 되기 때문에, 매매·시효취득은 독립한 공격방법으로 된다. 금전청구의 소에서 피고가 일차적으로 변제, 예비적으로 시효소멸의 항변을 하는 경우에 또는 대여 변제·시효소멸 중 어느 하나가 인정되면 그것만으로 원고의 청구는 배척되기 때문에 그것은 독립한 방어방법으로 된다.

② 독립한 공격방어방법을 판단한 결과 이유 있어 곧바로 청구를 인용 또는 기각하기에 이르면 종국판결을 하여야 하므로, 그 이유 없어 독립한 공격방어방법을 배척할 경우에 한하여 중간정리의 차원에서 중간판결을 할 수 있다.

---

212) 이시윤, 앞의 책, 608-610면
213) 제201조(중간판결)

　① 법원은 독립된 공격 또는 방어의 방법, 그 밖의 중간의 다툼에 대하여 필요한 때에는 중간판결(中間判決)을 할 수 있다.

　② 청구의 원인과 액수에 대하여 다툼이 있는 경우에 그 원인에 대하여도 중간판결을 할 수 있다.

2) 중간의 다툼

중간의 다툼이라 함은 독립한 공격방어방법에 속하지 않는 소송상의 사항에 관한 다툼으로서, 이를 해결하지 않으면 청구 그 자체에 대한 판단에 들어설 수 없는 것을 말한다(소송상의 선결문제). 구체적으로는 소송요건의 존재여부, 상소의 적법 여부, 소취하의 유·무효, 상소추후보완의 적법여부, 재심의 소에서 적법성과 재심사유의 존재여부 등에 관한 다툼 등이다. 다만 소나 상소가 적법하거나 소의 취하가 무효일 때에는 중간판결을 할 것이나, 그와 반대일 때에는 종국판결을 하여야 한다. 임의적 변론에 기하여 결정으로 재판할 사항은 중간판결의 대상이 되지 않는다.

3) 원인판결

청구의 원인과 액수 두 가지가 쟁점이 되어 있는 경우에, 청구의 원인이 이유 있다고 보면 이를 긍정하여 먼저 정리해 두는 중간판결을 원인판결이라 한다(법 제201조 제2항). 청구원인이 이유 있다고 하여 정리해 두는 원인판결을 먼저하면 그 뒤에는 청구의 액수만이 쟁점으로 남아 간편하게 종국판결을 마칠 수 있게 되기 때문이다. 다만 청구의 원인을 부정하면 청구 그 자체를 부정할 수밖에 없기 때문에, 그 경우의 판결은 종국판결이고 중간판결이 아니다. 여기에서 말하는 청구의 원인이라 함은 청구를 특정하는 좁은 의미의 청구의 원인, 청구를 이유 있게 하는 넓은 의미의 그것과는 구별되는 것으로, 액수·범위를 제외한 소송의 목적인 청구권이 있느냐 없느냐의 문제이다.

4) 상소심의 환송판결

판례는 한때 중간판결이라고 보았으나, 사건본안 자체의 종국이 아니라도 당해 심급에 있어서의 소송절차를 끝내는 것이라는 의미에서 환송판결은 종국판결로 파악하여야 할 것이다. 대법 1981. 9.8. 선고, 80다3271 전원합의체 판결은 항소심의 환송판결에, 동 1995.2.14. 선고, 93재다27·34 전원합의체 판결은 대법원의 환송판결에 각 종국판결설로 바꾸었다. 따라서 항소심의 환송판결에 대해서는 상소할 수 있다.

3. 효력

① 중간판결을 일단 선고하면, 판결을 한 그 심급의 법원은 이에 구속되어(자기 구속력) 스스로 취소변경을 할 수 없을 뿐더러 나중에 종국판결을 할 때에 중간판결 주문에 표시된 판단을 전제로 하지 않으면 안 된다. 설령 중간판결의 판단이 그릇된 것이라 하여도 이에 저촉되는 판단을 할 수 없다. 당사자도 중간판결에 즈음한 변론 전에 제출할 수 있었던 공격방어방법은 그 뒤의 변론에서 제출할 수 없다(실권효). 그러나 중간판결의 변론종결 후에 새로 생긴 사실에 기하여 새로운 공격방어방법을 제출하는 것은 무방하다. 이 점에서 종국판결의 기판력의 시적 범위와 흡사하다. 다만 중간판결의 기속력은 당해 심급에만 미치기 때문에 상급심에서는 시기에 늦은 것이 아니면, 이를 뒤집기 위한 공격방어방법의 제출에 제약이 없다. 중간판결은 이러한 절차 내적 효력인 기속력뿐이므로 기판력이나 집행력은 없다.

② 중간판결에 대하여는 i) 독립하여 상소할 수 없고, 종국판결이 나기를 기다려 이에 대한 상소와 함께 상소심의 판단을 받을 수 있는 데 그친다. ii) 종국판결이 아니기 때문에 원칙적으로 소송비용에 대한 재판을 하여서는 아니 된다.

II 종국판결[214]

1. 의의

1) 종국판결이란 소·상소에 의하여 계속된 사건의 전부·일부를 그 심급에서 완결하는 판결을 말한다. 본안판결·소각하판결이 그 전형적 예이나, 소송종료선언도 이에 속한다.

2) 종국판결은 사건을 완결시키는 범위에 의하여 전부판결·일부판결·추가판결로 구별되고, 소의 적법요건에 관한 판단인가, 청구의 정당여부에 관한 판단인가에 의해 소송판결과 본안판결로 구별된다.

2. 전부판결

1) 같은 소송절차에서 심판되는 사건의 전부를 동시에 완결시키는 종국판결이다. 법원은 사건의 전부에 대하여 심리를 완료한 때에는 전부판결을 하지 않으면 안 된다. 1개의 소송절차에서 1개의 청구가 심리된 때에 그 청구에 대하여 행한 판결이 전부판결임은 물론이고, 청구의 병합·반소·변론의 병합 등과 같이 1개의 소송절차에서 수 개의 청구가 병합심리된 때에 그 수 개의 청구에 대해 동시에 1개의 판결을 행한 때에도 그 판결은 1개의 전부판결로 본다.

2) 전부판결은 1개의 판결이기 때문에 청구 중 일부에 대한 상소는, 나머지 청구에 효력이 미치고 판결 전체의 확정을 막는 차단의 효과와 위 심급으로 이전되는 이심의 효과가 생긴다. 따라서 전부판결 중 원고 일부승소·일부패소의 경우에 패소부분에 대한 상소의 효력은 승소부분에도 미친다(상소불가분의 원칙). 이때에 원고승소부분도 심판의 범위에 포함되는가는 별개의 문제이다.

3. 일부판결

1) 같은 소송절차에 의해 심판되는 사건의 일부를 다른 부분에서 분리하여 그것만 먼저 끝내는 종국판결이다(법 제200조 제1항). 일부판결은 복잡한 소송의 심리를 될 수 있는 한 간략히 함과 동시에 판결하기에 성숙한 부분만이라도 속히 해결해 주려는 제도이다. 따라서 일부판결을 적절히 잘 활용하면 소송심리의 정리·집중화에 도움을 줄 수 있고 또 당사자의 권리구제의 신속에 이바지하지만, 반면에 일부판결은 독립하여 상소의 대상이 되기 때문에, 사건의 일부는 상소심에, 나머지 부분은 원심에 계속되게 하여 때로는 소송불경제와 재판의 모순을 초래할 수 있다.

2) 다음의 경우는 일부판결이 허용된다. 즉 i) 병합(주관적·객관적 병합 포함된 수 개의 청구 중 어느 하나의 청구), ii) 가분적 청구 중 액수가 확정된 부분(예컨대 1,000만원 대여금 청구 중

---

214) 이시윤, 앞의 책, 611-614면

피고가 대여받았음을 자인하는 200만원 부분), iii) 변론병합한 청구 중 어느 한 청구, iv) 병합된 본소와 반소 가운데 어느 하나의 청구(법 제200조 제2항) 등이다. 그러나 일부판결은 실무상 거의 활용되고 있지 않다.

3) 소송의 일부의 심리가 완료된 때라도 일부판결을 할 것인가의 여부는 법원의 재량에 속하나, 일부판결을 한 뒤 잔부판결이 법률상 허용될 수 없는 경우나 일부판결과 잔부판결 간에 내용상 모순이 생길 염려가 있을 때에는 일부판결이 허용될 수 없다. i) 선택적·예비적 병합청구, ii) 본소와 반소가 동일목적의 형성청구인 때, iii) 필수적 공동소송, 독립당사자참가, 공동소송참가, 예비적·선택적 공동소송 등 합일확정소송, iv) 법률상 병합이 요구되는 경우(상법 제240조, 제188조, 제380조) 등이다.

4) 일부판결의 경우에 판결하지 않고 남겨둔 나머지 부분은 그 심급에서 심리가 속행되지만 뒤에 이를 완결하는 판결을 잔부판결 또는 결말판결이라 하는데, 일부판결의 주문판단을 토대로 하여야 한다. 소송비용의 재판은 사건을 완결하는 잔부판결에서 하는 것이 일반적이나, 일부판결에서도 그 부분에 대한 비용재판을 할 수 있다.

4. 재판의 누락과 추가판결

1) 추가판결이라 함은 법원이 청구의 전부에 대하여 재판할 의사였지만, 본의 아니게 실수로 청구의 일부에 대하여 재판을 빠뜨렸을 때에 뒤에 그 부분에 대해 하는 종국판결을 말한다(법 제212조). 예를 들면 반소가 제기된 경우에 본소만 판단하고 반소에 관한 판단을 빠뜨린 경우, 소유권이전등기말소청구만 판단하고 소유권확인청구부분은 판결을 하지 않은 경우, 원금청구부분만 판단하고 확장된 지연손해금청구부분을 판단하지 아니한 경우, 일부 당사자에 대한 재판누락, 이혼판결을 하면서 직권으로 정할 미성년자인 자녀에 대한 친권자 및 양육자 판결을 빠뜨린 경우 등이다.

2) 재판의 누락은, ⅰ) 이를 모르고 실수한 경우이므로 일부에 대하여 의도적으로 재판을 하지 아니한 경우(잔부판결의 대상)는 포함되지 않고, ⅱ) 종국판결의 결론인 주문에서 판단할 청구의 일부에 대한 재판을 빠뜨린 경우이므로, 판결의 이유에서 판단할 공격방어방법에 대한 판단누락, 즉 이유누락과는 다르다(법 제451조 제1항 제9호). 따라서 판례는 판결주문의 누락이 기준이 된다는 것이며, 판결주문에서 아무 표시가 없는 경우에는 판결이유 속에서 판단이 되어 있어도 재판의 누락으로 보아야 하고, 반대로 판결이유 속에 개별적으로 소상하게 설명되어 있지 않아도 판결주문에 기재가 있으면 재판누락으로 볼 수 없다는 태도이다. 원고의 청구취지와 비교하여 판결주문에서 응답이 없는 부분이 있으면 그것은 재판의 누락이 된다.

3) 재판누락이 있는 부분은 이를 누락시킨 법원에 그대로 계속되어 있기 때문에(법 제212조 제1항), 그 법원이 당사자의 신청·직권에 의하여 추가판결로 처리할 일이다. 따라서 상소의 대상이 될 수 없으므로 당사자가 상소를 제기하여 시정을 구할 것은 아니다.
위에서 본 일부판결이 허용되지 않는 소송에서는 재판의 누락이 있을 수 없으므로 추가판결로

시정할 것이 아니라, 빠뜨린 것이 있다면 판단누락의 일종으로 보아 상소(법 제424조 제1항 제6호) 또는 재심(법 제451조 제1항 제9호)으로 다투어야 한다(통설).

4) 추가판결과 전의 판결과는 각각 별개의 판결로서 상소기간도 개별적으로 진행한다. 다만, 전의 판결의 기속력 때문에 그 결과를 토대로 삼아야 한다.

5) 종국판결 중 본래 하여야 할 소송비용의 재판을 누락한 때에는 신청 또는 직권에 의하여 결정으로 추가재판을 할 것이나, 종국판결에 대하여 적법한 항소가 있는 때에는 추가결정은 효력을 잃고 항소심이 몰아서 소송의 총비용에 대해 재판한다.

5. 소송판결과 본안판결

1) 소송판결은 소·상소를 부적법 각하하는 판결로서, 소송요건·상소요건의 흠이 있는 경우에 행하는 것이다. 본안판결거부의 취지이다. 소송종료선언·소취하무효선언판결(규칙 제67조)도 성질상 소송판결에 속한다.

2) 본안판결이란 소에 의한 청구가 실체법상 이유 있는지 여부를 재판하는 종국판결이다(법 제267조 제2항). 청구의 전부·일부에 대하여 인용·기각하는 판결이다. 상소심에 있어서도 상소에 의한 불복신청을 받아들일지의 여부를 재판하는 것은 본안판결에 준할 것이다. 본안판결은 소의 유형에 대응하여 이행판결·확인판결·형성판결로 나누어진다. 다만 청구를 이유 없다고 기각하는 판결은 모두 확인판결이다.

3) 소송판결은 ① 필요적(필수적) 변론의 원칙 부적용, ② 잘못 판단된 때에 원칙적으로 상소심의 필수적 환송사유가 되고, ③ 기판력이 생겨도 뒤에 보정하면 재소가 허용되며, ④ 소취하 후의 재소금지원칙의 부적용 등 본안판결과 차이가 있다. ⑤ 필수적 공동소송, 예비적·선택적 공동소송, 독립당사자참가, 공동소송참가 등 합일확정소송이라도 상소에 의한 전체의 확정차단·이심의 효력은 본안판결에 한하고 소송판결을 한 경우는 다르다.

제 3 절	판결의 효력

I 기속력[215)]

1. 의의

① 판결이 일단 선고되어 성립되면, 판결을 한 법원 자신도 이에 구속되며, 스스로 판결을 철회하거나 변경하는 것이 허용되지 않는다. 선고하고 나서 오판임을 알아 당사자의 양해를 얻어도 내용을 바꿀 수 없다. 이를 판결의 기속력 혹은 자기구속력이라 한다. 형식적 확정을 기다릴 필요 없이 선고와 동시에 그 효력이 생긴다(법 제205조).

---

215) 이시윤, 앞의 책, 622-625면

② 일단 재판으로서 외부에 표현된 이상 자유로운 변경의 인정은 법적 안정성을 해치고, 널리는 재판의 신용에도 악영향을 주기 때문이다.

2. 기속력의 배제

기속력이 법률에 의하여 배제되는 경우가 있다. 결정·명령은 재도(再度)의 고안에 의하여 취소·변경할 수 있고, 특히 소송지휘에 관한 결정·명령은 편의적이기 때문에 어느 때나 취소·변경을 할 수 있어 기속력이 배제된다.

3. 판결의 경정

1) 의의

① 판결의 경정이란 판결내용을 실질적으로 변경하지 않는 범위 내에서, 판결서에 표현상의 잘못이나 계산의 착오 등 오류가 생겼을 때에 판결법원 스스로 이를 고치는 것을 말한다(법 제211조)[216].

② 그리하여 강제집행, 가족관계등록부·등기부의 기재 등 넓은 의미의 집행에 지장이 없도록 해주자는 취지이다. 내용을 바꾸는 것이 아닌 이 정도의 오류의 정정에 구태여 상소로 그 시정을 구할 것까지 없이, 간이한 결정절차로 고치는 길을 열어놓았다. 이러한 결정을 경정결정이라 한다.

③ 판결의 경정결정은 청구의 포기·인낙조서 및 화해·조정조서뿐 아니라, 결정·명령에도 준용된다.

2) 요건

판결에 잘못된 계산이나 기재, 그 밖에 이와 비슷한 잘못이 있음이 분명한 경우이어야 한다. 따라서 표현상의 분명한 잘못이 아닌 판단내용의 잘못이나 판단누락은 경정사유로 되지 않는다. 잘못이 법원의 과실 때문이든 당사자의 청구의 잘못 때문이든 가리지 않는다.

3) 절차

① 경정은 직권 또는 당사자의 신청에 의하여 어느 때라도 할 수 있다. 상소제기 후는 물론 판결확정 후에도 할 수 있다. 판례는 판결을 한 법원은 물론 상급법원도 경정할 수 있다고 하였으나, 다만 하급심에서 확정된 판결부분에 대해서는 그 부분에 관한 기록이 상급법원에 와있다 하여도 상급법원이 그 부분에 대한 심판권이 없으므로 경정할 수 없다고 하였다.

---

216) 제211조(판결의 경정)
　　① 판결에 잘못된 계산이나 기재, 그 밖에 이와 비슷한 잘못이 있음이 분명한 때에 법원은 직권으로 또는 당사자의 신청에 따라 경정결정(更正決定)을 할 수 있다.
　　② 경정결정은 판결의 원본과 정본에 덧붙여 적어야 한다. 다만, 정본에 덧붙여 적을 수 없을 때에는 결정의 정본을 작성하여 당사자에게 송달하여야 한다.
　　③ 경정결정에 대하여는 즉시항고를 할 수 있다. 다만, 판결에 대하여 적법한 항소가 있는 때에는 그러하지 아니하다.

② 경정은 결정으로 함이 원칙이나, 판결로써 경정하였다 하여 위법이라 할 수 없다. 경정사유를 소명해야 한다는 것이 판례이다. 경정결정은 판결의 원본과 정본에 덧붙여 적어야 한다. 다만 정본이 이미 당사자에 송달되어 정본에 덧붙여 적을 수 없을 때에는 따로 결정의 정본을 송달하면 된다.

③ 경정결정에 대해서는 즉시항고할 수 있다. 다만 판결에 대하여 적법한 항소가 있는 때에는, 항소심의 판단을 받으면 되기 때문에 항고는 허용되지 않는다. 경정신청기각결정에 대해서는 불복할 수 없다는 것이 통설·판례이다. 기각결정에 대해서는 헌법위반을 이유로 오로지 특별항고가 허용될 뿐이다.

4) 효력

① 경정결정은 원판결과 일체가 되어 판결신고 시에 소급하여 그 효력이 발생한다.

② 그러나 판결에 대한 상소기간은 경정에 의하여 영향을 받지 않고 판결이 송달된 날로부터 진행한다. 다만 경정한 결과 상소이유가 발생한 경우에는 상소의 추후보완을 할 수 없다는 판례가 있으나, 일의적으로 부정할 것은 아니다.

Ⅱ 형식적 확정력[217]

1. 의의

① 법원이 한 종국판결에 대하여 당사자의 불복상소로도 취소할 수 없게 된 상태를 판결이 형식적으로 확정되었다고 하고, 이 취소불가능성을 형식적 확정력이라 한다.

② 판결의 형식적 확정은 판결정본이 적법하게 송달되었을 것을 전제로 한다. 판결의 형식적 확정력은 상소의 추후보완·재심의 소에 의하여 배제될 수 있다.

2. 판결의 확정시기

1) 판결선고와 동시에 확정되는 경우

상소할 수 없는 판결, 예컨대 상고심판결 따위가 그것이다. 판결선고 전에 불상소의 합의가 있는 때에도 판결선고와 동시에 판결이 확정된다. 다만 비약상고의 합의가 있는 때에는 상고기간의 만료 시에 확정된다.

2) 상소기간의 만료 시에 확정되는 경우

① 상소기간 내에 상소를 제기하지 않고 도과시킨 때, ② 상소를 제기하였으나 상소를 취하한 때, ③ 상소를 제기하였으나 상소각하판결이 나거나 상소장각하명령이 있는 때이다. 물론 이들 재판이 확정되었을 것을 전제로 한다.

3) 상소기간 경과 전에 상소권을 가진 당사자가 이를 포기할 때에는 그 포기 시에 확정된다.

4) 상소기각판결은 그것이 확정된 때에 원판결이 확정된다.

---

217) 이시윤, 앞의 책, 625–627면

5) 일부불복의 경우(일부확정)

예를 들면 원고가 금 100만원을 청구하여 60만원 부분은 승소, 40만원 부분은 패소하였는데, 원고가 자기의 패소부분 40만원만을 불복상소하고 피고가 상소·부대상소하지 않은 경우에 원고의 승소부분 60만원은 어느 때에 확정되는가에 대해, 판례의 주류는 불복신청 없는 부분은 상소심의 심판의 대상에서 제외된다고 하여 그 부분의 판결확정시는 항소심의 경우는 항소심판결의 선고시, 상고심은 상고심판결의 선고시로 본다(선고시설). 따라서 그동안 선고시까지는 상소취지를 확장·감축시킬 수 있다는 결론이 된다.

3. 판결의 확정증명

① 판결이 확정되면 소송당사자는 그 판결에 기하여 기판력을 주장하거나, 가족관계등록신고·등기신청 등을 할 수 있으므로, 이를 위해 판결이 확정되었음을 증명할 필요가 생기게 된다. 당사자는 소송기록을 보관하고 있는 법원사무관 등에게 신청하여 판결확정증명서를 교부받게 된다.

② 상급심에서 소송이 완결된 경우라도 소송기록은 제1심법원에서 보존하게 되므로, 확정증명서의 교부는 제1심법원의 법원사무관 등으로부터 받음이 원칙이다. 다만 소송이 상급심에 계속 중이라도 그 사건의 판결 일부가 확정된 경우에는 소송기록은 상급심에 있기 때문에, 확정부분에 대한 증명서는 상급법원의 사무관 등으로부터 교부받게 된다.

4. 소송의 종료

판결이 형식적으로 확정되면 소송은 종국적으로 끝이 난다. 확정에 의하여 판결의 내용에 따른 효력인 기판력·집행력·형성력 등이 생기게 된다.

Ⅲ 기판력 일반[218]

1. 기판력의 의의

① 확정된 종국판결에 있어서 청구에 대한 판결내용은, 당사자와 법원을 規律하는 새로운 규준(規準)으로서의 구속력을 가지며, 뒤에 동일사항이 문제되면 당사자는 그에 반하여 되풀이하여 다투는 소송이 허용되지 아니하며(불가쟁, 不可爭), 어느 법원도 다시 재심사하여 그와 모순·저촉되는 판단을 해서는 안 된다(불가반, 不可反). 이러한 확정판결의 판단에 부여되는 구속력을 기판력 또는 실체(질)적 확정력이라 한다.

② 판결의 효력 중 기속력·형식적 확정력은 당해 소송절차상의 효력으로서, 전자는 법원에, 후자는 당사자에 대한 구속력으로서 문제됨에 대하여, 기판력은 소송물에 대해 행한 판단의 효력으로서, 당해 소송보다도 뒤의 별도소송에서 법원 및 당사자에 대한 구속력으로서 문제된다.

③ 기판력제도는 국가의 재판기관이 당사자 간의 법적 분쟁을 공권적으로 판단한 것에 기초한 법적 안정성에서 유래된 것이나, 판결의 내용에 묵과할 수 없는 중대한 흠이 내포되었을 때에는 구체적 타당성 앞에서 양보하여야 한다. 그것이 재심사유이다.

---

218) 이시윤, 앞의 책, 627-639면

2. 기판력의 본질

기판력의 구속력은 무엇이며, 어떠한 법적 성질을 갖느냐에 대하여는 다툼이 있다.

1) 실체법설

판결은 당사자 간의 실체법상의 권리관계를 확인 내지는 변경하는 것이라고 보면서 기판력의 구속력을 설명하는 입장이다. 따라서 정당한 판결이라면 종래의 권리관계를 그대로 확인하는 효력이 있고, 부당한 판결은 종래의 권리관계를 판결의 내용대로 발생·변경·소멸시키는 효력이 있는 것으로 본다. 따라서 기판력이 후소에서 재판의 내용을 구속하게 되는 것은 판단의 대상인 실체법상의 권리관계가 이미 그 판결의 결과대로 변동되었기 때문이다. 이러한 실체법설에 근접한 것으로 구체적 법규설이 있는데, 판결을 통하여 추상적인 법규를 당사자 간의 구체적인 법규화가 기판력이라 본다.

2) 소송법설

기판력은 실체법상의 권리관계를 변동시키는 것이 아니고, 오로지 소송법상의 효과로서 후소를 재판하는 법관을 구속하는 효력이라 한다. 예를 들면 실제로 채무가 존재함에도 부존재한다고 부당판결이 났을 때, 실체법설은 기판력에 의하여 채무는 소멸되는 것이며 그럼에도 채무자가 변제한 경우에 채무가 없는 데도 갚은 비채변제가 된다는 것임에 대하여, 소송법설은 소송상 다툴 수 없을 뿐 채무는 살아 있는 것이며 채무자가 변제하면 채무본지에 따른 변제가 된다는 것이다. 구속력의 내용을 어떻게 볼 것인가에 대하여 소송법설 안에서 다시 다투어진다.

(1) 모순금지설(구소송법설)

국가재판의 통일이라는 요구를 내세워 구속력의 내용을 후소법원이 전에 판단한 것과 모순된 판단의 금지, 즉 모순금지로 파악하고 있다. 따라서 당사자는 반사적으로 후소에서 전소와 모순되는 내용의 판결을 구하는 것이 금지되며, 다만 전소와 같은 내용의 본안판결을 구할 수 있을 뿐이다. 이 설에 의하면 승소판결을 받은 경우에 원고가 같은 신소를 제기하는 것은 이미 권리보호를 받았음에도 불구하고 이를 다시 구하는 것이므로, 권리보호의 이익에 흠이 있는 것이며 이 때문에 소각하를 하여야 한다고 한다. 그러나 패소판결을 받은 때에 원고가 신소를 제기하면 전의 판결내용과 모순되는 판단을 하여서는 아니 되는 구속력 때문에 전소 판결의 판단을 원용하여 청구기각의 판결을 하여야 하고, 소각하할 것이 아니라는 입장이다. 판례와 일부학설이 따른다.

(2) 반복금지설(신소송법설)

이 설은 일사부재리에 내재하는 분쟁해결의 1회성을 내세워, 기판력이란 후소법원에 대해 한 번 확정된 법률효과에 대하여 다시 변론·증거조사·재판을 금지하는 구속력인 것으로 파악한다. 다시 말하면 기판력의 본질을 반복금지의 강제로 본다. 이와 같이 반복하여 변론·증거조사·재판을 금하는 것이 기판력이라면, 전소와 소송물이 같은 후소는 전소의 판결 결과가 승소이든 패소이든 관계 없이 부적법각하를 면치 못하게 되며, 따라서 기판력을 그 자체로서 소극적 소송요건으로 본다.

3) 비판(검토)

우선 실체법설은 권력분립의 원칙과 모순된다. 실체법상의 권리의 생성·소멸은 어디까지나 입법자의 과제이지 법관의 임무가 아니다. 법관은 단지 원칙적으로 기존의 권리관계를 확정할 뿐인데, 실체법설은 이 점을 간과하고 있다. 또한 실체법설은 기판력이 소송당사자 간에서만 미치는 것을 설명하지 못한다. 왜냐하면 실체법설에 의하면 모든 판결은 형성판결이어야 하며, 따라서 당사자 아닌 제3자에게도 그 효과가 미쳐야 하기 때문이다. 나아가 실체법설에 의하면 실체법상의 권리의 당부를 판단하지 않는 소송판결에는 기판력을 부인하여야 하는 결과를 낳는다. 새로운 권리를 창설하는 것이 아니라 기존의 권리관계를 단지 조사하는 것이 소송의 본질이고 이를 단지 확정하는 것이 판결의 본질이라면, 소송법설이 타당하다 볼 것이다.

모순금지설은 실제로는 승소원고가 다시 같은 소송물에 대하여 후소를 제기하면 소의 이익이 없다 하여 소를 각하하여야 한다고 하지, 전과 같은 내용의 승소판결을 하여야 한다고는 해석하지 않는다. 이는 기본입장과는 일관성이 없는 취급이다. 한편 모순금지설은 패소원고가 다시 같은 소송물에 대해 후소를 제기하였을 때에는 소의 이익이 없다고 하지 않고 전과 같은 내용의 판결, 즉 기각판결을 하여야 한다고 본다. 결국 전소와 같은 소송을 제기한 경우에 승소자에게는 이익이 없고 패소자에게는 이익이 있다는 설명인데, 이것은 매우 기이하다. 한편 전소와 동일 소송물인 후소를 제기하였을 때에는 반복금지의 소극적 기능이 작용하지만, 그 외의 경우는 모순금지의 적극적 기능이 작용한다는 절충설도 있다. 어느 학설에 의해도 기판력에 저촉되면 기각이든 각하든 배척되는 것에 다름 없으므로 논쟁의 실익은 그리 크지 않다.

3. 기판력의 작용

1) 작용면

기판력은 전소에서 확정된 권리관계가 후소에서 다시 문제되는 때에 작용한다. 즉 i) 전소의 소송물과 같은 후소의 제기가 허용되지 않는 것은 물론, 같지 않다 하더라도, ii) 전소의 소송물에 관한 판단이 후소의 선결문제가 될 때, iii) 모순관계에 있는 때에는 후소에서 전소의 판단과 다른 주장을 하는 것을 허용하지 않는 작용을 한다. 구체적으로 본다.

(1) 소송물의 동일

① 전소에서 승소한 원고이든 패소한 원고이든 같은 소송물에 대해 재소하면 기판력에 저촉되어 재소에 장애가 된다. 앞서 본 바와 같이 승소한 원고가 재소하는 경우에는 소의 이익이 없다고 보고 각하하여야 함에 대하여 패소한 원고의 재소의 경우에는 청구기각의 판결을 하여야 한다는 것이 모순금지설의 귀결이다. 판례는 모순금지설에 입각하여 일부 승소판결이 있음에도 재소를 한 경우에는 승소부분에 해당하는 것은 각하, 패소부분에 해당하는 것은 기각하여야 한다는 것이 판례임은 앞서 본 바이다. 그러나 반복금지설에 따라 전소의 승소·패소를 불문하고 소극적 소송요건의 흠으로 보고 각하하여야 한다는 것이 우리의 견해이다.

② 다만 기판력 있는 판결이 있어도 i) 판결원본의 멸실, ii) 판결내용의 불특정, iii) 시효중단을 위해 다른 적절한 방법이 없을 때에는 예외적으로 신소가 허용됨은 앞서 본 바이다.

이 경우 전소가 재판상 청구가 있었음에도 전소판결에 의하여 확정된 채권의 시효를 중단시키기 위하여 채권 자체를 대상으로 재판상의 청구가 있다는 점에 대하여만 확인을 구하는 형태의 소제기도 허용된다는 입장이다(대법(전) 2018.10.18, 2015다232316).

③ 신소의 판결은 전소의 판결내용에 저촉되어서는 안 되므로, 후소 법원은 전소에서 인정된 권리의 요건이 구비되었는지 여부를 다시 심리할 수 없다. 다만, 전소의 변론종결 후에 새로 발생한 변제, 상계 등 채권소멸사유나 항변은 후소의 심리대상이 되나, 법률이나 판례의 변경은 전소 변론종결 후 새로 발생한 사유가 아니다.

(2) 후소의 선결관계

① 의의

후소가 전소와 소송물이 동일하지 아니하여도 전소의 기판력 있는 법률관계가 후소의 선결관계로 되는 때에는 후소의 "선결문제"로서 기판력을 받아 후소의 법원은 그와 모순되는 판단을 할 수 없다. 후소의 항변사유가 되는 때도 같다. 선결관계효라 한다. 쉽게 말해 전소의 주문에 포함된 소송물에 관한 판단이 후소에서 짚고 넘어갈 선결문제가 되었을 때에는 후소법원은 그 한도 내에서 전소와 다른 내용의 판단을 해서는 안 되고, 당사자는 다른 주장을 하는 것이 허용되지 않는다. 실제로 중요한 의미가 있고 활용될 수 있는 경우이다(전소의 판결주문에서 판단된 법률관계가 문제이므로, 전소의 판결이유에서 판단된 선결적 법률관계가 후소에 미치지 아니하는 것과는 다른 문제임을 주의할 것). 그러나 이 경우에 후소에서 선결문제의 한도 내에서 전소의 기판력 있는 판단에 구속되어 이를 전제하여 심판을 하여야 할 뿐, 소자체의 각하판결을 할 경우가 아니다.

② 선결관계가 되는 예

원고가 전소에서 소유권확인의 확정판결을 받았으면, 후소로 같은 피고에 대하여 소유권에 기한 목적물인도(또는 이전등기)를 청구한 때에 여기에서 선결관계인 원고의 소유권에 관한 한 피고로서는 전소판결과 달리 원고가 그 소유권자가 아니라고 주장할 수 없고 법원으로서도 이와 다른 판단을 하는 것은 기판력에 저촉된다. 전소에서 원금채권의 부존재가 확정된 뒤에 전소의 변론종결 당시에 원금채권의 존재를 전제로 변론종결 후의 지연이자 부분의 청구를 하는 경우에, 이는 변론종결 당시에 원금채권의 존재를 선결문제로 하는 것이 되어 안 된다.

③ 항변사유가 되는 예

후소의 항변사유가 될 때도 같다. 甲·乙 사이에서 甲에게 권리가 없다는 기판력 있는 판결이 난 뒤에, 乙이 甲 상대의 다른 소송에서 甲이 자기에게 그와 같은 권리가 있음을 항변하는 때도 전소의 기판력에 저촉된다. 예를 들면 甲이 乙 상대로 매매대금청구소송에서 청구기각의 확정판결이 났다고 하자. 뒤에 乙이 甲 상대의 목적물인도청구소송을 할 때에, 甲이 乙에게 여전히 대금청구권이 있음을 전제로 하여 乙의 대금지급이 있어야 인도해주겠다는 동시이행의 항변을 함은 기판력에 저촉된다.

(3) 모순관계

후소가 전소의 기판력 있는 법률관계와 정면으로 모순되는 반대관계를 소송물로 할 때에는 전소의 기판력에 저촉된다. 이 경우에도 후소와 전소의 소송물이 동일하지는 않으나, 전소의 확정 판결의 효과가 침해되어 유지하기 어려워지기 때문이다. 이때에 후소는 기판력의 부존재라는 소송요건의 흠으로 소각하하여야 함이 반복금지설의 귀결이나, 모순금지설에 의하면 소의 이익이 없는 경우는 아니므로 소각하는 아니고 청구 기각판결이 된다.

예를 들면 원고의 소유권확인판결이 확정된 뒤에 동일한 물건에 대한 피고의 소유권확인청구는 전소의 기판력에 저촉된다. 만일 이때에 후소를 허용한다면 일물일권주의(一物一權主義)에 반하는 결과도 생긴다. 또 확정판결에 의하여 손해배상의무가 있다고 확정된 경우에 후소로 배상의무 없다는 확인청구도 마찬가지이며 이때에 전소의 기판력에 저촉된다. 우리 판례에서도 甲·乙 간의 확정판결로 甲 앞으로 소유권이전등기가 마쳐진 뒤에 乙이 다시 그 등기가 원인무효임을 내세워 甲을 상대로 그 등기말소 청구를 하는 것은 확정된 이전등기청구권을 부인하는 것이 되어 기판력에 저촉된다고 하였다. 제소전화해에 의하여 甲 앞으로 이전등기가 된 이후에 乙이 그 말소청구를 하는 경우도 다를 바 없다. 제3자가 명의수탁자 등을 상대로 한 승소확정판결들에 따라 소유권이전등기를 마친 후 다른 소유권이전등기청구 권자가 명의수탁자 등을 대위하여 제3자명의 소유권이전등기가 원인무효임을 내세워 그 등기와 이에 기한 다른 등기의 말소청구는 전소의 기판력에 저촉된다고 했다(전소 등기청구의 원인은 증여, 후소 말소등기청구는 증여무효 주장).

2) 작용의 모습

기판력의 소극적 작용과 적극적 작용이 있다. 전자는 기판력 있는 판단을 다투기 위한 당사자의 주장이나 항변을 허용하지 않고 이를 배척하는 작용임에 대하여(불가쟁), 후자는 기판력 있는 판단에 구속되어 이를 전제로 법원이 후소를 심판하여야 하는 작용을 말한다(불가반). 소송물이 동일한 경우에는 전자가 발현되고(일사부재리), 후소의 선결관계가 되는 때에는 후자가 그 기능을 발휘한다(선결관계효). 모순금지설은 후자를 강조하는 것임에 대해 반복금지설은 전자에 치중하는 입장이기도 하다. 그러나 소극적 작용과 적극적 작용의 관계는 서로 배척보다는 상호 보완관계이다.

3) 기판력의 쌍면성

기판력은 승소자에게 유리하게 작용할 뿐 아니라, 불리하게도 작용함을 말한다. 예를 들면 상대로 가옥의 소유권확인을 청구하여 승소한 甲은 그 뒤 乙로부터 가옥철거와 대지인도를 청구당한 경우에 그 가옥이 자기의 소유가 아니라고 주장할 수 없다. 甲의 소유권 부인은 기판력에 저촉되기 때문이다.

4) 직권조사사항·소송요건

① 반복금지설은 특히 동일관계의 경우 후소의 소송물에 대한 기판력의 부존재를 소송요건으로 보지만, 모순금지설은 기판력이 본안에 작용하는 것으로서 소송요건과 무관하다고 본다. 한편, 위와 같은 논의와 무관하게 기판력을 직권조사사항이라고 하는 점에 이견이 없다[219].

② 당사자 간의 합의에 의하여 기판력을 부여하거나 취소·소멸시킬 수 없으며, 또한 기판력을 확장시킬 수 없다. 포기도 허용되지 않는다. 그러나 기판력에 의하여 확정된 권리관계를 합의에 의하여 변경하는 것은 허용된다. 전소판결의 기판력과 모순되는 판결은 무효는 아니나, 상소로써 다툴 수 있으며, 그것이 확정되었을 때 예외적으로 재심에 의하여 취소할 수 있을 뿐이다. 그러나 뒤의 확정판결은 취소될 때까지는 새로운 표준시의 판결로서 기판력을 갖고 법적 안정성을 도모한다.

4. 기판력 있는 재판

1) 확정된 종국판결

종국판결이 확정되면 원칙적으로 기판력이 생긴다. 이에 대해 중간판결은 종국판결을 준비하기 위한 것이고, 그 소송절차 내에서 효력을 갖는 데 그치므로 기판력이 없다. 종국판결이라도 확정될 것을 요하기 때문에 미확정판결에는 기판력이 없다. 판례는 판결정본의 송달이 무효인 경우에 미확정판결로 본다.

① 본안판결이면 청구인용판결이든 기각판결이든 불문하며, 이행판결·확인판결·형성판결 모두에 기판력이 생긴다.

② 소송판결도 소송요건의 흠으로 소가 부적법하다는 판단에 기판력이 생기는 것이고, 소송물인 권리관계의 존부에 미치지 않는다. 예컨대 재판권이나 당사자적격 등의 소송요건의 흠으로 소각하판결을 받은 후에 그 흠을 그대로 둔 채 재소하면, 전소판결의 기판력에 의해 각하된다. 그러나 예를 들면 대표권의 흠을 이유로 소각하의 소송판결을 받아 확정된 뒤 새로 대표자를 선임보완하여 재소하는 경우는 기판력에 저촉되지 아니한다. 상급심에서의 환송판결에 기판력이 있는지 여부는 다투어진다.

③ 종국판결이라도 무효인 판결에는 기판력이 없다. 사망자를 당사자로 한 판결의 경우가 그러하다.

④ 가압류·가처분결정은 피보전권리의 존재여부를 종국적으로 확인하는 의미의 기판력은 없으나, 뒤의 보전절차에서 동일사항에 관하여 달리 판단할 수 없다는 의미에서 한정적인 기판력이 있다. 따라서 피보전권리나 보전의 필요성이 소명되지 아니하여 보전신청이 기각되었을 때에는 채권자가 전의 절차에서 제출할 수 없었던 새로운 소명자료에 의하여서만 새로운 신청이 적법할 수 있다.

---

219) 박재완, 앞의 책, 399면. 이하 김홍엽, 앞의 책 827면 ; 전소 확정판결이 있는 경우 기판력의 본질에 관한 모순금지설의 입장에서는 전소 확정판결이 원고승소확정판결인 때에만 소송요건(소의 이익)으로 보고, 전소 확정판결이 원고패소확정판결인 때에는 소송요건이 아니라고 본다. 이에 반해 기판력의 본질에 관한 반복금지설의 입장에서는 전소 확정판결의 부존재를 소송요건(소극적 소송요건)으로 본다(다만 이러한 입장에서도 소극적 소송요건이 소의 이익의 송소 문제가 아닌, 소송물에 관한 별도의 소송요건으로 보는 것인지는 명확하지 않다). 전소 확정판결이 소송요건인 경우이든 아니든 전소 확정판결은 직권조사사항이다. 즉 전소 확정판결의 존부는 당사자의 주장이 없더라도 법원이 이를 직권으로 조사를 개시하여 판단한다. 기판력의 본질에 관하여 모순금지설을 취하는 판례 역시, 전소 패소확정판결을 받은 당사자가 동일한 소를 제기하지 않을 것을 소송요건으로 보지 않고 있으나, 이 경우에도 확정판결의 존재 여부는 직권조사사항으로 본다.

2) 결정·명령

결정·명령이라도 실체관계를 종국적으로 해결하는 것은 기판력이 생긴다. 예를 들면 소송비용에 관한 결정, 재판상 화해와 동일한 효력있는 확정된 화해권고결정이나 조정에 갈음하는 결정 따위이다. 그러나 소송지휘에 관한 결정·명령이나 지급명령·이행권고결정은 기판력이 없다. 비송사건에 관한 결정도 기판력이 없기 때문에 뒤에 변경할 수 있다.

3) 확정판결과 같은 효력이 있는 것

청구의 포기·인낙조서, 중재판정에는 기판력이 있다. 화해조서와 각종의 조정조서에 대해서 무제한기판력을 인정하는 것이 과거의 다수설이요 현재의 판례이다. 개인회생채권표의 기재는 확정판결과 동일한 효력을 가진다고 규정하였으나, 이는 기판력이 아닌 확인적 효력을 가지고 불가쟁(不可爭)의 효력이 있다는 의미에 지나지 않는다는 것이 판례이다.

4) 외국법원의 확정재판 등과 개정법률[220]

외국법원의 확정재판이 우리나라에 승인될 수 있으면 내국판결처럼 기판력이 생긴다. 따라서 같은 소송을 국내에서 다시 제기하면 기판력에 저촉되게 된다. 2014.5.20. 민사소송법 개정법률은 제217조의 내용 일부를 개정하는 한편, 제217조의2를 신설하여 승인대상을 '외국법원의 확정판결 또는 이와 동일한 효력이 있는 재판'이라고 확대하였다.

Ⅳ 기판력의 범위

---

220) 제217조(외국재판의 승인)
① 외국법원의 확정판결 또는 이와 동일한 효력이 인정되는 재판(이하 "확정재판 등"이라 한다)은 다음 각 호의 요건을 모두 갖추어야 승인된다.
  1. 대한민국의 법령 또는 조약에 따른 국제재판관할의 원칙상 그 외국법원의 국제재판관할권이 인정될 것
  2. 패소한 피고가 소장 또는 이에 준하는 서면 및 기일통지서나 명령을 적법한 방식에 따라 방어에 필요한 시간여유를 두고 송달받았거나(공시송달이나 이와 비슷한 송달에 의한 경우를 제외한다) 송달받지 아니하였더라도 소송에 응하였을 것
  3 그 확정재판 등의 내용 및 소송절차에 비추어 그 확정재판 등의 승인이 대한민국의 선량한 풍속이나 그 밖의 사회질서에 어긋나지 아니할 것
  4. 상호보증이 있거나 대한민국과 그 외국법원이 속하는 국가에 있어 확정재판 등의 승인요건이 현저히 균형을 상실하지 아니하고 중요한 점에서 실질적으로 차이가 없을 것
② 법원은 제1항의 요건이 충족되었는지에 관하여 직권으로 조사하여야 한다.

제 4 절   기판력의 시적 범위(표준시의 기판력)[221]

1. 의의

기판력이 생기는 판단이 어느 시점의 권리관계의 존부에 관한 것인가 하는 것이 문제된다. 당사자는 사실심의 변론종결당시까지 소송자료를 제출할 수 있고, 종국판결은 그 때까지 제출한 자료를 기초로 한 산물이기 때문에, 그 시점에 있어서의 권리관계의 존부의 확정을 지은 것이 기판력이다. 따라서 사실심의 변론종결시가 기판력의 표준시가 된다. 이 점은 제218조의 규정이나 민사집행법 제44조 제2항의 규정에 비추어 명백하다. 다만 무변론판결의 경우는 표준시가 변론종결시가 아니라 선고시가 된다(화해권고경정의 기판력은 그 확정시). 기판력은 이 표준시 현재의 권리관계의 존부의 판단이고, 표준시 이전의 과거의 권리관계는 물론 표준시 이후의 장래의 권리관계를 확정하는 것은 아니다. 이와 같은 기판력의 범위의 한정을 기판력의 시적 범위 또는 시간적 한계라 한다.

2. 표준시 전에 존재한 사유 - 실권효(차단효)

기판력은 표준시에 있어서의 권리관계의 존부판단에 생기기 때문에, 당사자는 전소의 표준시 이전(변론종결시전)에 존재하였으나 그 때까지 제출하지 않은 공격방어방법(주장하였거나 주장할 수 있었던 모든 공격방어방법)의 제출권을 잃는다. 따라서 그 뒤에 당사자는 후소로 제출하여 전소에서 확정된 권리관계와 다른 판단을 구할 수 없다. 또 후소법원은 그와 같은 사유가 제출되어도 이를 배제하지 않으면 안 된다. 이와 같은 기판력의 작용을 실권효 또는 차단효라 한다. 적시제출주의의 확보를 위한 실권효보다는 엄격하다. 이제와서 묵은 과거 이야기를 꺼내 재론하면 법적 안정성밖에 해칠 것이 없기 때문이다. 변론종결 전의 소송자료이면 당사자가 알지 못하여 주장을 못하였는지 나아가 그와 같이 알지 못한 데 과실이 있는지는 묻지 아니한다.

1) 권리가 없다고 인정하여 원고가 패소된 경우, 예를 들면 소유권확인청구에서 패소당한 원고가 변론종결 전에 주장할 수 있었던 소유권의 다른 취득원인사실(취득시효완성의 사실)을, 토지인도소송에서 소유권이 없음을 이유로 패소당한 원고가 변론종결 전에 주장할 수 있었던 원고에게로 소유권이 환원된 사실을 들어, 각기 같은 소를 제기함은 전소의 기판력에 저촉된다. 또한, 토지소유권이전등기소송에서 그 토지가 토지거래허가구역에서 해제되었음에도 이를 주장하지 아니하여 패소당한 원고가 그 후 허가가 해제되었음을 들어 같은 소를 제기한 경우도 같다고 하였다. 권리가 있다고 인정하여 원고승소의 이행판결이 났다면, 패소한 피고는 후소(또는 청구이의의 소, 채무부존재확인의 소)로 변론종결 전에 발생한 변제·면제·소멸시효의 완성 등 채무의 소멸사유를 들어 다툴 수 없다. 또 뒤에 다른 서증을 발견하여도 다시 재론할 수 없다.

---

221) 이시윤, 앞의 책, 640-649면

2) 어느 범위의 사실관계가 실권되느냐의 실권효의 범위가 문제이다. 변론주의에 의하여 심리되는 소송절차에 있어서는 당사자가 제출한 사실자료만이 판결의 기초로 되므로, 변론종결 시에 당사자가 제출한 소송자료의 한도에서 소송물인 권리관계가 원고에게 귀속되는지 여부를 가릴 수밖에 없게 된다. 엄밀하게는 당사자가 제출한 사실 자료의 범위 안에서 주장한 권리관계의 존부판단이 기판력의 대상이 된다. 생각건대 전소의 사실관계와는 무관하고 모순되지 않는 사실관계이면 실권효의 예외로서 기판력에 의하여 차단되지 않는다고 할 것이다.

다만 구이론을 따르는 판례는 전소에서 제출하지 않은 사실 중에서 공격방어방법인 사실은 차단되지만, 청구원인을 구성하는 사실관계(확인의 소는 예외)는 변론종결 전에 발생한 것이라도 기판력에 저촉되지 않는다는 태도이다. 판례에서는 청구원인이 다르면 소송물이 다르다고 보기 때문이다.

3. 표준시 후에 발생한 새로운 사유 - 추후 사정변경

1) 변론종결 전이 아닌 변론종결 후의 사유는 실권효의 제재를 받지 않는다. 따라서 변론종결 후에 발생한 새로운 사유에 의하여서는 기판력에 의하여 확정된 권리관계(법률효과)를 다시 다툴 수 있다. 사정변경이 있으면 당사자는 신소를 제기할 수 있고 법원은 달리 판단할 수 있다.

채무이행소송에서 기한미도래라는 이유로 원고의 청구가 기각되었으나 변론종결 후에 기한이 도래된 경우, 담보로 넘어간 소유권이전등기를 말소 또는 회복등기를 하고자 하는 소송에서 담보채무의 미변제라는 이유로 기각되었으나 그 뒤 모두 채무변제가 된 경우, 정지조건의 미성취를 이유로 기각이 되었으나 변론종결 뒤에 그 조건이 성취된 경우에 패소했던 원고는 각기 신소를 제기할 수 있다. 이행소송에서 원고의 청구가 인용되었을 때에 피고는 변론종결 후에 발생한 사유인 변제·면제·소멸시효 등에 의해 집행채권이 이미 소멸되었음을 주장하여 청구이의의 소를 제기할 수 있다.

2) 다만 여기에 문제되는 것은 두 가지이다.

① 첫째는, 변론종결 후에 발생한 사유에는 변론종결 후에 발생한 새로운 사실관계에 그친다는 것이다. 법률·판례의 변경, 법률의 위헌결정, 기초가 되었던 행정처분의 변경과 기존의 사실관계에 대한 새로운 증거자료가 있다거나 다른 법률평가 또는 그와 같은 법적 평가가 담긴 다른 판결 등의 존재는 포함하지 않는다.

② 둘째로, 장래 이행판결이 난 경우에 전소 표준시에 예측한 바와 달리 그 뒤에 액수산정의 기초에 뚜렷한 사정변경이 생겨 판결 내용이 크게 형평을 해할 특별한 사정이 생긴 경우이다. 피해자가 표준시에는 노동능력상실자였으나 뒤에 능력이 회복되어 손해가 줄어든 경우, 반대로 표준시의 임대료가 뒤에 대폭 폭등하여 손해가 늘어난 경우 등이다. 우리 판례는 뒤의 예에서 표준시 임대료보다 9배 상승한 사안에서 다수의견은 정의와 형평의 이념상 전소를 명시적 일부청구가 있었던 것과 동일하게 보아 후소로 원고가 그 차액청구를 새로 하여도 기판력에 저촉되지 아니한다고 하였다.

PART
03

4. 표준시 전 발생이나 그 뒤의 형성권의 행사

가. 의의(문제의 제기)

전소의 변론종결 전에 발생한 취소권·해제권·상계권·매수청구권·백지보충권 등 형성권을 행사하지 않고 있다가 변론종결 후에 이를 행사할 때에 실권효의 예외로서, 청구이의의 소나 확정채무부존재확인의 소로써 확정판결을 뒤집을 수 있는가에 대해 특히 상계권이 문제된다. 예를 들면 甲이 乙에 대한 대여금 채권 1,000만원에 기하여 청구하여 승소확정판결을 받았다. 한편 乙은 甲에 대한 공사보수금 채권 1,000만원이 있음에도 전소소송에서 상계권을 행사하지 않고 남겨 두었다가 뒤에 甲이 乙에 대한 승소확정판결을 집행하려 할 때에 乙이 이제 상계권을 행사하여 甲의 승소판결을 뒤집어 집행을 배제시키기 위한 청구이의의 소를 제기할 수 있는가이다.

나. 학설 - 4설이 있다.

1) **제1설(비실권설)**은 상계권은 물론 취소권·해제권까지 모든 형성권을 변론종결 후에 행사하면 그 후에 발생한 사유로 보고 실권되지 않는다고 하는 견해이다. 만일 실권되어 없어지면 실체법에서 규정한 형성권의 행사기간을 소송법이 단축하는 결과가 되어 이론상 곤란하다는 것이다.

2) **제2설(상계권비실권설)**은 취소권·해제권 등 다른 형성권은 실권되지만 상계권만은 예외로서, 변론종결 전에 상계권이 있다 하여도 변론종결 후에 행사하였으면 상계권의 존부를 알았는 몰랐든 변론종결 후의 사유로서 실권하지 않는다는 견해이다. 다수설이고 판례의 입장이기도 하다. 상계의 경우에는 원고의 청구권 자체에 무효·취소 등과 같은 내재된 하자의 주장을 하는 것이 아닌데다가, 원래 반대채권과 소구채권에 대한 분쟁은 별개의 분쟁임에 비추어 표준시 후의 반대채권행사를 일체 못하게 막는 것은 피고에게 가혹하며, 또 그 행사의 시기를 상계권자의 자유에 맡긴 실체법의 취지에도 반함을 든다.

3) **제3설(제한적 상계권실권설)**은 상계권이 있음을 알면서도 전에 이를 행사하지 않은 경우, 즉 잘못이 있는 경우에는 실권되지만 몰랐을 경우에는 달리 보아야 한다는 견해이다.

4) **제4설(상계권실권설)**은 독일의 판례로서 상계권이 있음을 알았든 몰랐든 상계권을 비롯한 모든 형성권은 변론종결 전에 발생한 것이면, 집행지연을 피하기 위하여 차단된다는 입장이다.

5) **검토**

생각건대 법률행위의 무효사유도 변론종결 전에 생긴 것이면 기판력에 의하여 차단되는데 그보다 효력이 약한 취소·해제권까지도 차단되지 않는다고 하는 것은 균형이 맞지 아니하므로 제1설은 따를 수 없다. 피고가 상계권이 있음을 알았음에도 전소 판결의 기초되는 변론에서는 가만히 있다가 그 사건이 끝난 뒤에 원고가 강제집행단계에 가서 집행을 막으려고 이제 비로소 상계권을 행사하며 청구이의의 소를 제기한다고 할 때에, 그래도 상계권의 권리로서의 특수성 때문에 허용된다는 것은 우선 권리관계의 안정을 기조로 하는 기판력 사상에 반한다. 또 절차의 집중·촉진, 신의칙의 견지에서 바람직하지 않다. 설사 상계권자가 실권이 된다 하여도 잃게 된 것은 상계권일 뿐이지 반대채권 자체를 잃는 것은 아니므로 피고는 청구이의의 소를 못하지만 별도의 소송은 할 수 있으므로 상계권자에게 근본적으로 가혹할 것도 없다. 제2설처럼 상계권행사의 시기선택의 자유만을 강조하다 보면 상계권 남용에 이를 수 있고 상계항변이 영원한 재판·집행지연의 도구가 되어 절차적 정의를 희생시킬 것이다. 그러므로 제2설보다는 제3설이 타당하다.

표준시 전에 행사하지 아니한 지상권자·임차인의 건물매수청구권도 상계권에 준하여 어느 때나 실권되지 아니하며 확정판결 뒤에 청구이의의 사유로 삼을 수 있다고 보는 것이 다수설이나 모르고 행사하지 아니한 때로 한정함이 옳을 것이다. 그러나 판례는 백지어음의 소지인이 백지부분을 보충하지 아니하여 패소확정판결을 받은 후 이제 백지보충권을 행사하여 다시 동일한 어음금을 청구하는 것은 전소의 기판력에 차단되는 주장으로 허용되지 않는다고 했다. 그러나 계약상의 option권(선택권)이나 해지권은 차단되지 않는다고 볼 것이다.

> **📗 관련 기출문제 – 2019년 공인노무사**
>
> 甲은 乙에 대하여 지급기일을 2017.2.1.로 하는 1억원의 공사대금채권을 가지고 있었다. 乙은 2017.10.1. 이 채권금액 가운데 3,000만원을 변제하였다. 甲은 2018.4.1. 乙에 대하여 위 공사대금 1억원의 지급을 구하는 소를 제기하였다. 법원은 2018.12.1. 변론을 종결하고 甲의 청구대로 1억원의 지급을 명하는 판결을 선고하였고, 그 판결은 확정되었다. 乙은 甲에 대하여 2018.5.1.을 지급기일로 하는 대여금 2,000만원의 채권을 가지고 있었으나 상계항변을 하지 않았다. 乙이 2019.7.1.에 이 채권을 가지고 상계할 수 있는지를 논하시오. [20점]

5. 표준시 전의 권리관계

앞서 본 바와 같이 기판력으로 확정되는 것은 변론종결당시(표준시)의 권리관계의 존부이기 때문에, 표준시 전의 과거의 권리관계에 관하여는 기판력이 생기지 아니함은 이미 본 바이다. 판례는 원본채권이 변론종결당시에 부존재하였음을 이유로 청구기각되었을 경우라도, 변론종결 전에는 그 원본채권이 존재하였음을 전제로 그 종결 전날까지 생긴 이자청구가 가능하며 기판력을 받지 않는다고 하였다.

6. 정기금판결에 대한 변경의 소(법 제252조)[222]

1) 의의

① 정기금판결에 대한 변경의 소란 매달 또 매년 얼마씩의 정기금의 지급을 명하는 장래의 이행판결이 확정된 뒤에 그 액수산정의 기초가 된 사정이 현저하게 바뀐 경우에 장차 지급할 정기금의 액수를 바꾸어 달라는 소를 말한다. 예를 들면 사고로 인한 중상으로 사망 시까지 매년 1,000만원의 치료비가 소요되리라 예상하여 사망 시까지 매년 1,000만원씩 피고에게 지급을 명하는 판결이 났는데, 예상과 달리 간단한 물리치료만 받으면 될 정도로 건강이 호전된 경우라면, 매년 1,000만원씩을 지급하라는 판결을 유지하는 것은 당사자 사이의 형평

---

222) 제252조(정기금판결과 변경의 소)
　① 정기금(定期金)의 지급을 명한 판결이 확정된 뒤에 그 액수산정의 기초가 된 사정이 현저하게 바뀜으로써 당사자 사이의 형평을 크게 침해할 특별한 사정이 생긴 때에는 그 판결의 당사자는 장차 지급할 정기금 액수를 바꾸어 달라는 소를 제기할 수 있다.
　② 제1항의 소는 제1심 판결법원의 전속관할로 한다.

을 크게 침해하는 것이므로 그 판결의 피고가 그 정기금판결의 액수를 감액해달라는 청구를 할 수 있도록 한 것이다. 또 피고의 원고소유 토지의 무단점유로 인하여 매년 1,000만원씩 임대료만큼의 손해가 생겼다고 매년 1,000만원씩 지급하는 판결이 났는데, 그 뒤 토지가격의 급등으로 엄청난 임대료손해가 발생하는 등 사정변경이 생긴 때에는 원고가 그 판결의 액수를 증액하여 달라는 청구를 할 수 있다.

② 종전 판례는, 장래의 임료 상당의 부당이득금의 지급을 명한 판결의 확정 후에 그 임료가 9배 정도 상승하자 전소의 원고가 그 차액을 추가청구한 사안에서, 전소의 청구를 명시적 일부청구로 보아 전소 판결의 기판력이 그 차의 부분에는 미치지 않는다고 판결하였는데, 이러한 판례의 입장에 대하여는, 전소에서의 청구를 명시적 일부청구로 이체하는 것 등 이론구성에 무리가 있고 해석론의 한계를 벗어나는 판결이라는 비판이 있었다. 따라서 무리 없이 같은 결론을 얻기 위해서는 독일과 같은 정기금판결에 대한 변경의 소를 입법화하는 것이 대안이라 하여 이의 도입에 이르렀다.

2) 성질

① 그 법적 성질은 확정판결의 변경을 목적으로 하는 소이니 만큼 소송법상의 형성의 소에 속한다. 판결의 소송내적 효력과 기판력의 변경을 목적으로 하는 것이고 단순한 집행력의 변경을 목적으로 하는 소가 아니다. 재판 외에서 약정한 차임이 경제사정의 변동으로 상당하지 아니할 때에 당사자가 증감청구권을 행사할 수 있듯이, 재판에 의하여 확정된 정기금의 경우에 뒤에 현저한 사정변경이 생겼을 때에는 그 판결을 바꾸어 달라고 소제기하는 것이 이 제도이다.

② 청구이의의 소가 판결 후 권리소멸(멸각)·저지사실이 생겨 사정변경을 이유로 판결의 효력을 배제시키려는 것이라면, 정기금판결에 대한 변경의 소는 권리발생사실(청구원인사실)에 사정변경이 생겨 판결을 바꾸려는 점에서 차이가 있다. 따라서 판결 후 변제·공탁에 의한 권리소멸은 변경의 소가 아니라 청구이의의 사유가 된다.

3) 요건

변경의 본안판결을 하려면 아래의 요건을 갖추어야 한다.

(1) 첫째로, 정기금판결을 받는 당사자 또는 기판력이 미치는 제3자가 제기할 것

판례는 새로운 소유자의 다시 부당이익반환청구는 별론, 토지의 전소유자에 내려진 정기금 판결에 대한 변경의 소는 불허한다 하였다.

(2) 둘째로, 정기금의 지급을 명한 판결일 것

① 장래 일정한 시기까지 매년 또는 매월 정기적으로 금전을 지급할 것을 명하는 판결이어야 한다. 일본제도처럼 정기금배상판결만이 아니기 때문에 때문에 치료비·개호비·수입상의 손해 등의 배상판결에 한하지 아니하며, 정기금방식의 연금·입금·이자지급판결 등도 그 소송의 대상이 된다.

→ 부양비·양육비재판이 이 소송의 대상이 되느냐가 문제되는데, 이는 가사소송사건이 아니라 가사비송사건으로서 '마류사건'에 해당되는 것이므로, 판결사항이 아니라 심판사항이기 때문에 사정변경이 있으면 가사소송법 제34조, 비송사건절차법 제19조에

의해 심판을 변경하면 된다는 것이 사견이다.

→ 또 법으로 변론종결 전에 발생한 손해에 대한 정기금판결에 한정되지 않으므로, 예컨 대 장차 건물명도될 때까지 매월 100만원의 임대료상당 손해금 또는 부당이득금을 지급하라는 등 장래 발생할 손해에 대하여 정기금의 지급을 명한 판결이라도 변경의 소가 허용된다. 이 점에서 변론종결 전에 발생한 손해에 대한 정기금판결에서만 변경 의 소를 한정한 일본의 제도보다도 그 범위를 크게 넓혔다.

→ 장래의 수입상의 손해에 대하여 매년 얼마씩의 정기금 형태로 판결이 날 수 있지만 호프만식계산법에 의한 중간이자공제의 일시금배상판결이 났을 때에는 변경의 소의 대상이 되느냐가 문제인데, 다툼이 있을 수 있지만 이 경우에도 유추적용할 것이다. 왜냐하면 중간이자를 공제하여 일시금청구를 하여도 법원이 정기금판결을 할 수 있으 며 그 반대도 가능하여 양자 간에 가변성이 있기 때문이다. 만일 정기금판결만 되고 일시금판결은 배제된다면 원고가 정기금지급청구를 하였는데 법원의 선택으로 일시 금판결을 하였을 때에 당사자는 불의의 피해를 입게 되는 결과가 생길 것이다. 그렇 지 않으면 일시금판결에 사정변경이 있을 때에는 차액만큼의 추가청구를 허용할 수밖 에 없을 것이다.

② 전의 소송물에 대한 판결에서 정기금 산정의 기초가 된 사정이 현저히 바뀐 것을 반영시 키는 것이므로 전소의 소송물과 동일하다고 할 것이다(소송물동일설).

→ 재판시점에서 예상치 못한 후유증에 의한 확대손해의 청구는 전소의 소송물과는 별개의 소송물이 되므로 별도의 청구를 하면 되는 것이고 변경의 소의 대상으로 할 수 없다. 요컨대 변경의 소는 전소의 기판력이 미치는 범위 내에 한하여 허용되고, 전소의 기판력 이 미치지 아니하는 손해가 사후적으로 발생한 경우에는 별소를 제기할 수 있을 뿐이다.

→ 판결확정 뒤에 발생한 사정변경을 요건으로 하므로, 단순히 종전 확정판결의 결론이 위법·부당하다는 사정은 이 소송의 대상이 될 수 없다.

(3) 셋째로, 정기금의 지급을 명하는 판결이 확정되었을 것

① 가집행선고가 있을 뿐인 미확정판결에서는 허용될 수 없다. 확정되기 전에 사정변경이 생겼을 때에는 상소의 제기로 원판결을 취소변경시키면 된다.

② 판결과 같은 효력이 있는 청구인낙조서, 화해·조정조서 나아가 화해권고결정에 대하여 도 변경의 소가 유추적용된다.

(4) 넷째로, 판결확정 뒤에 정기금 액수산정의 기초가 된 사정이 현저하게 바뀌었을 것

이와 같은 요건은 적법요건이기보다 이유구비요건, 즉 본안요건이 된다. 증명책임은 사정변 경이 있음을 주장하는 원고에게 있다.

4) 재판절차

① 변경의 소는 제1심 판결법원의 전속관할로 한다(법 제252조 제2항). 소장에는 변경을 구하 는 확정판결의 사본을 붙여야 한다. 정기금판결의 강제집행이 끝난 뒤에는 감액을 구하는 소의 권리보호의 이익이 없다.

② 감액을 구하는 변경의 소를 제기한다고 하여 반드시 정기금판결의 집행력에 기한 강제집행이 정지되지 않으며, 별도로 집행정지 신청을 내야 한다.

제 5 절   기판력의 객관적 범위(주문기판력)[223]

제1항 판결주문의 판단

1. 의의

1) 법 제216조[224] 제1항은 확정판결은 주문에 포함된 것에 한하여 기판력을 가진다고 규정하고 있다. 기판력은 주문에 포함된 것에 한해 미친다는 것은 판결의 결론부분, 즉 소각하판결의 경우에는 소송요건의 흠에 관한 판단에만, 본안판결의 경우에는 소송물인 권리관계의 존재·부존재에 관한 판단에만 생긴다는 말이다. 주문(결론)에만 기판력을 생기게 한 것은, 그것이 곧 당사자의 소송목적에 대한 해결이고 당사자 간의 주된 관심사이기 때문이다.

2) 그런데 원래 주문의 문구는 일반적으로 간결하다(소송판결에서는 「이 사건 소를 각하한다」라고, 청구기각판결에서는 「원고의 청구를 기각한다」고 표시할 뿐이다). 따라서 기판력이 미치는 범위를 파악하자면 주문의 해석이 필요하다.

① 소송판결인 경우에는 어떠한 소송요건의 흠으로 판단한 것인가에 대하여 판결이유를 참작할 것이며, 이에 의하여 정해지는 소송요건의 흠에 대한 판단에만 기판력이 생긴다.

② 본안판결인 경우에는 어떠한 소송물에 관한 판단인가를 청구취지와 판결이유를 참작하여 가려야 하며, 이에 의하여 정해지는 소송물의 존재·부존재에 관한 판단에 기판력이 생긴다(기판력의 객관적 범위 = 판결주문 = 소송물). 여기에서 본안판결에 있어서 기판력이 미치는 범위를 구체적으로 살펴본다.

2. 동일소송물의 범위

앞서 본 바와 같이 기판력은 소송물인 권리관계의 존재·부존재에 대한 판단에 미치므로 전소와 같은 소송물을 후소로 제기한 경우 전소의 기판력에 저촉된다. 따라서 전후 양소가 같은 소송물인가의 여부를 가릴 필요가 있다.

1) 청구취지가 다른 때

① 원칙적으로 같다고 할 수 없다. 신구이론에 차이 없다. 전소가 건물명도·토지인도소송이고 후소가 같은 건물의 이전등기말소소송일 때, 전소가 1필 토지의 특정부분(2,434평 중 특정 1,500평)에 대한 소유권이전등기청구이고, 후소가 그 토지 중 일정지분(1,500/2,434)에 대

---

223) 이시윤, 앞의 책, 649-659면.
224) 제216조(기판력의 객관적 범위)
   ① 확정판결(確定判決)은 주문에 포함된 것에 한하여 기판력(旣判力)을 가진다.
   ② 상계를 주장한 청구가 성립되는지 아닌지의 판단은 상계하자고 대항한 액수에 한하여 기판력을 가진다.

한 소유권이전등기청구일 때에는 각각 전소의 기판력에 저촉되지 않는다. 물건 인도판결은 불법점유 손해배상청구에는 기판력이 미치지 않는다.

② 다만, 판례는 후소인 진정한 등기명의회복의 이전등기청구나 전소인 말소등기청구 모두 소유자의 등기명의회복을 위한 것으로 목적이 같고 소유권에 기한 방해배제청구권으로서 법적 근거 등이 같아 결국 소송물이 실질적으로 동일하므로 후소는 전소의 기판력에 저촉된다고 하였다(대법원 2001.9.20. 선고 99다37894).

2) 청구원인을 이루는 실체법상의 권리만이 다른 때

① 청구취지와 사실관계는 같은 때이다. 예컨대 기차사고로 부상을 당한 승객이 금 1,000만원의 손해배상청구를 불법행위에 기해 구했다가 패소된 뒤에, 같은 금액의 배상을 계약불이행을 원인으로 청구하는 경우가 그것이다.

② 구이론은 실체법상의 권리를 소송물의 요소로 보기 때문에 이때에 소송물이 다르다 하여 전소의 기판력을 받지 않는다고 본다. 판례는 대지의 불법점유로 인한 임대료상당의 손해배상청구는 같은 대지의 임대료상당의 부당이득반환의 전소의 기판력에 저촉되지 않는다고 했다. 각 별개의 소송물이라는 전제로 불법행위 손해배상청구권과 부당이득반환청구권 중 어느 하나의 청구권에 기하여 승소판결을 받았다 하여도, 책임제한의 법리 때문에 아직 채권의 만족을 얻지 못한 부분이 있다면 다른 청구권에 기한 이행의 소송을 제기할 수 있다.
그러나 신이론에 의하면 실체법상의 권리는 한낱 법률적 관점 내지는 공격방어방법에 지나지 않는다. 따라서 이 경우는 소송물이 같기 때문에 전소의 기판력은 후소에 미치는 것으로 본다.

3) 청구원인을 이루는 사실관계가 다른 때

① 소의 사실관계와는 별개의 사실관계에 기해 신소를 제기하는 때(예 현금 1,000만원의 1회적인 채무를 전소에서는 매수인이 발행해 준 어음에 기해 어음금으로 청구하여 패소한 뒤에, 후소에서는 같은 금액을 어음 발행의 원인관계인 매매대금으로 청구하였을 때)로서, 크게 논란이 된다. 판례에서 말하는 채권자가 동일 목적을 이루기 위하여 복수의 채권을 가지고 있는 경우로서 각 채권의 발생시기와 발생원인을 달리하는 때이다.

② 구이론은 이때에 소송물이 다르다 하여 기판력에 저촉이 되지 않는다고 본다. 신이론 중 이분지설도 이 경우는 사실관계를 달리하여 소송물이 같지 않기 때문에 신소가 허용되는 것이라 한다. 그런데 일본의 신이론은 일분지설에 입각하여 이 경우에도 소송물이 같다 하여 기판력이 미친다고 본다.
그러나 이 경우까지도 기판력을 넘어서 기판력에 의한 실권효 내지 차단효를 미치게 하는 결과가 되어 원고에게 매우 가혹해진다. 기판력의 대상은 제출한 사실관계를 토대로 한 원고 주장의 법률효과의 존부에 관한 판단이라면, 이 경우에는 사실관계가 전소와는 달라서 기판력에 의하여 실권되지 않는 경우라고 할 것이다. 이때는 비록 일분지설에 의해 전후의 소송물이 같다고 보아도 기판력의 실권효의 범위를 넘어서는 경우이기 때문에 신소의 제기가 허용된다는 것이 사견이다(일분지설의 보완).

4) 공격방법이 다를 때

앞서 본 바와 같이 구이론(신이론 중 이분지설도 이와 유사)은 어느 때나 청구원인이 다를 때에는 소송물이 달라서 기판력에 저촉되지 않지만, 공격방어방법이 다른 데에 그칠 때에는 기판력에 저촉되는 것으로 본다. 따라서 청구원인과 공격방법의 구별이 중요하다.

→ 판례는 말소등기청구사건에서는 전소와 후소 사이에 등기의 무효사유를 달리하는 경우라도 이는 다같이 등기원인이 무효임을 뒷받침하는 공격방어방법의 차이에 불과하다 하여 같은 말소청구일 때 전소의 기판력은 후소에 미친다고 보는 것이 주류이다.

→ 그러나 같은 이전등기사건이라도 등기원인을 달리하는 경우는 공격방어방법이 아닌 청구원인의 차이라고 보고 기판력이 미치지 아니한다.

→ 같은 부당이득반환청구에서 법률상의 원인 없는 사유로 여러 가지(계약의 취소, 무효, 해제 등)를 주장하는 것은 공격방법에 지나지 아니하므로 그중 어느 사유를 주장하여 패소한 경우에 다른 사유에 의한 신청구는 기판력에 저촉된다. 채권자취소소송에서 피보전권리만을 달리할 때에도 마찬가지일 것이다.

3. 일부청구

1) 의의(문제제기)

가분채권의 일부청구에 대하여 판결한 경우에, 잔부청구에 대하여 기판력이 미치는가이다. 예를 들면 금 1억원의 금전채권 중 4,000만원만 먼저 청구하여 판결을 받은 경우 나머지 6,000만원에 대하여도 기판력이 미쳐 소제기를 못하게 되는가이다. 일부청구는 흔히 대형소송에서 소송비용의 절약과 법원의 법률적 견해를 타진해보기 위해 행하여진다.

2) 학설

(1) **일부청구긍정설**은 일부청구의 경우에 그 일부만이 소송물임을 전제로 소권의 남용의 경우가 아니면, 기판력은 그 일부에 대해서만 생기고 그 잔부에 대해서는 생기지 않으며, 따라서 새로 6,000만원의 잔부청구가 가능하다는 입장이다.

(2) **일부청구부정설**은 채권액의 일부만을 소구하더라도 채권 전체가 소송물이 된 것으로 보고, 잔부청구의 후소는 기판력에 의하여 차단된다고 한다. 특히 금전채권에서는 보통 소구하는 일부가 채권 전체의 어느 부분에 해당하는가를 특정할 수 없기 때문에 채권 전체가 소송물이 되며, 원고의 승소·패소를 불문하고 6,000만원의 잔부청구는 기판력에 저촉되어 청구할 수 없다고 한다. 다만 채권의 일부를 특정할 수 있는 특징(담보권이 설정된 부분, 반대급여 견련부분 또는 이행기를 달리하는 부분)이 있어 일부임을 인식할 수 있는 경우는 예외적으로 소송물은 일부청구에 한하며, 따라서 잔부청구의 후소가 허용된다고 본다.

(3) **절충설(명시설)**은 명시적 일부청구와 묵시적 일부청구의 취급을 달리한다. 즉 전소에서 원고가 당해청구가 일부임을 명시한 경우에는 소송물로 되는 것은 당해 일부뿐이고 6,000만원의 잔부에는 기판력이 미치지 아니하나, 일부청구임을 명시하지 아니한 경우에는 소송물은 전부이므로 원고가 이제 와서 그것이 일부청구였다고 주장하며 6,000만원의 잔부청구를 하는 것은 허용될 수 없다는 것이다. 판례의 입장이며 다수설이다.

→ 생각건대 전소의 청구가 결과적으로 일부청구에 지나지 않았으나 일부임을 명시하지 아니함으로써 상대방으로서는 전부를 소구한 것으로 알고 방어하였으며 그것으로 분쟁은 종결되는 것으로 신뢰하였는데, 이제 와서 그 청구는 일부에 지나지 아니함을 주장하여 잔부청구를 하여 피고로 하여금 두 번씩 응소토록 강제하는 것은 확실히 문제이다. 따라서 일부청구임을 명시하지 않은 경우에는 상대방의 신뢰이익의 보호를 위해 잔부청구를 허용해서는 안 될 것이며, 이러한 의미에서 절충설의 입장을 지지한다. 긍정설이 당사자 처분권주의 내지 원고의 분할청구의 자유와 소송비용부담의 여유가 없는 원고의 입장을 중시한 것이라면, 부정설은 분쟁의 1회적 해결의 요청을 중시한 것인데, 이러한 두 가지 요청의 조화가 절충설이라 하겠다. 다만 전소에서 예측하지 못한 후유증에 의한 확대손해에 대하여는 전소에서 그 부분 청구를 유보하지 않은 경우라도 전소와는 별개의 소송물로 보고 추가청구를 허용하여야 할 것이다.

제 6 절   판결이유 중의 판단

1. 의의

① 민사소송법 제216조 제1항에서는 기판력은 주문에 포함된 사항에 미친다 하였으므로, 반대해석으로 판결이유 중에 판단된 i) 사실관계, ii) 선결적 법률관계, iii) 항변, iv) 법규의 해석적용 등 4가지에 대해서는 기판력이 미치지 않음이 원칙이다.

② 이유에 기판력이 생기지 않는 근거는 i) 당사자의 직접적인 관심사는 주문에서 판단되는 결론이고, 판결이유가 아닌데 여기에 기판력이 인정되면 당사자에게 예기치 못한 불이익을 입히는 것이고, ii) 이유까지 기판력을 인정하면 그만큼 오판시정의 기회가 적어지며, iii) 당사자는 이유 문제에 대하여는 청구의 당부판단에 필요한 한도 내에서 다투면 되고, 법원도 공격방어방법 중 이유 있는 것 하나만을 선택 판단할 수 있어서 신속한 결론에 이를 수 있는 점 등이다. 이하 차례로 본다.

2. 사실관계

판결이유 중 판결의 기초로 한 사실에 대해서는 기판력이 생기지 않는다. 증거가치의 판단도 같다. 판결은 권리관계의 확정을 목적으로 한 것이고 사실확정을 목적으로 한 제소는 허용되지 않기 때문이다. 등기말소판결을 하면서 그 전제로 피고가 무권대리인으로부터 매수했다는 사실인정, 손해배상판결의 이유에서 판단된 고의·과실, 인과관계에는 기판력이 미치지 않는다.

3. 선결적 법률관계

① 소송물의 존부를 판단하는 데 전제가 되는 선결적 법률관계에 대한 판단에도 기판력이 미치지 않는다. 이유에서 판단되는 선결적 법률관계의 확정이 아니라 소송물인 법률관계의 존부확정이

소송목적이기 때문이다. 선결적 법률관계에 소송계속의 효과가 생기지 아니하는 것과 같다. 이러한 선결적 법률관계에 관하여 기판력이 있는 판결을 받을 수 있는 별도의 길로 중간확인의 소 등을 제기할 수밖에 없다.

예컨대 이자청구에 있어서 판결이유에서 원금채권이 있다 없다의 판단이 있어도 기판력은 소송물인 이자채권의 존부에 한한다. 또 소유권에 기한 이전등기말소청구에 관한 확정판결의 기판력은 결론이고 소송물인 말소등기청구권의 존부에 대해서만 미칠 뿐, 판결이유에서 밝힌 말소원인인 소유권의 존부 등에는 미치지 않는다. 따라서 甲이 乙을 상대로 한 이전등기말소소송에서 원고 甲에게 소유권이 없다는 이유로 패소확정된 뒤라도 원고 甲은 다시 乙을 상대로 하여 소유권확인의 후소를 제기할 수 있다.

② 기판력의 범위를 매우 좁히는 우리 판례입장과는 대조적으로, 독일·일본에서는 판결이유에서 판단된 선결적 법률관계에 대해 기판력을 확장하려는 시도가 나타나고 있다. 일본의 쟁점효이론(기판력은 주문에 판단된 소송물에 한하여 미치나, 판결이유 중의 판단이라 하여도 그것이 소송에 있어서 중요한 쟁점이 되어 당사자가 주장·입증하고 법원도 그에 관하여 실질적 심리를 한 경우에는 그 쟁점에 대해서 행한 법원의 판단에 구속력을 인정하여야 한다는 이론), 독일의 의미관련론과 경제적 가치동일성설(전소의 판결이 그 목적에 비추어 후소에서 확정하려는 법률효과와 의미관련이 성립되면, 전소의 이유 중의 판단에 기판력을 인정할 것이라는 것이다) 등이 그것이다.

그렇다고 문제를 마냥 방치해 둘 것은 아니며, 판결 상호간의 모순방지를 위해서는 쟁점효와 같이 판결효력으로서보다는 차라리 신의칙으로서 전소의 판결이유 중의 판단에 구속력을 인정함이 옳다고 본다. 예컨대 甲이 乙 상대로 매매계약에 기해 매매대금청구를 하였으나 乙이 계약무효라는 항변을 하고 이를 판결이유로 기각판결이 확정되었는데, 그 뒤 후소로 乙이 말을 바꾸어 이제는 그 계약유효를 주장하며 甲에게 매매목적물의 인도를 청구하는 따위는 전소에서 계약무효라고 하여 다투었던 것과는 모순되는 거동인 것으로, 신의칙의 파생인 「선행행위와 모순되는 거동금지」에 저촉되어 허용될 수 없는 것이다. 이는 전소에서 주장·항변한 사항이고 판결이유에서 긍정적 판단까지 받았다면, 전소와 소송물을 달리하는 후소에서라도 그 판단과 정반대의 주장·항변은 신의칙상 허용되지 않는다는 것으로 정리할 수 있겠다.

다만 우리 판례는 이미 확정된 관련 민사사건에서 인정한 사실은 유력한 증거가 되므로 합리적 이유의 설시 없이 배척할 수 없고, 특히 두 개의 민사소송이 당사자가 같고 분쟁의 기초사실이 같은 경우에는 전소의 판단이 후소에 유력한 증거자료로서의 효력, 즉 증명효가 생긴다고 했다(증명력설).

4. 항변

1) 원칙

판결이유 속에서 판단되는 피고의 항변에 대해서는 그것이 판결의 기초가 되었다 하여도 기판력이 생기지 않는다(항변에는 소송계속의 효력이 생기지 않는 것과 같다). 따라서 건물철거·토지인도청구가 피고의 법정지상권의 존재를 이유로 기각된 경우에 그 지상권의 판단에는 기판력이 생기지 않으며, 상환이행판결의 경우에 동시이행항변으로 제출한 반대채권의 존부 및 액수에는 기판력이 생기지 않는다.

2) 주문기판력의 원칙의 예외 - 상계항변

(1) 의의

피고가 상계항변을 제출하였을 경우에 자동채권의 존부에 대하여 비록 판결이유 중에서 판단하게 되지만 상계로써 대항한 액수의 한도 내에서는 기판력이 생긴다. 그렇지 않으면, 상계에 쓰인 자동채권(반대채권)의 존부에 대해 뒤에 다시 다툼이 생겨 부당이득반환청구 등 이중분쟁이 유발될 가능성과 전소의 원고의 청구권의 존부에 관한 판결이 무의미하게 될 우려 때문이다.

(2) 문제점

상계항변에 대한 기판력의 한계에 관련된 몇 가지 문제가 있다.

① **첫째로,** 자동채권의 존부에 관하여 실질적 판단을 한 경우에 한하며, i) 상계항변의 각하, ii) 상계금지, iii) 부적상을 이유로 배척된 경우에는 포함되지 않는다. 또 자동채권의 존부에 대해서는 상계로써 대항한 액수에 한하여 기판력이 생긴다(예 60만원 청구에 금 100만원의 자동채권을 갖고 상계항변을 하였다면, 그 상계항변이 인용되든 배척되든 자동채권에 관한 판단의 기판력은 60만원에 한한다. 60만원을 초과한 40만원 부분은 기판력이 없다).

그리고 여기서 말하는 상계는 민법 제492조 이하에 규정된 단독행위로서의 상계를 의미하는 것이지, 원피고 사이의 채권을 상계하여 정산키로 하는 합의를 하는 것은 포함하지 않는다는 것이 판례이다.

이 항변의 기판력의 한계 때문에 판결이유의 설시에서 유의할 바가 있다. 판례는 복수의 자동채권에 기한 상계항변의 경우 법원이 어느 자동채권에 대하여 상계의 기판력이 미치는지 밝혀야 한다는 것이며, 상계로 소멸될 자동채권에 관한 아무런 특정없이 상계항변을 인용한 것은 잘못이라 했다. 또 자동채권에 대하여 어느 범위에서 상계의 기판력이 미치는지를 판결이유 자체로 당사자가 분명하게 알 수 있을 정도까지 밝혀주어야 한다.

② **둘째로,** 상계항변에 기판력이 생기는 것은 수동채권이 소송물이 되어 심판되는 소구(訴求)채권이거나, 그와 실질적으로 동일한 경우로서, 원고가 상계를 주장하면서 청구이의의 소를 제기한 경우에 한한다. 따라서 피고가 어느 채권을 동시이행항변으로 주장한 경우에 이를 배척하기 위해 원고가 재항변으로 상계항변을 하여 판단받은 때에는 기판력이 생기지 않는다.

③ **셋째로,** 상계항변을 배척한 경우에 자동채권의 부존재에 기판력이 생기는 점은 다툼이 없으나, 상계항변이 채택된 경우에 기판력의 범위에 관하여는 견해의 대립이 있다. 수동채권과 자동채권이 다함께 존재하였다가 그것이 상계에 의하여 소멸된 점에 기판력이 생긴다는 설에 대하여, 이 경우에도 현재의 법률관계로서 자동채권이 소멸되었다는 점인 결론부분에만 기판력이 생긴다고 보는 설이 있다. 문제가 없지 아니하나 전설이 제216조 제2항의 '청구가 성립되는지 아닌지'의 판단에 기판력이 있다는 조문에는 충실한 해석이 된다.

5. 법률판단

① 판결이유 속에서 표시된 법률판단에는 기판력이 미치지 않는다. 여기의 법률판단에는 추상적 법규의 해석적용은 물론 구체적 사건에 대한 법률해석판단도 포함한다.

② 판결이유 속의 법률판단은 환송판결을 한 경우에 하급심법원을 기속하는 기속력뿐이지, 일반적으로 당사자 자신은 물론 다른 국가기관에도 대세적 효력이 없다. 법원은 일반국민과 국가기관 등에 적용할 법률제정기관이 아니고, 개별당사자 간의 개별사건의 해결기관이기 때문이다.

🖉 관련 기출문제 – 2023년 공인노무사

甲은 乙을 피고로 매매대금채권 5천만원의 지급을 구하는 소(이하, 'A소'라 한다)를 제기하였다. 이 소송에서 乙은 甲에 대하여 갖고 있는 대여금채권 6천만원(이하, '이 사건 대여금채권'이라 한다)을 자동채권으로 하는 상계의 항변을 주장하였다. 甲이 제기한 A소에서 乙이 이 사건 대여금채권을 자동채권으로 하는 상계의 항변을 주장하였고, 법원은 甲의 채권과 乙의 채권이 모두 인정된다고 판단하여 甲의 청구를 기각하는 판결을 선고하였다. 이 판결이 확정된 후 乙은 甲을 피고로 상계의 항변으로 주장한 이 사건 대여금채권의 반환을 구하는 소를 제기할 수 있는가? [30점]

1) 사례의 경우 첫째로, 乙의 자동채권인 이 사건 대여금채권의 존부에 관하여 실질적 판단을 하였으므로 자동채권의 존부에 대해서 상계로써 대항한 액수에 한하여 기판력이 생긴다.

2) 다만, 甲의 매매대금채권 5천만원 청구에 乙이 대여금채권 6천만원을 자동채권으로 하는 상계의 항변을 하였으므로, 그 상계항변이 인용되든 배척되든 자동채권에 관한 판단의 기판력은 5,000만원에 한한다. 5,000만원을 초과한 1,000만원 부분은 기판력이 없다.

3) 그러므로 위 판결이 확정된 후 乙은 甲을 피고로 상계의 항변으로 주장한 이 사건 대여금채권 중 1,000만원의 반환을 구하는 소를 제기할 수 있다.

PART
03

제 7 절 　기판력의 주관적 범위(당사자 간의 기판력)[225]

제1항 당사자 사이 - 상대성

1. 의의

기판력은 당사자 간에 한하여 생기고, 제3자에게는 미치지 않는 것이 원칙이다(법 제218조 제1항)[226]. 이를 기판력의 상대성의 원칙이라 한다. 원래 판결은 당사자 간에 분쟁의 상대적·개별적인 해결을 위한 것이기 때문에 그 해결의 결과도 양 당사자를 상대적·개별적으로 구속시키는 것이 당연하다 하겠고, 또 처분권주의·변론주의의 원칙에 의하여 당사자에게만 소송수행의 기회가 부여된 채 심판하기 때문에 그 기회가 없는 제3자에게 소송결과를 강요함은 제3자의 절차권을 침해하는 것이 된다. 따라서 소외의 제3자는 물론, 당해 소송의 법정대리인·소송대리인, 보조참가인·통상공동소송인에게도 기판력이 미치지 않는다. 종중 등 단체가 당사자로서 받은 판결은 그 대표자나 구성원에게 미치지 않으며, 그 반대의 경우도 같다.

2. 관련문제

1) 실질적 당사자에의 확장 문제(법인격부인의 법리)

① 스스로 당사자로 된 경우와 다를 바 없는 자를 당사자에 준하는 자(실질적 당사자)로 보아 판결의 효력을 미치게 하려는 시도가 있다. 법인격부인의 법리에 의하여 회사가 받은 판결의 효력을 배후자인 개인에 확장하려는 것이다.

② 우리 판례는 부정설이고, 나아가 판결에 표시된 채무자의 포괄승계인이나 특정승계인이 아니면 판결에 표시된 채무자 이외의 자가 실질적으로 부담하여야 하는 채무자라 하여도 기판력 및 집행력이 미치지 아니한다고 본다.

2) 사해행위취소판결의 상대효

사해행위취소소송에서 채무자의 피고적격은 부인되므로, 취소판결의 취소의 효과는 채권자와 수익자·전득자 사이에만 미치므로 채무자와 수익자 사이에, 채권자와 채무자 사이의 법률관계에 영향을 미치지 않는 상대적 효력이라 보는 것이 판례이다. 기판력의 주관적 범위와 같은 맥락이다.

---

225) 이시윤, 앞의 책, 660-671면
226) 제218조(기판력의 주관적 범위)
　① 확정판결은 당사자, 변론을 종결한 뒤의 승계인(변론 없이 한 판결의 경우에는 판결을 선고한 뒤의 승계인) 또는 그를 위하여 청구의 목적물을 소지한 사람에 대하여 효력이 미친다.
　② 제1항의 경우에 당사자가 변론을 종결할 때(변론 없이 한 판결의 경우에는 판결을 선고할 때)까지 승계사실을 진술하지 아니한 때에는 변론을 종결한 뒤(변론 없이 한 판결의 경우에는 판결을 선고한 뒤)에 승계한 것으로 추정한다.
　③ 다른 사람을 위하여 원고나 피고가 된 사람에 대한 확정판결은 그 다른 사람에 대하여도 효력이 미친다.

제 8 절	당사자와 같이 볼 제3자

예외적으로 기판력이 당사자 이외의 제3자에게 미치는 경우가 있지만, 이것은 법률에 특별한 규정이 있는 경우에 한한다. 다음과 같은 경우이다.

1. 변론종결한 뒤의 승계인(법 제218조 제1항)

> ☞ 관련 기출문제 – 2017년 공인노무사
> 변론종결 뒤의 승계인에 대하여 설명하시오. 25점

1) 의의

변론종결한 뒤에 소송물인 권리관계에 관한 지위를 당사자(전주)로부터 승계한 제3자는 당사자 간에 내린 판결의 기판력을 받는다(변론종결 전은 소송승계, 변론종결 후는 기판력 승계). 무변론판결의 경우에는 판결선고한 뒤의 승계인이 기판력을 받게 된다. 그렇지 않으면 패소당사자가 소송물인 권리관계를 제3자에게 처분함으로써 기판력 있는 판결을 무력화시키고, 승소당사자의 지위를 붕괴시킬 수 있기 때문이다(권리관계의 안정).

2) 승계인의 범위

① 변론종결 후에 당사자로부터 '소송물인 실체법상의 권리의무'를 승계한 자로서, 이것이 전형 적인 승계인이 된다. 따라서 소유권확인판결이 난 소유권의 양수인, 이행판결을 받은 채권의 양수인·채무의 면책적 인수인 등은 승계인에 해당된다. 승계의 전주가 원고이든 피고이든, 승소자이든 패소자이든 불문한다. 승계의 모습도 일반승계(합병 등)와 특정승계를 가리지 않 으며, 승계원인도 임의처분(매매, 증여 등), 국가의 강제처분(전부명령, 경매 등), 직접 법률 의 규정에 기한 것이든 차이가 없다.

→ 승계의 시기는 변론종결한 뒤일 것을 요하는바, 원인행위는 변론종결 이전, 등기는 뒤에 하였으면 등기기준으로 변론종결 후의 승계로 보아야 할 것이다.

② 계쟁물의 승계인에 기판력확장문제

소송물인 권리의무 자체는 아니나, '당사자적격(분쟁주체인 지위)'인 지위의 이전 원인이 되 는 계쟁물의 권리이전도 널리 승계인에 포함된다 할 것이다(적격승계설, 동일 사건에 이제 다시 소송한다면 피고가 될 사람). 예를 들면 건물명도판결이 난 뒤에 피고로부터 당해 건물 의 점유를 취득한 자, 소유권에 기한 건물철거판결이 난 뒤에 그 건물을 매수하거나 이전등 기를 경료한 자는 이러한 의미에서 피고적격의 승계인이라고 할 것이다.

→ 그러나 판례는 이와 달리, 기판력은 전후소를 통한 소송물의 동일, 선결문제 또는 모순관 계에 있을 때에 전소판결의 판단과 다른 주장을 허용하지 않는 작용을 하는 것이므로, 이와 같이 소송물의 동일, 선결문제 또는 모순관계에 의하여 기판력이 미치는 객관적 범 위에 해당하지 아니하는 경우는 전소판결의 변론종결 후에 당사자로부터 계쟁물 등을 승

계한 자가 후소를 제기하더라도 그 후소에 전소판결의 기판력이 미치지 않는다고 하였다. 따라서 甲 등이 乙 상대의 건물소유권이전등기말소청구를 하여 승소확정판결을 받았는데, 위 판결의 변론종결 후에 乙로부터 계쟁말소대상물인 건물소유권을 이전받은 丙이 甲 등을 상대로 위 건물의 인도 및 차임상당의 부당이득반환청구의 소를 제기하였다면 丙이 변론종결 후의 승계인이 되어 전소의 기판력을 받아 건물 등 소유권을 취득하지 못한다고 한 것은 잘못이라 하였다. 계쟁물의 승계인을 기판력에서 배제시킨 점에서 문제가 있는 데다, 나아가 소송물이 물권적 청구권이면 승계인이 된다는 다음의 기존 판례와 저촉되는 것은 아닌지 의문도 있다.

③ 소송물이론과 승계인의 범위 - 물권적 청구권과 채권적 청구권의 구별

승계인에 해당하느냐 여부에 관해 신·구이론 간에 견해 차이가 있다.

㉠ 실체법상 권리의 주장을 소송물로 보는 구이론은 소송물인 청구가 대세적 효력을 갖는 물권적 청구권일 때에는 피고의 지위를 승계한 자가 제218조 제1항의 승계인으로 되지만, 대인적 효력밖에 없는 채권적 청구권일 때에는 승계인이 되지 아니한다고 한다. 판례도 특히 소유권에 기해 소유권이전등기의 말소등기를 명하는 판결이 확정되었을 때에 피고는 원고의 소유권의 행사를 방해해서는 안 될 물권적 의무자로 보고, 그로부터 변론종결 후에 소유권이전등기 절정 등기도를 넘겨받은 자는 변론종결 후의 승계인이라고 한다. 이에 대해 원고가 매매에 기한 소유권이전등기청구에서 승소의 확정판결을 받았다 하여도 자기 앞으로 등기를 마치기 전이면, 변론종결 후에 피고로부터 소유권이전등기를 넘겨받은 제3자는 원고로부터 물권적 대항을 받지 않는 자임을 이유로 승계인이 아니라 했다. 또한, 토지소유자가 그 무단점유자 상대의 부당이득반환청구의 소를 제기하여 판결을 받아 확정된 경우 이러한 소송물은 채권적 청구권이므로, 이를 변론종결 후에 위 토지소유권을 취득한 사람은 기판력이 미치는 변론을 종결한 뒤의 승계인에 해당될 수 없다고 했다.

㉡ 그러나 신청이나 신청과 사실관계만을 소송물의 구성요소로 보는 신이론에서는 이처럼 그 바탕이 된 청구권이 물권적이냐 채권적이냐, 채권적 청구권이라면 환취청구권(배후에 물권의 뒷 받침을 받는 것)이냐 교부청구권(배후에 물권적인 뒷 받침이 없는 것)이냐 등의 실체법적 성격에 의하여 승계인인가의 여부를 가리지 않고, 등기나 점유승계인은 일률적으로 제218조 1항의 승계인에 해당되는 것으로 본다. 다만 이러한 신이론의 승계인 개념에 대해서는 지나치게 광범위하고 형식적이며 실체법과는 조화되지 않는다는 비판이 있으나, 승계인으로 보아도 뒤에 볼 중계인에 대한 기판력의 작용에 관하여 형식설을 따른다면 부당한 결과를 배제할 수 있는 것이며 승계인은 집행을 면할 수 있게 되어 문제될 것이 없다.

3) 승계인에 대한 기판력의 작용

패소한 피고의 등기·점유승계인이 승소한 원고에게 실체법상 대항할 고유의 방어방법(선의취득 등)을 갖고 있을 때에 제218조 제1항의 승계인인가에 관하여 견해가 갈려 있다. 일반승계인의 경우는 문제되지 아니한다.

① **형식설**은 변론종결한 뒤에 당사자로부터 점유나 등기를 취득했다는 형식에 치중하여 승계인에 해당한다 볼 것이지만, 이러한 제3자는 후소에서 자기가 선의취득을 하였다는 등 이른바 고유의 방어방법을 제출하는 것이 허용된다는 입장이다. 예를 들면 원고 甲의 동산인도청구에서 패소한 피고 乙로부터 목적동산의 점유를 승계한 丙은 일단 기판력을 받지만, 대항할 수 있는 방어방법인 선의취득(제248조)을 주장 증명하여 자기에 대한 甲의 인도집행을 물리칠 수 있다는 것이다. 학설로는 현재의 다수설이다.

② **실질설**은 고유의 방어방법을 갖고 있는 승계인은 실질적으로 당사자의 지위나 권리관계를 승계했다고 말할 수 없으므로 기판력을 받는 승계인에 해당되지 않는다는 입장이다. 학설로는 소수설이고 판례는 실질설의 입장이다.

4) 추정승계인(법 제218조 제2항)

① 변론종결 전의 승계인에게는 기판력이 승계되지 않는다. 그러나 당사자가 변론종결 전에 승계하여도 승계사실을 진술하지 않으면 변론종결한 뒤에 승계가 있는 것으로 추정되어, 반증이 없으면 기판력이 미친다. 이것은 소송계속 중에 어느 당사자 특히 피고의 지위가 승계되었음에도 이를 감춘 채 상대방 당사자에게 알리지 아니하여 상대방으로 하여금 피고를 바꿀 기회를 제공한 바 없다면, 반증이 없는 한 변론종결 후의 승계인으로 보아 기판력이나 집행력을 미치게 하려는 것이다. 예를 들면 건물명도사건에서 피고 측이 변론종결 전에 제3자에게 점유승계하였음에도 불구하고 원고에게 이를 말해 주지 아니하여 모르고 소송수행을 한 원고는 승소하여도 승계인에게 명도 집행할 수 없는 판결을 받게 된다. 그러나 사전에 점유이전금지 등 가처분을 하지 아니하여 이러한 낭패를 당하게 되는데, 이 제도에 의하여 막을 수 있으며, 승소원고가 변론종결 후의 승계사실을 증명하지 아니하여도 보호된다.

② 제218조 제2항의 승계를 진술할 자에 관하여, 일부 학설은 피승계인이 진술하지 않았기 때문에 승계인에게 추정의 불이익을 입게 하는 것은 불합리하다 하여 승계인이라 한다(승계인설). 그러나 승계인설에서는 승계인이 변론에서만이 아니라 재판 외에서 진술하여도 된다는 것인데, 변론에서 진술한다면 당사자도 아닌 소외인인 승계인이 어떤 자격에서 변론에 관여하여 진술할 것인가가 문제가 될 것이며, 재판 외에서 진술한다면 소송기록에 반영될리가 없기 때문에 소송기록으로 진술의 여부를 가려 곧바로 승계인에 대한 승계집행문을 부여하려는 이 제도의 본지에 반하게 된다. 생각건대 동 조항에서는 승계를 진술할 자를 '당사자'라고 하였으므로, 당사자인 피승계인(전주)이라고 봄이 문리에 맞는 해석일 것이며(피승계인설), 이것이 다수설이다. 피승계인의 진술은 변론에서의 진술을 뜻한다고 할 것이다.

③ 본조항에 의하여 원고(채권자)는 피승계인 상대의 승소판결로써도 뒤에 밝혀진 승계인에 대한 승계집행문을 일단 구하고 볼 수 있을 것이므로, 이때에 승계시기에 대해서는 불필요하고 승계사실만 증명하면 된다고 할 것이다. 승계인은 시기적으로 변론종결 전에 승계되었음을 주장·증명하여 기판력·집행력에서 벗어날 수 있다.

④ 신법은 무변론판결의 경우에는 그 판결선고 시까지 승계사실을 진술하지 아니하였으면 판결선고 후의 승계인으로 추정하도록 규정하였다.

2. 청구의 목적물의 소지자

청구의 목적물을 소지한 사람에 대하여도 기판력이 확장된다.

① 여기의 청구의 목적물이란 특정물인도청구의 대상이 되는 특정물을 말한다. 청구가 물권적이거나 채권적이거나, 목적물이 동산이든 부동산이든 상관없다. 소지의 시기에 관하여는 변론종결 전후를 불문한다고 하여 변론종결 전부터 소지하고 있는 자도 포함된다(통설).

② 여기의 소지자란 당사자만이 아니라 변론종결한 뒤의 승계인을 위해서 청구의 목적물을 소지하는 사람을 말한다. 당사자와 같이 보아야 할 자이므로 기판력을 미치게 하여도 그의 절차권을 침해할 바 없기 때문이다. 예를 들면 수치인·창고업자·관리인·운송인 등이다.
그러나 자기의 고유이익을 위한 목적물의 소지자(例 임차인, 질권자·전세권자·지상권자)는 여기의 소지자에 해당하지 않는다. 또 당사자 본인의 소지기관의 소지(법인 임직원의 소지), 점유보조자의 소지는 본인 자신이 직접 소지하는 것과 같기 때문에 이에 해당되지 않는다.

③ 패소피고로 하여금 강제집행을 면탈하게 할 목적으로 목적물을 가장양도 받은 사람도 여기의 목적물의 소지자에 준하여 기판력·집행력을 확장하여야 한다는 해석이 나타나고 있다. 명의신탁으로 목적물의 소유권이전등기를 받아 둔 사람도 원인무효인 점에서 가장양도받은 자와 공통적이므로 같이 볼 것이다. 가장양수인·명의수탁자에 그친다면 자기고유이익을 위한 소지자가 아니라 당사자를 위한 명의소지자로서 집행력·기판력을 확장시켜도 상관없을 것이기 때문이다.

3. 제3자의 소송담당의 경우의 권리귀속주체

1) 의의

다른 사람의 권리에 관하여 당사자로서 소송수행권을 가진 자, 즉 소송담당자가 받은 판결의 기판력은 그 권리의 귀속주체인 다른 사람에게 미친다. 예컨대 회생회사의 재산에 관하여 관리인이 받은 판결은 회생회사에게, 선정당사자가 받은 판결은 선정자에게 각각 그 효력이 미친다. 이 경우에 권리귀속주체는 스스로 소송한 것과 같은 효력을 받으므로, 소송담당자에게 그 자격·권능이 없음을 다투어 기판력·집행력을 면하는 이외는 고유한 방어방법이 없다.

2) 채권자대위소송과 기판력

(1) 채권자대위소송의 판결이 채무자에게 미치는가.

① 여기에는 세 가지 설이 있다. 첫째로 판결효력은 당사자 이외는 미치지 않음을 근거로 하거나 채권자는 소송담당자가 아님을 근거로 채무자에게는 미치지 않는다는 소극설, 둘째로 대위소송을 하는 채권자를 제218조 제3항의 다른 사람을 위하여 원고로 된 사람으로 보아 채무자에게 미친다는 적극설, 셋째로 채무자가 고지 등을 받아 대위소송이 제기된 사실을 알았을 때에는 채무자에게 미친다는 절충설 등이다.

② 판례는 소극설이었다가, 절충설로 바꾸었다. 현재 다수설이다. 판례와 다수설은 채무자가 대위소송의 계속사실을 알게 되어 이 참가의 기회가 주어지는 등 절차보장이 되었는가의 여부에 의하여 기판력의 확장을 좌우하려는 취지도 엿보여 그 논리에 수긍할 바가 있다. 이러한 채권자대위소송의 기판력에 관한 판례의 입장은 직무상의 당사자나 임의적

소송담당의 경우는 별론으로 하고, 권리귀속주체와 함께 소송수행하는 병행형의 소송담당의 경우에도 확장시킬 것이다.

③ 판례에 의하면, 어떠한 사유로 인하였든 적어도 채권자대위권에 의한 소송이 제기된 사실을 채무자가 알았을 때 그 기판력이 채무자에게 미친다는 의미는 채권자대위소송의 소송의 소송물인 피대위채권의 존부에 관한 판단에 한하는 것이지, 채권자대위소송의 소송요건인 피보전채권의 존부에 관한 판단에서 당해소송의 당사자 아닌 채무자에게 기판력이 인정되지 아니한다고 하였다. 그러므로 채권자대위소송에서 피보전권리가 인정되지 아니하여 '소각하판결'이 있었던 경우, 그 판결의 기판력이 채권자가 채무자 상대로 제기한 소송에는 미치지 않는다고 했다.

(2) 채무자 자신의 소송의 판결이 채권자의 채권자대위소송에 미치는가.

① 채권자대위소송의 성질을 채권자 자신의 고유한 대위권이라는 입장에서 기판력이 미치지 않고, 채무자가 이미 권리를 행사하였으므로 채권자대위권의 법률요건이 불비된 경우에 해당하므로 청구를 기각해야 한다는 견해(법률요건적 효력설), 법정소송담당의 입장에서 대위소송은 소송담당으로서 채권자는 채무자의 지위에 서기 때문에 당연히 기판력이 확장된다는 견해(기판력 확장설), 법정소송담당의 입장에서 기판력의 상대성 원칙에 비추어 기판력이라기보다 채권자와 채무자 간의 실체법상 의존관계에 의한 반사효가 미친다고 보는 견해(반사효설)의 대립이 있다.

② 판례는 채무자가 받은 판결이 당연무효이거나 재심에 의하여 취소되지 아니하는 한 미친다고 하고 있다. 실질상 동일소송이라는 이유로 미친다는 것이다. 다만 근자의 판례는 기판력의 문제라기보다, 이 경우는 채권자는 채무자를 대위할 당사자적격이 없다는 이유로 소각하판결로 나아가는 경향이다.

(3) 채권자 甲의 채권자대위소송의 판결은 다른 채권자 乙에게 미치는가.

① 채권자대위소송의 성질을 채권자 자신의 고유한 대위권이라는 입장에서 판결의 효력이 미치지 않는다는 견해(소극설), 법정소송담당의 입장에서 채무자가 대위소송이 제기된 사실을 알았을 때 채무자는 대위소송의 기판력을 받으므로, 이러한 채무자를 통해 동일 소송물에 대한 다른 채권자의 대위소송에 기판력이 미친다는 견해(기판력 확장설), 법정소송담당의 입장에서 채무자가 대위소송이 제기된 사실을 알았을 때 채무자와 실체법상 의존관계에 있는 다른 채권자는 반사효를 받게 된다고 보는 견해(반사효설)의 대립이 있다.

② 판례는 어떠한 사유로든 채무자가 채권자대위소송이 제기된 사실을 알았을 경우에 한하여 그 판결의 효력이 채무자에게 미치므로, 이러한 경우에는 그 후 다른 채권자가 동일한 소송물에 대하여 채권자대위권에 기한 소를 제기하면 전소의 기판력을 받게 된다고 하였다.

(4) 채권자대위소송에서 제3채무자가 승소확정된 피보전채권의 존재를 다툴 수 있는지?

채권자대위권의 피보전채권에 기한 이행청구의 소를 제기하여 승소확정된 경우는 제3채무자가 채권자대위소송에서 피대위채권이 아닌 피보전채권의 존재를 다툴 수 없다는 것이 판례이다.

A는 甲에 대하여 1년치 임금을 체불하고 있었다. A는 자신의 명의로 되어 있는 재산이 거의 없고 다만 乙에 대하여 매매대금 채권을 가지고 있을 뿐이었는데, 이 채권의 변제기가 도래하였는데도 그 지급을 청구하지 않았다. 이에 甲은 A가 乙에 대하여 갖고 있는 위 채권을 대위행사하여 乙을 피고로 하는 소를 제기하였다. 그러나 甲의 청구를 기각하는 판결이 선고되었다. 승소 가능성이 적다고 판단한 甲은 항소를 제기하지 않았고, 결국 판결이 확정되었다. 이 판결의 기판력이 A에게도 미치는지 논하시오. 50점

3) 채권자취소소송

채권자가 채무자의 권리가 아니라 자기의 권리를 행사하는 채권자취소소송의 경우는 다르다고 할 것이다. 판례는 채권자 甲에 의한 동일한 사해행위에 관하여 채권자취소청구를 하여 그 판결(패소)이 확정되었다는 것만으로 그 후 제기된 다른 채권자 乙의 동일한 청구가 기판력을 받는 것은 아니고, 이 경우에 권리보호의 이익이 없어지는 것이 아니라고 하였다. 다만 甲의 승소확정판결에 의하여 원상회복이 완료된 뒤에는 권리보호이익이 없게 된다고 하겠다.

4. 소송탈퇴자(법 제80조, 제82조)

제3자가 독립당사자참가, 승계참가 또는 소송인수한 경우에 종전 당사자는 그 소송에서 탈퇴할 수 있는데, 그 뒤 제3자와 상대방 당사자 간의 판결의 기판력은 탈퇴자에게 미친다.

제 9 절　　일반 제3자에의 확장

1) 의의

① 통상의 소송에서는 대립하는 당사자 간의 분쟁을 상대적으로 해결하는 것으로 만족하여 판결의 효력이 당사자에게만 미치는 것이 원칙이다.

② 그러나 신분관계·단체관계·공법상의 법률관계에서도 이를 관철하면 이해관계인의 법률 생활을 혼란시킬 우려가 있으므로, 예외적으로 판결의 효력을 일정 범위의 제3자 또는 제3자 일반에까지 확장시켜 법률관계의 획일적 해결을 도모하고 있다.

2) 한정적 확장

일정한 이해관계인에 확장되는 경우가 있다. 파산채권확정소송이나 개인회생채권확정소송 판결이 채권자 전원에게, 추심의 소에 대한 판결이 그 소에 참가명령을 받은 채권자에게 미친다.

3) 일반적 확장(이른바 대세효)

일반 제3자에 확장되는 예로서, 가사소송·회사관계소송·행정소송을 들 수 있다.

4) 제3자에의 기판력의 확장과 절차보장

제3자에게 확장하는 경우에 몇 가지 심리의 특칙을 두고 있다.

ⅰ) 처분권주의·변론주의를 배제하고 직권탐지주의에 의하거나 직권증거조사 등 직권주의를 가미하여 소송자료의 수집을 당사자에만 맡기지 않고 법원이 직권으로 나서게 하였으며, ⅱ) 충실하고 공정하게 소송수행을 기재할 수 있는 관계인으로 제소권자를 한정하였고, ⅲ) 제3자에게 소송계속을 알려 소송참가의 길을 열어 놓았으며, ⅳ) 제3자에게 사해재심(詐害再審)을 인정하고, ⅴ) 원칙적으로 제3자에게 유리한 판결에 한하여 그 효력을 확장시키고 불리한 판결은 제한적이다. 제3자의 절차보장을 위함이다. ⅵ) 이러한 소송에서는 관련당사자끼리의 분쟁의 1회적 해결을 위한 절차집중의 필요상 법률상 병합심리의 의무를 지운 것이 특징이다.

Ⅴ 판결의 그 밖의 효력

판결의 판단내용에는 앞서 본 기판력 이외에, 집행력, 형성력, 법률요건적 효력, 반사적 효력, 참가적 효력이 생긴다.

Ⅵ 판결의 무효[227)]

1. 개설

① 비록 흠이 있는 판결이라 하여도 판결로서 존중해야 하며, 따라서 확정 전이면 상소로써, 확정 후이면 재심사유에 해당하는 경우에 한하여 재심의 소로써 그 취소를 구할 수 있음에 그친다. 만일 판결의 흠을 무제한으로 주장하게 하면 절차적 정의를 실체적 정의보다 앞세우려는 기판력사상은 무너지게 될 것이며, 판결에 의한 법적 안정성이나 법적 평화는 회복할 수 없게 되기 때문이다.

② 그러나 예외적이지만 일정한 경우에는 재심에 의하지 아니하고 기판력을 부인할 수 있는 경우가 있다. 이를 넓은 의미의 판결의 무효라고 하는데 무효인 판결은 있을 수 없다는 부정설도 있으나 판례·통설은 극히 제한적으로 긍정한다. 문제되는 것은 다음과 같은 경우이다.

2. 판결의 부존재(비판결)

① 적어도 판결로서 성립하기 위해서는 법관이 직무수행상 행한 것이라 할 외관을 갖추고, 이를 대외적으로 선고라는 절차를 통해 발표한 것이 아니면 안 된다. 그렇지 않으면 판결의 부존재라 할 수 있다. 직무상 사법권행사의 권한 없는 자가 행한 판결, 즉 법관 아닌 자의 판결이 그것이다. 선고하지 아니한 판결은 판결로서 존재하지 않는 것이다. 또 판결선고조서가 없는 한 판결이 선고되었다고 할 수 없으므로 판결의 부존재이며, 선고조서에 재판장의 서명날인이 없는 경우에도 판결선고의 사실을 증명할 수 없으므로 그와 같다.

---

227) 이시윤, 앞의 책, 675-680면

② 판결의 부존재는 판결로서 아무런 효력이 없다. 판결의 내용상의 효력인 기판력·집행력 및 형성력이 없음은 물론 기속력과 형식적 확정력이 발생할 수 없다. 당해 심급에서 절차가 완결되지 않았기 때문에 당사자는 당해 심급에 기일지정신청으로 절차의 속행을 신청할 수 있다.

3. 무효의 판결

① 판결로서의 외관은 갖추었지만 그 내용에 있어서 묵과할 수 없는 중대한 흠 때문에 판결의 내용상의 효력인 기판력·집행력·형성력 등이 생기지 않는 경우가 있다. 이를 판결의 당연무효 또는 좁은 의미의 판결의 무효라 한다. 이 법리는 확정판결과 같은 효력이 있는 청구의 포기·인낙, 화해·조정조서에도 준용한다. 다음과 같다.

→ 실재하지 않는 자를 당사자로 하여 행한 판결 – 판례도 일관하여 사망자를 당사자로 한 판결, 당사자적격이 없는 자가 받은 판결은 당사자적격자에게는 무효이다.

→ 소가 제기된 바 없음에도 불구하고 판결을 행한 때 – 소의 취하 후에 행한 판결도 당연무효이다.

② 무효인 판결은 그 내용상의 효력인 기판력·집행력·형성력이 발생하지 않는다. 그러나 판결의 부존재의 경우와 달라서 당해 심급을 완결시키며, 당해 법원을 구속하는 기속력이 있다. 따라서 무효인 판결이라도 적어도 형식적 확정력이 있다고 할 것이다. 판례는 반대이나 유효한 판결처럼 보이는 외관의 제거를 위한 상소는 허용된다 볼 것이며 이 경우에 상소심은 무효인 판결을 취소하고 소를 각하하여야 한다. 판결의 무효는 직권조사사항이다. 형식적으로 확정된 뒤에도 동일소송물에 대하여 신소의 제기가 허용된다. 무효인 판결은 재심의 대상이 되지 아니하며, 이에 기한 강제집행은 무효이다.

4. 판결의 편취(사위판결)

관련 기출문제 – 2022년 공인노무사
판결의 편취와 그 구제수단에 관하여 설명하시오. 25점

1) 의의와 그 형태

① 법원을 속여(기망) 부당한 내용의 판결을 받아 상대방이 피해를 받은 경우를 널리 판결의 편취라 한다. 피기망자는 법원, 피해자는 상대방 당사자인 때이다.

② 예를 들면, i) 다른 사람 이름의 차명판결(성명모용판결), ii) 소취하 합의에 의하여 피고불출석의 원인을 스스로 조성하여 놓고 소취하를 함이 없이 피고의 불출석의 허를 찔러 승소판결을 받은 경우, iii) 피고의 주소를 알고 있음에도 불구하고 소재불명으로 속여 공시송달명령을 받아 피고가 모르는 사이에 승소판결을 받는 경우, iv) 피고의 주소를 허위로 적어 그 주소에 소장부본을 송달케 하고 실제로 피고 아닌 원고나 그 하수인이 송달받았는데도 법원으로 하여금 피고 자신이 송달받고도 답변서를 내지 아니한다고 속게 만들고 피고의 자백간주로 무변론의 원고승소판결을 받는 경우 따위이다.

2) 소송법상의 구제책

이에 대해서는 ① 무효설, ② 상소추후보완·재심설, ③ 항소설 등 세 가지 설이 있다.

① 무효설은 판결이 편취되었을 때에 피고의 '재판을 받을 권리'가 실질적으로 보장된 것이 아니기 때문에 당연무효로 보아야 한다는 입장이다. 그러나 판결이 무효라면 기판력제도를 동요시켜서 법적 안정성을 해할 우려가 있으며, 더구나 판결편취의 대표적인 경우라고 할 iii)·iv)의 경우에 우리 법 제451조 제1항 제11호[228]에서는 당연무효의 판결이 아님을 전제로 하여 재심사유로 규정하고 있으므로 우리 실정법에는 맞지 않는 해석이다.

② 따라서 유효한 판결로 볼 것이며 그 구제책은 상소의 추후보완이나 재심의 소이다. 그러므로 상소추후보완·재심설에 따를 것이로되, 재심의 소를 제기한다면 위 i)·ii)의 경우에는 대리권의 흠이 있는 경우에 준하여 제451조 제1항 제3호에 의할 것이고, iii)·iv)의 경우에는 직접 제451조 제1항 제11호에 의할 것이다. 특히 iii)·iv)의 경우가 많이 문제되는데, 이에 대해 본다.

판례의 태도는 위 iii)을 공시송달에 의한 판결편취의 경우로서 판결정본의 송달이 유효한 것으로 보고 상소추후보완·재심설에 의하여야 한다고 보고 있다. 그러므로 추후보완상소가 아닌 재심의 방법을 택한 경우에는 추후보완상소기간이 도과하였다 하더라도 재심기간 내에 재심의 소를 제기할 수 있다. 그러나 판례는 iv)는 자백간주에 의한 판결편취의 경우로서 항소설에 의하고 있다. 즉 판례는 그러한 판결은 그 정본이 허위주소로 송달되었기 때문에 그 송달이 무효이고 따라서 아직 판결정본이 송달되지 아니한 상태의 판결로 본다. 때문에 판결정본이 송달된 때로부터 진행하는 항소기간이 진행되지 않은 상태의 미확정판결이 되며 피고는 어느 때나 항소를 제기할 수 있다는 것이다. 미확정판결인 이상 상소의 추후보완, 제451조 제1항 제11호에 의한 재심청구는 허용되지 않는다는 입장이기도 하다. 이때의 항소기간은 통상의 항소의 경우처럼 판결송달 후 2주일이 아니라, 항소기간의 정함이 없는 무기한인 경우라는 것이다.

3) 실체법상의 구제책 등

(1) 문제의 제기

편취된 판결에 의한 강제집행 등으로 손해가 생긴 경우에 재심에 의하여 판결을 취소함이 없이 직접 부당이득, 손해배상청구 등이 가능한가는 기판력과 관련하여 문제가 있다. 기판력에 의한 법적 안정성의 요구와 구체적 정의가 충돌하는 경우에 어느 쪽에 더 중점을 둘 것인가에 관련된 문제이기도 하다.

(2) 학설

① 우리나라에서는 재심에 의한 판결취소의 필요 없이 손해배상청구 등이 가능한가의 문제를 놓고 재심불요설과 이와 다른 제한적 불요설, 재심필요설이 대립되어 있다.

---

228) 제451조(재심사유)
  ① 다음 각 호 가운데 어느 하나에 해당하면 확정된 종국판결에 대하여 재심의 소를 제기할 수 있다.
    11. 당사자가 상대방의 주소 또는 거소를 알고 있었음에도 있는 곳을 잘 모른다고 하거나 주소나 거소를 거짓으로 하여 소를 제기한 때

② 생각건대 재심을 거치지 않고 바로 부당이득·손해배상청구가 가능하다고 보려면 편취된 판결의 효력이 당연무효임이 전제되어야 할 것인데 앞서 본 바와 같이 그에 관한 무효설을 따르기 어려우며, 특히 판결편취의 전형적인 예를 별도의 재심사유로 규정한 우리 법제하에서 더욱 그러하다. 따라서 판결편취의 경우에 부당이득이나 손해배상청구를 함에는 원칙적으로 재심의 소를 제기하여 판결이 취소되는 것이 선결적일 것이다(재심필요설). 다만 판례는 병합설에 부정적이나 통설대로 재심의 소를 제기하면서 이에 관련청구로 부당이득·손해배상청구를 함께 병합제기하는 것을 허용하는 것이 절차집중에 좋을 것이며, 그렇게 되면 재심필요설에 의하여도 먼저 재심소송하고 나서 뒤에 부당이익반환소송 등을 연달아 하게 됨으로써 생기는 번거로움과 불경제가 극복될 것이다.

(3) 판례

이에 관한 대법원판례를 정리하면, ① 부당이득의 성립문제에서 자백간주에 의한 판결편취의 경우를 제외하고(이때는 강제집행으로 옮겨간 이전등기에 관하여 항소에 의한 취소 없이 바로 말소등기청구할 수 있다고 한다) 일반적으로 편취된 판결에 의한 강제집행의 경우에 그 판결이 재심의 소 등으로 취소되지 않는 한 강제집행에 의한 이득은 부당이득이 안 된다는 것으로 일관되고 있고, ② 불법행위에 의한 손해배상청구에도 먼저 재심의 소에 의한 판결취소가 될 것이 원칙이지만, 절차적 기본권이 침해된 경우, 내용이 현저히 부당해 재심사유가 있는 경우에 한정하여 불법행위가 성립되어 바로 배상청구를 할 수 있다는 입장이다. 따라서 부당이득에 관하여는 재심필요설, 불법행위에 관하여는 제한적 불요설에 가깝다. ③ 앞서 살핀 것은 집행종료 후의 문제이나 아직 집행종료 전일 때의 처리문제를 곁들여 본다. 문제의 확정판결이 단순하게 실체적 권리관계에 배치될 때만이 아니고, 집행하는 것이 현저하게 부당하고 상대방으로 하여금 그 집행을 감당하게 하는 것이 정의에 명백하게 반하여 사회생활상 용인할 수 없다고 인정되는 경우에는 그 집행은 신의칙위반 또는 권리남용으로서 허용되지 않는다고 하여 청구이의의 소개로 그 집행을 막을 수 있다.

4) 단체소송의 특례

소비자단체·개인정보 단체소송에서 청구기각 판결은 대세효가 있어 그 뒤 다른 단체는 동일소송을 제기할 수 없으나, 원고의 고의로 인한 것이 밝혀지면 제기가 가능하다는 특례가 있다(소비자기본법 제75조).

제 10 절 종국판결의 부수적 재판

판결의 본안 주문 다음에는, 부수적으로 소송비용 재판과 가집행선고(이행판결의 경우)가 뒤따른다. 소송비용문제부터 먼저 본다.

Ⅰ 소송비용의 재판(법 제98조-제133조)

1. 의의

종국판결의 주문 중에는 부수적으로 가집행선고 이외에 소송비용에 대한 재판을 한다. 적는 순위는 가집행선고 앞이다. 무엇이 소송비용이고, 누구의 부담이 되며, 어떻게 받아내느냐 그리고 소송비용의 담보제공할 경우 등의 순으로 살핀다.

2. 소송비용

1) 법정소송비용은 소송당사자가 현실적으로 소송에서 지출한 비용 중 법령에 정한 범위에 속하는 비용을 말한다. 소송비용의 범위·액수와 예납에 관하여는 민사소송비용법, 민사소송 등 인지법, 변호사보수의 소송비용산입에 관한 규칙 등에 규정이 있다.

2) 소송비용은 재판비용과 당사자비용으로 대별된다.
   ① 재판비용

   당사자가 국고에 납입하는 비용으로서, 재판수수료인 인지대와 재판 등을 위해 지출하는 그 밖의 비용이다.
   ② 당사자비용

   당사자가 소송수행을 위해 자신이 지출하는 비용이다. 예를 들면, 소장 등 소송서류의 작성료 즉 서기료, 당사자나 대리인이 기일에 출석하기 위한 여비·일당·숙박료와 대법원규칙이 정하는 범위 안에서 소송대리인인 변호사에게 지급하거나 지급할 보수 등이다. 소송비용에의 산입방법에 관하여는 변호사에게 지급한 또는 지급할 보수전액이 아니라, 그중 대법원규칙인 「변호사보수의 소송비용산입에 관한 규칙」이 정하는 금액의 범위에 한정하기로 하였다.

3. 소송비용의 부담

1) 패소자 부담의 원칙

소송비용은 당사자 중 패소자의 부담을 원칙으로 한다(법 제98조).

2) 원칙의 예외

3) 제3자에게 소송비용을 갚으라고 명할 수 있는 경우

4) 소송비용 부담의 재판

① 법원은 종국판결의 주문에서 당사자 중 누가 어느 비율로 부담할 것인가를 정하지 않으면 안 된다.

② 소송비용의 재판은 법원이 직권으로 하여야 하기 때문에, 실무상 당사자가 소송비용 부담에 관하여 신청을 하는 것은 법원의 직권 발동을 촉구하는 의미밖에 없다.

③ 소송비용의 재판에 대해서는 독립하여 상소할 수 없다. 따라서 본안재판과 함께 불복하여야 하나, 본안의 상소가 이유 없을 때에는 그 불복신청은 부적법하게 된다는 것이 판례이다.

4. 소송비용확정절차

① 판결 중의 소송비용의 재판에서 이론상으로는 부담할 액수까지 정할 수 있으나, 부담자와 부담비율을 정하는 데 그치는 것이 실무관행이다.

② 소송비용의 재판에서 부담할 액수가 정하여지지 아니하고 유보하여 두었으면, 그 재판이 확정되거나 그 재판이 집행력을 갖게 된 후에 그 액수를 정하기 위한 절차를 밟게 되어 있다. 이를 위하여 전속관할인 1심 수소법원에 서면으로 소송비용액확정신청을 내야 하며 이때 법원은 결정으로 재판한다. 이를 소송비용확정절차라 한다. 소송이 판결에 의하지 않고 완결된 경우(소위 취하 등)에는 소송비용확정절차에 의하여 부담자·부담비율 및 부담액을 정하지 않으면 안 되며(법 제114조), 이때에 관할법원은 제1심 수소법원이 아니라 소송이 완결될 당시의 소송계속법원이므로 그 곳에 신청하여야 한다.

③ 소송비용으로 지출한 금액은 이와 같은 소송비용확정절차를 거쳐 상환받을 수 있으므로 원칙적으로 별도의 소송을 할 것이 아니다.

5. 소송비용의 담보(법 제117조-제127조)

① 원고가 우리나라에 주소·사무소와 영업소를 두지 아니한 때에는 법원은 원고에게 소송비용의 담보제공을 명하여야 한다. 원고가 패소하여 소송비용을 부담하게 되는 경우에 피고의 이익을 위하여 소송비용상환청구권의 용이한 실현을 미리 확보해 두기 위한 것이다. 담보제공을 명하는 재판은 피고의 신청에 의하여 결정으로 한다. 담보제공의 방법은 법원이 재량으로 선택할 수 있다. 담보액은 피고가 각 심급에서 지출할 비용의 총액을 표준으로 정한다.

② 이 제도를 무책임한 소권남용의 견제수단, 특히 집단소송에 있어서 원고패소 시에 피고들의 구제수단이 되도록 입법 확대론이 대두되어 있었다. 이를 받아들여 2010년 개정법률은 제117조를 바꾸어 소송 기록상 원고의 청구가 이유 없음이 명백한 때에도 담보제공을 명할 수 있도록 했으며, 이때에는 법원의 직권으로도 결정할 수 있도록 하였다.

Ⅱ 가집행선고(법 제213조, 제215조)[229]

1. 의의

① 가집행선고란 미확정의 종국판결에 확정된 경우와 마찬가지로 미리 집행력을 주는 형성적 재판이다.

② 판결의 확정 전에 미리 강제집행할 수 있어 승소자의 신속한 권리의 실현에 이바지가 되며, 패소자가 강제집행의 지연만을 노려 남상소하는 것을 억제해 주는 기능을 한다. 뿐만 아니라 피고가 가집행선고에 의하여 즉시집행 당하는 것을 피하기 위해 제1심에서 전소송자료를 제출하게 되기 때문에 심리의 제1심집중의 효과를 거둘 수 있다. 다만 이 제도의 운영에 있어서는 승소자의 조속한 권리만족을 받을 이익을 고려하는 한편 패소자의 상소의 이익도 감안하여야 하며, 양자의 균형조화가 요망된다.

③ 제1심판결에 당연히 집행력이 생기는 영미법계에서는 가집행선고가 필요없다. 그러나 독일법계에서는 확정판결에 의하여 집행하는 것이 원칙이고 미확정판결에 의한 집행은 허용되지 않으므로 가집행선고가 붙어 있을 때에 집행이 가능하다. 실제로 가집행선고가 널리 이용되고 있고 중요한 집행권원이 된다.

2. 가집행선고의 요건

1) 가집행선고의 대상

재산권의 청구에 관한 판결로 널리 집행할 수 있는 것이어야 한다.

① 가집행선고는 원칙적으로 종국판결에 한한다. 가압류·가처분을 비롯하여 결정·명령은 원칙적으로 즉시 집행력이 발생하므로, 가집행선고를 붙일 수 없다. 중간판결에서는 가집행선고를 할 수 없다. 종국판결이라도 성질상 가집행선고를 할 수 없는 것으로, ⅰ) 청구기각·소각하판결, ⅱ) 가집행선고변경이나 가집행선고 있는 본안판결의 변경판결 등이다.

---

229) 제213조(가집행의 선고)
① 재산권의 청구에 관한 판결은 가집행(假執行)의 선고를 붙이지 아니할 상당한 이유가 없는 한 직권으로 담보를 제공하거나, 제공하지 아니하고 가집행을 할 수 있다는 것을 선고하여야 한다. 다만, 어음금·수표금 청구에 관한 판결에는 담보를 제공하게 하지 아니하고 가집행의 선고를 하여야 한다.
② 법원은 직권으로 또는 당사자의 신청에 따라 채권전액을 담보로 제공하고 가집행을 면제받을 수 있다는 것을 선고할 수 있다.
③ 제1항 및 제2항의 선고는 판결주문에 적어야 한다.
제215조(가집행선고의 실효, 가집행의 원상회복과 손해배상)
① 가집행의 선고는 그 선고 또는 본안판결을 바꾸는 판결의 선고로 바뀌는 한도에서 그 효력을 잃는다.
② 본안판결을 바꾸는 경우에는 법원은 피고의 신청에 따라 그 판결에서 가집행의 선고에 따라 지급한 물건을 돌려줄 것과, 가집행으로 말미암은 손해 또는 그 면제를 받기 위하여 입은 손해를 배상할 것을 원고에게 명하여야 한다.
③ 가집행의 선고를 바꾼 뒤 본안판결을 바꾸는 경우에는 제2항의 규정을 준용한다.

② 재산권의 청구에 관한 판결일 것

재산권의 청구이면, 가집행선고 있는 판결에 기하여 강제집행을 한 뒤에 상소심에서 그 판결이 취소변경된다 하여도 원상회복이 비교적 용이하고 또 금전배상으로 수습이 가능한 경우가 보통이기 때문이다.

→ 따라서 이혼청구 등 신분상의 청구와 같은 비재산권의 청구에 대해서는 가집행선고를 할 수 없다. i) 재산권의 청구에 관한 판결이라도 의사의 진술을 명한 판결(예컨대 등기절차 이행을 명하는 판결)은 확정되어야만 집행력이 생기기 때문에 가집행선고를 붙일 수 없다. ii) 행정처분의 취소·변경판결이나 실체법상의 법률관계를 변경하는 판결(예 공유물 분할판결, 이혼시 재산분할 판결)도 확정을 기다려야 할 것으로 가집행선고를 허용할 수 없다. iii) 구 소송촉진 등에 관한 특례법 제6조 제1항 단서는 국가를 피고로 하는 소송에서 가집행선고를 붙일 수 없게 하였는데, 헌법재판소는 위헌결정하였다.

③ 집행할 수 있는 판결일 것

좁은 의미의 집행력을 낳는 이행판결에 가집행선고를 할 수 있음은 다툼이 없으나, 문제는 확인판결이나 형성판결이다. 명문이 있는 경우를 제외하고 확인판결·형성판결에는 가집행선고를 할 수 없다는 견해가 있으며, 판례도 같은 태도이다.

2) 붙이지 아니할 상당한 이유가 없을 것

재산권의 청구에 관한 판결에는 상당한 이유가 없는 한 반드시 가집행선고를 붙여야 하는 것이 원칙이다. 따라서 가집행선고 여부는 법원의 자유재량이 아니다. 예외적으로 가집행선고를 붙일 수 없는 상당한 이유가 있어야 안 붙일 수 있는데, 여기의 「상당한 이유」란 가집행이 패소한 피고에게 회복할 수 없는 손해를 줄 염려를 뜻한다.

3. 가집행선고의 절차 및 방식

1) 직권선고

가집행선고는 법원의 직권으로 하여야 한다. 따라서 당사자의 신청은 법원의 직권발동을 촉구하는 의미밖에 없다.

2) 가집행선고와 담보제공

가집행선고는 피고를 위하여 담보를 제공하거나 담보를 제공하지 않을 것을 조건으로 하여야 한다. 전자를 담보부가집행선고라 하고, 후자를 무담보부가집행선고라 한다. 무담보부가집행선고를 하여야 할 경우는 어음·수표금청구에 관한 판결을 할 때이다. 일반 민사사건에서 담보부가집행선고를 하느냐의 여부는 법원의 재량에 속하나, 상소심에서 판결이 변경될 가능성이 엿보일 때에는 담보의 제공을 필요로 한다.

3) 가집행면제선고

법원은 가집행선고를 하면서 동시에 피고를 위하여 피고가 원고의 채권전액을 담보로 제공하면 가집행의 면제를 받을 수 있음을 선고할 수 있다. 원고를 위하여 가집행선고를 해준 것에 대하여 피고를 위한 배려이다. 이를 가집행면제선고 또는 가집행해방선고라 한다.

4) 판결주문에 표시

가집행선고나 가집행면제선고는 다같이 판결주문에 적어야 한다. 판결주문란에서 소송비용재판 다음에 적는다. 가집행선고는 청구인용판결의 전부에 대해서뿐 아니라, 그 일부에 한해서도 붙일 수 있다.

4. 가집행선고의 효력과 집행정지

1) 가집행선고 있는 판결은 선고에 의하여 즉시 집행력이 발생한다. 따라서 이행판결이면 바로 집행권원(채무명의)이 된다.

2) 가집행선고 있는 판결에 기한 강제집행, 즉 가집행은 가압류·가처분과 같은 집행보전에 그치는 것이 아니라, 종국적 권리의 만족에까지 이를 수 있는 점에서 확정판결에 기한 본집행과 다를 바 없다. 다만 확정판결과의 차이는 ⅰ) 본집행과 달라서 가집행은 확정적 집행이 아니며, 상급심에서 가집행선고 있는 본안판결이 취소되면 효력이 없어지는 해제조건부 집행이다. ⅱ) 확정판결과 달리 가집행선고 있는 판결을 집행권원으로 하여서는 재산명시신청, 채무불이행자명부등재신청, 재산조회신청을 할 수 없다.

3) 신법에 의하면 가집행선고만 따로 떼어 독립한 상소를 하지 못한다. 본안판결과 함께 불복해야 한다.

4) 집행정지

상소로는 안 되고, 별도로 정지신청을 내어 강제집행정지 결정을 받지 않으면 정지되지 않는다 (제2심 판결의 강제집행정지는 전액 담보제공이 실무관행). 가집행선고판결이 '창'이라면, 피고의 집행정지신청이라는 '방패'로 대응한다.

5. 가집행선고의 실효와 원상회복

가. 가집행선고의 실효

가집행선고 있는 판결에 상소가 되어 상소심에서 가집행선고가 바뀌거나 그 선고 있는 본안판결이 바뀌었을 때(원고승소에서 피고의 역전승)에는 가집행선고는 그 한도에서 효력을 잃는다(법 제215조 제1항). 다만, 확정을 기다리지 않고 바로 선고와 동시에 그 범위에서 효력이 상실된다. 바뀐 뒤에는 더 이상 가집행은 할 수 없고, 이미 개시된 집행이라 하여도 바뀐 판결의 정본을 집행기관에 제출하여 집행의 정지·취소를 시킬 수 있다.

다만 가집행선고의 실효는 기왕에 소급효가 없으므로 보전처분의 취소와 마찬가지로 그 이전에 이미 집행이 끝났으면 그 효력에 영향이 없다. 따라서 제3자가 가집행에 의한 경매절차에서 피고 의 부동산이 제3자에게 이미 매각허가결정이 나고 매각대금이 납부되었다면, 경매가 반사회적 법률행위의 수단으로 이용된 경우가 아닌 한 그 매수인(제3자)의 소유권취득에는 영향이 없다.

나. 원상회복 및 손해배상의무

1) 가집행선고가 있는 본안판결이 상소심에서 바뀌었을 때에는, 원고는 가집행에 따라 피고가 지급한 물건의 반환뿐만 아니라, 피고가 가집행에 의하여 또는 가집행을 면제받기 위하여 받은 손해를 배상하지 않으면 안 된다. 이를 가집행선고의 실효로 인한 원상회복 및 손해배상책임이라 한다. 이것은 미리 집행한 것을 집행이 없었던 것과 같이 되돌려주는 공평의 관념에서 나온 것으로, 일종의 무과실책임이고 법정채무이다(통설).

2) 원상회복의 법적 성격은 부당이득의 반환이다. 여기의 '지급한 물건'이란 가집행의 결과 피고가 원고에게 이행한 물건이나 지급한 금전만을 가리킨다(경매절차에서 이미 매각된 물건은 불포함). 원고 자신이 매수인(낙찰자)이라 하여도 같다. 또 판례는 가집행으로 강제집행진행 중에 피고가 집행당할 염려가 있어 부득이 지급한 것이라면 임의변제라 할 수 없고, 여기의 지급한 물건에 해당된다고 했다. 그러나 가집행선고 후 피고가 판결금액을 변제공탁하였다 하여도 원고가 수령하지 아니한 이상 공탁된 돈 자체는 여기에 해당할 수 없다는 것이다.

3) 손해배상책임은 일종의 불법행위책임이므로, 민법상의 과실상계나 시효에 관한 규정의 준용을 인정하여야 한다. 배상하여야 할 손해는 가집행과 상당인과관계에 있는 모든 손해를 포함한다는 것이 판례이다.

4) 피고의 이러한 원상회복 및 손해배상청구의 방식에는, 두 가지 길이 있다. 그 하나는 원고를 상대로 별도의 소를 제기하는 것이고, 다른 하나는 문제된 소송의 상소심절차에서 피고가 본안판결의 변경을 구하면서 함께 병합하여 원상회복 등의 청구를 하는 것이다. 이것은 별도의 소를 제기하는 비용·시간 등을 절약하게 만드는 절차집중의 간이절차로서, 이러한 신청을 실무상 가지급물반환신청이라 한다. 후발적 병합소송(소송 중의 소)의 일종으로 본안판결의 취소·변경을 조건으로 하는 예비적 반소의 성질을 띠며, 따라서 소송에 준하여 변론을 요한다. 다만 이때의 피고의 신청은 상소심에서의 반소이기는 하지만, 원고의 동의를 요하지 아니하므로 특수반소에 속한다.

병합소송

01 | 병합청구소송(청구의 복수)

I 의의

1) 청구의 병합이란 원고가 하나의 소송절차에서 여러 개의 청구를 하는 경우를 말한다(법 제253조). 처음부터 여러 개의 청구를 하는 경우를 소의 고유의 객관적 병합이라고 일컫는다. 처음부터 3인 이상의 당사자가 개입하는 소의 고유의 주관적 병합인 공동소송에 대응한다. 청구의 병합을 인정하는 것은 소송경제를 도모하고 서로 관련 있는 사건끼리 판결의 모순저촉을 피하자는 데 있다.

2) 청구의 복수(청구의 병합)는 공격방법의 복수와는 구별하여야 한다. 청구의 병합은 하나의 소송절차에 있어서 청구(소송물)가 복수로 묶인 경우를 뜻함에 대하여, 공격방법의 복수는 1개의 청구를 뒷받침하는 공격방법이 복수로 묶인 경우이다. 구이론은 청구취지 이외에 청구원인을 기준으로 청구의 병합인가의 여부를 가림에 대하여, 신이론(이분지설은 예외)은 원칙적으로 청구취지를 기준으로 함은 앞서 본 바이다.

II 병합요건

1. 같은 종류의 소송절차에 의하여 심판될 수 있을 것(법 제253조)

① 민사본안사건과 가압류·가처분사건, 민사사건과 비송사건은 절차의 종류를 달리하는 것이므로 병합이 허용되지 않는다. 또 행정소송사건과 가사소송사건은 변론주의에 의하지 아니하므로 여기에 통상의 민사사건의 병합은 원칙적으로 부적법하다. 다만 행정소송에서 민사상의 관련청구를 병합하는 것은 예외적으로 허용된다(행정소송법 제10조).

② 판례는, 재심의 소에 통상의 민사상 청구의 병합을 부정하지만 상소심판결에 대한 재심의 소가 아닌 한 통상의 민사상 청구를 병합시키는 것을 막을 이유가 없다(통설). 특히 패소한 통상의 절차에서 피고가 재심의 소를 제기하면서 판결집행에 의하여 원고 측에게 넘어간 목적물에 대한 부당이득·원상회복 등의 관련청구를 병합시키는 것은 분쟁의 1회적 해결에 도움이 될 것이고, 또 관련청구의 병합을 허용하는 다른 제도와도 균형이 맞는 해석일 것이다.

2. 수소법원에 공통의 관할권이 있을 것(관할의 공통)

---

230) 이시윤, 앞의 책, 699-709면

3. 원칙적으로 관련성이 필요 없다.

매매대금청구와 가옥명도청구를 병합하는 경우와 같이 아무런 관련성이 없는 청구끼리 병합되어도 무방하다. 다만 선택적 · 예비적 병합의 경우는 병합된 청구 사이에 관련성이 있을 것을 요한다.

Ⅲ 병합의 모습

1. 단순병합

1) 원고가 여러 개의 청구에 대하여 차례로(병렬적으로) 심판을 구하는 형태의 병합이다. 병합된 다른 청구가 이유 있든 없든 관계없이 차례로(병렬적으로) 심판을 구하는 것이기 때문에 병합된 모든 청구에 대하여 법원의 심판을 필요로 한다. 예컨대 매매대금과 대여금을 같이 청구하는 경우이다. 불법행위에 의한 손해배상청구에서 적극손해(치료비 등), 소극손해(일실이익), 정신적 손해(위자료)를 함께 청구하는 경우에, 판례처럼 소송물 3분설을 따르면 3개 청구의 단순병합으로 된다.

매매계약무효확인청구와 그 매매가 무효라고 하여 매매로 넘어간 목적물의 반환도 함께 구하는 경우에 후자는 전자에 종속적 관계이기는 하지만, 원고는 두 개의 승소판결을 구하는 것이므로 단순병합이고 진정예비적 병합이 아니다. 이를 부진정예비적 병합이라 하는데 제1차적 청구가 인용될 때를 대비하여 제2차적 청구에 대해서도 심판을 구하는 것이다. 이 점에서, 제1차적 청구가 배척될 때를 대비하여 제2차적 청구에 대해 심판을 구하는 뒤에서 볼 또 다른 진정예비적 병합과 다르며, 이때는 원고가 한 개의 승소판결을 구하는 것이다.

2) 소유권이전등기청구와 함께 대상청구(代償請求)는 본래의 급부 청구권의 현존을 전제로 판결확정 전에는 이행불능, 그 확정 후에 집행불능이 되는 경우를 대비하여 이를 대신할 전보배상을 미리 청구하는 것이므로, 현재의 이행의 소와 장래의 이행의 소의 단순병합이지 진정예비적 병합이 아니다. 본래의 급부청구가 인용된다는 이유만으로 대상청구에 대한 판단을 생략할 수 없다. 본래의 급부청구의 인용, 대상청구의 기각의 사안에서 진정예비적 병합의 경우처럼 원고에게 항소의 이익이 없다고 할 수 없다.

2. 선택적 병합

1) 양립할 수 있는 여러 개의 청구를 하면서 그중에 어느 하나가 인용되면 원고의 소의 목적을 달할 수 있기 때문에 다른 청구에 대해서는 심판을 바라지 않는 경우이다. 다시 말하면 원고가 여러 개의 청구 중 어느 하나가 택일적으로 인용될 것을 해제조건으로 하여 다른 청구에 대하여 심판을 신청하는 형태의 병합이다. 따라서 법원은 이유 있는 청구 어느 하나를 무작위로 선택하여 원고청구를 인용하면 된다. 판례에 따르면, 선택적 병합인지 예비적 병합인지는 당사자의 의사가 아닌 병합청구의 성질을 기준으로 판단하여야 한다. 손해배상청구가 주위적 – 채무불이행, 예비적 – 불법행위를 원인으로 하는 청구는, 모두 동일목적을 달성하기 위한 것으로 하나의 채권이 변제소멸되면 나머지 채권도 목적달성이 되기 때문에 선택적 병합관계에 있다고 할 것이다.

선택적 병합은 하나의 목적의 청구권·형성권 경합의 경우, 경합하는 여러 개의 권리에 기하여 같은 취지의 청구하는 때에 한하여 인정한다. 따라서 목적이 하나이므로 청구취지는 하나이고 청구원인만이 여러 개인 경우이다. 예컨대 손해배상금청구를 불법행위와 계약불이행 등 두 가지 손해배상청구권에 기하여 구하는 때(손해를 불법행위와 부당이득으로 청구하는 경우), 이혼소송을 부정행위와 혼인을 계속하기 어려운 중대사유 등 두 가지 이혼사유에 기하여 청구하는 때이다. 그러나 논리적으로 양립할 수 없는 여러 개의 청구는 예비적 병합청구는 할 수 있지만 선택적 병합청구는 할 수 없다.

2) 선택적 병합과 관련하여 유의할 것이 있다.

첫째, 권리경합관계가 아니고 법조경합관계에 있는 여러 법규에 기한 청구, 선택채권에 기한 청구는, 여러 개가 아닌 한 개의 실체법상의 권리를 바탕으로 한 청구이기 때문에 선택적 병합으로 되지 아니함은 신·구이론이 같다.

둘째, 선택적 병합 자체의 인정여부를 놓고 신·구이론의 입장 차이가 있다. 신이론에서는 앞서 본 청구권·형성권 경합의 선택적 병합은 인정하지 아니하며, 이러한 병합은 소송물은 1개이고 단지 공격방법 내지 법률적 관점이 여러 개 경합된 것으로 본다. 다만 신이론 중 이분지설(입원)은 사실관계를 달리하는 청구권·형성권의 경합의 경우는 제한적으로 선택적 병합을 인정한다.

셋째, 신·구 어느 이론에 의하든 급여의 내용(목적)이 별개인 두 개의 채권에 기한 선택적 청구의 경우, 예를 들면 동일 피고에게 가옥명도 아니면 이전등기를 구하는 등 택일적 청구는 확정적 판결신청이 아니므로 청구취지의 불특정으로 부적법하다고 본다. 이때에는 단순 병합으로 보고 보정시킬 것이다.

3. 예비적 병합

1) 양립될 수 없는 여러 개의 청구를 하면서 주위적 청구(제1차적 청구)가 기각·각하될 때를 대비하여 예비적 청구(제2차적 청구)에 대하여 심판을 구하는 경우이다. 다시 말하면 여러 개의 청구를 하면서 그 심판의 순위를 붙여 주위적 청구가 인용될 것을 해제조건으로 하여 제2차적 청구에 대하여 심판을 구하는 형태의 병합이다. 예를 들면 주위적 청구로서 매매계약이 유효함을 전제로 매매대금의 지급을 청구하고, 예비적 청구로서 매매계약이 무효인 때를 대비하여 이미 인도해 간 매매목적물의 반환을 청구하는 경우이다.

법원은 당사자가 청구한 심판의 순서에 구속받게 된다. 주위적 청구를 먼저 심리하여 보고 인용되면 예비적 청구에 대해서는 더 나아가 심판할 필요가 없다. 예비적 병합은 원고가 주위적 청구에 대하여 사실 증명이 어렵다든가 법률적으로 확신이 서지 않을 경우에, 그 청구가 배척된 뒤에 신소를 제기하여야 하는 소송불경제를 덜어 주며 분쟁의 1회적 해결에 이바지한다.

2) 예비적 병합의 요건으로, 예비적 청구는 주위적 청구와 사이에서 첫째로 양립될 수 없는 관계에 있어야 한다는 것이 통설이고 주류적인 판례이며, 심판순서에 있어 선후순위가 있을 것을 요한다. 이 점에서 심판순서의 정함이 없는 선택적 병합과 구별된다. 둘째로 기초되는 사실관계가 서로 관련성이 있지 않으면 안 된다.

PART
04

(1) 양립될 수 없는 관계

① 주위적 청구와 예비적 청구 간에 양립될 수 없는 서로 배척관계이어야 한다. 따라서 전자가 후자를 흡수 포함하는 관계일 때에는 예비적 병합이라 할 수 없다. 판례도 같은 청구원인을 내용으로 하면서 주위적 청구의 수량만을 감축(예 5,000만원→2,000만원)하여 하는 예비적 청구는 소송상의 예비적 청구라고 할 수 없으므로 따로 나누어 판단할 필요가 없다고 하였다. 또한 주위적 청구로 무조건의 소유권이전등기청구, 예비적 청구로 금전지급을 받음과 상환조건의 소유권이전등기청구를 하는 것은, 후자가 전자를 질적으로 일부 감축청구한 것에 불과하다 하여 예비적 청구라고 할 수 없다고 했다. 따로 예비적 청구를 하지 아니하여도 주위적 청구의 심판범위에 포함되기 때문이다. 최근 판례에서 주위적 청구를 양적이나 질적으로 감축한 청구가 소송상 예비적 청구에 해당할 수 없음을 분명히 하였다.

② 한 가지 더 첨언하는 것은 부진정예비적 청구이다. 이는 판례가 개발한 것으로 '양립할 수 없는 관계'의 청구병합이 진정예비적 청구인데, 논리적으로 양립할 수 있는 청구라 하더라도 수 개의 청구 사이에 논리적 관계가 밀접하고 심판의 순위를 붙여 청구할 합리적 필요성이 있다고 인정되는 경우, 이른바 부진정예비적 청구가 가능하다는 입장이다. 예컨대 주위적으로 재산상 손해배상청구를 하면서 그 손해가 인정되지 않을 경우에 예비적으로 같은 액수의 정신적 배상을 청구하는 것을 든다.

(2) 논리적 관련성

기초되는 사실관계가 주위적 청구와 전혀 관련성이 없는 경우라면 예비적 병합은 원칙적으로 부적법하다. 예컨대 주위적 청구로 가옥명도를 구하고 예비적 청구로 그와는 관계 없는 대여금을 구하는 경우이다. 이때에는 주위적 청구가 인용된다 하더라도 원고로서는 일찍이 예비적으로 구하였던 청구에 대하여 또 다시 신소를 제기할 수 있어, 피고로 하여금 계속 분쟁의 소용돌이에 말려들게 할 수 있기 때문에 문제이다. 피고의 동의가 있으면 별론으로 하고 이러한 병합은 소송지휘권을 적절히 행사하여 단순병합으로 보정하게 하는 등의 조치를 취함이 마땅하다. 판례는 논리적으로 전혀 관계없어 순수하게 단순병합할 여러 개의 청구를 선택적·예비적 병합청구를 하는 것은 부적법하다고 보았다.

(3) 소송물 이론 관련

같은 목적의 청구를 양립될 수 없는 여러 개의 청구권·형성권에 기하여 구하는 경우에도 청구의 예비적 병합으로 보는 것이 구이론의 입장이다. 예컨대 같은 금전을 주위적으로 소비대차상의 대여금채권에 기하여 구하고, 소비대차가 무효일 때를 대비하여 예비적으로 부당이득반환청구권에 기하여 청구하는 경우이다. 그러나 신이론은 소송물을 1개로 보고 단지 공격방법의 예비적인 병합으로 해석한다.

Ⅳ 병합청구의 절차와 심판

1. 소가의 산정과 병합요건의 조사

① 사물관할과 인지의 표준이 되는 소가의 산정에 있어서, 단순병합의 경우에는 병합된 청구의 가액의 합산이 원칙이며, 선택적·예비적 병합의 경우는 합산이 아니라 중복청구의 흡수의 법리를 따른다.

② 병합요건은 청구의 병합에 특유한 소송요건이므로, 법원의 직권조사사항이다. 병합요건의 흠이 있을 때에는 변론을 분리하여 별도의 소로 분리심판하여야 하는 것이 원칙이다. 다만 병합된 청구 중 어느 하나가 다른 법원의 전속관할에 속하는 때에는 결정으로 이송하여야 한다. 병합요건이 갖추어졌으면 각 청구에 대한 소송요건을 조사하여야 하며, 그 흠이 있으면 당해 청구에 관한 소를 판결로 각하하여야 한다.

2. 심리의 공통

병합요건과 소송요건이 구비되었으면 병합된 여러 개의 청구는 같은 절차에서 심판된다. 따라서 변론·증거조사·판결은 같은 기일에 여러 개의 청구에 대하여 공통으로 행하며, 여기에서 나타난 증거자료나 사실자료는 모든 청구에 대한 판단의 자료가 된다. 어떠한 형태의 병합이든 어느 하나의 청구에 대한 변론의 제한은 허용되나, 변론의 분리는 단순병합에 한한다는 것이 통설이다. 다만 단순병합이라도 쟁점을 공통으로 하는 병합청구(관련적 병합)의 경우에는 중복심판과 재판의 모순저촉을 피하기 위하여 변론의 분리를 삼가할 필요가 있다.

3. 종국판결

1) 단순병합의 경우

① 병합된 청구 전부에 대하여 판결하기에 성숙하면 전부판결을 한다. 모든 청구에 대하여 판단하여야 하기 때문에 어느 하나의 청구에 대해 재판누락을 하면 추가판결의 대상이 된다.

② 그러나 변론의 분리가 허용되며 병합청구 중 어느 하나의 청구가 판결하기에 성숙하면 일부판결을 할 수 있다. 일부판결에 대하여 상소한 때에는 나머지 부분과 별도로 상급법원으로 넘어가는 이심의 효력이 생긴다. 그러나 전부판결의 일부에 대하여 상소하면 모든 청구에 대해 이심과 확정차단의 효력이 생긴다.

2) 선택적·예비적 병합의 경우

(1) 변론의 분리 가부

선택적·예비적 병합의 경우에는 여러 개의 청구가 하나의 소송절차에 불가분적으로 결합되기 때문에 변론의 분리·일부판결을 할 수 없다(통설). 특히 선택적 병합의 경우에 반대설이 있었으나, 판례도 통설을 따랐다.

(2) 판단방법

이것은 소송절차에서 대표적 핫이슈이다. 1개의 전부판결을 하여야 하는데,

① 선택적 병합의 경우에 원고승소판결에 있어서는 이유 있는 청구 중 하나를 선택하여 집중판단하면 되며, 나머지 청구에 관하여는 심판을 요하지 않는다. 그러나 원고패소판결을 할 때에는 병합된 청구 전부에 대하여 배척하는 판단을 요한다. 다만 선택적 병합청구를 모두 기각한 항소심판결에 대하여 상고한 경우 상고법원이 어느 하나의 청구에 관한 상고가 이유 있을 때 원심판결 전부가 파기대상이다.

② 예비적 병합의 경우에 주위적 청구에 집중판단할 것이며, 이를 인용할 때에는 예비적 청구에 대하여 심판할 필요가 없지만(이 점이 예비적 공동소송과 다름), 그것이 기각되는 때에는 예비적 청구에 대하여 심판하여야 한다. 주위적 청구를 기각하고 예비적 청구를 인용하는 때에는 판결주문에서 먼저 주위적 청구의 기각을 표시하고 다음 예비적 청구를 인용하는 뜻의 판단을 하지 않으면 안 된다.

(3) 판단누락의 청구부분

① 선택적 병합에서 원고패소판결을 하면서 병합된 청구 중 어느 하나를 판단하지 않거나, 예비적 병합에서 주위적 청구를 먼저 판단하지 아니한 때나 주위적 청구만을 배척하고 예비적 청구는 판단하지 않는 경우가 있을 수 있다. 이 경우에 누락시킨 청구부분이 판단누락되는가 재판누락이 되는가가 문제된다.

② 판례는 선택적 병합의 경우는 판단누락을 전제로 원고가 이와 같은 판결에 항소한 이상 누락된 부분까지 선택적 청구전부가 항소심으로 이심하는 것이고 재판누락은 아니라고 본다. 예비적 병합도 성질상 하나의 절차에서 여러 청구의 불가분적 결합이라고 볼 것이므로 누락된 부분까지 항소에 의하여 항소심에 이심된다고 보고 항소심에서 판단누락에 준하여 구제할 것이다. 이 경우에 판단누락한 예비적 청구부분은 상소로 다투어져지, 별소로 다투는 것은 권리보호의 자격이 없어 부적법하다. 상소로써 지적하였음에도 오류가 시정되지 아니하였으면 재심사유가 된다(법 제451조 제1항 제9호).

(4) 항소심의 심판대상

① 선택적 병합의 경우에 그중 하나만을 받아들여 청구를 인용하는 판결, 예비적 병합의 경우에 주위적 청구를 인용한 판결에 대하여 각 항소하면, 판단하지 않은 나머지 청구나 예비적 청구까지도 항소심으로 이심이 되며, 또 항소심의 심판의 대상으로 된다.

② 예비적 병합의 경우에 주위적 청구기각·예비적 청구인용의 원판결에 대하여 피고만이 그 패소부분에 상소한 때에, 불복하지 않은 주위적 청구에 관한 부분도 이심(移審)은 되지만 상소심의 심판의 대상이 되지 아니한다. 불복할 상소이익이 없다. 원고만이 항소한 경우도 예비적 청구가 이심되지만 피고가 부대항소하지 않는 한 예비적 청구는 심판의 대상이 아니다.

③ 항소심이 주위적 청구에 대한 원고의 항소가 이유가 없다고 판단한 때에 항소심에서 추가된 예비적 청구가 있으면 그에 대해 제1심으로서 판단해야 한다.

④ 예비적 병합소송에서 주위적 청구에 독립당사자 참가의 요건을 갖추면 참가가 허용된다.

> 📌 관련 기출문제 – 2016년 공인노무사
> 청구의 선택적 병합에 대하여 설명하시오. 25점

> 📌 관련 기출문제 – 2022년 공인노무사
> 【문제 1】
> 동업관계에 있는 乙, 丙, 丁, 戊는 자신들의 사업장 앞에 있는 X토지를 甲으로부터 임차하여 주차장으로 사용하고 있었다. 위 4인을 대표한다고 주장하는 乙은 X토지를 甲으로부터 매수하기로 하고 甲과 X토지에 대한 매매계약을 체결하였다. 사업자금의 대출을 위해 X토지의 등기가 필요하다는 사정을 들은 甲은 매매대금의 전액을 지급받지 못하였음에도 불구하고 X토지의 등기를 위 4인에게 이전하여 주었으나 위 4인은 매매잔대금을 지급하지 않고 있다. 이에 甲은 乙, 丙, 丁, 戊를 상대로 주위적으로는 매매계약이 유효하다면 X토지의 매매대금 전액의 지급을 구하고, 예비적으로는 매매계약이 무효라면 X토지의 소유권이전등기의 말소를 구하는 소를 제기하였다.
> 제1심 법원은 乙에게 적법한 대리권이 없었다는 것을 이유로 원고의 주위적 청구를 배척하면서도 예비적 청구에 대하여는 아무런 판단을 하지 않았다. 이러한 제1심 법원의 판결에 대해 적법 여부와 불복방법에 관하여 쓰시오. 25점
>
> 예비적 청구에 대하여 아무런 판단을 하지 않은 제1심 법원의 판결은 부적법하고, 이 경우에 판단누락한 예비적 청구부분은 상소로 다투어야지, 별소로 다투는 것은 권리보호의 자격이 없어 부적법하다.

제 2 절   청구의 변경231)

I 총설

1. 의의

청구의 변경은 소송물의 변경을 말한다. 즉, 법원과 당사자의 동일성을 유지하면서 오로지 청구가 변경되는 경우를 가리킨다. 청구의 변경은 소송물의 변경을 뜻하기 때문에 청구의 취지와 원인의 변경에 의하여 이루어진다. 다만 구이론은 청구원인의 권리가 소송물의 특정에 중요한 역할을 한다고 보기 때문에 소의 변경은 청구원인의 변경이 중심이 됨에 대하여, 신이론(이분지설은 다르다)은 주로 청구취지의 변경을 문제로 삼는다.

---

231) 이시윤, 앞의 책, 710–720면

※ **청구취지 및 청구원인 변경신청서 양식례[232]**

청구취지 및 청구원인 변경신청서(항소심용)

사　　건　　　　　20나00
원고(항소인 또는 피항소인)
피고(항소인 또는 피항소인)

이 사건에 관하여 원(피)고(항소인)는 다음과 같이 청구취지 및 청구원인을 변경합니다.

(다　　음)

1. 청구변경의 내용

가. 청구취지에 관하여

　(1) 변경 전 청구취지

　(2) 변경 후 청구취지

나. 청구원인에 관하여

　(1) 변경 전 청구원인(간략히 요약 기재)

　(2) 변경 후 청구원인(가능한 한 상세히 기재)

다. 종전의 청구와 관계(해당란에 ✓표시)

　(1) □ 교환적 변경　□ 추가적 변경
　　(보충 내지 추가 설명이 필요하면 서술식으로 기재)

　(2) 추가적 변경인 경우
　　　□ 단순 병합
　　　□ 선택적 병합
　　　□ 예비적 병합
　　　(보충 내지 추가 설명이 필요하면 서술식으로 기재)

… 이하 생략

---

2. 청구취지의 변경

1) 청구취지의 변경은 원칙적으로 소의 변경이 된다.

　청구원인을 놓아 두더라도 소의 종류를 달리하는 경우(예 동일건물에 대한 명도청구 → 소유권확인청구), 심판의 대상이나 내용을 바꾸는 경우(예 甲가옥 명도청구 → 乙가옥 명도청구)는 소의 변경이 된다.

---

232) 대법원 홈페이지 양식 참조

2) 심판의 범위를 변경하는 경우에는 문제이다.

① 청구의 확장

상환(조건부) 이행청구에서 단순(무조건) 이행청구로 바꾸는 경우와 같은 질적 확장이 있고, 금전채권 중 일부를 청구하다가 나머지 부분까지 전부청구하는 양적 확장이 있다. 특히 일부청구에서 전부청구로 확장할 경우에, 청구의 원인에 변경이 없음을 근거로 또는 이행명령의 상한의 변동에 지나지 아니함을 근거로 소의 변경이 아니라는 견해가 있으나(일부청구부인설), 명시적 일부청구에서 전부청구로 확장될 때는 소송물의 변동이 생기므로(명시설) 소의 추가적 변경으로 해석할 것이다.

② 청구의 감축

금전청구에서 양적으로 일부 줄이는 경우뿐 아니라, 단순 이행청구에서 상환 이행청구로 질적으로 축소하는 경우까지 포함된다. 청구의 감축이 소의 변경은 아니나, 감축된 한도에서 일부취하로 볼 것인가 일부포기로 볼 것인가는 문제이다. 원고의 의사에 따르되, 그 의사가 불분명한 경우에는 원고에게 유리하게 소의 일부취하로 볼 것이다.

3) 청구취지의 보충·정정

불명한 것을 명백히 하는 것이므로, 소의 변경이 아니다.

3. 청구원인의 변경

① 청구취지를 그대로 두고 청구원인의 실체법상의 권리를 변경하는 데 그치는 경우가 있다. 하나의 사실관계에 기초한 청구권·형성권 경합의 경우에 그중에서 어느 하나만을 주장하다가 다른 것으로 바꾸는 경우에 생긴다. 예를 들면 하나의 교통사고의 피해자가 손해배상청구를 하면서 불법행위에서 계약불이행으로 권리를 바꾸는 등이다. 이러한 경우에 구이론에 의하면 소의 변경이지만, 신이론에 의하면 소의 변경이 아니고 공격방법의 변경이다. 또 손해배상소송에서 재산상 손해액의 일부를 위자료로 바꾸는 경우에 판례 입장인 3분설에 의하면 소의 변경이 되지만, 손해 1개설에 의하면 단순한 손해항목의 변경에 그친다.

② 금전지급이나 대체물인도청구에 있어서 청구원인의 사실관계를 별개의 것으로 바꾸는 경우는 신·구이론을 막론하고 소의 변경으로 된다(금 100만원을 처음에 매매대금으로 구하다가, 대여금으로 바꾸어 청구하는 경우 등).

4. 공격방법의 변경

원고가 같은 권리를 주장하면서 이를 이유 있게 하기 위한 주장의 변경은 소의 변경이 아니라 단지 공격방법의 변경에 그친다고 함은 신·구이론 간에 견해를 같이한다. 여기에는 소의 변경과 같은 제약이 없다. 같은 실체법상의 권리에 기한 청구이면서 요건사실의 일부를 달리 주장하는 경우는 공격방법의 변경이다.

II 모습

1. 교환적 변경

① 교환적 변경은 구청구에 갈음하여 신청구를 제기하는 경우이다. 종래의 청구취지나 청구원인의 철회를 전제로 한다. 예컨대 같은 건물에 대한 명도청구에서 소유권확인청구로 바꾸는 경우이다. 교환적 변경은 신청구 추가와 구청구 취하의 결합형태이다(항소심에서 교환적 변경의 변경의 경우는 신청구에 의하여 1심으로 재판하면 된다).

② 피고가 본안에 관하여 응소한 때에는 피고의 동의를 얻어야 구청구의 취하의 효력이 생기며, 동의를 얻지 못하면 소의 변경은 구청구에 신청구를 추가한 추가적 변경으로 된다는 것이 다수설이다. 다만 판례와 일부 학설은 청구기초의 동일성에 영향이 없다 하여 피고의 동의가 없어도 취하의 효력이 생기는 것으로 본다.

2. 추가적 변경

구청구를 유지하면서 신청구를 추가 제기하는 경우이다. 이것은 청구의 후발적 병합에 해당하므로 청구의 병합요건을 필요로 한다. 단순 병합, 선택적 병합, 예비적 병합의 형태로 소의 추가적 변경이 행하여진다. 추가적 변경에 의하여 소가가 단독판사의 사물관할을 초과하는 때(1억 3천만원 → 6억으로 확장)에는 이를 합의부로 이송할 것이다.

3. 변경형태가 불명한 경우

소의 변경이 교환적인가 추가적인가 또는 선택적인가는 당사자의 의사해석에 의할 것이나 그 변경형태가 불명한 때에는 그 점에 관하여 석명하여야 한다. 또 판례는 변경에 의하여 신청구가 부적법하게 되는 경우까지 구청구가 취하되는 교환적 변경이라 할 수 없다는 취지이다.

III 요건

1. 청구의 기초가 바뀌지 아니할 것(청구기초의 동일성)

1) 청구의 기초라는 개념은 신·구청구 간의 관련성을 뜻하지만, 그 동일성이 구체적으로 무엇을 의미하는가에 다툼이 있다. 크게 ① 이익설(청구를 특정한 권리로 주장하기 이전의 사실적인 분쟁이익), ② 사실설(다시 소의 목적인 권리관계의 발생원인, 즉 근본적인 사회현상인 사실관계가 공통되는 것을 의미한다는 견해와 소송절차와 관련하여 각 청구의 사실자료 사이에 심리의 계속을 정당화할 정도의 공통성이 있는 경우를 의미한다는 견해로 나뉜다) 및 ③ 병용설(각 청구의 사실자료 및 사실적인 분쟁이익이 공통적인 것)로 갈려 있으나, 다만 어느 설에 의하든 구체적 적용결과는 큰 차이가 없다. 판례의 주류는 이익설에 입각하고 있다는 것이 일반적이다. 위 기준을 실제 사안에 적용함에 있어서 판례는 청구기초의 동일성을 넓은 범위에서 인정하고 있다. 예컨대, 동일한 매매계약에 기하여 계약의 유효를 전제로 한 이전등기청구에 계약의 실효를 전제로 한 계약금반환청구를 추가하여도 청구기초의 동일성이 유지된다고 보았다.

2) 청구의 기초의 동일성에 관하여서는 사익적 요건설과 공익적 요건설의 대립이 있으나, 전자가 통설이며 판례의 입장이다. 따라서 피고가 소의 변경에 동의하거나 이의 없이 본안변론을 하는 때에는 이 요건을 갖추지 아니하여도 소의 변경을 허용할 것이다.

2. 소송절차를 현저히 지연시키지 않을 것

이 요건은 공익적 요건이기 때문에 피고의 이의가 없어도 직권조사를 요한다.

3. 사실심에 계속되고 변론종결 전일 것

1) 소장부본이 피고에게 송달되기 전이면 소송계속 전이기 때문에 원고는 자유롭게 소장의 기재를 보충·정정할 수 있다. 변론종결한 뒤의 소의 변경은 원칙적으로 허용되지 아니하며, 이 경우에 법원이 변론을 재개할 필요가 없다.

2) 상고심에서는 소의 변경이 허용되지 않지만, 항소심에서는 상대방의 동의 없이 소의 변경을 할 수 있다(단, 교환적 변경에서는 피고의 동의가 문제될 수 있다). 지방법원 항소부가 단독판사의 판결에 대한 항소심의 심판 도중에 지방법원 합의부의 관할사건으로 청구확장한 경우에(소가 9천만원에서 6억원으로 확장), 심급관할은 제1심법원의 판결에 의하여 결정되는 전속관할이므로, 관할이 고등법원으로 바뀌는 것이 아니다. 다만 항소심에서의 소의 교환적 변경에 있어서는 주의할 바가 있다. ① 제1심에서 본안판결이 난 청구를 항소심에서 다른 청구와 교환적 변경을 하고 나서 그것을 소의 변경에 의하여 또다시 부활시키는 등 우왕좌왕한다면, 본안에 관한 종국 판결선고 후에 취하한 소를 다시 제기한 결과가 된다. 따라서 재소금지의 원칙에 저촉되어 불의의 일격을 당할 수 있다. ② 항소심에의 교환적 변경이 있으면 변경된 신청구에 대해 사실상 제1심으로 재판한다.

3) 원고가 전부승소한 경우에 소의 변경만을 목적으로 한 항소는 원칙적으로 항소의 이익이 없다고 할 것이나, 명시하지 않은 일부청구의 경우 전부승소한 원고가 나머지 잔부에 대해 확장청구하기 위해 독립항소를 하는 것은 예외적으로 허용된다. 만일 이때에 항소하지 못하고 그러한 승소판결이 확정되게 되면 그 뒤의 잔부청구는 기판력을 받아 다시 청구하지 못하고 실권을 당하기 때문이다.
또한 판례는 하나의 소송물에 관하여 형식상 전부승소한 당사자의 상소이익의 부정은 절대적이 아니라는 전제하에 손해배상소송에서 원고가 재산상 손해는 전부승소, 위자료는 일부패소한 사안에서 원고가 위자료 패소부분에 불복항소한 경우에 전부승소의 재산상의 손해에 대한 청구의 확장이 허용된다고 하였다.

4. 소의 병합의 일반요건을 갖출 것

신·구청구가 같은 종류의 소송절차에 의하여 심판될 수 있어야 한다(소송절차의 공통). 가압류·가처분사건에서 본안소송으로의 변경은 허용될 수 없다. 판례는 재심의 소를 통상의 소로 변경하거나 그 반대의 경우에는 다른 종류의 절차라는 전제하에 허용되지 않는다고 한다.

Ⅳ 절차(법 제262조 제2항, 제3항[233])

1) 소의 변경은 원고의 신청에 의하여야 한다. 따라서 소를 변경할 것인가의 여부는 원고의 자유이며, 법원이 이를 강제할 수 없다.

2) 소의 변경은 서면에 의하여야 한다. 법 제262조 제2항은 소의 변경에 있어서 청구의 취지만 서면에 의한 변경을 요구하고 있는데, 나아가 청구의 원인도 서면에 의해야 하느냐에 대해 학설에 따라서는 서면설에 의하나, 판례는 청구의 원인의 변경은 반드시 서면에 의할 필요가 없고 말로 변경해도 된다는 태도이다. 제262조 제2항의 반대해석상 구술설이 옳다고 본다. 청구취지의 변경은 청구취지변경서만이 아니라 준비서면으로도 바꿀 수 있다는 것으로, 말로 한 경우라도 피고의 이의권의 상실로 그 잘못은 치유된다. 소변경의 서면에는 소정의 인지를 내야 하지만, 청구의 확장이나 소의 추가적 변경에 있어서는 증가분에 대해서만 부족인지를 더 내면 된다.

3) 소변경서는 상대방에게 바로 송달하여야 한다(법 제262조 제3항). 이는 신청구의 소장에 해당하기 때문이다. 새로운 소장에 해당하는 변경서를 상대방에 송달하거나 변론기일에 이를 교부한 때에 신청구에 대해 소송계속의 효력이 발생한다. 소의 변경에 의한 시효중단·기간준수의 효과는 소변경서를 법원에 제출하였을 때에 발생한다.

Ⅴ 심판

소의 변경인가 여부와 변경이라도 적법한가 여부는 법원의 직권조사사항이다. 만일 소의 변경이 아니고 공격방법의 변경인데도 당사자 간에 다툼이 있으면 중간판결, 종국판결의 이유 속에서 판단하면 된다.

1. 소변경의 부적법

① 소의 변경에 해당되지만 변경요건을 갖추지 못하여 부적법하다고 인정할 때에는 법원은 상대방의 신청 또는 직권으로 소의 변경의 불허결정을 하여야 한다. 불허결정은 중간적 재판인바, 독립하여 항고할 수 없고, 종국판결에 대한 상소로써만 다툴 수 있다.

② 항소심이 제1심의 소변경 불허결정을 부당하다고 보면 원결정을 명시적·묵시적으로 취소하고 변경을 허용하여 신청구에 대해 심리를 개시할 수 있다.

2. 소변경의 적법과 신청구의 심판

① 소의 변경이 적법하다고 인정할 때에는 법원은 따로 소변경을 허가한다는 뜻의 명시적 재판은 요하지 않으나, 상대방이 다툴 때에는 법 제263조를 준용하여 결정으로 변경의 적법성을 중간적 재판, 종국판결의 이유 속에서 판단할 수 있다. 변경에 대하여 피고 측이 지체 없이 이의하

---

233) 제262조(청구의 변경)
　　② 청구취지의 변경은 서면으로 신청하여야 한다.
　　③ 제2항의 서면은 상대방에게 송달하여야 한다.

지 않고 변론하면 더 이상 이를 다툴 수 없다. 소변경 허가조치에 관하여서는 다툼이 있으나, 소송경제상 불복할 수 없다고 할 것이다.

② 적법한 소의 변경으로 인정되면 신청구에 대해 심판하여야 한다. 구청구의 소송자료는 당연히 신청구의 자료로 된다. 교환적 변경의 경우는 구청구의 소송계속이 소멸되므로 신청구만이, 추가적 변경의 경우는 구청구와 함께 신청구가 각 심판의 대상이 된다.

3. 소변경의 간과

소의 변경이 적법하다고 인정되면 신청구에 대하여 심판하여야 함에도 불구하고 이를 간과한 채 구청구에 대하여 심판하는 예가 있다. 이러한 경우 i) 교환적 변경을 간과하여 신청구에 대한 심판을 누락한 채 구청구만을 심판한 경우에는 이를 발견한 상급심으로서는, 없어진 구청구에 대한 원판결을 처분권주의의 위배를 이유로 취소(또는 파기)하고 그에 대한 소송종료선언을 함이 옳을 것이다. 그리고 누락된 신청구는 상소심으로 이심되지 않고 원심에 계속 중이므로 원심법원이 추가판결을 하여야 할 것이다. ii) 추가적 변경을 간과하여 신청구는 남기고 구청구만 심판한 경우에도 상급심으로서는 원칙적으로 이를 이유로 원판결을 취소·환송할 여지는 없다고 하겠고, 누락된 신청구에 대하여 원심법원 자신이 추가판결로써 정리하여야 할 것이다. 다만 추가적 변경에 의하여 신청구를 선택적 병합시킨 경우에 원심법원이 신청구에 대하여 간과하였다면 원판결의 파기사유가 된다는 것이 판례이다. 이때에 원심법원의 재판누락으로 보아 추가판결의 대상이라고 하여 놓아둘 것이 아니라, 판단누락으로 보아 상급심이 재판할 것이다. 예비적 병합시킨 경우에도 마찬가지로 볼 것이다. 선택적·예비적 병합에 있어서 추가판결이 허용되지 아니한다.

4. 판결주문의 판단

항소심에서 소를 변경하는 경우에 판결주문의 제1심으로 판단할 것이다.

제 3 절   중간확인의 소[234]

관련 기출문제 - 2021년 공인노무사
중간확인의 소에 대하여 설명하시오. [25점]

I   의의

① 중간확인의 소란 소송계속 중에 본소 청구의 판단에 대해 선결관계에 있는 법률관계의 존부에 기판력이 생기는 판단을 받기 위하여 추가적으로 본소법원에 제기하는 소이다. 예를 들면 원고의 소유권에 기한 가옥명도소송에서 피고가 선결적 법률관계인 소유권이 원고에게 없다고 다툴 때에, 원고가 이 가옥명도소송에 편승하여 소유권확인의 소를 병합제기하는 따위이다. 원래 선결적 법률관

---

234) 이시윤, 앞의 책, 721-723면

계에 대하여는 종국판결의 이유 속에서 판단하기 때문에 기판력이 생기지 않는다. 따라서 이에 관하여 기판력 있는 판단을 받기 위하여 당사자는 별도의 소송에 의할 수도 있으나, 기왕의 소송절차를 이용하여 함께 판단받도록 함이 소송불경제와 재판의 불통일을 막는 방편이 된다고 하여 이 제도를 채택하였다. 한편 중간확인의 소는 이른바 쟁점효이론에 제동이 되는 제도이기도 하다.

② 당사자가 반드시 중간확인의 소를 택하여야 할 의무는 없으며 별도의 소송으로써 선결적 법률관계에 대해 소제기하여도 무방하다.

③ 중간확인의 소를 원고가 제기하는 것은 청구의 추가적 변경에 해당하며, 피고가 제기하는 경우에는 일종의 반소이나, 다만 그 부수적 성질에 착안하여 현행법은 별도의 규정을 두어 별도로 제도화하였다. 중간확인의 소는 원고만이 아니라 무기평등의 원칙상 피고도 제기할 수 있다.

④ 중간확인의 소는 단순한 공격방어방법이 아니며, 일종의 소이다. 따라서 이에 대한 판단은 중간판결에 의할 것이 아니라, 종국판결의 주문에 기재하여야 한다.

※ 중간확인의 소 사례235)

소　장

원　고(중간확인 원고)　　○○○
　　　　　　　　　　　　○○시 ○○구 ○○로 ○○
피　고(중간확인 피고)　　◇◇◇
　　　　　　　　　　　　○○시 ○○구 ○○로 ○○

위 당사자 간의 귀원 20○○가단○○○ 이자금청구사건에 관하여 원고(중간확인 원고)는 다음과 같이 중간확인의 소를 제기합니다.

채권확인(중간확인)의 소

청 구 취 지

1. 원고와 피고 사이의 20○○.○.○. 금전소비대차계약에 의한 원고의 피고에 대한 대여금 ○○○만원의 채권이 존재함을 확인한다.
2. 소송비용은 피고의 부담으로 한다.
라는 판결을 구합니다.

청 구 원 인

1. 원고는 피고와 20○○.○.○. 금전소비대차계약을 체결하고 금 ○○○만원을 대여하면서, 이자는 월 2%로 하여 매월 말일에 지급하기로 하고, 갚을 날짜는 20○○.○.○.부터 1년 뒤로 정하였습니다.
2. 그런데 피고는 위 대여금채권에 대하여 20○○.○.○.부터 20○○.○○.○.까지의 월 2%의 비율에 의한 이자 금 ○○○원을 지급하지 않고 있습니다.

---

235) 대한법률구조공단 홈페이지 기재례

3. 이에 원고는 귀원에 이자금청구소송을 제기하여 현재 20○○가단○○○ 이자금청구사건이 계속 중이나, 피고는 위 소송에 있어서 이자채권을 부인할 뿐만 아니라 이의 근거가 된 기본채권도 부인하므로 그 확인을 구하지 아니하면 원고의 이자청구를 유지하기 곤란하기 때문에 민사소송법 제264조에 의하여 청구취지 기재와 같이 이 사건 소제기에 이르렀습니다.

II 요건

1. 다툼 있는 선결적 법률관계의 확인을 구할 것

1) 법률관계의 확인을 구하여야 한다(법률관계).

본소의 선결적인 사실관계나 증서의 진정여부는 확인청구의 목적이 될 수 없다. 또 현재의 권리·법률관계이어야 하기 때문에 과거의 권리·법률관계는 그 대상이 될 수 없다. 확인청구이어야 하므로, 경계확정의 소와 같은 형성청구를 중간확인의 소의 대상으로 할 수 없다.

2) 본소청구의 전부 또는 일부와 선결적 관계에 있어야 한다(선결성).

예를 들면 등기말소소송에 있어서의 소유권, 이자청구소송에 있어서의 원본채권 등이 이에 속한다. 현실적으로 그 판단이 소송을 좌우할 선결관계이어야 하는가, 아니면 이론상의 선결관계에 있으면 되는가(이론설)는 다툼이 있다. 본소청구에 대한 선결관계는 중간확인의 판결선고 시까지 현실적으로 존재할 것을 요한다고 보아 통설인 전설(현실설)을 따른다. 따라서 본소청구가 취하·각하될 경우나 확인의 대상으로 한 법률관계에 대한 판단까지 가지 않고도 청구기각이 될 경우이면 현실적으로 선결적 관계에 서지 않게 되어, 중간확인의 소는 부적법각하되지 않으면 안 된다. 판례는 재심사유가 인정되지 않아서 재심청구를 기각하는 경우는 재심절차에서 제기한 중간확인의 소는 각하하여야 한다고 했다.

3) 당사자 간에 다툼이 있는 법률관계라야 한다(계쟁성).

본소의 진행 중 사실상·법률상 다툼이 있는 법률관계라야 한다. 확인의 이익은 소송상 다툼이 있고 선결관계인 것으로 당연히 충족되며 별도로 확인의 이익이 필요 없다.

2. 사실심에 계속되고 변론종결 전일 것

상고심에서는 제기할 수 없으나, 항소심에서는 상대방의 동의가 없어도 중간확인의 소를 제기할 수 있다(피고가 제기해도 같다).

3. 중간확인의 청구가 다른 법원의 전속관할에 속하지 않을 것(관할의 공통)

중간확인의 청구가 본소법원과 다른 법원의 전속관할에 속하는 경우에는 그것이 독립한 소로서 취급받을 수 있으면, 이를 분리하여 관할권이 있는 법원으로 이송할 것이다.

4. 중간확인청구가 본소청구와 같은 종류의 소송절차에 의할 것(소송절차의 공통)

Ⅲ 절차와 심판

1) 중간확인의 소는 소송계속 중의 소의 제기이기 때문에 소에 준하는 서면을 제출하여야 하며, 그 서면은 바로 상대방에 송달하여야 한다. 서면의 송달 시에 소송계속이 생기며, 제출 시에 시효중단·기간준수의 효력이 발생한다.

2) 중간확인의 소에 대한 조치와 심판에 대해서는 소의 추가적 변경 또는 반소의 경우에 준한다. 먼저 병합요건을 심리할 것이고, 만일 그에 흠이 있으면 독립한 소로서 취급할 수 없는 한 이를 부적법각하하여야 한다. 그것이 갖추어졌으면 본소청구와 병합심리할 것이며, 1개의 전부판결에 의하여 동시에 재판하여야 한다.

※ 중간확인 판결문 사례

---

00 지방법원 제00민사부

판 결

사건 2016가합1297 건물명도 등
　　　2017가합101637(중간확인의 소)
원고(중간확인원고) 000
피고(중간확인피고) 000

… 생략

주 문

1. 피고(중간확인피고)는 원고(중간확인원고)로부터 264,614,973원을 지급받음과 동시에 원고(중간확인원고)에게 별지 목록 기재 각 부동산을 인도하라.
2. 원고(중간확인원고)와 피고(중간확인피고) 사이에 별지 목록 기재 각 부동산에 관한 피고(중간확인피고)의 유치권은 264,614,973원을 피담보채권으로 하는 부분을 초과하여서는 존재하지 아니함을 확인한다.
3. 원고(중간확인원고)의 각 나머지 청구를 기각한다.
4. 본소와 중간확인의 소를 통틀어, 소송비용은 각자 부담한다.
5. 제1항은 가집행할 수 있다.

제 4 절   반소

🖋 관련 기출문제 - 2012년 공인노무사
반소에 대하여 설명하시오. 25점

▌ 의의

① 반소란 소송계속 중에 피고가 그 소송절차를 이용하여 원고에 대하여 제기하는 소이다. 피고가 제기하는 소송 중의 소로서 이에 의하여 청구의 추가적 병합으로 된다. 본소의 능동적 주체와 수동적 주체가 반소에서는 역으로 바뀌므로, 본소원고는 반소피고로, 본소피고는 반소원고로 불린다.

② 반소제도를 인정하는 것은 i) 원고에게 소의 변경을 인정한 것에 대응하여 피고에게도 원고에 대한 청구의 심판을 위하여 본소절차를 이용케 하는 것이 공평한 취급이고(무기평등의 원칙), ii) 원·피고 사이에 서로 관련된 분쟁을 같은 절차 내에서 심판하는 것이 별도의 소송에 의한 심판보다도 소송경제에 부합하고 재판의 불통일을 피할 수 있기 때문이다.

※ 반소장 사례

반 소 장

2013 가소000 00금
원고(반소피고) 000
피고(반소원고) 000

위 사건에 관하여 피고는 다음과 같이 반소를 제기하는 바입니다.

반 소 청 구 취 지

1. 원고(반소피고)는 피고(반소원고)에게 5,620,000원 및 이에 대하여 이 사건 반소장부분 송달일 다음날부터 다 갚는 날까지 연 20%의 비율에 의한 금원을 지급하라.
2. 소송비용은 원고(반소피고)가 부담한다.
3. 위 제1항은 가집행할 수 있다.
라는 판결을 구합니다.

반 소 청 구 원 인

… 이하 생략

Ⅱ 성질

1) 반소는 독립의 소이고 방어방법이 아니다.

① 반소는 소의 일종이며, 본소를 기각시키기 위한 답변인 방어방법과는 다르다.

② 반소에는 본소의 방어방법 이상의 적극적 내용이 포함되어야 한다. 반소청구의 내용이 실질적으로 본소청구의 기각·감축을 구하는 것과 다를 바 없다면, 반소청구로서의 이익이 없다. 예를 들면 소유권존재확인의 본소청구에 대하여 그 부존재확인의 반소청구 따위는 허용되지 않는다. 그런데 甲이 乙에게 교통사고로 인한 손해배상채무가 없다고 하여 그 부존재의 확인의 본소를 제기한 후에 바로 乙이 甲을 상대로 그 손해배상의무이행의 적극적인 반소를 제기한 사안에서, 판례는 적법하게 제기된 본소가 그 뒤 피고의 반소로 인하여 소송요건의 흠결이 생겨 부적법하게 되는 것은 아니라고 하여 적법한 본소로 보았다.

③ 반소는 방어방법이 아니므로 주문과 판결서의 청구의 취지란에서 밝혀야 함은 물론이고, 공격방어방법에 관한 제147조(재정기간)·제149조(실기각하)·제285조(변론준비기일의 종결효)의 3실권효 규정이 적용되지 아니한다. 따라서 반소가 시기에 늦게 제출되어도 이를 이유로 각하할 수 없다. 다만 소의 변경과 마찬가지로 반소의 제기도 소송절차를 현저하게 지연시키지 아니할 것을 요한다(법 제269조).

2) 반소의 당사자

① 본소의 피고가 원고를 상대로 한 반소가 통상적이나, 독립당사자참가나 참가중계의 경우에 참가인과의 관계에서 피고의 지위에 서는 종전의 원·피고 당사자도 참가인 상대의 반소를 제기할 수 있다. 반소라는 명칭이 붙지 아니하여도 피고가 원고를 상대로 한 새로운 청구이면 실질상 반소이다(예 가집행선고 실효의 경우의 가지급물반환신청 따위).

② 본소의 당사자가 아닌 자 사이의 반소, 예를 들면 보조참가인의 또는 보조참가인에 대한 반소제기는 부적법하다.

Ⅲ 모습

1. 단순반소와 예비적 반소

① 단순반소는 본소청구가 인용되든 기각되든 관계없이 반소청구에 대하여 심판을 구하는 경우이며, 반소의 전형적 형태이다[236].

② 예비적 반소는 본소청구가 인용될 때를 대비하여 조건부로 반소청구에 대하여 심판을 구하는 경우이다(조건부반소). 예를 들면 원고가 매매로 인한 소유권이전등기청구를 한 경우에 원고의 청구가 인용될 때를 대비하여 피고가 잔대금의 지급을 반소로 구하는 경우이다. 이 경우에는 ⅰ) 본소청구가 각하·취하되면 반소청구는 소멸되며, ⅱ) 본소청구가 기각되면 반소청구에 아무런 판단을 요하지 않는다. ⅲ) 예비적 반소에서 본소·반소 모두 각하한 경우에 피고는 항소하지 아니하고 원고만이 항소하였다 하여도 반소청구도 심판대상이 된다.

---

236) 예를 들면 원고의 소유권을 바탕으로 한 가옥명도의 본소청구에 피고가 그 가옥에 대한 원고의 소유권이 없다 하여 소유권이전등기말소의 반소청구를 하는 경우이다.

2. 재반소와 제3자에 대한 반소

① 피고의 반소에 대하여 다시 원고가 재반소를 제기할 수 있는지에 관하여는 소송절차를 복잡하게 한다 하여 반대견해가 있으나, 현행법에서 이를 금지하는 규정을 둔 바도 없고 상호관련성 있는 소송을 한꺼번에 해결하려는 것이 반소제도의 취지라면, 재반소가 기존의 소송절차를 현저히 지연시키지 않는 등 반소로서의 요건을 충족하였으면 이를 허용할 것이다(통설).

② 제3자에 대한 반소는 원칙적으로 허용되지 아니하나, 다만 피고가 제기하려는 반소가 필수적 공동소송이 될 때에는 법 제68조의 필수적 공동소송인 추가의 요건을 갖추면 허용될 수 있다.

Ⅳ 요건(법 제269조 제1항)[237]

1. 상호관련성

반소청구는 본소의 청구 또는 방어방법과 서로 관련성이 있어야 반소를 제기할 수 있다. 상호관련성을 요하게 함은 변론과 증거조사를 함께 실시하는 데 편리하고 나아가 심리의 중복과 재판의 저촉을 피할 수 있기 때문이다. 이 요건은 소의 변경에서 청구기초의 동일성에 대응하는 요건이다.

1) 본소청구와의 관련성

본소청구와 반소청구와의 상호관련성이란 양자가 소송물 혹은 그 대상·발생원인에 있어서 공통성(법률상·사실상)이 있다는 것을 뜻한다. 다음과 같은 경우이다.

① 반소청구가 본소청구와 같은 법률관계의 형성을 목적으로 하는 경우[238]

② 청구원인이 같은 경우[239]

③ 양자의 청구원인이 일치하지 아니하여도 그 대상·발생원인에 있어서 주된 부분이 공통인 경우[240] 등

---

237) 제269조(반소)
① 피고는 소송절차를 현저히 지연시키지 아니하는 경우에만 변론을 종결할 때까지 본소가 계속된 법원에 반소를 제기할 수 있다. 다만, 소송의 목적이 된 청구가 다른 법원의 관할에 전속되지 아니하고 <u>본소의 청구 또는 방어의 방법과 서로 관련이 있어야 한다.</u>
② 본소가 단독사건인 경우에 피고가 반소로 합의사건에 속하는 청구를 한 때에는 법원은 직권 또는 당사자의 신청에 따른 결정으로 본소와 반소를 합의부에 이송하여야 한다. 다만, 반소에 관하여 제30조의 규정에 따른 관할권이 있는 경우에는 그러하지 아니하다.
238) 예를 들면, 원고의 이혼의 소제기에 피고도 반소로써 이혼청구
239) 예를 들면, 원고가 매매를 원인으로 한 소유권이전등기청구의 본소에 대하여 피고가 같은 매매의 잔대금지급청구의 반소
240) 예를 들면, 원고가 본소로써 토지인도를 구하였는데 피고가 반소로써 같은 토지에 대한 시효취득을 원인으로 한 소유권이전등기청구, 차량충돌사고에서 서로 상대방의 과실이라 하며 원고의 손해배상의 본소에 피고도 손해배상의 반소로 맞서는 경우(발생원인에 있어서 공통)

2) 본소의 방어방법과의 관련성

본소의 방어방법과 상호관련성이란, 반소청구가 본소청구의 항변사유와 대상, 발생원인에 있어서 사실상 또는 법률상 공통성이 있는 경우를 말한다[241].

① 본소의 방어방법과 상호관련된 반소는 그 방어방법이 반소제기 당시에 현실적으로 제출되어야 하며 또 법률상 허용되어야 한다. 따라서 상계금지채권에 기한 원고의 본소청구[242]에 대한 피고의 상계항변의 경우와 같이 실체법상 항변이 허용되지 않는 경우에 이에 바탕을 둔 반소(통설), 소송법상 실기한 공격방어방법으로 각하된 항변에 바탕을 둔 반소는 부적법하다. 이때는 본소의 항변이 어차피 배척되게 될 것이므로 이와 반소청구를 함께 병합하여 변론과 증거조사를 할 경우가 못 되기 때문에 반소 병합요건의 흠결로 반소청구가 부적법각하되게 된다.

② 본소의 방어방법과의 상호관련성과 관련되어 문제되는 것은 점유회복의 본소에 대하여 피고가 본권에 기한 반소를 제기할 수 있느냐이다. 민법 제208조 제2항은 "점유권에 기인한 소는 본권에 관한 이유로 재판하지 못한다."고 규정하여 다툼이 있으나, 이는 점유의 소에 대하여 피고가 본권을 방어방법으로 내세울 수 없다는 것이지 본권에 기한 반소제기까지 막는 것이 아니므로 적법하다 할 것이다[243].

3) 사익적 요건

상호관련성은 직권조사사항이라 할 수 없고 원고가 동의하거나 이의 없이 응소한 경우에는 상호관련성이 없어도 반소는 적법한 것으로 보아야 한다(사익적 요건). 판례도 이를 이의권상실의 대상으로 본다.

2. 본소절차를 현저히 지연시키지 않을 것

반소가 본소절차의 지연책으로 남용되는 것을 방지하기 위한 요건이다. 이는 소송촉진이라는 공익적 요건이므로 이의권의 포기·상실의 대상이 될 수 없으며 직권조사사항이다.

3. 본소가 사실심에 계속되고 변론종결 전일 것

1) 반소제기의 요건

본소의 소송계속은 반소제기의 요건이고 그 존속요건은 아니다. 따라서 반소제기 후에 본소가 각하·취하되어 소멸되어도 예비적 반소가 아닌 한 반소에 영향이 없다. 그러나 본소가 취하되면 피고는 원고의 응소 후라도 그의 동의 없이 반소를 취하할 수 있다. 본소가 각하된 경우까지 이 규정이 유추되지 않는 것이 판례이다.

---

241) 원고의 대여금청구에 대하여 피고가 상계항변을 하면서 상계초과채권의 이행을 구하는 반소, 원고의 가옥명도청구에 대하여 피고가 항변으로 유치권을 주장하면서 피담보채무의 지급을 구하는 반소 따위이다.
242) 예를 들면, 갑이 을의 고의에 의한 불법행위임을 이유로 손해배상의 본소청구를 한 경우
243) 예를 들면, 아파트 임차인의 부재중에 임대인이 점유침탈하여 이를 빼앗아 들어갔을 때에 임차인이 점유회복의 명도의 소를 제기하는 사례라면, 임대인이 소유권에 기한 명도의 반소로 맞서는 경우에 그 반소는 적법하다.

2) 상급심에서의 반소문제

① 반소는 사실심인 항소심의 변론종결 시까지 제기할 수 있다[244]. 상고심에서는 반소를 제기할 수 없음이 원칙이나, 예외적으로 피고가 가집행선고의 실효의 경우를 대비한 가지급물반환신청은 예비적 반소로써 상고심에서도 허용하는데 당사자 간에 다툼이 없어 사실심리를 요하지 않는 경우에 한한다.

② 항소심에서 반소의 제기는, 상대방의 심급의 이익을 해할 우려가 없는 경우 또는 상대방의 동의를 얻은 경우라야 한다(법 제412조 제1항). 특히 항소심에서 비로소 상계항변을 하면서 이를 토대로 반소까지 제기하는 것은 원고 동의가 없는 한 부적법하다. 다만 상대방이 이의 없이 반소에 대해 본안변론을 한 때는 반소제기에 동의한 것으로 본다. 원고의 심급의 이익을 해할 우려 없는 경우에는 i) 중간확인의 반소, ii) 본소와 청구원인을 같이하는 반소, iii) 제1심에서 본소의 청구원인 또는 방어방법과 관련하여 이미 충분히 심리한 쟁점과 관련된 반소, iv) 항소심에서 추가된 예비적 반소 등이 해당될 것으로, 이때는 원고의 동의 없이 제기할 수 있다. 원고의 동의도 없고 심급의 이익을 해할 항소심의 반소는 부적법하다.

3) 변론종결 후의 반소문제

변론종결 후에 제기한 반소는 부적법하다. 반소의 제기가 있다 하여 반드시 변론의 재개를 허용하여야 하는 것은 아니다. 그러나 재개하면 그 흠은 치유된다.

4. 본소와 같은 종류의 소송절차에 의할 것(소송절차의 공통)

반소는 본소계속 중에 그 소송절차를 이용하여 신소를 제기하는 것이기 때문에, 청구의 병합요건을 갖추지 않으면 안 된다.

5. 반소가 다른 법원의 전속관할에 속하지 아니할 것(관할의 공통)

① 반소청구가 본소청구와는 다른 법원의 전속관할에 속하는 경우에는 본소계속법원에 제기할 수 없다. 전속관할에는 전속적 합의관할까지 포함하지 않는다고 할 것이다.

② 지법단독판사는 본소심리 중에 피고가 합의사건에 속하는 청구를 반소로 제기한 경우에는 본소와 반소를 모두 합의부로 이송하여야 한다. 다만 이 경우에 원고가 이제 합의부관할 사건이 되었다고 관할위반의 항변을 하지 아니하고 반소에 대해 변론하면 단독판사에 변론관할이 생겨 이송할 필요가 없다는 것이 신법 제269조 제2항 단서의 규정이다. 판례는 항소심에서 합의사건에 속하는 반소청구를 하는 경우는 이 이송규정이 배제되는 것으로 보았다.

---

244) 지방법원 합의부가 지방법원 단독판사의 판결에 대한 항소사건을 제2심으로 심판 도중 제기된 합의부관할의 반소청구에 제269조의 이송규정에의 적용이 배제된다.

Ⅴ 절차와 심판

1. 반소의 제기

① 반소는 본소에 관한 규정을 따른다. 따라서 반소를 제기함에 있어서는 본소의 경우에 있어서 소장처럼 원칙적으로 반소장을 제출하지 않으면 안 된다(다만 소액사건에서는 구술에 의한 반소의 제기가 허용).

② 반소장에는 소장의 필요적 기재사항과 마찬가지로 반소청구의 취지와 원인을 기재하여야 하며, 적극적 당사자를 반소원고로, 소극적 당사자를 반소피고로 표시한다. 소장에 붙이는 것과 같은 금액의 인지를 붙여야 한다.

2. 반소요건 등의 조사

반소가 제기되면 반소요건과 일반소송요건을 조사하여야 한다. 반소요건에 흠이 있는 부적법한 반소에 대해서는 판결로써 각하하여야 한다는 각하설이 종래의 학설이고 판례이나, 요건에 흠이 있는 반소라도 그것이 독립의 소로서의 요건을 갖춘 것이면 본소와 분리하여 심판할 것이라는 분리심판설이 다수설이다. 생각건대 ⅰ) 반소요건이 본소와의 병합요건인 바에야 청구의 병합의 경우의 요건의 흠과 달리 취급할 이유가 없는 것이고, ⅱ) 당사자의 의사·이익보호·소송경제 등을 고려할 때에 다수설이 옳다. 다만 반소요건을 갖추어도 일반소송요건(소의 이익, 대리권 따위)의 흠이 있는 경우에는 보정되면 별론이로되 판결로써 반소를 각하하여야 한다.

3. 본안심판

① 본소와 반소는 심리의 중복·재판의 불통일을 피하기 위하여 원칙적으로 병합심리를 하여야 한다. 따라서 1개의 전부판결이 원칙이나, 절차의 번잡·지연의 염려 등 특별한 사정이 있는 경우에는 변론의 분리·일부판결을 할 수 있다.

② 1개의 전부판결을 하는 경우에도 본소와 반소에 대해 판결주문을 따로 내야 하나, 소송비용의 부담에 관하여는 소송비용불가분의 원칙상 본소비용과 반소비용을 나누어 판단할 것이 아니다.

※ 반소사건 판결(주문) 사례

---

00 지방법원
판 결

사건   2016가단5034840(본소) 건물인도 등
        2016가단5087448(반소) 건물
원고(반소피고) 주식회사 A
피고(반소원고) B

변론종결 2017. 11. 29.
판결선고 2017. 12. 20.

주 문

1. 피고(반소원고)는 원고(반소피고)로부터 3,000만원을 지급받음과 동시에 원고(반소피고)에게 별지 목록 기재 건물을 인도하라.
2. 원고(반소피고)는 피고(반소원고)로부터 별지 목록 기재 건물을 인도받음과 동시에 피고(반소원고)에게 3,000만원을 지급하라.
3. 원고(반소피고)의 나머지 본소청구 및 피고(반소원고)의 나머지 반소청구를 각 기각한다.
4. 소송비용은 본소, 반소를 포함하여 그중 1/5은 원고(반소피고)가 부담하고, 나머지는 피고(반소원고)가 부담한다.
5. 제1, 2항은 각 가집행할 수 있다.

---

02 | 다수 당사자소송(당사자의 복수)

제1절　공동소송245)

I　의의

1) 공동소송이란 1개의 소송절차에 여러 사람의 원고 또는 피고가 관여하는 소송형태를 말한다. 이 경우 원고 또는 피고 측에 서는 여러 사람을 공동소송인이라 한다. 공동소송을 소의 주관적 병합이라고도 한다.

2) 공동소송은 다수 당사자 간의 관련 분쟁을 같은 절차 내에서 동시에 심리함으로써, 심판의 중복을 피하게 하여 당사자와 법원의 노력·시간·비용을 절약하게 하는 한편, 분쟁의 통일적 해결에 이바지할 수 있다. 그러나 공동소송은 때로는 소송을 복잡하게 하고, 소송지연의 요인이 됨을 간과하여서는 안 된다.

II　발생원인과 소멸원인

1) 원시적 발생원인

처음부터 여러 사람의 원고가 또는 여러 사람의 피고에 대하여 공동으로 소를 제기한 경우로서 공동소송의 원칙적인 발생원인이다. 이를 소의 고유의 주관적 병합이라고도 한다.

2) 후발적 발생원인

처음은 단일소송이었다가 소송계속이 된 뒤에 후발적으로 공동소송이 되는 수도 있다(필수적 공동소송인이나 예비적·선택적 공동소송인의 추가, 참가승계, 소송인수, 공동소송참가 등).

3) 소멸원인

공동소송인 일부의 소송관계가 일부판결에 의하여 종결되거나, 일부화해·포기·인낙 또는 일부취하에 의하여 종료되는 때에는 공동소송은 단일소송으로 변모된다.

III　공동소송의 일반요건

여러 사람이 공동으로 소송을 수행하려면, 객관적 요건 이외에 주관적 요건을 요한다. 공동소송의 객관적 요건은 직권조사사항임에 대해, 주관적 요건은 피고의 이의를 기다려 조사할 항변사항이다. 여기의 요건은 통상공동소송만이 아니라 필수적 공동소송에도 적용되는 요건이다.

---

245) 이시윤, 앞의 책, 734-738면

1) 주관적 요건

① 권리 · 의무의 공통(법 제65조 전문 전단)

예를 들면 여러 사람의 합유자 · 공유자들의 소송, 진정 또는 부진정 연대채권자 · 연대채무자들의 소송, 불가분채권자 · 불가분채무자들의 소송 등

② 권리 · 의무발생원인의 동일(법 제65조 전문 후단)

권리 · 의무가 사실상 · 법률상 같은 원인으로 말미암아 생긴 경우, 예를 들면 같은 사고 · 재해 피해자들의 손해배상청구 또는 주채무자와 보증인을 공동피고로 하는 청구 등

③ 권리 · 의무와 발생원인의 동종(법 제65조 후문)

예를 들면 같은 종류의 분양계약에 기해 여러 사람에 대한 분양대금지급청구 등

위 ①, ② 유형의 공동소송과 위 ③ 유형의 공동소송과는 법리상 몇 가지 차이가 있다. ⅰ) 전자에는 관련재판적이 준용되나, 후자에는 준용이 없다. ⅱ) 전자에 대해서는 선정당사자를 세울 수 있지만, 후자는 그러하지 아니하다. ⅲ) 공동소송인 독립의 원칙의 수정이 요청되는 것은 전자에 대해서이다. ⅳ) 이론상 합일확정소송이 논의되는 것도 전자에 대해서만이다.

2) 객관적 요건

공동소송은 고유필수적 공동소송의 경우를 제외하고는 청구의 병합이 뒤따르므로, 청구의 병합요건을 갖추어야 한다.

① 공동소송인의 각 청구가 같은 종류의 소송절차에 의해 심판될 것

② 수소법원에 공통의 관할권

Ⅳ 공동소송의 종류

공동소송은 공동소송인 간에 합일확정(재판통일)이 필수적인가의 여부에 의하여 통상공동소송과 필수적 공동소송으로 구분된다.

1. 통상공동소송[246)

1) 의의

통상공동소송이란 공동소송인 사이에 합일확정이 필수적이 아닌 공동소송으로서, 공동소송인 사이에서 승패가 일률적으로 될 필요가 없는 공동소송의 형태를 말한다[247). 원래 각기 개별적인 소송으로 해결지어도 무방한 성질의 사건이 우연히 하나의 절차에 병합된 형태이다. 예외적으로 인정되는 필수적 공동소송을 제외하고 공동소송은 모두 통상공동소송이다.

---

246) 이시윤, 앞의 책, 738-741면
247) 예를 들면 여러 사람의 피해자가 같은 가해자를 상대로 한 손해배상청구, 채권자가 주채무자와 보증채무자를 상대로 하는 청구 등이다.

※ 통상공동소송 소장 사례

원 고   김갑동
　　　　서울 서초구 00로 28

피 고 1. 이을서
　　　　　서울 서초구 00로 155
　　　2. 박순남
　　　　　서울 강남구00로 146길 18

대여금 청구의 소

청 구 취 지

1. 피고들은 연대하여 원고에게 150,000,000원 및 이에 대한 2015.6.18.부터 이 사건 소장부본 송달일까지는 월 1%의, 그 다음날부터 다 갚는 날까지는 연 12%의 각 비율로 계산한 돈을 지급하라.
2. 소송비용은 피고들이 부담한다.
3. 제1항은 가집행할 수 있다.
라는 판결을 구합니다.

청 구 원 인

1. 원고는 2015.3.18. 피고 이을서에게 200,000,000원을 이자 월 1% 변제기 2015.6.17. 정하여 대여하였으며, 피고 박순남은 위 대여 당시 원고에 대하여 피고 이을서의 위 차용금 채무를 연대보증 하였습니다.
2. 그러나 그 후 피고 이을서는 2015.6.17. 위 차용금 중 50,000,000원과 위 차용금에 대한 그때까지의 약정이자만 변제하고 나머지 150,000,000원과 그 이후의 이자를 지급하지 않고 있습니다.
3. 그러므로 피고들은 연대하여 원고에게 위 차용금 150,000,000원 및 이에 대하여 위 변제기 다음날인 2005.6.18.부터 이 사건 소장부본 송달일까지는 월 1%의, 그 다음날부터 다 갚는 날까지는 소송촉진 등에 관한 특례법이 정한 연 12%의 각 비율로 계산한 지연손해금을 지급할 의무가 있습니다.
4. 이상과 같은 이유로 원고는 청구취지와 같은 판결을 구하기 위하여 본 소를 제기하기에 이르렀습니다. … 이하 생략

2) 공동소송인 독립의 원칙(법 제66조)[248]

> **🔖 관련 기출문제 – 2010년 공인노무사**
> 공동소송인 독립의 원칙에 관하여 설명하시오. 25점

(1) 개념

통상공동소송에 있어서 각 공동소송인은 다른 공동소송인에 의한 제한·간섭을 받지 않고 각자 독립하여 소송수행을 가지며, 상호 간에 연합관계나 협력관계가 없는 것을 공동소송인 독립의 원칙이라 한다. 공동소송인 중 한 사람의 행위는 다른 공동소송인에게 이익으로도 불이익으로도 영향을 미치지 않는다.

(2) 내용

① 소송요건의 개별처리

소송요건의 존부는 각 공동소송인마다 개별 심사처리하여야 한다. 따라서 일부 공동소송인에 대해서는 소송요건이 존재하나 나머지 공동소송인에 대해서는 그 흠이 있으면, 흠이 있는 공동소송인에 한하여 소를 각하하여야 한다.

② 소송자료의 불통일

공동소송인의 한 사람의 소송행위는 유리·불리를 가리지 않고 원칙적으로 다른 공동소송인에게 영향을 미치지 않는다. 따라서 각 공동소송인은 각자 청구의 포기·인낙, 자백, 화해·조정, 답변서의 제출, 소·상소의 취하, 상소의 제기 등의 소송행위를 할 수 있으며, 그 행위를 한 자에 대하여서만 효력이 미치고 다른 공동소송인에 대하여는 영향이 없다. 공동소송인은 공격방어방법을 개별적으로 제출할 수 있으며 그 주장을 서로 달리하여도 관계없다. 자백하는 자가 있는가 하면 다투는 자가 있을 수 있다.

③ 소송진행의 불통일

공동소송인의 한 사람에 관한 사항은 다른 공동소송인에 영향이 없다. 한 사람에 대해 생긴 사망 등 중단이나 중지의 사유는 그 자의 소송관계에 대해서만 절차를 정지하게 하고, 기일·기간의 해태가 있어도 다른 공동소송인에게 그 효과가 미치지 않는다. 따라서 기일에 불출석한 공동소송인만이 자백간주(법 제150조)·소취하간주(법 제268조) 등의 불이익을 입게 된다. 공동소송인에 대한 판결의 상소기간도 개별적으로 진행된다.

④ 당사자 지위의 독립

각 공동소송인은 자신의 소송관계에 있어서만 당사자이다. 그러므로 다른 공동소송인의 대리인·보조참가인이 될 수 있고 또 그에게 소송고지를 할 수 있다. 또 자기의 주장사실에는 관계가 없고 다른 공동소송인의 이해에만 관계있는 사항에 대해서는 증인능력이 있다.

---

248) 제66조(통상공동소송인의 지위)
　공동소송인 가운데 한 사람의 소송행위 또는 이에 대한 상대방의 소송행위와 공동소송인 가운데 한 사람에 관한 사항은 다른 공동소송인에게 영향을 미치지 아니한다.

⑤ 재판의 불통일

    ㉠ 공동소송인의 한 사람에 대해 판결하기에 성숙한 때에는 변론의 분리·일부판결을 할 수 있다. 공동소송인 간에 재판통일이 필요 없으며, 판결내용이 공동소송인들 상호 간의 공격방어방법의 차이에 따라 모순되고 구구하게 되어도 상관이 없다.

    ㉡ 이처럼 통상공동소송에 있어서는 각 공동소송인은 독립의 지위를 갖지만 같은 절차에서 병합심리되는 이상, 각 공동소송인에 대해 기일을 공통으로 지정하고 변론준비·변론·증거조사·판결도 같이하는 것이 원칙이다. 그리하여 사실상 소송진행도 같이하게 되고, 재판의 통일도 어느 정도는 기대할 수 있다. 특히 변호사를 공동대리인으로 세운 경우는 그러하다.

(3) 공동소송인 독립원칙의 수정

공동소송인 독립의 원칙을 기계적으로 관찰하면 공동소송인 간에 재판의 통일이 보장되기 어렵다. 특히 공동소송인 간에 실질적인 견련관계가 있는 법 제65조 전문의 공동소송의 경우에 재판의 모순·저촉은 매우 부자연스럽다. 따라서 이 원칙을 부분적으로 수정하려는 법리로서 다음과 같은 것이 있다.

① 증거공통의 원칙

    ㉠ 병합심리에 의하는 이상 변론 전체의 취지 및 증거조사 결과 얻은 심증은 각 공동소송인에 대해 공통으로 되기 때문에, 한 사람의 공동소송인이 제출한 증거는 다른 공동소송인의 원용이 없어도 그를 위한 유리한 사실인정의 자료로 사용할 수 있다. 이를 '공동소송인 간의 증거공통의 원칙'이라 하는데 현재 통설이다.

    ㉡ 증거공통의 원칙에는 두 가지 예외가 있다. ⅰ) 공동소송인 간에 이해상반이 있는 경우에까지 확장되는 것은 아니며, 이때에는 다른 공동소송인의 방어권의 보장을 위하여 명시적인 원용을 요한다고 할 것이다. ⅱ) 공동소송인 중 한 사람이 자백(자백간주도 같다)한 경우, 자백한 공동소송인에 대해서는 증거에 의한 심증에 불구하고 자백대로 사실확정을 해야 하나, 다른 공동소송인에 대해서는 변론 전체의 취지로 영향을 미칠 수 있다.

② 주장공통의 원칙

    ㉠ 공동소송인 중의 한 사람이 상대방의 주장사실을 다투며 항변하는 등 다른 공동소송인에게 유리한 행위를 할 때 다른 공동소송인의 원용이 없어도 그에 대하여 효력이 미치는가이다. 우리 판례나 일부 학설은 주장공통의 원칙을 부정한다. 법 제66조의 명문규정과 변론주의를 근거로 했다. 예를 들면, 채권자 갑이 주채무자 A와 보증채무자 B를 공동피고로 제소한 경우에 주채무자 A는 채무의 존재를 부인 또는 변제 등 이유 있는 항변을 하나 보증채무자 B는 답변서의 부제출 또는 불출석으로 자백간주되거나 그와 같은 항변의 원용조차 하지 않을 때, 법원은 주채무자 A에 대한 관계에서는 주채무의 부존재·소멸을 이유로 원고청구기각, 항변 없는 보증채무자 B에 대한 관계에서는 주채무가 소멸되지 않고 존재함을 전제로 원고청구인용을 하여야 한다는 것이다.

ⓒ 그러나 이것은, 역사적 사실은 하나밖에 있을 수 없다는 논리의 거역으로서 국민의 재판불신 요인이 될 수 있다. 이와 같은 예는 항변에 의한 이익을 받고 싶지 않다기보다는, 공동소송인 독립의 원칙의 몰이해나 소송수행능력의 불완전 등에 기인한다고 할 것으로 본인소송·공시송달에 의해 진행되는 소송에 있어서 생길 수 있는 일이다. 따라서 공동소송인 중 한 사람에 의하여 공통사실이 주장되었을 때에 다른 공동소송인이 이와 저촉되는 행위를 적극적으로 한 바 없고 그 주장이 다른 공동소송인에게 이익이 되는 한 그 자에게도 효력이 미친다고 볼 것이다(한정적 긍정).

③ 기타

공동소송인 사이에서 판결 결과가 구구하게 나오는 것을 피하기 위하여 이러한 주장공통의 원칙이론 외에 ㉠ 공동소송인 간에는 당연히 보조참가의 성립을 인정하여야 한다는 「당연의 보조참가관계」이론 그리고 이론상 합일확정소송이론 ㉡ 석명권행사론도 있다.

📌 사례 1) 사법연수원 자료

원고 갑이 피고 을(주채무자)에게 물품을 판매하였고 병, 정이 이 물품대금 채무를 연대보증하였다. 그 후 원고 갑이 을, 병, 정을 공동피고로 하여 피고들은 연대하여 원고 갑에게 물품대금 잔금 1억원을 구하는 소송을 제기하였다. 소송계속 중 연대보증인 병, 정은 주채무자 을이 2,000만원을 변제한 것을 주장하였고 이에 대하여 원고 갑은 이를 인정하였다. 그러나 주채무자 을은 소재불명으로 공시송달로 진행되어 전혀 항변한 것이 없다. 이 경우 법원의 판결 주문은?

→ 피고 을은 1억원 및 지연이자를 지급하고 피고 병과 정은 피고 을과 연대하여 위 돈 중 8,000만원을 각 지급하라(통상의 공동소송에서 공동소송인 사이에는 변론독립의 원칙이 적용되므로, 주채무자인 피고 을이 항변을 전혀 하지 아니한 이상 피고 병과 정이 변제항변, 소멸시효 항변을 하였다고 하더라도 피고 을에게 그 항변의 효과가 미치지 아니한다).

📌 사례 2) 사법연수원 자료

원고 갑이 피고 을(주채무자)에게 물품을 판매하였고 병, 정이 이 물품대금 채무를 연대보증하였다. 그 후 원고 갑이 을, 병, 정을 공동피고로 하여 피고들은 연대하여 원고 갑에게 물품대금 잔금 1억원을 구하는 소송을 제기하였다. 소송계속 중 주채무자 을과 병은 2,000만원을 변제한 것을 주장·증명하였으나 연대보증인 정은 소재불명으로 공시송달로 진행되어 전혀 항변한 것이 없다. 이 경우 법원의 판결 주문은?

→ 피고 정은 1억원 및 지연이자를 지급하고 피고 을과 병은 피고 정과 연대하여 위 돈 중 8,000만원을 각 지급하라(통상의 공동소송에서 공동소송인 사이에는 변론독립의 원칙이 적용되므로, 보증채무자인 피고 정이 항변을 전혀 하지 아니한 이상 주채무자 을과 피고 병이 변제항변, 소멸시효 항변을 하였다고 하더라도 피고 정에게 그 항변의 효과가 미치지 아니한다).

관련 기출문제 – 2021년 공인노무사

【문제 1】

甲은 乙에게 5,000만원을 대여하였고 丙은 乙의 대여금채무를 보증하였다. 乙이 변제하지 않자 甲은 5,000만원을 반환받기 위해서 乙과 丙을 공동피고로 하여, 乙에 대해서는 주채무의 이행을 구하고 丙에 대해서는 보증채무의 이행을 구하는 소를 제기하였다. 제1심 제1회 변론기일에 乙은 甲에게 대여금 5,000만원을 모두 변제했다고 주장하고 그에 관한 증거를 제출하였다. 그러나 丙은 답변서도 제출하지 않았고 변론기일에도 불출석하였다. 법원이 증거조사한 결과 乙의 주장이 타당하다는 심증을 형성하였다면, 甲의 乙과 丙에 대한 각 청구를 기각하는 판결을 할 수 있는가? 25점

사례[249]

【문제 1】

A는 B, C, D를 상대로 대여금청구의 소를 제기하였다. 소장에서 A는 자신이 C, D의 연대보증하에 B에게 1억원을 대여하였다고 주장하였다(다음 각 기일에 A는 모두 출석하였다).

[1회 기일의 경과]

B는 자신이 1억원을 빌린 사실은 인정하지만 전부 변제하였다고 주장하였다. C는 소장을 받고도 아무런 답변서를 제출하지 않고 불출석하였다. D는 A가 B에게 1억원을 빌려준 사실 자체가 없고, 연대보증을 한 바도 없다고 주장하였고, B가 변제하였다는 변제항변도 하지 않았다.

[2회 기일의 경과]

A가 신청한 증인 E는 법정에서 "A가 C, D의 연대보증하에 B에게 1억원을 빌려주고, 이후 B가 A에게 그중 5천만원을 변제하는 것을 직접 보았다."고 진술하였다. B는 기존의 자백을 취소하면서 자신이 A로부터 위 일시에 돈을 빌린 사실 자체가 없다고 주장하였다(변제항변은 예비적으로 유지). C는 출석하여 청구원인사실을 부인하고, 예비적으로 전액이 (B에 의하여) 변제되었다고 항변하였다. D는 출석하지 않았다.

[3회 기일의 경과]

B와 C는 자신들의 변제항변에 관하여 아무런 증거를 제출하지 않았다. 다만, C만은 증인 E의 증언이 변제항변을 뒷받침한다고 주장하였다. D는 출석하지 않았다. 재판부는 변론을 종결하였다.

※ 기록을 검토한 결과 재판부는 증인 E의 증언이 신빙성이 있다고 판단하였다. 아래의 각 질문에 대하여 판례의 입장에 따라 청구원인 단계와 항변 단계를 구분하여 근거를 제시하라.

물음 1-1) B에 대한 청구 중 인용할 금액은 얼마인가?

물음 1-2) C에 대한 청구 중 인용할 금액은 얼마인가?

물음 1-3) D에 대한 청구 중 인용할 금액은 얼마인가?

---

249) 박재완, 앞의 책, 624-624면

물음 1-1 답안 : B에 대한 인용금액

1) A는 B에게 청구원인사실로 자신이 B에게 1억원을 대여하였다고 주장하였는바, B가 1회 기일에서 자백하였다가 2회 기일에 자백을 취소하였다. 재판부는 E의 증언이 신빙성이 있다고 판단하고 있으므로 자백취소의 요건 중 반진실이 증명되지 않았다. 따라서 재판부는 B의 자백에 기하여, A가 B에게 1억원을 대여하였다고 판단하여야 한다.

2) B는 대여금을 모두 변제하였다고 항변하였으나, 자신이 직접 증거를 제출하지는 않았다. 반대당사자 사이에서도 증거공통의 원칙이 적용되는바, 재판부는 E의 증언 중 B가 5천만원을 변제하였다는 부분도 신빙성이 있다고 판단하고 있으므로, 비록 E는 A가 신청한 증인이지만 그의 증언을 B의 항변을 증명하는 데 쓸 수도 있다. 따라서 B에 대하여 청구인용할 금액은 5천만원이다.

물음 1-2 답안 : C에 대한 인용금액

1) A는 C에게 청구원인사실로 자신이 B에게, C의 연대보증하에, 1억원을 대여하였다고 주장하였는바, 위 청구원인사실은 C가 답변서를 제출하지 않음으로써 자백간주되었다. 자백간주는 법원을 구속할 수 있으나 당사자인 C를 구속할 수 없고, 2회 기일에서 C가 이를 부인하였으므로 자백간주의 효력은 실효된다. 따라서 재판부는 증거에 의하여, 즉 E의 증언에 의하여 A가 B에게, C의 연대보증하에 1억원을 대여한 사실을 인정하여야 한다.

2) C가 2회 기일에서 변제항변을 하였고, E의 증언을 원용하였으므로 증거공통에 관한 어떤 견해에 의하더라도 재판부는 변제항변 중 5천만원 부분을 인용하여야 한다. 따라서 C에 대하여 청구인용할 금액은 5천만원이다.

물음 1-3 답안 : D에 대한 인용금액

1) A는 D에게 청구원인사실로 자신이 B에게, D의 연대보증하에, 1억원을 대여하였다고 주장하였는바, 위 청구원인사실을 D가 부인하였다. 재판부는 증거에 의하여, 즉 E의 증언에 의하여 A가 B에게, D의 연대보증하에 1억원을 대여한 사실을 인정하여야 한다.

2) D는 변제항변을 하지 않았고, 통상공동소송에는 주장공통의 원칙이 인정되지 않으므로, 재판부는 D에 대하여는 5천만원이 변제된 사실을 인정할 수 없다. 따라서 D에 대하여 청구인용할 금액은 1억원이다.

2. 필수적 공동소송(필요적 공동소송)

1) 의의

필수적 공동소송이란 공동소송인 사이에 합일확정을 필수적으로 요하는 공동소송이다(법 제67조). 공동소송인 간에 소송의 승패를 일률적으로 할 필요가 있다. 합일확정소송이라고도 한다. 필수적 공동소송은 소송공동이 강제되느냐의 여부에 의하여 고유필수적 공동소송과 유사필수적 공동소송으로 분류된다.

2) 고유필수적 공동소송

(1) 의의

① 소송공동이 법률상 강제되고, 또 합일확정의 필요가 있는 공동소송이다. 즉 소송수행권이 여러 사람에게 공동귀속되어 여러 사람이 공동으로 원고 또는 피고가 되지 않으면 당사자적격을 잃어 부적법해지는 경우이다(하나의 소, 하나의 절차, 하나의 판결).

② 관리처분권이 여러 사람에게 귀속되느냐 여부를 기준으로 고유필수적 공동소송인가의 여부를 가리는 관리처분권설이 통설이다. 고유필수적 공동소송은 실체법상 관리처분권, 소송수행권이 여러 사람에게 귀속되는 때이므로 실체법상 이유에 의한 필수적 공동소송이라고 한다.

※ 고유필수적 공동소송 소장 사례

원 고   김갑동
　　　　서울 서초구 00로 28

피 고   1. 이을서
　　　　　서울 서초구 00로 155
　　　　2. 박순남
　　　　　서울 강남구 00로 146길 18

공유물분할 청구의 소

청 구 취 지

별지 기재 부동산을 경매에 붙여 그 대금에서 경매비용을 공제한 나머지 금액을 원고 및 피고들에게 각 3분의 1 비율로 분배한다.
라는 재판을 구합니다.

청 구 원 인

1. 원고와 피고들은 이 사건 별지 기재 각 부동산을 1/3씩 공동소유하고 있는 공유자들입니다. 그러므로 원고는 공유자인 피고들에 대하여 당연히 공유물분할을 요구할 권리를 가지고 있으며, 공유자 간 분할금지약정도 없습니다.
2. 그리고 공유물분할의 방법에는, 별지 기재 부동산을 현물분할하는 방법, 이를 경매에 붙여서 그 대금에서 경매비용을 공제한 나머지 금액을 원고와 피고가 각 공유지분비율로 안분으로 분배하는 대금분할의 방법, 원고나 피고가 상대방의 공유지분을 법원의 감정평가액을 기준으로 이를 지급하고 그 소유권을 가지는 가격보상에 의한 현물분할의 방법 등이 있는데, 이 사건의 경우 별지 기재 부동산을 형식적으로는 현물분할이 가능할 수 있으나, 여러 개(5개)의 부동산을 3명이서 공유하고 있다 보니 공유물의 위치, 면적과 주변 도로상황, 사용가치, 가격, 공유자의 소유지분비율 및 사용수익의 현황 등을 종합하여 볼 때 각 공유자의 소유지분비율에 따른 공평한 분할이 이루어질 수 없는 경우에 해당하므로 현물분할방법에 의할 것이 아니라 대금분할의 방법으로 공유물을 분할하는 것이 공평할 것입니다.

---

(2) 성립범위

① 형성권의 공동귀속

형성(소)권이 여러 사람에게 공동으로 귀속된 경우는 그 주체인 여러 사람이 공동으로 원고 또는 피고가 되지 않으면 안 된다.

㉠ 재산관계소송

공유물분할청구는 공유자 모두에게 귀속된 분할권에 관한 소송이므로 분할을 구하는 공유자가 다른 나머지 공유자 전원을 공동피고로 하여야 하고, 공유자 측이 경계확정의 소를 제기할 때에는 공유자가 모두 공동원고가 될 것을 요한다(공유자 측이 피고로 되는 경우도 같다).

㉡ 가사소송

제3자 제기의 친생자관계부존재확인의 소나 혼인무효·취소의 소는 모두 필수적 공동소송이다. 앞은 부모 및 자를, 뒤는 부부를 각 공동피고로 하여야 한다.

㉢ 회사 등 단체관계소송

청산인 해임의 소는 그 법률관계의 당사자인 회사와 청산인 둘을 공동피고로 하여야 한다고 했다[250].

② 공동소유관계소송

㉠ 총유관계

판례는 비법인사단의 총유재산에 관한 소송은 사단 자체의 명의로 단일소송할 수 있는 외에 그 구성원 전원이 당사자로 나서서 소송을 할 수 있으며, 이때의 소송관계는 필수적 공동소송이 된다 하였다. 총유물의 관리처분권이 구성원 전원에 귀속됨을 전제로 한 것이다. 총유물의 보존행위에 해당하는 소송이라도 사원총회의 결의를 거쳐 사단 명의로 제소하거나 또는 그 구성원 전원이 당사자가 되어 필수적 공동소송의 형태로 제소하여야 한다.

㉡ 합유관계

민법상 합유물의 처분·변경권은 물론 그 지분처분권도 합유자 전원에 공동귀속되어 있는 관계이다(민법 제272조, 제273조). 따라서 이에 관한 소송수행권도 전원이 공동행사할 것을 요한다. 합유인 조합재산에 관한 소송은 고유필수적 공동소송이다. 같은 선정자단에서 선출된 여러 사람의 선정당사자가 수행하는 소송도 같다. 합유물에 관한 것이라도 예외적으로 ⅰ) 조합원 중 1인의 보존행위에 관한 소송, ⅱ) 각 조합원의 개인적 책임에 기하여 조합채무의 이행을 구하는 소송(수동소송)은 필수적 공동소송이 아니다.

---

[250] 집합건물법 제24조 제3항의 관리인 해임의 소는 법률관계의 당사자인 관리단과 관리인 사이의 법률관계의 해소를 목적으로 하는 형성의 소이므로 양자를 공동피고로 하여야 한다.

ⓒ 공유관계

판례는「공유는 소유권이 지분의 형식으로 공존할 뿐 관리처분권이 공동귀속하는 것이 아님」을 내세우거나 또는「보존행위」를 근거로 삼아 공유관계소송에 대해 고유필수적 공동소송으로 보는 범위를 좁히고 있다. 공유지분소유권의 물리적 집합쯤으로 보는 것이다.

i) 공유자 측이 소를 제기한 경우(능동소송)

공유자 전원이 공동원고로 나설 필요 없다. 판례는 공유물이 방해당하거나 그 점유를 빼앗긴 경우에 각 공유자는 보존행위로서 방해제거청구의 소·공유물인도청구의 소를 제기할 수 있고[251], 공유물의 불법점거로 인한 손해배상청구의 소는 각 지분의 한도에서 단독으로 제기할 수 있다고 한다. 다만 예외적으로 능동적 공유관계소송 중 공유물 전체에 대한 소유권확인청구, 공동상속인 사이의 상속재산확인의 소송과 공유자의 경계확정의 소는 필수적 공동소송이라고 본다.

ii) 공유자 측을 상대로 소제기하는 경우(수동소송)

공유자 전원을 반드시 공동피고로 할 필요 없는 것이 원칙이다. 판례는 제3자가 공유자에 대해서 하는 소유권확인 및 등기말소청구, 이전등기청구는 공유자 전원을 피고로 하여야 하는 필수적 공동소송이 아니라고 하였다. 또 공동점유물의 인도청구, 공유건물의 철거청구도 공동점유자나 공유자 전원을 공동피고로 하여야 하는 필수적 공동소송이라 할 수 없고, 각 공유자에 대하여「그 지분권의 한도 내」에서 인도·철거변경을 구하는 것으로 볼 것이라 했다. 수동적 공유관계소송 가운데 공유물분할청구·공유토지경계확정청구, 공동상속인 사이의 상속재산확인의 소 이외에는 필수적 공동소송으로 본 예가 없다.

3) 유사필수적 공동소송

> 🖋 관련 기출문제 – 2020년 공인노무사
> 유사필수적 공동소송에 관하여 설명하시오. 25점

① 소송공동은 강제되지 않으나 합일확정의 필요가 있는 공동소송이다. 즉 여러 사람이 공동으로 원고 또는 피고가 되어야 하는 것(소송공동)은 아니고 개별적으로 소송을 할 수 있지만, 일단 공동소송인으로 된 이상 합일확정이 요청되어 승패를 일률적으로 하여야 할 공동소송이다. 이는 소송법상 판결의 효력이 제3자에게 확장될 경우에 인정되는 공동소송이다. 소송법상 판결의 효력이 제3자에게 확장되는 소에서 공동소송인 간에 판결의 모순저촉의 회피라는 소송법상의 이유 때문에 생겼다고 하여 이를 소송법상 이유에 의한 필수적 공동소송이라고도 한다.

---

251) 그러나 소수지분권자가 다른 공유자와 협의 없이 공유물의 전부 또는 일부를 독점적으로 점유사용하는 경우 다른 소수지분권자가 보존행위로서 인도청구는 불가, 단 지분권에 기초하여 공동점유방해행위의 금지청구는 가능

② 판결의 효력이 직접 제3자에 확장되기 때문에 유사필수적 공동소송이 되는 예로는, 여러 사람이 제기하는 회사설립무효의 소, 주주총회결의 취소 등이 있다. 판결의 반사효가 제3자에게 미치기 때문에 유사필수적 공동소송으로 되는 예로 여러 사람의 채권자에 의한 채권자대위소송 등이 있다.

※ 유사필수적 공동소송 소장 사례

```
원  고   1. ○○○
            ○○시 ○○구 ○○길 ○○
         2. ◎◎◎
            ○○시 ○○구 ○○길 ○○
         3. ◎◎◎
            ○○시 ○○구 ○○길 ○○

피  고      ◇◇◇ 주식회사
            ○○시 ○○구 ○○길 ○○(우편번호 ○○○-○○○)
            대표이사 ○○○
```

주주총회결의 취소 청구의 소

청 구 취 지

1. 피고의 20○○.○.○.자 정기주주총회에서 한 감사 ◇◇◇의 선임 결의를 취소한다.
2. 소송비용은 피고가 부담한다.
라는 판결을 구합니다.

청 구 원 인

1. 상법 제376조에 의하면 주주총회결의 취소의 소를 제기할 수 있는 자는 주주·이사 또는 감사에 한하는 바, 원고들은 피고 회사의 주주들로서 이 사건 소를 제기할 자격이 있습니다.
2. 이 사건 청구취지 기재 총회는 피고가 주주총회의 소집절차나 소집통지 없이 이루어진 총회로서 그 총회의 소집절차가 법령에 위반한 것이므로 위 총회에서 한 감사 ◇◇◇의 선임 결의는 취소되어야 할 것입니다.
3. 이에 원고들은 청구취지 기재와 같은 판결을 구하고자 이 사건 소를 제기하기에 이르렀습니다.

4) 필수적 공동소송으로 볼 수 없는 예(이론상 합일확정소송)

① 공동소송인 간에 있어서 단순히 합일확정이 이론적으로 필요하고 실천적으로 요청되는 경우까지 필수적 공동소송의 범위가 확장되는 것은 아니다. 따라서 ⅰ) 공동소송인 사이에 권리·의무가 공통적인 경우[252], ⅱ) 권리·의무의 발생원인이 동일한 경우[253], ⅲ) 공동피고

---

252) 예컨대 여러 사람의 부진정연대채무자에 대한 청구
253) 예컨대 같은 사고의 여러 사람의 피해자가 하는 손해배상청구

전원에 대하여 승소하지 않으면 소송의 목적을 달성할 수 없는 경우(예컨대 A → B → C 순차로 마친 등기가 모두 원인무효임을 이유로 소유권자 甲이 A·B·C 3인을 상대로 각 등기말소를 구하는 경우) 등은 필수적 공동소송이 아니다.

② 필수적 공동소송은 실체법상 관리처분권(소송수행권)의 공동귀속의 경우와 소송법상 판결효력의 제3자 확장의 경우 등 두 가지에 한정되기 때문이다. 판례도 당사자가 자주적으로 분쟁을 해결할 수 있기 마련인 변론주의가 적용되는 소송에 있어서는 우연히 수 개의 청구가 공동으로 제소되거나 또는 병합심리되었다 하여 본래부터 당사자가 가지고 있었던 자주적 해결권이 다른 공동소송인들 때문에 제한이나 간섭을 받는다는 논리는 생각할 수 없다고 하여 통상공동소송으로 보고 있다. 통상공동소송으로 보아도 증거공통의 원칙과 한정된 범위의 주장공통의 원칙에 의하여 판결의 모순저촉은 상당부분 피할 수 있을 것이다.

5) 필수적 공동소송의 심판

(1) 연합관계

통상공동소송의 경우는 공동소송인 상호 간에 독립의 관계이며 따라서 공동소송인 간에 구구한 판결이 가능하지만, 필수적 공동소송의 경우에는 상호연합관계이며 따라서 구구한 판결을 하여서는 안 되고 합일확정의 판결만이 허용될 뿐이다. 이와 같이 필수적 공동소송의 경우는 합일확정을 요하기 때문에 본안심리에 있어서 소송수행상 i) 소송자료의 통일, ii) 소송진행의 통일이 요청된다. 그 결과 iii) 재판의 통일로 나갈 수 있다. 이 점에서 공동소송인 독립의 원칙과 다른 법리에 의한다. 그러나 필수적 공동소송이라 하여도 공동소송인 간에 본안에 있어서 판결의 통일을 위한 한도 내에서만 운명공동체적 공동소송이며, 소송행위를 언제나 공동으로 하여야 하는 것은 아니다. 각 공동소송인은 개별적으로 소송행위를 할 수 있으며 개별적으로 소송대리인을 선임할 수 있다.

(2) 소송요건의 개별조사와 필수적 공동소송인의 보정

① 소송요건은 각 공동소송인별로 독립하여 조사하여야 한다. 고유필수적 공동소송에 있어서는 공동소송인 중 한 사람에 소송요건의 흠이 있으면 전소송을 부적법각하하여야 하지만[254], 유사필수적 공동소송에 있어서는 그 경우에 당해 공동소송인의 부분에 대하여서만 일부각하하면 된다.

② 소송공동이 강제되는 고유필수적 공동소송에 있어서는 공동소송인으로 될 자를 한 사람이라도 누락한 때에는 소는 당사자적격의 흠으로 부적법하게 된다. 예를 들면 1필지의 토지가 A·B·C·D 등 4명의 공유인데, A가 분할하여 단독소유로 하고 싶어 공유물분할청구를 하였으나 피고를 B·C만으로 하고 D를 빠뜨린 경우이다. 이 경우에 누락된 자인 D를 보정하는 방법에는 i) D 상대의 별도의 소를 제기하고 계속 중인 B·C 상대의 소송에다 변론병합(법 제141조), ii) B·C 상대의 소송에다 D를 추가하는 소의 주관적 추가적 병합(공동소송인의 추가), iii) D가 A의 B·C 상대의 소송에서 B·C 측에

---

254) 예를 들면 공유물분할청구소송에서 공유자를 누락하였거나, 이미 사망한 공유자 상대로 하였거나, 공유자지분이 제3자에게 이전되었는데 제3자가 승계·인수 참가하지 아니한 경우는 부적법해진다.

공동소송참가 등이 있다. 만일 공유자 공유지분의 일부가 소송계속 중 다른 사람 乙과 丙에게로 이전되었으면 乙과 丙이 변론종결 시까지 승계참가·소송인수로 당사자가 되지 않으면 부적법하다.

(3) 소송자료의 통일

공동소송인 중 한 사람의 소송행위는 전원의 이익을 위해서만 효력이 있으며 그 한 사람에 대한 소송행위는 전원에 대하여 그 효력이 생긴다.

① 공동소송인이 상대방에게 한 소송행위

㉠ 공동소송인에게 유리한 경우

공동소송인 중 한 사람의 소송행위 가운데 유리한 것은 전원에 대하여 효력이 생긴다. 공동소송인 중 한 사람이 상대방의 주장사실을 다투면 전원이 다툰 것으로 되고, 피고 측 한 사람이라도 본안에 관하여 응소하였으면 소의 취하에 전원의 동의를 필요로 한다. 공동소송인 중 한 사람이 기일에 출석하여 변론하였으면 다른 공동소송인이 결석하여도 기일불출석의 효과(자백간주, 취하간주)가 발생하지 않으며, 한 사람이 기간 (상소기간, 재심기간)을 지켰으면 다른 사람이 지키지 못하여도 기간을 어긴 효과가 생기지 않는다. 공동소송인 중 한 사람이라도 답변서를 제출하였으면, 답변서를 제출하지 아니한 공동소송인에 대하여도 무변론패소판결을 할 수 없다. 다만 유사필수적 공동소송에 있어서는 일부취하가 허용됨에 비추어 취하간주의 규정이 적용된다.

㉡ 공동소송인에게 불리한 경우

불리한 것은 공동소송인 전원이 함께 하지 않으면 안 되며, 그 한 사람이 하여도 전원을 위하여 효력이 없다. 따라서 자백, 청구의 포기·인낙 또는 재판상 화해는 불리한 소송행위이기 때문에 전원이 함께 하지 않으면 그 효력이 생기지 않는다.

② 상대방이 공동소송인에게 한 소송행위

공동소송인 중 한 사람에 대한 상대방의 소송행위는 유리·불리를 불문하고 다른 공동소송인 전원에 대해 효력이 발생한다. 공동소송인의 일부가 불출석해도 상대방이 소송행위를 하는 데 지장이 없게 하려는 취지이다. 그러므로 공동소송인 중 한 사람이라도 기일에 출석했으면 상대방은 비록 그 자에 대하여 준비서면으로 예고하지 않은 사실이라도 주장할 수 있다.

(4) 소송진행의 통일

① 기일의 진행 등

변론준비·변론·증거조사·판결은 같은 기일에 함께 하여야 하므로 변론의 분리·일부판결을 할 수 없으며, 착오로 일부판결을 하여도 추가판결을 할 수 없다. 공동소송인 중 한 사람에 대하여 소송절차 중단·중지의 원인이 발생하면 다른 공동소송인 전원에 대하여 중단·중지의 효과가 생겨 전소송절차의 진행이 정지된다(법 제67조 제3항).

② 상소 등

　　㉠ 상소기간은 각 공동소송인에게 판결정본의 송달이 있은 때부터 개별적으로 진행되나(개별진행), 공동소송인 전원에 대하여 상소기간이 만료되기까지는 판결은 확정되지 않는다. 공동소송인 중 한 사람이 상소를 제기하면 전원에 대하여 판결의 확정이 차단되고 전소송이 상급심으로 이심이 된다[255].

　　㉡ 패소한 공동소송인 중 한 사람만이 상소를 제기한 경우에 상소의 효력을 받는 다른 공동소송인의 지위에 대해서 i) 상소인설, ii) 실제 상소한 자에게 묵시적으로 소송수행권을 넘겨준 자로 보고 상소한 자를 그의 선정당사자로 볼 것이라는 이른바 선정자설, iii) 단순한 상소심 당사자설이 있다. 생각건대 그 지위를 상소인이라기보다는 합일확정의 요청 때문에 소송관계가 상소심으로 이심되는 특수지위라고 본다면 iii)설이 타당하고 현재 통설·판례로 되어 있다. 따라서 실제 상소를 제기한 공동소송인만이 i) 상소인지를 붙여야 하고, ii) 패소한 경우에 상소비용을 부담하게 되고, iii) 상소심의 심판범위(한도)는 그에 의하여 특정·변경되게 되며, 상소취하 여부도 그에 의하여 결정된다.

(5) 본안재판의 통일

　　공동소송인 사이에서 본안에 관한 판결결과가 구구하게 되는 것이 허용되지 않는다. 전부판결을 하여야 하고, 공동소송인 일부에 대한 일부판결이나 추가판결을 할 수 없다.

Ⅴ　공동소송의 특수형태

1. 예비적·선택적 공동소송(소의 주관적 예비적·주관적 선택적 병합)

가. 의의

① 공동소송인의 청구나 공동소송인에 대한 청구가 법률상 양립할 수 없는 관계에 있고 어느 것이 인용될 것인가 쉽게 판정할 수 없을 때에 필수적 공동소송의 규정을 준용하여 서로 모순 없는 통일적인 재판을 구하는 공동소송의 형태를 말한다(법 제70조). 이를 예비적·선택적 공동소송이라 한다. 예를 들면 공작물의 설치·보존에 흠이 있음을 이유로 점유자를 제1차적 피고(주위적 피고)로, 그것이 인용되지 아니할 경우를 대비하여 소유자를 예비적 피고로 하여 각 청구하는 경우(민법 제758조), 혹은 대리인을 상대로 거래한 경우에 거래상대방이 본인을 주위적 피고로 하여 계약이행을 구하고, 만일 무권대리가 된다면 무권대리인을 예비적 피고로 하여 청구를 하는 경우이다.

---

255) 예를 들면 주주총회결의부존재확인의 소에 대한 제1심 판결에 대해 공동원고 A·B·C·D 중 B만이 항소를 제기하였다면 항소를 제기하지 아니한 다른 원고인 A·C·D에게도 그 효력이 미치는 것이므로 공동소송인 A·B·C·D 전원에 대한 관계에서 판결의 확정이 차단되고 전소송이 항소심으로 이심되므로, 항소심으로서는 공동소송인 A·B·C·D 전원에 대하여 전부판결을 하여야 한다. 패소되었음에도 상소하지 아니한 공동소송인 A·C·D를 빼놓으면 직권취소사유가 된다. 이때에 불복하지 아니한 A·C·D에게 유리하게 변경될 수 있다(불이익변경금지의 원칙 배제).

② 주관적 예비적 공동소송의 적법성 여부에 대하여 일찍부터 문제되어 왔던 바, 법은 예비적 공동 소송, 나아가 선택적 공동소송까지 적법한 것으로 보고 그 심판방법은 필수적 공동소송의 규정 을 준용하면서, 예비적 피고로 하여금 두 번 재판받지 않도록 하는 한편 재판통일이 보장되지 않는 문제점을 제거하는 독자적인 우리 특유의 입법조치를 했다.

※ 주관적 예비적 청구 청구취지 기재례

청 구 취 지

1. 주위적 피고에 대하여

   주위적 피고는 원고에게 별지 목록 기재 부동산을 인도하고, 2018.5.31.부터 위 건물의 인도 완 료일까지 월 500,000원의 비율로 계산한 돈을 지급하라.

2. 예비적 피고에 대하여

   예비적 피고는 원고에게 별지 목록 기재 부동산을 인도하고, 2018.5.31.부터 위 건물의 인도 완 료일까지 월 500,000원의 비율로 계산한 돈을 지급하라.

※ 주관적 선택적 청구취지 기재례

청 구 취 지

선택적 청구취지 1

피고 주식회사 B, 주식회사 C는 공동하여 원고에게 150,304,343원 및 이에 대하여 2019.7.19.부 터 이 판결 선고일까지는 연 5%, 그 다음날부터 다 갚는 날까지는 연 12%의 각 비율에 의한 금원을 지급하라.

선택적 청구취지 2

피고 D 주식회사는 원고에게 150,304,343원 및 이에 대하여 2019.7.19.부터 이 판결 선고일까지 는 연 5%, 그 다음날부터 다 갚는 날까지는 연 12%의 각 비율에 의한 금원을 지급하라.

나. 소송의 형태

1) 수동형과 능동형

① 피고 측이 수동적으로 예비적·선택적인 관계의 공동소송인이 되는 경우이다. 이것은 채무 자가 택일적이어서 A 아니면 B임을 가려달라는 의미에서 채권자 제기의 채무자 합일확정소 송인 것으로, A, B 중 한 사람을 주위적 피고로 하고 다른 사람을 예비적 피고로 하여 그들 에 대해 제기하는 유형으로서 전형적인 형태이다.

② 원고 측이 능동적으로 예비적·선택적인 관계의 공동소송인이 되는 경우도 허용된다. 그것 은 공동원고 중 한 사람은 주위적 원고로, 다른 사람은 예비적 원고로 나서서 동일 피고를 상대로 양립할 수 없는 청구를 하는 경우이다. 채권자가 택일적인 경우로서 먼저 채권의 양 수인이 주위적 원고로 되어 채무자에게 이행을 구하고, 기각될 때를 대비하여 양도인이 예비 적 원고가 되어 채무자에게 이행을 구하는 경우이다.

2) 예비형과 선택형

공동소송인을 상대로 양립할 수 없는 청구를 하면서 심판의 순서를 붙여서 심판청구하는 유형과 그렇지 아니한 유형이 있다. 순서를 붙이는 것이 예비적 공동소송인 것으로 주위적 피고에 대한 청구를 인용해 줄 것을 먼저 구하고, 이유 없으면 예비적 피고에 대한 청구를 인용해달라는 공동소송이며, 전형적인 것이기도 하다. 다른 한 가지는 법 제70조의 표제에 나타난 바인 '선택적 공동소송'으로서 심판의 순서를 붙이지 아니하고 청구하는 형태의 것이다. 이러한 선택적 공동소송의 경우, 법원은 어느 피고에 대한 청구를 먼저 판단하여야 하는 구속이 없으며, 무작위로 이유 있는 청구를 선택하여 청구인용을 하면 된다.

3) 원시형과 후발(추가)형

법은 제70조의 규정에서 제68조의 공동소송인의 추가에 관한 규정도 준용하도록 하였다. 따라서 예비적·선택적 공동소송을 소제기 당초부터 제기하는 원시적인 형태뿐 아니라 당초에는 단일소송이었다가 뒤에 소송계속 중 다른 피고적격자가 있는 것 같으면 그를 예비적 당사자나 선택적 당사자로 추가하는 후발적인 형태도 가능할 수 있다. 예를 들면 처음에는 乙의 대리인 丙을 통하여 토지를 매수한 甲이 乙을 피고로 이전등기청구를 하다가, 그로부터 丙이 무권대리인이었다는 답변이 나오자 甲이 丙을 예비적 피고로 추가하여 그에 대해 이전등기청구하는 것이다. 예비적 원고의 추가에는 추가원고의 동의가 필요하다.

다. 허용요건

1) 공동원고 측의 청구이든 공동피고 측에 대한 청구이든 청구끼리 법률상 양립할 수 없는 경우라야 한다.

① 甲 → A·B 사이의 공동소송에 있어서 甲 – A청구와 甲 – B청구가 서로 양립할 수 없는 경우라야 한다. 甲 – A청구와 甲 – B청구 중 어느 하나가 인용되면 법률상 다른 청구는 기각될 관계에 있어야 하며, 두 청구 모두 인용될 수 있는 경우이면 안 된다. 부진정연대채무관계는 일방의 채무가 변제 등에 의하여 소멸되면 타방의 채무도 소멸되어 모두 기각될 관계이므로 이러한 관계의 채무자 A를 주위적 피고, B를 예비적 피고로 하여 이행의 소를 제기한 경우 각 청구가 법률상 양립할 수 없는 경우가 아니므로 예비적 공동소송이 될 수 없다. 이때에는 통상공동소송으로 보아 심리판단한다. 예비적 피고에 대한 청구가 주위적 피고에 대한 청구와 전부가 아니라 일부와 양립하지 아니하는 관계라도 된다.

② 양립하지 않는 관계이면 소송물이 동일하지 않아도 무방하다[256].

③ 법 제70조가 법률상 양립할 수 없는 경우로 규정했기 때문에, 사실상 양립할 수 없는 데 그칠 경우이면 법문에 반하여 안 된다. 판례는, 법률상 양립할 수 없으면 실체법상 양립할 수 없는 경우는 물론 소송법상 양립할 수 없는 경우도 포함된다고 했다[257].

---

256) 판례는 주위적으로는 B(카드회사)가 A(자동차판매회사)에게 차량대금지급을 하였음을 전제로 주위적 피고 A에 대하여 차량미인도로 인한 채무불이행책임을 묻는 청구 등을 하고, 예비적으로는 B가 A에게 차량대금미지급을 전제로 예비적 피고 B에 대하여 채무 없음의 부존재확인·납입대금반환청구를 구하는 사안에서 서로 간에 법률상 양립할 수 없는 경우로 보고 예비적 공동소송에 해당된다고 보았다.

2) 공동소송의 일종이므로, 공동소송의 주관적·객관적 요건을 갖추어야 한다. 예비적 공동소송인의 추가는 제1심 변론종결 시까지 제기할 수 있다. 항소심에서 기존의 공동소송인을 예비적 공동소송인으로 변경도 안 된다.

라. 심판방법

법 제70조는 이와 같은 특수공동소송에 있어서는 제67조 내지 제69조의 필수적 공동소송에 대한 규정을 준용하도록 하였다. 따라서 이 소송에서는 소송자료의 통일과 소송진행의 통일을 통해 모순 없는 판결에 이를 수 있게 하였다.

1) 소송자료의 통일

(1) 원칙

① 공동소송인이 상대방에게 한 소송행위

㉠ 공동소송인에게 유리한 경우

법 제67조 제1항이 준용되므로 공동소송인 중 한 사람의 유리한 소송행위는 그 전원에 대하여 효력이 발생한다. 서로 대립적 이해관계의 독립당사자참가의 경우에도 제67조 제1항을 준용하는 것과 마찬가지이다. 따라서 제1차적(주위적) 피고, 예비적 피고 중 한 사람의 소송행위 중 유리한 것은 전원에 대하여 효력이 생긴다. 두 공동피고 중 한 사람이 상대방의 주장사실을 다투면 다른 사람도 다툰 것이 되고, 한 사람이라도 변론기일 또는 변론준비기일에 나가 변론진술을 하였으면 다른 공동피고가 결석하여도 자백간주 등의 기일해태의 불이익을 입지 아니하며, 한 사람이 기간을 지켰으면 다른 사람이 지키지 못하여도 기간해태의 불이익을 입지 아니한다. 한 사람이 답변서를 냈으면 다른 사람이 안 내어도 무변론판결을 받지 아니한다.

㉡ 공동소송인에게 불리한 경우

이에 반하여 불리한 소송행위는 원칙적으로 공동소송인 전원이 함께 하지 아니하면 안 된다. 따라서 주위적 피고·예비적 피고 중 한 사람이 자백하여도 효력이 없으며, 자백은 전원이 함께 하지 아니하면 안 된다.

② 상대방이 공동소송인에게 한 소송행위

법 제67조 제2항의 준용으로 공동소송인의 상대방은 유리·불리를 떠나 한 사람의 공동소송인을 상대로 소송행위를 하면 그 소송행위는 공동소송인 모두에게 효력이 미친다.

(2) 소송물 처분행위의 예외

원래 이러한 공동소송에서는 법 제67조 제1항의 필수적 공동소송의 규정을 준용하는 이상 청구의 포기·인낙, 화해 및 소의 취하와 같은 소송물에 관한 불리한 처분행위는 공동소송인 중 한 사람이 개별적으로 할 수 없어야 하겠지만, 이렇게 되면 각 공동소송인의 소송물의

---

257) 그리하여 피고적격자가 A(아파트 대표자회의의 구성원 개인)인지 B(아파트 대표자회의)인지 누가 피고적격을 가지는가에 따라 어느 일방에 대한 청구는 부적법해지고 다른 일방에 대한 청구는 적법해질 수 있는 경우, A를 먼저 피고로 제기한 소송 중에 B를 예비적 피고로 추가하는 것은 적법하다고 보았다.

처분자유를 지나치게 제한하는 것이고 가혹하다는 문제가 생긴다. 그리하여 법 제70조 제1항 단서에서는 불리한 행위이지만 각자 청구의 포기·인낙, 화해 및 소의 취하를 할 수 있도록 예외규정을 두었다.

2) 소송진행의 통일

① 제67조 제3항의 준용으로 변론준비·변론·증거조사·판결선고는 같은 기일에 함께 하여야 하며, 변론의 분리·일부판결은 할 수 없다. 또, 주위적 피고·예비적 피고 중 한 사람에 대하여 중단·중지의 원인이 발생하면 다른 사람에게도 영향을 미쳐 전체 소송절차의 진행이 정지된다.

② 공동소송인 중 어느 한 사람이 상소를 제기하면 전원에 대하여 판결확정이 차단되고 상급심으로 이심되어 심판의 대상이 된다. 이러한 경우 상소심의 심판대상은 주위적·예비적 공동소송인들 및 그 상대방 사이의 결론의 합일확정의 필요성을 고려하여 그 심판의 범위를 판단하여야 한다는 것이 판례이다. 또 불이익변경금지 원칙의 적용도 배제된다. 甲이 주위적 피고 乙에 대하여는 패소, 예비적 피고 丙에 대하여 승소하였는데 丙만이 상소하였다 하여도 乙에 대하여 패소한 甲에게도 상소의 효력이 미쳐, 甲·乙 간의 청구부분도 심판의 대상이 되며 甲의 乙에 대한 패소부분은 甲이 불복하지 아니하였는데도 甲에게 유리하게 甲의 乙에 대한 청구를 인용하는 판결로 바뀔 수 있다.

③ 주위적 피고 乙에 대한 청구와 예비적 피고 丙에 대한 청구가 법률상 양립할 수 없는 것이 아닌 경우는 진정한 의미의 예비적 공동소송의 관계가 아니므로 필수적 공동소송에 관한 제67조는 준용되지 않는다고 할 것이다. 그러므로 상소로 인한 확정차단의 효력도 상소인과 상대방에 대하여만 생기고 다른 공동소송인에게는 미치지 아니하므로 상소한 청구부분은 상소심의 심판의 대상이 되지만 상소하지 아니한 부분은 분리확정된다(그 부분은 소송종료선언의 대상).

3) 본안재판의 통일(모순 없는 판결)

필수적 공동소송의 규정준용으로 소송자료의 통일과 소송진행의 통일에 의하여 원고의 주위적 피고에 대한 청구도 인용, 예비적 피고에 대한 청구도 인용되는 서로 모순된 판결은 배제할 수 있게 되었다. 공동원고들의 청구이든 공동피고들에 대한 청구이든 서로 간에 법률상 양립할 수 없는 관계일 것이 이러한 특수공동소송의 특징인 만큼, 그 판단방법은 어느 한 피고에 대한 청구(또는 어느 한 원고의 청구)가 인용되면 다른 피고에 대한 청구(또는 다른 원고에 대한 청구)는 받아들이지 아니하는 판결내용으로 되는 것이 원칙이며, 다른 피고에 대한 판단 없이 놓아두어서는 안 된다. 그러한 뜻으로 신법 제70조 제2항에서는 모든 공동소송인에 관한 청구에 대하여 판결하여야 한다고 규정하였다. 따라서 예비적 공동소송에서는 주위적 피고에 대한 청구가 이유 있고 예비적 피고에 대한 청구가 이유 없을 때에 주위적 피고에 대한 인용판결과 함께 예비적 피고에 대한 기각판결의 주문을 내야 한다. 선택적 공동소송에서는 어느 피고에 대한 청구에 대하여 인용판결을 함과 동시에 나머지 피고에 대한 기각판결을 하여야 한다. 따라서 일부 공동소송인에 대해서만 판결하거나 남겨진 공동소송인을 위한 추가판결은 허용되지 아니한다.

착오로 일부 공동소송인에 대하여서만 일부판결을 하더라도 전부판결을 한 것으로 취급할 것으로 이때에 판단누락으로 보아 상소로써 다투어야 하고, 누락된 예비적·선택적 공동소송인은 착오로 인한 일부판결을 시정하기 위하여 상소를 제기할 이익이 있다.

4) 기타

① 어느 한 당사자에 대한 청구를 배척한다고 하여 반드시 다른 당사자에 대한 청구를 인용하여야 하는 것은 아니다. 이론적으로는 그러한 관계라도 증명책임을 다하지 못하면 모든 당사자에 대한 청구가 배척되는 경우가 얼마든지 있을 수 있다.

② 양립할 수 있는 청구이어서 예비적 공동소송으로는 부적법하면 병합요건에 문제가 있는 것이고 소송요건의 흠이 있는 것이 아니므로 공동소송 자체를 각하시킬 것이 아니라 통상공동소송으로 심리·판단할 것이다.

※ 주관적 예비적 청구에 대한 판결례

---

00 지방법원

판 결

사건 2018가단20014 건물인도
원고 A
주위적 피고 B
예비적 피고 주식회사 C

변론종결 2019.7.3.
판결선고 2019.7.17.

주 문

1. 주위적 피고는 원고에게 별지 목록 기재 부동산을 인도하고, 2019.6.1.부터 위 건물의 인도 완료일까지 월 500,000원의 비율로 계산한 돈을 지급하라.
2. 원고의 주위적 피고에 대한 나머지 청구 및 예비적 피고에 대한 청구를 각 기각한다.
3. 소송비용 중 주위적 피고에 대하여 생긴 부분은 1/10은 원고가, 나머지는 주위적 피고가 부담하고, 예비적 피고에 대하여 생긴 부분은 예비적 피고가 각 부담한다.
4. 제1항은 가집행할 수 있다.

※ 주관적 선택적 청구에 대한 판결례

---

00 지방법원

판 결

사건 2019가단107625 손해배상(기)
원고 A
피고 1. 주식회사 B

---

　　2. 주식회사 C

　　3. D 주식회사

변론종결 2021.5.27.

판결선고 2021.7.8.

주 문

1. 피고 주식회사 B, 주식회사 C는 공동하여 원고에게 125,304,336원 및 이에 대하여 2019.7. 19.부터 2021.7.8.까지는 연 5%, 그 다음날부터 다 갚는 날까지는 연 12%의 각 비율에 의한 금원을 지급하라.

2. 원고의 피고 주식회사 B, 주식회사 C에 대한 나머지 청구와 피고 D 주식회사에 대한 청구를 각 기각한다.

3. 소송비용 중 원고와 피고 주식회사 B, 주식회사 C 사이에 생긴 부분의 1/6은 원고가, 나머지는 위 피고들이 각 부담하고, 원고와 피고 D 주식회사 사이에 생긴 부분은 원고가 부담한다.

4. 제1항은 가집행할 수 있다.

… 생략

이 유

…

4) 소결론

　　따라서 피고 B, C는 공동하여 원고에게 이 사건 사고로 인하여 원고가 입은 손해에 대한 배상으로 125,304,336원(= 102,067,756원 + 13,236,580원 + 10,000,000원) 및 이에 대하여 이 사건 사고일인 2019.7.19.부터 위 피고들이 이 사건 이행의무의 존부 및 범위에 관하여 항쟁함이 타당한 이 판결선고일인 2021.7.8.까지는 민법에 규정된 연 5%, 그 다음날부터 다 갚는 날까지는 소송촉진 등에 관한 특례법에 규정된 연 12%의 각 비율에 의한 지연손해금을 지급할 의무가 있다.

3. 피고 D에 대한 청구에 관하여

…

살피건대, 원고의 피고 B, C에 대한 청구와 피고 D에 대한 청구는 민사소송법 제70조에 규정된 주관적·선택적 공동소송의 관계에 있다고 할 것이고, 주관적·선택적 공동소송은 모든 공동소송인에 관한 청구에 대하여 판결을 하여야 하는데(민사소송법 제70조 제2항, 대법원 2008.3.27. 선고 2005다49430 판결 참조), 앞서 본 바와 같이 피고 C가 이 사건 사고의 원인이 된 가림막 펜스의 관리자임을 인정하여 이를 전제로 원고의 피고 B, C에 대한 선택적 청구를 받아들이는 이상, 이와 법률상 양립할 수 없는 피고 D에 대한 선택적 청구는 이유가 없으므로 원고의 피고 D에 대한 청구 부분은 나아가 살펴볼 필요 없이 기각되어야 한다.

甲은 A은행과의 고용계약서상의 퇴직금 조항 등이 무효라는 확인과 함께 퇴직금의 지급을 구하는 내용의 소를 A은행 리스크관리본부장인 乙을 상대로 제기하였다. 당초에 甲이 피고로 삼은 사람은 개인으로서의 乙이 아니라 A은행 부서장인 리스크관리본부장을 피고로 특정한 것인데, 법률적으로 확신이 서지 않자, 甲은 예비적으로 A은행도 피고로 추가하였다.
(물음) 위와 같은 소송형태의 적법여부와 이에 대한 법원의 조치 및 판단에 대하여 논하시오. 30점

2. 추가적 공동소송(소의 주관적·추가적 병합)

1) 의의와 현행법

소송계속 중에 원고 측이나 피고 측에 당사자가 추가되어 공동소송화되는 경우이다. 제3자 스스로 당사자로서 계속 중인 소송에 가입을 구하거나, 종래의 당사자가 제3자에 대해 소를 추가적으로 병합제기함으로써 제3자가 새로 당사자로 추가되어 공동소송의 형태로 되는 경우이다. 현행법이 명문으로 인정한 예로는 필수적 공동소송인의 추가(법 제68조), 참가승계(법 제81조), 인수승계(법 제82조), 공동소송참가(법 제83조) 등 외에 신법에서 새로 도입한 예비적·선택적 공동소송인의 추가(법 제70조, 제68조)가 있다. 나아가 명문이 허용한 이외에도 이론상 소의 주관적·추가적 병합을 더 확대시킬 것인가에 대해 찬반양론이 대립되어 왔다.

2) 학설·판례

① 판례는 일관하여 「당초 제소한 원고 외에 다른 사람을 원고로 추가하는 소의 변경은 허용되지 않는다」 하여 법에 명문이 있는 경우를 제외하고 어떠한 형태의 소의 주관적·추가적 병합이든 부정하는 입장이다.

② 그러나 다수설은 주관적·추가적 병합을 허용함이 별소의 제기와 변론의 병합이라는 간접적이고 구차스러운 방법으로 뜻을 이루는 것보다 소송경제적이고 실제로 편리하며, 또 관련분쟁해결의 1회성에 부합한다고 본다.

3) 추가적 병합의 형태

① 제3자 스스로 가입하는 경우

제3자가 스스로 기왕의 절차에 가입하여 종전의 원고 측이나 피고 측의 공동소송인으로 될 수 있도록 공동소송인의 추가제도를 확장시키는 것이 필요하다. 그렇게 되면 현재 계속 중의 손해배상청구소송에 자기도 같은 피해자라고 하며 원고 측에 공동원고로 추가신청을 할 수 있게 된다. 법 제68조의 공동소송인의 추가제도의 입법확대가 바람직하다. 나아가 피참가인인 당사자와 합일확정 관계의 제3자가 아니라도 쟁점공통인 관계일 때에는 참가할 수 있도록 제83조의 공동소송참가제도의 확장운영을 입법론이나 해석론으로 고려하는 것이다.

② 제3자를 강제로 끌어들이는 경우

종래의 당사자가 제3자에 대한 소를 병합제기하는 경우이다.

4) 요건

주관적·추가적 병합은 이에 의하여 공동소송으로 되기 때문에 공동소송의 요건을 갖추어야 하고, 또 소송절차를 현저히 지연될 정도로 복잡해지지 않을 것도 요건으로 한다고 볼 것이다.

제 2 절 선정당사자[258)

Ⅰ 의의

1) 선정당사자란 공동의 이해관계 있는 여러 사람이 공동소송인이 되어 소송을 하여야 할 경우에, 그 가운데서 모두를 위해 소송수행 당사자로 선출된 자를 말한다. 선정당사자를 선출한 자를 선정자라고 한다. 공동의 이해관계를 가진 다수자 전원이 소송당사자가 되면 변론의 복잡, 송달사무의 폭주와 과다한 송달료, 그리고 다수자 중의 어느 누구에게 발생한 사망 등에 의한 중단사유 때문에 소송진행이 한없이 번잡해진다. 특히 변호사강제주의를 채택하지 않고 있는 우리나라에서는 공동소송인이 많을 때에 그 폐단이 두드러진다. 이리하여 다수자 중에서 대표자를 뽑아 그에게 소송을 맡겨 다수 당사자소송을 단순화·간소화하는 방편으로 선정당사자제도가 생겼다.

2) 선정당사자와 선정자의 관계는 대리관계가 아니라, 선정자의 소송수행권을 선정당사자에게 맡긴 신탁관계이다. 따라서 선정당사자제도는 임의적 소송담당의 일종이다. 선정당사자제도를 이용하느냐 않느냐는 공동의 이해관계를 가진 다수자의 자유이며, 법원이 이를 강제할 수 없다(다만 민사조정에 있어서는 판사가 대표당사자의 선임을 명할 수 있다).

※ 선정당사자 소장관련 사례

원고(선정당사자) 김OO
　　　　　　OO시 OO동 OOO

피고 OOO
　　OO시 OO동 OO

손해배상(교) 청구의 소

청 구 취 지

1. 피고는 원고(선정당사자)에게 금 5,000,000원 선정자 이OO에게 금 5,000,000원, 선정자 이OO에게 금 30,000,000원 및 위 각 금원에 대하여 2010.9.18.부터 이 사건 소장부본 송달일까지는 연 5%, 그 다음날부터 완제일까지는 연 20%의 각 비율에 의한 금원을 지급하라.
2. 소송비용은 피고의 부담으로 한다.
3. 위 제1항은 가집행할 수 있다.

---

258) 이시윤, 앞의 책, 764-770면

라는 판결을 구합니다.

청 구 원 인

··· 생략

Ⅱ 요건(법 제53조)

1) 공동소송을 할 여러 사람이 있을 것

여기의 여러 사람은 원고 측에 한하지 아니하며, 피고 측이라도 무방하다. 여러 사람은 두 사람 이상이면 된다. 여러 사람이 비법인사단을 구성하고 있을 때에는 선정의 여지가 없다. 그러나 민법 상의 조합과 같이 그 자체에 당사자능력이 인정되지 않는 경우에는 선정당사자제도를 활용할 수 있다.

2) 공동의 이해관계(공동의 이익)가 있을 것

① 어떠한 경우에 다수자 사이에 공동의 이해관계가 있느냐에 관하여는 학설상 다툼이 있다. 공동의 이해관계는 주요한 공격방어방법을 공통으로 하는 것을 의미한다. 공동소송의 근거규정인 법 제65조 전문의 경우(권리·의무의 공통 또는 발생원인의 공통)가 요건을 당연히 충족하나, 후문의 경우(권리·의무의 동종 또는 발생원인의 동종)는 공통된 쟁점이 있는 경우에 한한다. 판례는 여러 사람의 임차인들이 乙을 상대로 각기 보증금 반환청구를 하는 사안에서, 사건의 쟁점은 乙이 임대인으로서 계약당사자인지 여부에 있으므로, 공동의 이해관계가 있는 경우로 보았다.

② 공동의 이해관계가 있는지의 여부는 원고 주장의 청구원인사실에 의하여 판정할 것이다.

3) 공동의 이해관계 있는 사람 중에서 선정할 것

만일 제3자도 선정할 수 있게 하면 변호사대리의 원칙을 잠탈할 수 있기 때문이다. 선정당사자는 동시에 선정자이어야 한다. 선정당사자도 선정행위를 하였다는 선정자단에 포함시킬 것이다.

Ⅲ 선정의 방법

선정당사자를 뽑는 선정은 선정자가 자기의 권리이익에 대해 소송수행권을 수여하는 대리권의 수여에 유사한 단독소송행위이다(통설).

1) 소송행위이기 때문에 선정을 함에는 소송능력이 필요하며, 선정에 조건을 붙여서는 안 된다(소송행위조건불허의 원칙). 따라서 화해를 하는 권한을 제한하는 것은 허용되지 않는다. 다만 제1심 소송수행에 한정할 것을 조건으로 선정하는 것에 대해 찬반의 논란이 있다. 심급한정이 다수설이나, 소송의 단순화·간소화에 의한 효율적 소송의 진행을 꾀하는 것이 입법목적이고 선정당사자로 하여금 소송종료 시까지 소송을 수행하게 하는 것이 본래의 취지라면, 선정서 제1심 소송절차만을 수행

케 하는 내용이 조건으로 붙어 있어도 특별한 사정이 없는 한 그 선정의 효력은 제1심 소송에 한정할 것이 아니라 소송의 종료까지 소송수행권을 갖는다고 볼 것이다.

2) 선정의 시기는 소송계속 전이거나 계속 후이거나 불문한다. 소송계속 후 선정하면 선정자는 당연히 소송에서 탈퇴하게 되고, 선정당사자가 그 지위를 승계하게 된다.

3) 선정은 각 선정자가 개별적으로 하여야 하며, 다수결로 정할 수 없다. 따라서 전원이 공동으로 같은 사람을 선정할 필요는 없다(선정자 측 상대방이 선정당사자를 선정할 수 없다). 예를 들면 선정자 10명은 甲을, 다른 선정자 5명은 乙을 별도로 선정하거나 스스로 당사자가 되어 소송하여도 무방하다. 이때 일단의 선정자들에 의해 선출된 선정당사자와 스스로 당사자가 된 자와의 관계는 원래의 소송이 필수적 공동소송의 성질이 아닌 한, 통상공동소송으로 보아야 할 것이다. 이 경우 선정당사자와 스스로 당사자가 된 자들은 소송수행권을 합유하는 관계가 아니기 때문이다.

4) 선정당사자의 자격은 대리인의 경우와 같이 서면증명이 필요하기 때문에 선정서를 작성·제출하는 것이 보통이며, 이를 소송기록에 붙여야 한다.

Ⅳ 선정의 효과

1. 선정당사자의 지위

1) 당사자 본인으로서의 지위

① 선정당사자는 선정자의 대리인이 아니고 당사자 본인이므로 소송수행에 있어서 소송대리인에 관한 제90조 제2항과 같은 제한을 받지 않는다. 따라서 선정당사자는 일체의 소송행위에 대하여 포괄적 수권을 받은 자이므로, 예컨대 소의 취하, 화해, 청구의 포기·인낙, 상소의 제기를 할 수 있으며, 소송수행에 필요한 모든 사법상의 행위를 할 수 있다.

② 선정자와의 사이에 선정당사자가 권한행사에 관한 내부적인 제한계약을 맺었다 하더라도 그와 같은 제한으로써 법원이나 상대방에 대항할 수 없다.

2) 복수의 선정당사자의 지위

같은 선정자단에서 여러 사람의 선정당사자가 선정되었을 때에는 그 여러 사람이 소송수행권을 합유하는 관계에 있기 때문에 그 소송은 필수적 공동소송으로 된다. 그러나 별개의 선정자단에서 각기 선정된 여러 사람의 선정당사자 간의 소송관계는 원래의 소송이 필수적 공동소송의 형태가 아니면 통상공동소송관계라고 할 것이다.

2. 선정자의 지위와 판결의 효력

1) 소송계속 후에 선정을 하면 선정자는 당연히 소송에서 탈퇴한다. 선정당사자를 선정한 경우에 선정자가 그 소송에 관한 소송수행권을 상실하는가는 다투어지고 있다. 이 경우에 선정자는 대리인의 경우처럼 자기의 고유의 소송수행권을 상실하지 않는 것으로 볼 것이며(적격유지설), 그렇게 보는 것이 선정자로 하여금 법 제94조의 경정권 등의 유추로 선정당사자의 독주를 견제하

는 방편이 될 것이다. 다만 선정당사자가 소송 중인데 선정자가 소송을 하면 중복소제기로 배척될 뿐이다. 판례는 변론능력이 없는 선정당사자에게 진술을 금하고 변호사선임명령을 하는 경우, 실질적인 변호사선임권을 가진 선정자에게 그 취지를 통지하여야 하며, 그러한 통지조치 없이는 변호사 불선임을 이유로 소각하할 수 없다고 했다.

2) 선정당사자가 받은 판결(화해조서도 같다)은 선정자에 대해서도 그 효력이 미친다(법 제218조 제3항). 선정당사자가 이행판결을 받았으면 이에 의하여 선정자를 위해 또는 선정자에 대해 강제집행을 할 수 있다.

3. 선정당사자의 자격상실

1) 선정당사자의 자격은 선정당사자의 사망·선정의 취소에 의하여 상실된다. 또 선정당사자 본인에 대한 부분의 소취하·판결의 확정 등으로 공동의 이해관계가 소멸되어도 자격을 상실하게 한다. 선정자는 어느 때나 취소할 수 있다. 취소와 동시에 새로 선정하면 선정당사자의 변경으로 된다. 선정당사자자격의 변경상실은 대리권의 소멸의 경우처럼 상대방에 통지를 요하며, 그렇지 않으면 그 효력이 발생하지 않는다. 통지자는 통지 후에 그 취지를 법원에 신고하여야 한다. 그러나 선정자의 사망·공동의 이해관계의 소멸 등은 선정당사자의 자격에 영향이 없다.

2) 여러 사람의 선정당사자 중 일부가 그 자격을 상실하는 경우라도 소송 절차는 중단되지 않으며, 다른 선정당사자가 소송을 속행한다(법 제54조). 선정당사자 전원이 그 자격을 상실한 경우에는, 선정자 전원 또는 신선정당사자가 소송을 수계할 때까지 소송절차는 중단된다(법 제237조 제2항). 그러나 소송대리인이 있으면 그러하지 아니하다(법 제238조).

V 선정당사자의 자격 없을 때의 효과

1) 선정당사자의 자격의 유무는 당사자적격의 문제이므로 직권조사사항이다.

2) 적법하게 선정되지 아니한 선정당사자나 자격증명이 없는 선정당사자의 소송행위일지라도 선정자가 그 소송행위를 추인하거나 뒤에 자격증명을 하면 유효하게 될 수 있다. 만일 보정이나 추인을 얻지 못하면 판결로써 소를 각하하지 않으면 안 된다. 이를 간과하고 본안판결을 하였을 때에는 당사자적격의 흠을 간과한 경우와 같이 상소로써 취소할 수 있지만, 재심사유로는 되지 아니한다. 이러한 판결은 판결로써 무효이며 선정자에게 그 효력이 미치지 아니한다(이 점은 당사자적격의 경우와 같다).

3) 공동의 이해관계가 없는 무자격의 선정당사자의 소송수행의 경우도 그와 같이 볼 것이나, 판례는 그러한 선정당사자라도 선정자 자신이 선정하였다면 그에 의한 청구의 인낙은 재심사유가 아니라고 했다. 무자격의 선정당사자에 의한 판결이라도 선정자 자신이 세웠다면 선정자에 귀책사유가 있다 할 것이므로 판결로써 대표성(대리권)의 문제라고까지는 보지 않은 것이다.

※ 선정당사자 관련 판결사례

00지방 법원
판 결

사건 2016가단6931 손해배상(기)
원고(선정당사자) A
피고 주식회사 00골프클럽

변론종결 2017.1.13.
판결선고 2017.2.10.

주 문

1. 피고는 원고(선정당사자)에게 500,000원, 선정자 B에게 200,000원, 선정자 C, D에게 각 100,000원 및 위 각 돈에 대하여 2013.3.19.부터 2017.2.10.까지는 연 5%, 그 다음날부터 다 갚는 날까지는 연 15%의 각 비율로 계산한 돈을 지급하라.
2. 원고(선정당사자)의 나머지 청구를 기각한다.
3. 소송비용 중 95/100는 원고(선정당사자)가, 나머지는 피고가 각 부담한다.
4. 제1항은 가집행할 수 있다.

✎ 관련 기출문제 – 2013년 공인노무사

1. 乙과 丙은 도급계약에 따라 함께 사업을 수행하고 있고 임금지급에 대하여 연대책임 관계에 있다. 그런데 수급인인 丙은 소속 근로자인 甲에게 임금을 지급하지 못하고 있다. 이에 甲은 乙과 丙을 공동피고로 하여 임금청구의 소를 제기하였다. 위 소송계속 중에 乙이 丙을 선정당사자로 선정할 수 있는가? 그리고 丙이 선정당사자로서 소송을 수행하여 판결이 확정될 경우 丙이 받은 판결의 효력은 乙에게도 미치는가? 30점

✎ 관련 기출문제 – 2022년 공인노무사

동업관계에 있는 乙, 丙, 丁, 戊는 자신들의 사업장 앞에 있는 X토지를 甲으로부터 임차하여 주차장으로 사용하고 있었다. 위 4인을 대표한다고 주장하는 乙은 X토지를 甲으로부터 매수하기로 하고 甲과 X토지에 대한 매매계약을 체결하였다. 사업자금의 대출을 위해 X토지의 등기가 필요하다는 사정을 들은 甲은 매매대금의 전액을 지급받지 못하였음에도 불구하고 X토지의 등기를 위 4인에게 이전하여 주었으나 위 4인은 매매잔대금을 지급하지 않고 있다. 이에 甲은 乙, 丙, 丁, 戊를 상대로 주위적으로는 매매계약이 유효하다면 X토지의 매매대금 전액의 지급을 구하고, 예비적으로는 매매계약이 무효라면 X토지의 소유권이전등기의 말소를 구하는 소를 제기하였다.
물음) 소송계속 중 乙, 丙, 丁, 戊는 乙과 丙을 선정당사자로 선정하였다. 심리 도중 丙은 매매대금의 일부가 甲에게 이미 지급되었다고 주장하고 있으나, 乙은 甲이 주장하는 바와 같이 매매대금의 전액이 미지급상태에 있다고 진술하였다. 이러한 乙의 진술은 소송상 어떠한 효력을 가지는지 설명하시오. 25점

| 제 3 절 | 제3자의 소송참가 |

제1항 보조참가259)

Ⅰ 의의

1) 보조참가란 다른 사람 사이의 소송계속 중 소송결과에 이해관계가 있는 제3자가 한쪽 당사자의 승소를 돕기 위하여 그 소송에 참가하여 주장·증명을 하는 것을 말한다. 보조참가하는 제3자를 보조참가인 또는 종된 당사자라고 하며, 보조받는 당사자를 피참가인 또는 주된 당사자라고 한다. 특히 피참가인이 성의 있는 소송수행을 하지 아니하여 참가인의 법적 지위가 충분히 보호될 수 없을 때에 참가하는 것이 바람직하다. 예를 들면 채권자 甲이 보증채무자 乙을 상대로 제기한 소송에서 보증채무자가 패소하면 주채무자 丙에게 구상청구를 할 것이므로 주채무자 丙이 보증채무자 乙의 승소를 위해 참가하는 따위이다.

2) 보조참가인은 자기의 이름으로 판결을 구하지 않고 단지 한쪽 당사자의 승소를 위하여 소송을 수행하는 것이므로, 진정한 의미의 소송당사자와 다르다. 또 자기의 이익의 옹호를 위해 자기의 이름과 계산으로 소송을 수행하므로 대리인과도 다르다. 따라서 보조참가인은 자기를 위한 대리인을 선임할 수 있다.

※ 보조참가신청 사례

보 조 참 가 신 청 서

사　　　건　20○○가소○○　대여금
원　　　고　○○○
피　　　고　◇◇◇
피고보조참가인　◆◆◆
　　　　　　○○시 ○○구 ○○길 ○○

위 사건에 관하여 피고보조참가인은 피고를 돕기 위하여 참가합니다.

참 가 이 유

1. 원고는 이 사건 대여금을 20○○년 ○월 ○일 보조참가인에게 대여하였으나 현재까지 변제치 않고 있다고 주장하며 연대보증인인 피고에게 이 건 대여금을 청구하고 있습니다.
2. 피고보조참가인은 이 사건 대여금에 대한 주채무자로서 피고가 패소할 경우 구상채무를 청구당할 처지이므로, 본 소송의 결과에 이해관계가 있는바, 이에 민사소송법 제71조에 따라 피고를 돕기 위하여 이 건 참가신청에 이른 것입니다.
3. 그리고 피고보조참가인이 원고에게 20○○년 ○월 ○일 이 사건 대여금 전액을 변제 완료하였으므로, 원고의 청구는 기각되어야 합니다.

---

259) 이시윤, 앞의 책, 784-795면

II 요건

1) 다른 사람 사이의 소송계속

① 보조참가는 다른 사람 사이의 소송에 한하여 허용되며, 한쪽 당사자는 자기 소송의 상대방을 위해서는 참가할 수 없다. 그러나 자기의 공동소송인이나 그 공동소송인의 상대방을 위하여 보조참가하는 것은 가능하다. 또 법정대리인은 소송수행상 당사자에 준하기 때문에 본인의 소송에 보조참가할 수 없다.

② 소송계속 중일 것을 요한다.

㉠ 상고심에서도 허용된다. 다만 상고심에서 참가하면 법 제76조 제1항 단서에 의한 제약 때문에 사실상의 주장, 증거의 제출이 허용되지 않는다. 판결확정 후라도 재심의 소의 제기와 동시에 참가신청을 할 수 있다.

㉡ 여기의 소송계속이라 함은 판결절차를 의미하므로 판결절차 이외는 독촉절차와 같이 이의에 의해 판결절차로 넘어갈 절차에 국한할 것이라는 견해가 있으며, 판례는 대립당사자 구조가 아닌 결정절차는(예를 들면 매각허가결정에 대한 항고절차에서 보조참가하는 매수인) 보조참가가 허용되지 않는다고 한다. 그러나 널리 결정절차에서도 결정이 보조참가인의 권리상태에 법률상 영향을 줄 관계에 있으면 그의 절차권의 보장을 위해 보조참가의 규정을 준용으로 허용할 것이다.

㉢ 보조참가인은 대립하는 당사자 중 어느 한쪽에 참가하는 것이므로 이미 당사자 한쪽에 참가한 자가 그 상대방에 참가함에는 먼저 한 제1의 참가를 취하하여야 할 것이다(쌍면참가의 금지).

2) 소송결과에 대하여 이해관계가 있을 것(참가이유)

① 소송결과에 대해 이해관계가 있다고 하려면, 판결의 결과가 참가인 자신의 법적 지위에 영향을 미칠 경우라야 한다. 그러므로 피참가인이 승소하면 참가인의 법률상의 지위가 유리해지고, 패소하면 그 지위가 불리하게 될 때이다.

㉠ 엄격하게는 통상의 보조참가는 참가인의 법적 지위가 본소송의 결과인 승패, 즉 판결주문에서 판단되는 소송물인 권리관계의 존부에 의하여 직접적으로 영향을 받는 관계에 있을 때라고 할 것이다. 피참가인이 패소하면 그로부터 구상·손해배상청구를 당하게 되는 등 불리한 영향을 받을 제3자가 참가의 이익이 있는 경우라고 하겠다.

㉡ 반대설은 있으나 판결주문이 아니라 판결이유 속에서 판단되는 중요쟁점에 의하여 영향받는 것만으로는 참가할 수 없다(통설).

② 여기서 '이해관계'라 함은 법률상의 이해관계를 말한다. 법률상의 이해관계라면 재산법상의 관계에 한하지 않고, 가족법상의 관계, 공법상의 관계도 포함된다. 법률상의 이해관계이기 때문에 단지 사실상·경제상 또는 감정상의 이해관계만으로는 참가할 수 없다.

3) 소송절차를 현저하게 지연시키지 아니할 것

공익적 요건으로 직권조사사항으로 볼 것이다.

4) 참가인이 그 지위를 옹호하기 위하여 소송법상의 다른 구제수단이 있다 하여도 참가가 허용된다. 독립당사자참가의 성질을 상실하게 되어 부적법해진 당사자참가의 경우에 보조참가신청으로 전환할 수 있다. 판례는 당사자참가를 하면서 예비적으로 한 보조참가신청은 할 수 없다는 것이나, 당사자참가에서 보조참가로 전환이 가능하다면 불허할 이유가 없다. 예비적 청구, 예비적 피고를 허용한다면 예비적 참가도 허용할 것이다. 보조참가를 하고 있다가 독립당사자참가를 하면, 보조참가가 종료된다.

5) 참가신청은 소송행위의 유효요건 등을 갖추어야 한다. 따라서 당사자능력 · 소송능력과 대리인에게는 대리권이 존재하여야 한다. 민사소송법상 당사자능력 및 소송능력이 없는 행정청으로서는 행정소송법상의 참가는 별론, 민사소송법상의 보조참가할 수 없다. 이와 같은 요건은 참가이유와 달리 직권조사사항이다.

▥ 참가절차

1. 참가신청

① 참가를 함에 있어서는 서면 또는 말로 참가의 취지와 이유를 명시하여 현재 소송이 계속된 법원에 신청하여야 한다(법 제72조 제1항).

② 참가신청은 참가인으로서 할 수 있는 소송행위(예 상소, 재심의 제기, 추후보완의 상소)와 동시에 할 수 있다. 신청서는 당사자 양쪽에 송달하여야 한다(법 제72조 제2항, 제3항).

2. 참가의 허부

1) 신청의 방식 · 참가이유의 유무에 대해서는 당사자의 이의가 있는 경우에 조사함이 원칙이다(법 제73조 제1항). 이 점이 이의 없어도 조사할 직권조사사항인 당사자능력 · 소송능력 · 대리권 등과 다르다. 당사자가 참가에 대하여 이의 없이 변론(또는 변론준비기일에서 진술)할 때에는 이의신청권을 상실한다(법 제74조). 이의신청이 있는 경우에는 참가인은 참가의 이유를 소명하여야 하며, 참가의 허가여부는 신청을 받은 법원이 결정으로 재판한다. 신법은 당사자의 이의신청이 없는 경우라도 필요하다면 법원이 직권으로 참가의 이유를 소명하도록 명할 수 있게 하였다. 참가의 허부 결정에 대하여는 당사자 또는 참가인이 즉시항고를 할 수 있다(법 제73조 제2항, 제3항).

2) 당사자의 이의신청이 있다 하더라도 본안소송의 절차는 정지하지 않는다. 참가불허가의 결정이 있어도 확정될 때까지는 참가인으로서 할 수 있는 일체의 소송행위를 할 수 있지만, 불허가결정이 확정되면 효력을 잃는다. 이 경우에 피참가인이 원용하면 그 효력이 있다(법 제79조).

3. 참가의 종료

참가인은 어느 때나 신청을 취하할 수 있다. 그러나 신청이 취하되어도 제77조의 참가적 효력을 면치 못한다. 따라서 참가인이 한 소송행위는 취하에 불구하고 그 효력을 상실하지 않으며 당사자의 원용이 없어도 판결자료로 할 수 있다고 할 것이나, 반대설이 있다. 이 밖에 보조참가인 독립당사자참가를 한 경우는 보조참가는 종료된다.

4. 참가인의 소송상의 지위

1) 보조참가인의 종속성

보조참가인은 당사자의 승소보조자일 뿐이다. 피참가인을 보조하기 위하여 참가하는 자이므로 피참가인과의 관계에서 그 지위가 종속적이다. 소송비용의 재판을 제외하고는 참가인의 이름으로 판결을 받지 아니하며, 제3자로서의 증인·감정인능력을 갖는다. 참가인에게 사망 등 중단사유가 생겨도 본소송절차가 중단되지 않는다. 참가인에 의한 상소는 피참가인의 상소기간 내에 한한다.

2) 보조참가인의 독립성

그러나 참가인은 피참가인의 대리인이 아니며 자기의 이익을 옹호하기 위해 독자적인 권한으로서 소송에 관여하는 자이므로, 이 점에서 독자성이 인정된다. 따라서 당사자에 준하는 절차관여권이 인정되므로 별도로 참가인에 대해 기일통지·소송서류의 송달을 하지 않으면 안 되며, 참가인에 기일통지를 하지 않고 변론의 기회를 부여하지 아니하였으면 기일을 적법하게 열었다 할 수 없다. 그리고 피참가인이 기일에 결석하여도 참가인이 출석하면 피참가인을 위해 기일을 지킨 것이 된다.

3) 참가인이 할 수 있는 소송행위(법 제76조)

참가인은 피참가인의 승소를 위하여 필요한 소송행위를 자기의 이름으로 할 수 있다(법 제76조 제1항 본문). 따라서 참가인은 사실주장은 물론 다툴 수 있으며, 증거신청(서증은 원고 참가의 경우는 갑나호증, 피고 참가의 경우는 을나호증으로), 상소의 제기나 이의신청을 할 수 있다. 이와 같은 참가인의 소송행위는 피참가인 자신이 행한 것과 같은 효과가 생긴다. 그러나 참가인은 어디까지나 다른 사람의 소송의 보조자(종속성)에 그치기 때문에 다음과 같은 행위는 할 수 없다(제한에 위반된 참가인의 행위는 무효로 된다).

(1) 참가 당시의 소송정도에 따라 피참가인도 할 수 없는 행위(법 제76조 제1항 단서)

① 예를 들면 자백의 취소, 시기에 늦은 공격방어방법의 제출, 상고심에서 새로운 사실·증거의 제출 등은 참가인도 할 수 없다.

② 또한 보조참가인의 상소기간은 피참가인의 상소제기 기간에 한한다. 따라서 보조참가인이 판결송달을 받은 날로부터 기산하면 상소기간 내에 상소하더라도 피참가인의 상소기간을 어긴 때에는 보조참가인의 상소 역시 상소기간 경과 후의 것으로서 그 상소는 부적법하다.

③ 판결확정 후 재심사유가 있을 때에는 보조참가인이 피참가인을 보조하기 위하여 보조참
가신청과 함께 재심의 소를 제기할 수 있다. 그러나 보조참가인의 재심청구 당시 피참가
인인 재심청구인이 이미 사망하여 당사자능력이 없다면, 이를 허용하는 규정 등이 없는
한 보조참가인의 재심청구는 허용되지 않는다.

(2) 피참가인의 행위와 어긋나는 행위(법 제76조 제2항)

① 참가인은 피참가인이 이미 행한 행위와 모순되는 행위를 할 수 없다. 예를 들면 피참가
인이 자백한 뒤에 참가인이 이를 부인하거나, 피참가인이 상소포기한 뒤에 참가인의 상
소제기는 할 수 없다. 그러나 피참가인의 명백하고도 적극적인 의사에 어긋나지 않으면
참가인의 행위가 무효로 되지 않는다. 예를 들면 피참가인이 명백히 다투지 않은 사실을
참가인이 다투거나, 피참가인이 패소부분 가운데 일부는 상소를 하고 있지 않을 때에 참
가인이 패소부분 전부에 대해 상소하는 것은 허용된다.

② 참가인의 행위와 어긋나는 행위를 피참가인이 뒤에 한 경우에도 참가인의 행위는 무효로
된다. 따라서 참가인이 제기한 항소를 피참가인이 포기·취하할 수 있다. 그러나 공동소
송적 보조참가라고 할 참가인이 재심의 소를 제기한 경우에 피참가인의 재심의 소취하로
재심의 소제기가 무효로 되거나 부적법하게 된다고 볼 것이 아니다.

(3) 피참가인에 불이익한 행위

참가인은 피참가인의 승소보조자이므로 소의 취하, 청구의 포기·인낙, 화해, 상소의 포기
와 취하 등은 허용되지 아니한다. 자백에 관하여는 다툼이 있으나, 격이 같은 지위의 필수적
공동소송인조차 허용되지 않으므로, 하물며 피참가인과 주종의 관계에 있는 보조참가인의
경우에 허용될 수 없음은 당연한 일이다.

(4) 소를 변경하거나 확장하는 행위

참가인은 소의 변경, 반소, 중간확인의 소를 제기할 수 없다. 참가인의 임무는 당사자의 승
소보조이지 당사자를 지배하며 주도적 지위에서 소송을 끌고 가는 자가 아니기 때문이다.

(5) 사법(私法)상의 권리행사

참가인이 자신의 사법상의 권리를 행사하는 것은 별 문제이나, 소송수행상 필요하다 하더라
도 피참가인의 사법상의 권리를 함부로 행사할 수 없다(이 점에서 대리인과 다르다). 따라서
피참가인의 채권을 가지고 상계권을 행사해서는 안 되며, 피참가인의 계약상의 취소권, 해
제·해지권 등을 행사할 수 없다는 것이 다수설이다.

5. 판결의 참가인에 대한 효력(참가적 효력)

1) 효력의 성질

① 보조참가가 있는 소송이라 하더라도 판결의 효력인 기판력이나 집행력은 당사자에게만 미치고 보조참가인에게는 미칠 수 없다. 문제는 법 제77조[260]의 「재판은 참가인에게도 그 효력이 미친다」고 한 규정인데, 여기의 효력을 어떻게 파악할 것인가이다. 기판력의 확장이라 보는 기판력설이 있었으나, 현재의 통설 · 판례는 기판력과는 다른 특수효력, 즉 참가인으로서 피참가인이 패소하고 나서 뒤에 피참가인이 참가인 상대의 소송(제2차 소송)을 하는 경우 피참가인에 대한 관계에서 참가인은 판결(제1차 소송)의 내용이 부당하다고 주장할 수 없는 구속력으로 본다. 이것이 참가적 효력설인데, 이에 의하면 참가인이 피참가인과 협력하여 공동으로 소송을 수행하였음에도 불구하고 패소하였으면 자기책임의 범위 내에서는 그 결과에 대해 피참가인과 같이 책임을 분담하는 것이 형평의 관념과 금반언의 사상에 맞다는 것을 근거로 한다. 생각건대 민사집행법 제25조 제1항 단서에서 참가인에게 집행력을 인정하지 아니한 점, 법 제77조가 참가인에 대하여 재판효력의 배제되는 예를 참가인과 피참가인 사이에 발생한 사유에 한정한 점 등을 고려하면 기판력으로 보기는 힘들다.

② 본소의 판결이 참가적 효력을 낳으려면 소송판결이 아닌 본안판결이라야 하고 또 확정될 것을 요한다. 법원의 사실상 · 법률상 판단이 이루어졌다고 할 수 없는 화해권고결정에는 참가적 효력이 인정될 수 없다.

2) 참가적 효력의 범위

(1) 주관적 범위

참가적 효력은 피참가인과 참가인 사이에만 미치고, 피참가인의 상대방과 참가인 사이에는 미치지 아니한다. 피참가인 측이 패소하고 난 뒤에 피참가인과 참가인 사이에 소송이 된 때, 참가인은 피참가인에 대한 관계에서 이전의 판결의 내용이 부당하다고 다툴 수 없다. 예컨대 채권자 甲이 보증인 乙을 상대로 한 소송에서 주채무자 丙이 보증인 乙을 위해 보조참가하였지만 보증인 乙이 패소한 뒤, 보증인 乙이 주채무자 丙을 상대로 한 구상소송에 주채무자 丙은 주채무가 부존재한다고 다툴 수 없다.

(2) 객관적 범위

① 참가적 효력은, 판결주문에 대해서뿐만 아니라 판결이유 중 패소이유가 되었던 사실상 · 법률상의 판단에 미친다. 따라서 피참가인이 패소하고 나서 참가인을 상대로 다시 소송을 하였을 때에, 전소송의 판결의 기초가 되었던 사실인정이나 법률판단에 법관은 구속을 받게 되고, 참가인도 전소송의 사실인정이나 법률판단이 부당하다고 다툴 수 없게 된다.

---

260) 제77조(참가인에 대한 재판의 효력)
재판은 다음 각 호 가운데 어느 하나에 해당하지 아니하면 참가인에게도 그 효력이 미친다.
1. 제76조의 규정에 따라 참가인이 소송행위를 할 수 없거나, 그 소송행위가 효력을 가지지 아니하는 때
2. 피참가인이 참가인의 소송행위를 방해한 때
3. 피참가인이 참가인이 할 수 없는 소송행위를 고의나 과실로 하지 아니한 때

② 참가적 효력이 미치는 것은 판결이유 중 결론에 영향을 미칠 중요한 판결이유인 선결적 법률관계이며, 예를 들면 일부청구판결이면 그 선결관계인 채권 전부에 미친다는 것이다. 참가인이 피참가인과 공동이익으로 주장하거나 다툴 수 있었던 사항일 것이 전제된다. 그러한 영향이 없는 부가적·보충적인 판단, 방론 등에까지는 아니다.

(3) 기판력과의 차이

① 기판력은 분쟁을 종국적으로 해결하는 공권적 판단에 부여하는 효력이므로 승패에 불구하고 생기는 효력이며 직권조사사항임에 대해, 참가적 효력은 서로 협동하여 소송수행하였으므로 책임을 분담하여야 한다는 데 기초를 두었기 때문에 피참가인이 패소한 경우에만 문제되는 것이며 주장을 기다려 고려하여야 할 항변사항이다.

② 기판력은 원칙적으로 소송당사자 간에 미치는 것임에 대해, 참가적 효력은 당사자인 피참가인과 제3자인 참가인과 사이에 그 효력이 미친다.

③ 기판력은 판결의 주문, 즉 판결의 결론부분인 소송물에 대한 판단에 미치는 데 대해, 참가적 효력은 판결이유 속의 판단인 사실인정·법률판단에도 미친다(이 점에서 기판력보다 넓다).

④ 기판력은 법적 안정성을 최고의 지표로 하며 당사자 간의 주관적 책임과 관계없이 생기는 효력임에 대해, 참가적 효력은 패소에 대해 피참가인의 단독책임으로 돌릴 사정이 있을 때에는 예외적으로 배제된다.

3) 참가적 효력의 배제(법 제77조)

참가인은 다음 경우 중 어느 하나에 해당하면 참가적 효력을 면하게 된다.
① 참가 당시의 소송정도로 보아 필요한 행위를 유효하게 할 수 없었을 경우
상고심에 참가한 경우의 사실자료의 제출
② 피참가인의 행위와 어긋나게 되어 효력을 잃은 경우
참가인이 사실을 다투었는데 피참가인이 자백이나 인낙한 경우
③ 피참가인이 참가인의 행위를 방해한 경우
참가인이 제기한 상소를 피참가인이 취하·포기한 경우
④ 참가인이 할 수 없는 행위를 피참가인이 고의나 과실로 하지 아니한 경우
참가인이 알지 못하나 피참가인이 알고 있는 사실, 증거의 제출을 게을리 하거나, 피참가인이 사법상의 권리행사를 하지 않는 경우
다만 위 ① 내지 ④의 사태가 발생하지 아니하였으면 전소송의 판결결과가 피참가인의 패소가 아니라 승소로 달라졌을 것을 참가인이 주장·증명하지 아니하면 안 된다.

4) 참가적 효력의 유추확장시도

① 법정대리인·소송담당자에 확장
법정대리인·소송담당자에 의해 잘못 소송수행한 결과 입은 손해배상청구를 무능력자 본인이나 권리귀속주체가 뒤에 제기할 때는 법정대리인이나 소송담당자에게도 참가적 효력을 확장시키자는 것이다.

② 당사자 간의 확장

당사자 간에도 금반언의 원칙상 참가적 효력을 인정해야 할 경우가 있다는 견해도 있다. 甲·乙 간의 소송에서 乙이 매매의 무효를 주장하여 승소한 경우, 乙이 甲과의 다른 소송에서 유효를 주장하는 따위이다.

③ 차라리 신의칙의 견지에서 같은 결론을 끌어낼 것이다(이시윤).

> **관련 기출문제 – 2011년 공인노무사**
> 보조참가인에 대한 재판의 효력 [25점]

> **관련 기출문제 – 2017년 공인노무사**
> 乙 회사의 근로자 丙이 업무상 운전하던 차량이 보행자 甲을 충격하여 부상을 입혔다. 甲이 乙 회사를 피고로 하여 제기한 교통사고로 인한 손해배상청구의 소(전소)에서 丙이 乙 회사 측에 보조참가하여 소송이 진행되었고, 법원은 丙의 운전상의 과실을 인정하여 甲 청구인용판결을 선고하여 이 판결이 확정되었다. 그 후 乙 회사가 丙을 피고로 위 손해배상에 대한 구상금을 청구하는 소(후소)를 제기하였다. 丙이 보조참가한 전소의 甲 청구인용의 확정판결이 후소에 효력을 미치는지를 설명하시오. [35점]

> **사례문제**
> 甲은 丙에게 1억원을 대여해 주었고, 이에 대하여 乙이 연대보증을 하였다. 변제기가 도래하였음에도 이 빌린 돈을 갚지 않자 甲은 자력이 충분한 乙에게 보증채무를 구하는 소(이하 '이 사건 소송'이라 한다)를 제기하였고, 이 사건 소송계속 중 丙이 乙측에 보조참가를 하여(보조참가신청은 적법함) 자신의 주채무가 존재하지 않는다고 진술하였다. 제1심법원은 甲의 청구를 전부인용하는 판결을 선고하였고, 위 판결정본은 2020.1.16. 乙에게, 2020.1.29. 丙에게 각 송달되었다.
>
> 1) [사실관계] 甲은 乙에 대하여 1억원의 보증채무 이행을 구하는 소를 제기하였다. 이 소송이 진행되는 도중에 주채무자인 丙은 乙측에 보조참가하였다. 이 보조참가 신청이 받아들여진 후 丙은 자신의 주채무가 존재하지 않는다고 주장하였지만, 乙은 주채무와 보증채무를 모두 인정하였다. 법원은 乙의 진술을 받아들여 甲의 청구를 인용하여 이 판결은 확정되었다. 위 판결에 따라 1억원을 甲에게 지급한 乙이 丙에 대하여 구상금의 지급을 구하는 소를 제기한 경우, 이 소송에서 丙은 주채무가 존재하지 않는다고 다툴 수 있는지?
>
> 2) [추가된 사실관계] 丙이 2020.2.5. 항소를 제기하였고 이 당시까지 乙은 항소를 제기하지 않았다면 丙의 위 항소가 적법한지를 설명하고, 나아가 만일 丙이 2020.1.28. 항소를 제기하였는데, 乙은 丙이 제기한 위 항소를 취하하였다면 위 항소취하가 유효한지에 대하여 설명하시오.
>
> 3) [추가된 사실관계] 乙이 위 판결 후에 1억원을 甲에게 지급하지 않아 甲이 丙에 대하여 주채무의 지급을 구하는 소를 제기한 경우, 이 소송에서 丙은 주채무가 존재하지 않는다고 다툴 수 있는지를 각 설명하시오.
>
> 4) [추가된 사실관계] 위 사례에서 '乙은 甲에게 1억원을 지급하되, 소송비용은 각자 부담한다.'는 내용으로 화해권고결정이 확정되어 이 사건 소송이 종료되었고 乙이 위 화해권고결정에 따라 甲에게 1억원을 지급한 다음, 丙에게 구상청구의 소를 제기하였다면 위 구상금청구의 소에서 丙은 자신의 주채무가 존재하지 않는다고 다툴 수 있는지에 대하여 설명하시오.

1) 설문의 경우 전 소송에서 보조참가인 丙이 주채무가 존재하지 않는다고 다투었음에도 불구하고 당사자인 피참가인 乙이 자백하여 보조참가인의 행위가 피참가인의 행위와 어긋나는 행위가 되어 그 효력을 가지지 아니하게 되었고, 법원은 乙의 진술을 받아들여 甲의 청구를 인용하여 이 판결은 확정되었으므로, 참가적 효력은 발생하지 않는다. 그러므로 위 판결에 따라 1억원을 甲에게 지급한 乙이 丙에 대하여 구상금의 지급을 구하는 소를 제기한 경우, 이 소송에서 丙은 주채무가 존재하지 않는다고 다툴 수 있다.

2) 丙의 항소가 적법하려면 항소의 대상적격, 항소의 방식 및 항소기간 준수, 항소의 이익을 갖추어야 하고, 상소의 포기 또는 불항소의 합의가 없어야 한다. 그런데 보조참가인은 피참가인을 보조하기 위하여 참가하는 자이므로, 피참가인과의 관계에서 그 지위가 종속적이다. 따라서 참가인에 의한 상소는 피참가인의 상소기간 내에 한한다. 소송진행의 정도에 따라 피참가인도 할 수 없는 행위는 보조참가인은 할 수 없다(법 제76조 제1항 단서). 사례의 경우 피참가인에게 판결정본이 2020.1.16.에 송달되었으므로 2020.1.30. 오후 24시까지 乙은 항소제기가 가능하므로, 2020.2.5.에 丙의 항소제기는 피참가인 乙의 상소제기기간 경과 후이므로 부적법하다. 한편, 보조참가인은 피참가인이 이미 행한 행위와 모순되는 행위를 할 수 없으며(법 제76조 제2항), 반대로 피참가인은 참가인이 제기한 항소를 취하할 수 있으므로, 乙은 丙이 제기한 항소를 취하한 것은 유효하다. 이렇게 보조참가인의 행위와 어긋나는 행위를 피참가인이 뒤에 한 경우에는 보조참가인의 행위는 무효로 된다.

3) 그리고 기판력은 전소송의 당사자(원고 甲과 피고 乙) 사이에만 미치며, 전소의 당사자가 아닌 丙은 보조참가인에 불과하므로 기판력을 받지 않는다. 또한, 참가적 효력 역시 참가인 丙과 피참가인 乙 사이에 미치며, 참가인 丙과 피참가인의 상대방인 丙과 사이에는 미치지 아니한다. 결국 참가인 상대방인 甲은 참가적 효력이 미치지 아니하고, 기판력을 받는 관계도 아니므로, 설문처럼 乙이 위 판결 후에 1억원을 甲에게 지급하지 않아 甲이 丙에 대하여 주채무의 지급을 구하는 소를 제기한 경우, 이 소송에서 丙은 주채무가 존재하지 않는다고 다툴 수 있다.

4) 보조참가인이 피참가인을 보조하여 공동으로 소송을 수행하였으나 피참가인이 소송에서 패소한 경우 판결의 효력인 기판력이나 집행력은 당사자에게만 미치고 보조참가인에게는 미칠 수 없지만, 피참가인이 패소하고 나서 뒤에 피참가인이 참가인 상대의 소송(제2차 소송)을 하는 경우 형평의 원칙상 피참가인에 대한 관계에서 참가인은 판결(제1차 소송)의 내용이 부당하다고 주장할 수 없는 참가적 효력이 인정된다. 그리고 이러한 참가적 효력은 전소의 확정판결의 결론의 기초가 된 사실상 및 법률상의 판단으로서 보조참가인이 피참가인과 공동이익으로 주장하거나 다툴 수 있었던 사항에 한하여 미친다. 다만 본소의 판결이 이러한 참가적 효력을 낳으려면 소송판결이 아닌 본안판결이라야 하고 또 확정될 것을 요한다.

설문의 경우 전소가 본안판결을 받지 않고 화해권고결정으로 종료되어 전소에 대하여 사실상·법률상 판단이 이루어졌다고 할 수 없으므로, 결국 보조참가인 丙과 피참가인 乙 사이에서는 참가적 효력이 발생하지 아니한다. 따라서 피참가인(乙)이 패소하고 나서 뒤에 피참가인이 참가(丙)인 상대의 후소(제2차 소송)를 제기하는 경우 그 후소(제2차 소송)에서 전소(제1차 소송)의 내용이 부당하며 丙은 자신의 주채무가 존재하지 않는 것으로 주장할 수 있다.

제 4 절　공동소송적 보조참가[261]

I 공동소송적 보조참가

1. 의의

① 공동소송적 보조참가라 함은 단순한 법률상의 이해관계가 아니라 재판의 효력이 미치는 제3자 (참가인)가 보조참가하는 경우를 말한다. 원래 판결의 효력을 받는 참가인의 절차권을 제대로 보장하자면 통상의 보조참가의 경우와 달리 참가인에게 필수적 공동소송인에 준하는 소송수행 권을 부여할 필요가 있다는 데서 이와 같은 제도를 발상하게 되었다.

② 당사자적격이 없는 자로서 판결의 효력을 받는 제3자에 의한 참가인 점에서, 스스로 청구에 관 하여 독립하여 당사자적격을 가진 자에 의한 참가인 제83조의 공동소송참가와 다르다. 또 소제 기와 같은 실질이 아닌 소송상의 신청인 점에서도, 그와 같은 실질의 공동소송참가와 다르다. 공동소송적 보조참가로서 취급할 것인가의 여부는 당사자의 신청방식에 구애됨이 없이, 법원이 법령의 해석에 의하여 결정할 것이다.

※ 공동소송참가 사례

공 동 소 송 참 가 신 청 서

사　　건　　20○○가합○○ 주주총회결의취소
원　　고　　○○○
　　　　　　○○시 ○○구 ○○길 ○○
원고공동소송참가인　　◎◎◎ (주민등록번호)
　　　　　　　　○○시 ○○구 ○○길 ○○
피　　고　　◇◇◇ 주식회사
　　　　　　○○시 ○○구 ○○길 ○○(우편번호 ○○○-○○○)
　　　　　　대표이사 ○○○

위 사건에 관하여 원고공동소송참가인은 다음과 같이 원고의 공동소송인으로 소송에 참가합니다.

청 구 취 지

1. 피고의 20○○.○.○.자 정기주주총회에서 한 감사 ◇◇◇의 선임 결의를 취소한다.
2. 소송비용은 피고가 부담한다.
라는 판결을 구합니다.

참가이유 및 청구원인

1. 원고공동소송참가인은 피고회사의 주주인바, 청구취지 기재 총회의 소집절차가 법령에 위반한 것 임은 이 사건 소장 기재 청구원인과 같습니다.

---

261) 이시윤, 앞의 책, 795-798면

2. 그렇다면, 위 총회에서 한 감사 ◇◇◇의 선임 결의는 취소되어야 할 것인바, 이 사건 판결의 효력은 원고공동소송참가인에게도 미치는 것이어서(상법 제376조 제2항, 제190조 본문), 이 사건의 소송목적은 원고와 원고공동소송참가인에게 합일적으로 확정되어야 하므로, 원고공동소송참가인은 이 신청에 이른 것입니다.

… 이하생략

2. 공동소송적 보조참가가 성립되는 경우(법 제78조)

본소재판의 효력이 참가인에게도 미치는 경우이다.

1) 제3자의 소송담당의 경우

① 제3자가 소송담당자가 되었을 때에 그가 받은 판결의 효력은 권리귀속주체에게 미치므로(법 제218조 제3항), 권리귀속주체인 자가 보조참가하면 공동소송적 보조참가로 된다. 회생회사 관리인의 소송에 회생회사의 참가 등이 그 예이다.

② 채권자대위소송에 있어서 채무자의 참가도 포함된다는 것이 통설이나, 채권자대위소송의 채권자가 소송담당이 아니라는 전제하에 이에 해당하지 아니한다는 반대설이 있는가 하면, 대위권행사 사실의 통지 후에는 채무자는 당사자적격이 없는 자로서 한 공동소송적 보조참가에 해당된다는 견해도 있다.

2) 가사소송 · 회사관계소송 · 행정소송 · 권한쟁의심판과 헌법소원심판청구 등 판결의 효력이 일반 제3자에게 확장되는 경우

① 이와 같은 소송에 제3자가 보조참가하면 공동소송적 보조참가로 된다. 예를 들면 회사이사선임결의무효확인의 소에서 피고적격자는 회사이고 당해이사는 피고적격이 없으며, 이때 이사는 본 소송에 공동소송적 보조참가를 할 수 있다.

② 형성소송은 제소기간의 제한을 두는 경우가 많다. 판결의 효력을 받는 제3자가 자기이익을 수호하려면 제소기간 내에는 제83조의 공동소송참가를 할 수 있으나, 그 기간경과 후에는 보조참가가 대역인 것으로 이때의 보조참가는 공동소송적 보조참가로 된다.

3. 요건

1) 다른 사람 사이의 소송계속 중일 것

2) 판결의 효력이 미칠 것

3) 소송행위의 유효요건 등을 갖추어야 한다.

4. 공동소송적 보조참가인의 지위

1) 본소송의 판결의 효력을 직접 받는 공동소송적 보조참가인과 피참가인에 대해서 필수적 공동소송인의 경우처럼 제67조 등을 준용한다. 통상의 보조참가인과 달리 다음 3가지 점에서 필수적 공동소송인에 준하는 강한 소송수행권이 부여된다.

① 참가인은 유리한 소송행위이면 피참가인의 행위와 어긋나는 행위를 할 수 있다(법 제67조 제1항 준용). 따라서 통상의 보조참가의 경우에 참가인에 적용되는 제76조 제2항의 제한은 배제된다. 참가인이 상소를 제기한 경우에 피참가인이 상소권포기나 상소취하를 하여도 상소의 효력은 지속된다. 피참가인은 소의 취하는 할 수 있음은 통상의 소의 경우이지만, 재심의 소의 취하는 이와 달리 확정된 종국판결에 대한 불복의 기회를 상실하게 하므로, 재심의 소에 공동소송적 보조참가인이 참가한 후 피참가인은 참가인의 동의 없이 재심의 소를 취하할 수 없다. 참가인의 동의가 없는 한 본안에 영향 있는 자백, 청구의 포기·인낙, 화해·조정은 피참가인이 혼자서 불리한 소송행위이므로 할 수 없다.

② 참가인의 상소기간은 피참가인에 종속됨이 없이 참가인에 대한 판결송달 시로부터 독자적으로 계산된다. 보조참가인이 제출기간 내에 상고이유서를 제출하였으면 피참가인이 제출기간 경과 후라도 그 제출은 적법하다.

③ 참가인에게 소송절차의 중단·중지의 사유가 발생하여 참가인의 이익을 해할 우려가 있으면 소송절차는 정지된다(법 제67조 제3항 준용).

2) 그러나 공동소송적 보조참가인은 당사자가 아니므로 이 밖에는 통상의 보조참가인과 같은 지위를 갖는다. 따라서 참가인은 청구의 포기·인낙·화해·조정 또는 소의 취하 등 처분행위를 할 수 없다. 또 참가할 때에 소송의 진행 정도에 따라 피참가인도 할 수 없는 행위를 할 수 없다. 다만 증거조사의 경우에 증인능력을 갖느냐, 당사자본인신문의 대상이 되느냐는 다투어지고 있다.

‖ 소송고지[262]

> 🐝 관련 기출문제 – 2018년 공인노무사
> 소송고지에 대하여 설명하시오.

1. 의의

① 소송고지란 소송계속 중에 당사자가 소송참가를 할 이해관계 있는 제3자에 대하여 일정한 방식에 따라서 소송계속의 사실을 통지하는 것이다. 고지하는 자를 고지자, 고지받는 제3자를 피고지자라 한다.

② 소송고지는 제3자에게 소송계속을 알려서 고지받은 피고지자에게 소송참가하여 그 이익을 옹호할 기회를 주고, 아울러 고지에 의하여 피고지자에게 그 소송의 판결의 참가적 효력 등을 미치게 할 수 있는 점에 그 주된 실익이 있다. 당사자가 자신이 패소했을 때에 제3자에게 담보책임을 묻거나 구상청구 등 법적 추급을 하고자 할 경우에 그 제3자에 대해 미리 소송고지를 해두는 것이 제격이며 결정적 대비책이 된다. 즉 이 경우에 소송고지를 하면 고지받은 피고지자에게 참가적 효력을 미치게 할 수 있어 고지자가 후일 피고지자(제3자)와 벌이는 제2차 소송에서 피고지자가 전소송의 패소결과를 무시하고 전의 사실상·법률상의 판단과 다른 주장과 항변을

---

262) 이시윤, 앞의 책, 798–803면

하는 것을 막을 수 있게 된다. 예를 들면 보증인 乙이 채권자 甲으로부터 보증채무를 청구받은 경우에 주채무자 丙에게 소송고지를 해 두면, 만일 보증인이 패소하여 보증채무를 지급하고 나서 주채무자에 대해 구상권 행사를 위한 제2차 소송을 할 때에 주채무자 丙이 전소송의 판단과 달리 주채무가 없다는 항변을 할 수 없게 된다. 피해자에게 불법행위 손해배상청구를 당한 가해자가 손해발생의 원인제공자에게 구상을 위한 소송고지의 예가 많다.

2. 소송고지의 요건

1) 소송계속 중일 것

① 제3자에게 소송참가의 기회를 주기 위한 것이기 때문에 소송계속 중이 아니면 무의미하다. 판결절차·독촉절차·재심절차이면 여기에서 말하는 소송이지만, 국내법원에 계속하고 있는 동안이 아니면 안 된다. 상소심에 계속 중이라도 상관없다.

② 제소전화해절차, 조정절차, 중재절차, 가압류·가처분절차는 이에 해당되지 않는다.

2) 고지자

① 고지를 할 수 있는 자는 계속 중인 소송의 당사자인 원·피고(당사자참가인, 참가, 인수승계당사자 포함), 보조참가인 및 이들로부터 고지받은 피고지자이다.

② 소송고지를 하고 아니하고는 고지자의 자유이며 그 권한이나, 예외적으로 소송고지가 고지자의 의무인 경우가 있다. 추심의 소, 재판상자 대위 등이 그 예이다. 그 밖에 회사관계소송에 있어서 공고의무, 채권자대위권행사의 통지의무도 그에 속한다. 고지의무위반의 경우에 손해배상의무를 부담하는 불이익이 있을 뿐 소송에는 영향이 없다는 견해가 있으나, 이에 그칠 것이 아니고 고지가 되지 아니하면 판결의 효력이 고지의무의 상대방인 피고지자에게 미치지 않는다고 볼 것이다.

3) 피고지자

고지를 받을 수 있는 자는 당사자 이외에 그 소송에 참가할 수 있는 제3자이다. 보조참가뿐만 아니라 공동소송적 보조참가, 당사자 참가, 소송승계를 할 수 있는 제3자라도 상관없다. 그러나 소송고지는 이에 의하여 피고지자에게 참가적 효력을 미치게 하는 것에 이익과 필요가 크다 할 것이므로, 여기의 제3자라 함은 보조참가할 이해관계인이 중심이 될 것이다. 따라서 고지자가 패소하게 되면 그로부터 손해배상·구상청구를 당할 처지의 제3자가 대표적으로 해당한다고 할 것이다. 다만 동일인이 양쪽 당사자로부터 이중으로 소송고지를 받은 경우도 있을 것이다. 이때에는 두 당사자 중 패소자와의 사이에 참가적 효력이 생긴다.

3. 소송고지의 방식

① 고지서에는 고지이유 및 소송의 진행정도를 기재하지 않으면 안 된다(법 제85조 제1항).

② 소송고지서는 피고지자만이 아니고 상대방 당사자에 대하여도 송달하지 않으면 안 된다(법 제85조 제2항). 고지의 효력은 피고지자에게 적법하게 송달된 때에 비로소 생긴다.

4. 소송고지의 효과

1) 소송법상의 효과

(1) 피고지자의 지위

소송고지를 받은 자가 그 소송에 참가하느냐의 여부는 피고지자의 자유이다. 소송고지의 신청이 있었다고 하여 본소송의 진행에는 영향이 없다. 그러나 피고지자가 고지를 받고도 소송에 참가하지 아니한 이상, 당사자가 아님은 물론 보조참가인도 아니기 때문에 피고지자에게 변론기일을 통지하거나 판결문에 피고지자의 이름을 표시할 필요가 없다.

(2) 참가적 효력

① 피고지자가 고지자에게 보조참가할 이해관계가 있는 한 고지자가 패소한 경우에는 소송고지에 의하여 참가할 수 있었을 때에 참가한 것과 마찬가지로 제77조의 참가적 효력을 받는다(법 제86조). 피고지자가 소송에 참가하지 아니하거나 늦게 참가한 경우도 마찬가지이다. 이와 같은 효력은 소송고지서가 피고지자에게 송달되었을 것을 전제로 한다. 참가적 효력 때문에 피고지자는 뒤에 고지자와의 소송에서 본소판결의 결론의 기초가 된 사실상·법률상의 판단과 상반하는 주장을 할 수 없다.

② 주장할 수 없는 것은 피고지자가 참가하였다면 상대방에 대하여 고지자와 공동이익으로 주장할 수 있었던 사항에 한할 뿐이므로, 고지자와 피고지자 사이에서 이해가 대립되는 사항에 대하여는 참가적 효력이 생기지 않는다는 것이 판례이다. 앞서 본 바와 같이 본소판결의 중요한 이유 아닌 방론 등으로 판단된 사항은 다시 다툴 수 있다. 또 고지자가 필요한 항변을 제기하지 아니하여 패소되었을 때는 피고지자는 참가적 효력을 받지 아니한다.

(3) 기판력의 확장

판례는 채권자대위소송에서 채권자가 채무자에 대하여 소송고지 등을 위시하여 어떠한 사유에 의하였든 대위소송이 제기된 사실을 알았을 때에는 그 판결의 효력은 미친다 하여, 소송고지의 효력으로 기판력의 확장을 인정하였다.

2) 실체법상의 효과

① 일반적으로 소송고지에 시효중단의 효력을 인정하는 것이 독일법이나, 우리 법은 단지 어음·수표법상의 상환청구권에 대해서만 시효중단의 효력을 인정하는 데 그친다.

② 이 밖에 소송고지에 피고지자에 대한 채무이행을 청구하는 의사가 표명되어 있는 경우는 민법 제174조에 정한 시효중단사유로서 최고의 효력이 인정된다. 소송고지에 의한 최고의 경우에 시효중단효력의 발생시기는 소송고지서를 법원에 제출한 때이다. 소송고지에 의한 최고의 경우 보통의 최고와 달리 법원의 행위를 통하여 이루어지는 특색이 있다. 소송고지를 한 당해 소송이 계속되는 동안은 최고에 의한 권리행사의 상태가 지속되는 것으로 보아 민법 제174조의 규정의 적용에 있어서 '6월'의 기산점은 처음 소송고지된 때가 아닌, 당해 고지소송이 종료된 때라고 관대하게 본다.

Ⅲ 독립당사자참가[263]

1. 의의

① 독립당사자참가란 다른 사람의 소송계속 중에 원·피고 양쪽 또는 한쪽을 상대방으로 하여 원·피고 간의 청구와 관련된 자기의 청구에 대하여 함께 심판을 구하기 위하여 그 소송절차에 참가함을 말한다(법 제79조). 이는 소송 중의 소의 일종이며, 이에 의하여 원고·피고·참가인 3자간의 분쟁을 일거에 모순 없이 해결함으로써, 소송경제를 도모하고 판결의 모순·저촉을 방지할 수 있다.

② 독립당사자참가는 "당사자"참가의 일종이기 때문에 보조참가와는 구별되고, '독립'한 지위에서 참가하는 것이기 때문에 종전당사자의 한쪽과 연합관계인 공동소송참가와 구별된다.

③ 독립당사자참가는 서로 이해관계가 대립되는 원고·피고·참가인 3자 분쟁의 해결형태임을 특색으로 하나, 소송형태로서는 결코 예외적인 형태인 것은 아니다. 비록 공동소송형태를 취하여도 공동소송인 간에 이해가 대립되어 다자(多者)분쟁을 이루는 경우가 있기 때문이다. 공유물분할청구의 소, 그리고 예비적·선택적 공동소송도 이에 해당한다.

2. 구조

독립당사자참가가 있는 소송절차에는 필수적 공동소송에 관한 법 제67조가 준용된다. 그 근거에 관하여, 과거 참가인이 쌍면참가를 하여야 하는 것을 전제로, 1개의 소송에서 원고, 피고, 독립당사자참가인이라는 3명의 당사자가 서로 대립·견제하기 때문이라고 보는 3면소송설이 통설이고, 판례의 주류적 입장이었다.

3. 참가요건(법 제79조 제1항)

가. 다른 사람 사이에 소송이 계속 중일 것

① 여기에 소송이라 함은 판결절차 또는 이에 준할 절차를 가리킨다. 따라서 강제집행절차·증거보전절차·제소전화해절차는 포함되지 않는다. 독촉절차에 대해서는 소극설도 있으나, 이의신청 후에는 판결절차로 이행하므로 참가할 수 있다고 할 것이다(다수설).

② 소송이 사실심에 계속 중이면 심급 여하에 관계없이 참가할 수 있으며 항소심에서도 할 수 있다. 판례는 독립당사자참가는 그 실질에 있어서 신소제기의 성질을 가지므로 법률심인 상고심에서는 참가할 수 없는 것으로 본다. 사실심의 변론종결 후에 참가신청을 한 경우에는 변론을 재개하지 않는 한 참가신청은 부적법하게 된다.

③ 참가할 소송은 다른 사람 사이의 소송일 것을 요한다. 보조참가인은 본소송의 제3자이므로 독립당사자참가를 하여도 무방하지만, 그때에는 보조참가가 종료되게 된다. 통상공동소송에 있어서 공동소송인은 다른 공동소송인과 상대방과의 소송에 참가하여도 무방하다.

---

263) 이시윤, 앞의 책, 803-819면

나. 참가이유(= 참가형태)

1) 권리주장참가(법 제79조 제1항 전단)

① 제3자가 '소송목적의 전부 또는 일부가 자기의 권리임을 주장하는' 경우이다. 참가인이 원고의 본소청구와 양립되지 않는 권리 또는 우선할 법률관계를 주장할 것을 요한다. 이러한 주장을 하나의 판결로서 서로 모순 없이 일시에 해결하려는 것이다. 예컨대 원고가 자기의 소유라고 주장하는 목적물에 대하여 참가인이 원고가 아니고 자기가 소유권자라고 주장하는 경우, 원고가 피고에 대해 자기가 예금채권자라고 하며 그 지급청구하는 소송에서 참가인이 원고의 선대로부터 증여받았으니 자기가 진실한 예금채권자라고 주장하든가, 공탁금수령권자가 누구냐를 다투는 경우 이의 확정을 구하는 경우 등이다. 경합권리자가 참가하여 진정한 권리자를 가리자는 권리자합일확정의 참가이다.

※ 독립당사자참가(권리주장참가) 사례

독 립 당 사 자 참 가 신 청 서

사　　건　20○○가합○○ 동산인도
원　　고　○○○
　　　　　　○○시 ○○구 ○○길 ○○
피　　고　◇◇◇
　　　　　　○○시 ○○구 ○○길 ○○
독립당사자참가인　◎◎◎ (주민등록번호)
　　　　　　　○○시 ○○구 ○○길 ○○(우편번호 ○○○-○○○)

위 사건에 관하여 독립당사자참가인은 아래와 같이 당사자로서 소송에 참가합니다.

청 구 취 지

1. 원고와 독립당사자참가인 사이에서 별지 목록 기재 동산이 독립당사자참가인의 소유임을 확인한다.
2. 피고는 독립당사자참가인에게 별지 목록 기재 동산을 인도하라.
3. 소송비용 중 참가로 인한 부분은 원고와 피고가 부담한다.
4. 제2항은 가집행할 수 있다.
라는 판결을 구합니다.

참가이유 및 청구원인

1. 독립당사자참가인은 피고로부터 별지 목록 기재 동산 등을 20○○.○.○.에 양도담보로 제공받고 동 피고에게 금 ○○○원을 대출한 바 있습니다.
2. 그런데 피고는 위 대출금을 약정상환기일인 20○○.○.○.이 이미 경과하였음에도 불구하고 아직까지 위 대출원리금을 상환을 하지 않고 있습니다.

---

3. 그렇다면 별지 목록 기재 동산은 독립당사자참가인의 소유라고 할 것인바, 오히려 원고는 위 동산이 자신의 소유라고 주장하면서 피고를 상대로 위 동산의 인도를 청구하고 있으나, 이 사건 소송목적의 전부는 독립당사자참가인의 권리이므로, 독립당사자참가인은 원고에 대하여 별지 목록 기재 동산은 참가인의 소유임의 확인을 구함과 아울러 피고에 대하여 별지 목록 기재 동산의 인도를 청구하는 것입니다.

… 이하 생략

② 본소청구와 참가인의 청구가 주장 자체에서 양립하지 않는 관계에 있으면 그것만으로 참가가 허용된다. 이것은 제79조 제1항 전단에서 참가요건으로서 참가인이 소송목적의 전부 또는 일부가 자기의 권리임을 주장하면 되도록 규정하여, 주장 자체로서 참가인 적격을 판가름하게 되어 있기 때문이다. 따라서 본안심리 결과 본소청구와 참가인의 청구가 실제로 양립된다 하여도 그것 때문에 독립참가가 부적법하게 되지 않는다 할 것이다(통설, 판례).

→ 원고가 물권적 권리를 주장하는데, 참가인이 충돌하거나 우선하는 물권적 권리를 주장하는 경우는 양립불가능성이 인정된다. 원고가 피고에게 소유권확인이나 소유권에 기한 방해배제청구를 하고 있는데, 참가인이 자기가 진정한 소유자라고 주장하면서 소유권확인이나 소유권에 기한 방해배제청구를 하는 경우가 대표적인 예이다.

→ 원고가 본소에서 채권적 권리를 주장하고, 참가인도 채권적 권리를 주장하는 경우에는 참가인의 주장의 내용과 채권자평등의 원칙을 아울러 고려하여 양립불가능성 여부를 판단하여야 한다. 이 점에 관하여 판례는, ⅰ) 이중매매의 경우, 각 매수인의 이전등기청구권은 양립가능하다는 것을 전제로 일반적으로 양립불가능성을 인정하지 아니하고, ⅱ) 이중매매에서 원고의 매매계약이 무효라고 주장하는 경우에도 양립불가능성을 인정하지 아니한다. 그러나 ⅲ) 참가인이 이중매매를 주장하는 것이 아니라 자신이 원고가 주장하는 매매계약의 매수인이라고 주장하는 경우에는 양립불가능성을 인정하고, ⅳ) 참가인이 원고의 채권을 양수하였다고 주장하는 경우에도 양립불가능성을 인정한다.

→ 쌍면참가만 적법하게 보던 구법하의 판례는, 참가인이 주장하는 권리가 원·피고 한쪽에만 대항할 수 있는 채권이면 안 된다는 것으로, 양쪽에 대하여 다 같이 대항할 수 있는 물권과 같은 대세권이 아닌 한 참가신청은 부적법하다는 데로까지 발전하였다. 그리하여 계쟁물이 부동산인 경우에 있어서 등기명의자 아닌 자가 독립당사자참가하는 길을 거의 봉쇄하는 형편이 되었던 때도 있었다. 신법은 당사자 중 한쪽만을 상대로 하는 편면참가(片面參加)를 제도화하였으며, 이로써 부동산에 대세권이 아닌 채권만 가진 자에게 참가의 길을 터서 법적 분쟁을 유연성 있게 해결할 수 있게 한 것이다.

2) 사해방지참가(법 제79조 제1항)

① 제3자가 「소송결과에 따라 권리가 침해된다고 주장」하는 경우의 참가이다. 앞의 권리주장참가와는 이질적인 것으로 참가인의 청구가 원고의 본소청구와 양립할 수 있더라도 상관없고, 또 권리주장참가를 하여 각하된 뒤에 사해방지참가를 해도 기판력을 받지 아니한다.

※ 독립당사자참가(사해방지참가) 사례[264]

독 립 당 사 자 참 가 신 청 서

사　　건　20○○가합○○　소유권이전등기말소
원　　고　○○○ (주민등록번호)
　　　　　　○○시 ○○구 ○○길 ○○
피　　고　◇◇◇ (주민등록번호)
　　　　　　○○시 ○○구 ○○길 ○○
독립당사자참가인: ◎◎◎ (주민등록번호)
　　　　　　　　　○○시 ○○구 ○○길 ○○

　위 사건에 관하여 독립당사자참가인은 아래와 같이 당사자로서 소송에 참가합니다.

청 구 취 지

1. 원고와 독립당사자참가인 사이에서 별지 목록 기재 부동산이 피고의 소유임을 확인한다.
2. 피고는 원고에게 금 ○○○원을 지급하라.
3. 소송비용 중 참가로 인한 부분은 원고와 피고가 부담한다.
4. 제2항은 가집행 할 수 있다.
라는 판결을 구합니다.

참가이유 및 청구원인

1. 피고는 20○○. ○. ○. 자신의 친구인 원고로부터 별지 목록 기재 부동산을 매수하여 소유하고 있으며, 독립당사자참가인은 피고에게 2○○○. ○. ○. 금 ○○○원을 대여하였습니다.
2. 그런데 원고는 피고 명의로 마쳐진 소유권이전등기가 무효이어서 말소되어야 한다고 허위의 주장을 하면서 이 사건 소를 제기하였고, 피고 역시 위 주장을 다투지 아니하고 있습니다.
3. 그렇다면, 원고와 피고는 이 사건 소송을 통하여 이 사건 부동산에 관한 강제집행을 면함으로써 독립당사자참가인을 해할 의사를 갖고 있다고 할 것입니다.
4. 이에 독립당사자참가인은, 이 사건 본소가 인용될 경우 독립당사자참가인은 강제집행할 재산이 없게 되어, 이 사건 소송결과에 따라 권리가 침해될 지위에 있으므로, 원고에 대하여 별지 목록 기재 부동산은 피고의 소유임의 확인을 구함과 아울러 피고에 대하여 위 차용금의 지급을 청구하는 것입니다.
… 이하 생략

---

264) 대한법률구조공단 홈페이지 참조

② 권리의 침해의 의미를 놓고 견해가 갈려 있다. 여기에는 ⅰ) 이 참가제도의 목적이 사법상의 사해행위취소권, 통정허위표시의 무효 주장과 같은 목적을 소송과정에서도 인정한 것으로서 사해판결의 사전방지에 있는 만큼, 그 요건을 엄격히 해석하여 본소판결의 효력이 제3자에 미칠 경우에 한하여 참가할 수 있다는 판결효설, ⅱ) 널리 소송의 결과로 실질상 권리침해를 받을 제3자는 참가인에 포함시킬 것이라는 이해관계설, ⅲ) 이 참가가 프랑스의 사해재심제 도에서 유래한 연혁에 충실하게, 본소의 당사자들이 당해 소송을 통하여 참가인을 해할 의 사, 즉 사해의사를 갖고 있다고 객관적으로 판정할 수 있는 경우에 참가를 허용할 것이라는 사해의사설(詐害意思說)이 있다. 이 중에 사해의사설이 입법연혁에도 충실하고 또 이론적으 로 무난한 견해라고 하겠다. 사해의사설이 현재 다수설이다. 판례는 엄격히 말해 사해의사와 권리침해의 우려를 요구했으나, 사해의사가 인정되면 권리침해의 우려가 추정된다고 할 것 이므로 판례의 입장이 사해의사설과 큰 거리가 있다고 보기 어렵다.

→ 다만, 판례는 원고의 피고에 대한 청구의 원인행위가 사해행위라는 이유로 원고에 대하 여 사해행위 취소를 구하면서 독립참가신청을 한 경우, 독립참가인의 청구가 그대로 받 아진다 하여도 원고와 피고 사이의 법률관계에는 아무런 영향이 없어 참가신청은 사해방 지참가의 목적을 달성할 수 없어 부적법하다고 한다[265].

다. 참가의 취지

1) 쌍면참가

참가신청의 참가취지에서 참가인은 원·피고 양쪽에 대하여 각기 자기청구를 하는 것이 원칙이 다. 이를 쌍면참가라고 한다. 이 점이 자기청구가 없는 보조참가와 차이이다. 원·피고 양쪽에 대한 청구가 같은 취지일 수도 있고(예 참가인이 원·피고 쌍방에 다 같이 소유권확인이나 계약 무효확인을 구하는 경우), 서로 취지를 달리할 수도 있다(예 참가인이 원고에 대해서는 채권확 인, 피고에 대해서는 금전지급 청구 등).

2) 편면참가

문제는 참가취지에서 참가인이 원·피고 양쪽이 아닌 한쪽에 대해서만 청구하는 편면참가를 허 용할 것인가이다. 구법시대에는 법률상 명백치 아니하여 학설상 다툼이 있는 문제였다. 구법하 의 판례는, 편면참가를 인정하지 아니하였고 원고·피고·참가인 3자간에 완벽한 대립견제의 긴장관계가 성립되는 경우에 한하여 독립참가가 허용된다는 취지였는데, 법 제79조는 과거 구 법하에서의 판례의 입장과 달리 편면참가라도 쌍면참가에 준하여 참가할 수 있도록 입법화하였 다. 편면참가는 권리주장참가만이 아니라 사해방지참가에서도 허용된다고 하겠다.

---

265) 즉, 판례는 원고의 소구채권이 채권자 취소권의 대상이 되는 사해행위에 기하여 발생한 것이므로 채권자취소권을 행사한다는 것만으로는 사해방지참가의 요건을 충족시키지 못한다고 보았다. – 원고는 피고에게 대물변제약정에 기 한 소유권이전등기를 청구하고 있고, 독립당사자참가인이 대물변제약정이 사해행위에 해당한다는 이유로 원고에 대 하여 사해행위취소를 청구하며 독립당사자참가신청을 한 사안이다.

라. 소의 병합요건을 갖출 것

참가신청은 본소청구에 참가인의 청구를 병합 제기하는 것이므로, 첫째로 참가인의 청구가 본소청구와 같은 종류의 소송 절차에 의하여 심판될 청구이어야 한다(소송절차의 공통). 예를 들면 본소가 통상의 민사소송절차에 의할 청구일 때 참가인의 청구가 가사 또는 행정소송절차에 의할 경우에는 참가는 부적법하게 된다. 둘째로 참가인의 청구가 본소청구와 다른 법원의 전속관할에 속하여서는 안 된다.

마. 소송요건

참가신청은 실질적으로 신소의 제기이기 때문에 일반소송요건도 갖추어야 한다. 참가인이 참가에 의하여 주장하는 청구에 대하여 이미 본소의 당사자 양쪽 또는 한쪽을 상대로 별소를 제기하였을 때에 참가신청이 중복소송에 해당하느냐의 문제가 있다. 반대견해가 있으나, 이를 허용하면 재판의 모순·저촉을 피할 수 없으며 일종의 소권의 남용으로 해석되므로 중복소송으로 봄이 타당하다고 하겠다.

4. 참가절차

1) 참가신청

① 참가신청의 방식은 보조참가의 신청에 준한다. 따라서 참가신청에는 참가취지와 이유를 명시하여 본소가 계속된 법원에 신청하여야 한다. 참가신청은 보조참가와 달리 실질적으로 당사자 양쪽에 대한 신소의 제기이기 때문에 소액사건의 경우를 제외하고는, 반드시 서면에 의할 것을 필요로 한다. 또 참가신청에서는 참가취지·이유와 더불어, 자기청구에 대해 청구의 취지와 원인을 밝히지 아니하면 안 된다. 이 점이 보조참가와는 다르다. 참가신청서에는 소장에 준하는 인지를 붙여야 한다. 당사자가 상소하지 않을 때에는 참가인은 상소제기와 동시에 참가신청을 할 수 있다.

→ 판례는 독립당사자참가를 하면서 예비적으로 보조참가를 하는 것은 부적법하다고 했으나, 유연성 있는 변형을 막을 이유는 없을 것이다. 참가신청서 부본은 이를 본소의 양쪽 당사자에게 바로 송달하지 않으면 안 된다.

② 참가신청은 보조참가와 달리 실질적인 소의 제기이므로 종전의 당사자는 참가에 이의할 수 없으며(다수설), 또 소제기의 효과인 시효중단·기간준수의 효력이 있다. 참가에 의하여 종전 당사자는 참가인에 대한 관계에서 피고의 지위에 서게 되며, 따라서 종전 당사자는 참가인을 상대로 반소를 제기할 수 있다.

2) 중첩적 참가와 사면소송

판례는 일단 독립참가가 있은 뒤 다시 또 다른 제3자가 본소의 당사자를 상대로 참가하는 중첩적 독립참가신청을 하여 그 취지가 권리자는 제2참가인이고 원·피고·제1참가인 세 사람 모두 아니라는 경우인데도, 참가인 간에는 아무런 소송관계가 성립될 수 없다는 이유로 제2참가인과 제1참가인 간에 어떠한 판결을 할 수 없다고 하였다. 그러므로 참가제도를 3자간의 법률관계가 1개의 판결에 의하여 통일적으로 결정되는 구조 이상은 아니라는 전제하에, 제2참가인까지 포함하는 4면소송까지는 인정할 수 없다는 취지로도 보인다. 어떻든 독립참가의 중복(중첩)은 허용되는 것이로되 제2참가인과 제1참가인 간의 소송관계의 성립을 전제로 한 4면소송이 허용되지 아니한다면, 원·피고와 제1참가인 간의 합일확정결과와 원·피고와 제2참가인 간의 그것과의 내용이 서로 모순·저촉될 수 있다. 원래 독립참가가 하나의 권리관계를 에워싼 다자 분쟁을 통일적으로 해결하려는 데 그 제도적 취지가 있는 것이라면, 제2참가인이 제1참가인까지 끌어넣어 하나의 무대에서 4자간에 얽힌 분쟁을 일거에 모순 없이 합일확정하려는 4면소송을 막을 이유는 없다고 보며, 허용해야 한다.

5. 참가소송의 심판

1) 참가요건과 소송요건의 조사

① 참가신청이 있는 경우에는 먼저 참가요건을 직권으로 조사하여야 한다. 참가요건의 흠이 있을 때에는 참가신청은 부적법하게 된다. 판례는 이때에 각하설로 일관하고 있다. 다만 판례는 부적법해졌을 때 보조참가로 전환시킬 수 있다는 태도이다.

② 참가인의 청구가 소송요건을 갖추었는가도 직권조사사항이며, 이의 흠이 있을 때에는 판결로써 참가신청을 각하하여야 한다.

2) 본안심판

① 독립참가소송은 원고·피고·참가인 3자간의 동일권리관계를 에워싸고 벌이는 분쟁을 일거에 모순 없이 해결(합일확정)하려는 소송형태이므로, 본안심리와 판결은 통일적으로 되어야 한다. 이 때문에 3자간의 소송자료의 통일과 소송진행의 획일화를 기할 필요가 있으며, 이를 보장하기 위해 필수적 공동소송에 관한 제67조의 규정을 준용한다(법 제79조 제2항).

② 그러나 필수적 공동소송의 경우처럼 연합관계가 아니라 상호 대립·견제에 서게 된다. 처음부터 원고·피고와 참가인 3자간에 소송공동이 강제되는 것도 아니고 일단 제3자가 참가해 들어오면 3자간에 합일확정하여야 할 소송이므로 필수적 공동소송 중 유사필수적 공동소송의 법리에 의거하게 된다.

(1) 본안심리

① 소송자료의 통일

㉠ 원·피고·참가인 3자 중 어느 한 사람의 유리한 소송행위는 나머지 1인에 대해서도 그 효력이 생긴다. 예컨대 참가인이 주장하는 주요사실에 대해 원고만이 다투고 피고는 자백을 하여도 피고가 다툰 것과 같은 효력이 생긴다. 참가인 한 사람의 이의신청은 유리한 행위이므로 원·피고에 미친다.

㉡ 두 당사자 사이의 소송행위가 나머지 1인에게 불리한 것이면 그 두 당사자 간에도 효력이 발생하지 않는다. 예컨대 원·피고 간의 소송관계에 대하여 청구의 포기·인낙, 화해나 상소의 취하는 허용되지 않으며, 원고청구에 피고의 자백은 참가인에게 효력이 없다. 참가인의 피고에 대한 청구를 피고가 인낙을 해도 무효이다. 그렇게 되면 3자간에 결과가 합일확정이 되지 아니한다. 이 한도에서 독립당사자참가의 경우

통상의 소송과 달리 처분권주의가 후퇴되는 것이다. 다만 본안에 관하여 아무런 확정이 없는 본소 또는 참가신청의 취하는 가능하다.

② 소송진행의 통일

기일은 공통으로 정하지 않으면 안 된다. 따라서 3자 중 어느 한 사람에 대하여 중단·중지의 원인이 생긴 때에는 다른 두 사람에 대해서도 그 효력이 생기기 때문에 전소송절차가 정지되게 된다. 당사자 한 사람이 기일지정신청을 하면 전소송에 대하여 기일을 지정하여야 하며, 소송관계의 일부에 대한 변론의 분리·일부판결은 허용되지 않는다. 다만 상소기간과 같은 소송행위를 위한 기간은 각기 개별적으로 진행한다.

(2) 모순 없는 본안판결

① 3당사자 간의 본안에 관한 다툼을 하나의 소송절차로 한꺼번에 모순 없이 해결하여야 한다.

② 반드시 1개의 전부판결로써 본소청구와 참가인의 청구 모두에 대하여 동시에 재판하지 않으면 안 된다. 잘못 일부판결을 했다면 잔부에 대한 추가판결에 의하여 보충될 수 없고, 판단누락으로 보아 상소로써 시정할 것이다.

③ 소송비용의 재판에 있어서 법 제103조는 적용되지 않는다. 원고·피고·참가인 3자 중 1인이 승소한 경우에는 그 소송비용은 다른 두 당사자를 공동소송인에 준하여 법 제102조에 의해 두 당사자의 분담으로 하고, 패소한 두 당사자 간에는 적극적 당사자의 부담으로 한다.

3) 판결에 대한 상소

독립당사자참가에 있어서 상소와 관련하여 ① 상소하지 아니한 패소당사자의 소송관계, ② 그 당사자의 지위, ③ 불이익변경금지 등 문제가 있다. 차례로 본다.

① 첫째 문제는, 원고·피고·참가인 3당사자 가운데 두 당사자가 패소하였으나 패소당사자 중 한 사람이 승소당사자를 상대로 상소를 제기하였을 때에, 그 상소의 효력이 패소한 다른 당사자에게도 미치는가이다. 예를 들면 피고 乙과 참가인 丙이 모두 패소되었는데 피고 乙만이 원고 甲을 상대로 불복상소한 경우에 실제로 상소를 제기하지도 않은 참가인 丙에 대한 판결부분도 상소심으로 이심되느냐 분리확정되느냐 하는 문제가 있다. 참가신청의 부적법각하의 판결은 상소기간의 도과로 확정된다 하여 문제없으나, 본안판결을 받은 경우는 丙에 대해서도 상소의 효력이 미쳐 상급심으로 이전되는 것으로 보는 이심설, 丙의 소송관계는 끝나고 이심의 효력이나 확정차단의 효력이 생기지 않는다는 분리확정설(分離確定說)의 대립이 있다.
생각건대 독립당사자참가제도가 원고·피고·참가인 3당사자 간에 본안에 관하여 합일확정을 목적으로 하는 것인 만큼, 3당사자 간의 어느 일부의 소송관계에 관하여 가분적인 본안해결을 하지 못한다. 어느 당사자가 가분적으로 본안에 관하여 일부 확정시키고 물러서고 싶어도 물러설 수 없는 관계이다. 함께 확정되지 않고 먼저 일부만 확정된다면 그 부분과 나머지 뒤에 상소심에서 확정될 부분 사이에서 판결내용상의 모순을 피할 수 없게 되기 때문이다. 분리확정설은 변론주의나 처분권주의를 내세워 상소하지 않은 참가인의 판결부분이 분리확

정된다 하고 있으나, 이것은 3당사자 간의 소송관계 중 일부에 관해서 결과적으로 변론분리 끝에 일부판결로 끝내는 것이 되어 곤란하다. 그러므로 통설·판례인 이심설이 옳다.

② 둘째 문제는, 패소하고도 상소하지 않은 당사자의 패소부분도 끝나지 않고 이심된다면 그의 상소심에서의 지위는 어떠하고, 어떻게 표시할 것이냐이다. 대체로 ⅰ) 상소인설(법 제67조 제1항 준용), ⅱ) 피상소인설(법 제67조 제2항 준용), ⅲ) 상대적 이중지위설(승소자에 대하여는 상소인이 되고, 상소를 제기한 패소자에 대하여는 피상소인이 되는 특수지위라는 입장), ⅳ) 상소인도 피상소인도 아닌 단순한 상소심 당사자설 등이 있다.

생각건대 스스로 상소를 제기하지 않은 자를 상소인으로 간주하는 것도 부자연스러울 뿐더러, 상소의 이익이 없어 상소를 제기당하지 않은 자가 피상소인으로 된다는 것도 기이하며, 또 상소인인 동시에 피상소인이라는 것은 지나친 기교적 이론구성으로 보인다. 따라서 상소를 제기하지도 당하지도 않았지만 합일확정의 요청 때문에 불가피하게 상소심에 관여하여야만 하는 단순한 상소심 당사자로 보는 것이 타당하다 하겠으며 통설이다. 이와 같이 단순한 상소심 당사자로 볼 때 그의 지위는 상소유지의 주도권을 잃는 대신 상소인 또는 피상소인으로서 의무를 부담하지 않는 특수한 지위라고 하겠다. 구체적으로 보면 다음과 같다. ⅰ) 상소취하권이 없으며, ⅱ) 상소장에 인지를 붙일 의무가 없고, ⅲ) 상소심의 심판범위도 실제로 상소를 제기한 당사자의 불복범위에 국한된다. ⅳ) 피상소인이 아니므로 부대상소를 할 수 없고, ⅴ) 상소를 제기한 당사자의 승패에 관계없이 상소비용은 부담하지 않게 되며, ⅵ) 상소 제기도 당하지도 않은 당사자인 만큼 판결서에 상소인이나 피상소인의 표시가 아니라 단순히 「독립당사자참가인」으로 표시할 것이다.

③ 셋째 문제는, 이 경우 상소심의 심판대상은 실제로 상소제기한 자의 상소취지에 나타난 불복범위에 한정하되, 세 당사자 사이의 결론의 합일확정의 필요성을 고려하여 그 심판범위를 판단하여야 한다. 이때에 상소를 제기하지 않은 당사자의 판결부분이 상소인의 불복범위의 한도 내에서 유리한 내용으로 변경될 수 있는가인데, 불이익변경금지의 원칙의 적용이 배제되는 것으로 본다. 원고·피고·참가인 3자간의 합일확정의 요청 때문이다. 예를 들면 甲 승소, 乙·丙 패소인데 丙만이 상소한 경우 상소 내지 부대상소를 하지 않은 乙의 패소 부분이 유리하게 변경될 수 있다. 즉 甲의 乙에 대한 청구부분이 乙의 승소로 바뀔 수 있다. 그러나 참가인의 참가신청이 적법하고 합일확정의 요청상 필요한 경우에 한한다.

6. 단일소송 또는 공동소송으로 환원(독립당사자참가소송의 붕괴)

독립당사자참가소송은 다음과 같은 사유가 있으면 그 구조가 붕괴되어 단일소송 또는 공동소송으로 환원된다.

1) 본소의 취하·각하

① 참가 후에도 원고는 본소를 취하할 수 있으며, 법원은 본소가 부적법하면 이를 각하할 수 있다. 그러나 참가인은 본소의 유지에 이익이 있다 할 것이므로 본소취하에 있어서는 참가인의 동의를 필요로 한다.

② 본소의 취하·각하의 경우에 독립참가소송의 운명에 관하여 통설은 참가인이 원·피고 양쪽을 상대로 한 공동소송으로 변한다고 하고 있으나(공동소송잔존설), 독립당사자참가의 애초의 소송목적을 상실하게 되므로 3면소송은 끝이 난다는 반대설이 있다(전(全)소송종료설). 본소의 계속을 조건으로 한 참가신청이라는 특별한 사정이 없는 한, 참가인의 원·피고에 대한 청구가 일반 공동소송으로 남는다고 할 것이다. 판례도 같다. 다만 편면참가에서 본소가 소멸하면 참가인과 원고 혹은 참가인과 피고 사이의 단일소송으로 남는다.

2) 참가의 취하·각하

① 참가인은 소의 취하에 준하여 참가신청을 취하할 수 있다. 따라서 본소 원고나 피고가 본안에 관하여 응소한 경우에는 양쪽의 동의(법 제266조 제2항)를 필요로 한다. 적법하게 취하한 뒤에는 원고·피고 간의 본소만이 남는다. 다만 참가인이 쌍면참가를 하였다가 당사자 한쪽, 예를 들면 피고에 대해서만 참가신청을 취하하면 그로 인해 편면참가가 된다.

② 참가가 각하된 경우에도 본소만이 남는다. 참가가 취하·각하되어 본소로 환원된 경우에, 참가인이 제출한 증거방법은 당사자가 원용하지 않는 한 그 효력이 없다. 참가신청을 판결로 각하한 경우에 그 각하판결이 상소심에서 확정될 때까지는 본소에 관한 판결을 미루는 것이 원·피고·참가인 간의 합일확정을 위하여 당연히 요구된다고 할 것이나, 판례는 반대이다.

3) 소송탈퇴(법 제80조)

① 제3자가 참가함으로써 종전의 원고 또는 피고가 소송에 머물 필요가 없게 된 때에는 그 소송에서 탈퇴할 수 있다. 예를 들면 피고인 채무자 乙이 채무의 존재 자체는 시인하지만 진정한 채권자가 원고 甲이 아니라 제3자인 丙으로 생각되어 응소하고 있는데 마침 丙이 참가한 경우에, 甲·丙 사이에서 가리게 하고 채무자 乙은 탈퇴할 수 있다.

→ 탈퇴는 종전 당사자의 일방이 자기의 상대방과 참가인 간의 소송결과에 전면적으로 승복할 것을 조건으로 소송에서 물러서는 것으로, 이에 의하여 참가인의 상대방에 대한 소송관계만이 남게 되고 본소와 참가인·탈퇴자 간의 소송관계는 종료된다고 보는 것이 조건부 청구의 포기·인낙설이다. 최근 판례도 소송탈퇴하면 종전 당사자의 소송관계가 종료된다는 입장을 취하였다. 이에 대해 탈퇴의 경우에도 소송인수의 경우처럼 결과에 전면 승복하겠다기보다는 소송수행권만 열의있는 남은 두 당사자에게 맡겨 소송담당을 하게 하는 것일 뿐 탈퇴자의 소송관계는 남는다는 소송담당설(청구잔존설)도 생각할 수 있다고 하겠다. 선정당사자를 세웠을 때 선정자가 소송탈퇴하여도 선정자의 소송관계가 남는 것과 같다.

→ 소송탈퇴는 참가가 적법·유효한 경우만 허용되며, 상소심에서도 가능하다. 소송탈퇴는 원고 또는 피고만이 할 수 있으며 참가인의 소송탈퇴서의 제출은 참가신청의 취하의 취지로 볼 것이다.

② 소송탈퇴의 필요성은 주로 법 제79조 제1항 전단의 권리주장참가의 경우에 있기 때문에 법률도 「자기의 권리를 주장하기 위하여 소송에 참가한 사람이 있는 경우」라고 규정하고 있다. 그러나 동 후단의 사해방지참가의 경우에도 피고가 소송수행의 의욕이 없고 전혀 소극적 태도로 일관해 온 때에는 제3자가 소송참가함을 계기로 소송에서 탈퇴해 나갈 수 있으므로 소송탈퇴를 동 전단의 권리주장참가에만 한정시키는 견해는 적당치 않다(다수설). 제82조의 소송인수의 경우에 소송탈퇴를 인정하는 것(법 제82조 제3항)으로 보아도 제한적으로 해석할 필요 없다. 또 편면참가에서 소송탈퇴가 안 된다는 제한해석의 필요가 없다.

③ 소송탈퇴를 할 때에 상대방 당사자의 승낙 이외에 참가인의 승낙도 필요로 하는가 하는 점이 문제된다. 상대방의 승낙만을 요하도록 한 법 제80조의 규정과 탈퇴에 의하여 참가인의 이익이 해쳐질 바 없는 점으로 보아 구태여 참가인의 승낙은 불필요하다고 할 것이다.

→ 나아가 법 제80조가 상대방의 승낙을 얻게 한 것은 탈퇴에 의하여 상대방이 뜻밖의 손해를 입게 하지 않으려는 배려이기 때문에, 그와 같은 손해가 생길 염려가 없으면 상대방의 승낙조차 불필요하다고 하겠다. 판결의 효력은 어차피 탈퇴자에게도 미치는 것이므로 탈퇴한다고 하여 상대방에게 큰 불이익이 될 것이 없다는 것도 근거가 된다.

→ 생각건대 탈퇴자에게 판결의 효력이 미치므로 절차보장을 위하여 탈퇴자의 소송복귀를 허용해야 한다는 것이 사견이다. 탈퇴한 선정자가 선정당사자의 선정취소에 의하여 소송복귀가 가능한 것과 마찬가지이다.

④ 판결의 효력은 탈퇴자에게 미치는데(법 제80조 단서), 그 효력의 내용이 어떠한 것인가는 명확하지 않다. 따라서 i) 참가적 효력설, ii) 기판력설, iii) 기판력 및 집행력설(집행력 포함설) 등 3설이 대립되어 있다. 현재의 통설인 집행력 포함설이 무난하다 하겠다.

다수설은 원고 탈퇴의 경우는 조건부 청구의 포기, 피고 탈퇴의 경우는 조건부 청구의 인낙(조건부 청구의 포기·인낙설)이기 때문에 집행력까지 미친다고 보지만, 판결결과가 탈퇴당사자에게 불리하게 된 때는 별론으로되, 오히려 유리하게 된 때에는 설명이 궁해진다. 차라리 남은 두 당사자에게 일종의 소송담당을 시키고 물러선 것이기 때문에 그 소송담당관계의 반영으로 집행력도 탈퇴당사자에 미치는 것으로 볼 것이다(법 제218조 제3항 참조, 소송담당설). 다만 탈퇴자에게 집행력이 미친다면 무엇이 집행권원이 되느냐가 문제인데, 남은 당사자의 소송의 판결주문에서 의무이행선언이 집행권원이 된다.

제 **5** 절	**공동소송참가**266)

🖋 **관련 기출문제 – 2019년 공인노무사**
공동소송참가에 관여 설명하시오. 25점

1. 의의

① 공동소송참가란 소송계속 중에 당사자 간의 판결의 효력을 받는 제3자가 원고 또는 피고의 공동소송인으로서 참가하는 것을 말한다(법 제83조). 예를 들면 주주 한 사람 A가 회사를 상대로 주주총회결의부존재확인의 소를 제기한 경우에 그 판결의 효력을 받는 다른 주주 B가 A와 공동원고로서 그 소송에 참가하는 경우이다.

② 이와 유사한 공동소송적 보조참가는 판결의 효력을 받는 제3자가 공동소송인으로서가 아니라 단지 승소보조자로서 참가하는 경우임에 대하여, 공동소송참가에서는 참가인이 당사자인 지위에서 같이 소송수행하겠다는 참가인 점에서 공동소송적 보조참가보다 한층 강력하다.

※ **공동소송참가 사례**

공 동 소 송 참 가 신 청 서

사　　건　　20○○가합○○ 주주총회결의취소
원　　고　　○○○
　　　　　　○○시 ○○구 ○○길 ○○
원고공동소송참가인　　◎◎◎ (주민등록번호)
　　　　　　　　　○○시 ○○구 ○○길 ○○
피　　고　　◇◇◇ 주식회사
　　　　　　○○시 ○○구 ○○길 ○○(우편번호 ○○○–○○○)
　　　　　　대표이사 ○○○

위 사건에 관하여 원고공동소송참가인은 다음과 같이 원고의 공동소송인으로 소송에 참가합니다.

청 구 취 지

1. 피고의 20○○.○.○.자 정기주주총회에서 한 감사 ◇◇◇의 선임 결의를 취소한다.
2. 소송비용은 피고가 부담한다.
라는 판결을 구합니다.

---

266) 이시윤, 앞의 책, 820–822면

참가이유 및 청구원인

1. 원고공동소송참가인은 피고회사의 주주인바, 청구취지 기재 총회의 소집절차가 법령에 위반한 것임은 이 사건 소장 기재 청구원인과 같습니다.
2. 그렇다면, 위 총회에서 한 감사 ◇◇◇의 선임 결의는 취소되어야 할 것인바, 이 사건 판결의 효력은 원고공동소송참가인에게도 미치는 것이어서(상법 제376조 제2항, 제190조 본문), 이 사건의 소송목적은 원고와 원고공동소송참가인에게 합일적으로 확정되어야 하므로, 원고공동소송참가인은 이 신청에 이른 것입니다.
… 이하 생략

---

2. 참가의 요건

1) 소송계속 중일 것

소송계속 중이라면 상급심에서도 참가할 수 있다. 판례도 항소심에서 공동소송참가를 인정하고 있다. 공동소송참가가 소제기의 실질을 갖는다 하여 상고심에서는 부정하는 학설도 있을 수 있으나, 참가하지 아니하여도 자기에게 판결의 효력이 미치는 경우의 참가임을 고려한다면 상고심이라도 참가를 허용하여 방어의 기회를 주어야 할 것이다(통설).

2) 당사자적격

공동소송참가를 하는 제3자는 별도의 소를 제기하는 대신에 계속 중의 소송을 이용하여 공동소송인으로서 참가하는 것이므로, 자기 자신도 별도 소를 제기할 수 있는 당사자적격을 구비하지 않으면 안 된다. 당사자적격이 없는 경우에는 판결의 효력을 받는 경우라도(예 파산자) 공동소송적 보조참가를 할 수밖에 없다. 채권자대위권을 행사하는 경우의 채무자, 선정당사자를 내세운 선정자 등은 당사자적격을 가지나 중복소송에 해당되게 되어 공동소송참가가 허용되지 않는다.

3) 합일확정관계

참가하는 제3자는 피참가인 쪽 당사자와 합일적으로 확정될 관계라야 한다. 이는 그 당사자와 제3자가 같이 소를 제기한다면 합일확정소송의 대표격인 필수적 공동소송으로 될 경우이다.

① 본소송의 판결의 효력이 참가인인 제3자에게 확장되는 유사필수적 공동소송이 여기에 해당될 것은 물론이다. 판결의 반사적 효력이 미치는 경우도 유사필수적 공동소송에 해당되기 때문에 포함된다 할 것이다. 대법원은 채권자대위소송의 계속 중 다른 채권자가 동일채무자를 대위하여 채권자대위권을 행사하면서 공동소송참가신청을 할 경우, 양 청구의 소송물이 동일하다면 제83조 제1항의 합일확정의 경우에 해당하여 적법하다고 하였다.

② 고유필수적 공동소송으로 될 경우에도 포함된다고 할 것인지가 문제이다. 반대설이 없지 아니하나, 고유필수적 공동소송도 합일확정소송인 점, 그와 같은 소송에서 공동소송인의 일부를 빠뜨렸을 때에 이 제도의 이용으로 누락자를 참가시켜 소를 적법하게 만들 수 있는 점 등을 고려할 때에 허용함이 옳을 것이다(다수설). 법 제68조에서 고유필수적 공동소송의 경우에 일부 누락된 공동소송인을 추가하는 제도가 마련되었지만, 제1심에서만 허용하므로 상

고심에서까지 허용되는 공동소송참가는 여전히 누락자 보정의 제도로서 그 의미가 있다. 대법원은 필수적 공동소송인 공유물분할청구소송이 항소심계속 중 당사자인 공유자의 일부 지분이 제3자에게 이전되었고 그 제3자가 당사자로 참가(승계참가, 소송인수 등)하지 않은 상태에 변론종결하였으면 공유물분할소송이 적법하다 볼 수 없다 하며, 항소심에서 소송승계로 소를 적법하게 할 수 있음을 비추었다.

3. 참가절차와 효과

① 참가신청의 방식에는 제72조가 준용된다(법 제83조 제2항). 다만 참가신청은 소의 제기(원고 측에 참가) 또는 청구기각의 판결을 구하는 것(피고 측에 참가)이기 때문에 소액사건을 제외하고는, 소장 또는 답변서에 준하여 서면으로 하지 않으면 안 된다. 공동소송적 보조참가와 달리 원고 측에 참가하는 신청서에는 소장 또는 상소장에 준하는 인지를 붙여야 하며 또 참가의 취지(자기를 위하여 어떠한 판결을 구하는가와 어느 쪽 당사자의 공동소송인으로서 참가하는가)를 기재하여야 한다.

② 참가신청은 일종의 소의 제기이기 때문에, 당사자가 이의를 신청할 수 없다. 법원은 직권으로 참가의 적부를 심사하고 그 요건에 흠이 있을 때에는 종국판결로써 각하하지 않으면 안 된다. 요건에 흠이 있는 공동소송참가신청이라도, 단순보조참가 또는 공동소송적 보조참가의 요건을 갖추었으면 부적법한 소송행위의 전환으로 후자의 참가로 보아도 무방할 것이다.

③ 참가가 적법하다고 인정되면 피참가인과 참가인은 공동소송인이 되고 그 관계는 필수적 공동소송으로 취급된다.

03 | 당사자 변경

같은 소송절차에서 제3자가 소송에 가입하는 기회에 종전 당사자가 그 소송에서 탈퇴하는 경우를 널리 당사자의 변경이라 한다. 신당사자가 탈퇴자의 지위를 승계하지 않는 경우와 신당사자가 탈퇴자의 기왕의 소송상태를 승계하는 경우가 있다. 전자를 임의적 당사자의 변경이라 하고, 후자를 소송승계라고 한다.

제1절 임의적 당사자 변경[267)]

1. 의의

임의적 당사자의 변경이란 당사자의 의사에 의하여 종전의 원고나 피고에 갈음하여 제3자를 가입시키거나 종전의 원고나 피고에 추가하여 제3자를 가입시키는 것을 말한다. 특히 원고가 피고적격자를 혼동하여 잘못 소를 제기한 경우, 고유필수적 공동소송에 있어서 공동소송인이 될 자를 일부 누락시킴으로써 당사자적격에 흠이 생겼을 때에 이를 허용할 실익이 크다.

→ 임의적 당사자의 변경은 소송계속 중에 분쟁주체인 지위가 포괄적으로 승계되거나(당연승계), 특정적으로 승계되는 경우(참가승계 및 인수승계)에 피승계인이 물러나고 승계인이 들어섬으로써 생기게 되는 소송승계와는 구별된다. 임의적 당사자의 변경은 당사자적격의 승계가 없는 경우이다.

→ 임의적 당사자의 변경은 당사자의 동일성을 해치는 것이므로 이를 유지하는 전제의 당사자 표시의 정정과 다르다.

2. 판례·학설과 관련법

1) 대법원 판례의 입장

폭넓고 유연성있게 당사자 표시의 정정을 인정하지만, 임의적 당사자의 변경은 엄격하게 제한하고 있다. 당사자 교체의 형태이든, 당사자 추가의 형태이든 마찬가지이다. 선진국의 추세를 외면한 채 당사자 항정(恒定)의 원칙만 고집하는 폐쇄적인 소송운영으로 효율적 권리보호를 저해한다. 따라서 판례는 당사자 표시정정의 형태로, 甲이 원고로서 소제기한 후 원고의 명의를 그의 아버지인 乙로 변경, 당초 원고 외에 다른 사람을 원고로 추가, 당사자를 상고인으로 추가 등은 당사자의 변경으로 인한 소의 변경에 해당되므로 허용할 수 없다고 하였다. 법인 등 단체의 대표

---

267) 이시윤, 앞의 책, 823–830면

자 개인을 그 법인 등 단체 자체로 변경하는 당사자 표시정정은 허용되지 않는다고 했다.

다만, 당사자의 동일성의 변경이 아니라는 입장에서 i) 사망자인 것을 모르고 피고로 표시하여 제소한 경우에 피고를 상속인으로, 상속포기를 한 제1순위의 상속인을 피고로 한 경우에 실제 (제2순위) 상속인으로 정정, ii) 학교와 같이 당사자능력 없는 자를 내세웠다가 당사자능력자 (자연인 또는 학교법인)로 바꾸는 것을 표시정정의 형태로 허용한다(당사자적격이 없는 자를 적격자로 바꾼 당사자 표시정정도 같다). iii) 부적법한 당사자 표시정정이라도 피고가 동의하여 진행하여 판결선고까지 된 경우에 피고의 부적법주장은 신의칙에 반한다고 본다.

2) 학설

우리의 통설은 임의적 당사자의 변경은 당연히 허용되는 것으로 알아 왔으며, 일본과 독일의 통설 및 판례 또한 긍정적이다. 우리의 판례와 같이 당사자의 변경을 불허한다면, 당사자적격을 혼동한 경우에는 종전의 소를 취하하고 새로 소를 제기하지 않으면 안 될 것이고, 공동소송인의 일부를 누락하였을 경우에는 종래의 소송은 그대로 두고 별도의 소를 제기하여 여기에 변론을 병합시키는 도리밖에 없다. 그 어느 것도 직접적으로 임의적 당사자의 변경을 허용하는 것보다 소송관계인은 물론 법원에 대해서도 불편·불경제가 된다. 또 임의적 당사자의 변경을 허용하면 소송진행 중에 밝혀진 상황에 맞추어 탄력적인 대처가 가능해진다.

3) 관련법

행정소송·가사소송 등에서는 피고의 경정을 일찍부터 명문화하였으나, 민사소송에서는 1990년 개정법률에 이르러 제63조의2(신법 제68조)에서 당사자 추가의 한 형태로 필수적 공동소송인의 추가를 새로 입법하였으며, 제234조의2·3(신법 제260조, 제261조)에서 당사자의 교체의 한 가지로 피고의 경정을 규정하였다. 그리고 신법은 예비적·선택적 공동소송인의 추가가 가능할 수 있도록 하였다(법 제70조, 제68조).

3. 성질

임의적 당사자의 변경을 허용한다면 그 법적 성질을 어떻게 파악할 것인가 하는 문제가 남는다. 소의 변경설 이외에 다음 두 가지 주목할 견해가 있다.

1) 신소제기·구소취하설(복합설)

새로 가입하는 신당사자에 대해서는 신소의 제기이고 탈퇴하는 구당사자에 대해서는 구소의 취하라고 할 것으로 이러한 두 개의 복합적 소송행위라고 보는 견해이며, 현재 우리의 다수설이다. 또 당사자 추가의 경우에는 신소의 병합제기라고 한다. 이러한 견해에 따르면 당사자의 변경은 신소의 제기이기 때문에 오로지 제1심에 국한시켜야 하며 제2심에서는 허용할 수 없는 결과가 되고, 뿐더러 신당사자의 절차보장은 존중되나 신·구당사자 간에 소송의 연속성이 끊기게 된다는 실천적인 난점이 있다.

2) 특수행위설(소송속행설)

이 설은 구당사자의 절차와 신당사자의 절차를 소송법상 하나의 단일현상으로 파악하면서 기존의 법규와는 별개로 그 요건·효과를 규율하여야 한다는 견해로서, 현재 독일의 다수설이다. 독자제도설이라고도 한다. 구당사자의 소송수행의 결과를 신당사자에게 미치게 하려는 이론구성이다.

3) 검토

생각건대 법 제68조와 제260조·제261조가 그 법적 성질을 규명하는 데 기준이 되지 않을 수 없다. 제68조 제3항에 의하면 공동소송인의 추가는 신소의 제기로 되어 그 효과를 최초에 소를 제기한 때로 소급시키고 있고, 또 제260조·제261조에서는 종전의 피고가 본안에 관하여 응소한 때에는 그의 동의를 얻게 하는 한편 경정허가결정이 된 때에는 종전의 피고에 대한 소는 취하된 것으로 보고 있다. 따라서 복합설이 입법을 통해 채택된 것이다(다수설).

4. 법률상의 임의적 당사자의 변경

가. 서설

1) 1990년 개정법률에서 허용한 임의적 당사자의 변경의 하나는 당사자의 교체(교환적 당사자의 변경)의 한 형태인 피고의 경정(법 제260조)이고, 다른 하나는 당사자의 추가(추가적 당사자의 변경)의 한 모습인 필수적 공동소송인의 추가(법 제68조)이다.

2) 그 요건상의 특색은 다음과 같다.

첫째로 원고의 신청에 의하여만 당사자를 변경하도록 되어 있다. 원고의 initiative에 의하여 이루어지게 되어 있으며, 피고나 제3자의 신청권을 인정하지 않는다.

둘째로 제1심에 계속 중이고 변론종결 전까지만 허용된다. 이것은 새로 가입하는 당사자의 절차보장(심급의 이익)을 고려한 것이지만, 명문에 불구하고 신·구 양 당사자의 동의를 얻으면 항소심에서도 변경을 허용해야 할 것이 아닐까. 가사소송법 제15조 제1항은 '사실심 변론종결시'까지 필수적 공동소송인의 추가 또는 피고의 경정이 되고, 행정소송에서는 판례가 사실심의 변론종결시까지 피고의 경정이 된다고 하고 있으므로 민사소송에서만 제1심에 한정하는 것은 균형이 맞지 아니한다. 물론 피고적격의 명백한 혼동이나 필수적 공동소송인의 누락 등이 항소심에서 발견되었을 때에 원심판결을 취소하고 소를 각하할 수밖에 없고 원고로서는 신소를 제1심에 다시 제기해야 하는데, 이때의 시간·비용·노력 등 소송불경제가 되고 국민에 불편을 주는 제도로 된다. 항소심이 미국처럼 법률심도 아니고 제1심의 속행인 사실심인데 이를 막을 합리적 이유를 찾을 수 없다. 독일 등과 달리 우리 법은 임의적 당사자의 변경에 있어서 허용하는 모습의 면에서나 신청권자·시기 면에서 매우 제한적이므로, 입법개선이 요망된다. 판례도 확대해석을 하지 않으려는 경향인데 이것도 문제이다.

나. 피고의 경정

※ 피고경정 사례[268]

피 고 경 정 신 청 서

사　　건　20○○가단○○○○ 약속어음금
원　　고　○○○
피　　고　◇◇

위 사건에 관하여 원고는 이 사건 피고를 잘못 지정하였으므로 민사소송법 제260조 제1항에 의하여 다음과 같이 피고의 경정을 신청하오니 허가하여 주시기 바랍니다.

신 청 취 지

이 사건의 당사자표시 중 "피고 ◇◇◇(주민등록번호 또는 한자) ○○시 ○○구 ○○길 ○○(우편번호 ○○○-○○○)"로 된 것을 "피고 ◆◆주식회사 ○○시 ○○구 ○○길 ○○○(우편번호 ○○○-○○○) 대표이사 ◇◇◇"로 경정한다.
라는 결정을 구합니다.

신 청 이 유

1. 원고는 개인 ◇◇◇를 피고로 하여 위 사건 약속어음금청구의 소를 제기하였습니다.
2. 그런데 이 사건 약속어음의 발행인란에는 발행인이 "◆◆주식회사 대표이사 ◇◇◇"라고 기재되어 있으므로 이 사건 약속어음의 정당한 발행인은 ◆◆주식회사라고 하여야 할 것입니다.
3. 따라서 원고는 피고를 ◇◇◇ 개인에서 ◇◇◇가 대표이사로 재직하는 ◆◆주식회사로 경정허가결정을 얻고자 이 신청에 이른 것입니다.
… 이하생략

---

1) 요건

① 원고가 피고를 잘못 지정한 것이 분명한 경우라야 한다(예 법인격이 있어 회사를 피고로 하여야 할 것을 그 대표자 개인을 피고로 한 경우, 아내 명의의 계약을 남편이 하여 남편이 물어주어야 하는 것으로 착각하여 남편을 피고로 한 경우). 피고의 동일성을 바꾸는 것이므로 그 동일성의 유지를 전제로 피고표시를 바로 잡는 당사자 표시정정과는 다르다.

→ 판례는 청구취지나 청구원인의 기재내용 자체로 보아 원고가 법률평가를 그르치거나 또는 법인격의 유무에 착오를 일으킨 것이 명백하여 피고를 잘못 지정한 때가 이에 해당된다고 보고, 뒤에 증거조사 결과 판명된 사실관계로 미루어 피고의 지정이 잘못된 경우는 포함되지 않는 취지로서 경정요건을 좁히고 있다. 이렇게 되면 원고는 후소를 취하하고 신소를 제기할 수밖에 없는 저효율·고비용의 난감한 상황이 된다. 이때에도 피고의 지

정에 있어서 잘못이 분명하면 경정을 허용할 것이다.

→ 법은 원고가 잘못 지정된 경우를 포함시키지 아니하였으나, 신원고의 동의가 있으면 제 68조 제1항 단서를 유추하여 원고의 경정도 허용할 것이다(다수설). 잘못 지정된 경우에는 석명권을 행사하여 원고로 하여금 고치게 할 것이다.

② 교체 전후를 통하여 소송물이 동일하여야 한다.

③ 피고가 본안에 관하여 준비서면의 제출, 변론준비기일에서의 진술변론을 한 뒤에는 피고의 동의를 요한다(법 제260조 제1항 단서). 피고가 경정신청서를 송달받은 날로부터 2주 이내에 이의하지 않으면 동의한 것으로 본다(법 제260조 제4항).

2) 신청 및 허가여부의 결정

① 피고의 경정은 신소제기와 구소취하의 실질을 가지므로, 원고가 서면으로 신청할 것을 요한다(법 제260조 제2항, 다만 구술제소에 의한 소액사건에는 예외). 종전의 피고에게 아직 소장부본이 송달되기 전이면 경정신청서는 그 피고에게 송달할 필요가 없으나, 송달되고 난 뒤이면 신청서의 송달을 필요로 한다(법 제260조 제3항).

② 경정 전후를 통해 소송물이 동일할 것을 요하는 이상 경정신청 시에 인지를 따로 붙일 필요가 없으며, 구소장의 인지를 유용하여도 무방하다.

③ 원고의 경정신청에 대하여 법원은 결정으로 허가여부의 재판을 한다. 허가여부의 결정은 송달할 것을 요한다(법 제261조 제1항. 단, 소장부본이 아직 송달되지 아니한 경우 제외). 그러나 새로운 피고에 대해서는 경정허가를 한 때에 한하여 결정서정본과 함께 소장부본의 송달을 요한다(법 제261조 제2항). 경정허가결정에 대하여는 원칙적으로 불복할 수 없지만, 피고(법 제260조 제1항 단서)가 경정에 부동의하였음을 사유로 하여서만 즉시항고할 수 있다(법 제261조 제3항). 피고 정정신청을 한 원고가 그 경정허가결정이 부당함을 내세워 불복할 수 없다.

3) 효과

경정허가결정이 있는 때에는,

① 종전의 피고에 대한 소는 취하된 것으로 본다(법 제261조 제4항). 종전의 피고에 대한 관계에서 소송계속의 효과가 소멸되었기 때문에 그에 관한 심리를 하여서는 안 된다.

② 피고의 경정도 새 피고에 대하여는 소의 제기이므로 이에 의한 시효중단·기간준수의 효과는 경정신청서의 제출 시에 발생한다(법 제265조). 그러나 피고적격의 혼동에 의한 보완이므로 구소제기의 시점으로 소급효 인정이 입법론상 옳다 할 것이다. 다만, 피고의 표시정정의 경우에는 당초 소제기에 의한 시효중단·기간준수의 효과가 유지됨은 앞서 본 바이다. 이 때문인지, 판례는 피고의 경정은 축소지향적으로 해석하는가 하면, 피고의 표시정정은 넓게 허용하려는 경향이다.

③ 종전의 피고가 해온 소송수행의 결과는 신당사자에 의한 원용이 없는 한 그에게 효력이 없으며, 법원은 신당사자에 대하여 새로 변론절차를 열어야 함이 원칙이다. 그러나 신당사자가 경정에 동의한 때, 신당사자가 실질상 구소송절차에 관여하여 왔고 구당사자의 소송수행이

신당사자의 그것과 동일시될 때(사실상 절차보장이 있는 때)에는 원용이 없어도 소송수행의 결과는 그에게 미친다고 볼 것이다(다수설).

다. 필수적 공동소송인의 추가

※ 필수적 공동소송인 추가사례

필수적 공동소송인(피고) 추가신청서

사　건　20○○가단○○○ 공유물분할 등
원　고　○○○
피　고　◇◇◇

위 사건에 관하여 원고는 다음과 같이 필수적 공동소송인(피고)의 추가를 신청합니다.

신 청 취 지

이 사건의 피고로 ◆◆◆ (주민등록번호) {주소 : ○○시 ○○구 ○○길 ○○(우편번호 ○○○-○○○)}을 추가함을 허가한다.
라는 결정을 구합니다.

신 청 이 유

원고는 피고 ◇◇◇만을 상대로 공유물분할의 소를 제기한 바 있으나, 공유물분할청구는 분할을 구하는 공유자가 다른 모든 공유자를 공동피고로 하여야 하는 필수적 공동소송이고, 이 사건 공유물분할의 대상인 이 사건 토지는 원고 이외에 피고 ◇◇◇, 소외 ◆◆◆ 3인의 공동소유로 되어 있으므로, 피고 ◇◇◇ 이외 다른 공유자인 ◆◆◆가 이 사건 공유물분할청구의 피고로 추가되어야 하므로 민사소송법 제68조 제1항에 따라 위와 같이 신청합니다.
… 이하 생략

---

1) 요건

① 필수적 공동소송인 중 일부가 누락된 경우일 것을 요한다. 고유필수적 공동소송에서 공동소송인으로 될 자를 일부 빠뜨림으로써 당사자적격에 흠이 생긴 경우(예 공유물분할청구의 소에서 원고가 공유자 전원을 상대로 하지 않고 그중의 일부를 빼놓고 제기한 경우)이다. 유사필수적 공동소송 및 통상공동소송에서는 공동소송인을 일부 빠뜨려도 당사자적격의 흠의 문제가 생기지 않으므로 입법취지상 이 경우까지는 추가의 대상이 되지 않는다고 할 것이다.
② 추가된 신당사자가 종전의 당사자와의 관계에서 공동소송인이 되므로 공동소송의 요건을 갖추어야 한다.
③ 원고 측이든 피고 측이든 추가가 허용되지만, 원고 측을 추가하는 경우에는 추가될 신당사자의 동의가 있어야 한다(법 제68조 제1항 단서). 이것은 신당사자의 절차보장을 위한 당연한 요청이다.

예를 들면 A·B·C 3인이 한 필지의 토지를 乙로부터 동업목적으로 매수하여 乙에 대해 소유권이전등기청구를 함에 있어서는, A·B·C가 공동원고가 되어 필수적 공동소송의 형태로 소제기를 하여야 하는데도 C를 원고에서 빠뜨렸다고 하자. 이때에 A·B가 C를 필수적 공동소송인으로 추가하는 신청을 내어 적법한 소송으로 만들고자 할 때 C의 동의를 구하여야 한다는 말이다.

2) 신청 및 허가여부의 결정

① 공동소송인의 추가는 추가된 당사자와의 사이에 신소의 제기이므로, 추가신청은 서면에 의하여야 한다(단 소액사건에서는 구술에 의한 신청도 가능).

② 원고의 추가신청에 대하여 법원은 결정으로 그 허가여부를 재판한다(법 제68조 제1항). 허가결정이 있는 때에는 그 허가결정서의 정본은 모든 당사자에게 송달하되 추가될 당사자에게는 그 이외에 소장부본도 함께 송달하여야 한다(법 제68조 제2항).

③ 허가결정에 대하여는 원칙적으로 불복을 할 수 없으나, 추가될 원고의 부동의는 이해관계인의 즉시항고사유가 된다(법 제68조 제4항). 피고경정신청의 기각결정(제439조에 의한 통상항고만 허용)과 달리, 추가신청의 기각결정에 대하여는 즉시항고할 수 있다(법 제68조 제6항).

3) 효과

① 처음 소가 제기된 때에 추가된 당사자와의 사이에 소가 제기된 것으로 보기 때문에, 시효중단·기간준수의 효과는 처음 제소 시에 소급한다(법 제68조 제3항, 경정과 다르다).

② 필수적 공동소송인의 추가이므로 종전의 공동소송인의 소송수행의 결과는 유리한 소송행위인 범위 내에서 신당사자에게도 효력이 미친다고 할 것이다.

4) 필수적 공동소송인 일부가 후발적으로 빠진 경우

앞서는 필수적 공동소송인이 처음부터 빠졌을 때의 문제이다. 그러나 예를 들면 적법한 공유물분할청구소송에서 피고인 공유자 중 일부가 소송 도중에 자기지분을 제3자에게 이전함으로써 피고 일부가 후발적으로 빠져 부적법하게 된 경우, 제3자가 승계참가·소송인수로 보완되어야 하며, 그렇지 않으면 부적법각하된다.

5) 예비적·선택적 공동소송인의 추가에 준용

신법 제70조는 앞서 본 바와 같이 예비적·선택적 공동소송을 신설하였는데, 여기에 제68조의 필수적 공동소송인의 추가규정을 준용토록 하였다. 즉, 원·피고 간의 단일소송이 계속 중에 제68조의 규정에 맞추어 새로운 당사자(원고·피고)를 예비적 당사자 또는 선택적 당사자로 추가병합함으로써, 소송형태를 예비적·선택적 공동소송으로 바꿀 수 있도록 길을 열어 놓았다. 소송진행 중에 밝혀진 상황에 맞춘 탄력성 있는 소송수행과 분쟁의 1회적 해결에 도움이 되는 매우 혁신적인 입법이며, 크게 활용되고 있다.

제2절 　 소송승계269)

I 　 총설

1. 의의

① 널리 소송계속 중에 소송의 목적인 권리관계의 변동으로 새 사람이 종전 당사자가 하던 소송을 인계인수받게 되는 것을 소송승계라 한다. 당사자적격(엄밀하게는 당사자 본안적격)의 이전으로 당사자가 변동되는 점에서 당사자적격의 혼동·누락의 경우에 허용하는 임의적 당사자의 변경과 구별된다. 이때 권리관계의 승계인이면서 소송승계를 하지 않고 계속 중인 소송을 취하하고 별도의 소송을 벌여야 한다면, 소송경제에 반할 뿐더러 지금까지의 소송수행의 노고가 헛되게 되어 상대방과의 관계에서도 불공평한 결과가 된다.

② 변론종결 전의 승계인은 소송을, 변론종결 후의 승계인은 기판력을 각 인계받는 것이라 할 것이므로, 소송승계제도는 기판력의 확장제도와 기본적으로 입장을 같이한다(따라서 "생성 중인 기판력의 확장"이라고도 한다).

③ 소송승계가 된 뒤에는 신당사자는 전주(피승계인)의 소송상 지위를 이익·불이익을 막론하고 그대로 승계하며, 이를 전제로 상대방과 승계인 간에 심판을 하여야 한다. 종전의 변론준비·변론·증거조사·재판이나 종전의 소제기에 의해 생긴 시효중단·기간준수의 효과가 신당사자에게 미치며, 자백에 반하는 주장, 실기한 공격방어방법의 제출 등의 구당사자가 소송상 할 수 없는 행위는 신당사자도 할 수 없다. 다만 종전의 소송비용은 당연승계의 경우에는 별 문제이나, 소송물의 양도에 의한 승계의 경우에는 특별한 사정이 없는 한 승계하지 아니한다.

2. 형태

그 하나는 당사자의 사망 등 포괄적 승계원인의 발생과 동시에 법률상 당연히 일어나는 당사자의 변경인 소송승계이고, 다른 하나는 소송물의 양도 등 특정 승계원인이 생겨 관계당사자의 신청에 의하여 비로소 일어나는 당사자의 변경인 소송승계이다. 전자가 당연승계(포괄승계), 후자가 소송물의 양도에 의한 승계(신청승계)로서 여기에 참가승계와 인수승계가 있다.

II 　 당연승계

1. 원인

1) 실체법상의 포괄승계원인이 있는 때에 법률상 당연히 소송당사자가 바뀌며 소송을 인계받게 되는 경우이다. 법은 당연승계의 발생원인인 포괄승계가 있는 때에 소송절차의 중단·수계의 각도에서 이를 규정하고 있다.

---

269) 이시윤, 앞의 책, 830–840면

2) 당연승계의 원인으로는 ① 당사자의 사망(법 제233조), ② 법인 등의 합병에 의한 소멸(법 제234조), ③ 당사자인 수탁자의 임무종료(법 제236조), ④ 일정한 자격에 기하여 당사자가 된 자의 자격상실(법 제237조 제1항), ⑤ 선정당사자의 소송 중에 선정당사자 전원의 사망 또는 그 자격의 상실(법 제237조 제2항), ⑥ 도산절차의 개시 등이 있다.

2. 소상의 취급

① 당연승계의 원인이 생긴 때에는 소송은 승계인에게 넘어가지만 곧바로 소송수행을 할 수 있는 것은 아니므로 법은 소송절차를 중단토록 하는 한편, 수계절차를 밟아 중단된 절차를 속행하도록 하였다.

→ 당사자인 피상속인이 사망한 경우에 공동상속재산은 상속인들의 공유이므로 소송의 목적이 공동상속인들 전원에게 합일확정되어야 할 경우가 아닌 이상 상속인 전원이 반드시 공동으로 수계하여야 하는 것이 아니다. 일부상속인만 수계한 경우에 수계하지 아니한 나머지 상속인들에 대한 소송은 중단상태로 사망 당시의 심급법원에 그대로 남는다.

② 당연승계가 있어도 소송절차가 중단되지 않는 경우에는 소송절차의 진행에 아무런 영향이 없다. 소송대리인이 있는 경우에는 그 대리인이 계속 구당사자의 이름으로 소송을 수행하게 되지만(법 제238조), 실질상 승계인의 대리인이라 할 것이다.

Ⅲ 소송물의 양도(특정승계)

1. 소송물의 양도의 입법례

① 과거에는 양도금지주의가 있었으나, 근대에 들어와서는 양도의 자유를 인정하기에 이르렀으며, 이에는 소송물의 양도가 있어도 당사자를 바꾸지 않고 종전의 당사자가 그대로 승계인을 위해 소송수행권을 가지며, 그 판결의 효력을 승계인에게도 미치게 하는 입장인 당사자항정주의(독일)와, 소송목적인 실체적인 권리관계의 변동을 소송에 반영시켜, 승계인을 새 당사자로 바꾸고 전주의 소송상의 지위를 승계시키는 입장인 소송승계주의가 있는바, 현행 민사소송법 제81조·제82조는 소송물의 양도자유의 기조하에 소송승계주의를 채택하고 있다.

② 소송승계주의는 소송물인 권리관계주체의 변동을 소송에 반영시켜 진행하는 장점은 있으나 당사자적격의 변동이 있었음에도 불구하고 상대방이 그 변동사실을 몰라서 소송승계절차를 밟지 못했을 때가 문제이다. 모르고 그대로 소송수행한 결과 받은 판결은 승계인에 미치지 아니하여 무용지물이 되어 낭패가 된다. 특히 그 폐단은 건물명도소송 등에서 두드러지는데, 명도소송의 피고 乙이 소송 도중에 丙에게 점유승계하고 자기는 빠져나가는 경우 이 사실을 모르고 소송수행한 결과 원고 甲이 받은 승소판결은 丙에게 효력이 없어 집행을 못하는 판결이 된다. 따라서 승계인을 상대로 다시 신소를 제기하여야 하는 소송불경제의 결점이 있다. 다시 말하면 소송승계주의는 특히 권리승계의 경우는 승계인의 보호라는 면에서는 당사자항정주의가 미치지 못하는 장점이 있으나, 특히 의무승계의 경우는 그 상대방의 보호라는 면에서는 그 결함이 크다. 이에 현행법은 소송승계주의의 결함을 시정하는 방법으로 몇 가지를 마련해 놓고 있다.

㉠ 가처분제도 : 원고 측이 가처분제도를 이용하면 소송계속 중에 피고가 의무승계 등 현상변
경을 해도 보호받을 수 있다. 예를 들면 건물명도청구소송에서 점유이전금지가처분(이전등
기소송에서는 처분금지가처분)에 의하여 피고적격을 굳혀 놓음으로써 소송계속 중 피고가
다른 사람에게 점유승계를 시켜도 소용없도록 하는 것이다.

㉡ 추정승계인 : 제218조 제2항에서는 당사자가 변론종결 전에 승계사실이 있으면 진술하도록
하고, 만일 하지 아니하면 승계인은 변론종결 후에 승계가 있는 것으로 추정하여 그에게 판
결의 효력을 미치게 하였다. 상대방으로 하여금 승계인에 대해 소송인수신청을 할 수 있게끔
승계사실을 상대방에 알리도록 간접강제하는 것이다.

2. 소송물의 양도의 의의

소송물의 양도란 소송계속 중에 소송물인 권리관계에 관한 당사자적격이 특정적으로 제3자에게 이
전됨으로써 소송을 인계받게 되는 경우를 말한다. 소송물의 양도를 특정승계라고도 한다. 다만 소
제기 전에 권리관계의 변동이 있어도 소송물의 양도라 할 수 없으며, 이때에는 소송승계의 문제가
생길 수 없다.

① 양도의 형태로서 임의처분(매매, 증여 등), 행정처분, 집행처분(매각허가 전부명령), 그리고 법
률상의 당연이전(대위)을 포함한다. 또 소송물인 권리관계의 전부양도만 아니라 일부양도도 포
함된다. 소송물인 권리관계 자체가 제3자에게 특정승계된 경우뿐 아니라, 소송물인 권리관계의
목적물건, 즉 계쟁물의 양도(건물철거소송 중에 건물의 소유권이 제3자에게 넘어간 경우)도 포
함된다. 이를 당사자적격 이전의 근거가 되는 실체법상의 권리이전이라고도 한다.

② 소송물의 양도는 특정적인 권리관계의 변동에 의하여 종전 당사자가 당사자적격(엄밀하게는 본
안적격)을 잃고 신당사자가 당사자적격을 취득하는 당사자적격의 이전이므로, 제81조와 제82
조의 소송승계인(변론종결 전의 승계인)은 제218조의 변론종결한 뒤의 승계인에 준하여 취급하
여야 한다. 따라서 변론종결 후의 승계인의 경우처럼 구이론은 채권적 청구권에 기한 소송 중
계쟁물을 취득한 자, 예를 들면 매매계약의 매수인이 매도인에게 소유권이전등기청구를 한 경
우에 소송 도중에 매도인으로부터 목적물에 대해 등기이전을 받은 제3자(이전등기의무 자체의
승계는 별론)는 여기의 승계인에 포함되지 아니한다고 본다. 그러나 물권적 청구권에 기한 소송
중 계쟁물을 양수한 자, 예를 들면 소유권에 기한 이전등기말소소송의 계속 중에 당해 부동산을
매수하여 등기이전을 받은 제3자는 승계인에 포함시키고 있다. 생각건대 소송물인 권리관계가
물권적 청구권인가 채권적 청구권인가의 성질에 의하여 가리려는 것이 분명하기는 하지만, 등
기나 점유승계인은 모두 승계적격자로 볼 것이고, 승계인이 상대방 당사자에 대항할 고유의 항
변을 갖고 있다면 승계 후의 소송과정에서 주장할 기회를 보장하는 것이 옳다는 견해도 있을
수 있다(형식설).

3. 승계의 방식과 절차

소송물의 양도가 있는 경우에 승계절차를 밟는 데는 참가승계와 인수승계가 있다. 전자는 승계인
자신이 자발적으로 소송에 가입하는 방식임에 대하여(자발참가), 후자는 당사자가 승계인을 강제로

소송에 끌어들이는 방식이다(강제참가). 뒤에 볼 바와 같이 비록 승계의 원인이 있어도 별도의 소냐 소송승계의 절차를 밟느냐는 당사자나 승계인의 자유 선택이다.

가. 참가승계(법 제81조) - 승계참가

1) 의의

① 소송계속 중 소송목적인 권리·의무의 전부나 일부의 승계인이 독립당사자참가신청의 방식으로 스스로 참가하여 새로운 당사자가 되고 소송을 있게 되는 것을 말한다(법 제81조). 승계참가라고도 한다. 예를 들면 甲이 乙을 상대로 소유권에 기한 가옥명도청구소송 중에 甲이 그 가옥을 丙에게 양도한 경우에 丙이 신청하여 새로운 원고가 되는 것을 말한다.

※ 참가승계 사례[270]

승 계 참 가 신 청 서

사 건	20○○가합○○ 건물명도
원 고	○○○
원고승계참가인	◎◎◎
	○○시 ○○구 ○○길 ○○
피 고	◇◇◇

위 사건에 관하여 원고승계참가인은 다음과 같이 권리승계인으로서 참가합니다.

청 구 취 지

1. 피고는 원고승계참가인에게 별지 목록 기재의 건물을 인도하라.
2. 소송비용은 피고가 부담한다.
3. 제1항은 가집행할 수 있다.
라는 판결을 구합니다.

참가이유 및 청구원인

1. 원고는 별지 목록 기재의 건물에 관하여 피고를 상대로 하여 귀원에 건물명도청구의 소를 제기하여 진행 중인바, 원고승계참가인은 20○○.○.○. 원고로부터 이 사건 건물을 금 ○○○ 만원에 매수하고, 20○○.○.○. ○○지방법원 ○○등기소 접수 제○○○○호로 소유권 이전등기를 마쳤습니다.
2. 따라서 원고승계참가인은 이 사건 소송목적인 권리 전부를 승계한 사람인바, 원고도 위 사실을 다투지 아니하고 있으므로, 원고승계참가인은 피고에게 위 건물의 인도를 청구하고자 이 건 참가에 이르렀습니다.
… 이하 생략

---

270) 대한법률구조공단 홈페이지 참조

② 참가승계는 권리승계인이 주된 승계적격자가 되겠지만, 채무승계인이라도 자기 쪽에 승소의 전망이 서면 자발적인 참가를 바랄 것이므로, 채무승계인까지도 참가신청을 할 수 있도록 하였다. 이리하여 권리승계인·의무승계인 가릴 것 없이 자진 참가신청을 할 수 있도록 한 것이다. 특히 권리승계인의 참가신청은 소의 제기에 해당하며, 참가요건은 소송요건에 상당하기 때문에 그 요건의 구비 여부는 직권조사사항이며, 부적법하면 판결로 각하하여야 한다. 다만 참가신청이 있는 경우에 승계인에 해당하는가의 여부는 본소송의 청구와 참가인의 주장에 의하여 판정하면 되고, 본안에 관한 심리 결과 승계가 인정되지 않는 때에는 청구기각 판결을 하여야 한다.

2) 참가신청

① 참가승계신청은 법률심인 상고심에서는 허용되지 않는다.

② 참가승계의 경우에 참가방식은 고유의 독립당사자참가의 경우와 같지만, 원칙적으로 전주(피승계인)와 참가인 간에 이해대립이 되는 관계가 아니므로 소송의 구조는 그것과 근본적인 차이가 있다. 따라서 전주가 승계사실을 다투지 않는 한, 고유의 독립당사자참가의 경우와 같이 대립견제의 소송관계가 성립하지 않는다. ⅰ) 참가인이 전주인 원고에 대하여 아무런 청구를 하지 아니하여도 되며(편면참가), 참가신청서에 참가의 청구취지를 밝히지 아니하여도 무방하다. ⅱ) 전주인 원고의 대리인이 참가인의 대리인을 겸하여도 쌍방대리로 문제되지 아니한다.

예외적이지만, 권리의무관계의 승계가 제대로 되었는지 그 유무효에 대해 전주와 승계인 간에 다툼이 있는 경우에는 승계인은 전주에 대해서도 일정한 청구를 하여야 하며(쌍면참가), 이 경우에는 전주·승계인·피고의 대립관계의 소송형태로 된다. 때문에 독립당사자참가와 같은 인지를 붙여야 한다.

3) 효과

① 참가신청을 내면 참가의 시기에 관계없이 당초의 소제기 시에 소급하여 시효중단·기간준수의 효력이 생긴다. 이 소급효가 승계인이 별도의 소제기보다는 좋은 이점이다.

② 승계인은 고유의 독립당사자참가의 경우와 달리 전주의 소송상의 지위를 승계하기 때문에, 참가 시까지 전주가 한 소송수행의 결과에 구속된다.

나. 인수승계(법 제82조) - 인수참가

1) 의의

소송계속 중 소송의 목적인 권리·의무의 전부나 일부의 승계가 있는 때에 종전 당사자의 인수신청에 의하여 승계인인 제3자를 새로운 당사자로 소송에 강제로 끌어들여 있게 하는 것을 말한다. 예를 들면 甲이 乙을 상대로 소유권에 기한 가옥명도청구소송 중에 乙이 丙에게 가옥의 점유를 승계시킨 것이 밝혀질 경우에 甲의 신청에 의하여 丙을 새로운 피고로 소송에 끌어들이는 것 등이다. 인수승계에서는 채무승계인이 주된 승계적격자가 되겠지만, 권리승계인도 자기 측이 승소의 자신이 없으면 참가를 꺼릴 것이므로, 권리승계자도 전주의 상대방에 의한 인수승계가 가능하게 하였다. 이리하여 의무승계인·권리승계인 가릴 것 없이 종전 당사자는 인수신청에 의해 소송에 끌어들일 수 있다. 인수승계는 법률이 인정한 제3자를 끌어들이는 소송인입(訴人)의 대표적 예이다.

※ 인수승계 사례[271]

소 송 인 수 참 가 신 청 서

사   건   20○○가합○○ 000
원   고   ○○○
피   고   ◇◇◇
피인수신청인   ◈◈◈ (주민등록번호)
              ○○시 ○○구 ○○길 ○○(우편번호 ○○○-○○○)

위 사건에 관하여 피고는 다음과 같이 피인수신청인으로 하여금 이 사건 소송을 인수하게 하여 줄 것을 신청합니다.

신 청 취 지

피인수신청인은 원고를 위하여 이 사건 소송을 인수한다.
라는 재판을 구합니다.

신 청 이 유

1. 피고는 이 사건 소송계속 중 원고 소유의 이 사건 지상 건물의 점유권을 피인수신청인에게 양도하였습니다.
2. 그렇다면 피인수신청인은 소송목적인 의무의 전부를 승계하였다고 할 것이므로, 원고는 이 신청에 이른 것입니다.
… 생략

---

2) 인수신청의 요건

(1) 다른 사람 사이의 소송이 계속 중일 것

인수신청은 사실심의 변론종결 전에 한하며, 상고심에서 허용되지 않는다. 사실심 변론종결 후의 승계인은 끌어들이지 아니하여도 제218조에 의하여 판결의 효력이 미치므로 소송승계를 인정할 이익이 없다. 또 채권자가 가처분(점유이전금지) 등을 하여 채무자의 피고적격을 굳혀 놓은 경우에는 채무자가 이에 위반하여 피고적격을 이전하여도 승계인에게 소송인수를 시킬 필요가 없다.

---

271) 대한법률구조공단 홈페이지 참조

(2) 소송의 목적인 권리·의무의 승계

① 교환적 인수

원칙적으로 그 소송의 목적인 채무 자체를 제3자가 승계한 때에 허용한다. 예를 들면 피고의 채무를 제3자가 면책적으로 인수한 경우이다. 즉 피고적격자가 새 사람으로 이전되어 교환적 인수가 이루어지는 경우이다.

② 추가적 인수

소송의 목적인 채무 자체를 승계한 때가 아니라도, 소송의 목적이 된 채무를 전제로 새로운 채무가 생김으로써 제3자가 새로 피고적격을 취득한 경우에도 소송인수를 허용할 것인가가 문제된다. 피고적격자가 새로 늘어나서 추가적 인수가 문제될 경우인데, 우리 판례는 이러한 형태의 소송인수에 대해 부정적이다. 그러나 이를 불허하여 별도의 소를 또제기하게 하는 불경제를 막고 하나의 절차에서 관련분쟁의 1회적 해결을 위하여서는 이때에도 인수시킴이 다수설이며, 판례처럼 절차집중을 외면할 뚜렷한 이유도 없다. 예를 들면 토지소유자가 자기 땅 위에 지은 가건물철거청구소송 중에 피고가 그 건물에 제3자를 입주시킨 경우에 차제에 입주자도 피고로 삼아 그에 대한 퇴거청구를 하기 위한 인수신청은 허용할 것이다. 원고가 점유이전금지가처분이나 처분금지가처분을 해두지 않은 때에 좋은 대책이 될 것이다. 중첩적 채무인수인을 소송인수시키는 경우도 같다.

③ 당사자가 인수신청함에는 인수인에 대해 청구하는 바를 밝혀야 한다. 다만 교환적 인수의 경우에는 청구가 전주에 대해 한 것과 마찬가지의 것이기 때문에 청구취지를 따로 밝힐 필요가 없으나("피신청인은 신청인을 위하여 본 건 소송을 인수한다"는 신청취지로 된다), 추가적 인수의 경우에는 인수인에 대한 청구의 취지·청구의 원인을 새로 밝혀야 한다.

3) 인수승계의 절차

① 종전 당사자가 소송인수를 신청하여야 하는데, 여기의 신청할 당사자란 ⅰ) 전주를 상대로 제소하고 있는 상대방이고 전주 자신은 포함되지 않는다는 견해가 있으나, 제82조가 단순히 '당사자'라고만 규정하고 있고 전주가 자기의 지위를 승계인에게 인수시켜 그 부분의 채무를 면하고자 할 수도 있으므로 전주 자신도 신청권자라고 볼 것이다(다수설). 나아가 ⅱ) 채무승계인도 여기의 신청권자에 포함시킬 것이라는 견해가 있으나, 차라리 채무승계인 자신은 제81조에 의한 참가신청을 하여야 할 것이다. 이상 본 바를 쉽게 말하여 甲·乙 간의 소송에서 乙이 丙에게 채무를 승계하였다고 할 때 인수승계신청인은 甲과 乙만이 될 수 있다는 말이다.

② 인수신청이 있는 때에는 법원은 신청인과 제3자를 심문하고 결정으로 그 허가여부를 재판한다(법 제82조 제2항). 주장하는 사실관계 자체에서 승계적격 흠결이 명백하지 않으면 인수신청을 받아들이는 인수결정을 하여야 한다. 신청각하결정에 대해서는 항고할 수 있으나, 인수결정은 중간적 재판이기 때문에 독립하여 불복신청을 할 수 없다. 인수승계인이 채무승계사실을 자백하고 소송수행한 뒤에 채무승계를 다툴 수 없다(선행행위와 모순 거동의 금

지). 심리결과 승계사실이 인정되지 않으면 참가승계의 경우처럼 청구기각의 본안판결을 하여야 한다.

4) 인수승계의 효과

인수한 신당사자는 전주의 소송상의 지위를 그대로 물려받게 되며, 유리·불리를 불문하고 그에 구속된다(소송상태 승인의무). 당초의 소의 제기에 의한 시효중단·기간준수의 효과도 인수인인 신당사자에 소급적으로 미친다(법 제82조 제3항).

4. 전주의 지위와 소송탈퇴

1) 탈퇴의 경우의 소송관계

소송물의 양도에 의한 참가·인수승계의 경우의 공통적 문제로서, 전주인 종전의 당사자의 운명은 어떻게 되는가에 대해, 원칙적으로 당사자적격이 없어진다. 따라서 전주는 상대방의 승낙을 얻어 탈퇴할 수 있다. 그러나 탈퇴에도 불구하고 판결의 효력은 탈퇴한 당사자에게 미친다(법 제82조 제3항, 제81조, 제80조).

2) 불탈퇴의 경우의 소송관계

승계의 효력을 다투거나, 권리·의무의 일부승계, 추가적 인수 등의 경우 등에는 전주가 소송탈퇴할 성질이 아니다. 전주의 소송탈퇴에 상대방이 승낙하지 아니할 때에도 또한 같다. 이 경우에는 소송승계에 불구하고 전주인 종전 당사자가 당사자적격을 잃지 않는다. 승계의 효력을 다투거나 소송탈퇴를 하지 않고 버티는 특단의 경우를 제외하고 새로 가입한 신당사자와 통상공동소송인의 관계에 선다는 것이 종례의 판례이나, 그 후 대법원 전원합의체 판결은 이를 변경하여 필수적 공동소송으로 보았다. 원고와 승계인 양 당사자 간에 모순판결을 할 수 없는 관계에 있다기보다는, 원고가 탈퇴하여도 승계인이 받은 판결이 원고에게도 미치기 때문이라고 봄이 옳을 것이다.

생각건대 승계의 효력을 다투어 전주가 권리자이냐 승계인이 권리자이냐의 양립되지 않는 권리자의 문제가 쟁점이 되면 권리자합일확정의 독립당사자참가소송의 형태가 되므로 제79조를 적용한다. 전주가 채무자이냐 승계인이 채무자이냐의 채무자의 문제가 쟁점이 되면 채무자합일확정의 예비적 공동소송의 형태와 유사하게 되므로 제70조의 규정을 유추적용하여 재판의 통일을 기하는 것이 옳을 것이다.

상소 및 재심 등

01 | 총설272)

I 의의

① 상소란 재판의 확정 전에 당사자가 상급법원에 대하여 재판이 잘못되었다고 하여 그 취소·변경을 구하는 불복신청방법을 말한다. 오판으로부터 당사자의 권리구제를 보장함과 동시에 하급심에서의 법운영의 혼선방지 및 법령해석·적용의 통일을 위해 마련된 것이 상소제도이다.

② 상소는 재판의 확정 전에 하는 불복신청인 점에서, 확정된 재판에 대한 불복방법인 재심·준재심과 구별된다. 그리고 상소는 상급법원에 대한 불복신청인 점에서, 같은 심급 안에서 하는 불복신청인 각종의 이의, 예컨대 화해권고결정·지급명령·이행권고결정·조정을 갈음하는 결정에 대한 이의 등과 구별된다. 이의신청은 사건이 당해 심급 안의 처리이므로 상급심으로 넘어가는 이심(移審)의 효력이 없다.

II 상소의 종류

1. 세 가지 종류

① 현행법은 상소로서 항소·상고·항고의 세 가지를 인정하고 있다.

② 항소와 상고는 모두 판결에 대한 상소이고, 항고는 결정·명령에 대한 상소이다. 항소는 제1심의 종국판결에 대한 불복신청이고, 상고는 원칙적으로 제2심 항소법원의 종국판결에 대한 불복신청이나, 예외적으로 제1심의 판결에 대하여 직접 상고심 법원에 불복신청을 할 수 있는 경우가 있다(비약상고). 한편 항소는 사실심에의 상소이며, 상고는 법률심에의 상소이다.

③ 항고는 결정·명령에 대하여 하는 불복신청이다. 항고법원의 결정에 대하여 다시 항고하는 것을 재항고라 한다. 항고에 대해서는 항소의, 재항고에 대해서는 상고의 규정이 원칙적으로 준용된다. 다만 항고는 소송법에서 명확하게 정한 경우에 한하여 허용된다.

2. 불복신청방법의 선택

신청인은 원재판의 종류에 맞는 불복신청방법을 선택하여야 한다.

3. 형식에 어긋나는 재판

형식에 어긋나는 재판이란, 판결로 하여야 할 경우에 결정으로 재판하거나, 반대로 결정으로 하여야 할 경우에 판결로 재판하는 등 민사소송법에서 본래 기대되는 방식의 재판과는 다른 방식에 의한 재판을 뜻한다. 이와 같이 형식을 어긴 재판은 무효는 아니나, 이에 대하여 당사자로서 어떠한

---

272) 이시윤, 앞의 책, 842–858면

불복방법을 선택할 것인가와 관련하여, i) 현재 취한 재판형식에 따라 상소의 종류를 정할 것인가 (주관설), ii) 본래 하여야 할 재판형식에 따라 상소의 종류를 정할 것인가(객관설)가 문제되나 당사자에게 유리하게, 현재 취한 재판형식에 따른 상소이든 본래 하여야 할 형식의 재판에 따른 상소이든 어느 것을 선택하여도 적법한 상소로 볼 것이다(선택설). 법원의 잘못된 재판 때문에 당사자가 불이익을 받게 되는 것은 절차권의 침해가 되기 때문이다.

Ⅲ 상소요건

1. 의의

적법한 상소로 취급받기 위한 요건을 상소요건이라 하며, 이의 흠이 있을 때에는 상소는 각하된다. 상소법원은 모든 재판에 대하여 본안심판을 해야 하는 것은 아니며, 상소를 위해 일정한 요건을 갖춘 적법한 상소에 대해서만 이유 있느냐 여부를 가리는 본안심리를 한다.

2. 상소의 일반요건

각종의 상소에는 각각 특별요건이 정해져 있지만, 여기에서는 각 상소에 공통되는 일반요건만을 살핀다. 적극적 요건으로 i) 상소의 대상적격, ii) 방식에 맞는 상소제기와 상소기간의 준수, iii) 상소의 이익을 들 수 있고, 소극적 요건(상소장애사유)으로 iv) 상소권의 포기, v) 불상소의 합의를 들 수 있다. 소송요건과 마찬가지로 직권조사사항이다. 상소요건구비의 시기에 관하여는 상소제기 행위 자체에 관한 요건(아래 1), 2))은 상소의 제기 당시를, 그 밖의 것은 심리종결시를 기준으로 하여야 한다.

가. 상소의 대상적격

대상적격이 없는 것은 다음과 같다.

1) 선고 전의 재판

선고되기 전에는 상소권이 발생하지 아니하므로 선고 전의 재판은 상소의 대상이 될 수 없다. 종전 판례는 결정의 고지 전에 한 항고는 부적법하며 뒤에 결정이 고지되더라도 그 항고가 적법한 것으로 되지 않는다고 하였으나 그 후 결정·명령이 법원사무관 등에 교부되어 성립된 경우는 결정·명령이 고지되기 전이라도 항고할 수 있는 것으로 변경하였다(고지시설 → 성립시설).

2) 중간적 재판

상소의 대상이 되는 재판은 종국적 재판이며, 중간판결 등 중간적 재판은 종국판결과 함께 상소심에서 심사를 받게 되므로 독립하여 상소를 할 수 없음이 원칙이다. 판례는 항소심에서의 환송판결·이송판결에 대해 종국판결로 보아 독립한 상고대상이 되는 것으로 보았다. 그러나 본안의 재판 중에 한 소송비용의 재판에 대한 상소는 본안의 재판에 대한 상소와 함께 하지 않으면 안 된다. 가집행선고도 소송비용의 재판과 마찬가지의 부수적 재판임에 다를 바 없으므로 독립하여 상소하는 것을 허용하지 않는다.

3) 비판결

원칙적으로 이는 상소의 대상이 아니나, 무효인 판결은 상소의 대상이 된다고 할 것이다. 허위 주소에 의한 피고의 자백간주로 편취된 판결은 아직 피고에게 유효하게 판결정본이 송달되지 아니한 미확정판결이라고 보고, 형식상 상소기간이 지나도 어느 때나 상소의 대상으로 할 수 있다는 것이 일관된 판례이다.

4) 다른 불복방법이 있을 때

상소 아닌 다른 불복방법이 있을 때에는 상소의 대상이 되지 않는다. 판결의 경정사유, 추가판결의 대상이 되는 재판의 누락, 이의방법(법 제164조)으로 다툴 조서의 기재 등에 대해서는 상소가 허용되지 않는다.

나. 방식에 맞는 상소제기와 상소기간의 준수

1) 상소의 제기의 방식

방식에 맞는 상소제기여야 한다. 상소장은 서면에 의하여야 하고 말로 할 수 없으며, 항소는 제1심의 1.5배, 상고는 2배의 인지를 납부하여야 한다. 원법원에 제출하지 않으면 안 된다(원법원제출주의, 법 제397조). 따라서 원법원에 접수된 때가 상소기간 준수 여부의 기준시가 된다. 상소장을 상소법원에 잘못 제출하여 상소법원이 원법원에 송부한 경우에 상소기간의 준수 여부는 상소장이 원법원에 접수된 때가 기준이 된다는 것이 판례이다. 상소장에는 ① 당사자와 법정대리인, ② 원재판의 표시, ③ 원재판에 대한 상소의 취지 등을 최소한 기재하여야 한다. 따라서 불복신청의 범위나 상소이유는 상소장에 기재하지 아니하여도 무방하다.

2) 상소기간

기간의 제한이 없는 통상항고 이외의 상소는 법정의 상소기간 내에 상소를 제기할 것을 요한다. 상소기간은 항소·상고의 경우에는 판결서가 송달된 날부터 2주, 즉시항고·특별항고의 경우에는 재판의 고지가 있은 날부터 1주로서, 이 기간이 경과되면 상소권은 소멸된다.

판결정본이 적법하게 송달된 바 없으면 상소기간이 진행되지 않으므로 상소권 소멸의 문제가 생기지 않는다. 다만 판결선고 후에는 송달 전이라도 적법하게 상소를 제기할 수 있으나, 결정·명령의 성립 후에는 고지 전이라도 항고제기를 할 수 있다. 통상항고는 재판의 취소를 구할 이익이 있는 한 어느 때나 제기할 수 있다.

기간의 계산은 민법에 의한다. 예를 들면 판결정본이 9.1.에 송달되었으면 9.2.부터 항소기간이 기산되며 9.15. 24:00로써 만료되지만, 만일 9.15.이 토·일요일 또는 공휴일이면 그 다음날에 끝난다.

다. 상소권의 포기

① 당사자는 상대방의 동의 없이 상소권을 포기할 수 있다(법 제394조). 이에 의하여 상소권이 상실되며 제기한 상소는 부적법하게 된다. 다만 판결의 효력이 제3자에게 미치는 대세효가 있을 때는 제3자의 공동소송참가의 기회를 박탈하기 때문에 허용될 수 없다. 통상공동소송에 있어서는 공동소송인 중 어느 한 사람의 또는 어느 한 사람에 대한 포기가 가능하나, 필수적 공동소송

에 있어서는 그와 같은 포기는 효력이 없다. 독립당사자참가, 예비적 · 선택적 공동소송에서도 같다.

② 포기는 법원에 대한 단독행위로서, 상대방의 수령을 필요로 하지 않는다. 상소제기 전에는 원심법원에, 상소제기 후에는 소송기록이 있는 법원에 서면으로 하여야 한다. 상소제기 후의 포기는 상소취하의 효력도 있다(법 제395조 제3항). 상소권을 포기한 당사자는 상소권을 상실하게 되므로 적법하게 상소를 제기할 수 없으며, 그럼에도 상소를 제기하면 법원은 직권으로 상소를 각하하여야 한다.

③ 상소권의 포기는 상소제기 전이든 후이든 상관없으나, 판결선고 전에 상소권의 포기가 가능한가는 다투어진다. 이에 대해 법 제395조 제1항에서 아무런 시기적 제한이 없음을 들어 판결선고 전이라도 포기할 수 있다는 견해가 있으나, 상소권은 판결의 선고에 의하여 구체적으로 발생하는 것이고 또 상소의 이익의 존부나 그 범위도 판결의 선고가 있고 나서 알 수 있으므로 판결선고 후에야 포기할 수 있다 할 것이다(통설).

④ 판결선고 전에 소송 외에서 당사자 사이에서 상소권포기계약을 맺을 수 있다. 이것은 당사자에게 상소를 제기하지 않거나 상소기간이 지나기 전에 상소권 포기의 의사표시를 할 의무를 지우는 소송계약의 일종이다. 포기계약이 있음에도 상소가 제기되면 부적법한 상소로 각하하여야 할 것이나, 이것은 직권조사사항이 아니며 피상소인의 항변사항일 뿐이다.

라. 불상소의 합의

① 불상소의 합의는 미리 상소를 하지 않기로 하는 소송법상의 계약으로서, 구체적인 사건의 심급을 제1심에 한정하여 그것으로 끝내기로 하는 양쪽 당사자의 합의이다. 이는 상고할 권리는 유보하되 항소만 하지 않기로 하는 불항소의 합의(비약상고의 합의)와는 다른 것으로, 유보 없는 불상소의 합의라고도 한다.

공권인 상소권을 제약한다 하여 무효설도 있으나, 당사자가 임의처분할 수 있는 권리관계에 관한 사건에서는 중재합의도 허용되고 재판상 화해에 의하여 소송을 종료시킬 수 있음에 비추어 원칙적으로 유효한 것으로 볼 것이다. 법 제390조 제1항 단서는 비록 비약상고의 합의만을 규정하였지만, 이러한 불상소의 합의도 묵시적으로 전제하고 있는 것이라 하겠다.

합의는 제1심 판결선고 전이라도 할 수 있다. 왜냐하면 항소권 발생 후에는 합의가 없어도 일방적으로 항소권을 포기할 수가 있기 때문이다.

② 불상소의 합의의 요건은 관할의 합의에 준한다. ⅰ) 서면에 의하여야 한다. ⅱ) 구체적인 일정한 법률관계에 기인한 소송에 관한 합의라야 한다. ⅲ) 당사자가 임의로 처분할 수 있는 권리관계에 한하기 때문에, 그 제한이 따르는 직권탐지주의에 의하는 소송에서는 허용될 수 없다(통설). ⅳ) 당사자 양쪽이 다 각각 상소하지 않기로 하는 것이므로, 한쪽만이 상소하지 않기로 하는 합의는 공평에 반하여 안 된다.

③ 적법한 불상소의 합의가 판결선고 전에 있으면 소송은 그로써 완결되고 판결은 선고와 동시에 확정된다. 판결선고 후의 합의는 그 성립과 동시에 판결을 확정시킨다. 이와 같은 합의는 항변사항이라 보는 견해도 있으나, 판례는 직권조사사항으로 보고 있다.

불상소의 합의는 상소권의 포기와 다르다. 후자는 발생한 상소권을 포기하는 것임에 대하여, 전자는 상소권 자체를 발생시키지 않는 것이다.

마. 상소의 이익

1) 학설 및 판례

상소의 이익은 권리보호의 이익의 특수한 형태로서 무익한 상소권행사를 견제하자는 것이다. 어떠한 경우에 상소의 이익을 인정할 것인가에 대하여는 학설이 대립되어 있다.

(1) 학설

① 형식적 불복설로서, 원심에 있어서의 당사자의 신청과 그 신청에 대해 행한 판결을 형식적으로 비교하여, 판결주문이 신청보다도 양적으로나 질적으로 불리한 경우에 불복의 이익을 긍정하는 견해이다. 청구취지와 판결주문의 형식적 비교이다. 이 설에 의하면 그것이 일치하여 제1심에서 전부승소의 판결을 받은 자는 항소를 할 수 없는 것으로 된다.

② 실질적 불복설로서, 당사자가 상급심에서 원재판보다도 실체법상 유리한 판결을 받을 가능성이 있으면 불복의 이익을 긍정하는 견해이다. 이 설에 의하면 제1심에서 전부승소의 판결을 받은 자라도 보다 유리한 판결을 구하기 위해 항소할 수 있다.

③ 절충설로서, 원고에 대해서는 형식적 불복설, 피고에 대해서는 실질적 불복설에 따라 상소이익의 유무를 가리자는 견해이다.

④ 신실질적 불복설로서, 기판력을 포함한 판결의 효력(집행력, 부수효)이 미치는지 여부를 기준으로 할 것이며, 원판결이 그대로 확정되면 기판력 그 밖의 판결의 효력에 있어서 불이익을 입게 되면 상소의 이익을 인정하자는 견해이다.

(2) 판례

판례는 상소인은 자기에게 불이익한 재판에 대해서만 상소를 제기할 수 있는 것이고 재판이 상소인에게 불이익한 것인가의 여부는 재판의 주문을 표준으로 하여 결정되는 것이라 하여 형식적 불복설을 따랐으며, 통설도 같다.

(3) 검토

생각건대, 실질적 불복설을 따르면 상소를 인정하는 범위가 넓어지고 그 명확성도 결여되게 될 뿐더러, 항소심이 복심구조가 될 염려가 있다. 그리고 절충설은 당사자 평등주의에 반한다. 신실질적 불복설은 상소의 이익을 넓게 잡은 문제점도 있지만, 판결효력에 관한 쟁점효 이론과 연계된 견해이기도 하다. 그러므로 형식적 불복설을 원칙으로 따르되, 예외적으로 기판력 그 밖의 판결의 효력 때문에 별도의 소의 제기가 허용될 수 없는 경우는 널리 실질적 불복설에 의하는 것이 옳을 것이다.

2) 구체적인 예

① 전부승소한 당사자는 원칙적으로 불복의 이익이 없다. 따라서 원고의 청구를 전부인용한 판결에 대해서 피고는 상소할 수 있으나 원고는 상소할 수 없으며, 원고의 청구를 전부기각한 판결에 대해서는 원고는 상소할 수 있으나 피고는 상소할 수 없는 것이 원칙이다.

② 전부승소한 원고가 소의 변경 또는 청구취지의 확장을 위해 상소하거나, 전부승소한 피고가 반소를 위해 상소하는 것은 허용되지 않는다(부대항소는 별문제). 그 예외는 다음 두 가지이다.

  ㉠ 그 하나는, 기판력을 받게 되기 때문에 뒤에 별도의 소를 제기할 수 없게 될 경우에는 실질적 불복설에 입각하여 전부승소한 원고라도 소의 변경 또는 청구취지의 확장을 위한 상소의 이익을 인정하는 것이다. 예를 들면 잔부를 유보하지 않은 묵시적 일부청구의 경우에는 전부승소자라도 나머지의 잔부청구를 하기 위한 항소는 인정할 것이다.

  ㉡ 다른 하나는, 원고가 재산상 손해와 위자료를 청구하여 재산상 손해는 전부승소, 위자료청구는 일부패소하여 위자료부분만 항소한 경우에도 손해배상소송의 재산상의 손해나 위자료는 단일한 원인에 근거한 것인데 편의상 별개의 소송물로 분류한 소송물의 특수성 때문에 전부승소한 재산상 손해에 대해 청구의 확장을 허용할 것이라 한다. 판례의 입장은 형식적 불복설을 배제시키고 실질적 불복설에 접근이다. 하나의 소송물에 관하여 형식상 전부승소한 당사자의 상소이익의 부정은 절대적인 것이라 할 수 없다는 이유에서이다. 손해배상소송물에 관한 3분설의 완화이기도 하다.

③ 승소한 당사자는 판결이유 중의 판단에 불만이 있어도 상소의 이익이 없다. 기판력은 주문의 판단에 대해서만 생기기 때문에 어떠한 이유로 승소하여도 승소의 법률효과에는 차이가 없기 때문이다. 예를 들면 징계처분의 취소를 구하는 원고의 청구가 인용되었지만 그 판결이유 중에 원고에게 비위사실이 있다고 판시한 부분은 부당하다 하여 이 부분 이유의 변경을 위하여 상소하는 것(원고가 전부승소하였지만, 고의에 의한 권리침해의 주장과 달리 몰라, 이유에서 과실에 의한 침해로 판단한 경우도 같다)이다. 예외적으로 판결이유에 기판력이 있는 상계항변에 관한 판단은 다르다. 상계항변이 이유 있다 하여 승소한 피고의 경우 원고의 소구채권 자체의 부존재를 판결이유로 이유변경이 되어 승소하는 것이 피고에게 더 이익이 되기 때문에, 상소의 이익이 있다.

④ 청구권의 경합과 상소의 이익

예를 들면 불법행위에 기한 손해배상청구를 하였음에도 불구하고 계약불이행에 기해 인용한 경우에, 실체법상의 개개의 청구권마다 소송물이 별개라는 구이론에서는 원고 측에 상소의 이익을 긍정하여야 함에 대해, 개개의 청구권은 한낱 공격방법에 불과하다고 보는 신이론에 의하면 이와 같은 판결에 대한 상소는 단지 이유 중의 판단에 대한 불복에 불과하므로 그 이익이 부정되게 된다.

⑤ 청구를 일부인용하고 일부기각한 판결에 대해서는 원·피고 모두 상소할 수 있다. 예비적 병합청구에서 주위적 청구가 기각되고 예비적 청구가 인용된 경우에, 원고로서는 주위적 청구가 기각된 데 대하여, 피고로서는 예비적 청구가 인용된 데 대하여, 각기 상소의 이익이 있다. 예비적 공동소송에서 주위적 피고에 대하여서는 청구기각, 예비적 피고에 대하여 청구인용의 판결이 났을 때에도 마찬가지로 원고와 예비적 피고가 각기 상소의 이익이 있다 할 것이다.

⑥ 소각하판결은 원고에게 불이익일 뿐만 아니라, 만일 피고가 청구기각의 신청을 구한 때에는 본안판결을 받지 못한 점에 피고에게도 불이익이 있기 때문에, 원·피고 모두 상소할 수 있다.

⑦ 제1심판결에 대하여 **불복하지 않은 당사자**는 그에 대한 항소심판결이 제1심판결보다 불리하지 않다면 항소심판결에 대한 상고의 이익은 없다. 원고패소부분에 원고가 항소하지 아니하여 항소심이 판단하지 아니한 부분은 상고대상이 될 수 없다.

Ⅳ 상소의 효력

1. 확정차단의 효력

상소가 제기되면 그에 의하여 재판의 확정을 막아 차단되게 되고 상소기간이 경과되어도 원재판은 확정되지 않는다. 이를 확정차단의 효력이라 한다. 확정판결의 효력인 집행력은 정지된다. 따라서 가집행선고가 붙지 않은 한 상소의 제기가 있으면 집행할 수 없다. 다만 통상항고에 있어서만은 확정차단의 효력이 없으므로, 통상항고가 된 결정·명령에 대해 집행력의 정지를 위해서는 별도의 집행정지의 조치를 요한다.

2. 이심(移審)의 효력

① 상소가 제기되면 그 소송사건 전체가 원법원을 떠나 상소심으로 이전하여 계속되게 된다. 이를 이심의 효력이라 한다.

② 하급심에서 재판한 부분에 한하여 이심의 효력이 생긴다. 따라서 하급심에서 재판의 일부누락이 있을 때에는 그 청구부분은 하급심에 그대로 계속되며, 상소하여도 이심의 효력이 생기지 않는다. 판례는 사망한 자를 당사자로 제소하였다가 제1심에서 그 상속인들로 당사자 표시정정을 하면서 공동상속인 중 일부를 누락한 경우에는 그 누락된 상속인의 소송관계는 이심되지 않고 여전히 제1심에 계속되어 있다고 보았다.

3. 상소불가분의 원칙

가. 의의

상소의 제기에 의한 확정차단의 효력과 이심의 효력은 원칙적으로 상소인의 불복신청의 범위에 관계없이 원판결의 전부에 대하여 불가분으로 발생한다. 이를 상소불가분의 원칙이라 한다. 따라서 판결의 일부에 대하여 상소한 일부 상소의 경우라도 판결의 나머지 전부에 대하여 확정차단의 효력이 생기고 또 사건의 전부에 대하여 이심의 효력이 발생한다. 나중에 상소인은 불복신청의 범위를 확장할 수 있고 피상소인은 부대항소할 수 있도록 하기 위해서이다.

나. 내용

1) 원칙

① 여러 개의 청구에 대해 하나의 전부판결을 한 경우에 그중 한 청구에 대해 불복항소를 하여도 다른 청구에 대해 항소의 효력이 미친다. 원고 甲이 가옥명도 및 손해배상청구를 하여

가옥명도 인용·손해배상 기각의 판결을 받았는데 패소부분인 손해배상부분에 대해서만 항소한 경우에, 승소부분인 가옥명도부분은 비록 항소심의 심판범위에 들어갈 수 없지만 패소부분과 같이 항소심에 옮겨지고(이심) 그 확정이 차단된다.

② 이 점은 1개 청구에 1개 판결의 일부 패소부분에 불복항소한 경우도 같다. 예를 들면 원고가 3필지 토지에 대한 이전등기청구소송에서 그중 2필지는 승소, 1필지는 패소한 경우에 원고가 1필지 패소부분만 항소하여도 나머지 2필지에 대하여 이심의 효력이 생기며 단지 이는 심판의 범위에 포함되지 않을 뿐이다.

③ 나아가 ⅰ) 선택적 병합에서 하나의 청구가 인용되어 나머지 청구를 판단하지 아니한 경우, ⅱ) 예비적 병합에서 주위적 청구가 인용됨으로써 예비적 청구를 판단하지 아니한 경우, ⅲ) 예비적 반소에서 본소가 배척됨으로써 반소청구를 판단하지 아니한 경우는 판단의 필요가 없어 남겨둔 경우이므로 형식적으로 일부판결이나 실질적으로는 하나의 사건완결의 전부판결이다. 따라서 상소불가분의 원칙이 적용되어 판단하지 않은 나머지 청구에도 이심의 효력이 미친다.

2) 예외

① 청구의 일부에 대하여 불상소의 합의나 항소권·부대항소권의 포기가 있는 경우에는 그 부분만이 가분적으로 확정된다.

② 1인 대 1인의 단일소송이 아닌 공동소송에서는 좀 다르다. 통상공동소송에 있어서는 공동소송인 독립의 원칙 때문에 공동소송인 중 한 사람의 또는 한 사람에 대한 상소는 다른 공동소송인에 관한 청구에 상소의 효력이 미치지 않으므로 그 부분은 확정된다. 예를 들면 甲이 A·B를 공동피고로 하여 통상공동소송을 제기하여 전부승소하였을 때, 패소한 B만이 항소하였다면 공동소송인 독립의 원칙에 의하여 甲과 B 간의 부분만 가분적으로 확정차단 및 이심의 효력이 생기고, 甲과 A 간의 부분은 같은 효력이 생기지 아니하며 항소기간의 도과로 분리확정되어 끝이 난다. 다만 공동소송인 독립의 원칙의 적용이 없는 필수적 공동소송, 예비적·선택적 공동소송, 독립당사자참가, 공동소송참가 등 이른바 합일확정소송에서 본안판결이 있었을 때에는 이와 달리 가분적으로 효력이 생기지 아니한다.

다. 상소의 범위와 심판의 범위의 불일치

원판결의 전부에 대해 확정차단 및 이심의 효력이 생긴다 하여 전부가 곧 심판의 범위에 포함되는 것은 아니다. 상소심의 심판은 원판결 중 불복신청의 범위에 국한하므로(처분권주의) 확정차단·이심의 범위와 심판의 범위와는 일치하지 않을 수 있다.

수 개의 청구를 모두 기각한 제1심판결에 대해 일부 청구에 대해서만 불복항소를 제기한 경우에 불복항소하지 아니한 나머지 부분은 이심은 되었으나 심판의 대상이 되지 아니하며, 그 부분도 이유 있다고 받아들이는 인용판결을 할 수 없다. 그러나 주위적 청구를 인용한 제1심판결에 대하여 피고가 불복항소한 경우에 항소가 이유 있을 때에, 주위적 청구를 배척하는 데 그칠 것이 아니라, 예비적 청구에 관하여 심판하여야 한다.

라. 심판의 범위확장

일부 상소라도 상소불가분의 원칙에 의하여 상소의 효력은 원판결의 전부에 미치므로 항소인은 항소심의 변론종결 시까지 어느 때나 항소취지의 확장으로 심판의 범위를 확장할 수 있으며(이혼 및 위자료 모두 패소한 피고가 이혼에는 이의 없으나, 위자료 주기가 아까워 위자료만 불복하여 항소하고 난 뒤라도, 뒤에 항소취지를 확장하여 이혼부분까지 확장할 수 있는 것은 이혼부분도 이심되어 있기 때문), 또 피항소인도 부대항소의 신청을 할 수 있다. 그 때문에 항소의 일부취하가 허용되지 않는다(다만 항소취지의 감축은 허용).

V 상소의 제한

1) 상소제도는 재판의 적정에 이바지하지만, 소송촉진과 소송경제의 요청과는 모순된다. 아무리 소송심리가 충실히 적정하게 행하여져도 사건의 해결이 늦어지면 당사자의 권리보호가 제대로 이루어질 수 없으며, 신속한 재판을 받을 권리가 침해될 수 있다. 일반적으로 재판에 패소한 당사자는 승소하기까지 몇 번이고 그 시정을 바라지만, 승소한 당사자는 되도록 빨리 재판의 확정을 구하는 것이 보통이다. 무제한하게 반복 반추의 심리를 허용하는 것은 법적 안정성이나 소송경제(시간, 노력, 비용, 스트레스)의 견지에서 바람직하지 않을 뿐만 아니라, 또 국가의 소송제도상 다수의 사건을 제한된 시간 안에 신속히 처리하여야 한다는 공익적 요청에도 반한다. 상소허용에 대해 일정한 한계를 설정하여야 할 의미와 필요성은 바로 여기에 있다. 이에 관하여는 어느 나라나 고뇌하고 있는 바로서 어떠한 방법으로든 일정한 제한을 가하고 있다.

2) 우리나라에 있어서는 1961년 민사소송법의 시행 이래 세계에 유례없는 높은 상소율 때문에 상소사건의 폭주로 당사자의 과다한 비용지출, 법원의 과중한 부담 때문에 상고제한의 문제가 현안이 되어왔던 바인데, 1981년의 「소송촉진 등에 관한 특례법」에서 허가상고제를 채택하여 9년여 동안 나름대로 시행하다가 1990년 민사소송법을 개정하면서 이를 폐기하였다. 그리하여 법령위반을 이유로 한다면 제한 없이 상고할 수 있도록 문호가 개방되는 등의 구제도로 돌아갔다. 그러나 엄청나게 사건이 쇄도하게 되었고 이를 감당할 길이 없어 1994년에 상고심절차에 관한 특례법을 새로 제정하여 남상고제한의 명분하에 심리불속행제도라는 형태로 사실상 허가상고제를 부활시켰다. 그리하여 통상상고사건에서 상고이유를 내세워도 그 주장이 중대한 법령위반에 관한 사항 등을 포함하고 있지 않을 때에는 접수 4월 이내에 상고심리를 불속행한다는 이유로 상고기각판결을 하도록 하였다.

02 | 항소273)

제1절   총설

Ⅰ 항소의 의의

1) 항소란 지방법원 단독판사 또는 지방법원 합의부가 한 제1심의 종국판결에 대하여 다시 유리한 판결을 구하기 위하여 항소법원에 하는 불복신청이다. 항소법원은 단독사건이면 지방법원 항소부, 2억 초과이면 고등법원으로 2원화, 합의부 사건은 고등법원이 된다(특허침해소송 등은 소가의 다과 관계없이 제2심은 특허법원). 그 신청인을 항소인, 상대방을 피항소인이라 한다. 항소는 제1심 판결의 취소·변경을 구하는 불복신청이고, 제2심법원에 있어서 심리의 계속을 구하는 것이기 때문에 새로운 소의 제기가 아니다.

2) 불복신청의 이유에 대해서는 제한이 없기 때문에 사실인정의 부당은 물론 법령위반도 항소이유로 된다. 이 점에서 법령위반만을 이유로 삼을 수 있는 상고와는 다르다. 상고심을 법률심이라 함에 대하여 항소심을 제2의 사실심이라고 하는 까닭이 여기에 있다. 따라서 항소심의 목적은 앞서 본 상소제도의 목적 가운데서, 특히 오판으로부터 당사자의 보호, 즉 권리실현의 적정을 담보하는 데 중점을 두고 있다.

Ⅱ 항소심의 구조

1. 복심제

복심제는 항소심이 제1심의 소송자료를 고려함이 없이 독자적으로 소송자료를 수집한 끝에 이를 기초로 하여 다시 한번 심판을 되풀이하여야 하는 구조이다. 이를 제2의 제1심이라고도 한다. 항소심에서 새로운 소송자료를 제출할 수 있는 권능을 변론의 갱신권이라 하는데, 복심제에 있어서는 이러한 변론의 갱신권을 무제한하게 인정한다.

2. 사후심제

항소심에서는 원칙적으로 새로운 소송자료의 제출을 제한하고 제1심에서 제출된 소송자료만을 기초로 제1심판결의 내용의 당부를 재심사하게 되어 있는 구조이다.

---

273) 이시윤, 앞의 책, 859–888면

3. 속심제

속심제는 복심제와 사후심제의 중간 형태로서, 항소심이 제1심에서 수집한 소송자료를 기초로 하여 심리를 속행하되 여기에 새로운 소송자료를 보태어 제1심판결의 당부를 재심사하는 구조이다. 이 경우는 제1심에서의 소송자료를 기초로 하여 제1심판결의 당부를 심사하는 점에서 사후심적이나, 다시 새로운 자료를 보태어 사건의 심리를 하는 점에서는 복심적이다. 우리 민사소송법이 채택하고 있는 입장이다. 속심제에서는 제1심에서 일단 종결하였던 변론을 재개하여 연장속행하는 것으로 된다. 따라서 제1심에 있어서의 소송행위는 당연히 그 효력이 유지됨과 동시에 당사자는 제1심에서 제출하지 않은 공격방어방법을 제출할 수 있는 변론의 갱신권이 인정된다.

Ⅲ 항소요건

① 항소를 적법한 것으로 보아 법원이 본안심리를 하는 데 필요한 조건을 항소요건이라 한다. 항소요건 가운데 어느 하나가 흠이 있을 때에는 항소를 부적법각하하여야 하며, 본안심리를 받을 자격을 잃어 본안판결을 받을 수 없게 된다.
② 항소의 요건으로서는 다음 다섯 가지를 들 수 있다. i) 불복하는 판결이 항소할 수 있는 판결일 것(항소의 대상적격), ii) 항소제기의 방식이 맞고 항소기간이 지켜졌을 것, iii) 항소의 당사자적격이 있을 것, iv) 항소의 이익이 있을 것, v) 항소인이 항소권을 포기하지 않았고 당사자 간에 불항소의 합의가 없을 것이다. 이에 관하여는 앞에서 본 상소의 요건에서 살핀 바 있으므로 여기에서는 항소의 당사자적격만을 본다.

Ⅳ 항소의 당사자

① 제1심의 원·피고가 항소인·피항소인으로 된다(채권자가 채권자대위권에 기하여 당사자인 채무자 대신에 항소할 수 없다). 원·피고 가운데 앞서 본 항소의 이익을 가진 자가 항소인이 되고, 그 상대방이 피항소인이 된다. 피항소인이 동시에 부대항소인이 되고, 항소인이 부대피항소인으로 되는 경우도 있다.
② 필수적 공동소송, 독립당사자참가, 공동소송참가, 예비적·선택적 공동소송 등 합일확정소송의 경우에는 별론으로 하고, 통상공동소송의 경우에는 그 한 사람이 항소하거나 당하여도 다른 공동소송인은 항소인·피항소인으로 되지 않는다.
③ 제1심의 당사자는 아니나 당사자참가할 수 있는 제3자는 참가와 동시에 항소를 제기할 수 있다. 보조참가인은 피참가인이 항소권을 포기하지 않는 한 스스로 항소할 수 있지만, 당사자가 아니기 때문에 항소인은 되지 않는다. 제1심판결의 선고 후에 승계인으로서 수계절차를 마친 자는 항소인 또는 피항소인으로 된다. 그리고 승계할 자가 항소를 함과 동시에 항소법원에 수계신청을 한 때에도 적법한 항소로 취급된다. 가사소송사건의 당사자로 된 검사도 항소인, 피항소인이 될 수 있다.

제 2 절   항소의 제기

Ⅰ   항소제기의 방식

※ 항소장 기재례

항 소 장

항소인(원고)　○ ○ ○
　　　　　　　○○시 ○○구 ○○길 ○○
피항소인(피고)　◇ ◇ ◇
　　　　　　　○○시 ○○구 ○○길 ○○

대여금청구의 항소

위 당사자 간 ○○지방법원 20○○가단○○○ 대여금청구사건에 관하여 항소인(원고)은 같은 법원의 20○○.○○.○. 선고한 판결에 대하여 전부 불복이므로 이에 항소를 제기합니다(항소인은 위 판결정본을 20○○.○○.○○.에 송달받았습니다).

원판결의 주문표시

1. 원고의 청구를 기각한다.
2. 소송비용은 원고의 부담으로 한다.

항 소 취 지

1. 원판결을 취소한다.
2. 피고(피항소인)는 원고(항소인)에게 금 15,000,000원 및 이에 대한 20○○.○.○.부터 다 갚는 날까지 연 15%의 비율에 의한 돈을 지급하라.
3. 소송비용은 1, 2심 모두 피고(피항소인)의 부담으로 한다.
라는 판결을 구합니다.

항 소 이 유

추후 제출하겠습니다.
… 이하 생략

※ 각종 항소취지 기재례[274]

1. 원고승소 판결에 대한 피고 항소
① 제1심 판결을 취소한다.
② 원고의 청구를 기각한다.
③ 소송비용은 제1, 2심 모두 원고가 부담한다.

2. 원고패소 판결에 대한 원고 항소
① 제1심 판결을 취소한다.
② 피고는 원고에게 10,000,000원과 이에 대하여 이 사건 소장 부본 송달일 다음날부터 다 갚는 날까지 연 12%의 비율로 계산한 돈을 지급하라.
③ 소송비용은 제1, 2심 모두 피고가 부담한다.

3. 원고 일부승 판결에 대한 피고 항소
① 제1심 판결 중 피고 패소 부분을 취소하고 그 부분에 대한 원고의 청구를 기각한다.
② 소송비용은 제1, 2심 모두 원고가 부담한다.

4. 원고 일부승 판결에 대한 원고 항소
① 제1심 판결 중 아래에서 추가로 지급을 구하는 금원에 해당하는 원고 패소 부분을 취소한다.
② 피고는 원고에게 금 000원(1심 청구금액에서 인용금액을 제외한 금액) 및 이에 대하여 00부터 이 사건 소장 부본 송달일까지는 연 5%의, 그 다음날부터 다 갚는 날까지는 연 12%의 각 비율에 의한 돈을 지급하라.
③ 소송비용은 제1, 2심 모두 피고가 부담한다.

5. 원고 승 판결에 대한 피고가 일부분에 대하여만 항소하는 경우(※ 원고청구 200만원 인용판결 중 일부분인 100만원에 대하여만 항소하는 경우)
① 제1심 판결 중 아래에서 지급을 명하는 금원을 초과하는 피고 패소 부분을 취소하고, 그 부분에 해당하는 원고의 청구를 기각한다.
② 피고는 원고에게 1,000,000원을 지급하라.
③ 소송비용은 제1, 2심 모두 원고가 부담한다.

[274] 2015년 의정부지방법원과 경기북부지방법무사회 간담회 시 법원 측에서 제공해준 자료

1. 항소장의 제출

항소의 제기는 원심인 제1심법원에 항소장을 제출하여야 한다(법 제397조 제1항). 항소장의 인지액은 제1심소장의 1.5배이지만, 상소로써 불복하는 범위의 소송물가액을 기준으로 한다. 말·전화에 의한 항소의 제기는 허용될 수 없으나, 전자접수에 의해 항소할 수 있다. 직접제출이 아닌 우편제출이라도 무방하다.

2. 항소장의 기재사항

① 항소장에는 당사자와 법정대리인 이외에 제1심 판결의 표시와 그 판결에 대한 불복의 뜻의 항소의 취지를 반드시 기재하여야 한다(법 제397조 제2항).

② 그러나 항소장 자체에서 심판의 범위(원판결 변경의 범위)를 정하게 될 불복의 범위와 그 이유기재는 임의적이며, 그 기재가 있으면 준비서면의 구실을 하게 된다(법 제398조).

현행법은 독일이나 형사소송법에서처럼 제출기간을 정한 항소이유서의 제출강제주의를 채택하고 있지 않다. 다만, 민소규칙 제126조의2에서는 항소인은 항소의 취지를 보다 분명하게 하기 위해 항소장이나 항소심에서 처음 제출하는 준비서면에서 ⅰ) 제1심판결 중 사실인정, 법리적용의 잘못된 부분, ⅱ) 새롭게 주장할 사실과 증거신청, ⅲ) 새로운 주장·증거를 제1심에서 제출하지 못한 이유를 적도록 규정하였다. 그러나 이러한 방식의 준비서면을 제출하지 아니하였다 하여 항소가 부처럼 각하되는 것은 아니다. 실무상으로는 항소장에 항소이유가 기재되어 있지 않은 경우는 항소인에게 석명 준비명령으로 일정한 기한 안에 상세한 항소이유를 밝힐 것을 촉구하고 참여사무관 등은 기록접수 후 지체 없이 이를 송달한다.

▐▐ 재판장 등의 항소장심사권

소장의 경우처럼, 제출된 항소장에 대해서도 재판장이 그 심사권을 갖는다. 먼저 원심재판장이 심사하고, 항소기록이 항소심으로 송부된 다음에는 항소심재판장에 의하여 다시 심사된다. 원심재판장에게도 항소장심사권을 부여한 것은, 항소장에 관한 원심제출주의와 일관시키려는 것으로, 방식에 맞지 아니한 상소장을 사전정리하여 상소심의 부담을 경감시키고 상소권의 남용을 방지하려는 데 있다.

1) 원심재판장 등에 의한 심사

항소장이 원심법원에 제출되면 원심재판장은 ⅰ) 항소장에 필요적 기재사항의 기재여부, ⅱ) 소정인지의 납부여부를 심사하여, 그 흠이 있을 때에는 상당한 기간을 정하여 항소인에게 보정명령을 하여야 한다. 재판장은 법원사무관 등으로 하여금 보정명령을 하게 할 수 있다. 항소인이 그 기간 내에 보정하지 않을 때는 원심재판장은 명령으로 항소장을 각하하여야 한다. 각하명령이 성립된 후 그 정본이 당사자에게 고지되기 전에 부족한 인지를 보정하였다고 하여 각하명령이 위법하게 되거나 재도의 고안에 의하여 그 명령을 취소할 수 없다. 항소장의 송달비용을 예납하지 아니한 경우에도 마찬가지로 각하명령을 할 수 있다. ⅲ) 항소기간의 도과도 함께 심사할 수 있으며, 도과하였음이 분명한 때에는 항소장 각하명령을 하여야 한다. 항소권의 포기 등으로 제1심판결이 확정된 뒤에 제출한 항소장도 각하명령의 대상이 된다. 원심재판장의 항소장 각하명령에 대하여는 즉시 항고할 수 있다.

2) 항소심재판장 등에 의한 재심사

항소장이 항소기록과 더불어 항소심으로 송부되면, 항소심재판장은 항소장을 다시 심사한다. 심사 결과 필요적 기재사항이 기재되지 않거나 원심재판장이 제대로 납부하지 아니한 인지의 보정명령을 하지 않고 이를 간과한 때, 그리고 항소장부본이 피항소인에게 송달불능이 된 때에는 상당한 기간을 정하여 보정명령을 할 것이다. 만일 항소인이 이에 응하지 않을 때에는 항소심재판장은 항소장 각하명령을 한다. 각하명령에 대해서는 즉시항고할 수 있다.

최근 판례는 항소장부본 송달 시 항소장이나 판결문 등에 기재된 주소 외에 소송기록에서 나타난 다른 주소로 송달해 보지 않고 보정명령에 불응한다고 하여 한 항소장 각하명령은 잘못이라 했다. 항소장 각하명령을 할 수 있는 시기는 항소장 송달 전까지이며, 항소장이 송달된 뒤에 소송이 진행되다가 기일통지서가 송달불능이 된 때에는 각하명령을 할 수 없다.

Ⅲ 항소제기의 효력

항소의 제기에 의하여 제1심판결의 확정은 차단되고, 사건의 계속은 항소심으로 이전된다. 항소장부본은 피항소인에게 송달하여야 한다.

Ⅳ 항소의 취하

1. 의의

① 항소의 취하란 항소인이 항소의 신청을 철회하는 소송행위이다. 항소를 제기하지 않았던 것으로 될 뿐이기 때문에, 소 자체를 철회하는 원고의 소취하나 항소할 권리를 소멸시키는 항소권의 포기와는 다르다.

② 항소의 취하는 항소법원에 대한 의사표시이므로 재판 외에서 피항소인에 대해 취하의 의사표시를 하였다 하여도 당연히 항소취하의 효력이 생기지 않는다(항소취하의 합의에 불과).

2. 항소취하의 요건

① 항소의 취하는 항소제기 후 항소심의 종국판결선고 전까지 할 수 있다. 소의 취하가 종국판결의 확정시까지 가능한 것(법 제266조 제1항)과 달리, 항소심의 판결선고 후에는 항소의 취하를 허용하지 않는다. 그것은 항소인이 항소심에서 부대항소 때문에 제1심판결보다 더 불리한 판결을 선고받았을 때에 항소를 취하하여 보다 유리한 제1심판결을 선택함으로써 제2심판결을 실효시키는 것을 방지하기 위함이다.

→ 항소는 항소심의 종국판결이 있기 전에 취하할 수 있는 것으로서, 일단 항소심의 종국판결이 있은 후라도 그 종국판결이 상고심에서 파기되어 사건이 다시 항소심에 환송된 경우에는 먼저 있은 종국판결은 그 효력을 잃고 그 종국판결이 없었던 것과 같은 상태로 돌아가게 되므

로 새로운 종국판결이 있기까지는 항소인은 피항소인이 부대항소를 제기하였는지 여부에 관계없이 항소를 취하할 수 있고, 그 때문에 피항소인이 부대항소의 이익을 잃게 되어도 이는 그 이익이 본래 상대방의 항소에 의존한 은혜적인 것으로 주된 항소의 취하에 따라 소멸되는 것이어서 어쩔 수 없다 할 것이므로, 이미 부대항소가 제기되어 있다 하더라도 주된 항소의 취하는 그대로 유효하다.

② 항소의 제기는 항소불가분의 원칙에 의해 전청구에 미치기 때문에 소의 취하와 달리, 항소의 일부취하는 허용되지 않는다. 판례에 의하면, 항소의 취하는 항소의 전부에 대하여 하여야 하고 항소의 일부취하는 효력이 없으므로 병합된 수 개의 청구 전부에 대하여 불복한 항소에서 그중 일부 청구에 대한 불복신청을 철회하였더라도 그것은 단지 불복의 범위를 감축하여 심판의 대상을 변경하는 효과를 가져오는 것에 지나지 아니하고, 항소인이 항소심의 변론종결 시까지 언제든지 서면 또는 구두진술에 의하여 불복의 범위를 다시 확장할 수 있는 이상 항소 자체의 효력에 아무런 영향이 없다고 한다. 그리고 직권탐지주의에 의하는 절차에서도 항소취하는 자유롭게 허용된다[275].

③ 통상공동소송의 경우에는 공동소송인 한 사람의 또는 한 사람에 대한 항소를 취하할 수 있으며, 그 효력을 다른 공동소송인이 다툴 수 없다. 필수적 공동소송의 경우에는 공동소송인 전원이 또는 전원에 대하여 항소를 취하할 것을 요한다. 보조참가의 경우에는 보조참가인은 피참가인이 제기한 항소를 취하할 수 없지만, 보조참가인이 제기한 경우에는 피참가인의 동의가 있으면 보조참가인도 항소를 취하할 수 있다.

독립당사자참가에 있어서 패소한 원고 및 참가인 두 사람 모두가 항소를 제기하였다가 그중 원고만이 항소취하를 하여도 원고는 항소심의 당사자로 남아 원고·피고·참가인 간의 세 개의 청구가 항소심의 심판의 대상이 된다. 문제는 패소한 A·B 중에 A 한 사람만이 항소를 제기하였다가 A가 바로 취하한 경우인데, 항소를 하지 않은 패소당사자 B의 항소심에서의 지위에 관하여 상소인설을 취하지 않는 한 다른 패소자 B의 동의가 없어도 유효한 항소취하가 되며, 그 취하에 의하여 항소가 소급적으로 소멸되어 항소심절차는 끝난다. 예비적·선택적 공동소송 등 다른 합일확정소송의 경우도 같이 해석할 수 있을 것이다.

④ 항소의 취하는 항소인의 의사표시만으로 되는 단독적 소송행위이므로 소의 취하와 달리, 어느 때나 상대방의 동의가 필요 없다. 그러나 증권관련 집단소송에서는 항소의 취하에 법원의 허가가 필요하다.

⑤ 항소의 취하는 소송행위이기 때문에 여기에는 소송행위 일반의 유효요건을 갖추어야 한다. 따라서 의사무능력자가 행한 항소의 취하는 무효이다. 절차안정의 요청 때문에 표시외관에 의하여 취하의 효과가 확정되어야 한다. 그러므로 조건을 붙일 수 없으며, 또 착오·사기·강박과

---

275) 항소의 취하는 항소의 전부에 대하여 하여야 하고 항소의 일부취하는 효력이 없으므로 병합된 수 개의 청구 전부에 대하여 불복한 항소에서 그중 일부 청구에 대한 불복신청을 철회하였더라도 그것은 단지 불복의 범위를 감축하여 심판의 대상을 변경하는 효과를 가져오는 것에 지나지 아니하고, 항소인이 항소심의 변론종결 시까지 언제든지 서면 또는 구두진술에 의하여 불복의 범위를 다시 확장할 수 있는 이상 항소 자체의 효력에 아무런 영향이 없다(대판 2017.1.12. 2016다241249).

같은 외부에서 용이하게 알 수 없는 행위자의 의사의 흠을 이유로 그 행위의 무효·취소를 주장할 수 없다. 그러나 형사상 처벌을 받을 다른 사람의 행위에 의하여 항소가 취하되었을 때에는 법 제451조 제1항 제5호의 재심사유에 관한 규정을 유추하여 항소취하의 취소가 허용됨은 소의 취하와 마찬가지이다.

3. 항소취하의 방식

항소취하의 방식에 관하여는 소의 취하에 관한 제266조 제3항 내지 제5항이 준용된다. 서면취하 시에 취하의 효력이 생기는 것은 취하서가 항소법원에 제출된 때이고 상대방에의 송달 시가 아니다. 항소의 취하는 항소법원에 제출할 것이나, 아직 소송기록이 원심법원에 있을 때에는 항소의 취하를 원심법원에 하여야 한다.

4. 항소취하의 효과

① 항소의 취하에 의하여 항소는 소급적으로 그 효력을 잃게 되고, 항소심절차는 종료된다. 원판결을 소급적으로 소멸시키는 원고의 소취하와 달리 항소의 취하는 원판결에 영향을 미치지 않으며 그에 의해 원판결은 확정된다. 소취하는 재소금지의 효과가 따르지만, 항소취하는 기판력 있는 확정판결에 이르게 된다. 다만 항소취하 후라도 상대방은 물론 항소인도 항소기간만료 전이면 또다시 항소를 제기할 수 있다. 판결이 아직 확정되기 전이므로 항소기간이 남아 있으면 마음을 바꾸어 항소할 수 있다. 이 점이 다시 제기하면 항소가 부적법하게 되는 항소권의 포기와의 차이이다.

② 항소심에서 소의 교환적 변경이 이루어진 뒤에 한 항소취하는, 변경된 구청구에 대한 소의 취하에 따른 제1심판결의 실효로 항소취하 대상이 없어져 아무런 효력이 발생할 수 없다.

5. 항소취하의 간주

2회에 걸쳐 항소심의 변론기일에 양쪽 당사자가 출석하지 아니한 때(무변론 포함)에 1월 내에 기일지정신청이 없거나 그 신청에 의하여 정한 기일에 출석하지 아니한 때에는 항소취하가 있는 것으로 본다(법 제268조 제4항).

6. 항소취하의 합의

항소취하의 합의(항소취하계약)는 소취하의 합의와 마찬가지로 그 법적 성질 및 효과에 관하여 견해의 대립이 있지만, 사법(私法)계약설에 입각하여 피항소인의 항소취하계약의 주장·입증이 있으면 항소법원은 항소의 이익이 없다 하여 항소를 각하할 것이다.

Ⅴ 부대항소

🖋 관련 기출문제 - 2023년 공인노무사
부대항소에 관하여 설명하시오. [25점]

1. 의의

① 부대항소란 항소를 당한 피항소인이 항소인의 항소에 의하여 개시된 항소심절차에 편승하여 자기에게 유리하게 항소심 심판의 범위를 확장시키는 신청이다. 상대방의 항소제기에 대해 피항소인이 하는 대응이다. 예를 들면 제1심판결에서 원고 甲의 피고 乙에 대한 1,000만원 지급청구 중 600만원만이 인용된 경우, 甲만이 자기패소부분 400만원에 대해 항소하여 乙의 항소권이 소멸(항소기간도과, 항소포기)되었더라도 乙은 부대항소에 의하여 자기패소부분 600만원에 대해 유리하게 원판결의 변경을 구할 수 있는 것이다.

② 제도의 취지는 첫째로, 항소인은 항소심에서 심판범위를 확장할 수 있기 때문에 이에 대응하여 피항소인에게도 부대항소로 심판범위를 확장할 수 있도록 하여 공평한 취급을 하려는 것이고 (무기평등의 원칙), 둘째로, 피항소인이 부대항소에 의해 항소인이 불복하지 않은 부분뿐만 아니라 1심판결 사항이 아니었던 것까지도 그 심판범위에 포함시켜 소송경제를 도모하려는 것이다(예 제1심의 전부승소자가 청구의 확장 또는 반소의 제기를 위한 부대항소를 제기한 경우, 이혼소송에서 전부승소한 원고가 부대항소에 의하여 재산분할청구까지 확장하는 경우 등).

③ 항소기간도과 뒤나 항소권포기 뒤의 항소제기라는 점, 항소의 이익을 필요로 하지 아니한다는 점이 그 특징이다.

※ 부대항소장 사례

부 대 항 소 장

부대항소인(원고, 피항소인) ○○○
　　　　　　　　　　　　○○시 ○○구 ○○길 ○○
부대피항소인(피고, 항소인) ◇◇◇
　　　　　　　　　　　　○○시 ○○구 ○○길 ○○

손해배상(기)청구 부대항소

위 당사자 간 귀원 20○○나○○○ 손해배상(기)청구 항소사건에 관하여 부대항소인(원고, 피항소인)은 위 항소에 부대하여 위 항소사건의 제1심 판결(○○지방법원 20○○.○.○. 선고 20○○가합○○○) 가운데 원고패소부분에 대하여 불복이므로 부대항소를 제기합니다.

부 대 항 소 취 지

1. 원심판결 중 원고의 패소부분을 취소한다.
2. 피고는 원고에게 금 20,000,000원 및 이에 대하여 20○○.○.○.부터 20○○.○.○○.까지는 연 5%의, 그 다음날부터 다 갚는 날까지는 연 15%의 각 비율에 의한 돈을 지급하라.
3. 소송비용은 제1, 2심 모두 피고들의 부담으로 한다.
4. 위 제2항은 가집행할 수 있다.
라는 판결을 구합니다.

> ## 부 대 항 소 이 유
>
> 추후 제출하겠습니다.
> … 이하 생략

2. 성질

① **항소설**은 부대항소도 항소라고 보아 항소의 이익이 없으면 부적법해지며, 제1심에서 전부승소한 당사자가 항소심에서 청구의 확장·변경 또는 반소의 제기를 위하여 하는 부대항소는 허용될 수 없다고 본다.

② **비항소설**은 부대항소는 공격적 신청 내지 특수한 구제방법이고 항소가 아니기 때문에 항소의 이익을 필요로 하지 아니하며, 제1심에서 전부승소한 피항소인이 청구의 확장·변경 또는 반소의 제기를 위해 부대항소할 수 있다는 입장이다.

③ 부대항소는 상대방의 항소에 편승한 것뿐이지 이에 의하여 항소심절차가 개시되는 것이 아니므로, 통설·판례인 비항소설이 옳다고 본다. 부대항소의 종속성으로 보아도 그렇다.

3. 요건

① 주된 항소가 적법하게 계속되어 있어야 한다.

② 주된 항소의 피항소인(또는 보조참가인)이 항소인을 상대로 제기하여야 한다. 그러므로 당사자 양쪽이 모두 주된 항소를 제기한 경우에는 그 한쪽은 상대방의 항소에 부대항소를 할 수 없다. 통상공동소송에서 항소인 甲이 공동소송인 A·B·C 중 한 사람인 A에 대하여만 항소한 때에는 피항소인이 아닌 다른 공동소송인인 B·C는 부대항소를 제기할 수 없다. 또 통상공동소송인 A·B·C 중 한 사람인 A만이 항소한 경우에도 피항소인 乙은 항소인이 아닌 다른 공동소송인 B·C를 상대방으로 하거나 상대방을 보태어 부대항소를 제기할 수 없다. 이 경우에 피항소인이 아닌 다른 공동소송인이나 항소인이 아닌 다른 공동소송인의 판결부분은 공동소송인독립의 원칙에 의하여 이미 분리확정되어 끝났기 때문이다.

③ 항소심의 변론종결 전이어야 한다.

④ 피항소인은 항소권의 포기나 항소기간의 도과로 자기의 항소권이 소멸된 경우에도 부대항소를 제기할 수 있다. 부대항소권까지도 포기하였으면 그러하지 아니하다.

4. 방식

① 항소에 관한 규정에 의한다. 따라서 부대항소장이라는 서면제출을 필요로 하지만, 그 신청을 변론에서 말로 해도 상대방이 이의권을 포기하면 적법한 제기로 볼 수 있다. 부대항소장에는 항소장에 준하는 인지를 납부해야 한다.

전부승소한 당사자는 독립의 항소는 허용되지 않으나 상대방이 항소제기한 경우에 소의 변경 또는 반소의 제기를 위한 부대항소를 제기할 수 있으며, 이때에 부대항소장의 제출을 하지 않고 대신에 청구취지확장서·반소장 제출을 이용해도 된다. 그렇게 해도 상대방에게 불리하게 되는 한도에서 부대항소를 한 것으로 본다. 부대항소의 취지를 밝히지 않아도 부대항소로 의제되는 것이다. 다만 항소심에서 교환적 변경에 의한 부대항소는 부정될 것이다. 이때에는 항소한 제1심판결이 실효되고 항소심은 신청구에 대한 제1심이 되기 때문이다. 항소의 대상이 없어져 본 항소의 존재를 전제로 한 부대항소는 허용될 수 없다.

② 부대항소도 취하할 수 있다. 부대항소를 취하함에는 상대방의 동의를 요하지 않는다.

5. 효력

1) 불이익변경금지의 원칙 배제

부대항소에 의하여 항소법원의 심판의 범위가 확장되면 피항소인의 불복의 정당여부도 심판되게 된다. 원래 항소심의 변론은 항소인이 제1심판결의 변경을 구한 불복의 범위에 한하며, 항소인에게 제1심판결 이상으로 불이익한 판결을 할 수 없다(불이익변경금지의 원칙. 제407조 제1항, 제415조). 예를 들면 1,000만원의 대여금청구에서 제1심판결이 600만원을 인용한 데 대하여 일부패소의 원고만이 항소하였을 때, 항소심에서 600만원조차 인용되지 않는다는 결론에 이르더라도 제1심판결의 원고승소부분을 취소할 수 없다. 그러나 피고(피항소인)로부터 부대항소가 있었으면 취소가 가능하다.

2) 부대항소의 종속성

① 부대항소는 상대방의 항소에 의존하는 것이기 때문에, 주된 항소의 취하 또는 부적법각하에 의하여 그 효력을 잃는다(법 제404조 본문). 주된 항소가 취하·각하될 것을 해제조건으로 한 예비적 항소이다. 앞의 예에서 1,000만원 중 400만원 원고패소의 판결에 원고가 항소한 뒤, 피고가 자기 패소부분 600만원을 부대항소하였는데, 이로 인해 원고가 많은 인지대 등 소송비용을 들여 항소제기를 하였지만 제1심 자기의 승소부분 600만원조차 주치하기 힘들어 화를 부른 것 같다고 생각된다면, 차키의 주된 항소의 휘하로 피고의 부대항소를 실효시켜 현상유지를 할 수 있다. 이것은 부대항소의 종속성 때문이다.

→ 항소는 항소심의 종국판결이 있기 전에 취하할 수 있는 것으로서, 일단 항소심의 종국판결이 있은 후라도 그 종국판결이 상고심에서 파기되어 사건이 다시 항소심에 환송된 경우에는 먼저 있은 종국판결은 그 효력을 잃고 그 종국판결이 없었던 것과 같은 상태로 돌아가게 되므로 새로운 종국판결이 있기까지는 항소인은 피항소인이 부대항소를 제기하였는지 여부에 관계없이 항소를 취하할 수 있고, 그 때문에 피항소인이 부대항소의 이익을 잃게 되어도 이는 그 이익이 본래 상대방의 항소에 의존한 은혜적인 것으로 주된 항소의 취하에 따라 소멸되는 것이어서 어쩔 수 없다 할 것이다.

② 부대항소인이 독립하여 항소할 수 있는 기간 내에 제기한 부대항소는 독립항소로 보기 때문에, 항소의 취하·각하에 의하여 영향을 받지 않는다. 이를 독립부대항소라고 한다.

제 3 절 　 항소심의 심리

I 　 항소의 적법성의 심리

항소법원은 항소장방식이 맞고 항소기간이 준수된 것으로 인정되는 때에는 먼저 항소의 적법요건에 관하여 직권조사하여야 한다. 조사결과 부적법한 항소로서 그 흠을 보정할 수 없는 경우임이 판명되면 변론 없이 판결로써 항소를 각하할 수 있다. 불항소의 합의가 있는데 제기한 항소, 항소의 이익이 없는 항소, 판결선고 전에 제기한 항소, 사망자 상대의 판결에 대한 항소 등이 흠을 보정할 수 없는 경우에 해당한다.

II 　 본안심리

1. 총설

① 항소가 적법하면 불복의 당부, 즉 항소가 이유 있느냐의 여부에 관한 본안심리를 한다. 항소심에서의 심리도 제1심의 소송절차에 준하여 변론준비절차 중심주의에서 변론기일 중심주의로 바꾸었다. 바로 변론기일을 열어 행하는 것을 원칙으로 한다. 변론에 앞서 필요한 경우에는 변론준비절차에 부쳐 항소장이나 항소심에 처음 제출하는 준비서면에서 밝힌 항소이유를 토대로 쟁점정리를 한 뒤에 변론에 들어갈 수 있다. 제1심의 무변론판결사건, 공시송달사건, 제1심의 쟁점정리판단이 부적절한 사건, 새로 제출한 공격방어방법에 대한 심리판단이 필요한 사건 등을 그 예로 들 수 있다.

② 변론에서는 항소인은 먼저 제1심판결의 변경을 구하는 한도, 즉 불복의 범위를 명확히 진술할 것을 요한다. 이에 대하여 피항소인은 항소의 가하·기각의 신청을 할 수 있으며, 경우에 따라 부대항소를 신청할 수도 있다. 제1심과 마찬가지로 증인신문과 당사자신문은 변론기일에서 집중적으로 하여야 한다(법 제408조, 제293조).

2. 변론의 범위 – 항소심판의 대상

항소심에서의 변론은 항소인이 제1심판결의 변경을 청구하는 한도, 즉 불복신청의 범위 안에서 하며(법 제407조), 그 불복의 한도 안에서 항소심의 판결도 한다(법 제415조). 이와 같이 항소심의 심판이 당사자에 의하여 항소로 주장된 불복의 범위에 한정되는 것은 처분권주의를 채택한 결과이다. 제1심판결 전부가 심판의 대상이 되는 것이 아니다.

① 항소심의 심판의 범위를 제약하는 것이 불복의 한도이기 때문에, 그 표시가 항소장의 필요적 기재사항은 아니지만(법 제397조), 실무상 전부불복인지 일부불복인지를 밝히는 것이 보통이다. 수 개의 청구 모두 패소하였을 때에 그중 하나 청구패소부분에 대해 항소할 수 있지만, 1개 청구 중 가분하여 일부만 떼어 일부항소도 할 수 있다. 불복의 범위는 항소심의 변론종결 시까지 변경할 수 있으며, 수 개의 청구에 대한 불복항소에서 일부청구에 대한 불복신청을 철회할 수도 있다. 또 피항소인도 부대항소에 의하여 불복의 범위를 확장시킬 수 있다.

② 원칙적으로 제1심판결 가운데 불복하지 않은 것은 항소심의 심판대상이 되지 않는다. 다시 말하면 항소불가분의 원칙에 의해 항소의 제기로 제1심판결에서 심판한 모든 청구가 이심되지만, 심판의 범위는 불복의 범위에 국한된다. 예를 들면 주위적 청구기각·예비적 청구인용의 판결에 피고가 자기 패소의 예비적 청구부분에 항소한 경우에, 항소심에 이심의 효력은 주위적 청구에까지 미치나, 심판의 범위는 예비적 청구에 국한된다. 따라서 「이심의 범위 = 심판의 범위」가 되지는 않는다. 판례는 항소심의 심판대상이 되지 아니한 부분은 항소심판결선고와 동시에 확정된다고 한다. 불복의 범위에 속하지 않는 청구에 대하여 판결하였다면 이것은 무의미한 판결이며, 이에 대하여 상고하였다 하여 상고심의 심사대상이 되지 않는다.

예외적으로 필수적 공동소송, 독립당사자참가, 공동소송참가, 예비적·선택적 공동소송 등 합일확정소송의 경우는 제1심판결 중 불복하지 아니한 당사자의 본안판결 부분도 합일확정의 범위 내에서는 항소심의 심판대상이 된다.

③ 원칙적으로 제1심판결로 심판하지 아니하고 누락한 청구부분은 이심이 되지 아니하므로 항소심의 심판대상도 되지 않는다. 이것은 추가판결의 대상이 될지언정 항소심의 심판대상은 되지 아니한다. 다만 제1심판결에서 주위적 청구를 인용함으로써 예비적 청구를 심판하지 아니한 경우에 예비적 청구도 항소심으로 이심되어 심판의 대상이 된다.

④ 항소심에서 피고의 경정, 필수적 공동소송인의 추가는 불허되고 반소의 제기에는 원고의 동의를 필요로 하는 제약이 있다. 원고가 이의를 제기하지 아니하고 반소의 본안에 관하여 변론을 한 때에도 반소제기에 동의한 것으로 보지만, 판례는 원고가 반소기각의 답변을 한 것만으로는 이의 없이 반소본안에 관하여 변론한 때에 해당한다고 볼 수 없다고 했다.

그러나 중간확인의 소·소의 변경·소의 일부취하가 허용되기 때문에 이에 의하여 심판의 대상이 확장되거나 축소되는 경우가 있다. 소의 교환적 변경에 의하여 구청구에 대한 취하에 따라 제1심판결은 실효되고, 신청구에 대해 항소심은 제1심의 지위에서 심판하게 된다. 추가적 변경은 청구의 기초에 변경이 없고 소송절차를 현저하게 지연시키지 않는 경우이면 추가된 청구는 당연히 항소심의 심판대상이 된다. 추가된 신청구는 항소심이 제1심으로 심판하게 된다.

3. 가집행선고

원판결 중에서 어느 당사자도 불복신청을 하지 않은 부분에 대해 가집행선고가 붙지 않은 경우에는 항소법원은 신청에 의하여 결정으로 가집행선고를 할 수 있다(법 제406조).

4. 제1심의 속행으로서의 변론

① 우리나라의 민사항소심은 속심제이므로 제1심변론의 속행으로서 제1심에 있어서의 자료에다 항소심에서의 새로운 자료를 보태어 심리를 한다.

② 당사자는 제1심의 자료를 항소심에 상정할 필요가 있으며, 이를 위해 불복신청을 하는 데 필요한 한도에서 제1심의 변론결과를 진술하지 않으면 안 된다(법 제407조). 이를 변론의 갱신이라 한다. 제1심의 변론준비·변론·증거조사 그 밖의 소송행위는 항소심에서도 그 효력이 있다. 예를 들면 이의권의 상실, 재판상의 자백의 구속력도 그대로 유지된다. 다만, 제1심에서 자백간주가 되어도 항소심 변론종결 시까지 이를 다툰 이상 자백으로서의 구속력이 없다.

③ 당사자는 항소심의 변론종결 시까지 종전의 주장을 보충·정정하고, 이에 나아가 제1심에서 제출하지 않은 새로운 공격방어방법을 제출할 수 있다. 이를 변론의 갱신권이라 한다. 다만, 항소심에서의 변론의 갱신권의 적절한 제한은 제1심으로의 절차의 집중을 위하여서나 항소심의 복심화를 막기 위하여 고려되어야 할 중요한 과제이다. 그러므로 사실심리는 제1심에 중점을 두어야 하며(제1심 집중주의), 항소심은 어디까지나 보충적이어야 한다. 따라서 항소이유에서 지적한 쟁점중심의 심리에 집중해야 한다.

제 4 절   항소심의 종국적 재판

① 항소심의 종국적 재판에는 항소장각하 이외에 항소각하·항소기각·항소인용이 있는데, 항소장각하는 재판장의 명령으로, 나머지는 판결로써 행함이 원칙이다.
② 항소심의 판결서에 기재한 이유가 제1심의 판결서의 그것과 다를 바가 없는 때에는 그 기재를 끌어쓰는 인용(引用)을 할 수 있다. 이를 인용판결이라 하는데, 전부인용만이 아니라 자구수정이나 한정적인 일부인용도 허용된다.

Ⅰ 항소장각하

항소장의 인지부족 등 방식위배, 항소기간의 분명한 도과, 항소장의 송달불능의 경우에는 항소심재판장의 명령으로 항소장은 각하된다. 판례는, 항소관련 항소장각하명령을 할 수 있는 시기는 항소장 송달 전까지라고 한다(대판 2020.1.30, 2019마5599, 5600). 따라서 피항소인 중 1명에게 항소장이 적법하게 송달되어 항소심법원과 당사자들 사이의 소송관계가 일부라도 성립한 것으로 볼 수 있는 경우, 항소심재판장이 단독으로 항소장각하명령을 할 수 없다. 이처럼 항소심재판장이 단독으로 하는 항소장각하명령에는 시기적 한계가 있고 독립당사자참가소송의 세 당사자들에 대하여는 합일적으로 확정될 결론을 내려야 하므로, 독립당사자참가소송의 제1심 본안판결에 대해 일방이 항소하고 피항소인 중 1명에게 항소장이 적법하게 송달되어 항소심법원과 당사자들 사이의 소송관계가 일부라도 성립한 것으로 볼 수 있다면, 항소심재판장은 더 이상 단독으로 항소장각하명령을 할 수 없다고 한다.

Ⅱ 항소각하

항소요건에 흠이 있어 항소가 부적법할 때에는 항소법원은 판결로써 항소를 각하한다. 부적법한 항소로서 그 흠을 보정할 수 없을 때에는 무변론으로 항소를 각하할 수 있다. 또 법원이 변론무능력자에 대하여 변호사선임명령을 하였음에도 불구하고 선임을 하지 아니한 때에는 판결 아닌 결정에 의한 항소각하를 할 수 있게 하였다(법 제144조 제4항).

III 항소기각

항소가 이유 없어 원판결을 유지하는 경우에는 항소법원은 판결로써 항소기각을 한다.

① 항소기각은 제1심판결이 정당하거나 또는 그 이유는 부당하다고 하여도 다른 이유로 정당하다고 인정할 때에 한다(법 제414조). 바꾸어 말하면 항소심의 변론종결 시를 기준으로 하여 결론적으로 원판결의 주문과 일치한다고 판단되는 경우이다. 판결의 기판력은 판결이유 중의 판단에는 생기지 않는 것을 원칙으로 하기 때문이다(법 제216조).

② 다만 예비적 상계의 항변에 의하여 승소한 피고가 항소를 했을 때에 항소법원에서 볼 때에 상계에 의할 필요 없이(예 변제의 항변을 받아들여) 청구를 기각할 수 있으면, 원판결을 취소하고 다시 청구기각의 선고를 하여야 한다. 상계의 항변에 관한 판단에는 기판력이 생기기 때문에, 결론은 같은 청구기각이지만 기판력의 객관적 범위가 달라지기 때문이다.

IV 항소인용

1. 원판결의 취소

항소가 이유 있을 때에는 항소법원은 판결로써 원판결을 취소한다. 그것은 제1심판결을 부당하다고 인정한 때(법 제416조)와 제1심판결의 절차가 법률에 어긋날 때(법 제417조)에 한다. 원판결을 취소하고 난 뒤에, 소 자체에 대한 응답의 형태에는 다음의 세 가지가 있다.

가. 자판

항소법원이 원판결을 취소하고 스스로 제1심에 갈음하여 소에 대하여 종국적 해결의 재판을 하는 경우이다. 항소심은 사실판단까지 새로 할 수 있는 사실심인 관계상 자판(自判)이 원칙이며, 다른 법원으로 환송·이송은 예외적이다. 이 점은 법률심인 상고심과 대조적이다.

나. 환송

① 항소법원이 취소할 원판결이 소각하의 판결이면, 제1심에서 소에 대한 아무런 본안심리가 행하여지지 않았기 때문에 사건을 원법원으로 환송하여야 한다(법 제418조)[276]. 이를 필수적 환송이라 한다. 다만 제418조 단서에서는 예외적으로 ⅰ) 제1심에서 본안판결을 할 수 있을 정도로 본안심리가 잘 된 경우, ⅱ) 당사자의 동의가 있는 경우에는 환송치 않고 자판할 수 있게 하였다. 판례는 나아가 소각하가 잘못되었다 하여도 본안에서 청구기각될 사안이면 필수적 환송규정의 적용을 배제시키고 항소기각하여야 한다는 입장이다. 환송판결에 대해 판례는 한때 중간판결이라 하여 독립하여 상고할 수 없다 하였으나, 종국판결임을 전제로 상고할 수 있는 것으로 변경하였다.

---

276) 제418조(필수적 환송)

소가 부적법하다고 각하한 제1심판결을 취소하는 경우에는 항소법원은 사건을 제1심 법원에 환송(還送)하여야 한다. 다만, 제1심에서 본안판결을 할 수 있을 정도로 심리가 된 경우, 또는 당사자의 동의가 있는 경우에는 항소법원은 스스로 본안판결을 할 수 있다.

② 환송받은 제1심법원이 다시 심판할 경우에는 항소법원이 취소의 이유로 한 법률상 및 사실상의 판단에 기속된다. 이 점은 상고법원의 환송판결의 기속력과 같다.

다. 이송

전속관할위반을 이유로 원판결을 취소하는 때에는 원심으로 환송하지 않고, 직접 판결로 관할 제1심법원으로 이송하여야 한다(법 제419조). 그러나 임의관할을 어긴 경우는 원판결취소사유로 되지 않는다(법 제411조).

2. 불이익변경금지의 원칙

가. 의의

항소심이 원판결을 취소하고 항소인용함에 있어서 심판범위와 관련하여 지켜야 할 준칙이 있다. 불이익변경금지의 원칙이다. 이는 항소의 제기에 의하여 사건은 전부 이심되지만, 항소법원의 제1심판결의 당부에 대한 심판은 항소 또는 부대항소한 당사자의 불복신청의 한도 안에 국한되며, 제1심판결 중 누구도 불복신청하지 아니한 부분에 대하여는 불이익으로든 이익으로든 바꿀 수 없음을 뜻한다. 원래 민사소송에서는 당사자가 신청한 범위를 넘어서 판단할 수 없는데, 항소심도 그 예외가 될 수 없기 때문이다. 그리하여 여기에는 넓게는 이익변경의 금지까지 포함한다.

나. 원칙

1) 이익변경의 금지

불복하는 항소인의 불복신청의 한도를 넘어서 제1심판결보다도 더 유리하게 바꿀 수 없다. 패소판결 중 일부만 불복항소한 경우, 불복하지 아니한 나머지 부분에서 문제된다. 예컨대, 이혼과 위자료 두 가지 모두 패소한 피고가 그중 위자료패소부분에 한하여 불복항소하였을 때, 불복하지 않는 이혼패소부분이 부당하여도 피고에게 유리하게 승소로 바꿀 수 없다. 원고가 이전등기말소청구와 금전지급청구 두 가지 모두 패소한 제1심판결에 대하여 말소청구부분만 항소하였을 뿐 그 변론종결 시까지 항소취지를 확장한 바 없다면, 불복항소하지 아니한 금전지급부분까지 심판대상으로 하여 그것도 이유 있다고 원고에게 유리하게 판단할 수 없다.

2) 불이익변경의 금지

상대방으로부터 항소·부대항소가 없는 한 불복하는 항소인에게 제1심판결보다도 더 불리하게 바꿀 수 없다. 바꿀 수 없는 이러한 경우에 항소심은 항소기각판결을 한다.

(1) 청구를 일부기각한 제1심판결에 대하여 원고만이 항소한 경우에, 항소법원이 청구전부가 이유 없는 것으로 판단되어도 항소를 기각할 수 있을 뿐, 기왕의 원고승소부분까지 취소하여 청구전부를 기각할 수 없다. 예를 들면 100만원을 청구하여 60만원만이 인용된 경우에 원고만이 항소하였다면 불복하지 아니한 원고승소부분(60만원)마저 취소하여 원고의 청구전부를 기각할 수 없는 것이다. 반대로 일부기각의 판결에 대하여 피고만이 항소한 경우에 항소법원이 피고의 패소부분을 넘어서 피고에게 불리한 판결을 할 수 없는 것이다. 위와 같이 100만원을 청구하여 60만원만이 인용된 사례에서 피고만이 항소하였을 때 불복하지 아니한

피고 승소부분(40만원)마저 취소하여 피고에게 100만원 모두의 지급을 명하는 판결을 할수 없다.

(2) 소각하 아닌 청구기각할 사안에서 원고의 항소

① 문제의 제기

소가 부적법하다고 하여 소각하한 제1심판결에 대하여 원고로부터 항소가 제기된 경우에, 항소법원이 소 자체는 적법하지만 어차피 본안에서 이유 없어 청구기각될 사안이라고 보여질 때에 취할 조치에 대해 다툼이 있다.

② 판례 및 학설

소각하의 판결보다도 청구기각의 판결을 하는 것이 항소인인 원고에게 더 불리하기 때문에 불이익변경금지의 원칙상 제1심판결을 취소하고 청구기각의 판결을 하는 것은 허용할 수 없다는 전제에서, 판례는 이때에 항소기각할 수밖에 없다는 항소기각설이다. 그러나 이 경우에 항소기각은 잘못된 제1심의 소각하판결을 확정시키는 것이므로 문제가 있다. 뒤에 원고가 문제의 소송요건을 보정하여 다시 재소하여 올 때 이를 막을 길이 없게되는 것이다.

따라서 소각하판결로써는 원고에게 어떠한 이익이 생긴 것이 아니며 청구기각판결을 해도 불이익변경금지의 원칙에 저촉되지 않는다는 견해가 나오고 있으며, 이러한 전제하에 이 경우는 제1심판결을 취소하고 청구기각을 해도 된다는 청구기각설이 있다. 그런가 하면 이 경우는 소각하의 제1심판결이 잘못되었으므로 제418조에 따라 제1심판결을 취소하고 제1심으로 환송하여야 한다는 환송설도 있다. 청구기각설은 제418조의 법문보다도 소송경제를 앞세우는 입장이고, 환송설은 제418조에 충직하게 심급의 이익을 고려한 해석이다.

③ 검토

생각건대, 이 경우 불이익변경금지의 예외일지라도 제1심에서 본안심리가 이루어졌거나 당사자의 동의가 있으면 제418조 단서에 따라 제1심판결을 취소하고 청구기각을 할 것이로되, 그렇지 않으면 동조 본문에 따라 환송하는 등 청구기각과 환송을 절충하는 것이 옳다고 본다(절충설). 청구기각시킬 경우와 그렇지 아니한 경우를 명백히 가르지 않고 어느 때나 청구기각으로 일관하는 내용의 청구기각설이 된다면, 이는 분명히 해석론의 한계를 벗어나는 것이다.

(3) 판결주문이 기준

① 제1심판결 주문의 불리한 변경이 문제되지, 기판력이 생기지 아니하는 이유의 변경은 원칙적으로 항소인에게 더 불이익한 변경이 되어도 상관없다. 상소인에게 불이익여부는 원칙적으로 판결주문이 원칙적 기준이기 때문이다.

② 그러나 주문원칙의 예외가 이유 중의 판단에도 기판력이 생기는 피고의 상계항변의 경우이다. 피고의 상계항변을 받아들여 원고청구기각의 판결을 한 데 대하여 원고만이 항소한 경우는 달리 볼 것이다. 이때 원고 주장의 소구채권이 부존재한다 할 때에, 그것으로 이유를 바꾸어 항소기각하는 것은 허용되지 않는다. 그렇게 되면 항소한 원고에게 상계에 제공된 피고의 반대채권소멸의 이익마저 잃게 되어 제1심판결보다 더 불리해지기 때문이다. 그렇다고 이때에 제1심판결을 취소하고 원고의 소구채권의 부존재라는 취지의 원고청구기각의 판결을 하는 것은 불이익변경금지의 원칙에 정면 저촉된다. 결국 이 경우는 이유변경을 할 수 없어 제1심판결과 똑같은 이유를 달아 항소기각할 따름이다(이때에 피고만이 항소한 경우에 피고 주장의 반대채권이 부존재한다고 하여 피고의 상계항변을 배척하면서 항소기각하는 것도 제1심보다 더 불리해져서 허용되지 않는다[277]).

(4) 불이익변경금지사례

① 상환이행판결에 대해 원고만이 항소한 경우에 원고청구를 기각하거나 반대급부의 내용을 더 불리하게 할 수 없으며, ② 금전채권과 지연손해금채권은 별개의 소송물이고 불이익변경에 해당여부는 원금과 지연손해금을 각각 따로 비교판단하여야 하므로 피고만이 항소한 항소심 심리결과 지연손해금은 제1심보다 줄고 원본은 늘어난 경우, 원본부분은 항소기각하고 지연손해금은 줄어든 만큼 항소인용하여야 하며, ③ 이 경우에 양자를 합산한 전체금액을 기준으로 판단하여서는 안 되므로 원본부분을 제1심보다 늘려 인용할 수 없으며, ④ 이자율이 하루 2/10,000인데 1.6/10,000으로 잘못 계산되어도 원고가 불복하지 아니하였으면 피고에게 불이익하게 판결할 수 없다.

다. 예외

① 불이익변경금지의 원칙은 처분권주의에 근거를 두고 있으므로, 처분권주의가 통하지 아니하는 직권탐지주의 절차에서는 적용되지 아니한다. 또 직권조사사항인 소송요건의 흠, 판결절차의 위배 따위는 이 원칙에서 배제되며, 만일 이 점에 대해 잘못이 있으면 일부패소의 당사자로부터 항소가 있어도 그 전부를 취소하여 소의 각하 · 이송 등의 조치를 취하여야 한다. 소송비용의 재판과 가집행선고도 불이익변경금지의 예외이다.

② 성질상 비송사건 법원의 재량으로 판결내용을 정할 수 있는 형식적 형성소송(경계확정소송, 공유물분할청구소송, 이혼한 경우에 재산분할청구 등)은 불이익변경금지의 원칙이 적용되지 않는다. 예를 들면 경계확정소송에서 항소법원은 제1심판결이 정한 경계선이 정당치 않다고 인정할 때는 정당하다고 판단되는 경계를 정할 수 있으며, 그 결과 항소인에게 불리하게 되어도 무방하다.

---

277) 피고의 상계항변을 인용한 제1심판결에 대하여 피고만이 항소하고 원고는 항소를 제기하지 아니하였는데, 항소심이 피고의 상계항변을 판단함에 있어 제1심이 자동채권으로 인정하였던 부분을 인정하지 아니하고 그 부분에 관하여 피고의 상계항변을 배척하였다면, 그와 같이 항소심이 제1심과는 다르게 그 자동채권에 관하여 피고의 상계항변을 배척한 것은 항소인인 피고에게 불이익하게 제1심판결을 변경한 것에 해당한다(대판 1995.9.29, 94다18911).

③ 예비적·선택적 공동소송에서도 불이익변경금지의 원칙이 배제된다. 예를 들면 원고 甲이 乙을 주위적 피고, 丙을 예비적 피고로 하여 제기한 예비적 공동소송에서 丙이 채무자로 인정되어 丙은 패소, 乙은 승소의 제1심판결이 났을 때 丙만이 불복항소하였다 하여도, 乙에 대하여 패소한 甲에게도 항소의 효력이 미치며, 항소심에서 丙이 아니라 乙이 채무자라고 보면 항소도 하지 아니한 甲에게 제1심판결보다 유리하게 甲의 乙에 대한 주위적 청구부분이 오히려 승소가 되는 판결이 날 수 있다. 그렇지 아니하면 채무자가 택일적인 경우에 채무자를 모순 없이 가리려는 합일확정의 소송목적이 이루어질 수 없게 되기 때문이다.

④ 독립당사자참가소송에서 패소하였으나 상소나 부대상소를 하지 아니한 당사자의 판결부분에 대하여도 이 원칙이 배제되며, 상소한 당사자의 불복범위 내에서 합일확정을 위해 필요한 한도에서는 더 유리하게 변경할 수 있다. 예를 들면 원고 甲, 피고 乙, 참가인 丙 3자 간에 누가 소유권자인가를 가리는 3면소송에서 甲의 소유라고 하여 甲 승소, 乙·丙 패소의 제1심판결이 났을 때에, 본안 패소자 중 乙만이 불복항소하였다 하여도 항소심이 丙의 소유라고 판단하면 불복항소하지도 아니한 丙에게 유리하게 丙의 소유라는 판결을 할 수 있다.

⑤ 항소심에서 피고 측의 상계주장이 이유 있다고 인정된 때에도, 이 원칙의 예외로 된다(법 제415조 단서). 예를 들면 원고의 금 100만원의 대여금청구에서 피고가 전부 변제의 항변을 하였는데, 제1심은 변제항변을 일부 인정하여 금 40만원만 인용하였고 이에 대하여 원고만이 항소하였다고 할 때에, 항소심은 변제항변은 전부이유 없지만 항소하지 아니한 피고제출의 상계항변이 오히려 전부 이유 있는 것으로 인정된다고 하자. 이때에 항소심으로서는 항소한 원고에게 오히려 더 불리하게 제1심의 원고승소부분인 40만원 부분마저 취소하여 원고의 청구를 모두 기각할 수 있다.

⑥ 피고만의 상고에 의해 대법원에서 파기환송된 뒤 환송심에서 환송 후의 판결이 오히려 환송 전의 판결보다 피고에게 더 불리한 결과를 낳을 수도 있다.

03 | 상고[278)

제1절   상고심의 특색

Ⅰ   상고의 개념

상고는 종국판결에 대한 법률심에의 상소로서, 원판결의 당부를 전적으로 법률적인 측면에서만 심사할 것을 구하는 불복신청이다.

① 상고는 원칙적으로 항소심의 종국판결에 대한 대법원에의 상소이다. 즉 고등법원이 제2심으로서한 판결과 지방법원본원합의부가 제2심으로서 한 판결이 상고의 대상이 된다(법 제422조 제1항).종국판결이어야 하므로 결정은 상고의 대상이 아니다. 항소심의 판결 중 제1심으로 돌려보내는 환송·이송판결도 종국판결에 해당하며, 상고의 대상이 된다.

② 항소심의 종국판결만이 상고의 대상이 되는 원칙에는 예외가 있다(법 제422조 제1항·제2항). 당사자 간에 비약상고의 합의가 있는 제1심판결에 대해서는 직접 상고할 수 있다. 불항소합의라고도한다. 비약상고의 합의는 사건의 사실관계에 관하여 당사자 간에 다툼이 없고, 법률문제에 대하여신속하게 최종심법원의 판단을 받으면 해결될 수 있는 경우에 이용된다. 비약상고의 합의는 ⅰ)불항소합의의 요건 이외에도 제1심판결선고 후일 것을 요하고, ⅱ) 반드시 서면으로 하여야 하므로 합의서면을 제출한 바 없다면 비약상고는 부적법하다.

③ 상고법원을 대법원으로 일원화시킨 집중형 상고제가 우리 현제도이다. 고등법원의 판결이든 지방법원본원합의부 직원의 판결이든 이에 대한 상고는 대법원에 하도록 되어 있다.

Ⅱ   상고제도의 목적

프랑스의 상고심은 오로지 법령해석의 통일을 목적으로 한다. 이에 대하여 2002년 민사소송개혁법이전의 독일형은 법령해석의 통일과 당사자의 권리구제 두 가지를 그 목적으로 하였다. 우리나라 상고심은 구독일형에 속한다. 왜냐하면 우리나라의 경우는 상고법원이 원판결이 부당하다고 인정할 때에는 이를 파기함과 동시에, 필요한 경우에는 사건에 대하여 스스로 종국적인 판결을 하는 자판(自判)으로 사건을 종결시킬 권한이 있기 때문이다. 이처럼 법령해석의 통일 이외에 오판으로부터 당사자의권리구제도 주요 목적이므로, 상고는 당사자만이 제기할 수 있고 또 상고의 이익을 요하게 한 것이다.

---

278) 이시윤, 앞의 책, 889-915면

III 법률심으로서의 상고심

① 상고심은 원판결의 당부를 법률적인 측면에서만 심사하기 때문에 항소와 달리 사후심적이다. 상고심은 스스로 사건의 사실관계를 더 이상 조사하지 않고 원심이 조사한 사실관계를 전제로 재판한다. 이러한 의미에서 원판결이 적법하게 확정한 사실은 상고법원을 기속한다(법 제432조). 이를 증거채택여부 및 사실인정은 사실심의 전권사항이라 한다. 그것이 자유심증주의의 한계를 벗어나지 않는 한 상고심에서 문제 삼을 수 없다. 당사자도 상고심에서는 사실관계에 대하여 새로운 주장을 내세우거나 새로운 증거를 제출하여 원심의 사실인정을 다툴 수 없다. 비록 사실심의 변론종결시 이후에 발생한 사실이라 하여도 상고심에서 이를 주장할 수 없다.

② 상고심에서도 예외적으로 직권조사사항인 소송요건·상소요건의 존부, 재심사유, 원심의 소송절차위배, 판결의 이유불명시, 판단의 누락 등을 판단함에 있어서는 새로운 사실을 참작할 수 있으며, 필요한 증거조사를 할 수 있다.

③ 상고심에서는 새로운 청구도 허용되지 아니한다. 새로 사실조사를 하여야 하기 때문이다. 같은 근거에서 소의 변경도 허용되지 아니한다.

제 2 절 상고이유

I 민사소송법상의 상고이유

민사소송법은 제423조에 규정한 일반적 상고이유와 제424조에 규정한 절대적 상고이유를 바탕으로 상고를 제기할 수 있게 하였다.

1. 일반적 상고이유

상고심은 법률심이므로 상고이유로 되는 것은 일반적으로 원판결의 법령위반만이고, 사실인정의 과오는 상고이유로 되지 않는다. 그러나 모든 법령위배가 곧 상고이유가 되는 것이 아니라, 현행법상 상고이유가 되는 것은 '판결에 영향을 미친 헌법·법률·명령 또는 규칙의 위반'이 있는 경우이다(법 제423조)[279]. 상대적 상고이유라고도 한다.

1) "법령" 위반

법령위반의 '법령'으로 제423조는 헌법·법률·명령·규칙으로 규정하였지만, 널리 지방자치단체의 조례, 비준가입한 국제조약·협정 등도 포함한다. 성문법이든 관습법이든 불문하며, 준거법으로 된 외국법도 여기의 법령에 해당한다. 보통계약약관의 조항이나 법인의 정관도 이에 포함된다. 경험법칙위반의 경우에는 전문적 경험법칙과 상식적 경험법칙으로 구분하여 후자의 위반만이 상고이유로 된다는 견해가 있으나, 경험법칙은 판단의 대전제가 되는 것으로 법규에 준

---

279) 제423조(상고이유)
　　상고는 판결에 영향을 미친 헌법·법률·명령 또는 규칙의 위반이 있다는 것을 이유로 드는 때에만 할 수 있다.

하기 때문에 여기에서 말하는 법령위반이라고 볼 것이다(통설·판례). 대법원 판례위반의 원판결은 직접적으로 법령위반은 아니나 법령해석의 잘못이 있는 것으로 되어 결국 법령위반이 된다. 이는 심리속행사유이기도 하다.

2) 법령 "위반"

(1) 위반의 원인

위반의 원인을 기준으로, 법령해석의 과오와 법령적용의 과오로 나누어진다. ⅰ) 법령해석의 과오란 법령의 효력의 시간적·장소적 제한의 오해나, 법규의 취지·내용의 부정확한 이해가 있는 경우를 뜻한다. ⅱ) 법령적용의 과오란 법령의 해석에 대해서는 잘못이 없어도 구체적인 사건이 법규의 구성요건에 해당하지 아니하는데도 해당되는 것으로 그르친 경우이다(법령을 적용하지 않은 경우도 포함).

사실인정의 과오는 상고이유가 되지 않음은 앞서 본 바인데, 이는 법령적용의 과오와의 관계에서 구별이 힘들다. 전자가 사실문제이고, 후자가 법률문제이다. ⅰ) 구체적 사실의 존부는 사실문제이나, 사실에 대한 평가적 판단(불확정개념 예 과실, 착오, 선량한 풍속, 정당한 사유, 신의칙 위반 등)은 법률문제이다. 그러나 ⅱ) 증거가치의 평가(증언의 신빙성, 서증의 증거력 등)는 사실문제이다. 사실추정의 법리(일응의 추정도 포함)·논리칙·경험법칙의 위반 여부는 법률문제가 되며, 이를 채증법칙(採證法則) 위반이라 하고 상고이유로 하는 경우가 많다. ⅲ) 법률행위의 해석에 있어서는 의사표시의 존부·내용의 인정 자체는 사실문제이나, 그에 기하여 법률상 어떠한 법률효과를 인정할 것이냐의 해석은 법률문제이다. ⅳ) 법원이나 행정청의 자유재량에 속하는 사항은 법률문제가 아니다. 예를 들면 과실상계의 항변을 참작하여 배상액의 감액산정이나 그 밖의 법률에 의한 배상액의 경감여부 및 경감비율을 정하는 것은 현저히 불합리한 것이 아니면 사실심의 전편사항이다.

위자료에 있어서 손해의 공평한 분담이라는 이념과 형평의 원칙에 현저히 반하는 산정은 사실심법원이 갖는 재량의 한계를 벗어난다는 것이 판례이다.

(2) 법령위반의 형태

법령위반의 형태를 기준으로 하여, 판단상의 과오(의율의 과오)와 절차상의 과오로 나눈다.

① 판단상의 과오란 원판결 중의 법률판단이 부당하여 청구의 당부판단의 잘못을 초래하게 된 경우를 말한다. 실체법위반의 경우에 문제된다. 법령의 올바른 적용은 법원의 당연한 직책인 관계로, 법원은 당사자 주장의 상고이유에 구속됨이 없이 법률판단의 과오의 유무를 직권조사하지 않으면 안 된다. 이를 상고이유불구속의 원칙이라 한다. 따라서 ⅰ) 상고이유로 한 법령위반이 있어도 원판결이 다른 이유로 결론에 있어서 정당한가를 심사하여야 하며, ⅱ) 주장한 법령위반이 없어도 다른 법령위반 여부도 심사를 요할 수 있으며 상고인이 주장한 것과 다른 판단상의 과오로 원판결을 파기할 수 있다. 따라서 상고인은 실체상의 과오를 상고이유서제출기간 후나 예외적으로 열리는 변론과정에서 주장할 수 있으며, 비록 상고인이 절차상의 과오만 상고이유로 삼았다 하여도 그러하다.

② **절차상의 과오**란 절차법규를 위배한 절차가 있는 경우를 말한다. 예를 들면 변론주의·처분권주의의 위반, 석명의무·지적의무의 위반, 당사자에 기일 통지 없이 한 변론 등이다. 다만 훈시규정의 위반이 있을 때는 상고이유가 되지 아니하며, 임의규정위반의 경우에 당사자가 이의권을 포기·상실하였으면 여기의 과오에 해당되지 아니한다.

절차상의 과오는 판결에 잠재적으로 존재하여 쉽게 발견하기 어려우므로, 직권조사사항을 제외하고는 당사자가 상고이유로 주장한 경우에 한하여 조사한다. 직권조사사항은 상소요건, 외국판결의 승인요건, 상고속행사유, 항소심판결의 적법성(예 부적법하게 진행한 끝에 한 판결, 항소심의 당사자가 아닌 자에 대한 판결), 소송요건, 판결이유의 불기재라고 할 정도 등을 들 수 있다. 판례는 나아가 심리미진도 상고이유가 된다고 보는데, 이것은 법령해석·적용 이전의 문제로서 특히 사실관계에 필요한 심리를 다하고 결심하지 않은 절차법규의 위배를 가리킨다.

(3) 헌법위반

헌법위반의 주장에는 헌법규정 해석의 잘못·적용의 잘못에 관한 주장은 물론 재판의 전제가 되는 법률·명령·규칙이 위헌무효라는 주장도 포함된다. 법률이 헌법에 위반되어 무효라는 이유로 구제받고자 할 때에는 당사자로서는 헌법재판소에 위헌여부심판제청신청을 하거나 신청까지 이르지 아니하여도 헌법위반이라고 단순히 상고이유로 주장하는 방법이 있다. 후자의 경우에 법률이 합헌이라는 견해라면 합헌결정권을 갖는 대법원이 합헌선언을 할 것이고, 위헌이라는 견해라면 직권으로 헌법재판소에 위헌제청을 할 것이다. 헌법위반이면 뒤에 보는 바와 같이 심리속행사유이다.

(4) 법령의 변경

원판결 후에 법령의 변경이 있고, 신법이 소급하는 경우에는 신법위반도 법령위반이 된다. 원심이 판결 당시에는 구법을 적용하여야 하였더라도, 상고심의 판결 당시를 기준으로 하여 원판결이 신법에 위배되면 상고이유로 된다. 다만 신법에 소급효가 없는 경우는 구법위배의 여부만이 문제된다.

3) 판결에 영향

판결에 영향을 미친 법령위반이라야 한다. 따라서 단순한 법령위반의 존재만으로는 상고이유가 되지 아니하고, 법령위반과 판결의 결론인 주문과의 사이에 인과관계가 있을 것을 필요로 한다. 즉 원심에 법령위반이 없었다면 원심판결의 결론이 달라질 가능성이 있었을 때 비로소 상고이유가 된다.

판례는, 판결이유 중의 판단에 불복하는 것에 불과하면 이유 있다 하여도 판결에 영향을 미친 것이 아니며, 가정판단으로 부가한 법률해석은 판결결과에 영향을 미친 위법이 아니라 했다.

2. 절대적 상고이유

앞서 본 바 일반적 상고이유와 달리, 원판결의 결과에의 영향 유무에 관계없이 상고이유가 되는 경우가 있다. 법 제424조[280])에 열거된 절차상의 과오가 이에 해당한다. 이 절대적 상고이유(제6호 사유 제외)는 뒤에서 보는 바와 같이 심리속행사유이다. 이를 구체적으로 본다.

① 판결법원 구성의 위법(제1호)

판사 2인에 의한 합의부의 구성이 그 예이다. 기본인 변론에 관여하지 않은 법관이 판결에 관여한 경우, 법관이 바뀌었는데도 변론의 갱신절차를 밟지 않은 경우이다.

② 판결에 관여할 수 없는 법관의 관여(제2호)

제척이유 또는 기피의 재판이 있는 법관, 파기환송된 원판결에 관여한 법관이 관여한 판결이 이에 해당한다. 판결관여란 판결의 합의(평의) 및 원본작성에의 관여를 뜻하며, 선고만의 관여는 이에 포함되지 않는다.

③ 전속관할규정에 어긋날 때(제3호)

전속관할이 정해진 사건에 대해 관할권이 없는 법원이 판결한 경우이다(임의관할의 위배는 상고이유 아님).

④ 대리권의 흠(제4호)

대리인으로서 소송수행을 한 자에게 대리권이 없는 경우뿐 아니라, 무능력자의 소송행위나 대리인의 특별한 권한의 흠이 있는 경우도 상고이유가 된다. 법 제424조 제4호는 이른바 당사자권을 보장하기 위한 규정이므로, 당사자가 변론에서 공격방어방법을 제출할 기회를 부당하게 박탈당하며 절차권이 침해된 경우 많이 유추된다. 적법한 회사의 대표자 아닌 자에게 소송서류가 송달되게 함으로써 적법한 대표자가 귀책사유 없이 변론기일에 출석하여 공격방어방법을 제출할 기회를 박탈하고 변론이 종결된 경우에도 해당된다. 엉뚱한 사람이 대리인으로 관여뿐 아니라 당사자의 절차관여권의 배제도 포함된다. 성명모용자에 의한 소송수행, 당사자 사망이나 회생절차 개시결정에 의한 소송절차의 중단을 간과하고 소송수계신청이 이루어지지 아니한 상태에서 판결선고, 변론기일에 책임에 돌릴 수 없는 사유로 불출석하였음에도 불구하고 그대로 판결한 경우도 또한 같다고 할 것이다. 다만, 대리권의 흠을 명시적·묵시적으로 추인한 경우(조)에는 상고이유·재심사유가 소멸된다(법 제424조 제2항).

---

280) 제424조(절대적 상고이유)
　① 판결에 다음 각 호 가운데 어느 하나의 사유가 있는 때에는 상고에 정당한 이유가 있는 것으로 한다.
　　1. 법률에 따라 판결법원을 구성하지 아니한 때
　　2. 법률에 따라 판결에 관여할 수 없는 판사가 판결에 관여한 때
　　3. 전속관할에 관한 규정에 어긋난 때
　　4. 법정대리권·소송대리권 또는 대리인의 소송행위에 대한 특별한 권한의 수여에 흠이 있는 때
　　5. 변론을 공개하는 규정에 어긋난 때
　　6. 판결의 이유를 밝히지 아니하거나 이유에 모순이 있는 때
　② 제60조 또는 제97조의 규정에 따라 추인한 때에는 제1항 제4호의 규정을 적용하지 아니한다.

⑤ 공개규정에 어긋날 때(제5호)

헌법 제109조와 법원조직법 제57조의 규정에 위배하여 판결의 기본이 되는 변론을 공개하지 않은 경우이다.

⑥ 이유의 불명시 · 이유모순(제6호)

판례는 이유의 불명시란 판결에 이유를 전혀 기재하지 아니하거나 이유의 일부를 빠뜨리는 경우 또는 이유의 어느 부분이 명확하지 아니하여 법원이 어떻게 사실인정을 하고 법규를 해석 · 적용하여 주문에 이르렀는지가 불명확한 경우라고 했다. 판결에 영향을 미치는 중요사항에 대한 판단누락이 포함된다. 이유로서 단순히 「이유 없다」는 기재도 사실상 이유를 밝히지 아니한 것으로 볼 것이다.

이유모순이란 판결이유의 문맥에 있어서 모순이 있어 일관성이 없고, 이유로서 체제를 갖추지 못한 것을 말한다. 즉 법원이 어떻게 사실을 인정하고 법규를 해석 · 적용하여 주문과 같은 결론에 이르렀는지가 불명확한 경우이다. 판결이유에서는 피고들의 부진정연대채무로 인정하면서 판결주문에서는 피고들에게 '각자' 아닌 '각기' 지급을 명하는 판결을 한 경우, 판결 본문에 설시된 세액과 별지로 첨부된 산출근거표에 기재된 세액이 달리 설시된 경우 등이다. 다만 중요사항에 대한 이유가 맞지 않은 경우를 가리키는 것이므로, 판결이유의 기재에 모순이 있는 경우라도 그것이 군더더기에 지나지 않는 것일 때에는 이유모순에 해당되지 않는다.

3. 그 밖의 상고이유 − 재심사유

재심사유도 상소에 의하여 주장할 수 있기 때문에(법 제451조 제1항 단서) 비록 절대적 상고이유에 포함되어 있지 아니하여도 법령위배로서 상고이유로 된다는 것이 통설 · 판례이다. 재심사유에 해당하는 사실은 직권조사사항으로서 상고심에서도 사실조사를 할 수 있다. 다만 제451조 제1항 제4호 내지 제7호 소정의 가벌행위를 상고이유로 주장함에는 가벌행위와 함께 동조 제2항의 유죄 확정판결의 사실도 내세워야 한다.

‖ 소액사건심판법상의 상고이유

소액사건에서는 통상의 민사소송사건과 달리 상고이유를 제한하는 특례가 있다. 즉 소액사건심판법 제3조는 ⅰ) 법률 · 명령 · 규칙 또는 처분의 헌법위반 여부와 명령 · 규칙 또는 처분의 법률위반 여부에 관한 판단이 부당한 때, ⅱ) 대법원판례에 상반되는 판단을 한 때만을 상고이유로 삼을 수 있게 하였다.

제 3 절　상고심의 절차

I　상고의 제기

※ 상고장 기재례

상 고 장

원고(상고인)　◉◉◉
　　　　　　○○시 ○○구 ○○길 ○○
피고(피상고인)　◇◇◇
　　　　　　○○시 ○○구 ○○길 ○

손해배상(자)청구의 상고

위 당사자 간 ○○지방법원 20○○나○○○ 손해배상(자)청구사건에 관하여 원고는 20○○.○.○. 선고한 판결에 대하여 불복이므로 상고를 제기합니다.

제2심판결의 표시

1. 원고의 항소를 기각한다.
2. 항소비용은 원고가 부담한다.

(위 판결정본을 20○○.○.○○. 수령하였습니다.)

불복정도 및 상고범위

원고는 원심판결에 관하여 전부 불복입니다.

상 고 취 지

원심판결을 파기하고 이 사건을 ○○지방법원으로 환송한다.
라는 판결을 구합니다.

상 고 이 유

추후 제출하겠습니다.
… 이하 생략

---

1) 상고장의 제출

　　상고의 제기는 상고기간 내에 상고장을 원심법원에 제출하여야 한다. 상고장의 기재는 항소장에 준하지만, 내야 할 인지액은 소장의 2배이다. 이 밖에 상고장의 송달비용의 예납을 필요로 한다. 상고기간의 준수 여부는 원심법원에 상고장을 접수한 때를 기준으로 한다.

2) 재판장 등의 상고장심사

상고장이 제출되면 먼저 원심재판장은 상고장을 심사한다. 즉 상고장에 필요적 기재사항이 기재되었는지, 인지를 제대로 냈는지 등 방식준수를 조사하여 그 흠이 있으면 보정명령을 발하고 소정기간 내에 보정하지 않은 경우에는 명령으로 상고장을 각하한다. 법원사무관 등으로 하여금 보정명령을 하게 할 수 있음은 하급심과 마찬가지이다. 상고가 상고기간을 경과하여 제기된 때에도 원심재판장은 명령으로 상고장을 각하한다. 원심재판장의 상고장 각하명령에 대하여는 즉시항고할 수 있다. 다만 원심재판장이 그와 같은 잘못을 간과하였을 때에는 상고심재판장이 같은 조치를 취하여야 함은 항소심과 같다.

3) 소송기록의 송부와 접수통지

① 상고장에 형식적 불비가 있어 원심재판장이 보정명령을 한 때를 제외하고 원칙적으로 원심법원의 법원사무관 등은 상고장이 제출된 날로부터, 판결정본송달 전에 상고가 제기된 때에는 판결정본이 송달된 날부터 2주 이내에 소송기록을 상고법원에 보내야 한다.

② 소송기록이 상고법원에 송부되기까지는 기록보관의 원심법원이 사건으로부터 파생되는 부수적 재판(집행정지신청, 소송구조신청 등)에 대해 관할권을 가지며, 상고의 취하·상고권의 포기·소의 취하도 원심법원에 대해 한다.

③ 상고법원의 법원사무관 등이 소송기록의 송부를 받은 때에는 바로 그 사유를 당사자에게 통지하여야 한다.

4) 상고이유서의 제출

① 상고인이 상고장에 상고이유를 기재하지 아니한 때에는 소송기록의 접수통지를 받은 날부터 20일 이내에 상고법원에 상고이유서를 제출하여야 한다.
상고인이 제출기간 내에 상고이유서를 제출하지 아니한 때에는 직권조사사항이 있는 경우가 아니면 상고법원은 변론 없이 상고를 기각하여야 한다. 제출하였다 하여도 뒤에 볼 심리속행사유가 포함되지 아니한 때에는 더 이상 심리하지 아니하고 상고기각을 하여야 한다. 위 두 가지의 기각판결에는 이유기재를 하지 않을 수 있으며, 판결을 선고하지 않고 송달로 고지하는 등의 특례에 의한다.

② 상고이유서의 제출기간은 법정기간이지만 불변기간은 아니다. 따라서 당사자의 책임에 돌릴 수 없는 사유로 제출기간을 준수하지 못했다고 하여도 추후보완이 허용되지 아니하는 것이 판례이나, 기간경과 후라도 상고이유서의 제출이 있으면 그 기간의 신장(법 제172조 제1항)을 인정하여 상고이유서를 적법한 것으로 처리할 수 있다. 보조참가사건의 피참가인이 상고를 제기한 경우에 보조참가인은 피참가인의 상고이유서 제출기간 내에 한하여 이를 제출할 수 있다.

③ 상고법원의 판단의 대상이 되는 상고이유는 상고이유서 제출기간 내에 제출된 상고이유에 한하며, 기간경과 후에 제출된 보충서는 이미 제출한 상고이유서를 석명보충하는 한도 이외의 것은 원칙적으로 판단의 대상이 되지 않는다. 예외적으로 ⅰ) 기간경과 후에 새로운 상고이유가 생긴 경우(예컨대, 재심사유), ⅱ) 직권조사사항은 그 후라도 추가제출할 수 있다.

④ 상고이유를 기재함에는 원판결의 어느 점이 어떻게 법령에 위배되었는지를 알 수 있도록 명시적이고 구체적인 위배의 사유, 법령의 조항 또는 내용, 절차위반의 사실을 표시해야 하며, 절대적 상고이유의 경우에는 해당 조항 및 이에 해당하는 사실, 판례위반을 주장하는 때에는 그 판례를 구체적으로 명시해야 한다.

5) 부대상고

부대항소와 같이 피상고인은 상고에 부대하여 원판결을 자기에게 유리하게 변경할 것을 신청할 수 있다. 다만 법률심인 상고심에서는 소의 변경이나 반소가 허용되지 아니하므로, 부대항소와 달리 전부승소자는 부대상고를 할 수 없다. 일부승소한 피상고인만이 할 수 있다. 부대상고의 제기와 그 상고이유서의 제출기간은 본상고이유서 제출기간 내라고 하는 것이 판례이다.

Ⅱ 심리불속행(심불)제도 – 상고심절차에 관한 특례법

1. 개설

① 상고심절차에 관한 특례법은 상고심리불속행제도를 채택하였다. 이는 상고인 주장의 상고이유에 중대한 법령위반에 관한 사항 등 사유가 포함되어 있지 않으면 상고이유의 당부에 대해 더 이상 본안심리를 속행하지 아니하고 판결로 상고기각하여 추려내는 제도이다.

② 상고심절차(上告審節次)에 관한 특례를 규정함으로써 대법원이 법률심(法律審)으로서의 기능을 효율적으로 수행하고, 법률관계를 신속하게 확정함을 목적으로 한다(남상고로 인한 판결확정지연과 대법원의 업무처리 부담 및 이로 인한 대법원의 중요사건 심리지연, 다수시간의 신속처리와 소송제도의 공익적 요청에 반하는 결과에 대처).

2. 심리속행사유

1) 상고이유 주장이 상고심절차에 관한 특례법 소정의 심리속행사유를 포함하지 아니하는 경우에는 상고법원은 더 이상 심리해 보지 않고 상고기록을 송부받은 날로부터 4월을 시한으로 상고기각판결을 한다.

2) 통상의 소송절차와 관련 다음과 같은 사유가 심리속행사유가 된다.
① 헌법위반이나 헌법의 부당해석
② 명령·규칙 또는 처분의 법률위반 여부에 대한 부당판단
③ 대법원판례위반
④ 대법원판례의 부존재 또는 변경의 필요성
⑤ 중대한 법령위반에 관한 사항
이 중 ① 내지 ④는 중대한 법령위반의 예시이고 이를 구체화한 것이라고 한다면, 결국 중대한 법령위반이 중심적인 심리속행사유가 된다 할 것이다. 다만 어떠한 법령위반을 중대한 법령위반이라고 할 것인가는 모호하여 자의에 흐를 면이 없지 아니하여, 구체적 기준의 설정이 필요하다는 논의가 있다. 생각건대 상고심의 기능에 비추어 법해석의 통일이나 법 발

전과 직결되는 중요한 실체법, 소송법상의 문제를 포함하고 있을 때와 원판결을 그대로 유지하면 정의와 형평에 현저히 위반되는 때가 이에 해당될 것으로, 상고이유 중에서 중요하지 않다고 보이는 것을 배제시키려는 것이다.

⑥ 「민사소송법」 제424조 제1항 제1호부터 제5호까지에 규정된 사유가 있는 경우(이유불명시·이유모순을 제외한 제424조 소정의 각 절대적 상고이유)

다만 상고이유로 주장한 바가 비록 위 ①부터 ⑥까지 속행사유에 해당되어도 i) 그 주장 자체로 보아 이유 없는 때, ii) 원심판결에 무관련·무영향인 때에는 심리속행을 하지 않는다.

3) 가압류·가처분절차를 보면, 신속한 심리를 요하는 절차임에 비추어 위에서 본 6가지 중 ① 내지 ③ 사유만을 심리속행사유로 하여 상고심리를 제한하였으며 중대한 법령위반은 심리속행사유가 아니므로 여기에 해당되어도 상고기각판결로 끝내도록 하였다. 재항고사건도 동법 제4조 제2항의 가압류·가처분에 관한 규정을 준용하므로 마찬가지이다.

3. 심리속행사유의 조사

① 심리속행사유는 상고이유에 관한 본안심리속행을 위해 갖추어야 할 요건이므로, 마치 본안심리 요건인 소송요건이나 상고본안심리요건인 상고요건과 마찬가지의 직권조사사항으로 볼 것이다. 따라서 피상고인이 상고이유에 속행사유가 포함되어 있지 않다고 하며 상고기각신청을 하여야 비로소 고려하는 항변사항이 아니다. 무익한 상고·남상고의 방지라는 공익적 요청에서 나온 것이기 때문이다.

② 속행사유 존부의 조사기간은 원심법원으로부터 상고기록을 송부받은 날로부터 4월이다. 이 기간 내에 조사하여 속행사유가 포함되어 있지 않다고 인정하면 심리불속행기각판결로써 상고심 절차는 종국적으로 끝나게 되지만, 그와 같은 판결 없이 그 기간이 넘어가게 되면 심리불속행절차만 끝이 나고 통상의 상고심 절차에 따라 심리가 속행된다. 상고법원은 제출기간 내에 제출한 상고이유서의 주장을 기준으로 하여 속행사유의 존부를 가릴 것이지만, 속행사유가 직권조사사항임에 비추어 직권발동을 촉구하는 의미에서 이유서제출기간 이후라도 상고인은 속행사유에 관한 주장을 보충·변경할 수 있다고 할 것이다.

4. 심리불속행판결의 특례와 그 적용범위

① 심리속행사유에 해당되지 아니할 때에는 심리불속행기각판결을 하여야 하며 이때에 소송비용은 상고인의 부담이 된다. 불속행기각판결은 상고본안심리의 거부라는 점에서 내용상으로는 상고각하와 같은 소송판결이라 할 것이나, 형식상으로는 「각하」가 아니라 「기각」이므로 본안판결이다.

② 이러한 판결에서는 간이·신속한 처리를 위해 다음과 같은 몇 가지 특례가 적용된다.
i) 판결의 이유기재를 생략할 수 있다. ii) 판결의 선고가 불필요하며, 상고인에의 송달로써 고지를 갈음한다. 이때 판결의 성립시기는 법원사무관 등에게 판결원본을 교부한 때라고 할 것이며, 그 효력발생시기는 상고인에게 송달시라고 할 것이다. iii) 대법원의 전원합의체가 아닌

대법관 3인 이상으로 구성된 재판부, 즉 소부에서 재판하는 경우만 할 수 있다. ⅳ) 이 판결의
시한은 상고기록을 송부받은 날부터 기각판결원본을 법원사무관 등에게 교부하기까지 4월 이
내이다. 따라서 4월이 지나면 따로 결정 없이 심리속행결정이 난 것이다. ⅴ) 법원사무관 등은
교부받은 판결원본에 영수일자만을 부기하고 날인 후 바로 당사자에게 송달하여야 한다. ⅵ)
민사소송 등 인지법에 의하여 납부 인지액의 1/2에 해당하는 금액을 환급청구할 수 있다.

③ 이와 같은 심리불속행제도는 민사소송뿐 아니라, 가사소송, 행정소송, 특허소송의 상고사건까
지 모두 적용되며 같은 소송들의 재항고에도 준용된다. 다만 소액사건에 대한 상고사건과 특별
항고 등에는 그 적용이 배제된다.

Ⅲ 상고심의 본안심리

1) 상고이유서의 송달과 답변서의 제출

① 상고법원은 상고이유서를 받은 경우에는 지체 없이 피상고인에게 그 부본이나 등본을 송달하여
야 한다(법 제428조 제1항).

② 피상고인은 그 송달을 받은 날로부터 10일 내에 답변서를 제출할 수 있다(법 제428조 제2항).
소장에 대한 답변서와 달리 답변서제출기간을 피상고인이 지키지 아니하였다고 하여 상고인의
상고이유에 대한 자백간주의 불이익이 따르는 것은 아니다.

2) 심리의 범위

① 상고법원은 상고이유가 심리속행사유를 포함하고 있다고 판단되면 상고이유에 관하여 심리를
속행한다. 이 경우에 상고법원은 상고이유로서 주장한 사항에 한하여 또 불복신청한 한도에서
원판결의 정당 여부를 조사한다(법 제431조). 그 결과 원판결을 변경하는 경우에도 불복신청의
한도에 한하게 되어 있다(법 제425조, 제407조, 「불이익변경금지의 원칙」). 다만 직권조사사
항에 대해서는 이 원칙이 적용되지 아니한다. 또 실체법의 판단의 과오에 대해서는 상고이유
불구속의 원칙 때문에 여기에서 지적되지 아니하여도 직권조사를 할 수 있다.

② 이와 같이 심리의 대상은 원칙적으로 불복신청한 한도에 그치기 때문에, 청구의 병합의 경우에
그중 하나의 청구에 대하여 불복신청한 경우 다른 청구에 대해서까지 상고심으로 이전하는 이
심의 효력이 생기나, 심판의 대상은 불복신청한 청구부분에 한함은 항소의 경우와 같다. 예를
들면 주위적 청구기각, 예비적 청구인용의 항소심판결에 대해 피고만이 상고하고 원고는 상고
나 부대상고를 하지 않은 경우, 주위적 청구에 대한 판결부분은 이심은 되어도 상고심의 심판대
상이 되지 아니한다. 또한 원고일부승소의 제1심판결에 대하여 원고만이 항소하고 피고는 항소
·부대항소조차 하지 않는 경우에 피고는 제1심판결의 원고승소부분에 대하여 상고를 제기할
수 없다.

3) 소송자료

상고심은 법률심이므로 직권조사사항을 제외하고 새로 소송자료의 수집과 사실확정을 할 수 없다.
원판결이 적법하게 확정한 사실은 상고법원을 기속하기 때문에, 사실의 인정은 사실심법관의 전권

사항이고 대법원의 권한 밖이다. 이와 같이 상고심에서는 새로 소송자료의 수집과 사실확정을 할 수 없기 때문에 새로이 사실주장·증거조사·새로운 청구도 할 수 없다. 같은 근거에서 소의 변경, 중간확인의 소나 반소도 허용되지 아니한다. 원심에서 한 자백의 취소도 안 된다. 예외는 가집행선 고의 실효로 인한 원상회복신청뿐이다.

4) 심리의 방법과 참고인제

① 상고법원은 상고장, 상고이유서, 답변서, 그 밖의 소송기록에 기하여 서면심리만으로 판결할 수 있다(법 제430조 제1항). 상고기각의 경우이든 상고인용의 경우이든 변론을 열지 않아도 무 방한 임의적 변론절차이다.

② 상고심법원이 소송관계를 분명하게 하기 위하여 필요한 경우에는 변론을 열어 참고인의 진술을 들을 수 있다(법 제430조 제2항).

③ 상고법원에서 변론을 여는 경우라도 임의적 변론절차이어서 구술의 진술뿐만 아니라 제출서면 의 내용도 다 같이 재판의 기초가 되므로 진술간주규정(법 제148조)은 그 적용이 없다. 양쪽 불출석 때의 상소취하간주의 규정도 적용되지 않는다. 재판부의 구성에 변경이 있어도 변론의 갱신은 불필요하고, 변론에 관여하지 않은 대법관도 합의에 관여할 수 있다.

Ⅳ 상고심의 종료

상고심도 소의 취하, 청구의 포기·인낙, 화해와 종국적 재판에 의하여 종료된다. 심리불속행기각판결은 소송기록을 송부받은 날로부터 4월을 시한으로 하되, 그 밖의 상고심판결도 5월 이내에 하여야 한다.

1. 상고장각하명령

상고심재판장의 상고장각하명령에 대해서는 즉시항고할 수 없다.

2. 상고각하판결

상고요건(상소요건)의 흠이 있는 경우에는 상고법원은 판결로써 상고를 각하한다(법 제425조, 제 413조). 다만 상고기간 경과 후의 상고임을 발견한 때에는 명령으로 상고장각하를 하게 된다.

3. 상고기각판결

① 상고가 이유 없다고 인정할 때에는 상고기각의 본안판결을 하여야 한다. 상고이유대로 원판결 이 부당하다 하여도 다른 이유에 의하여 결과적으로 정당하다고 인정할 때에는 상고기각을 하 여야 한다(법 제414조 제2항 준용).

② 이 밖에 상고이유에 관한 주장이 앞서 본 심리속행사유를 포함하고 있지 아니하는 경우도 더 이상 심리를 속행하지 않고 끝낸다는 의미에서 상고기각판결을 한다, 소정기간 내에 상고이유 서의 제출이 없을 때에도 또한 같다. 선고 없이 판결문만 송달한다.

③ 심리불속행, 기간 내의 상고이유서 부제출에 의한 기각판결은 판결이지만 실질적으로 상고장각 하와 다를 바 없으므로, 그에 준하여 1/2의 인지환급의 청구를 할 수 있게 하였다.

4. 상고인용판결 – 원판결의 파기

상고법원은 상고가 이유 있다고 인정할 때에는 원판결을 파기하지 않으면 안 된다. 파기사유로는
ⅰ) 상고이유에 해당할 때, ⅱ) 직권조사사항에 관하여 조사한 결과 원판결이 부당한 때 등이다.
원판결에 두 개 이상의 파기사유가 있을 때에는 이론상 그중 하나를 선택하여 파기하여도 무방하
다. 판결주문 중심제이고 이유 중심제가 아니기 때문이다.

가. 파기환송 또는 이송

상고법원이 원판결을 파기한 경우에는 더 심리가 필요한 것으로 보아(즉 새로 증거조사의 필요)
사건을 환송 또는 이송하는 것이 원칙이다. 이 점이 항소인용의 경우에 자판, 즉 스스로 본안판결
하는 것이 원칙인 항소심과 다르다. 환송은 원판결을 한 법원, 즉 원심법원에 대해서 하지만, 원심
법원이 제척 등의 관계로 환송심을 구성할 수 없는 경우가 있으므로(법 제436조 제3항), 이때에는
동등한 다른 법원으로 이송하여야 한다. 전속관할의 위반이 있을 경우에 관할권 있는 법원에 이송
할 것은 물론이다.

> 🖝 **대법원 파기환송 주문사례**
> 원판결을 파기하고, 사건을 서울고등법원에 환송한다.

1) 환송 후의 심리절차

① 환송(또는 이송)판결이 선고되면 사건은 환송받은 법원에 당연히 계속된다. 따라서 환송받은
법원은 새로 변론을 열어서 심판하지 않으면 안 된다(법 제436조 제2항 본문). 환송 후의
항소심의 변론은 환송 전의 항소심의 속행에 지나지 않는다. 그러나 환송 후의 항소심은 새
로 재판부를 구성하여야 하는 관계(법 제436조 제3항)로 반드시 변론의 갱신절차를 밟아야
한다(법 제204조 제2항).

　변론의 갱신이 있은 뒤에 환송 전의 소송자료와 증거자료가 새 판결의 기초자료가 될 수 있
음은 통상의 경우와 다를 바 없다. 그 뒤의 속행절차에 있어서는 당해 심급에서 허용되는
일체의 소송행위, 예를 들면 소나 항소의 취하, 소·항소취지의 변경, 반소의 제기, 부대항
소, 청구의 확장, 새로운 공격방어방법의 제출 등 변론의 갱신권이 인정되며, 따라서 환송
후의 판결결과가 환송 전의 원판결보다도 오히려 상고인에게 더 불리하게 바뀔 수도 있다(일
종의 불이익변경금지의 예외). 또 환송판결에 나타나지 아니한 사항에 대하여는 환송 전의
원심판결과 다른 판단을 할 수 있다. 나아가 환송 후 항소심에서 소의 교환적 변경을 하면
제1심판결은 소취하로 실효되고 항소심의 심판대상은 교환된 청구에 대한 새로운 소송으로
바뀌어 항소심은 사실상 제1심으로 재판하는 것이 된다. 환송 전 항소심의 소송대리인의 대
리권은 환송에 의하여 당연히 부활된다는 것이 판례이다.

② 환송 후 환송심의 심판의 대상인 청구는 원판결 중 파기되어 환송된 부분만이다. 원판결 중
ⅰ) 상고이유가 없다 하여 기각된 부분, ⅱ) 파기자판한 부분, ⅲ) 상고로 불복신청이 없었
던 부분, 예컨대 주위적 청구기각·예비적 청구인용의 원판결에 피고만이 불복상고한 경우
에 파기환송되었다면 주위적 청구부분 등은 심판대상에서 제외된다. 원고청구일부인용의 판

결에 피고만이 그 패소부분에 상고하여 파기환송된 경우라면 원심판결 중 원고 패소부분은 확정되어 환송 후 심판대상에서 제외된다. 원고의 본소청구 및 피고의 반소청구가 각 일부 인용된 환송 전 원심판결에 대하여 피고만이 상고하고 상고심에서 본소 및 반소에 관한 각 피고 패소부분을 파기환송한 경우라면, 환송 전 원판결 중 본소에 관한 원고 패소부분과 반소에 관한 피고 승소부분은 이미 상고심판결선고 시에 확정되었다고 할 것이므로 환송받은 원심의 심리대상에서 제외된다.

③ 환송 전의 원심판결에 관여한 판사는 환송 후의 재판에 관여할 수 없다(법 제436조 제3항). 여기의 원심판결에 관여한 판사란 바로 파기된 원심판결 자체만을 말하는 것이고 그 이전에 파기되었던 원심판결까지 포함하는 취지가 아니다(제2차에 걸쳐 파기환송되었다면 제1차 파기의 원심판결의 판사는 불포함).

2) 환송판결의 기속력

(1) 기속력(羈束力)의 의의와 범위

① 환송(또는 이송)을 받은 법원이 다시 심판을 하는 경우에는 상고법원이 파기의 이유로 한 법률상 및 사실상의 판단에 기속된다(법 제436조 제2항 후문). 이는 환송심에서 전과 같은 견해를 고집하면 상고법원과의 사이에 사건이 끊임없이 왕복하게 되어 종결이 불가능하게 되기 때문으로, 이는 심급제도의 본질에서 유래하는 효력이다.

② 기속력은 객관적으로는, 판결이유 속의 판단에도 미치나 당해사건에 한한다. 당해사건에 관한 한 주관적으로는, 환송을 받은 법원 및 그 하급심에도, 또 그 사건이 재상고된 때에는 상고법원(대법원의부)도 기속함이 원칙이다(자기기속). 그러나 환송판결의 기속을 받는 자기기속력은 법령의 해석적용에 관한 의견변경권을 가진 대법원 전원합의체에 대해서는 부정된다. 그러므로 전원합의체는 환송판결의 법률판단을 변경할 수 있다. 제1차 환송판결과 제2차 환송판결이 저촉되는 경우라도 환송받은 원심으로서는 제2차 환송판결의 법률상의 판단에 기속된다.

(2) 기속력의 성질

기속력의 성질에 관하여는 몇 가지 설로 나뉜다. 중간판결설과 기판력설이 있으나 현재의 통설은 특수효력설로서, 심급제도의 유지를 위해 상급심의 판결이 하급심을 구속하는 특수한 효력으로 보는 입장이다.

(3) 기속력의 내용

① 기속을 받는 '사실상의 판단'이란 상고법원이 사실심이 아닌 점에 비추어 단지 직권조사사항·절차위배·재심사유에 관한 사실상의 판단에만 국한되고, 파기이유로 삼지 아니한 본안에 관한 사실판단은 포함되지 않는다. 따라서 환송받은 법원은 본안에 관하여서는 새로운 증거나 보강된 증거에 의하여 본안의 쟁점에 관하여 새로운 사실을 인정할 수 있다. 소의 변경과 확장, 부대항소 등 그 심급에서 모든 소송행위가 가능하다. 상고법원의 기속적 판단의 기초가 된 사실관계의 변동이 생긴 때에는 환송판결의 기속력은 미치지 않는다.

② **법률상의 판단이란** 법령해석·적용상의 견해를 뜻하는데, 여기에는 사실에 대한 평가적 판단도 포함한다. 이에 기판력의 범위와는 다른 기속력의 물적 범위가 문제되는데, ⅰ) 명시적으로 설시한 법률상의 판단, ⅱ) 파기사유로 명시적으로 설시하지 않았지만 그와 논리적·필연적인 전제관계 있는 법률상의 판단(**예** 소송요건의 흠도 상고이유로 한 경우에 소송요건을 긍정하면서 본안판단의 위법을 들에 파기한 때에는 소송요건의 존재를 긍정한 판단에도 기속력이 미친다)에 기속력이 생긴다고 볼 것이다. 그러므로 원판결을 파기하면서 파기사유와 논리적·필연적 관계가 없는 부분 부수적으로 지적한 사항은 기속력이 없다.

③ **기속력 때문에 반드시 원심판결의 결론을 바꾸어야 하는 제약은 없다.** 그러므로 파기환송 되었다 하여도 상고인이 반드시 승소된다 단정할 수 없다. 하급심은 파기의 이유로 든 잘못된 견해만 피하면, 당사자가 새로이 주장·증명한 바에 의한 다른 가능한 견해에 따라 환송 전의 판결과 같은 결론의 판결을 하여도 기속력을 어긴 것이 아니다. 원심판결을 파기환송한 경우에 그 환송판결에서 원심의 사실인정에 위법이 없다는 이유설명을 하였다고 하여도 원심을 기속하는 것은 파기사유뿐이다. 파기사유로 한 사항 이외의 사항에 대한 판단으로서 판결하기에 충분하다고 인정될 때에는 파기사유로 된 사항에 관한 판단을 생략할 수 있다.

(4) 기속력의 소멸

① 환송판결에 나타난 법률상의 견해가 뒤에 판례변경으로 바뀌었을 때, ② 새로운 주장·증명이나 이의 보강으로 전제된 사실관계의 변동이 생긴 때, ③ 법령의 변경이 생겼을 때는 기속력을 잃는다.

나. 파기자판(법 제437조)[281]

① 상고법원이 원판결을 파기하는 경우라도 반드시 되돌려 보내는 환송, 다른 하급법원으로의 이송의 판결을 하여야 하는 것은 아니다. ⅰ) 확정된 사실에 대한 법령의 해석·적용의 잘못을 이유로 원판결을 파기하는 경우에 새로운 사실의 확정을 요하지 않고 그 확정사실에 기하여 판결을 할 수 있을 때(법 제437조 제2호), ⅱ) 사건이 법원의 권한에 속하지 않거나 그 밖의 소송요건의 흠을 이유로 원판결을 파기할 때에는(법 제437조 제1호) 상고법원은 사건에 대해 자판을 하여야 한다.

---

281) 제437조(파기자판)
다음 각 호 가운데 어느 하나에 해당하면 상고법원은 사건에 대하여 종국판결을 하여야 한다.
1. 확정된 사실에 대하여 법령적용이 어긋난다 하여 판결을 파기하는 경우에 사건이 그 사실을 바탕으로 재판하기 충분한 때
2. 사건이 법원의 권한에 속하지 아니한다 하여 판결을 파기하는 때

> **✈ 대법원 파기자판 주문사례**
>
> 원판결의 피고 패소부분 중 지연손해배상 부분을 파기하여 다음과 같이 판결한다.
>
> 피고는 원고에게 금 15,000,000원에 대하여 1986.5.2.부터 1987.10.2.까지는 연 5푼 그 다음날부터 완제일까지는 연 2할 5푼의 비율에 따른 금원을 지급하라.
>
> 원고의 나머지 청구를 기각한다.
>
> 피고의 나머지 상고를 기각한다.
>
> 상고 소송비용은 피고의 부담으로 한다.

② 이러한 판결은 본래는 원법원이 행하여야 할 것을 소송경제상 이에 갈음하여 상고법원이 행하는 것이다. 그러나 자판을 요하는 경우임에도 원심으로 되돌리는 환송판결을 하는 것이 거의 대법원의 지배적 경향으로 되어 왔었기 때문에 자판율은 매우 낮다.

③ 파기자판을 하는 경우에 상고법원은 제2심(항소심)의 입장에서 재판하게 된다. 따라서 항소에 대한 응답의 형태로 재판한다. 단 소송요건의 흠을 이유로 소각하한 제1심판결을 유지한 항소심판결을 상고법원이 파기할 때에는 항소심판결 파기 → 제2심의 입장에서 제1심판결 취소 → 제1심법원 환송으로 처리한다.

PART
05

04 | 항고282)

Ⅰ 항고의 개념과 목적

① 항고란 판결 이외의 재판인 결정·명령에 대한 독립의 간이한 상소이다. 항고는 상급법원에 원재 판의 당부의 판단을 구하는 점에서 항소·상고와 같지만, 간이·신속한 결정절차에 의하는 점과 이에 의하여 원법원이 원결정을 변경할 기회를 갖게 되는 점에서 크게 차이가 있다. 항고는 모든 결정·명령에 대해 허용되는 것이 아니고, 법률이 특히 인정한 경우에 한한다.

② 종국판결 아닌 소송절차에 부수·파생하는 사항에 관한 재판까지도 모두 종국판결과 함께 항소· 상고의 기회에 심사를 받게 하면 상고심의 소송절차가 번잡해질 뿐만 아니라, 또 본래의 소송사건 자체의 해결을 지연시킬 우려가 있다. 그러므로 그와 같은 사항에 대해서는 항고라는 별도의 간이 ·신속한 불복방법을 마련하였다.

③ 항고는 일종의 상소이며, 상급법원에 대한 불복신청이다. 이 점에서 각종의 이의, 즉 수명법관·수 탁판사의 재판에 대한 이의, 사법보좌관의 처분에 대한 이의, 변론의 지휘에 대한 이의(2), 화해권 고결정·이행권고결정·지급명령·조정을 갈음하는 결정에 대한 이의 등과 같은 심급에 대한 불 복신청과는 구별하지 않으면 안 된다.

Ⅱ 항고의 종류

1) 통상항고 · 즉시항고

통상항고(보통항고라고도 한다)는 항고제기의 기간에 제한이 없는 항고로서, 항고의 이익이 있는 한 어느 때나 제기할 수 있는 것이다. 즉시항고는 신속한 해결의 필요상 1주일의 불변기간 내에 제기할 것을 요하고 그 제기에 의하여 집행정지의 효력이 생기는 것이 원칙이다. 통상항고가 원칙 이며 즉시항고는 법률에 「즉시항고할 수 있다」는 명문이 있는 경우에 예외적으로 허용한다.

2) 최초의 항고 · 재항고

판결절차에 있어서 항소·상고에 대응하는 것으로 심급에 의한 구별이다. 재항고는 최초의 항고에 대한 항고법원의 결정 그리고 고등법원 또는 항소법원의 결정·명령에 대한 항고이다. 최초의 항고 에는 항소의 규정이 준용되며, 재항고에는 상고의 규정이 준용된다.

3) 특별항고

불복신청을 할 수 없는 결정·명령에 대하여 비상구제책으로 대법원에 직소하는 항고이다(예 판결 경정신청기각결정). 특별항고에 대해 그렇지 않은 항고를 일반항고라 한다.

---

282) 이시윤, 앞의 책, 916-927면

Ⅲ 항고의 적용범위

항고는 모든 결정·명령에 대해 허용되는 것은 아니고, 성질상 상소(불복)할 수 있고 또 법률이 인정하는 경우에 허용된다.

Ⅳ 항고절차

※ 항고장 기재례

즉 시 항 고 장

항 고 인 ◆◆◆
　　　　　○○시 ○○구 ○○길 ○○

위 항고인은 ○○지방법원 20○○가합○○○ 대여금청구사건에 관하여 같은 법원에서 20○○년 ○월 ○일 피고보조참가를 불허하는 결정을 하였으나 같은 결정에 대하여 불복이므로 다음과 같이 항고를 제기합니다.

원결정의 표시

피고보조참가인의 보조참가를 불허한다.
(항고인이 결정문을 송달받은 날 : 20○○.○.○.)

항 고 취 지

1. 원 결정을 취소한다.
2. 피고보조참가인의 보조참가를 허가한다.
라는 재판을 구합니다.

항 고 이 유

항고인은 ○○지방법원 20○○가합○○○ 대여금청구사건에 관하여 피고를 돕기 위하여 피고보조참가의 신청을 하였는데, 원고의 이의의 진술만을 믿은 같은 법원은 항고인의 피고보조참가는 이를 허가하지 않는다는 결정을 하였습니다.
그러나 항고인은 위 사건의 차용증서에 서명·날인한 피고 ◇◇◇의 보증인으로서 피고의 승패에 대하여 법률상 이해관계를 가진 자인바, 항고인의 소송참가는 불허한다는 결정은 부당하므로 이 사건 항고에 이르렀습니다.
… 이하 생략

---

1. 당사자

항고는 편면적 불복절차이고, 판결절차와 같이 두 당사자의 대립구조가 아니다. 그러므로 설사 항고인과 이해가 상반되는 자가 있는 경우라도 판결절차에 있어서와 같이 절차상 엄격한 의미의 대립을 인정할 수 없으므로, 항고장에 피항고인을 표시하거나 항고장을 상대방에 송달하여야 하는 것이 아니다.

2. 항고의 제기

① 원재판에 의하여 불이익을 받는 당사자 또는 제3자는 항고를 제기할 수 있다. 항고는 원심법원에 항고장이라는 서면의 제출로 한다.

② 기간은 통상항고는 기간의 제한이 없고, 즉시항고에 대해서는 원재판을 고지한 날로부터 1주간의 불변기간이다. 항고기간의 준수 여부는 원심법원에 항고장이 접수된 때를 기준으로 하여야 하며, 다른 법원에 항고장이 제출되었다가 원심법원에 송부되었다고 하여도 같다는 것이 판례이다. 공시송달 등으로 원재판의 고지를 받아 책임 없는 사유로 항고기간이 지나간 경우에는 추완항고가 허용된다.

③ 일본과 달리 소송절차에 관한 항고에서는 항고이유서의 제출강제에 의하지 아니한다. 판례도 즉시항고이유서를 제출하지 아니하였다는 이유로 즉시항고를 각하할 수 없다고 했다. 민사집행법은 소송절차 아닌 집행절차에 관한 집행법원의 재판에 대해서는 항고장을 제출한 날로부터 10일 이내에 항고이유서를 제출하도록 하였다(제출강제주의). 재항고의 경우도 마찬가지이다.

④ 항고심절차에는 항소심절차가 준용되므로 원심재판장의 항고장심사권이 인정된다. 집행법원재판장의 항고장 각하명령에 대하여는 즉시항고를 할 수 있다.

3. 항고제기의 효력

가. 재도의 고안(항고의 처리)

항고가 제기되면 판결의 경우와 달리 원재판에 대한 기속력이 배제되어 원심법원은 반성의 의미에서 스스로 항고의 당부를 심사할 수 있으며, 만일 항고에 정당한 이유가 있다고 인정하는 때에는 그 재판을 경정하여야 한다(법 제446조). 이를 다시 한 번 고려한다는 뜻에서 재도의 고안(再度의考案)이라 하는데, 조문의 표제는 「항고의 처리」이다. 상급심의 절차를 생략하고 간이·신속하게 사건을 처리하여 당사자의 이익을 보호하려는 데 있다.

불복할 수 없는 결정·명령에 대법원에 특별히 심사권을 부여한 특별항고의 경우는 그 대상이 아니다. 적법한 항고의 경우에 경정(更正)이 허용된다는 것이 판례이고 통설이다.

원법원은 재도의 고안을 위해 필요하다면 변론을 열거나 혹은 당사자를 심문하고 새로운 사실이나 증거를 조사할 수 있다(다수설). 다만 인지부족으로 소장각하한 경우에, 뒤에 인지를 더 납부하여도 재도의 고안에 의하여 각하명령을 경정할 수 없다는 것이 판례이다.

경정결정을 하면 당초의 항고의 목적이 달성되어 항고절차는 당연히 종료된다. 다만 경정결정에 대해서는 별도의 즉시항고가 허용된다(법 제211조 제3항 참조).

나. 이심의 효력

항고제기에 의하여 사건은 항고심에 심급이 이동된다.

다. 집행정지의 효력

① 결정·명령은 곧바로 집행력을 낳는 것이 원칙이지만, 즉시항고가 제기되면 일단 발생한 집행력이 정지된다(법 제447조). 예외적으로 증인에 대한 과태료·감치결정과 집행법원의 재판에 대한 즉시항고(민사집행법 제15조 제6항)는 정지의 효력이 없다.

② 그러나 통상항고의 경우는 항고법원 또는 원심법원이 항고에 대해 결정이 있을 때까지 원심재판의 집행정지 등의 처분을 명할 수 있다. 이러한 집행정지 등의 재판은 신청·직권으로 할 수 있다. 이 재판에 대해서는 당사자가 불복신청을 할 수 없다고 할 것이다(법 제500조 제3항 유추).

4. 항고심의 심판

① 항고심의 절차는 성질에 반하지 않는 한, 항소심에 관한 규정을 준용한다. 따라서 항고법원의 심판범위는 항고인의 불복신청의 한도이어야 한다. 항고인은 항고심재판이 있기까지는 언제나 불복신청의 한도를 확장변경할 수 있다. 항고절차에서도 보조참가를 할 수 있고, 부대항고가 허용된다.

② 항고절차는 결정으로 완결할 사건이므로, 변론을 열 것이냐 아니냐는 항고법원의 자유재량에 속한다(법 제134조 제1항 단서). 변론을 열지 않고 서면심리를 하는 경우라도 당사자, 이해관계인 그 밖의 참고인을 심문할 수 있다(법 제134조 제2항). 이해관계인 등의 심문 여부도 항고법원의 재량에 속하며, 항고인에게 증거제출의 기회를 주지 아니하였다고 하여도 위법이 아니라는 것이 우리 판례이다.

③ 항고심에서 당사자는 항소심에서와 마찬가지로 새로운 사실·증거를 제출할 수 있다(속심제). 항고법원의 조사범위는 항고이유에 의하여 제한되는 것은 아니다. 제1심법원의 자료와 항고심의 새로운 자료를 토대로 하여 제1심의 결정·명령의 당부를 재심사한다.

④ 항고심의 재판도 항소심의 재판에 준하는 것이다. 따라서 항고각하·항고기각·원재판취소 중 어느 하나이다. 항고법원이 제1심재판을 취소하는 때에는 특별한 규정이 없는 한 제1심법원으로 환송하지 아니하고 직접 스스로 신청에 대한 재판을 할 수 있다. 항고심에 준하는 항소심이 환송이 아니라 자판(自判)이 원칙이기 때문이다. 항고법원의 소송절차에 항소에 관한 규정이 준용되므로, 항고 역시 항고심의 결정이 있기까지만 취하할 수 있다.

V 재항고

1. 재항고의 개념

재항고는 항고법원의 결정 그리고 고등법원 또는 항소법원의 결정 및 명령에 대한 법률심인 대법원에의 항고이다. 재판에 영향을 미친 헌법·법률·명령 또는 규칙의 위반을 이유로 하는 때에 한하여 인정한다(법 제442조). 법 제424조의 절대적 상고이유도 재항고이유가 된다고 할 것이다.

2. 재항고의 적용범위

재항고할 수 있는 것은 ⅰ) 항고법원의 결정, ⅱ) 고등법원의 결정·명령, ⅲ) 항소법원의 결정·명령 등 3가지이다.

3. 재항고의 절차

① 재항고는 항소심판결에 대한 상고에 견줄 것이므로 민사소송법상의 상고규정을 준용한다. 따라서 재항고장은 원심법원에 제출하여야 한다.

② 즉시항고의 경우에만 재항고이유서의 제출이 강제된다는 견해가 있으나, 즉시항고이든 통상항고이든 구별할 것이 아니며, 그것이 현재 실무운영이다. 재항고이유서의 제출은 독립한 서면에 의하여야 하며, 다른 서면을 원용할 수 없다.

③ 법률심이므로 새로운 증거는 참작할 수 없다.

④ 상고심절차에 관한 특례법은 재항고사건에도 준용된다.

Ⅵ 특별항고

1. 의의

① 특별항고란 불복할 수 없는 결정·명령에 대하여 재판에 영향을 미친 헌법위반이 있거나, 재판의 전제가 된 명령·규칙·처분의 헌법·법률의 위반여부에 대한 판단이 부당하다는 것을 이유로 대법원에 직소(直訴)하는 항고이다(법 제449조 제1항). 이것은 불복할 수 없는 결정·명령에 대하여 헌법적 통제를 위한 제도이다.

② 이것은 재판확정 후의 비상불복방법인 것이지 통상의 불복방법으로서의 상소가 아니다. 따라서 통상의 상소처럼 재판의 확정을 막고 차단시키는 효과가 없다.

2. 대상

명문으로 불복할 수 없는 결정·명령 외에, 해석상 불복이 인정되지 아니하는 경우도 포함한다. 대법원의 명령·결정은 포함되지 않는다(보정명령도 같다).

3. 항고이유

헌법 제107조에 의하여 명령·규칙 또는 처분이 헌법이나 법률에 위반되는 여부가 재판의 전제가 된 경우에는 대법원에 최종심사권을 부여한 관계로, 비록 통상의 불복신청방법이 없는 재판이라 하여도 예외적으로 이 경우에 해당되면 불복할 수 있도록 하려는 것이 이 제도의 본 뜻이다. 그럼에도 불구하고 구법은 널리 결정·명령에 재판에 영향을 미친 헌법위반뿐만 아니라 법률위반의 경우를 특별항고이유로 삼음으로써 실무상 재판의 지연을 위하여 특별항고제도가 남용되는 경향이 있었다. 그리하여 입법론상재고를 요한다는 주장이 대두되었으며, 결국 그것이 수용되어 신법은 ⅰ) 재판에 영향을 미친 헌법위반, ⅱ) 재판의 전제가 된 명령·규칙·처분의 헌법 또는 법률의 위반여부에 대한 판단부당 등 2가지 가운데 하나에 해당할 때로 특별항고이유를 좁혔다. 재판에 영향을 미친 헌법위반이란 헌법 제27조 등에서 규정하고 있는 적법한 절차에 따라 공정한 재판을 받을 권리가 침해된 경우를 포함한다. 결정이 대법원판례위반이나 법률위반이 된다는 것은 특별항고사유가 아니다.

4. 항고기간

① 재판이 고지된 날부터 1주의 불변기간 이내에 항고를 하여야 한다(법 제449조 제2항, 제3항).

② 특별항고의 제기는 당연히 원재판의 집행을 정지시키지 못한다. 원심법원 또는 대법원은 집행정지의 처분을 명할 수 있다(법 제450조, 제448조).

③ 특별항고의 경우에는 재도의 고안이 허용될 수 없다는 것이 판례이다.

④ 특별항고에는 그 성질에 반하지 않는 한, 상고에 관한 규정을 준용한다(법 제450조).

⑤ 또 상고심절차에 관한 특례법 제7조에서 특별항고의 경우에 동법 제4조 제2항의 가압류・가처분 규정을 준용하여 대법원판례위반까지도 특별항고의 심리속행사유로 되도록 하였으나, 이 특례법보다 우선하는 후법인 신민사소송법에서 판례위반을 특별항고사유에서 배제시켰으므로 특례법은 더 이상 준용의 여지가 없게 되었다.

5. 절차혼동의 특별항고

특별항고에 의하여야 할 재판을 일반항고의 대상이 되는 것으로 혼동하여 항고를 제기하는 경우가 있다. 판례는 일관하여 이 경우에 비록 특별항고의 외관(특별항고로 표시하지 않고 법원을 대법원으로 불표시 등)을 갖추지 못한 경우라도 항고장의 접수를 받은 법원은 특별항고로 좋게 보아주어(선해) 대법원에 기록송부를 하여야 한다고 한다(소송). 특별항고로 잘못 보고 대법원에 기록송부가 되었으면, 그와 반대(이송으로)로 처리할 것이다.

05 | 재심283)

■ 재심의 개념

① 재심이란 확정된 종국판결에 재심사유에 해당하는 중대한 흠이 있는 경우에 그 판결의 취소와 이미 종결되었던 사건의 재심판을 구하는 비상의 불복신청방법이다. 판결이 확정되면 기판력이 생기고 법적 안정성이 확보되나 판결에 중대한 절차상의 흠·판결기초에 잘못이 있는 경우에도 법적 안정성이라는 일반적 정의에 집착하면, 재판의 적정과 위신을 지킬 수 없을 뿐더러 당사자의 권리구제라는 구체적 정의에도 반한다. 그리하여 법적 안정성과 구체적 정의와의 상반되는 요청을 조화시키기 위해 마련된 것이 재심제도이다.

② 이 제도는 확정판결에 중대한 흠이 있는 경우에 당연무효로 하는 것이 아니라, ⅰ) 재심사유를 제한적으로 열거하고, ⅱ) 다시 일정한 시간적 제약(재심기간)하에, ⅲ) 소의 방식에 의한 확정판결의 취소를 주장하게 하는 것이다.

③ 재심의 소는 확정판결에 대한 법정의 재심사유를 주장하여 원판결의 취소와 종결된 소송의 부활을 구하는 소이다. 확정판결의 취소를 구하는 점에서 일종의 소송상의 형성의 소이며, 사건의 재심판을 구하는 점에서 부수소송의 성질을 띤다.

※ 재심소장 사례284)

재 심 소 장

재심원고(본소피고) ◇◇◇
　　　　　　　　○○시 ○○구 ○○길 ○○
재심피고(본소원고) ○○농업협동조합
　　　　　　　　○○시 ○○구 ○○길 ○○
　　　　　　　　대표자 조합장 ◉◉◉

위 당사자 간 ○○지방법원 20○○나○○○ 대여금청구 항소사건에 관하여, 같은 법원에서 20○○. ○.○. 선고하고 20○○.○.○○. 확정된 아래의 판결에 대하여, 재심원고(피고)는 다음과 같은 재심사유가 있어 재심의 소를 제기합니다.

재 심 을 할 판 결 의 표 시

주문 : 1. 피고 ◇◇◇의 항소를 기각한다.

---

283) 이시윤, 앞의 책, 930–953면
284) 대한법률구조공단 홈페이지 참조

2. 피고 ◇①◇, ◇②◇에 대한 제1심 판결을 다음과 같이 변경한다.
   피고 ◇①◇, 피고◇②◇는 피고 ◇◇◇와 연대하여 금 13,598,588원 및 이에 대한 20○○.
   ○.○.부터 20○○.○.○○.까지는 연 18%의, 그 다음날부터 다 갚는 날까지는 연 15%의
   각 비율에 의한 돈을 지급하라.
3. 소송비용은 제1, 2심 모두 피고들의 부담으로 한다.
4. 제2항의 금원 지급부분은 가집행할 수 있다.

재 심 청 구 취 지

1. ○○지방법원 20○○나○○○○ 대여금청구 항소사건에 관하여, 20○○.○.○. 선고한 판결을 취
   소한다.
2. 재심피고(본소원고, 다음부터 재심피고라고만 함)의 원판결 청구를 기각한다.
3. 본안 및 재심 소송비용은 모두 재심피고의 부담으로 한다.
라는 판결을 구합니다.

재 심 청 구 원 인

1. 재심원고(본소피고, 다음부터 재심원고라고만 함)는 본안(○○지방법원 20○○나○○○○ 대여금
   청구 항소사건)소송에서 20○○.○.○. 패소의 판결을 받고 상고를 포기함으로서, 위 판결이 확정
   되었습니다.
2. 그런데 위 본안소송에서 재심피고가 진술한 청구원인은 재심원고가 20○○.○.○○. 재심피고와 대
   출한도 금 1,000만원, 거래기간은 20○○.○.○○.로 대출 약정을 하였고, 본안소송 피고 ◇①◇,
   피고◇②◇는 연대보증인이므로 위 돈을 차용한 재심피고와 본안소송 피고들은 연대하여 위 돈과 이
   에 대한 이자를 지급해야 하나 거래기간이 종료되었음에도 변제하지 않으므로 합계 금 13,598,588
   원을 구한다는 것이었습니다.
3. 그러나 재심원고는 위와 같은 대출약정이 소외 ■■■가 재심원고 ◇◇◇의 명의를 이용하여 대출
   관계서류를 위조한 것이라고 항변하며 재심피고의 주장을 다투었으나 이것이 배척되고 위와 같이
   재심피고에게 승소의 판결을 한 것입니다.
4. 재심원고는 자신과 전혀 상관없는 대출이 이루어진 것에 대하여 이 사건 대출의 주역인 소외 ■■■
   와 당시 담당직원들을 고소하였고, 소외 ■■■는 20○○.○.○. ○○지방법원 ○○지원에서 이
   사건과 관련하여 재심원고의 명의를 이용하여 사문서위조, 위조사문서행사 및 사기의 죄명으로 실형
   을 선고받아 피고인의 항소포기로 위 판결은 확정되었습니다.
5. 위와 같은 실정이므로 재심피고의 위 ○○지방법원 판결에는 민사소송법 제451조 제1항 제6호에
   의하여 재심사유가 있다고 생각되므로 이 사건 재심의 소에 이른 것입니다.
… 이하 생략

Ⅱ 재심소송의 소송물

1) 이원론(소송상의 형성소송설)과 일원론(본안소송설)

① 재심의 소의 소송물은 확정판결의 취소요구와 구소송의 소송물 두 가지로 구성된다고 보는 것이 이원론이며 현재의 판례·통설이다. 특히 확정판결의 취소에 중점을 두기 때문에, 재심의 소는 소송상의 형성소송임을 강조하는 설이기도 하다.

② 재심의 소의 소송물은 구소송의 소송물 하나로 구성된다고 보는 것이 일원론이다. 이에 의하면 재심의 소는 원판결의 취소·변경을 구하는 상소와 유사한 면이 있으며, 따라서 상소심절차에 있어서의 소송물이 본안(구소송)의 소송물인 것처럼 재심의 소도 같다는 것이다. 재심사유는 확정판결이 있을 때에 거듭 본안의 소송물에 대하여 재판을 받기 위한 전제조건일 뿐 독자적인 소송물을 가리는 기준은 될 수 없다고 본다.

2) 구소송물이론과 신소송물이론

여기에서도 신·구소송물이론의 견해대립이 있다. 구소송물이론에 의하면 재심소송에서 개개의 재심사유마다 소송물이 별개가 된다고 보고, ⅰ) 수 개의 재심사유를 하나의 소에서 주장하였으면 청구의 병합, ⅱ) 재심사유의 변경은 소의 변경, ⅲ) 재심기간의 준수 여부는 각 재심사유의 주장시기가 표준이라 본다. 신소송물이론의 주류는 재심소송의 소송물은 1개의 확정판결의 취소를 구하는 법적 지위의 주장인 것으로서 재심사유는 한낱 공격방법에 불과하고, 다만 알지 못하여 주장하지 않았던 재심사유를 바탕으로 새로 재심의 소를 제기하는 것은 무방하다는 입장이다. 한편 신이론 중 이분지설은 하나의 확정판결의 취소요구를 하여도 사실관계(재심사유)가 여러 개이면 소송물은 여러 개가 된다고 한다.

Ⅲ 적법요건

재심의 소가 적법하기 위해서는 ⅰ) 재심당사자적격, ⅱ) 재심의 대상적격, ⅲ) 재심기간의 준수, ⅳ) 재심의 이익 등 네 가지 요건 이외에 뒤에 볼 법정재심사유를 주장할 것(주장 자체의 정당성)과 보충성의 요건을 갖추어야 한다. 적법요건 중 ⅰ) 내지 ⅲ)을 본다. 다만 재심의 이익은 상소의 이익에 준하는 것으로 불복이익이라는 점에서 공통적이기 때문이다.

1. 재심의 당사자

1) 재심의 소는 확정판결을 취소하고 그 기판력을 배제할 것을 구하는 것이기 때문에, 확정판결의 기판력에 의하여 불이익을 받는 사람이 재심원고, 이익을 받은 사람이 재심피고로 되는 것이 원칙이다. 따라서 확정판결에 표시된 당사자뿐만 아니라, ⅰ) 변론종결한 뒤의 일반·특정승계인, ⅱ) 제3자의 소송담당의 경우에 권리귀속주체(선정당사자가 판결을 받은 경우의 선정자), ⅲ) 판결의 효력이 제3자에 확장되는 경우에 판결의 취소에 대하여 고유의 이익을 갖는 제3자도 당사자적격을 갖는다. 이때만은 제3자가 독립당사자참가의 방식에 의하여, 본소의 당사자를 공동피고로 하여야 한다. 이 경우는 제3자가 본당사자 간의 법률관계인 확정판결의 취소를 목적으

로 재심의 소를 제기하는 것이므로, 그 법률관계의 주체인 본소 당사자를 공동피고로 하여야 하기 때문이다.

2) 필수적 공동소송의 확정판결에 대해서는 공동소송인 중 한 사람이 재심의 소를 제기하면 다른 공동소송인도 당연히 재심당사자가 되지만, 상대방으로부터 재심의 소가 제기된 때에는 공동소송인 전원이 재심피고로 되어야 한다.

또 전소송의 보조참가인도 재심의 소를 제기할 수 있으며 보조참가신청과 동시에 재심의 소를 제기할 수도 있다. 이 경우에 보조참가인이 청구의 변경을 할 수 없음은 물론이다.

재심의 소에 공동소송적 보조참가한 후에 피참가인은 참가인의 동의 없이 재심의 소를 취하할 수 없다. 재심의 소의 취하는 통상의 소의 취하와 달라 재판의 효력과 직접적인 관련이 있는 소송행위로서 확정판결의 효력이 미치는 참가인에 대해서는 불리한 행위라는 이유에서이다.

3) 채권자는 채권자대위권에 기한 재심청구를 할 수 없다는 것이 최근 판례이다. 채무자와 제3채무자 사이의 소송이 계속된 이후의 소송수행과 관련된 개개의 소송행위는 소송당사자인 채무자의 의사에 맡기는 것이 옳다고 하며 종전소송절차의 재개, 속행, 재심판을 구하는 재심의 소는 채권자대위권의 목적이 될 수 없다고 보았다.

2. 재심의 대상적격

재심의 소는 확정된 종국판결에 대해서만 허용된다.

1) 미확정판결은 재심의 대상이 될 수 없다.

2) 확정된 종국판결이면 전부판결이든 일부판결이든, 본안판결이든 소송판결이든 불문한다. 확정된 재심판결도 재심의 대상이 된다. 중간판결은 독립하여 재심의 대상이 되지 아니함이 원칙이나, 만일 거기에 재심사유가 있고 그 재판이 종국판결의 기본이 된 때에는 종국판결에 대해 재심신청을 할 수 있다. 대법원의 환송판결에 대해서는 사건을 당해 심급에서 이탈시킨다는 점에서 형식적으로는 종국판결에 해당하나, 사건 자체에 관한 종국적 판단을 유보하여 재판의 성질상 기판력·집행력·형성력 등이 생기지 않는 중간판결의 성질을 갖는 판결이기 때문에 실질적으로 확정된 종국판결이라 할 수 없어 재심의 대상이 되지 않는다는 것이 판례이다.

3) 같은 사건의 하급심의 종국판결과 이에 대한 상소를 배척(각하 또는 기각)한 상급심 판결이 다 같이 확정되었을 때에는, 원칙적으로 개별적으로 재심의 대상이 된다. 다만, 항소심에서 항소기각의 본안판결을 한 경우에는 사건이 전면적으로 재심판된 것이기 때문에 제1심판결은 재심의 소의 대상이 되지 않고, 항소심판결만이 그 대상이 된다.

4) 확정판결이 아니라도 이와 같은 효력을 가진 청구의 포기·인낙, 재판상 화해와 조정조서에 대해서도 준재심의 소가 인정된다. 그러나 중재판정은 확정판결과 동일한 효력을 갖지만, 별도로 중재판정취소의 소가 인정되기 때문에 재심의 소가 인정되지 않는다. 소송비용·가집행의 재판에 대해서는 상소와 마찬가지로, 독립하여 재심의 소를 제기할 수 없다. 또 기판력이 없는 확정

된 지급명령도 재심의 대상이 아니다. 이행권고결정도 같다고 할 것이다. 외국판결도 재심의 대상으로 할 수 없다.

3. 재심기간

재심사유 중 대리권의 흠과 기판력의 저촉을 제외하고, 그 나머지 9개 재심사유에 관하여는 재심기간이 정해져 있으며, 영원한 싸움이 안 되도록 그 제약을 받는다.

1) 안 날로부터 30일(출소기간)

① 재심원고는 원칙적으로 재심의 대상인 판결확정 후 재심사유를 안 날로부터 30일 내에 재심의 소를 제기하여야 한다(법 제456조 제1항).

→ 판결법원구성의 위법, 판단누락은 판결정본이 송달된 때에 알았다고 봄이 상당하므로 송달시로부터 기산한다. 소송대리인이 있었던 경우에는 대리인이 판결정본을 송달받은 때로부터 기산한다.

→ 제451조 제1항 제4호 내지 제7호의 이른바 형사상의 가벌적 행위를 재심사유로 하는 경우의 재심기간은 동조 제2항의 유죄판결이 확정되었을 경우는 이를 알았을 때부터 진행한다.

→ 증거부족 이외의 이유로 유죄의 확정판결을 할 수 없을 경우는 이를 알았을 때부터(예 공소권 없음의 불기소처분 또는 면소판결이 있는 것을 안 때) 진행된다.

② 30일의 출소기간은 불변기간이며, 여러 개의 재심사유를 주장한 때에는 재심기간은 각 재심사유마다 이를 안 때부터 진행된다. 재심사유마다 별개의 소송물을 인정하지 않고 공격방법으로 보는 신소송물이론을 따른다 하여도, 몰랐으면 실기되지 않는다 할 것이다.

2) 판결확정시로부터 5년(제척기간)

재심사유의 존재를 알지 못하여 출소기간 내에 제기하지 못하였다 하여도, 판결이 확정되어 5년이 경과하면 재심의 소는 제기할 수 없다. 이 5년의 기간은 제척기간으로서 불변기간이 아니므로 추후보완이 인정되지 않는다. 5년의 제척기간은 재심사유가 판결확정 전에 발생한 때에는 그 판결확정일로부터, 확정 후에 발생한 경우에는 그 사유가 발생한 때부터 기산한다.

Ⅳ 재심사유

1. 재심사유의 의의

재심의 소는 법 제451조에 한정적으로 열거된 재심사유가 있는 경우에 한하여 허용된다. 재심원고가 법정재심사유를 주장하는 것은 소의 적법요건이 되며, 그 주장이 없거나 주장사유 자체가 재심사유가 되지 아니하면 재심의 소는 각하된다.

2. 보충성(재심사유와 상고의 관계)

재심의 소는 재심사유를 전소송에서 상소로써 주장할 수 없었던 경우에 한하여 보충적으로 그 제기가 허용된다. 이를 상소에 대한 관계에서 재심의 소위 보충성이라 하며, 재심의 소의 적법요건이 된다. 따라서 당사자가 ① 재심사유를 상소로써 주장하였으나 기각된 때, ② 이를 알면서 상소심에서 주장하지 아니한 경우, ③ 알면서 상소를 제기하지 아니함으로써 확정된 경우에는 같은 사유로 재심의 소를 제기할 수 없다. 이것은 재심사유는 당연히 상고이유(상고심속행사유도 된다)가 됨을 전제한 것이라 하겠다. 법정대리인이나 소송대리인이 알았던 경우도 여기에 해당된다.

3. 각개의 사유

가. 개설

① 제451조 제1항에서는 재심사유로 11가지를 열거하고 있다. 이것은 결코 예시적인 것이 아니다. 제1호 내지 제3호까지는 절대적 상고이유로 되는 것인데 이 경우에는 판결내용에 영향을 미쳤는가의 여부를 불문하나, 제4호 내지 제10호는 판결주문에 영향을 미칠 가능성이 있어야 한다(중대한 판결기초의 잘못). 판결확정 후 중요한 증거의 발견은 형사소송과 달리 재심사유가 아니다.

② 제4호 내지 제7호는 모두 판결에 영향을 미친 범죄 그 밖의 위법행위로 판결이 이루어진 경우, 즉 가벌적 행위를 규정하였는바, 이 경우에는 가벌적 행위만으로 충분하지 않고 확정된 유죄판결 또는 과태료판결이 있거나, 아니면 증거부족 이외의 이유인 공소시효의 완성 등으로 유죄의 확정판결을 할 수 없다는 사실뿐만 아니라 그 사유만 없었다면 위조·변조의 유죄 확정판결을 할 수 있었다는 점 등을 재심청구인이 증명하여야 한다. 판결의 부당성이 분명할 때에 재심을 인정하려는 취지이다.

→ 여기에서 i) 가벌적 행위만이 재심사유가 됨에 그치고, 유죄의 확정판결 등은 재심의 소의 남용을 방지하기 위한 소의 적법요건이라는 적법요건설, ii) 가벌적 행위와 유죄의 확정판결 등이 합체되어 재심사유로 된다는 합체설의 대립이 있다. 아직 유죄의 확정판결 등이 없음에도 제기한 재심의 소는 전설에 의하면 각하하여야 함에 대하여, 후설에 의하면 재심청구를 기각하여야 한다. 판례는 전설이다.

→ 여기의 증거부족 이외의 이유로 인하여 유죄의 확정판결 등을 할 수 없을 때란 범인의 사망·심신장애·사면·공소시효의 완성·기소유예처분 등의 사유로 유죄판결을 받지 못하게 된 경우를 말하며, 소재불명으로 기소중지결정을 한 경우, 무혐의불기소처분의 경우는 포함되지 않는다.

나. 다음과 같은 것이 재심사유로 된다.

1) 판결법원구성의 위협(제1호)

다만 대법원이 종전에 판시한 법률의 해석적용에 관한 의견의 변경, 즉 판례변경을 하면서 대법관 2/3 이상으로 구성하는 전원합의체에서 하지 않고 그에 미달하는 소부에서 재판하면 본호에 해당된다.

2) 재판에 관여할 수 없는 법관의 관여(제451조 제1항 제2호)

판결선고에만 관여는 포함되지 아니하며, 1차 재심사건에 관여한 법관이 2차 재심사건에 관여, 기피원인이 있는데 그친 대법관의 관여도 해당되지 아니한다. 재심의 대상이 된 원재판에 관여한 법관이 그 재심사건의 재판에 관여한 때에는 본호의 재심사유에 해당되지 않는다.

3) 대리권의 흠(동조 제3호 본문)

이것도 이미 본 제424조 제1항 제4호의 규정과 같다(절대적 상고이유 참조). 실무상 많이 문제되는 것으로 절차권 침해의 재심사유이기도 하다.

① 적극적으로 무권대리인에 의한 실질적인 대리행위는 물론, 소극적으로 당사자 본인이나 그 대리인의 실질적인 소송행위가 배제된 경우가 포함된다. 본인의 의사와 관계없이 선임된 대리인에 의한 소송대리, 특별대리인의 선임 없이 소송을 수행한 때, 성명모용소송에서 판결이 확정된 때에도 피모용자는 본호에 의하여 재심의 소를 제기할 수 있다. 제385조 제2항은 제소전화해를 위하여 대리인선임권의 상대방위임을 금지시켰는데, 이를 어긴 대리인의 관여 하에 성립된 제소전화해의 경우도 이에 해당할 것이다(준재심의 소).

② 송달받을 권한이 없는 자에게 잘못 송달된 경우, 특히 소장부본·기일통지서가 권한 없는 자에게 송달되고 법원은 피고 측이 송달받고도 답변서부제출 혹은 불출석하는 것으로 속아 자백간주로 원고승소판결을 한 경우가 문제이다.

→ 판례는 피고의 주소를 허위로 적어 제소함으로써 참칭(僭稱)피고에게 송달된 경우에는 그러한 판결정본의 송달까지 무효가 되어 판결은 항소대상이 되는 것이지 본호의 재심사유에 해당하는 것이 아니라고 하였으나, 피고가 아니라 그 참칭대표자(대리인)에게 송달된 경우에는 송달무효가 아니고 송달대리권의 흠결로 본호의 재심사유가 된다고 했다.

→ 송달이 무권대리인에게 되어도 본인이나 적법한 대리인이 실질적인 소송행위를 할 기회가 박탈되지 아니하였으면 재심사유가 안 된다. 대리권의 흠은 판결확정 후라도 본인이 추인하면 재심사유는 되지 않는다.

4) 법관의 직무상의 범죄

5) 다른 사람의 형사상 처벌받을 행위로 인한 자백 또는 공격방어방법의 제출방해

6) 문서의 위조·변조

7) 증인 등의 허위진술

8) 판결의 기초된 재판 또는 행정처분이 뒤에 변경된 경우

9) 판단누락

판단누락은 당사자가 소송상 제출한 공격방어방법으로서 판결주문에 영향이 있는 것에 대하여 이유 중에서 판단을 표시하지 아니한 것을 뜻한다. 따라서 직권조사사항 판단을 빠뜨린 경우도 여기에 포함되나, 당사자가 법원에 그 조사를 촉구한 바 없다면 재심사유에 해당되지 않는다.

판단이 있는 이상 당사자 주장을 배척한 근거가 소상하게 설시되지 않았거나, 그 판단내용의 잘못, 판단근거의 개별적 불설시는 판단누락이 아니다. 또 재판누락은 추가판결의 대상이지 재심사유는 되지 않는다. 소각하판결의 경우에 본안판단의 생략도 같다.

10) 판결 효력의 저촉

이것은 확정판결의 충돌을 해결하기 위한 규정이다. 여기서 전에 선고한 확정판결이라 함은 전에 확정된 기판력 있는 본안의 종국판결로서 그 효력이 재심대상판결의 당사자에게 미치는 경우를 뜻한다. 또 전후 두 판결이 모두 원고의 청구를 기각한 것이라면 서로 어긋나는 것이 아니다. 같은 내용의 사건에 관한 것이란 원칙적으로 소송물을 같이하는 것임을 뜻하는데, 무조건 소송물의 동일성을 요하지 아니하고 전소의 기판력 있는 판결이 후소의 선결관계인 때에도 해당한다. 구이론은 청구원인을 기준으로 소송물을 가르기 때문에, 청구원인을 달리하면 상호저촉의 문제가 생기지 않는다고 한다. 판결과 같은 효력을 가진 화해·청구의 포기·인낙조서, 조정조서, 외국판결, 중재판정과 서로 어긋날 때에도 재심사유가 된다.

11) 상대방의 주소를 잘 모른다고 하거나 또는 거짓주소로 하여 소제기한 경우

상대방의 주소·거소를 허위주소로 하여 판결편취를 한 경우, 이른바 사위(詐僞)판결의 구제책이다.

① 전단은 상대방의 주소를 알면서 모르는 것으로 하여 소제기함으로써 소장 등을 송달불능에 이르게 하고 급기야 소재불명자인 것으로 법원으로 하여금 속게 만들어 공시송달에 의한 진행을 한 끝에 승소판결을 받은 경우를 뜻한다(공시송달에 의한 판결편취).

② 후단(後段)은 상대방의 주소 등을 거짓으로 기재하여 상대방에 대한 소장 등을 그 허위 주소로 보내고 상대방 아닌 다른 사람이 이를 받음으로써 법원으로 하여금 피고가 적법하게 이를 송달받은 것으로 믿게 만들어 피고의 자백간주로 승소판을 받아 내는 경우이다(자백간주에 의한 판결편취). 대법원 판결은 본호는 전·후단을 막론하고 공시송달에 의한 판결편취의 경우에 적용되는 규정으로 보고, 자백간주에 의한 판결편취의 경우에는 본호의 적용이 배제되는 것으로 본다. 다시 말하면 자백간주에 의한 판결편취의 경우에는 어느 때나 항소를 제기하여 구제받을 수 있다는 항소설에 의하고, 재심설을 부정한다.

V 재심절차

1. 관할법원

재심의 소는 취소대상판결을 한 법원의 전속관할에 속한다. 취소대상판결이 상고심판결이면 상고법원의 관할로 된다. 다만 서증의 위조·변조나 허위진술 등 사실인정에 관한 것을 재심사유로 할 때에는 상고심판결이 아니라, 사실심법원의 판결에 대해 재심의 소를 제기하여야 한다.

→ 제1심의 종국판결에 대하여 항소심이 항소기각의 본안판결을 한 경우 제1심판결은 아니고 항소심판결이 재심의 대상이 되므로 항소법원만이 관할권을 갖게 된다. 만일 이때에 당사자가 잘못하여 제1심법원에 재심의 소가 제기되었으면 항소법원에 이송함이 마땅하다. 또 재심사유가 항

소심판결에 관한 것인데, 상고심판결을 대상으로 기재하여 재심의 소를 제기한 경우라도 항소심법원으로 이송함이 옳다.

→ 제1심의 종국판결에 대해 항소각하판결을 한 때 같은 사건에 대해 제1심판결과 항소심판결 두 개의 확정판결이 있게 되는데, 여기에 각기 재심사유가 있으면 각기 해당 사유를 주장하여 해당 법원에 각 재심의 소를 제기할 수 있다. 그러나 이때 재심사유를 모아서 재심청구를 병합하여 제기하는 경우에는 편의상 항소법원이 집중관할한다. 다만 항소심판결과 상고심판결에 각기 재심사유가 있는 때에는 상고법원은 집중관할할 수 없다.

2. 재심의 소의 제기

① 재심의 소의 제기도 원칙적으로 소장의 제출에 의한다. 재심소장이 방식에 맞는가에 대해서는 통상의 소장처럼 재판장에게 심사권이 있다.

② 재심소장의 제출에 의하여 그 재심사유에 대한 기간준수의 효력이 생긴다. 재심의 소의 제기는 그것만으로는 확정판결의 집행력을 저지시키지 못하며, 저지시키려면 신청에 의하여 별도의 집행정지 · 취소결정을 받을 것을 요한다(법 제500조).

3. 준용절차

재심소송절차에는 그 성질에 어긋나지 아니하는 범위 안에서 각 심급의 소송절차에 관한 규정이 준용된다(법 제455조). 따라서 제1심판결에 대한 재심에는 제1심의, 제2심판결에 대한 재심에는 항소심의, 상고심판결에 대한 재심에는 상고심의 각 소송절차에 관한 규정이 준용된다.

→ 재심의 소에 있어서도 소의 취하, 일반소송요건의 흠에 의한 소의 각하, 관할위반에 의한 이송, 재심사유의 변경이 허용된다. 또 재심피고는 부대재심을 구할 수 있으며, 자기측의 재심사유에 기한 반소도 제기할 수 있다.

→ 재심청구에 통상의 민사상의 청구를 병합할 수 있는가에 대해 판례는 반대이나 재심원고가 승소할 경우를 대비한 원상회복 등 관련청구의 병합제기를 허용하여야 한다는 것이 통설이다.

4. 재심의 소의 심리와 중간판결제도

소장의 경우와 마찬가지로 재심소장의 방식준수를 재판장이 심사한 뒤에는 ⅰ) 소의 적법요건, ⅱ) 재심사유, ⅲ) 본래의 사건에 대한 본안심판의 단계로 심리해 나간다.

법 제454조는 재심의 소의 적법요건 및 재심사유의 유무에 관한 심판과 본안심판을 분리하여 앞의 것만 선행심리할 수 있도록 하되, 이 경우에 재심사유 등이 있다고 인정할 때에는 그에 관한 쟁점을 먼저 정리하는 의미에서 그 취지의 중간판결을 할 수 있도록 하였다. 만일 재심사유가 없다고 할 때에는 더 나아가 본안심리에 들어가는 노고 없이 '재심각하 · 기각'의 판결로 절차를 끝내게 한다는 것이다. 중간판결을 위한 선행심리 여부는 어디까지나 법원의 재량이다. 기존의 중간판결제도의 활용으로도 같은 목적을 달할 수 있으나, 새 제도를 잘 활용하여 소송경제를 도모하여 보라는 주의적 의미로 이 제도를 신설한 것이다.

1) 소의 적부

법원은 제1단계로 먼저 일반소송요건과 함께 재심의 적법요건을 심리하여야 하며, 그와 같은 요건은 직권조사사항이다. 그 흠이 있는 경우에 보정하지 않거나 보정할 수 없을 때에는 판결로 재심의 소를 각하하여야 한다. 재심원고의 법정재심사유의 주장은 소의 적법요건임은 이미 본 바이다. 이 경우에 각하가 아니라 기각이라도 배척되었다는 점에서 결과적으로 정당하다.

2) 재심사유의 존부

재심의 소가 적법하면, 제2단계로 재심사유의 존재여부를 조사하여야 한다. 그 증명책임은 재심원고에게 돌아간다. 기판력 있는 확정판결의 취소는 단순히 당사자를 구제한다는 사익을 넘어서는 법적 안정성에 관계있는 것이고 당사자가 임의로 처분할 수 없으므로 주장된 재심사유의 존재여부에 관하여는 직권으로 사실탐지를 할 수 있다. 청구의 포기·인낙이나 자백에 구속되지 않으며, 자백간주의 규정이 배제된다(통설). 또한 화해·조정도 마찬가지로 효력은 당연무효이다. 이 한도에서 처분권주의가 배제되고 직권탐지주의에 의하며, 이 점이 재심에 대한 본안심판의 경우와 다르다. 심리해 본 결과 재심사유가 없는 것으로 인정되면 종국판결로 재심청구를 기각하여야 한다. 재심절차에서 제기된 중간확인의 소는 재심사유가 인정되지 아니하여 재심청구를 기각하는 경우에 판결주문에서 소각하를 하여야 한다. 재심사유가 인정될 때에 그 존부에 관하여 당사자 간에 다툼이 있으면 앞서 본 중간판결로나 아니면 종국판결의 이유 속에서 판단할 것을 필요로 한다.

3) 본안심판

(1) 본안의 심리

재심사유가 있다고 인정될 때에는, 제3단계인 본안에 대한 심리에 들어가게 된다. 여기에서 원판결에 의하여 완결된 전소송(소 또는 상소)에 대해 다시 심판한다. 본안에 대한 변론은 전소송의 변론의 속행으로 그것과 일체를 이룬다. 따라서 변론의 갱신절차를 밟아야 하며, 사실심이면 새로운 공격방어방법을 제출할 수 있다. 변론의 갱신권이 인정된다. 전소송의 변론종결 후에 발생한 새로운 공격방어방법이라도 당연히 제출할 수 있으며, 만일 이를 제출하지 않고 패소하면 그 뒤에는 기판력에 의하여 실권된다. 본안의 변론과 재판은 재심청구이유의 범위, 즉 원판결에 대한 불복신청의 범위 안에서 행하여야 한다. 재심피고에 의하여 부대재심이 제기되지 않는 한 재심원고에 대하여 원래의 확정판결보다 불이익한 판결을 할 수 없다(불이익변경금지의 원칙). 가벌적 행위에 관한 유죄의 확정판결은 재심의 적법요건이 되지만, 재심법원의 본안심판에 있어서 형사법원의 유죄판결의 내용과 같은 사실을 인정하여야 한다는 구속은 없으며 자유롭게 판단할 수 있다. 그러나 대법원 2012.6.14, 2010다86112에서는 항소취하에 제451조 제1항 제5호의 재심사유가 있다고 인정되는 경우 그러한 소송행위의 효력은 부정될 수밖에 없어 그 소송행위가 존재하지 않는 것과 같은 상태를 전제로 하여 재심대상사건의 본안에 나아가 심리·판단하여야 한다고 했다. 대법원 2015. 12.23, 2013다17124에서는 원래의 확정판결을 취소한 재심판결에 대한 재심의 소에서 원래의 확정판결에 대하여 재심사유를 인정한 종전 재심법원의 판단에 재심사유가 있어 종전 재심법원의 판단에 관하여 다시 심리한 결과 원래의 확정판결에 재심사유가 인정되지 않을 경우에는 재심판결을 취소하고 종전 재심청구를 기각하여야 한다는 것이다.

(2) 종국판결

① 심리한 결과 원판결이 부당하다고 인정되면 불복신청의 한도 내에서 이를 취소하고, 이에 갈음하는 판결을 한다. 재심판결은 원판결을 소급적으로 취소하는 형성판결이다.

② 원판결이 정당하다고 인정되면 재심사유가 있는 경우에도 재심청구를 기각하여야 한다.

③ 재심의 소에 대한 종국판결에는 어느 심급의 재심인가에 맞추어 다시 항소나 상고가 인정된다. 다만 상고심판결에 대한 재심의 소에 관한 판결에 관하여는 상소의 길이 없다. 재심의 상고심에 있어서는 사실심의 변론종결 뒤에 생긴 재심사유인 사실을 주장할 수 없다.

Ⅵ 준재심

1. 의의

확정판결과 같은 효력을 가지는 조서와 즉시항고로 불복을 신청할 수 있는 것으로서 확정된 결정·명령에 재심사유가 있을 때에, 재심의 소에 준하여 재심을 제기하는 것을 말한다(법 제461조). 원래 준재심의 대상은 즉시항고로 불복을 신청할 수 있는 결정·명령에 국한하였으나, 그 후 개정법률에 의해 제220조의 조서에 대해서까지 확장하였다. 개정취지는 화해, 청구의 포기·인낙의 흠은 그것이 재심사유에 해당될 때에 한하여 재심절차에 의해서만 구제받게 하고, 사법상의 무효·취소 사유가 있어도 기일지정신청이나 무효확인청구를 하여 구제할 수 없도록 하려는 데 있으며, 이른바 입법에 의한 소송행위설의 채택이라 할 수 있다.

※ 준재심 소장 사례

준 재 심 소 장

준재심원고(원고) ○○○
　　　　　　　　　○○시 ○○구 ○○길 ○○
준재심피고(피고) ◇◇◇
　　　　　　　　　○○시 ○○구 ○○길 ○○

위 당사자 간 귀원 20○○자○○○ 손해배상(산) 청구사건과 관련하여 준재심원고(원고)는 20○○. ○.○○. 작성된 다음의 화해조서에 대하여 준재심을 청구합니다.

화 해 조 서 의 표 시

1. 피고는 원고에게 20○○.○.○○.까지 금 15,000,000원을 지급한다.

---

2. 만약 피고가 위 지급기일을 어길 때에는 20○○.○.○.부터 다 갚는 날까지 위 금액에 대하여 연 15%의 비율에 의한 지연손해금을 지급한다.
3. 원고의 나머지 청구는 포기한다.
4. 소송 및 화해비용은 각자 부담으로 한다.

준 재 심 청 구 취 지

이 사건 화해조서를 취소한다.
라는 재판과 기타 적절한 재판을 구합니다.

준 재 심 청 구 원 인

1. 준재심원고(원고, 다음부터 원고라고만 함)는 이 사건에 관하여 소외 ◉◉◉변호사를 소송대리인으로 선임하여 소송을 진행하였으나 소외 ◉◉◉변호사가 변론기일에 출석을 게을리 하는 등 성실한 변론을 하지 않고 청구금액 금 50,000,000원 중 금 1,5000,000원에 합의할 것을 계속적으로 종용하여 변호사수임계약을 합의해지하였는데, 그 뒤 소외 ◉◉◉변호사는 원고와 이 사건 소송대리관계가 소멸되었음에도 불구하고 원고의 대리인 자격으로 법정에 출석하여 준재심피고(피고)와 사이에 위 화해조서와 같은 내용의 화해를 하였습니다.
2. 그러므로 이러한 사유는 민사소송법 제451조 제1항 제3호에 규정된 대리권에 흠이 있는 경우로서 원고는 청구취지와 같은 판결을 구하고자 이 사건 재심청구에 이른 것입니다.
3. 준재심원고가 준재심사유를 안 날 : 20○○.○.○○.
… 이하 생략

2. 준재심의 소(조서에 대한 준재심)

① 준재심의 대상이 되는 제220조의 조서에는 화해조서, 청구의 포기·인낙조서 이외에 재판상의 화해와 같은 효력을 가진 조정조서도 해당된다. 화해조서에는 소송상 화해조서만이 아니라 제소전화해조서도 포함된다. 화해권고결정은 비록 결정이나 재판상 화해와 같은 효력이 있으므로 준재심의 소를 유추할 것이다. 조정에 갈음하는 결정도 마찬가지이다.

② 조서에 대한 재심제기의 절차에는 확정판결에 대한 재심의 소의 소송절차가 준용된다. 따라서 재심법원, 재심소장, 심판의 범위의 각 규정이 준용된다. 재심기간도 준용하지만, 법인 등의 대표자가 권한을 남용하여 법인 등의 이익에 배치되는 청구의 인낙, 화해 등을 한 경우의 준재심기간은 법인 등의 이익을 정당하게 보전할 권한을 가진 다른 임원 등이 준재심사유를 안 때가 그 기산일이 된다.

㉠ 재심사유는 판결에서 생길 수 있는 하자(흠)를 예상하여 규정한 것이므로 준재심의 소에 전면적으로 준용될 수는 없으며, 관여할 수 없는 법관의 관여, 대리권의 흠, 법관의 직무상의 범죄, 형사상 처벌받을 다른 사람의 행위로 인한 경우, 판결의 저촉 등 그 일부밖에 준용할

수 없다. 그리하여 조서의 흠이 판결의 흠에 대한 구제보다 더 어렵게 되고 그 구제문호를 좁힌 결과가 되었기 때문에 입법론상 재검토가 요망된다.

ⓛ 법 제460조(결과가 정당한 경우의 재심기각과정)의 규정은 준용된다고 할 수 없다. 재심법원은 재심사유가 있는 경우에는 반드시 조서를 취소하여야 하며, 재판상 화해, 청구의 포기・인낙에 의해 종료되었던 소송은 다시 부활하는 것으로 청구의 당부를 재판하여야 하기 때문이다. 그러나 제소전화해조서를 취소할 때에는 부활될 소송은 없고 화해불성립으로 볼 것이므로, 취소 이외에 다른 판단조치를 요하지 않음이 원칙이다. 다만 대리권의 흠 등의 재심사유가 있을 때에는 화해조서를 취소하고 대리권의 흠을 이유로 제소전화해신청을 각하할 것을 요한다.

ⓒ 조서에 대한 재심은 신청이 아니라 소의 방식으로 제기하여야 한다. 따라서 결정절차가 아니라 판결절차에 의해 심판하여야 한다. 제소전화해조서도 같다. 다만 이에 대한 준재심은 다른 조서에 대한 것과 달리 소장의 1/5의 인지를 납부하면 된다.

3. 준재심신청(결정・명령에 대한 준재심)

일정한 사항을 확정할 목적으로 행한 종국적인 결정・명령에 대해 재심사유가 있을 때에, 그 자체에 대한 독립의 구제방법으로서 인정한 것이다.

① 「즉시항고로 불복을 신청할 수 있는 결정이나 명령」이 대상이 되는데, 여기에는 소장각하명령, 상소장각하명령, 소송비용에 관한 결정, 과태료의 결정, 매각허가결정, 추심명령・전부명령 등이 속한다. 경매개시결정은 즉시항고로 불복할 수 있는 결정에 해당되지 아니하므로 이에 속하지 아니한다. 다만, 대법원의 재항고기각결정은 즉시항고로 불복할 수 없는 것임에도, 준재심을 받아들인 판례가 있다(대법원 2000.1.7, 99재마4, 재항고이유서를 제출하였는데 그 부제출을 이유로 재항고기각결정한 사안에서 판단누락이라 준재심사유).

② 재심사유, 재심법원, 재심기간, 재심소장, 심판의 범위와 재판 등 확정판결에 대한 재심의 소의 소송절차가 준용된다. 준재심신청은 소가 아니라 신청의 방식에 의하여야 하며, 판결이 아니라 결정으로 심판한다. 심판은 준재심의 대상이 된 결정・명령과 같은 절차에 의해 행한다.

06 | 간이소송절차

제 1 절   서설

① 현행법은 통상의 소송절차에 비하여 쉽게 빨리 끝나는 간이한 소송절차로서 소액사건심판절차와 독촉절차 두 가지를 마련해 놓고 있다.

② 두 가지 모두 금전, 그 밖의 대체물의 지급을 목적으로 하는 채권을 대상으로 하는 점에서 공통적이나, 전자는 ⅰ) 쌍방심문주의에 의하고, ⅱ) 판결절차의 일종임에 대하여, 후자는 ⅰ) 일방심문주의(채권자)에 의하고 ⅱ) 판결절차에 선행하는 대용절차라는 점에서 주요한 차이가 있다.

제 2 절   소액사건심판절차[285]

1. 소액사건의 범위와 입법

1) 소액사건

소액사건은 제소한 때의 소송목적의 값이 3,000만원을 초과하지 아니하는 금전 기타 대체물이나 유가증권의 일정한 수량의 지급을 목적으로 하는 말한다. 다만, 부동산 등 특정물에 관한 청구는 소액사건에서 배제된다. 그리고 소액사건심판법의 적용을 받을 목적으로 다액의 채권을 쪼개서 일부 청구를 하는 것은 허용되지 않는다.

2) 소액사건심판법

민사소송법의 특례법의 일종인 소액사건심판법은 상고제한에 관한 규정을 제외하고는 소액사건의 제1심 절차에만 적용되는 법규이다. 즉, 제1심의 특별소송절차이다.

2. 이행권고 제도

소액사건에 대하여 변론에 의한 소송절차의 회부에 앞서 행하는 전치절차이다. 소액사건에서 간이한 처리와 당사자의 법정출석의 불편을 덜어주고자 한 것이 입법 목적이다. 법률에서는 이 절차를 변론절차에 앞서 붙여지는 임의적 전치절차로 규정하였다.

---

285) 이시윤, 앞의 책, 956-964면

1) 이행권고결정

법원은 소가 제기된 경우에 특별한 사정이 없으면 원고가 낸 소장부본을 첨부하여 피고에게 원고의 청구취지대로 이행할 것을 권고하는 취지의 결정을 한다(소액사건심판법 제5조의3 제1항).

2) 피고에게 결정서 송달

법원사무관 등은 이행권고결정서의 등본을 피고에게 송달하여야 한다. 다만, 그 송달은 민사소송법 제187조(우편송달), 제194조 내지 제196조(공시송달)에 규정한 방법으로는 이를 할 수 없다.

※ 이행권고결정례

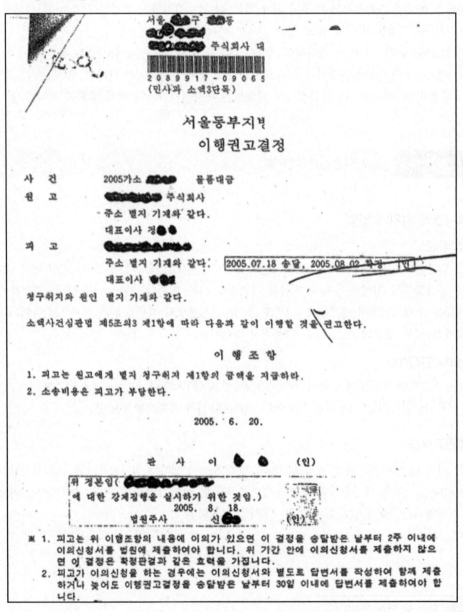

3) 피고의 이의신청

결정서등본의 송달을 받은 피고는 그 송달받은 날부터 2주 이내에 서면에 의한 이의신청을 할 수 있다. 2주의 기간은 불변기간이다. 피고가 그 기간 내에 이의신청을 하였으면 이행권고결정은 실효가 되며, 법원은 소송절차에 붙이기 위해 지체 없이 변론기일을 지정해야 한다.

4) 이행권고결정의 효력

피고가 이행권고결정의 송달을 받고 이의기간 내에 이의신청을 하지 아니한 때, 이의신청각하결정이 확정된 때, 그리고 이의신청이 취하된 때에는 이행권고결정은 확정되며 확정판결과 같는다. 그렇게 되면 소송절차에 의하지 아니하고 소액사건심판절차는 끝이 난다.

5) 강제집행의 특례

확정된 이행권고결정에 기한 강제집행에 있어서는 조건성취나 승계집행문의 경우를 제외하고 집행문을 부여받을 필요가 없으며, 또한 피고는 청구이의의 소를 제기함에 있어서 민사집행법 제44조 제2항의 규정에 의한 제한 없이 이행권고결정 이전의 발생사유를 가지고 이의사유로 하여도 무방하다. 이행권고결정은 집행력 등의 부수적 효력을 갖는 데 그치고 기판력이 없기 때문이다. 따라서 확정된 이행권고결정에 재심사유에 해당하는 하자가 있어도 제461조의 준재심의 소를 제기할 수 없고, 청구이의의 소제기나 강제집행이 완료된 뒤에는 부당이득반환청구의 소를 제기할 수 있을 뿐이다.

3. 심판절차상의 특례

1) 소송대리에 관한 특칙

소액사건에서는 민사소송법 제88조, 제89조의 특칙으로 절차의 간이화를 위해 당사자의 배우자·직계혈족·형제자매이면 변호사가 아니라도 법원의 허가 없이 소송대리인이 될 수 있게 하였다.

2) 구술에 의한 소제기 등

통상의 소송절차에서는 원칙적으로 소장이라는 서면을 제출하여 소를 제기하게 되어 있으나(소장제출주의), 소액사건에서는 ① 구술(말)에 의하여 소를 제기할 수 있게 하였고, ② 양쪽 당사자가 법원에 임의출석하여 변론함으로써 간이하게 제소할 수 있는 임의출석제를 채택하였다.

3) 1회심리의 원칙

판사는 절차의 신속을 위하여 되도록 1회의 변론기일로 심리를 종결하도록 하여야 한다. 한편 1회심리의 원칙을 관철하기 위한 사전준비에 의한 변론의 집중방안으로 ① 지체 없는 소장부본의 송달, ② 신속한 변론기일 지정, ③ 기일 전의 증명촉구 등의 제도를 마련하고 있다.

4) 심리절차상의 특칙

① 공휴일·야간의 개정, ② 원격영상재판, ③ 무변론의 청구기각[286], ④ 변론갱신의 생략[287], ⑤ 조서의 기재생략[288]의 특칙이 인정된다.

5) 증거조사에 관한 특칙

① 직권증거조사[289], ② 교호신문제의 폐지[290], ③ 증인·감정인 등에 대한 서면신문제[291] 등 특칙이 마련되어 있다.

6) 판결에 관한 특례

① 변론종결 후 즉시 판결의 선고[292] ② 구술에 의한 판결이유요지의 설명과 판결이유기재의 생략[293] 등의 특칙이 있다.

7) 상고 및 재항고 제한

소액사건에 있어서는 통상의 소송사건과 달리 상고 및 재항고가 제한된다. 즉 소액사건심판법에 의하면 소액사건에 대한 제2심판결이나 결정·명령에 관하여는 다음 두 가지 경우 이외에는 상고 또는 재항고이유로 삼을 수 없다. ① 법률·명령·규칙 또는 처분의 헌법위반 여부와 명령·규칙 또는 처분의 법률위반 여부에 대한 판단이 부당한 때, 다시 말하면 하위법규가 상위법규에 위반됨에도 불구하고 이를 합헌·합법이라고 하여 당해 사건에 적용한 경우나 그 반대의 경우, ② 대법원판례에 상반되는 판단을 한 때, 다시 말하면 판례위반 등이다.

8) 그 밖의 특례

현지 재판의 편의를 위해 시·군법원에서 재판을 받게 하였다. 소액전담조정위원제도도 있다.

---

286) 법원은 소장, 준비서면 기타 소송기록에 의하여 청구가 이유 없음이 명백한 때에는 변론 없이 청구를 기각할 수 있게 하였다.
287) 판사의 경질이 있는 경우라도 변론의 갱신 없이 판결할 수 있도록 하였는데, 직접심리주의의 예외이다.
288) 조서는 당사자의 이의가 있는 경우를 제외하고는 판사의 허가가 있는 때에는 이에 기재할 사항을 생략할 수 있다. 대신에 녹음화한다.
289) 소액사건에서는 직권증거조사의 보충성을 지양하여 필요하다고 인정할 때 직권으로 증거조사를 할 수 있도록 하였다.
290) 본인소송에 의할 수밖에 없는 소액사건에 통상의 사건에서와 같은 교호신문제는 감당하기 힘든 것이므로, 증인신 주도권을 법원에 옮겨 교호신문제를 따르지 아니하였다. 따라서 여기에서 판사가 주신문을 하고, 당사자는 보충신문을 하는 직권신문제이다. 주신문을 전제로 한 신문사항의 제출이 필요없다.
291) 증인 등의 출석증언의 불편과 출석기피로 인한 절차진행의 지연에 대한 타개책으로 서면신문제를 채택하였다. 즉 판사는 상당하다고 인정한 때에는 증인 또는 감정인의 신문에 갈음하여 서면 제출하게 할 수 있다. 이때 제출하는 서면은 신문과 같은 효력이 있는 것이며 결코 서증이 아니므로, 서증에 관한 증거조사절차에 의할 것이 아니다. 교호신문제의 불채택으로 반대신문권을 보장하지 않는 소액절차에서는 이러한 특례가 수긍이 간다. 이는 상대방의 이의가 있으면 출석증언케 할 수 있는 특칙을 둔 제310조의 서면증언제도와는 다르다.
292) 판결의 선고는 변론종결일로부터 2주일 내에 하여야 하는 통상의 소송절차와는 달리, 소액사건에서는 변론종결 후 즉시 할 수 있게 하였다.
293) 변론종결 후 즉시 판결선고의 목적을 달하게 하기 위해 판결이유의 요지는 말로 설명하여야 되고, 그 대신에 판결이유는 원칙적으로 그 기재를 생략할 수 있게 하였다.

제 3 절 독촉절차(민사소송법 제5편)[294]

1. 의의

1) 독촉절차란 금전, 그 밖의 대체물이나 유가증권의 일정 수량의 지급을 목적으로 하는 청구권에 대하여 채무자가 다투지 않을 것으로 예상되는 경우 보통의 소송절차에 의함이 없이 채권자의 신청에 의하여 쉽게 집행권원을 얻게 하는 절차이다.

2) 판결절차처럼 소의 제기·변론·판결 없는 절차임이 특색이다. 이 절차에 의하여 지급명령을 발할 때에는 채무자를 심문하지 않지만 지급명령을 발한 뒤에 이의신청을 할 수 있으며, 이의신청이 있으면 통상소송으로 이행하는 점에서 그 선행절차이다. 그러나 소송절차의 일종인 점에서 특별한 규정이 없는 한 민사소송법 총칙편의 규정이 적용된다. 독촉절차에서는 신청인을 채권자, 피신청인을 채무자라고 한다. 채권자는 통상의 소송절차와 독촉절차 가운데 어느 것이나 자유선택할 수 있다. 당사자의 불소환·무심문, 증거의 불필요, 저렴한 인지액(1/10) 등 간이·신속·경제 때문에 매우 이용가치가 크며, 증가일로이다.

2. 지급명령의 신청

1) 관할

청구의 가액에 불구하고 시·군법원 판사 또는 사법보좌관의 업무에 속하며, 토지관할은 신법이 확대하여 채무자의 보통재판적 소재지, 근무지·사무소·영업소 소재지뿐만 아니라 의무이행지, 어음수표지급지, 사무소·영업소 소재지, 불법행위지를 추가하여 그곳 법원의 전속관할로 하였다.

2) 요건

일반 소송요건 이외에 다음 요건이 필요하다.

(1) 금전, 그 밖에 대체물(代替物)이나 유가증권의 일정한 수량의 지급을 목적으로 하는 청구권일 것(법 제462조 본문)

① 청구금액 또는 수량이 많고 적고는 불문하며, 청구의 발생원인은 문제가 되지 않는다.

② 현재 이행기에 이르러 즉시 그 집행을 구할 수 있는 것이어야 한다. 따라서 반대급여와 맞바꾸는 상환이행청구권이라면 상관없으나, 즉시 집행할 수 없는 조건부 또는 기한부의 청구에 대해서는 허용되지 않으며 예비적 청구도 같다(통설).

(2) 채무자에 대한 지급명령을 대한민국에서 공시송달 외의 방법으로 송달할 수 있는 경우일 것(법 제462조 단서)(단, 금융기관의 경우는 예외이다(소송촉진 등에 관한 특례법 제20조의2))

---

294) 이시윤, 앞의 책, 995-970면

3) 신청절차

① 지급명령의 신청에도 그 성질에 반하지 않는 한 소에 관한 규정이 준용된다(법 제464조). 따라서 신청은 원칙적으로 서면에 의하여야 하며, 신청서에는 청구의 취지와 원인을 기재할 것을 요한다(법 제249조). 권리의 존재나 소명자료의 첨부는 필요 없다. 붙일 인지액은 소장의 1/10이다.

② 지급명령의 신청이라도 재판상의 청구로서 그 신청 시에 청구에 대해 시효중단의 효력이 생긴다.

3. 지급명령 신청에 대한 재판

지급명령의 신청에 대해서는 채무자를 심문하지 않고(법 제467조) 결정으로 지급명령을 한다.

※ 지급명령례

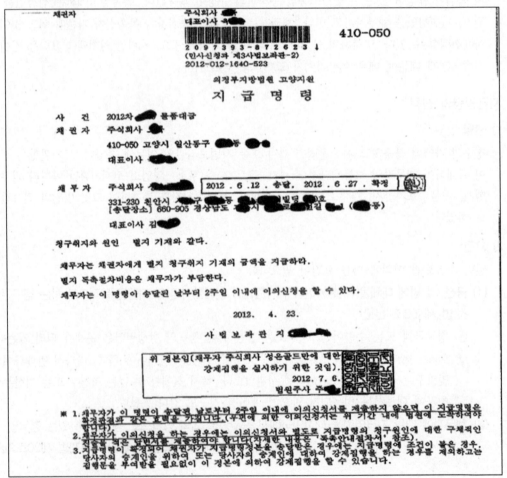

1) 신청각하

신청에 관할위반, 신청의 요건의 흠, 신청의 취지에 의하여 이유 없음이 명백한 때에는 신청을 각하한다. 각하결정한 때라도 확정판결과 달리 기판력이 생기지 않는다. 따라서 새로 소를 제기하거나 다시 지급명령 신청을 할 수가 있다. 지급명령이 각하된 경우라도 6개월 이내 다시 소를 제기한 경우라면 민법 제170조 제2항에 의하여 시효는 최초 지급명령신청이 있었던 날에 종료된다.

2) 지급명령과 그 확정

① 위와 같은 각하사유가 없으면 더 나아가 청구가 이유 있는지 여부를 심리할 필요 없이 지급명령을 발하고, 당사자 양쪽에 직권으로 송달하여야 한다(법 제469조 제1항).

② 지급명령에 대하여 이의신청이 없거나, 이의신청을 취하하거나, 각하결정이 확정된 때에는 지급명령은 확정판결과 같은 효력이 있다(법 제474조). 그에 의하여 독촉절차는 종료된다. 확정된 지급명령은 집행권원이 된다. 그러나 지급명령에 기판력이 인정되는 것은 아니며, 단지 집행력이 생길 뿐이다. 그 성립에 관한 하자는 재심이 아니라 청구이의의 소로 다툴 수 있으며, 기판력의 시간적 한계(시적범위)에 따른 제한을 받지 아니하여 지급명령 이전에 발생한 청구권의 불성립·무효사유도 이의 사유로 할 수 있다. 지급명령으로 확정된 채권은 민법 제165조 제2항에 따라 그 소멸시효기간이 10년으로 연장된다.

4. 이의 후의 절차

① 채무자가 이의신청이나 소송절차회부결정, 소제기신청을 하면 소가 제기된 것으로 본다. 채권자제출의 지급명령신청서 기재사항이나 채무자 제출의 이의신청서의 이의사유라고 하여 소송이행 후에 당연히 소송자료가 되는 것은 아니며, 변론기일에 이를 주장하지 아니하면 그 효력이 없다(대판 1970.12.22, 70다2297).

② 채무자가 이의신청을 하여 지급명령을 발령한 법원이 인지보정명령을 한 경우 채권자는 인지보정 대신에 해당기간 내에 조정으로의 이행을 신청할 수 있다(민사조정법 제5조의2·3).

박문각 공인노무사

PART

06

총설

01 | 민사소송의 이상295)

민사소송법 제1조 제1항에서 법원은 소송절차가 공정하고 신속하며 경제적으로 진행되도록 노력하여야 한다고 민사소송의 이상에 대하여 밝히고 있다. 민사소송제도의 취지가 제대로 살고 이상적으로 운영되려면 적정, 공평, 신속, 소송경제의 이념이 지배하여야 한다.

적 정

적정이라 함은 민사소송의 절차가 법의 규율에 따라 바르게 진행되고, 재판의 내용이 정당하고 과오가 없는 것이다. 적정의 이상을 구현하기 위하여 민사소송법은 ① 변호사대리의 원칙, ② 석명권의 행사, ③ 3심제도와 재심제도 등 불복신청제도 등을 두고 있다.

공 평

공평이라 함은 쌍방 당사자를 평등하게 취급하고, 또 이익이 되는 사항을 주장할 수 있는 기회를 균등하게 부여함으로써(무기평등의 원칙) 재판에 대한 신뢰감을 주는 것을 말한다. 공평의 이상을 구현하기 위하여 민사소송법은 ① 법관의 제척·기피·회피제도, ② 소송절차의 중단·중지제도 등을 두고 있다.

신 속

신속이라 함은 소송에 의한 분쟁해결이 오래 걸리면 걸릴수록 당사자의 부담은 커지게 되므로 소송의 완결을 가능한 한 신속하게 행하여야 한다는 것을 말한다. 신속의 이상을 구현하기 위하여 ① 적시제출주의, ② 실기한 공격방어방법의 각하 등을 두고 있다.

경 제

경제라 함은 소송에 들이는 법원과 당사자의 비용과 노력을 가능한 한 적게 하고, 소송으로 얻는 이익보다 많은 비용과 노력이 소모되어서는 안 된다는 것을 말한다. 경제의 이상을 구현하기 위하여 민사소송법 및 특별법에서 ① 소의 병합, ② 변호사보수의 소송비용산입, ③ 소송구조제도 등을 두고 있다.

---

295) 전병서, 앞의 책, 727-729면 및 이시윤, 앞의 책 2023, 32-37면

02 | 신의성실의 원칙296)

1. 총설

민사소송법 제1조 제2항에서 「당사자와 소송관계인은 신의에 따라 성실하게 소송을 수행하여야 한다」고 규정하여 신의칙이 민사소송법의 대원칙임을 명문화하고 있다. 건전한 소송윤리를 확립하고, 법의 형식적 적용 때문에 생기는 양식·통념에 반하는 결과의 조정·보충을 위하여는 성실수행의무의 활용을 등한히 해서는 안 될 것이다.

2. 신의칙의 규제를 받는 자의 범위

제1조 2항은 「당사자와 소송관계인」이라 하였으므로, 신의칙에 의한 소송수행의무는 좁은 의미의 당사자인 원고·피고만이 아니라 참가인, 법정·소송대리인은 물론 증인·감정인 나아가 조사·송부촉탁을 받은 자에까지 미친다고 할 것이다.

3. 발현형태

1) 소송상태의 부당형성

당사자 한쪽이 잔꾀를 써서 자기에게 유리한 소송상태나 상대방에게 불리한 상태를 만들어 놓고 이를 이용하는 행위는 신의칙에 위배되므로 허용될 수 없다. 판례297)에서는, 甲의 乙에 대한 청구의 관할법원은 전주지방법원인데, 丙을 넣어 乙과 공동피고로 한 것은 실제로 丙을 상대로 청구할 의사도 없으면서 단지 丙의 주소지를 관할하는 서울중앙지방법원에 관할권을 생기게 하기 위한 것이라면 관련재판적에 관한 제25조의 규정이 배제된다고 했다. 억지 관할만들기의 관할선택권의 남용으로 신의칙의 위배로 본 것이다.

2) 선행행위와 모순되는 거동(소송상의 금반언)

일정방향의 태도를 취하여 상대방으로 하여금 이를 신뢰하게 만들어 놓고, 이제 와서 신뢰를 저버리고 종전의 태도와는 모순되는 거동으로 나오는 경우에 뒤의 거동은 신의칙상 허용되지 않는다(대표적인 것으로서, 미리 행한 소송상의 합의에 반하는 거동, 예를 들면 부제소특약에 반하는 소의 제기 또는 소취하계약에 반하여 소송을 계속 유지하는 따위).

3) 소권의 실효

① 당사자의 일방이 소송상의 권능을 장기간에 걸쳐 행사하지 않은 채 방치하였기 때문에 행사하지 않으리라는 정당한 기대가 상대방에게 생기고, 상대방이 그에 기하여 행동한 때에는 신의칙상 소송상의 권능은 이미 실효된 것으로 보아야 한다. 장기간의 불행사 이외에 행사하지 않

---

296) 이시윤, 앞의 책, 32-37면
297) 대법 2011.9.29, 201162

으리라는 정당한 기대를 요건으로 한다. 판례는 특히 노사 간의 고용관계에 관한 분쟁에 있어서 신속한 분쟁해결의 요청 때문에 실효의 원칙을 적극적으로 적용할 필요성이 있다고 강조하고 있다. 근로자가 해고당한 후 회사가 변제공탁한 퇴직금 등을 조건 없이 수령한 후 동종업체에 취업하여 3년 가까이 지나 제기한 해고무효확인청구는 금반언의 원칙에 위배된다[298].

> **🧷 관련 기출문제 – 2014년 공인노무사**
> 甲은 乙회사로부터 해고처분을 받고 임금과 퇴직금을 아무런 조건 없이 모두 수령하였다. 甲이 소를 제기하는 데에 특별한 장애사유가 없었음에도 3년여가 경과한 뒤 乙회사의 해고처분이 부당하다고 주장하면서 해고일로부터 정년 시까지의 임금의 지급을 구하는 소를 제기한 경우에 소권의 실효여부에 관하여 설명하시오. [25점]

② 판례는 실효의 원칙이 소송법상의 권리에도 적용된다고 하면서 기간의 정함이 없는 항소권에서 문제 삼았다. 이 법리는 기간의 정함이 없는 불복신청(예컨대 통상항고) 외에 형성소권에 적용될 여지가 있다. 그러나 소권(소제기의 권능)의 경우에는 기본권이므로 실효되지 아니한다고 하는가 하면, 그 기초되는 실체법상의 권리가 실효되는 것이지 소권 자체가 실효되는 것은 아니라는 실효부정설이 있다. 최근에 토지양도약정의 이행 후 15년이 지난 시점에 이르러 약정무효의 주장에 실효이론을 적용한 판례가 나왔다.

4) 소권의 남용

소송외적 목적의 추구를 위한 소송상의 권능 행사는 소권의 남용으로서 보호할 가치가 없는 것으로 평가된다. 확정판결에 의한 권리라도 남용해서는 안 된다는 것이다. 대표적인 형태를 들면, ① 소권의 행사가 법의 목적에 반하는 때, ② 소송지연이나 사법기능의 혼란·마비를 조성하는 소권의 행사, ③ 재산상의 이득·탈법 따위를 목적으로 하는 소권의 행사 등은 신의칙위반의 한 가지 내용이 된다고 하겠다(대법원 74다767 판결에서는, 학교법인의 경영권을 다른 사람에게 양도하기로 결의함에 따라 법인이사직의 사임을 승인하고 현 이사진이 학교법인을 인수·경영함에 대하여 아무런 이의를 하지 않다가 학교법인이나 현 이사들로부터 다소의 금액을 지급받을 목적으로만 제기한 이사회결의부존재확인의 소는 소의 이익 내지 신의칙에 반하는 부적법한 소라고 하였다).

4. 효과

민사소송법 제1조 제2항의 신의칙에 위반되는지 여부는 당사자의 주장이 없어도 법원의 직권조사사항이다. 신의칙은 강행법규이기 때문이다. 신의칙에 반하여 제기된 소는 소의 이익, 즉 권리보호의 이익 없는 것으로 귀결되어 부적법각하하게 되고, 그에 반하는 소송행위는 무효로 된다. 신의칙위반의 소송행위를 간과하고 판결한 경우에 확정 전에는 상소로 취소할 수 있으나, 확정 후에는 당연 무효의 판결이라 할 수 없다. 판결이 집행된 뒤에는 손해배상책임의 문제가 생길 수 있다. 공서양속에 반하는 정도까지 가면 불법행위가 될 수 있다.

---

298) 대법 1990.11.23, 90다 카25512가 있다. 대법 2000.4.25, 99다34475와 동 2005.10.28, 2005다45827도 같은 취지이다.

박문각
공인노무사

이천교
민사소송법

2차 | 종합정리

제1판 인쇄 2024. 1. 25. | **제1판 발행** 2024. 1. 30. | **편저자** 이천교

발행인 박 용 | **발행처** (주)박문각출판 | **등록** 2015년 4월 29일 제2015-000104호

주소 06654 서울시 서초구 효령로 283 서경 B/D 4층 | **팩스** (02)584-2927

전화 교재 문의 (02)6466-7202

저자와의
협의하에
인지생략

정가 36,000원
ISBN 979-11-6987-737-4

MEMO

MEMO